西北大学名师大家学术文库

张岂之 修订

宋明理学史（中）

侯外庐 邱汉生 张岂之 主编

西北大学出版社

目 录（中）

第三编 元代理学

概　说 …………………………………………………………………… /641

第二十四章　赵复、许衡的理学思想 ………………………………… /644
　　第一节　北方理学的传授者——赵复及其思想 ………………… /644
　　第二节　许衡思想及其在元代理学史上的地位 ………………… /653

第二十五章　刘因的理学思想 ………………………………………… /664
　　第一节　刘因的身世和学行 ……………………………………… /664
　　第二节　刘因的天道论和心性说 ………………………………… /666
　　第三节　刘因关于齐物、观物的思想 …………………………… /671
　　第四节　返求六经与"古无经史之分"的经学思想 …………… /676

第二十六章　饶鲁与吴澄的理学及其历史地位 ……………………… /680
　　第一节　饶鲁的理学思想 ………………………………………… /680
　　第二节　吴澄的道统论与经学 …………………………………… /691

第三节　吴澄的天道思想 ·················· /695
　　第四节　吴澄的心性说 ·················· /701

第二十七章　元代的朱陆合流与陆学 ·················· /707
　　第一节　朱熹陆九渊去世之后的理学概况 ·················· /707
　　第二节　朱陆合流的几种情况 ·················· /713
　　第三节　对元代朱陆合流的分析及其与明代王学的关系 ·················· /719

第四编　明初的理学

概　说 ·················· /727

第二十八章　明初朱学统治的确立
　　　　　　——论三部《大全》（上） ·················· /731
　　第一节　三部《大全》的纂修 ·················· /731
　　第二节　《性理大全》的朱学印迹 ·················· /738
　　第三节　《四书大全》是《四书集注》的放大 ·················· /744

第二十九章　明初朱学统治的确立
　　　　　　——论三部《大全》（下） ·················· /755
　　第四节　《五经大全》的朱学传注 ·················· /755
　　第五节　明初朱学统治的历史意义及其对后世的影响 ·················· /763

第三十章　明朝开国时期宋濂、刘基的理学思想 ·················· /775
　　第一节　宋濂调和朱陆、折中儒佛的理学 ·················· /775
　　第二节　刘基的理学思想 ·················· /795

第三十一章　方孝孺、曹端的理学思想 ·················· /810
　　第一节　方孝孺的理学和行《周礼》、辟"异端" ·················· /810

第二节　曹端的理学 …………………………………………… /821

第三十二章　薛瑄、吴与弼的理学思想 ………………………… /832
　　第一节　谨守"朱学矩矱"的薛瑄理学及其学传"关中之学" ……… /832
　　第二节　刻苦奋励的吴与弼理学 ……………………………… /846

第五编　明中期心学的崛起及王守仁心学的传播

概　说 ……………………………………………………………… /861

第三十三章　陈献章的江门心学 ………………………………… /864
　　第一节　陈献章的生平及其心学产生的学术背景 ……………… /864
　　第二节　"天地我立，万化我出"的心学世界观 ………………… /868
　　第三节　"以自然为宗"的心学宗旨 …………………………… /874
　　第四节　"静坐中养出端倪"的心学方法 ……………………… /876

第三十四章　湛若水对江门心学的发展与江门心学的学术归向 …… /879
　　第一节　湛若水的生平及著述 ………………………………… /879
　　第二节　"万事万物莫非心"的心学世界观 …………………… /881
　　第三节　"随处体认天理"的心学方法 ………………………… /887
　　第四节　湛若水心学思想的独特面貌 ………………………… /893
　　第五节　江门心学的学术归向 ………………………………… /902

第三十五章　王守仁的心学（上） ………………………………… /908
　　第一节　王守仁生平活动及"学凡三变" ……………………… /908
　　第二节　王守仁心学的主要论题："心即理""知行合一"
　　　　　　"致良知" ………………………………………………… /912

第三十六章　王守仁的心学（下） /935
　　第三节　"天泉证道"与教育论 /935
　　第四节　王学渊源 /947

第三十七章　钱德洪、王畿与浙中王学 /968
　　第一节　钱德洪的理学思想 /968
　　第二节　王畿的理学 /973

第三十八章　江右王学正传邹守益的理学思想（附：欧阳德） /985
　　第一节　邹守益的生平与学行 /985
　　第二节　信守师说的理学特色 /989
　　第三节　王学正传的历史地位 /1001

第三十九章　江右王门聂豹、罗洪先的理学思想特色 /1004
　　第一节　聂豹的生平与学说 /1004
　　第二节　罗洪先的生平学行与理学思想 /1011
　　第三节　聂豹、罗洪先理学思想评价 /1026

第四十章　江右王门刘邦采、王时槐、胡直的理学思想 /1029
　　第一节　刘邦采的"性命兼修"说 /1029
　　第二节　王时槐的"透性""研几"说 /1036
　　第三节　胡直的"心造天地万物"说 /1045

第四十一章　南中王门薛应旂与唐鹤征的思想特色 /1053
　　第一节　薛应旂的心学思想 /1053
　　第二节　唐鹤征《桃溪札记》及《易》学著作的思想特色 /1066

第四十二章　黄绾、张元忭对王学流弊的批评 /1078
　　第一节　黄绾的学行与"艮止"说 /1078

第二节　张元忭的理学思想 …………………………………… /1096

第四十三章　王艮与泰州学派及其与王学的关系 ……………………… /1108
　　第一节　王艮生平及其思想性格 ……………………………… /1108
　　第二节　泰州学派的学术特色及其与王学的联系 …………… /1122
　　第三节　泰州学派的历史影响 ………………………………… /1133

第四十四章　泰州后学何心隐、罗汝芳、李贽的"异端"思想 ……… /1139
　　第一节　何心隐的乌托邦社会思想 …………………………… /1140
　　第二节　罗汝芳的"赤子之心"说及其刑狱观点 …………… /1143
　　第三节　李贽的反道学 ………………………………………… /1150

第四十五章　罗钦顺的思想及其与理学的关系 ………………………… /1155
　　第一节　罗钦顺生平和著作 …………………………………… /1155
　　第二节　罗钦顺的理气观和人性论 …………………………… /1158
　　第三节　罗钦顺对杨简、王守仁、湛甘泉的思想观点及
　　　　　　禅学之评论 …………………………………………… /1167

第四十六章　王廷相、吕坤的反理学思想 ……………………………… /1175
　　第一节　王廷相的反理学思想 ………………………………… /1175
　　第二节　吕坤的反理学思想 …………………………………… /1196

第四十七章　陈建和《学蔀通辨》 ……………………………………… /1211
　　第一节　陈建生平和《学蔀通辨》的问世 …………………… /1211
　　第二节　对朱、陆之学"早异晚同"说的诘辩 ……………… /1214
　　第三节　对陆、王心学"阳儒阴释"的批评 ………………… /1221

第三编

元代理学

概 说

　　元承宋祚,理学到了元代也起了变化。这种变化,一方面是由于理学有它自身演变的原因,另一方面也是更重要的,是由于元蒙入主中原的原因。十三世纪,崛起漠北的蒙古人,在消灭金和南宋的过程中,也开始了他们的封建化过程。这一过程,包括吸取以儒学为主的汉族思想文化。当然,他们也同时把自己的思想传统传播到中原来,形成民族之间的思想交融。还在成吉思汗和蒙哥从欧洲回师东向,征战中原的时候,就网罗以耶律楚材为首的亡金儒士大夫,如王楫、李藻、郭宝玉、李国昌、元好问、郝经、姚枢、杨惟中等人。但是,由于这一时期南北"声教不通",南方的理学,还没有传到北方,因此当时蒙古人所接触的儒学,也只是北方的经学章句。如严实当年在东平兴学,所用的亡金儒士,只是"授章句"。许衡早年受学,也是金之"落第老儒"的"句读"。但是,也就是这些儒士大夫,对于汉民族文化的保存,对于汉、蒙思想文化的融合和交流,以及对于后来蒙古在征战南宋时期,对汉族知识分子的保护,都起了一定的作用。

　　当窝阔台进兵南宋时,杨惟中、姚枢随军在湖北俘获理学名儒赵复,加以保护,并礼送至燕京太极书院,请他传授程朱理学。自此,北方的儒士大夫姚枢、刘因、许衡、窦默、郝经等人,才得知理学的奥义。然而,北方的理学虽传自赵复,但赵复不愿用世,只处于师儒的地位,且不久又隐迹于真定。在北方传授理学,影响最大的,却是间接受学于赵复的许衡。这正如全祖望所说:"河北之学,传自江汉(赵复)先生,曰姚枢、曰窦默、曰郝经,而鲁斋(许衡)其大宗也,元时实赖之"(《宋元学案·鲁斋学案》)。许衡在理学上私淑朱熹,但他对于理学只是注意普及,不重"义奥"。他力劝元帝兴儒学,以作为推行"汉法"的重要内容。朱学在元代能成为官学,与许衡父子有很大的关系,故明、清的理学家对他是颂词连篇,称他是"朱子之后一人",是道统的接续者。

　　与许衡同时的刘因,初从章句之学,后转而崇信理学。与许衡不同,刘因高蹈不仕,消极用世,故在理学上倡主静、不动心,借庄子学说以逃避现实。但他提出"古无经史之分"和理学本于六经的求实思想,有一定的积极意义。

许衡、刘因是元初北方的两个理学家,而吴澄则是南方的理学家。吴澄到了元中期,随着许衡、刘因的相继去世而成为元代著名的理学大师。他于理学、经学,乃至天文、律算,都有所涉猎。元代人称他是"通儒先之户牖,以极先圣之闻奥","考据援引,博极古今,近世以来,未能或之先也"(虞集《道园学古录》卷五《送李扩序》)。吴澄从其师承来看,虽为朱学系统,但他在元代的理学中,却是一位"和会朱、陆"的代表人物,一度被人目为陆学(见《元史》本传)。

在元代,除了许衡、刘因、吴澄三个比较重要的理学家之外,也还有在浙东金华一支的北山何基的弟子金履祥、许谦等人,他们入元之后,多隐迹不仕,以讲学授徒终生。他们坚持朱学门户,仍与陆学对立,所以他们与许衡、吴澄虽同称朱学,但又各具特色。作为元末明初的名儒显宦宋濂等人,就是出自这一朱学系统。

朱学虽然在元代列为科场程式,开始成为官学,但陆学并未因此衰竭。相反,陆学在被压抑的情况下,其势固不及朱学,但如赵偕、陈苑这些陆学徒裔,仍在坚持陆学"门墙",一直与朱学敌垒,而作为元代的一个理学派别存在着。当然,元代陆学比起杨简来说更加禅学化,由所谓"静观"能见"虚明之妙","无际皆在目中",以至"闻蛙声而悟"(《宋元学案·静明宝峰学案》)。

与南宋的理学比较,元代理学的一个重要特点是,除一部分坚守朱、陆学统的门徒以外,有不少朱学和陆学的人物,如吴澄、许衡、郑玉、史蒙卿、徐霖、胡长孺、许谦、宋濂等,这些有影响的理学家,他们看到南宋朱、陆的争论,一是"支离",一是"简易",各走极端,以致使各自的学统,难以为继,所以他们主张打破门户,以汇综朱、陆两家之长。即陆学方面的人物固然坚持反求自悟的本心论,但也兼取朱学致知、笃实的"下学"工夫,使陆学不致于"谈空说妙",流入禅门。而朱学方面的人物,虽然坚持笃实的工夫,但也兼取陆学"简易"的本心论,以避免朱学的"支离"泛滥。此即所谓折中朱、陆两家,可以兼长避短,"足以补两家之未备"。当然,这种"和会朱陆",实际上是以陆学的本心论,兼取朱学的某些观点,而且也兼取朱学的理气论与理欲之辨。至此,由北宋二程那里就已出现的诚、敬与致知,博与约的"两橛"矛盾,中经南宋朱、陆的争论,到了元代,复又折中融合,从而导致了朱、陆的合流。而明代王阳明的所谓"范围朱、陆而进退之",这或者可以说是沿承元代朱、陆合流的趋势,只不过是王阳明以陆学为主,在朱、陆之间更加圆融周备,熔铸而为所谓"博大、精细"的王学体系。从这一点来说,元代的理学,是宋、明之间的过渡环节。

总之,由北宋兴起的理学,到了元代有所变异,首先是朱学开始成为官学。与此同时,在元人修撰的《宋史》中,首开《道学传》,把程、朱和与程、朱观点相接近的两宋理学人物,正式列入孔、孟以后的所谓儒学"道统"中。这两点,在理学上的影响,直至于明、清。其次是就理学的心性问题而言,元代的理学,虽然许衡、吴澄、刘因这些理学家也有些看法,但总的来说,并无重大的发展。不过,许衡在理学中提出的"治生"论,刘因提出的理学根基于质朴的六经和"古无经史之分"等思想,却具有特色。最后,由北宋以来的理学,发展到元代所出现的朱、陆合流,诚是理学史上的一个重要迹象。以上这几个方面,都说明元代理学,在理学史上是一个不可忽视的历史时期。

第二十四章 赵复、许衡的理学思想

第一节 北方理学的传授者——赵复及其思想

赵复,字仁甫,湖北德安人,学者称江汉先生,为南宋"乡贡进士"。宋理宗端平二年乙未(公元1235年),元兵陷湖北德安,赵复被俘。其时,杨惟中、姚枢奉窝阔台网罗"南儒"的命令,随元兵南征,知俘囚赵复为"南儒",遂悉力救护,送往燕京,后即终老于河北真定(今保定)。

《元史》《宋元学案》以及元人诸家文集,以至清人皮锡瑞《经学历史》,俱称赵复首传理学于北方,为理学史上一重要人物。北儒郝经《与汉上先生论性书》,称伊洛二程之学,南传至闽,其后又由赵复载其学,泛入于三晋、齐、鲁,以至燕云辽海,而"有功于吾道"。郝经与赵复是同时人,并从赵复受学。他说理学由南到北,始于赵复,这是符合事实的。

但是,在理学史上,这位重要人物,其生平、学行,却没有留下详细的记载。今据赵复为杨奂作《杨紫阳先生文集序》末有"丙午嘉平节"一语(《元文类》卷三十二),可以推断他大约生于南宋宁宗嘉定八年(公元1215

年),而卒年则在元大德十年(公元1306年)以后,享年在八十岁以上①。他的著作,除《元文类》收有《杨紫阳先生文集序》和一首七绝《覃怀春日》以外,没有其他文字留下来。《元史》赵传虽列有他的书目,但今一无所存。元以来各家述及赵复生平,是本于姚燧《序江汉先生死生》这篇不足千字的短文(见《元文类》卷三十四),文中也只是提到赵复在德安被俘经过,并没有提供多少有用的思想资料。

黄宗羲、全祖望在《宋元学案》的《晦翁学案》《鲁斋学案》中,俱将赵复列于朱熹的学传,但并没有列出赵复的师承关系。元郝经谓赵复"及朱子之门而得其传,衺然传道于北方之人,则亦韩子、周子之徒"(《陵川集》卷二十四《与汉上赵先生论性书》)。清人王梓材就此说,"盖谓私淑朱子耳,非亲及晦翁之门也"(《宋元学案补遗》卷九十)。依郝、王的说法,赵复之于朱门,并无直接的师承关系。看来,赵复很可能是自学自得,而后人因其学旨,遂列于朱门系统。

赵复在德安被俘,北送燕京,于次年在太极书院授程朱理学,亡金儒士王粹是他的助手。据《元史·赵复传》,谓"学子从者百余人"。姚燧《序江汉先生死生》中,谓"游其门者百余人",其见于载籍的,除前列姚枢、郝经、许衡、窦默、刘因而外,还有梁枢、赵或等。在这些门弟子和间接受学者当中,一部分如姚枢、许衡是学在用世,做了官,一部分如刘因、梁枢是隐逸不仕,仅为师儒。这后一部分人比较接近赵复的学行和政治态度。

---

① 赵复为杨奂《文集》作序时间,其末有"丙午嘉平节"。查元代丙午有二:一为1246年,一为1306年,赵作序在哪一个丙午?遽难肯定。但据《元史·杨奂传》,杨为金末进士,死于乙卯(公元1255年),年七十。而从赵序中知赵是在杨死后见其遗编始作序。显然,这序是在1255年之后。而1255年之后的丙午,则为元大德十年(公元1306年),这是可以肯定的。又,赵于乙未(公元1235年)被俘,至1306年丙午作序,其间就有61年。而赵在被俘前已为南宋"乡贡进士",在被俘那年,据姚燧《序江汉先生死生》,谓姚枢见赵乃一亨亨儒士,且有家小,云云。可见,赵从其生年到被俘这一段时间,哪怕就是二十岁,则从被俘到作序,前后加起来,其年岁在八十一以上,故说他"年寿较长,估计在八十岁以上"。至于赵复活到元中期而无人道及的问题,只是因为他晚年不愿仕元,成了"隐君"(全祖望语),故泊然无闻,不知踪迹。于此,亦当有助于对赵复晚岁的学行和政治态度的了解。

赵复在太极书院讲学,是在元太宗八年(公元1236年)十月,次年即离开太极书院。赵复在太极书院所讲的,是关于孔、孟以来的道统、程朱理学的宗旨、书目之类。《元史·赵复传》于此记载说:

> (杨)惟中闻复论议,始嗜其学,乃与(姚)枢谋建太极书院,立周子祠,以二程、张、杨、游、朱六君子配食,选取遗书八千余卷,请复讲授其中。复以周、程而后,其书广博,学者未能贯通,乃原羲农、尧、舜所以继天立极,孔子、颜、孟所以垂世立教,周、程、张、朱氏所以发明绍续者,作《传道图》,而以书目条列于后。别著《伊洛发挥》,以标其宗旨。朱子门人散在四方,则以见诸登载与得诸传闻者,共五十有三人,以作《师友图》,以寓私淑之志。又取伊尹、颜渊言行,作《希贤录》,使学者知所向慕,然后求端用力之方备矣。

上列四种书,是用来说明程朱理学的传承、学旨和范围。因为北方,如黄宗羲季子黄百家所说,"自石晋燕云十六州之割,北方之为异域也久矣"(《宋元学案》卷九十)。这时"北人虽知有朱夫子,未能尽见其书"(皮锡瑞《经学历史》)。不过赵复在太极书院编著的这四种书,也没有传下来。现只能从元人的文集和《元史》《宋元学案》以及方志中,撷拾丛残,尽力探索赵复的一些思想情况。

一、简在心得

《元史·赵复传》谓赵复"为人","乐易而耿介"。赵复是理学家,所谓"为人",当指应接酬酢之类。而赵复应接酬酢,是所谓"乐易"。"易"即"简易"。这说明他在理学上是近于简易直截的一路。赵复诫勉元好问的话,可以说明这一点。据载,"元好问,文名擅一时,其南归也,(赵)复赠之以言,以'博溺心,末丧本'为戒;以'自修读《易》,求文王、孔子之用心'为勉"(《元史·赵复传》)。这是针砭元好问陷溺于词科、事功,而勉之以读

《易》,直求文王、孔子的本意。这就是他说的与"博""末"相对的"约"和"本"。这种"约""本"就是直求圣人之心,简在心得,而不旁骛。

这已涉及理学上博、约的方法问题。对这一问题,郝经在《与汉上赵先生论性书》中,曾有所辩论。郝经说:

> 夫道之在人谓之性,所谓仁义中正而主静焉者也,统而言之则太极之全体也,分而言之则命阴而性阳也,命静而性动也,天命而人性也,人性而物理也。合而言之,只一道尔,又何有论说之多乎者!道之在人一而静,纯粹至善、充实之理而已,又焉有异端之多乎哉!(《陵川集》卷二十四)

郝经在信中说,性本于道,它表现为仁义中正,这些都是"太极之全体";又说"天命而人性","人性而物理"。这基本上是本于朱熹的说法,虽然在表述上未必确切。而赵复视为"论说之多",这似乎是因为郝经在性之上有所谓"太极",在性之下又有所谓"物理",把性说得繁多复杂了。这样,反过来求道、求天命之性,就无可"简易"。因为道之外又有"太极",就晦涩不明;而"人性而物理",又势必不能直接求道。因为从"物理"去求,就有即物穷理、随事而格的复杂过程。在赵复看来,就像他诫勉元好问说的,只在于读《易》,也就是读古圣贤书,迳直的去求文王、孔子圣人之心。这所谓心,当指圣人的"心传",而得此"心传",即为"君子之学"。

赵复所以有这种"简易"思想,显然是同他在宋亡之后,身作"南冠之囚"、不愿仕元有关,故在思想上有弃物离事的态度。当然,他的"简易"之论和朱熹思想并不相同,但也并不就是陆九渊的直求本心的思想。

二、鄙薄事功与夷夏之辨

前已提到,赵复在理学上主张"简在心得",鄙薄事功。这在他撰的《杨紫阳先生文集序》中,表达得比较清楚。这篇序,前已考订,是他晚年八十岁以后作的,载于元人苏天爵集辑的《元文类》卷三十二。今摘录

如下:

> 君子之学,至于王道而止。学不止于王道,未有不受变于流俗也。三代圣人,以心学传天下后世,见于伊尹、傅说之训,君子将终身焉。明王不兴,诸子各以其意而言学,学者不幸而不得见古人之全体。盖桓、文功利之说兴,而羲、尧、舜、文之意泯矣。春秋而降,如叔向、子产、蘧伯玉、季札之流,以夏、商君子之资,不得少效于王官,去而为列国之名卿材大夫,其功业之隆痹,已较著矣。贾生、仲舒有其具而不得施,或者每为之掩卷而深悲;玄龄、如晦有其时而亡具,已甚惭德于斯文多矣。凛然正气,惟诸葛孔明、王景略诸人,不为流俗之所回夺,然而随世就功,周旋于散微之末已,又不能无偏而不起之患。大抵君相造命之地,既已暧昧不明,而瞽宗米廪教养之法,因以废格不举,故虽有命世绝异之材,卒亦不能迓也。非其不能迓也,而其故则可知已。虽然,待文王而后兴者凡民也,若夫豪杰之士,虽然文王犹兴,其逮于今。
>
> 盖君子学以为己,必有所入之地。唐韩愈氏以虽义而不取为主,先生(杨奂)读之,自以为涣然不逆于心。使其得君行道,推是心以列诸位,实王道之本原。虽不能尽充其说,退而敛然以是私淑诸己,先生固已得之矣。
>
> 呜呼!学之为王者事,犹元气之在万物,作之则起,抑之则伏,然莫先于严诚伪之辨;诚伪定,而王霸之略明矣。

这里,赵复说应以"十六字心传"为君子之学,以得圣人之心,而不当以功利为累。但不幸的是,先秦诸子竞说,未得三代圣人之意。及至齐桓、晋文、叔向、子产,又以功利竞说,为功业奔走。贾谊、董仲舒虽得圣人之意,然不得其时。房玄龄、杜如晦能得其时,但又不得圣人之意。诸葛亮虽高风亮节,但又周旋随世,故不能无偏。韩愈"义而不取","不取"即"不谋",也就是有义但不谋其利,所以像杨奂读了韩愈的文章,才真正懂得了三代圣人的"心迹",通晓了"王道之本原"。

据此,赵复强调君子在于求得圣人之心,不应当计其效果,所以也不应当像齐桓、晋文那样追求功利。

据《元史·赵复传》,赵复入元后,有一次元世祖忽必烈"召见,问曰,我欲取宋,卿可导之乎?'对曰:'宋,吾父母国也,未有引他人以伐吾父母者'",拒不事元。所以赵复在元蒙统治之下,不愿用世,借杨奂《文集》序,力陈君子不能以事功为累,当求三代"圣人之心",以独善其身。

当时人郝经曾经致书赵复,希望他不要囿于华夷之别(见《陵川文集》卷三十《送汉上赵先生序》),应当"达乎天下","由常以达变",不能"蹈乎常"而不知"变"。学者不应独善其身,"富一身而已",应该使"六经之义,圣人之道","衍正脉于异域","大放于北方"。这都是针对赵复的夷夏思想而发的。当然,这并没有使赵复动心,他在太极书院待了一年之后,就隐居起来,以致他晚年的行踪,不为世人所知。

赵复的学生,也有隐居乐道,拒不仕元的。《畿辅通志》载:

> 梁枢,宣德人,初习词赋,即弃去,已闻京师建太极书院,赵江汉复讲其中,徒步往从之,既得江汉所书《希贤录》,读之叹曰:"心同道同,希之在我也"。久之,辞归。从学者日众,晚嗜《易》观象。名轩,学者称象轩先生。(卷二一五,商务影印本)

赵复另一个学生赵彧,据《宋元学案补遗》卷九十《江汉门人》载,曾做官,后从赵复学,亦隐去。姚燧于此谓:"赵彧,广平人,世居卢龙、范阳间,姚牧庵称其'约而醇',官久而卑,操穷而确。"刘因也从赵复学,为元一代名儒,也是终身不出。

但是,赵复并非消极谢世,在他的内心里潜藏着光复宋室的一线希望。苏天爵《元文类》卷八,收有他一首《覃怀春日》七绝,可以透出其中消息。诗云:

> 江南江北半俘生,踪迹居然水上萍;
> 竹鸡啼罢山雨黑,蚕子生时桑柘青。

诗的前半是述其生平遭遇,后半是借物托意。其格调,不同于元好问低徊亡金的诗词,而是隐隐然的在希望鸡鸣山雨,蚕子逢春,情调亢奋,似乎与他消极隐世的行为有矛盾。其实这是他心存复宋的幻想,与《元史》的作者说他"居燕不忘故土",称宋为"父母国"的态度是一致的。

三、传授朱注《四书》与元代科举

前面虽已提到,赵复在燕京太极书院讲授程朱理学,但并不清楚他传授程、朱,尤其是朱熹的哪些著作?这从元人的文集中可以钩沉到一些情况。我们知道,由北宋兴起的理学,主要是讲修己及人的心性修养,所以比较重视《大学》《中庸》《论语》《孟子》四书。因为这里面有修身的三纲领、八条目以及伦理道德,可供他们矜谈妙悟,可以发挥他们的天理、人欲的思想,所以他们把《四书》往往架于五经之上。这点,朱熹曾在与吕祖谦的信中说到:"盖为学之序,为己而后可以及人,达理然后可以制事,故程夫子教人先读《论》《孟》,次及诸经,然后看史,其序不可乱也"(《朱子大全》卷三十五《答吕伯恭》)。因此,朱熹虽然也曾以义理疏释五经,但作为朱熹的理学代表作,还是他多年集注的《学》《庸》《论》《孟》四书。也因此,到元初赵复,首传程朱理学于北方的,自然会有朱熹的《四书集注》。吴澄弟子虞集曾提及此事。虞是理学家,也是元代的名士,与赵复同时而稍后。他在《跋济宁李璋所刻九经四书》中谓:

> 昔在世祖皇帝(忽必烈)时,先正许文正公(许衡)得朱子《四书》之说于江汉先生赵氏(复),深潜玩味,而得其旨,以之致君泽民,以之私淑诸人。而朱氏诸书,定为国是,学者尊信,无敢疑二。(赵复)其于天理民彝,诚非小补,所以继绝学开来世,文

不在兹乎？(《道园学古录》卷四十,四部丛刊初编本刊置卷三十九)

许衡在元代官至左丞、国学祭酒,是元代的理学大儒,自然通过他的表彰,更将赵复传授的朱注《四书》扩大推行,以至在元仁宗皇庆二年(公元1313年),有程矩夫、元明善、贯云石(本名小云石海涯)等人,参与制定的科举条格,后由中书省奏陈。其中就明确规定,明经一科中的四书、五经,用程、朱的注本。其条陈说:"学秀才的,经学、词赋是两等,经学的是说修身齐家治国平天下的勾当……专立德行明经科。明经内四书、五经,以程子、朱晦庵注解为主"(《通制条格》卷五《科举类》皇庆二年十月中书省奏议)。接着,诏颁科场试士,不管蒙古人、色目人,还是南人、汉人,其第一场明经科,俱规定"四书"用朱注本。如蒙古、色目人,在"《大学》《论语》《孟子》《中庸》内设问。义理精明、文辞典雅为中选。用朱氏章句集注";汉人、南人也是在"《大学》《论语》《孟子》《中庸》内出题,并用朱氏章句集注"(同上皇庆二年十一月)。过了二年,也就是延祐二年(公元1315年),正式开科试士,即苏天爵说的"延祐乙卯,仁皇初策进士,登第者五十六人"(《滋溪文稿》卷三十《跋延祐二年廷对拟进帖黄后》)。从此,朱注被国家定为科场试士的程式,开始成为官学。这也就是虞集说的,"朱氏诸书,定为国是"。这显然是一件大事,所以苏天爵在后来还一再提及。他说:"迨仁庙(元仁宗)临御,肇兴贡举,网罗俊彦,其程试之法,表章六经。至于《论语》《大学》《中庸》《孟子》,专以……朱子之说为主,定为国是,而曲学异说,悉罢黜之"(同上卷五《伊洛渊源录序》)。

因为科场以朱注为官本,自然要影响到整个社会的读书、讲学之风。虞集在《考亭书院重建文公祠堂记》中说:"群经、四书之说,自朱子折衷论定,学者(赵复)传之,我国家(元朝)尊信其学,而讲诵授受,必以是为则,而天下之学皆朱子之书"(《道园学古录》卷三十六)。其后,明、清两代以朱学为官学,实肇端于元代,而其缘又盖在于元初赵复的传授。所以虞集称赵复"其于天理民彝,诚非小补"。

四、经学思想片段

理学家总是依托经书说"理"。赵复虽然没有留下经注,但从别人的一些记载中,也能钩稽一点他在经学方面的片段思想。

元代吴莱《渊颖集·序胡氏春秋通旨后》称:

> 先正(吴渊颖父)有云,世之去圣日远,故学者惟传经最难,仁甫(赵复)当天下扰攘之际,乃能尽发先儒传疏而传之,不亦难乎!

这里说赵复"能尽发先儒传疏",发先儒之所未发,可见他对儒家的经书是下过一番注疏的功夫的。吴序就《春秋》经说:

> 自宋季德安之溃,有赵先生者北至燕。燕赵之间,学徒从者殆百人,尝乎出一二经传及《春秋胡氏传》,故今胡氏之说特盛行。

由于宋与金、元的长期战争,南北"声教不通",南方以义理疏注的经籍未传于北。待元蒙统一中国,北方之有胡氏《春秋》学,也是得之于赵复的传授。胡氏,即南宋的胡安国,著有《春秋传》。胡安国在宋室南渡之后,愤激于时事,故而借注《春秋》,力陈大义名分,深为一些爱国之士所瞩目。尤其胡安国寓夷夏之防于《春秋》疏注,更激励着当时对金、元的抗战气氛。这就是心存宋室的赵复,在北方以胡氏《春秋传》教授门弟子的原因。由于赵复"尽发"胡氏义旨,使胡氏《春秋》学在元代"特盛",以至延祐开科试士,其中的《春秋》一经,即以胡氏《春秋传》为定本(见《通制条格》卷五《科举类》),一直延至明、清两代。除《春秋》外,赵复对《周易》也很重视,所谓"读《易》,求文王、孔子之用心",表明他在"尽发先儒之传疏"中对《易》学的态度。总之,首先传宋学于北方的赵复,虽然史料欠缺,但从元代其他人的文字记载中,尚能窥见赵复的一些思想和他在理学上的地位。

第二节 许衡思想及其在元代理学史上的地位

许衡(公元1209—1281年)字平仲,金河内(今河南沁阳)人,学者称鲁斋先生。《元史》有传。《宋元学案》立有《鲁斋学案》。其著作有《许文正公遗书》(以下简称《遗书》)、《许鲁斋集》。

许衡早年即不满北方"落第老儒"所授的"句读训解",后因姚枢弃官隐居苏门(今河南辉县),许衡才从姚枢那里得理学义旨。而姚枢曾从赵复研习理学。许衡随姚枢学,抄录了《伊川易传》、朱熹《四书集注》《小学》《或问》,回来同他的学生有一段情见乎辞的对话。他说:

> 昔所授受,殊孟浪也,今始闻进学之序。若必欲相从,当悉弃前日所学章句之习,从事于小学洒扫应对,以为进德之基,不然当求他师。众皆曰:唯。遂悉取向来简帙焚之,使无大小,皆自小学入。先生(许衡)亦旦夕精诵不辍,笃志力行,以身先之,虽隆冬盛暑,不废也。……(许衡)自得伊洛之学,冰释理顺,美如刍豢,尝谓终夜以思,不知手之舞、足之蹈。(《考岁略》,引自《元朝名臣事略》卷八之二)

这段记载出自元代名士耶律有尚的手笔,他把许衡在三十四岁,由章句训读转向宋学义理的情况描写得有声有色。其中,所谓"使无大小,皆自小学入"的《小学》,是朱熹讲的关于洒扫应对的日常工夫。许衡对这种《小学》的日常工夫,视若"神明",以为这是理学的入门和要津。由此许衡重力行践履,从而使他能提出"道"为"民生日用"和养民"治生"的思想,给理学带来一些清新的空气。

许衡在金朝灭亡的前一年,为蒙古"游骑所得",应试中选,占籍为儒。后被忽必烈擢为京兆提学、国学祭酒、左丞,位列台辅,身显廊庙。他关于

"夷夏之辨"的思想比较淡薄,能与元朝合作。他的出仕,正是忽必烈用兵南宋之时。他于此时向忽必烈疏陈《时务五事》,中心是行"汉法",重儒学,同郝经疏陈的《立政议》互为表里,并与刘秉忠、张文谦一起,为元朝定官制、立朝仪;又与王恂、郭守敬订历法,以儒学六艺教习蒙古弟子。

许衡在元朝为理学"承流宣化",被视为"朱子之后一人"(明儒薛瑄语)。使所谓道统不坠。而且,在元朝,许衡继赵复之后,也是一位促使朱熹的《四书集注》,在元朝延祐年间定为科场程式,逐渐成为统治阶级的统治思想的有力人物,其缘盖来于此。因此,在他死后,一些儒生对他是歌颂备至,元廷封他为魏国公,谥文正,从祀孔庙。关于许衡的思想,可从以下几个方面加以剖析。

一、许衡的天道思想

许衡认为"道"是世界的本原。他在《稽古千文》中说:"太极之前,此道独立。道生太极,函三为一,一气既分,天地定位"(《遗书》卷十)。他所谓"此道独立","函三为一",是本于道家始祖老子所说的道"独立而不改","道生一,一生二,二生三"之说。不过老子说的道是不可名状无法形容的东西,没有讲到它与太极的关系。"太极"一词,原本出自儒家经典《周易》。许衡将这两者糅合,把"道"置于"太极"之上,强调了"道"的绝对性。"道"在他这里,如程颢说的是"天之自然",也就是理("理谓之道"),两者是一个意思。而理,许衡谓之"无对",也就是没有矛盾的绝对。它不是物质的实体,"只是个生物心",具有道德的属性。因此,作为世界本原的"道",原来是一种伦理化的精神实体。

和朱熹的理气观相同,许衡认为由这个精神实体的"道",衍生"一气",再分而为天、地,出现了有形可见的具体世界。这一化生的过程,关键是通过"一气"。"一气",许衡又称为"精气","至精之气"。由它产生日月星辰、人和万物等有"轮廓"的实体。它与本原的道,所不同的是,它具有"光明""度数"的性征(《宋元学案·鲁斋学案》),也具有阴阳相对的矛盾,它能一生二,二生三。而本原的"道"则是绝对不动的精神实体。这样说来,世界的生成和演化,是由绝对走向相对,再由相对交错,产生万物。这一过程,说明世界万物的产生,是从无到有。故许衡说,"凡物之生,必得此理而后有是形,无理则无形","有是理而后有是物"(《遗书》卷二《语录》下,以下称《语录》)。所谓"形",是指有"轮廓"可见的形体,与"物"同义。这种以先有理后有物来解说世界的发生和演化,正是一种唯心主义观点,和朱熹的有关命题相似。

由绝对的理产生万物之后,理与万物的关系如何呢?许衡说,万物由理产生之后,理仍是烛照万物,万物并没有离开理;这两者相即不离。因为无物则理无从体现,无所寄托,正像朱熹说的,无物则理就没有"挂搭之处",这也就是许衡说的"事物必有理,未有无理之物,两者不可离,无物则理何所寓"(同上)。理学家的这些命题并不是说有物才有理,而是说物是体现理的,故理才是本原的东西。

许衡在由理到"至精之气",再化生到世界万物的序列中,也谈到"相对"即矛盾问题。他认为绝对的理是"无对",即没有矛盾,但由理产生的"至精之气"已具有阴阳相对,即有了矛盾,由这个气的相对矛盾交错,产生了万物以至人类;而万物之中,也就有了阴阳、刚柔的诸多矛盾。这些矛盾是相对而又相济。所谓矛盾、变化,就是阴阳消长和胜负相报。这一类话,许衡讲得很多,诸如"此一气消缩,彼一气便发达","天下事,常是两件相胜负,从古至今如此……所以相报复到今不止"。但是,对立的两方,"要去一件去不得,天依地,地依天,如君臣、父子、夫妇皆然"(《遗书》卷二《语录》下)。

矛盾对立的两方,又以一方为主,即所谓"两物相依附,必立一个做桩主。动也静也,圣人定之以中正仁义而主静,以静为主。内外也,上下也,本末也,皆然"(《语录》上)。而矛盾对立的结果,又消弭为无对的"中""静"。"中者,不偏不倚,无过不及之谓"(《读易私言》)。显然,许衡所谓矛盾胜负相报,不是一方克服另一方的结果,而是对矛盾的消融。这种矛盾观,虽然也承认事物的矛盾和变化,但它实际上是一种原地转圈的循环,并不具有发展的意义。

值得注意的是,许衡对"中"的解释,提出了一些有意义的思想。他疏解"中"说:"时有万变,事有万殊,而中无定体,当此时则此为中,于彼时则非中矣;当此事则此为中,于他事则非中矣"(《语录》上)。因此他认为,"中正之中,又有随时之义也"(《读易私言》),"随时变易,以合于道"(《语录》下)。

过去的一些经生注"中"为"时中",是指执两用中,即审其两端,取中而用之。许衡也有这一些思想,但他强调"中",不是折中两端,而是把"中"解为随时、随事而变,即所谓"随时变易","随时之义"。过去的儒生对"中"的疏释,还包含万变不离其"道"的意思,而许衡却提出"中无定体"。他认为"时既不同,义亦随异",故"中"就是"适时之义"(《读易私言》)。

许衡虽然谈到朱熹的格物以致其知,但他更多是强调弃物反求于己,从自己身上去体察,即求人的良知善端。他认为不管什么人,哪怕就是"至愚的夫妇",也有良知良能。他说:虽至愚的夫妇,他也有个"自然之良知,不待学而能知者";虽是不肖的夫妇,他也有个"自然之良能,不待学而能者"(《遗书》卷五《中庸直解》)。所以,"天地之理",也就是天理,"虽是至大","穆然深远",但只要人能"至诚",求之于己,就可以"体道"而得天理,"与天地同体"(同上)。由此,许衡的认识论,也有"反求吾心"的主观唯心主义的意味。他所谓"至诚",就是自己认识自己的直觉方法,是主体认识本体的方法,也就是自我意识的循环。

许衡这种由混淆知行到以知代行,以至直求本心;而直求本心,又在于引发良知良能,这可以说是后来明代王阳明致良知的肇端,虽然这一思想在许衡这里还不是系统的,不如王阳明那样"博大、精细。"

这里应当指出,许衡与元中期"和会朱陆"的吴澄,都以朱学为标帜,被视为朱学的徒裔,但他们由朱学的心外格物,移到陆学的直求本心,从而萌发了一种属于后来王学的东西,这是值得注意的思想演变的迹象。它既说明了朱学传至元代的嬗变,也说明了王学的出现并非偶然。因此,宋明之间理学思想的变化,元代实为其中的过渡环节。有些人以为元代在"腥毡"的元蒙统治下,"九儒十丐"的儒生,其著作和思想似乎不值一顾,实在是一个很大的错觉。

二、许衡的心性思想

许衡与刘因、吴澄是元代三大理学家,而许衡在理学上的影响又在刘因、吴澄之上。理学,是中国封建社会后期统治阶级的统治思想,它的主要内容是天道心性,而心性又是理学的中心。许衡的天道思想已见前述,这里专就他的心性思想,作一概述。

许衡说:"凡物之生,必得此理而后有是形,无理则无形"(《语录》下)。这里所谓物即万物,是包括人在内。因此,人也是先天赋有此理。但理在人身上的体现,便称之为心、性,所以有人问他:"心也、性也、天也,一理也何如? 先生(许衡)曰:便是一以贯之"(《语录》下)。又说:"天即理也,有则一时有,本无先后"(同上)。按照他的回答,心、性、理三者是一回事。

许衡虽然复述朱熹的思想,可是他在这里回答得却很笼统,朱、陆两方似都可以接受。这并不是他在理学上粗疏不细,不能"大辨体其至密",而是表现了依违于朱、陆之间的思想倾向。所以他在关于如何识见天理的心性修养方法上,就游离于朱熹"穷理以明心"和陆象山"明心以穷理"二者之间。

首先,他在谈到具体的人的时候,说人先天赋有天理,而理是湛然纯善,因而人性亦具天理、明德,这是"人皆有之"的本然之性(同上)。但是,许衡又说,人一旦形成为人的时候,又同时受到气的清浊不同的影响,所以先天赋有的天理、明德,受到不同程度的障蔽。"气",许衡在这里称之为"阴阳也,盖能变之物,其清者可变而为浊,浊者可变而为清;美者可变而为恶,恶者可变而为美。"因此,人在出世之后,所谓人性,已非先天的本然之性,而是气质之性,故表现为智愚美恶,"便有千万般等第"(《许鲁斋集》卷三《论生来所禀》)。许衡又说,有人因其气质清美,能得天之明德而"全不昧",成为大圣人;有人因其气质全浊全恶,使天之明德"全昧",是大愚大不肖;虽具人形,实与禽兽无异,成为大恶人。在大圣人、大恶人的两种极端之间,大部分人的气质只是美恶、清浊程度不同,分数多寡而已。许衡所要重视的,就是这些处于中间的大部分人。对这些气质驳杂不齐的芸芸众生,他根据朱熹变化气质办法,是去其昏蔽,复其明德,识见天理。他认为这就是圣人为学为教的目的。以上的一些论述都是源于朱熹。

许衡所提出的变化气质的方法,即修养方法,不外是持敬、谨慎、审察之类。当一个人独处之时,其心不与外物接触,自然不存在物欲昏蔽,这叫作未发之时;当临事应物,心与外物接触,这叫作已发之时。在这两者之间,还有个将发而未发的瞬间。这几种情况都是根据心的动静来说的。在心体未发之时,其修养方法是持敬。持敬即"身心收敛,气不粗暴",如恐"鬼神临之,不敢少忽"(《遗书》卷三《大学要略》),"心里常存敬畏","戒慎而不敢忽","恐惧而不敢慢"(《中庸直解》),要惶惶然地警惕不善之念,即人欲的发生,以"存天理之本然。"具体地说,这个敬就是敬身,而"敬身之目,其则有四:心术、威仪、衣服、饮食"。有此四目,则"父子、君臣、夫妇、长幼、朋友之间,无施不可"(《遗书》卷三《小学大义》)。人能依此涵养,其心能静如"明镜止水,物来不乱,物去不留",达到"主一",自定常存,无私欲昏蔽。其心在无事时能修养到这等工夫,即具"圣人之心","与天地之心相似";一旦应事接物也不致昏乱。许衡讲心体未发时的持敬,实际上是要人的内在思虑与外在的威仪相符,以此进行封建道德的修养。这是针对未临事之前心体未发之时的方法。而待心之已发而未发的一瞬间,即心与外物将接而未接的时候,此时也可以说是人欲将萌而还没有完全形成的时候,其心体之动尚在幽暗之中,几微潜滋之时。这时他的心理状态,别人虽然不知,但他自己是知道的,这叫"独知"。对于已在潜滋的一瞬间,其办法是"谨慎"。

许衡很重视这一步"谨慎"的工夫,因为据他说,心与外物刚刚接触之时,正是"一念方动之时也。一念方动,非善即恶"(《语录》上),即一个人的善恶好坏,是始于一念之差。这实际上也是针对那些与封建道德相违背的所谓"人欲",采取防微杜渐的办法,将"人欲"禁绝于萌发之际。如果把心与外物刚刚接触、人欲将萌的这一瞬间,放在心体已发、人欲已萌的阶段来说,它就是这个阶段的开始。而对于心之已发的这个阶段,其办法是"审察",即审察其行为的意念,是否合乎封建道德的标准。

对意念的审察,不是靠外来,而是以自省自悟的自觉,使自己的行为符合封建道德规范。所谓自觉,据说是恢复心体本有的知或良知。然而这是要通过格物才能显现出来的。格物致知也叫穷理。穷理,在他看来就是叫人明白命和义,亦即明白永恒不变的天命和应当遵循的封建道德,而不是客观事物的物之理。

许衡认为,心中之理通明,在应事接物的实际行为中,就能"不牵于爱,不蔽于憎,不因于喜,不激于怒,虚心端意,熟思而审处之。虽有不中者,盖鲜矣"(《元文类》卷十三《时务五事》)。这样就可以心诚意正,至诚恻怛,其所发之情,皆得其宜,而临事所施,也无不中节,即无不合乎封建道德的标准。能如此,天理可以彰著,人欲可以遏制,洗涤己私而达于大公,进于仁爱。这就是他所谓"克己则公,公则仁,仁则爱"(《宋元学案·鲁斋学案》)。仁,他解为不争、容恕、气平,无一私意,故仁为无私而公;即可达到天地万物与吾一体的境界。

由持敬、谨慎到省察,以至与天地同体,许衡以为人的气质变化到这一步,也就内外一体,心静主一,遇物而不为物累,人欲净洁,"与圣人一般"(《中庸直解》)。许衡依据朱学,讲出这样一套理学的自我修养方法。

许衡的理学思想,有两点需要指出:第一,他在讲到天理对人的关系时,似乎对每个人都是平等的,其实并非如此。在他看来,因各人的气质不同,其富贵贫贱又有种种差别。这种差别并非出于偶然,而是天命之与不与,它由不得自己,也不可能改变。这种说法,无异是把封建社会贫富贵贱的不平等,说成是不可改变的自然品级和命运,从而为现实社会中存在的等级制度制造理论根据。

至于偏愚、不肖,不合封建道德的思想和行为,许衡认为可以"教而后善",故有"圣人设教","圣人是因人心固有良知良能上扶接将去……发达推广"(《语录》上)。这个"圣人",当然就是现实中的封建皇帝。这是许衡用理学为封建社会的最高统治者涂上一层"奉天承运"的神圣油彩。所以,许衡的理学在元初封建化的过程中,如宋濂说的能"昭用于时,黼黻帝治",因此受到元代统治者的提倡,也就不是偶然的了。

第二,许衡的理学虽然继承朱学,但他并没有严守朱学门户。他认为天理在心中,直求本心即得天理。而他在理学方法上所谓持敬、谨慎、审察,都是从这一思想出发的,与朱熹不完全一致。

许衡这种强调本心自悟,和他在知行问题上强调自识本心一样,也是后来王学的雏形,从而成为王学的先声。以往一般都认为王学是直承陆学。但是,王学与陆学并不完全一样。王学直求本心,固然是陆学的思想,但王学也讲朱学的理欲之辨和理气对待之类。王学这种糅合朱、陆的倾向,其实早在元代许衡,也包括吴澄的理学中已开其端。王阳明的《朱子晚年定论》,以曲附陆学的办法,也早在元代许衡、吴澄的理学中已开其门径。所以,从理学史上看,许衡、吴澄的元代理学,是宋、明之间的环节。不明了元代的理学,明代的王学何以出现,是不能说得清楚的。

三、对许衡思想的评价

许衡虽然是理学家,但他也看到南宋之所以亡,是同当时"深求隐僻之理"的理学风气不无关系;而他自己又曾经历过战争的离乱和贫困。入元之后,他虽为显儒名宦,但其时正值元初开始封建化的过程,也必然要触及社会现实。这就使他的理学要讲求修、齐、治、平,不可能再仅仅"徒事于言语文字之间"。因此,许衡对"性命之奥"的理学,不免要做一些宽泛的解释。

第一,许衡认为"道"不是远离人间的东西,如果道是"高远难行之事,则便不是道了",它应当是"众人之所能知能行者,故道不远于人"(《中庸直解》),而人们为道行事是否正确,是根据自身的日用常行自可判断。他举《中庸》"执柯以伐柯"句,说要做一斧柄,不知道该要多长?其实,就看看你手中伐树用的斧把就已知道,不必远求。他由此引申说:"若为道的人,厌其卑近,以为不足为……务为高远难行之事,则便不是道了"(同上)。他批评有些人"深求隐僻之理","要知人之所不能知……要行人之所不能行",实是"欺世而盗名",而"圣人岂肯为此事哉"(同上)。他还批评那些专事言辞而于事无补的理学家,"道尧、舜、周、孔、曾、孟之言,如出诸其口,由之以责其实,则霄壤矣"(《语录》上)。许衡是理学家,对理学的弊病多少看出了一些,尽管他不是以反对理学的面目出现的。

在他看来,道不是"高远难行",应当接近"众人",所以他把"民生日用"的"盐米细事"视为道和义。他说:

> 大而君臣父子,小而盐米细事,总谓之文,以其合宜之义,又谓之义;以其可以日用常行,又谓之道。文也义也道也,只是一般。(《语录》上)

虽然许衡在理学上仍然强调"君臣父子",但他注入"盐米细事",就使过去空谈心性的理学有了一点生意。

许衡的践履,虽然是指伦理纲常的推行,但也包括民生日用,重视人的"生理",即吃饭穿衣,提出有名的"治生"论。这在许衡《集》《遗书》和《宋元学案》《许鲁斋先生年谱》中俱载其说。据《年谱》载:

> (许衡)言为学者,治生最为先务。苟生理不足,则于为学之道有所妨。彼旁求妄进,及作官嗜利者,殆亦窘于生理之所致也。诸葛孔明身都将相,死之日,廪无余粟,库无余财,其廉所以能如此者,以成都桑土植利,子孙衣食自有余饶尔。治生者,农工商贾士君子当以务农为生。商贾虽为逐末,亦有可为者,果处之不失义利,或以姑济一时亦无不可。

经《年谱》作者郑士范考订,这是许衡在至元八年(公元1271年)讲的,此时正是忽必烈改元立国。许衡讲的这些,同他过去疏陈的《时务五事》一样,也是作为立国献言。按许衡所说,"治生"所以"最为先务",是因为"生理"不足,则有碍于为学之道。一些人之所以"旁求妄进"、"作官嗜利",是因为"窘于生理"。诸葛亮去世之日,其所以廉洁,"库无余财",是能于平日桑土植利,使子孙衣食不愁,"自有余饶",故生前不用贪蓄妄求。

第二,梁启超在所著的《王安石评传》中,谓原来的儒学是合心性与事功为一体,重视六艺,而宋代理学始将心性与事功分为二途,视事功为末业,故理学于国家民生毫无举措。清人江藩在《宋学渊源记》中亦有此说。这一点,许衡在宋代以后,在理学上重"践履力行"和民生日用,可以说是力求把心性与事功合一。当然,这不同于陈亮、叶适斥理学而重事功,许衡还是站在理学的立场上,其进步的意义自然不能同陈亮、叶适相比。

我们更要看到,许衡"践履力行","行于斯世",其"斯世"正是元蒙统治下的元朝。而元蒙统治者原起于漠北,无论就其社会经济、政治制度,或就其思想文化来说,与中原比较是落后的。而许衡,当然还包括其他一些汉族知识分子,正是处在元蒙刚刚进入中原的时候,对汉、蒙文化融合和交流,是起了积极的作用。许衡当时主持元初国学,以儒家六艺为内容,教授蒙古弟子,即所谓"乐育英才,而教胄子"。后来元朝政府的达官要员,不少就是出自许衡的门下,他们"致位卿相,为一代名臣","数十年间,彬彬然号称名卿士大夫者,皆出其门下矣"(《遗书》卷末《神道碑》)。这一批经过中原文化熏陶的蒙古官员,对推动汉、蒙文化的融合、交流是起了积极的作用。另一方面,许衡本人也为元帝召用,升任左丞,参与机要,为元朝"经画典制,赞理枢机"(《元文类》卷二十四)。他向忽必烈条陈《时务五事》,以"汉法"为元朝"立国规模",力劝元帝要"治心慎独",以"得民心"为要,兴学校、重农桑(详见《元史》本传)。尽管当时的蒙古汗庭对"汉法"和中原文化,还有个消化的过程,而当时像阿合马这样的一些蒙古权贵从中作梗,但是汉、蒙文化的融合与交流还是曲折地进行着,而他们在进入中原之后的客观形势也不得不使他们接受汉化。

应当指出,许衡推行汉化,行道于"斯世",也还遇到一些蒙古权贵的阻力,为此,他在《时务五事》的上书言事中,向忽必烈强调汉化的必要性,力劝忽必烈坚持汉化。他说:

> 国朝(元)土宇旷远,诸民相杂,俗既不同,论难遽定。考之

前代,北方奄有中夏,必行汉法,可以长久,故后魏、辽、金历年最多,其他不能实用汉法,皆乱亡相继。史册具载,昭昭可见也。……以是论之,国家当行汉法无疑也……陛下笃信而坚守之……则天下之心,庶几可得,而致治之功,庶几可成也。(《元文类》卷十三)

所谓"行汉法",即"改用中国之法",也就是推行封建法度。

据记载,许衡这一席话是说动了汗庭,忽必烈任用大批汉族儒士大夫,以"汉法"定官制、立朝仪,尊信儒学,并几经周折,终于把阻挠汉化的像阿合马这样的一批蒙古权贵压服了。因此,在促进民族之间思想文化的交流、融合方面,以及对于保存从当时来说比较先进的汉民族社会经济、文化方面,许衡是有贡献的。这是在评价许衡思想时也必须予以充分肯定的。

第二十五章　刘因的理学思想

第一节　刘因的身世和学行

刘因与许衡、吴澄同为元代三位著名学者。清初黄百家早已谈到,他说:"有元之学者,鲁斋(许衡)、静修(刘因)、草庐(吴澄)三人耳。草庐后至,鲁斋静修,盖元之所藉以立国者也"(《宋元学案·静修学案》)。吴澄一生的学术活动,主要是在南方,许衡、刘因在北方,为"元北方两大儒"(同上,全祖望案语)。

刘因(公元1249—1293年)一名骃,字梦吉,保定容城(今河北容城)人。年长,因慕诸葛亮"静以修身"一语,遂以"静修"自号。死后,谥文靖。《元史》有传。遗著有《静修先生文集》二十二卷(以下简称《文集》。此即四部丛刊初编本)。

刘因父祖本金朝人,世代业儒。当蒙古崛起漠北,威胁金源时,刘因祖父举家随金之王室迁开封。待元兵进逼开封,刘因父亲又举家北归。次年(公元1234年),金室由汴梁溃走蔡州,旋即亡国。又过了十五年,(公元1249年)刘因生于保定容城。应该说,刘因生于斯时斯地,当为元朝的子民,但刘因在诗词中,却是眷恋金朝文物,自视为亡金的遗血,谓要"承先世之统"(《文集》卷二十《书画像自警》)。所以他一生的思想感情,与元蒙之间一直是格格不入。及至元灭南宋,他屡作哀宋之文,极尽悲恸之情。

至元八年（公元 1271 年），元统一江南，改元立国。至元十九年（公元 1282 年），刘因已三十五岁，元宰相不忽木，见其学术声名，是"道义孚于乡邦，风采闻于朝野"（苏天爵语，《滋溪文稿》卷八《静修先生刘公墓表》），遂荐于朝，擢承德郎、右赞善大夫，继王恂之后，在学宫督教近侍子弟。但不到一年，他借口母病辞归。至元二十八年（公元 1291 年），又诏以集贤学士、嘉议大夫，他以"素有羸疾"为由，谢辞不就。后隐迹乡野，授徒以终。

刘因所以不肯仕元，后人曾有议论。明人马平泉说："元之初政，大纲不立，奸匿横恣，世祖（忽必烈）虽有图治之心，而酷烈嗜杀，岂大有为之主哉！先生（刘因）所以决去不顾耳"（《宋元学案补遗》卷九十一《静修学案补遗》附）。清人全祖望在《宋元学案·静修学案》中，称"文靖生于元，见宋、金相继而亡，而元又不足为辅，故南悲临安，北怅蔡州。集贤虽勉受命，终敝履去之，此其实也。"按马、全之说，刘因是因为心念亡金，又加上元初草创之际，并无纲纪，动辄杀戮，故虽一时受命，但旋进旋退，而终于闭门不出。此说似未触及问题之实质。其实，在刘因心目中，元蒙只有毡酪之风；若与之苟合，则有损于儒道之尊。这才是问题之所在。

这也就决定了刘因在政治上采取与元人不合作的态度。因此他一生屏迹山野，超然物外。刘因的学术师承，据《元史》本传，他初从国子司业砚弥坚受经学章句，但不满于章句"训诂疏释之说"，似觉"圣人精义，殆不止此"。后得南儒赵复所传程朱理学，认为这才是圣人"精义"，并品评两宋理学人物，谓"邵（雍），至大也；周（惇颐），至精也；程（二程），至正也；朱子，极其大，尽其精，而贯之以正也"（《元史》本传），遂由章句之学转向理学。他所以推崇邵雍，是因为他也深契邵雍的象数学和"观物"思想。

刘因的著述，除今存《文集》外，据苏天爵所撰刘因《墓表》，有《丁亥集》诗五卷、《四书精要》三十卷、《易系辞说》，及门生辑录他讲解的《四书》语录。这些都已失传。今存四部丛刊初编本《文集》，是元至顺庚午本。该本未收对元蒙统治者有禁忌的文字，直到明万历方义壮始辑录这些文字，增编为《刘静修先生集》。此即为畿辅丛书初编本。畿辅本的内容多于四部本，且在一些文字上做了考订。加上该本辑集了刘因的长篇

《叙学》。这为我们研究刘因的思想提供了有用的材料。

刘因的弟子,有乌冲、郝庸、安熙、李贞、梁泰等。安熙(默庵)能笃守师说,曾作《四书精要考异》《丁亥诗注》,使刘因之学"昌大于时"。安熙弟子以苏天爵(滋溪)为最著,他与虞集、姚燧、赵子昂一起,是元朝的一代名士和文章家,著有《滋溪文稿》和编纂的《元文类》《元朝名臣事略》,俱为研究元史的要籍,被称为"一代文献之寄"。

第二节 刘因的天道论和心性说

刘因在理学上,虽属朱学范围,但他并不是严守朱学门户,往往杂入陆学自求本心。

一、天道思想

至元辛卯(公元1291年)四月,刘因在《游高氏园记》中,谈到天地生生不息之理说:

> 夫天地之理,生生不息而已矣。凡所有生,虽天地亦不能使之久存也。若天地之心见其不能使之久存也,而遂不复生焉,则生理从而息矣。成毁也,代谢也,理势相因而然也。人非不知其然也,而为之不已者,气机使之焉耳。若前人虑其不能久存也,而遂不为之,后人创前人之不能久有也,而亦不复为之。如是则天地之间,化为草莽灰烬之区也久矣,若与我安得兹游之乐乎?天地之间,凡人力之所为,皆气机之所使,既成而毁,毁而复新,亦生生不息之理耳,安用叹邪!(畿辅本《刘静修先生集》卷二,以下简称畿辅本)

刘因所谓"生生不息"之理,是包括自然与社会的成毁、代谢,认为这是"理势相因而然",否则万物"不复生",人之蕃衍的"生理"也就停止。但是,这种生生不息的变化，刘因把它归之于"气机"。按"气机"，原是古代医学上形容人体内部运行的气，后来的一些思想家用它来说明动静变化，与《易传》"絪缊"一词互相使用。张载曾用来解释世界由本原的气所以变化到万物的原因。而刘因使用"气机"，是接近庄子"机缄"的意思。庄子认为天地、日月"运转而不能止"，是一种不得不然的"机缄"，也就是原因。从庄子整个思想体系看，"机缄"只不过是指有形的世界而言，而在它之上还有一种更为根本的虚无的"道"。刘因使用"气机"的概念，基本上和庄子的这一思想相同。他说"天地之间，凡人力之所为，皆气机之所使"，正是指物质世界变化的原因。

这个原因又何以产生？刘因并没有交代清楚。本来，要明确回答这一问题，首先要说清楚世界万物是从哪里来的，它的本原是物质，还是精神？然后才好回答世界万物变化的原因是什么。可是刘因恰恰在这个根本问题上，反映了他的唯心主义世界观。他在《宣化堂记》中说：

> 大哉化也，源乎天，散乎万物，而成乎圣人。自天而言之，理具乎乾元之始，曰造化。宣而通之，物付之物，人付之人，成象成形，而各正性命，化而变也。阴阳五行，运乎天地之间，绵绵属属，自然氤氲而不容已，所以宣其化而无穷也。天化宣矣，而人物生焉。人物生焉，而人化存焉。大而父子、君臣、夫妇、长幼、朋友之道，小而洒扫、应对、进退之节，至于鸢飞鱼跃，莫非天化之存乎人者也。（畿辅本卷三）

所谓"化"或"造化"，自天而言是本乎"理"。这个"理"就是他在《游高氏园记》中所说的"天地之心"。由"理"的宣而化之，就"成象成形"，有了万物的现象世界。并且，这个"理"，也赋予人以性、命，以至有了君臣夫妇的伦理纲常。而这个有形有象的世界，其绵绵属属，不断运行变化的就是"氤氲"，即《易传》所谓"絪缊"，也就是他说的"气机"。显然，作为现象界变化的原因"气机"，又是本于无形不可见的"理"。可见刘因又撷取了朱熹的观点。

二、心性思想

前已提到,刘因说"人欲化而天理,血气化而性情"。那么,人欲如何能转化为天理？在这一点上,他强调要自求于己。他说:"天生此一世人,而一世事固能办也,盖亦足乎己而无待于外也"(《文集》卷二十一《读药书漫记》二条)。这种"无待于外"的求理方法,他举医学上所谓那里有毒,那里必有药治为例,说得更清楚。他说:

> 岭南多毒,而有金蛇白药以治毒；湖南多气,而有薑桔茱萸以治气。鱼鳖螺蚬治湿气而生于水,麝香羚羊治石毒而生于山,盖不能有以胜彼之气,则不能生于其气之中,而物之与是气俱生者,夫固必使有用于是气也。犹朱子谓天将降乱,必生弭乱之人以拟其后。(同上)

理学家论证他们的思想,设譬举喻,往往是不伦不类,无类比附。刘因用医学上乃至于朱熹说的治乱相随的例子,来证明人欲化而为天理的方法,是当求于己,"无待于外",也是无类比附。在他的譬喻中,说明要改变人欲血气,就在于引发扩充他自身固有的德性、善端。如何引发扩充？刘因在至元七年(公元1270年)作的《驯鼠记》中,强调养气持守、不动心。他举人与蜂、鼠的关系,以喻人与物的关系。他说:

> 心之机一动而气亦随之,迫火而汗,近水而栗。物之气能动人也,惟物之遇夫人之气也亦然。鼠善畏人也。一日静坐,有鼠焉出入怀中,若不知予之为人者,熟视之而亦不见其为善畏人者。予因思先君子尝与客会饮于易水上,而群蜂近人,几扑而却之者皆受螫,而先君子独不动,而蜂亦不迫焉。盖人之气不暴于外,则物之来不激之而去,其来如相忘,物之去不激之而来,其去

也亦如相忘。盖安静慈祥之气与物无竞,而物之亦莫之撄也。平吾之心也,易吾之气也,万物之来,不但一蜂、鼠而已也。虽然持是说以往,而不知所以致谨焉,则不流于庄周、列御寇之不恭而不已也。(同上卷十八)

在这里,刘因举喻人与蜂、鼠的关系,基本上是沿袭从周惇颐的"主静",到程颢的"主敬"的思想。不过,周、程不是主张块然静坐,弃物求静。他们认为人非槁木死灰,所以主张在动静中以静为主。而刘因是视物若无,专务其静,专一而不放逸。其所谓物之来去,当如"相忘"者,实际是指内外兼忘,无分彼我的意思。这一思想,大而言之,天与人不可判分为二,二之则"相悖","一之则机玄而化行"(同上卷十九《赵征士集注阴符经序》)。这样,人与物便泯化为一,物我无别。在认识上能进入物我无别,也就不存在什么扰攘本心的问题。

可以看出,刘因所论的物我关系,反映了他在认识论上反求于己的主观唯心主义。虽然主静、持敬也是朱学的方法,但刘因却多少把它变成陆学直截反求本心的方法。

这里还要进一步弄清楚的是,刘因在《驯鼠记》中,所谓不动心,不与物接,是否就要像庄子那样忘世而任自然呢?前面曾经提到他警惕自己不要"流于庄周、列御寇之不恭"。对这一问题,他在一篇为田喜所作的墓表中,有一段话很值得玩味。他说:

呜呼!天地至大,万物至众,而人与一物于其间,其为形至微也。自天地未生之初,极天地既坏之后,前瞻后察,浩乎其无穷,人与百年于其间,其为时无几也。其形虽微而有可以参天地者存焉,其时虽无几而有可以与天地相终始者存焉。故君子当平居无事之时,于其一身之微,百年之倾,必慎守而深惜,惟恐其或伤而失之,实非有以贪夫生也,亦将以全夫此而已矣。又其当大变,处大节,其所以参天地者以之而立,其所以与天地相终始者以之而行。而回视夫百年之倾，一身之微，曾何足为轻重于其间哉！然其所以参天地而与之相终始者，皆天理人心之所不容已，而人之所以生者也，于此而全焉。一死之余，其生气流行于天地万物之间者，凛千载而自若也。（同上卷十七《孝子田君墓表》）

刘因也承认，人在浩瀚无涯的天地之间，其形至微；在天地生灭的大化中，其百年之寿实不足与之比。这同庄子在《秋水篇》中，形容人在宇宙中，如秭米之在大仓，如毫末之在马体，藐焉而不足道一样。但庄子及庄子一派的道家，认为人在无涯的天地之间，是无能无知，无可作为，因此要人们任其自然，求全保生，不为"仁义而修"，不为"功名而治"，应当"恬淡寂寞，虚无无为"。这样就可以忘万物，忘天地以至忘己，超乎物外，游心于无穷天地。这是道家视人之形体与寿命为至微无几，而提倡的绝物忘世的思想。但儒家认为二气交感，化生万物，惟人最为秀灵至贵，其形虽藐焉至微，但能"兼乎万物"，具天地之性，并不因为人的渺小而走上忘己。这是儒家的思想，与庄子是有所区别的。刘因在田喜墓表中，基本上也是这一思想。

虽然刘因与庄子绝物忘世的道家不同，但不等于说他就有积极用世的思想。在他看来，君子在于立心之初，而不当计其能否用世。至元二十九年（公元1292年），他在《遂初亭说》中说：

君子立心之初，曰为善而不为恶，曰为君子而不为小人，如是而已。苟为善也，为君子也，则其初心遂矣。夫道无时而不有，无处而不在也，故欲为善为君子，盖无时无处而不可，而吾之初心，亦无时无处而不得其遂也。若曰：吾之初心将出以及物也，苟时命不吾与焉，则终身不得其遂矣。如是则是道偏在乎出而处也，无所可为者矣。若曰：吾之初心欲处而适己也，苟时命不吾释焉，则亦终身不得其遂矣。如是则是道偏在乎处而出也，无所可为者矣。

道果如是乎哉？……夫义当闲适，时在匡济，皆吾所当必为者，然其立心，则不可谓必得是也而后为遂，苟其心如此，则是心境本无外而自拘于一隅。道体本周遍而自滞于一隅，其累也甚矣。（同上卷二十）

在这里，刘因对儒家所谓的道，提出了他的看法。在他看来，这个道是随时随处无乎不在。因此，如果一个人在当初，其志在于为善为君子，则其志可遂。如果视道为用世"及物"，或为了私己的安适，这种人的立志，倘或"时命"不与，"不得其遂"，"无所可为"，那么，这个道在这种人的眼中，还说得上是无乎不在吗？刘因的意思很清楚，一个人应当遵道，但遵道不一定用世；一个人能不能"达道"，不在于治功。这一思想，他在《道贵堂说》中也有所说明。他说，"邵康节诗：'虽无官自高，岂无道自贵'，非以道对官而言也，但言道不以此为有无尔。若以为对，则其浅狭急迫，非惟不知道之所以为道，而慕外之私，亦必有不可胜言者矣"（《文集》卷二十）。这是说，一个人的德性之高，不在于官爵和治功，而在于自身的道德修养。

第三节 刘因关于齐物、观物的思想

前面说刘因主张"不动心"，但不等于说他对客观存在的物没有自己的看法，因为他毕竟是生活在现实的社会中，他必须回答实际的问题。在他看来，要能做到所谓不动心，必须承认人们不能认识的事物的真相。这是他在认识论上比较突出的一点看法。

首先，他在谈到道与物的关系时，认为"道"是最根本的。他在《退斋记》中说：

道之体本静，出物而不出于物，制物而不为物所制，以一制万变而不变者也。以理之相对，势之相寻，数之相为流易者而观之，则凡事物之肖夫道之体者，皆洒然而无所累，变通而不可穷

也。(《文集》卷十八)

儒家从来不是孤立的论说道、理,他们认为道、理固然是独立的本体,但道又必须因物而显,而物又必须因道而洒然变通。刘因在这里也是从道与物对待的关系中来讲道的,但他强调道不是"出于物",也就是不是本于物。当然,它也就不"为物所制",所以"道之体本静"。显然,这个道是在物之上的一种抽象的绝对本体。这是唯心主义的颠倒看法。这一看法,可以说是他对客观事物观察的前提。

还要指出,他在这里所说的物,当指有形可见的客观事物。那么,这种物的实在性、真实性又如何呢?刘因从认识论上,用烦琐的思辨方式,对它表示了怀疑。这在他谈到物之齐与不齐这个传统论题的时候,曾有所申述。他举东与西的现象为例,说:

> 物齐也,齐之则不齐矣。犹之东、西也,东自东而西自西,固不齐也。然东人之西,则西人之东也,是曰东亦可,曰西亦可,则是未始不齐也。然东、西之形既立,指其西而谓之曰东,则东者必将起而争之,而不齐者出矣。不齐之,则物将自齐而平矣。东也西也(原作"矣",据畿辅本改),吾立于中而制其东、西焉。如是,则谓之无所著可也;一有所著,则不西而东矣。谓之无所著可乎?彼空,将无所著也,一倚于空,独非著乎?此程子深有取于邵子之言也。然彼为其说者曰:是不足以破吾说也。吾曰:齐,固未尝齐夫物也。吾曰:空,固未尝著夫空也。噫!悠谬辗转,愈遁而愈无实矣。(同上卷二十二《书康节诗后》)

所谓"齐之""不齐之",是作动词用,一如《大学》"明明德""明其明德"前面的"明"字一样,是表示对事物的现象去人为的认识和争辩的意思。在刘因看来,就物的本相来说是齐的,如果加以人为地去齐,反而不齐。而我们所见到的"东人之西,西人之东",只是相对而已,说"东亦可""西亦可",这两者在对待中是同一的,是"未始不齐也",所以"不齐之,则物将自齐而平矣"。因此,如果有两个人要在东、西两个地方站着,"东、西之形既立",互相争论谁是东谁是西,则"不齐者出矣"。在这种情况下,刘因认为最好的办法是不为东、西二者的现象所制,而是超乎东、西之上去"制其东、西"。这是刘因用庄子《齐物论》中所说的游乎空中,不为是非所役的"离是非"态度;离开是非就不存在是非,这样也就"齐是非"。这就是刘因说的"吾立于中而制其东、西"的意思。所谓"中"者,是取庄子《齐物论》"环中"的"中",即"空也",也如同佛教"不二边"的"中道"的"中"。刘因说他这种超乎东、西现象之上,游于空中,是"无所著",即不落于东、西现象的办法。因为"一有所著,则不西而东矣",就要争论起来,是非相寻,诚如庄子所谓如环无端,"恶(焉)能止之"?而这种争论,又并非是物的本相,只是根据东、西相对的现象而起的。因此,刘因认为据外界现象去认识和争论,则未免偏而不全,所以应当"无所著",也就是不要根据现象去认识,其物反而是齐的。这个"齐",是指东也可、西也可,是一回事,是一而同,而不是二而异,无须分辨,至此也就无所谓齐不齐,亦即庄子所谓本来不存在"然不然、是不是"的意思。故刘因说现象的不齐,并非是物的本相,物的本相是齐的,只是"人惟见其不同,而不知其同也"(同上卷二十《惟诺说》)。一句话,人对外界现象的认识,是不真实、不可靠的,是不能认识物的本来面目,应当放弃对客观世界的认识。本来,事物是在一定条件下存在,所以它们是相对的。然而事物的相对性之中还存在着绝对性;所以事物间就有差别性。东与西固然是相对的,但毕竟有东与西的差别。刘因看到了事物的相对性,在这方面他的论述中含有辩证的因素。但是,他却把相对性夸大起来,以至怀疑事物现象的真实性,甚至怀疑人是否可以认识事物本身,这就使他的认识论走上了邪路。

而他这种离开事物现象的"无所著"办法,必然"一倚于空"。对此,他引邵雍的话,去回答有人提出的空与著问题。他说人为地去"齐之",也就是根据现象去认识,事实上是不能认识物的本身。那么,"无所著"是否就是空呢?他说这个空,未尝空。因为离开现象,看来是空,实际上这个物倒是"真实的"存在着。那么,如何获得物的本相呢?在他看来,那就是主观与客观相脱离,超脱客观世界,依靠内省直观的方法,使主观合一于绝对本体,这就所谓"与天合一"。

显然,这种精神的自我反观,正是邵雍"以物观物"的方法。这一点,刘因的再传弟子苏天爵为刘因所做的墓表中,指出刘因"其学本诸周、程,而于邵子观物之书,深有契焉"(《滋溪文稿》卷八),这个论断很切合刘因的思想实际。这里要指出的是,邵雍的"以物观物"的前一"物"字,是绝对的精神本体,后一"物"字,也不是具有实体性的事物,而是具于心中的幻影,即刘因说的本来自齐的物。所以前后两个"物"字,都不过是主观的精神。因此,所谓"以物观物",就是"以心观心",自己认识自己,自我意识的循环,也就是在主体与本体之间"颠来倒去"。所谓主体、本体,是唯心主义者头脑中任意设置的两个对立的东西,然后他们自己再把这种主体与本体,使之冥合,以为这就获得了世界的"真实"。这是脱离客观世界而在自己头脑中自设的矛盾,然后又自己去解决这矛盾的主观唯心主义的直观方法。而刘因最终要获得的"物",就是通过邵雍"观物"的直观方法,获得这种精神本体。当然这个"物",只不过是主观的虚构。

刘因认为放弃对客观世界的认识,回到精神的自我冥索,就可以与天或天道合一,而成为"圣贤",到了这个境界就天即我、我即天,圣即我、我即圣了。这在他的另一篇《希圣解》中,说得十分清楚。

《希圣解》中所谓"拙翁"之言,实际上是他自己的表白。他说,秋夜起坐中庭,饮酒无味,弹琴无声,遂取周惇颐《易通》(即《通书》),读至"士希贤、贤希圣、圣希天"时,不觉其言荡荡浩浩,但自叹何能企及,感到这是"欺我后人迂哉"!既而进入梦乡。在朦胧中,见有三老丈走来,俱仙风道气。其一为襟怀洒落如光风霁月的拙翁。拙翁为他指路解惑,说了一通话。今引录如下:

> 天地之间理一而已,爰其厥中,散为万事,终焉而合复为一理。天地,人也;人,天地也。圣贤,我也;我,圣贤也。人之所钟

乃全而通,物之所得乃偏而塞。偏而塞者,固不可移;全而通者,苟能通之,何所不至矣。圣希乎天,至则天,不至则大圣;贤希乎圣,过则天,不至则大贤;士希乎贤,过则圣,至则贤,不至则犹不失乎令名。此圣之所以为圣,贤之所以为贤也。

子受天地之中,禀健顺五常之气。子之性,圣之质;子之学,圣之功。子犹圣也,圣犹子也。子其自攻,而反以我为迂。子迂乎? 先生(拙翁)迂乎? 苟子修而静之,勉而安之,践其形,尽其性,由思入睿,自明而诚。子希圣乎? 圣希子乎? 子其自弃,而反以我为欺! 子欺先生乎? 先生欺子乎?(畿辅本卷一)

拙翁开头所谓"天地之间理一而已,爰其厥中,散为万事,终焉而合复为一理",语出《中庸·章句序说》,以作为拙翁谈话的要旨。拙翁由"万事"本于"理一",讲到天与人、圣与人本一。但人要由贤至圣,与理为一,其间还需要"践其形,尽其性,由思入睿,自明而诚",此即周惇颐说的要"身端、心诚"。"心诚"即内省。这样就如《易传》说的可以"与天地合其德,与日月合其明",在精神上达到天即我、我即天;圣即我、我即圣。像庄子说的"天地与我并生,而万物与我为一"的境地。而所谓"子希圣乎,圣希子乎?""子欺先生乎,先生欺子乎?"这在刘因看来,提出这样的问题,似乎是自我限隔离,不明白天人本为一体。

很明显,刘因在哲学上的这种唯心主义认识论,既吸收了邵雍的"观物"思想,也吸取了庄子的"齐物"论。但是刘因说他与庄子所不同的是,庄子由齐物走向"不知义命",而他的齐物,是"有道为之主"。这个"道",不是庄子在"窈冥恍惚"中的道,而是封建伦理纲常,当然也包括庄子所否定的"义命"。他尽管吸取老、庄和佛教思想,但他绝没有忘记现实社会所需要的君臣、父子这些伦理纲常。所以理学能成为后期封建制度的思想支柱,是有其原因的。

第四节 返求六经与"古无经史之分"的经学思想

刘因认为,人之生是"材无不全"。所谓"材",非指"才能",是指素质、质料,用以譬喻本来完善的性。而后来所以"不全",是惑于"异端"。为此,当求于"大圣大贤惠世之书"。刘因在《叙学》中说:

> 性无不统,心无不宰,气无不充,人以是而生,故材无不全矣。其或不全,非材之罪也。学术之差,品节之紊,(乃)异端之害惑之也。今之去古也远矣,众人之去圣人也下矣。幸而不亡者,大圣大贤惠世之书也,学之者以是性,与是心,与是气,即书以求之。俾邪正之术明,诚伪之辨分,先后之品节不差,笃行而固守,谓其材之不能全,吾不信也。(畿辅本卷一)

这是刘因为他的弟子,讲"读书为学之次叙"中的一段话。按他的说法,读书可以复其"全材"善性。此说早在朱熹论格物三事时,就已谈到过,并无新义。要注意的是,他在谈到读书当先读六经、《语》《孟》,然后依次读史、诸子时,对六经、《语》《孟》所做的一番议论。

他的议论主要有两点:一是他提出宋学"议论"(即理学)是本于六经的问题;二是他提出"古无经史之分"的问题,认为六经中的《诗》《书》《春秋》,就是史。这两点已涉及刘因对儒家经典的看法,今分述于后:

一、返求六经

我们知道,从汉以来,儒家六经,除《乐经》已佚外(一说本来就没有乐经),主要是《易》《诗》《书》《礼》《春秋》五经,虽有今古文之事,但都被视为圣人垂世的典则。后来的一些经生,凡解经的即为注,解注的即为疏。这些经、注、疏,有官定的,有私撰的。所以从汉以来,一经之注、疏,往往多至百家。更由于在封建时代,一些思想家多以注疏表达自己的思想观点,故注疏分歧丛杂。但大体上,由汉至唐,注疏多为训诂性质,不注重思想的阐发。这种情况到了唐末宋初,由于受到富有哲理的佛教(包括道教)的影响,一些儒家就摆脱汉、唐训诂,直接依经解说,"横发议论"(皮锡瑞语),大谈天道心性,此即所谓义理之学,也就是理学。对于理学的义理,刘因曾经有所非议,他说:

> 六经自火于秦,传注于汉,疏释于唐,议论于宋,日起而日变。学者亦当知其先后,不以彼之言而变吾之良知也。近世学者往往舍传注、疏释,便读(宋)诸儒之议论。盖不知议论之学,自传注、疏释出,特更作正大高明之论尔。传注、疏释之于经,十得其六七。宋儒用力之勤,铲伪以真,补其三四而备之也。故必先传注而后疏释,疏释而后议论。始终原委,推索究竟。……勿好新奇,勿好辟异,勿好诋讦,勿生穿凿。(畿辅本卷一)

因为刘因是理学家,当然还是肯定宋代"议论之学"即理学的。但是,他指出理学是"自传注、疏释出",批评"近世学者,往往舍传注、疏释,便读(宋)诸儒之议论"。因此,读书"必先传注而后疏释,疏释而后议论。"这些说法,意在强调汉、唐传注、疏释的重要。这与"拨弃汉唐训诂"的宋代理学家们有所不同。理学是直接以义理发挥经书的,故能"凿空臆断","自由其说"。而刘因所谓六经自秦以后,出现汉、唐传注疏释,然后才有宋代"议论",这是把经学历史的次序,说成是理学产生的"原委",将两者混淆起来,则未免似是而非。刘因所以要这样说,也许他在"南悲临安"的时候,想到宋之所以亡,是同理学的"穿凿",以至于离经的弊端有关。为补救此种弊病,就应当重视汉、唐训诂。因为训诂虽称烦琐,但它毕竟是紧就六经,无有"穿凿",能得其经旨"六七",未尝离经。而六经又是古代"大圣大贤"的"惠世之书",是即事言道,正像过去的一些儒生说的,六经是六艺之教,五常之道,这也许能补救理学"穿凿"的弊病。总之,刘因所谓理学出自汉、唐训诂,是意在说明六经为根本。这一点,他在谈到六经与《语》《孟》《学》《庸》的四书关系时，也是强调了六经的这种地位和作用。

对于六经本身，刘因也在于避免"求名而遗实"。他说，在六经中，"《诗》《书》《礼》为学之体，《春秋》为学之用"，故《诗》《书》《礼》与《春秋》是有体有用，"本末具举"。而《诗》《书》《礼》《春秋》与《易》之间，又是粗与精、名与实的关系，两者是相即不离，不可以离粗而独求精。这就是他所说："五经(《诗》《书》《礼》《春秋》《乐》)不明，则不可以学《易》。夫不知其粗者，则其精者岂能知也"。如果弃去《诗》《书》《礼》《春秋》，直求《易》之一经，则必然是"求名而遗实，踰分而远探，躐等而力穷"(同上)。这种把《易》置于所谓体用俱举的《诗》《书》《礼》《春秋》之上的观点，显然是针对汉魏王弼到宋代理学，在《易》学中弥漫着谈空说妙，以至"求名而遗实"的风气而发的。

那么，刘因提出"问学"当以六经为根本，而六经又在于求实，他这种返求六经，是否同于后来明、清之际的进步思想家提出的以六经为"实学"的思想呢？这两者还是有区别的。因为刘因是基于理学的立场来讲六经的，而明末如顾炎武"考百王之典"，重视六经，甚至提出"经学即理学"的口号，是在于经世致用，即汪中说的"推六经之旨以合于世用"(《述学·别录·与巡抚毕侍郎书》)，也就是王夫之所谓"六经责我开生面"。显然，这两者的思想意义是不可同日而语的。刘因只不过是在宋、元鼎革的动乱时期，感到理学之不足，尤其在"南悲临安"的时候，更加深了他这一感觉。但是，他不能看到这是理学的唯心主义本质所决定，所以他也就找不到补救的办法，而只能回头求之于过去的圣贤经传。当然，这不完全是他个人的原因，而是他所处的历史时代使他不可能提出新的思想。

二、"古无经史之分"

刘因重视六经，也重视历史。他认为六经中有的就是历史。这作为一个理学家来说，却是一个很有见地的看法。他说：

> 古无经史之分，《诗》《书》《春秋》皆史也，因圣人删定笔削，立大经大典，即为经也。(畿辅本卷一《叙学》)

谓经为史，早在隋王通《文中子》的《中说》《王道》中就曾经提出过，但他是就体裁而言。而把经与史视为一而二、二而一的说法，则可以说是元代刘因较早提出来的。刘因说《诗》《书》《春秋》原来是史，只是因为"圣人删定笔削"，才立为"大经大典"。这样说，无异是把儒家奉为经典的《诗》《书》《春秋》贬低为历史记录，剥去了经典的神圣意义。这在封建社会未免是大胆的言论。

事实上，后来在明代王阳明的所谓"以事言谓之史，以道言谓之经，事即道，道即事。《春秋》亦经，五经亦史。《易》是包牺氏之史，《书》是尧、舜以下史，《礼》《乐》是三代史。其事同，其道同，安有所谓异"(《王文成公全集》卷一《传习录》上)。李贽所谓"经史相为表里"(《焚书》)。这些说法，可能是沿着刘因"古无经史之分"的提法而加以铺陈的。尤其在清代汉学盛行的时候，六经被捧为神圣的经典，一些汉学经生，皓首穷年，终生埋首于经典的一字一音考据，致使思想枯竭。章学诚于此，奋然独起，提出"六经皆史"的口号，以冲击汉学所依据的经典。这对当时的汉学经生起了止迷促醒的作用。章学诚说，六经只不过是"先王之政典"，是当时史官的记载，故经与史是一回事，可是后人不明白这个来源，"故觉经异于史耳"。当然，章学诚把儒家经典降为史料，具有离经叛道的思想意义，刘因是不可与之比并的。刘因只是在谈到宋代理学时，把六经作为"明镜""平衡"和历史的借鉴而论及"古无经史之分"的。但是，不能不承认，章学诚的"六经皆史"论，多少还是受到刘因的影响，甚至他在《文史通义》中讲的"古无经史之分"，也可能就是袭用刘因的提法。

一般说来，刘因在谈到经与史的关系时，提出"古无经史之分"，在客观上对后世可能产生积极的影响，但就刘因的思想本意来说，并不是否定六经的本身。这正如他讲到六经与理学的关系时，并不是否定理学的本身一样。

第二十六章 饶鲁与吴澄的理学及其历史地位

第一节 饶鲁的理学思想

饶鲁是黄榦的"高弟",为朱熹再传弟子。原黄榦门下,有金华、江右两支,饶鲁即为江右斗杓。在饶鲁之后,其最著者,是他的再传弟子吴澄。

从饶鲁的师承来说,固为朱学范围,但他不是株守朱学门户。黄宗羲假他人之词,谓"双峰(饶鲁)亦勉斋之一支也,累传而得草庐(吴澄),说者谓双峰晚年多不同于朱子,以此诋之"(《宋元学案·序录》)。一个与吴澄同门的程钜夫,称饶鲁之于朱学,不是拘守章句,一如朱子之于二程,而是"共派而分流,异出而同归"(《楚国文宪公雪楼先生文集》卷十四)。从黄宗羲、程钜夫的议论里,可略知饶鲁对朱学的态度。

在饶鲁之后,其学传至吴澄。吴澄在"和会朱陆"中,比起饶鲁来说,走得更远一些,以至有"宗陆背朱"之嫌。

饶鲁,字伯舆,一字仲元,自号双峰,江西余干人。其生卒年月已不可考,大体上知道他是生活在南宋末年理宗、度宗时期,其年略长于黄震。周密《癸辛杂识》载,饶鲁去世时,黄震适在江西抚州太守任上,曾亲为饶鲁祭奠。而黄震在抚州任所,是咸淳八年(公元1272年)左右。据此可以推断,饶鲁的终年在十三世纪七十年代。又据《宋史·理宗本纪》,"庚申(公元1260年),诏饶州布衣饶鲁,不事科举,一意经学,补迪功郎、饶州教授。"他的著作有《五经讲义》《语孟纪闻》《学庸纂述》《西铭录》《近思录注》。然黄宗羲编《宋元学案》时,即称"其书不传"。《四库全书总目提要·史部传记类》有《饶双峰年谱》存目,其书今亦失传。《宋元学案》所载饶氏语录,是从《程氏读书分年日程》中录出。清乾隆时,王朝璩又从一些经籍纂疏中,将饶鲁的疏解辑为《饶双峰讲义》十二卷。王梓材、冯云濠的《宋元学案补遗》中,所补辑的饶鲁材料,大体上不出于《讲义》的范围。

一、天道思想

我们在前面已多次论述,儒学到了宋代,更着重于宇宙本体论的研究,它把《周易》"太极"之说同早先道家的天道观糅合为儒家的宇宙本体论,作为人道的极则。饶鲁亦承其绪。他在疏解《中庸》"发育万物"与"峻极于天"时说:

> "发育万物",以道之功用而言,万物发生长育于阴阳五行之气,道即阴阳五行之理。是气之所流行,即理之所流行也。"峻极于天",以道之体段而言,天下之物高大无过于天者。天之所以为天,虽不过阴阳五行浑沦磅礴之气。而有是气,必具是理,是气之所充塞,即理之所充塞也。此言道之全体大用,极于至大而无外有如此者。(《饶双峰讲义》卷十,以下简称《讲义》)

这是把天地看成是充满阴阳五行之气;所谓"气之所流行,即理之所流行","有是理,必具是气",是说理与气相即不二。但是,我们不能据此断定他就是唯物论的观点。他所谓"道之体段"与"道之功用",是讲道的体用关系。而道之体是"高大无过于天",其"全体大用,极于至大而无外"。它是浑沦天地,主宰天地之气。这在他解《孟子·公孙丑上》的"浩然之气"时,就说得比较清楚了。他说:

> "浩然之气",全靠道义在里面做骨子,无这道义,气便软弱。

> 盖缘有是理而后有是气,理是气之主,如天地二五之精气,以有太极在底面做主,所以他底常凭地浩然。……理气不相离,气以理为主,理以气为辅……气来衬贴。(同上卷十一)

这里讲得很清楚,道义是气的主干;理为气之主,这仍然是程朱理学的基本命题。那么,道、太极即天理的本身又是什么呢?他说:

> 道是天下事物当然之理。(同上卷四)
> 道者,天下当然之理,原于天之所命,根于人之所性,而著见于日用事物之间,如大路然。(同上卷十五《附录》)
> 道虽至大,而其间节目至精至密,极其至小而无内有如此者。(同上卷十)

谓道是"原于天之所命",则"道者,天下当然之道",只不过是说,天下万物,是道的体现。道必须依物而行,因物而显现,故有是物必有是理,这是"当然"的。而这个道,是"至大"无外,"至小"无内,充塞天地。不仅如此,它又是无形状可见,无方所可指,它实际上就是无。他在答问"无极而太极"时说:

> 或问:所谓"无极而太极"者,亦可得闻其说之详乎?曰:难言也,姑以名义推之,所谓太极者,盖天地之尊号云尔。极者,至极之义,枢纽根柢之名,世之常言所谓枢极、根极是也。圣人以阴阳五行阖辟不穷,而此理为阖辟之主,如户之有枢纽,男女万物,生生不息,而此理为生之本,如木之有根柢。至其在人则万善之所以生,万事之所以定者,亦莫非此理为之根柢,为之枢纽焉,是故谓之极。太者,大,无以加之称,言其为天下之大枢纽大根柢也。然凡谓之极者,如南极北极屋极商邑四方之极之类,皆有形状之可见、方所之可指,而此极独无形状、无方所,故周子复

加"无极"二字以明之,以其无枢纽、根柢之形,而实为天下之大枢纽、大根柢也,故曰:"无极而太极",以其为天下之大枢纽、大根柢也,而初非有枢纽、根柢之形也,故曰:"太极本无极"也。(同上卷十六《附录》)

此说太极是至极而无以复加,它是"万善之所以生,万事之所以定者",是"天下之大枢纽大根柢"。因此,太极也具有道德的属性,是社会秩序和伦理纲常的准则。饶鲁还认为,天地万物就它的本原而言,是一太极,但由太极化生的天地万物,其太极也"散殊"在万事万物中。所用的推论方法乃是程、朱的理一分殊说,并无新义。

二、人 性 论

饶鲁认为宇宙的根本是太极、道。它是人道的极则——天理。由它"一以贯之",体现于人就是性,"性者,人所禀之天理"(同上卷十四)。他在疏解张载《西铭》时,又进一步发挥为天地万物与我一体之论:

《西铭》一书,规模宏大而条理精密,有非片言之所能尽。然其大指,不过中分为两节。前一节明人为天地之子,后一节言人事天地,当如子之事父母。何谓人为天地之子?盖人受天地之气以生而有是性,犹子受父母之气以生而有是身。父母之气即天地之气也。分而言之,人各一父母也,合而言之,举天下同一父母也。人知父母之为父母,而不知天地之为大父母,故以人而观天地,常漠然与己如不相关。人与天地既漠然如不相关,则其所存所发宜乎?……言天以"至健"而始万物,则父之道也;地以"至顺"而成万物,则母之道也。吾以藐然之身,生于其间,禀天地之气以为形,而怀天地之理以为性,岂非学之道乎?(同上卷十五《附录》)

按饶鲁的说法,人之所以生,是天地之气以为形,天地之理以为性,故天地与人,犹如父母之与子,因而天地与我一体,也就是"物吾党与"。他认为,人由生以来,就"怀天地之理以为性",是天地之性,也叫本然之性,是湛然纯善的。但是,由于气禀物欲之昏蔽,使人性表现为有善与不善的区别。这就是气质之性。这仍然是沿袭了朱熹的说法。在饶鲁看来,本然之性寓于气质之性中,便有善与不善,所以人才有圣人君子和一般小人之分,或者说有善恶、智愚之分。虽然"以气质言之,只有三等"(同上卷七)。但是,也还有他们"相近"的一面。他在解《论语·阳货》"性相近"说:

> 盖谓之"相近",则是未免有些不同处,固不可便指为本然之性。然其所以相近者,正以本然之性,寓在气质之中,虽随气质而各为一性,而其本然者,常为之主,故气质虽殊,而性终不甚相远也。……如恻隐羞恶,人皆有之,然有恻隐多于羞恶者,亦有羞恶多于恻隐者,虽不尽同,亦不甚相远,故曰"相近"。(同上卷八)

这样,从气质之性来说,有善与不善;从本然之性来说,又有相近的一面。因为有这个区别,故对于不善的人有革除物欲昏蔽的必要性。而又因为那些善与不善的人之间,也有相近的一面,故不善的人,本身也潜藏着本然之性,具有革除昏蔽的可能性。

人因气禀物欲之昏蔽,就是有私欲的人,是"小我之私",而与之相对的,是那些内外保持本然之性的人,就是"大我之公",能与天理为一,"廓然焕然",与天合一。这也就是前面提到的,饶鲁在解《西铭》时,是要人们认识天地与我一体之理,成为"天地克肖之子"(同上)。在这些方面,他是发挥了张载和朱熹的某些观点。

三、识见天理的方法

那么,如何才能克除私欲,泯化小我,以还复大我的本然之性呢?其方法和途径,是先格外物,还是先立吾本心?这是关系到朱、陆两家争论的问题。而饶鲁虽然也讲朱熹的天地之性与气质之性,但他并不是沿着朱熹穷理的方法,而是多少吸收了陆九渊的明心论。

首先,饶鲁提出革除物欲,返于天地之性,在于"发见"自身的善端。因为人的本身具有善端,所以一般人都有"自新"的要求,故说"盖民心本自好善、恶恶,孰不欲自新"(同上卷二)?而"善反"工夫,则在于涵养体认,克治充广。这种自我体认,他又申述为明德、思诚之类,其要都在于自识本心。他提出,仁即心,心主血气,而心之存,则在其"意之诚不诚",也就是程颢说的"识仁"。他说:

> 仁,心也。(同上卷六)
> 魂者气之灵,魄者血之灵,心是魂魄之合。气属天,血属地,心属人。人者天地之心,心便是血气之主。能持其志,则血气皆听命于心,不能持其志,则心反听命于血气。(同上卷七)
> 诚意、正心、修身不是三事。颜子问仁,夫子告以非礼勿视、听、言、动,紧要在四个"勿"字上。仁属心,视、听、言、动属身,"勿"与"不勿"属意。若能"勿"时,则身之视、听、言、动便合礼,而心之仁即存,以此见心之正不正,身之修不修,只在意之诚不诚。所以《中庸》《孟子》只说"诚身"便贯了。(同上卷二)

这里,值得注意的是,饶鲁心主血气的说法,同张载提出而为朱熹所发挥的"心统性情"不同。朱熹说人是禀受天道为性,故性具天理;心是性的郛廓,但心不等于性,也就是说心不等于天理。而饶鲁却把心当成是仁。仁在他那里是视为天理的同义语。这同陆九渊"心即理"就有点相似了。这里,饶鲁所说的心之能存与否,在于身之视、听、言、动,而视、听、言、动又在于"意之诚不诚",故"诚"是将诚意、正心、修身"三事"贯穿起来。显然,"诚"是他在理学方法上的重要前提。

诚,宋儒多解为真实无妄、不自欺,而饶鲁直承《中庸》的思想,说

"'诚者天之道,诚之者人之道',一向分两路说去,则天人为二也";"'诚则明矣,明则诚矣',指人道可至于天道,合天人而一之也。……盖人道至此,与天道一"(同上卷十)。在他看来,能"诚之者"即可由人道至于天道。可见"诚之者"不是周惇颐所说的至静至灵、寂然不动的神秘世界,而是指涵养自省的工夫。这个工夫之一就是"敬"。他说:"道也者,率性之谓,其体用具在吾身。敬者,所以存养其体,省察其用,乃体道之要也。戒惧,存养之事;慎独,省察之事。《中庸》始言戒惧、慎独,而终之以笃恭,皆敬也。……惟其敬,故能诚"。于此,饶鲁又自注说:"存谓存其心,养谓养其性,省谓省诸身,察谓察于事"(同上卷九)。这就是所谓"敬"的工夫。其中,关于慎独,又叫"谨独",是指"密察"与"加审",这对于那些有"忿懥"而无"亲爱"的人,是更加重要。他说:"有所忿懥好乐而能密察,是慎独以正其心也,知其亲爱贱恶而能加审,是慎独以修其身也","诚其意,即谨独之谓也"。而慎独、谨独的意思,他同意二程的说法,可以归结为"守之"(同上卷二)。这同朱熹的讲法不尽相同。朱说是格物致诚,饶鲁是离物自省,故他说:"诚之者"的工夫,"不必添入一物字"(同上卷十)。

饶鲁在以敬为诚的存养省察中,也包括程颢对初学者所提倡的"静坐",认为它与持守的慎独"相辅"而行。饶鲁对"静坐"讲得很多,今摘其主要如下:

> 问明道(程颢)教人"且静坐"是如何?曰:此亦为初学而言,盖他从纷扰中来,此心不定如野马然,如何便做得工夫?故教他静坐,待此心宁后却做工夫,此亦非教他终只静坐,故下"且"字。(《宋元学案·双峰学案》)
>
> 静坐时,须心主于敬,即是心有所用,若不言于敬,亦静坐不得,心是个活底物,若无所用,则放僻邪侈无不为己,圣人说"难矣哉",意甚该涵。(《讲义》卷八)
>
> 问入门涵养之道,须用敬否?曰:固是如此,但工夫熟时,亦不用说敬,只是才静便存。而今初学,却须把敬来作一件事,常

常持守,久之而熟,则忘其为敬矣。(《宋元学案·双峰学案》)

看道理须是涵养,若此心不得其正,如何看得出?《调息箴》亦不可无。盖心固气之帅,然亦当持守其志,无暴其气也。

因言《调息箴》亦不可无,如释氏之念佛号,道家之数息,皆是要收此心,使之专一在此。(同上)

饶鲁所谓静坐,就是收敛"野马"之心,使之心定持守,如佛徒道士念佛数息。但他在另一个地方曾说,"其静,听于无声,视于无形,戒慎不睹,恐惧不闻"(《讲义》卷二)。这种处于无声无形、不睹不闻的状态,实际上就是离物守心,乃是禅学方法。饶鲁所谓"收此心""专一",即禅宗的"修心""守心"。在饶鲁看来,人们只要闭目静坐,就可以使本来的善性得以充分发挥。这样的神秘主义和禅学理论有什么实质上的区别呢?

当然,饶鲁在理学的方法上,虽重视内省,但也不完全忽视外知,认为明心的"学问"是"非指一端",还不是像陆学那样绝对的排斥格物致知。他说:

言学问之事非指一端,如讲习讨论,玩索涵养,持守践行,扩充克治皆是。其所以如此者,非有他也,不过求吾所失之仁而已,此乃学问之道也。(同上卷十四)

为学之方,其大略有四:一曰立志,二曰居敬,三曰穷理,四曰反身。(同上卷十五《附录》)

他的"为学之方",首先是"立志",即"先立乎其大",然后是"居敬、穷理",而终止于"反身"。这是内外结合的方法,也是程颐"涵养须用敬,进德在致知"的翻版。他在讲到"居敬、穷理"时,这样说:

格物,穷至那道理恰好阃奥处,自表而里,自粗而精。里之中又有里,精之中又有至精,透得一重又一重。且如为子必孝,为臣必忠,显然易见,所谓表也。然所以为孝,所以为忠,则非忠孝一言之所能尽。且以孝言之,如居致敬,养致乐,病致忧,丧致哀,祭致严,皆是孝里面节目,所谓里也。然所谓居致敬者,又若何而致敬?如进退周旋,慎齐升降,出入揖游,不敢哕噫嚏咳,不敢欠伸、跛倚,寒不敢袭,痒不敢搔之类,皆是致敬中之节文。如此,则居致敬又是表,其间节文之精微曲折又是里也,然此持敬之见于外者然耳。至于洞洞属属,如执玉捧盈而弗胜,以至视于无形,听于无声,则又是那节文里面骨髓。须是格之又格,以至于无可格,才是极处。精粗亦然……。若见其表,不见其里,见其粗而不穷其精,固不尽然,但穷其里而遗其表,索其精而遗其粗亦未尽,须是表里精粗无不到,方是格物。(同上卷二)

这是本于朱熹《大学章句》的所谓"穷至事物之理,欲其极处无不到也","致,推极也;知,犹识也;推极吾之知识,欲其所知无不尽也"的说法。饶鲁由表及里、由粗至精的这种层层剥笋方法,在认识上也未尝没有合理的因素。但是,他所谓"事"和"物",乃是封建伦理纲常。正如他把理的内容,规定为仁义礼智一样,所以他的"格物致知",是旨在认识封建伦理纲常,而不是认识事物的本来面目。

饶鲁的格物,还包括读书信古,认为天地间万事万物的道理,也包括在圣贤的著述里。故读书虽为"下学"之事,但如果能洞晓"圣人所以作经之意",则能"上达"其理。这也叫作"由辞以通理",而不是"章句训诂"。他说:

"下学上达,意在言表",程子此语盖为读书者言。读书是下学之一事。盖凡下学者皆可以上达,但恐下学得不是,则不能上达耳。且如读书,则圣人所以作经之意,是上面一层事,其言语则只是下面一层事,所以谓之意在言表。若读书而能求其意,则由辞以通理而可上达。若但溺心于章句训诂之间,不能玩其意之所以然,则是徒事于言语文辞而已,决不能通其理也。程子曰:"玩其辞,不得其意者有矣。"又曰:"前儒矢意以传言,后学诵言而忘味。"此皆下学得不是,而无由上达者也。(《宋元学案·双峰学案》)

这里,他说的由读书而"通其理",是在于所谓"玩味"。实际上,就是他所说的一种"默识"的过程(《讲义》卷十五《附录》),即使心与天通的直觉体悟的过程。而"心与天通"就是所谓"上达"。如有人问他"'上达而与天为一',是知行都到,能如此否?"他说:"与天为一,亦以知言。方其未上达时,与天隔几重在。及其既以上达,则吾心即天,天即吾心。"但是一般人与圣人也有"迟速之不同",不能一起"上达"(《宋元学案·双峰学案》),即不能像"圣人"那样,很快的直觉到天理。所以,他的格物穷理,包括"下学"的读书在内,不是从实践到理论的正确思维方法,而是唯心主义的直觉方法。

饶鲁在格物中,也涉及知与行的关系。他说:"知行毕竟是二事,当各自用力,不可谓知了,便自然能行"(《讲义》卷二)。认为二者有区别,但也是"相因"相辅的联系着,而知又不等于行,还当力行。他还认为,知是要通过学问、思辨,才能获得;而获得的知,又必须笃行于日用之间,"以达乎事为之著"(同上卷十),强调了行的重要性。饶鲁之所以重视行,是因为他看到南宋末年理学流于空谈,不能践行真忠实孝,故提出"实知"还要"实行",而倡"致知力行为本"(《宋元学案·双峰学案》)。这里要指出,饶鲁所说的知行关系,也未尝没有合理的因素。但是,由于他说的知,不是探求科学的知识,而是"明辨""公私、义利、是非、真妄于毫厘疑似之间,而不至于差谬",也就是"择善";其行也不是人们的社会实践,而是在"念虑之微"和行为的活动上,依其"明辨""择善"的知,"加以笃行""践其实",两者都是限于封建伦理道德,其目的"不使一毫人欲之私,得以夺乎天理之正"(《讲义》卷十),因而,这种知行观仍旧是用以论证封建纲常伦理的普遍妥当性的唯心主义认识论。

与此相关的,是博与约的问题。饶鲁提出要先博后约,互相"兼尽""相为开合",不能"堕于一偏"。博、约之所以要"兼尽",是因为"博而能约",才不至于"泛滥支离";"约而能博",才避免"偏狭涸滞"(同上卷四)。而博,他一般是指读书、格物,已不完全是孔子在《论语》中所指的文、武、周公之典籍;而约,是指切问思虑,以得其要领。但是,他讲由博而约,是着重论述如何使人的"情"符合"礼"的要求,而不使"情"与"礼"发生冲突,他说:

> 用功最紧要处,在"约"其情使合于中。"约"是工夫,"中"是准的,四"勿"便是"约"底工夫,礼便是"中"底准则。能约其情使合于中,则心得其正而不荡,情得其养而不凿。(同上)

这是说,非礼的视、听、言、动,要在约的工夫中加以克治。显然,饶鲁说的由博而约的约,也就是二程所说的"规矩"。这个"规矩"即封建主义的礼。正如一些经生所说的"反之于礼,是谓约矣",约就是"复礼"(《续皇清经解·论语·雍也》)。总之,饶鲁的博约和他的知、行一起,虽属于身外的"博学"范围,但它与自识本心,是内外结合,相互为用的。这就是他说的,天地之理本具于心中,为"人心之所固有",学者当以存养体验,自"识其体",但不能在身外"博学于文,讲求义理以栽培之,则如孤根独立而无所壅培,非特无以助其生长,而使之进于盛大,亦恐风霜雕摧,而其将不能以自存也"(同上卷十五《附录》)。

总的说来,饶鲁在理学上固然属于朱学范围,但也夹杂有陆学的东西。黄宗羲说他"晚年多不同于朱子"。宋、元之际的周密,在《癸辛杂识》卷上,谓饶鲁自己"诡称"是朱学,其实并非是朱学;其言未免过当。唯全祖望称饶鲁是朱学,但"不尽同于朱子",是比较恰当的说法。

第二节 吴澄的道统论与经学

饶鲁的学传,其最著者是吴澄。吴澄对于朱学的偏离,比起饶鲁来说又走得更远一些。

吴澄(公元 1249—1333 年),字幼清,号草庐,抚州崇仁(今属江西)人。他在二十七岁以前,生活在南宋。其后,他的大半生是在元代度过的。他与许衡同为元代名儒,有"南吴北许"之称。许衡是北方人,由金入元,于元初传朱学于北方,然其学尚属"粗迹"。吴澄是南方人,直承宋代的理学端绪,因而他比起许衡,是"正学真传,深造自得"。

吴澄世代业儒。十五岁始读朱熹《大学章句》;十六岁在场屋中识饶鲁学生程若庸,拜程为师,遂为饶鲁的再传弟子。其后,吴澄又师事程绍开;程以"和会朱陆"为学旨。入元以后,吴澄受同门程钜夫荐邀,四次入京,任国子司业、国史院编修、制诰、集贤直学士,"官止于师儒,职止于文学"。但"旋进旋退",时间很短。其大半的岁月是僻居乡陋,孜孜于理学,"研经籍之微,玩天人之妙"。他早年校注五经,晚年成《五经纂言》。遗著尚有集、外集。清人合其所有文字为《草庐吴文正公全集》(以下简称《全集》)。

吴澄还在年轻的时候,就不以学"圣贤之学"为满足,他还要跻身于"圣贤"之列。十九岁,为邵雍《皇极经世书》作续篇,称《皇极经世续书》。同年,又作《道统图》,以朱子之后道统接续者自居。对于道统,据《元史·吴澄传》,有这样一段话:

> 道之大原出于天,神圣继之。尧舜而上,道之元也;尧舜而下,其亨也;洙泗邹鲁,其利也;濂洛关闽,其贞也。分而言之,上古则羲皇其元,尧舜其亨,禹汤其利,文、武、周公其贞乎!中古之统,仲尼其元,颜曾其亨,子思其利,孟子其贞乎!近古之统,周子其元,程、张其亨也,朱子其利也。孰为今日之贞乎?未之

> 有也,然则可以终无所归哉?

同样的议论,还见于他给别人的信中。这也是一篇不可多得的皇皇大文。他在信中以"豪杰"比之于儒学"圣贤":

> 天生豪杰之士不数也。夫所谓豪杰之士,以其知之过人,度越一世而超出等夷也。战国之时,孔子徒党尽矣,充塞仁义若杨、墨之徒,又滔滔也。而孟子生乎其时,独愿学孔子,而卒得其传。当斯时也,旷古一人而已,真豪杰之士哉!孟子没,千有余年,溺于俗儒之陋习,淫于老、佛之异教,无一豪杰之士生于其间,至于周、程、张、邵,一时迭出,非豪杰其孰能与斯时乎?又百年而朱子集数学之大成,则中兴之豪杰也。以绍朱子之统而自任者,果有其人乎?(《全集》卷首虞集所作吴澄《行状》)

儒家道统说,始于韩愈。韩愈为辟佛反老,学《佛祖统纪》传法世系,提出儒家圣人传道的道统。这个圣传的道,是强调仁义道德,以别于佛、老的道。此说一倡,遂为后来儒家所祖述,他们各以继承道统自居,自谓直接孔门而得其心传。小程说大程"自孔子之后一人而已"。黄榦说孔、孟而后,中经周、程、张载,"至熹而始著"。陆九渊在论及道统时,"谓当今之世,舍我其谁"。而朱熹又把陆九渊排斥在道统之外。吴澄的道统论,比他的前辈,是有过之而无不及。

首先,韩愈在《原道》中,谓道始于尧舜,而吴澄则借董仲舒之说,张大为"道之大原出于天",天为"道之原也",然后才是尧舜"继之"。显然,这是反映宋以来儒家对宇宙本体的重视。

其次,吴澄据《周易》的元、亨、利、贞排列,道统的历史顺序为上古、中古、近古三个历史阶段,每一阶段又分为元、亨、利、贞四个小段。把两宋诸儒列入近古阶段,大体上符合儒家思想发展的过程。值得注意的是,吴澄把两宋的理学排列在儒学发展的最后"近古"阶段,成为终结的"贞",

在"贞"之下不见"起元",不见周而复始,这仿佛是"真理"就到此终结了。这似乎也是对宋以后中国封建社会开始衰微的不祥预兆,虽然这在吴澄说来不是自觉的。

最后,吴澄在《道统图》中,将近古的理学阶段,从周惇颐到朱熹,按元、亨、利、贞细加排列,朱熹只是处于"利",而不是终结的"贞",这并不符合朱熹在这个阶段是理学集大成者的历史地位。但吴澄所以要这样去排列近古阶段,显然是他自己俨然想以"贞"为己任,以跻身于宋儒诸子的地位。故《元史》作者说他"以斯文自任如此",并非是武断之词。实际上,早在他作《道统图》之前,已萌此念。他在《谒赵判簿书》中,自述他在十六岁,即已"厌科举之业,慨然以豪杰之士自期"。于是他"用力于此",果然"豁然似有所见,坦然若易行,以为天下之生我也,似不偶然也,吾又何忍自弃于是","所学固未敢自是,然自料所见则于人一等矣"(《吴文正公外集》卷三)。到十九岁,他就自比程、朱,说"程、朱夫子皆十七八时,已超然有卓绝……今愚生十有九年矣"(《吴文正公集》《杂识》十一)。这种溢于言表的话,足以说明他在《道统图》中,是想以"贞"自任,自许为朱子之后一人。

以后,吴澄在经学上,也确是以接续朱熹为己任,完成《五经纂言》。尤以其中的三礼,是完成朱熹的未竟之业。关于三礼,汉以来因其"残篇断简,无复铨次",在五经中号为难治。朱熹曾与李如圭(宝之)校定,后又与吕祖谦"商订三礼篇次",但终老"不及为"。尤其三礼中的《仪礼》,朱熹认为它是礼之根本,而《礼记》只是秦、汉诸儒解释《仪礼》之书。他提出当"以《仪礼》为经,而取《礼记》及诸经史杂书所载有及于礼者,皆附于本经之下"(《朱子大全》卷十四《乞修三礼札子》,此说并见于同书卷五十四《答应仁仲书》)。朱熹以此摭拾他经,条分胪序,编为《仪礼经传通解》,但也只是留下"草创之本",且内多缺略。其后,朱熹的弟子黄榦、杨复,虽然也曾用心于此,但也没有完成。

直到元代的吴澄,费时几十年,从年轻时进行五经校注,到中年以后,又"采拾群言","以己意论断","条加记叙",并"探索"朱熹"未尽之意",于晚年成《五经纂言》(以上据《宋元学案·草庐学案》)。黄宗羲季子黄百家称

"朱子门人多习成说,深通经术者甚少,草庐《五经纂言》,有功经术,接武建阳(朱熹),非北溪(陈淳,朱熹又一高弟)诸人可及也"(同上)。而其中的三礼,全祖望谓其"盖本朱子未竟之绪而由之,用功最勤"(同上)。吴澄述及他对三礼的编纂,谓依朱熹的端绪和规模,"以《仪礼》为纲","重加伦纪"。他在《诸经序说》中说:

> 朱子考定《易》《书》《诗》《春秋》四经,而谓三礼体大,未能叙正,晚年欲成其书,于此至惓惓也。《(仪礼)经传通解》,乃其编类草稿,将俟丧祭礼毕而笔削焉,无禄弗逮,遂为万世缺典,每伏读而为之惋惜。然三百三千,不存盖十之八九矣,朱子补其遗缺,则编类之初,不得不以《仪礼》为纲,而各疏其下。夫以《易》《诗》《书》《春秋》之四经,既幸而正,而《仪礼》一经,又不幸而乱,是岂朱子之所以相遗经者哉?徒知尊信草创之书,而不能探索未尽之意,亦岂朱子所望于后学者哉!呜呼,由朱子而来,至于今将百年,以予之不肖,犹幸得私淑其书,用是忘其僭妄,辄因朱子所分礼经,重加伦纪。(同上)

吴澄"辄因"朱熹筹划之意,以《仪礼》十七篇为经,仿朱熹《仪礼经传通解》例,将《礼记》(大小戴记和郑注)分类编次,纂成《仪礼逸经》八篇。具体是把《礼记》中的《投壶》《奔丧》,《大戴礼记》中的《公冠》《诸侯迁庙》《诸侯衅庙》(此二篇并与《小戴礼记》相参校),又把郑玄《三礼注》中的《中霤》《禘于太庙》《五居明堂》,共成二卷八篇。另外,又将大、小戴记中的《冠仪》《昏仪》等八篇,和《礼记》中的《乡射仪》《大射仪》二篇,辑成《仪礼传》十篇。这样,吴澄把汉以来流传的《礼记》(大小戴记,以至郑玄《三礼注》等)肢解,核订异同,重新编纂,使之成为《仪礼》的传注。这不仅完成朱熹生前的夙愿,而且经过这样的整理,使流传千百年来"难读"的一部《仪礼》,得见崖略,诚是经学史上的一大贡献。

吴澄在编次整理的同时,还对其内容以义理加以疏解,探其大义,张大朱熹之说,摆脱汉、唐局限于文字训诂的方法,使礼经与《易》《诗》《书》《春秋》四经一起,完成了由汉、唐的典制训诂,转入到宋、元的义理疏注的过程,这确是"朱子门人(所)不及也"。即使在元代,治《礼》学的虽然也不乏其人,但只有吴澄成就较大。

这里还要指出,由朱熹完成的《易》《诗》《书》《春秋》四经纂疏,与吴澄完成的三礼,尤其是《仪礼》经、传的纂疏,其意义还在于他们对五经的疏解中所发挥的义理,具有主观探讨的精神,而不是汉、唐那样把五经只是作为文字训诂。虽然这种主观探讨的精神,仅限于封建礼教的范围;而且这种主观探讨,又不免穿凿臆断,横发议论,而为后来那些固守汉、唐训诂的经生们所訾议。但是,这种主观探讨的精神,比起汉、唐拘泥于名物制度的训诂来说,毕竟还是具有思想解放的一面,因而它促进了宋代以后理论思维的发展。这就是吴澄继朱熹之后,纂疏礼经的意义。因此,吴澄在天道心性的理学上,虽然遭人物议,但他的经学,尤其是三礼,却一直被一些人所肯定。直到近代治经学的钱基博,谓"南宋入元",其礼学"最著者崇仁草庐吴澄","疏解三礼,继往开来"(《经学通志·三礼志》)。

当然,这不是说吴澄所治的五经,全都是严守朱学门户。例如,他的《易纂言》,自称"用功至久,皆自得于心,有功于世为最大"(《宋元学案·草庐学案》)。但在这部《易》学中,就有和会朱陆的地方。这点,我们将在他的理学天道、心性部分,结合他的《原性》《答问》等篇,进行分析。

第三节 吴澄的天道思想

吴澄的天道思想,包括自然观、太极与理气论,以及其中所含有的变易和象数之学。

吴澄曾经提出过天地、日月和人物的形成,是本于"一气"。他说:

> 天地之初,混沌洪濛,清浊未判,莽莽荡荡,但一气尔,及其久也,其运转于外者,渐渐轻清,其凝聚于中者,渐渐重浊;轻清

者积气成象而为天,重浊者积块成形而为地。天之成象者日月星辰也,地之成形者水火土石也。天包地外,旋绕不停,则地处天内,安静不动,天之旋绕,其气急劲,故地浮载其中,不陷不堕,岐伯所谓大气举之是也。天形正圆如虚毯,地隔其中,人物生于地上,地形正方如搏骰,日月星辰旋绕其外,自左而上,自上而右,自右而下,自下复左。(《全集》卷一《原理》)

接着,吴澄就南北极、岁差、日月蚀,以至风雷雨露,也做了详尽的论述。

应当承认,吴澄的"一气"的"气",是具有实体性的。并且,他所谓"一气"的"运转",而形成天地日月,以至可见的自然现象,虽然也夹杂了一些猜想的成分,但就封建社会后期的科学水平来说,还是进步的。

然而,这并不能断定他的自然观就是唯物主义的,因为还要看他是怎样对待这个气,和把气放在什么位置上?吴澄认为"一气"就是"太一"。他说:

盖混元太一者,言此气混而为一,未有轻清重浊之分。及其久,则阳之轻清者升而为天,阴之重浊者降而为地,是为混元太一之气,分而为二也。(同上卷三《答田副使第二书》)

这个"太一","不名为太极"。过去"庄子及汉、唐诸儒,以天地未分以前,混元之气为太极",那是不对的。在他看来,太极是指道而言,不可与太一混同(同上)。那么,"太一"即"混元之气""一气",又是怎么来的呢?吴澄说这是在"元""会"的反复之下出现的,即在每一次天地生灭、成毁之后产生的。据他说,十二万八千九百岁为一元,一元分十二会,一会为一万八百岁,每会又分为二,即五千四百岁。如此之分,每一个五千四百岁终了时,就是一个毁灭,同时也是另一个五千四百岁的开始。这另一个开始,也叫作"贞下起元"。这个开始即为"混沌太始",也就是"一气""混元之气"出现了。然后再由它判分为阴阳清浊之气,于是乎就有了天地、日月、星辰,乃至于万物和人。这一过程也叫作"生成"。这一过程到五千四百岁终了时又"毁灭"了。总之,"太一"即"一气""混元之气",就是在"元""会"的反复之下出现的东西。

这样,我们从他的"一气"到"太一",又从"太一"追踪到"元""会"的反复循环,最终发现这是一个虚无不着边际的东西。这和邵雍一样,是随心幻造的影子。这个影子是被安排在时间的无限性中,它能生能灭,能成能毁,成了不可捉摸的东西,它并不是物质性的实体,实际上是一种虚幻不实的"无"。

那么,这种虚幻的"太一",是不是就是宇宙的本原呢?也不是的。这个"太一",实际上是他的一种设置,是为了安置相对待的太极。"太一"不能自行生成与演化,而是与"太一"相对的"太极"为之。而太极所以能起这种作用,是由于太极的性质所决定的。

首先,吴澄对"太极"的解释,认为它是不可名状的"假借之词",是"假借可名之器以名之",如屋极、辰极、民极、皇极之类。但是,假借之辞,不等于说太极就具有物的实体性。"太极"是在这些有具体形象的四极之上,是"天地万物之统会",是"至尊至贵无以加者"(同上卷四《无极太极说》)。因此,"所谓极也,道也者,无形无象,无可执着。虽称曰极,而无所谓极也;虽无所谓极,而实为天地万物之极"(同上)。故"太极"就是至高无上的虚无的"道"。因而他很赞同朱熹在《太极图解》中所说的,太极是"上天之载,无声无臭,而实造化之枢纽,品汇之根柢"(同上《答海南海北廉访使田泽君问》)。而"太极"所以能起主宰的作用,是由于它本身含有动静之理,它能随"气机"之动静而动静,如人之乘马,人随马的动静而动静。但"太极"本身又是"冲漠无朕,声息泯然",它"常常如此,始终一般,无增无减,无分无合"(同上卷三《答田副使第三书》)。所以太极尽管包含动静之理,而主宰世界的生成、变化,但它本身却是一个寂然不动的绝对体。

这样,太极从它的"全体自然"来说叫作"天",从它的"主宰造化"来说叫作"帝"。吴澄还说,太极"赋与万物"就叫作"命",而"物受以生"就叫作"性",它"具于心"就叫作"仁"(同上卷四《无极太极说》)。所以,"太极"不仅是宇宙的本体,而且它还具有道德的属性,成为人生最高的理想和极则。

吴澄有时也把"太极"说成是理、天理。他对理也有很多的论说,但大体上不出于宋代理学家所论的范围,故这里不再详细引述。但是,值得提出的是,他对太极与理,在用法上也往往有一些区别。他比较多的是把"太极"用在宇宙的本体方面,而"理"则是比较多的用在二气五行以至人和万物的演化方面。

在他那里,"理"大体上被看作是形成万事万物现象界的所以然,是万事万物的主宰。他说:"凡物必有所以然之故……所以然者理也"（同上卷二《评郑渔漱〈通志〉答刘教谕》）。又说:"气之循序而运行者为四时,气之往来屈伸而生成万物者为鬼神,命各虽殊,其实一也。其所以明、所以序、所以能吉能凶,皆天地之理主宰之"（《五经纂言·易纂言·文言传·乾九三爻辞》）。"气之所以能如此者何也,以理为之主宰也。理者,非别有一物,在气中只是为气之主宰者即是"（《宋元学案·草庐学案》）。显然,理是作为形而下的现象界与气相对待的,它正如形而上的本体界太极与太一相对待一样。而太极与理的关系,在他那里实际上就是,宇宙就它的本原来说是太极,就它化生二气五行以至万物的过程来说是理。这样,理则是万物所以形成的理,而太极就是理的全体。因而万物中具体的理与本原的太极的关系,就是万理一原的关系。所以,整个世界由它的本原到化生万事万物的现象界,都是由于太极和理的一系列的精神作用。这就是吴澄天道观的基本思想。

吴澄关于宇宙生成的观点,其中也包含着变易的思想。

吴澄认为天地、人物、动植以至整个社会,都处于"纲缊变化"中。他说：

> 澄窃谓伏羲当初作《易》时,仰观天文,天文只是阴阳;俯察地理,地理只是阴阳,观鸟兽之文与地所宜之草木,近取诸人之一身,远取诸一切动植及世间服食器用之物,亦无一而非阴阳

者。……舍了阴阳而有天地绌缊变化之机否？舍了阴阳而有人物性情之理否？以至开物成务，治国平天下之道，无非阴阳之用。今不知其为阴阳，正所谓百姓日用而不知尔。(《全集》卷三《答田副使第二书》)

吴澄把世界上一切可见的现象，都说成是有"阴阳"相对的存在。而"阴阳"就是"绌缊变化之机"，即变化的原因。显然，他是承认在一切现象中有偶、对的存在。这一基本观点，他在《易纂言》中，概括为"兼""两"的天地人之道。他说，"天地人之道，无独有对，故天之气有阴有阳，地之质有柔有刚，人之德有仁有义，皆两者相对而立"，"立者两相对之谓"(《说卦传》第二章)。但是，他所说的变化不是变旧为新，不是质的代谢，而是一种往复循环。他在《易纂言·说卦传》第六章里，以春夏秋冬为例，认为由于"乾坤"对立的作用，使一年四季依次转递，到了"冬"，不仅是"终"，而且也包含着"始"，即所谓"终始者，贞下起元"，开始了另一个春夏秋冬。于是年复一年，年年如此，不断地重复和循环。吴澄把这种循环变化，形容为"如环无端"，是"自生自长，自收自闭"(《易纂言·文言传》第五章)，它本身又是"完全周足"(《易纂言·释乾初九爻辞》)。所以，吴澄的变易思想，是一种封闭式的循环往复，而不是从低级向高级的发展。

吴澄的变易思想认为，由"兼""两"的对立，通过循环变化，就泯灭而为"一"。他说，阴阳对立的变化过程，犹如男女"二人情专致于一"，即"一合一，故能致一而不二也"(《易纂言·释损六三爻辞》)。"一"，他又解为"中"（"中，一也"）。而"中"，又是指"不偏不倚"，"无过，无不及"(《全集·外集》卷二十三《大中堂记》)。并且，"中"是"本于天"，是"自然之中也"(《三礼考注》卷五十七)。因此，"一""中"，实具万物变化中"常""理"的意义。由此可见，吴澄在变易思想中，从相对的"兼""两"，到"一""中""常"之类，是绝对的统一，并不具有对立统一的含义。这种从变中求其不变的"常"，只不过是为不稳定的后期封建社会，在哲学上提供一种"安定"的理论。

吴澄到了晚年成稿的《易纂言》，也有了浓重的象数思想。

吴澄的象数学承袭了邵雍的遗绪。他早在十九岁,即留心邵雍的象数学著作,到晚年治《易》,就更悉心象数之学。为此,清《四库全书总目提要》说吴澄的《易》学是"一决于象"。

吴澄说,"气之著见而可状者谓之象",它属于"一气流行"的范围,故象能概括"天地万物"。万物虽有万象,但万象又能统归在"羲皇之卦画"里(《易纂言·系辞下传》第八章),因而,"象之至大至广,而可以包罗天地,揆叙万类者"(《全集》卷三《答田副使第二书》)。它"可以通天下之志,可以成天下之务,可谓大矣广矣"(同上)。总之,像是"浑然而全",能"制裁天地"(《易纂言·象上传》第十一章)。甚至整个世界万物,就是卦画之象"交泰"配置的结果。

这里面,当他把象的卦画,从两仪、四象、八卦到六十四卦,配置"交泰"以成天地万物时,实际上是反映着二、四、六、八到六十四等等数的运行和排列,是以等差级数推衍的。这种数的推衍本身,吴澄谓之变易,"变谓蓍策四营之变"(《易纂言·系辞上传》第十一章),"易谓阳奇阴偶互相变换而为四象八卦也"(《全集》卷三《答田副使第二书》)。他又说,由这个数可以逆知和顺推天地,而且也可以烛照天地,天地无不在其中。吴澄对数的这种神奇性,有许多描绘,例如:

> 蓍数之用,其烛物情无不通,其前民用无不溥,故虽万物之众,天下之广,皆囿其中,无或有踰越而出外者。
> 蓍数之神妙不测,无有方所。(《易纂言·系辞上传》第三章)
> (数)足以该括天下之动,凡人所能为之事,尽在是矣。(同上第九章)

数,在吴澄这里已完全从自然本身,即从物质的实体中游离出来,它不含有物质范畴及任何客观规律的意义,而成为"无有定性"的东西(同上第三章),可以任意夸大数的神秘性,所以他对邵雍以象和数任意杜撰的先天方圆图,十分赞赏,说"大而天地之与齐,小而万物始终之悉备,观先天方圆图可见矣",并引述邵雍的话:"盖天地万物之理,尽在其中"(同上第二章),

以之视为经典。

不仅如此,吴澄还编造说,数所依据的二、四、八、六十四等等,其数的二,又是"本乎太极",因而世界万物就是"太极"通过数的"蓍策营变"而成的,所以数也具有道和理的意义。这样,象和数已成为远离事物并和事物性质完全不同的纯粹符号。其中所谓"营变",已不是由一种物质客体转化为另一种物质客体,而只是他个人随心所欲的编排。因此,客观世界的存在及其变化,就成了他个人主观臆想的结果。这正如马克思、恩格斯在批判抽象的逻辑范畴时所说的,"世界上的事物只不过是逻辑范畴这种底布上的花彩"[①],完全颠倒了对世界的认识。

吴澄在夸大象数意义的同时,还任意将自然现象去比附纲常伦理。过去朱熹说"仁统五常",也曾以春夏秋冬和五行,去加以比附。吴澄更是热衷此道,诸如:

> 春夏,天地变化而草木蕃;秋冬,天地闭塞而草木瘁,岁气然也。盛世君臣和同而贤人出,衰世君臣乖隔而贤人隐,运数然也。(《易纂言·文言传·释坤六四爻辞》)
>
> 君子初闻雷,既恐而自修矣,再闻雷声,愈恐惧而加省焉。益所修之有未至,取重震之象也。(《易纂言·象下传》第二十一章)

这种无类比附,在吴澄的《易纂言》中比比皆是,举不胜举,实为宋以来治《易》的理学家们所不及,而近乎汉人荒诞的谶纬术数。当然,吴澄这种牵强比附,是旨在使封建伦理纲常神圣化。

第四节 吴澄的心性说

吴澄在天道论中,认为世界的本体是太极,它是浑然完备,湛然纯善,

[①] 《哲学的贫困》,《马克思恩格斯全集》第4卷第141页。

是人道的极则,也就是天理。那么,人是如何去认识它,并与之合一? 是从吾心去体认,还是从万物去参究? 是立之于本心,还是格之于外物? 朱熹是持之以格物,陆九渊是持之以本心。而在朱、陆之后,吴澄则是"和会"两家之说,形成了他自己在理学上的认识和方法。

首先,吴澄认为人性是得之于天,而为本然之性,但因其气质不同而有善恶之分。关于气质,他在《答人问性理》中,说是"人得天地之气"而成形,当人从母胎降生时,就受有"天地之气",因而也是与生俱来。而人所受的"天地之气","或清或浊,或美或恶,分数多寡,有万不同",所以使本然的天地之性即天理,"被其拘碍沦染"(《全集》卷二)的程度也不同,其人性便出现了差别。由此可以看出,吴澄是立足于从张载到朱熹的气质说,主张性有善恶之分。他依此对过去的人性争论,做了一番评述。吴澄认为孟、荀以来各家对人性的争论,是只知其一,不知其二,各执一端,对"性"字产生了不同的理解。他把各家的观点,综汇在天地之性与气质之性中,以为这样才可以圆融贯通。在这里,他着重说明天地之性与气质之性,这两个"性"字,"非有两等之性",不能分开。在他看来,湛然纯善的天地之性附于人的时候,随着各人气质的清浊不同,而有善恶之分,因而有了气质之性。但是,即使是那些因气浊而恶的人,其天地之性亦在"其中",只是"拘碍沦染"于浊气而已。所以,悬之于高远的天地之性,不仅予性善的人,而且也予性恶的人;在他们之间有本质上相通的地方。因此,对于气质之性中那些恶与不善的人,就找到了通向天地之性的可能和信心。显然,这种观点接近朱熹的看法。但是,就如何识见天理,以恢复天地之性的问题上,吴澄并没有沿着朱熹格物穷理的方法,而主张从自身去发见善端,扩充善端。他说:"所谓性理之学,既如得吾之性,皆是天地之理,即当用功知其性,以养其性,能认得四端之发见谓之知……随其所发见,保护持守","今不就身上实学……非善学者也"(同上)。谓"用功"是在于"知其性",而"知"即"认得四端之发见",也就是从"身上实学"。这就接近了程颢的"识仁"和陆九渊的先识本心的方法。他说:

> 人之明德,即天所以与我之明命也,自天所赋于人而言则谓之命,自人所得于天而言则谓之德,其实则一而已。然常人类为气禀物欲之所昏,而不察乎此,是以昏昧蔽塞不能自明,至于梏其性而忘之也。故欲求所以克明其德者,必常目在乎所以与我之明德而有察焉,则必然因其所发,而致其学问思辨推究之功,又能因其所明,而致其存养省察推行之实,则吾之明德,亦得以充其本体之全,以无气质物欲之累,而能明其大德与尧无异矣。(《全集·外集》卷二《杂识》五)

这段话也夹杂了一些朱学的语言,但究其大意,他认为"德"是得之于天,已为人所固有,因此,所谓"明其明德者",也就"必常目在乎""我之明德",而不骛远于外,然后再以心之"所发""所明",向外"推究""推明",去其气禀物欲之昏蔽,"以充其本体之全"。这就是所谓"天之所以与我,己所固有也,不待求诸外"(《宋元学案·草庐学案》)。所以他的"明其明德",不是由身外格物以明理,而是求之于己,自明其心。故他自己概括其方法为"自新"(《全集·外集》卷二《杂识》五),是颇能自道其义的。

吴澄把他这种自省自思的自觉,视为孔、孟以来的"传心之印"。他把人的感觉能思的思,解为内省意义的思,故"思"就是孟子的"先立乎其大"。因此,他认为这是自"尧、舜、禹、汤、文、武、周、孔、颜、曾、思、孟,以逮周、程、张、邵诸子,莫不皆然",都是"明指本心以教人"。这里,我们不必去计较他随意编造的心学史,而应注意他的"本心"论。他认为"万理"都是"根于心""本于心",是"本心之发见";不失其本心,就可以得到"天理之当然"。这样说来,"心"具一切,一切就在"心"中,何待外求?这诚如他在《象山先生语录序》中说的,"道在天地间,古今如一,人人同得,智愚贤不肖,无丰啬焉,能反之于身,则知天之与我者,我固有之,不待外求也;扩而充之,不待增益也",此是"至简至易而切实"的方法(《全集》卷十)。很明显,吴澄基本上是传袭了陆九渊明心以穷理的心学,而不是朱熹的穷理以明性的格物。因此,在他编造的心学史中,排斥了朱熹,而推崇了陆九渊,把陆学跻列于尧、舜、周、孔的圣传"道统"中。

现在进一步要问的是,吴澄主张先反之吾心,是通过自省自思的直觉方法,那么,究竟什么是自省自思呢?那就是诚与敬。

关于敬,历来的注家谓敬为恭肃、庄严、祗慄、戒慎之义,至北宋的二程,始疏敬为"主一无适",二程弟子又进一步解敬为"此心收敛而常惺惺",实即解为治心。吴澄则是沿着二程,尤其是程颢以治心解敬。因为这是符合他自识本心的学旨的,所以他对敬看得很重,说"人之一身,心为之主;人之一心,敬为之主","夫敬者,人心之宰,圣学之基"(《全集》卷四《主敬堂说》)。因而程颐解敬为"主一无适",在他看来是"至切"之言。

但是,他说这种敬不是无物空守,而是"必有事焉"。他说"敬也者,当若何而用力耶?必有事焉,非但守此一言而可得也","其必有事焉",如"居处之敬","步趋之敬","如宾如祭"。总之,要"动静无违,表里交正"(同上)。

但这还不是他关于敬的"要法"。他说"敬之一字",其"要法"是:

> 凡所应接,皆当主于一心,主于一,则此心有主,而闇室屋漏之处自无非僻,使所行皆由乎天理。如是积久,无一事而不主一,则应接之处,心专无二,能如此,则事物未接之时把捉得住心,能无适矣。(同上卷二《答王参政仪伯问》)
>
> 黄直卿(榦)谓敬字之义,近于畏者,最切于己。凡一念之发,一事之动,必思之曰:此天理抑与人欲也?苟人欲而非天理,则不敢为,惴惴儆慎,无或有慢忽之心,其为之敬也。(同上卷六《朱肃字说》)

这样,吴澄所谓敬,就是在"一念之发,一事之动"时,皆以天理来约束思维;凡一念一事,都要想一想这是天理还是人欲?他以为这样就可以排斥外物的诱惑,而使自己的思想和行动全都符合封建纲常伦理的要求。

敬的工夫,不仅以虚守、自存本心,还包括恻隐之心的"发见"。他在谈到"仁"的发现时说：

> 体仁之体，敬为要；用仁之用，孝为首。孩提之童无不爱亲，此良心发见之最先者，苟能充之四海皆春。然仁，人心也。敬则存，不敬则亡。（同上卷四《仁本堂说》）

这是说，由于敬，就可以发现自己身上固有的"良心"。这种"良心"的发现，他叫作"敬心之发"（《三礼考注》卷五十九）。后来王守仁提出的"致良知"说，虽然渊源于孟轲、陆九渊，但吴澄"发见"良心之说，亦当为其间的一个环节。

吴澄谈敬的同时也谈到"诚"，这也是他"明心"的一种工夫。清人说吴澄的理学，"所得于诚之功为多，学者从此求之，则可以读先生书"（《全集》胡宝泉叙）。此或言之过甚，但"诚"确实是吴澄理学的一个重要概念。

关于诚，先秦思孟学派提出"诚者天之道"，是作为人生最高的理想境界，为人道的极则，人能"思诚"即可达于"天之道"的诚。到宋的周惇颐，谓诚是人与生俱来的本然之性，故性诚同一。吴澄亦持周惇颐之说。因此，他所谓"思诚"，就是思我心中固有的诚。这也同他自识本心的原则相符。他说：

> 人之初生，已知爱其亲，此实心自幼而有者，所谓诚也。爱亲，仁也，充之而为义、为礼、为智，皆诚也，而仁之实足以该之。然幼而有是实心，长而不能行，何也？夫诚也者，与生俱生，无时不然也，其弗能有者，弗思焉尔。五官之主曰思……所以复其真实固有之诚也。（《全集》卷六《陈幼实思诚字说》）

他把诚说成是与生俱来，自幼而有。诚的内容就是爱其亲，也就是仁，它充实显露之后就是义、礼、智。在吴澄看来，它是具体的，并非是悬之于心外的一种神秘境界。而要保持自幼而有的诚，就是思。所谓思，就是去其恶欲和复性的冥悟过程。简言之，就是去掉"人欲"，以达到所谓真实"不妄"，"不自欺"。他认为，这样就可以进到寂然不动、感而遂通的最高的精神境界。

由此，吴澄在知行的问题上，把"本心之发见"的知，与向外推物应事的"执著"的行，两者统一于心，同时兼尽，认为二者没有先后的关系。他说"能知能行，明诚两进"，"知行兼该"，"知有未遍行无不笃"，"徒知而不行，虽知犹不知也"（同上卷十二《学则序》）。这是说，知即包括行，行不过是知的体现，两者是一回事，无分先后。这一点，他不同于朱熹说的"论先后，知为先；论轻重，行为重"（《朱子语类》卷九）。朱熹是本于"格物穷理"，故有先知后行的提法，而吴澄是立于本心，把知行视为心所产生的东西，故知即行，实则以知代行。后来王守仁的"知行合一"说，实与吴澄的知行说一脉相承。

与此有关，吴澄在德性之知与闻见之知的问题上，同样主张"内外合一"。他在评郑樵《通志》的时候说，德性之知与闻见之知不能分而为二，它们都是"心之灵""智之用"，所以这二者才能"内外合一"而"具于心"（《全集》卷二），这正如他在《王学心字说》里所讲的，知与行、德性之知与闻见之知，都是心的"主宰"与"统会"（同上卷五）。他把知与行，内知与外知都统一于心，是心的两种表现形态。这样，他就否认了认识主体和认识对象的区别，从而取消了认识论问题。其所谓"执著"于事的"事"，只不过是心的附属品，或心之外现而已，这就排斥了认识对象，排斥了经验和理性活动。

总之，吴澄的理学思想，当是宋代理学的继续。他的理学思想是在"和会朱陆"中形成的，其所谓"发见"良知，所谓"知行兼该"等等，又多少透露了后来明代王学的消息。以往的治史者多谓王学是接步陆学。但是，王学讲理欲之辨和理气对待之类，并非是陆学的东西，而是朱学的东西。王学这种接受陆学的部分观点又抛开陆学的某些观点，并参以朱学的这一思想特点，其实早在吴澄的理学思想中已经有了萌芽。所以，吴澄的理学可以说是从宋代程、朱理学到明代王学的过渡。从这里便显示出理学史的前后承接的关系，同时也反映出理论思维发展的历史轨迹。

第二十七章　元代的朱陆合流与陆学

在元代延祐年间,朱学虽然列为科场程式,开始成为官学,但是,陆学并没有因此衰竭。恰恰相反,元代不但还有株守陆学的徒裔,而且陆学的主要思想又为不少朱学的人物所兼取,使陆学借朱学得以薪传。当然,从陆学本身来说,它也兼取朱学的"笃实"工夫。这就是元代出现的所谓朱、陆之间的"兼综""和会"。这是理学发展到元代的一段复杂情况。本章试图论述这其中的曲折和原委,以说明南宋以后理学变化的趋向和实质,以及它与后来明代王学出现的关系。

第一节　朱熹陆九渊去世之后的理学概况

理学到了元代,其所以会有上述这种变化,是同朱、陆去世之后的理学情况有关。

朱熹去世后,他的高足黄榦尚能支撑朱学的局面。但在黄榦之后,朱学已不景气。原来,朱熹在认识天理的方法步骤上,是强调由外知以体验内知,即由外界的格物以达到所谓致知的目的。这一过程也叫作"致知""下学"的笃实工夫。而在这种格物致知的过程中,重要的一项内容就是读书博览。但是,到后来,如黄榦门下的董梦程与黄鼎、胡方平等弟子,却将朱熹的读书博览,"流为训诂之学"(《宋元学案·介轩学案》),偏离了专事义理的朱学家法。当然,流于训诂的,还不只是黄榦门下的人,在朱门的陈淳和后来的王柏也沾有此习。此风相沿,甚至朱熹的裔孙朱小翁(芮),在元代也泛滥于经纂、训释。所以元代的一批专事辑录、纂注的学者,往往是出于这些朱学人物。这些人将朱学格物中的读书一项,变得更加支离烦琐,落入所谓"博而不能返约"的弊病。

虽然在朱学的传人中,也有专事理学的人物,但是,他们不能严守朱学门槛。例如朱熹的再传,即黄榦门下的饶鲁到吴澄,虽事于理学,然其说"多不同于朱子"(《宋元学案·双峰学案》),以至吴澄在"和会朱陆"中,被人目为陆学(《元史》本传)。至于詹初、曹建、符叙这些朱熹的及门和再传人物,则"往来(朱陆)其间"(《宋元学案·沧州学案》),胡长孺、汤巾、汤汉竟至"由朱入陆"。至于陈淳,似能株守朱学,但他"操异同之见,而失之过"(《宋元学案·北溪学案》),这无异是紧闭朱学门槛,自我窒息。为此,清初学者全祖望颇有感慨地说,朱学在宋"端平以后,闽中、江右诸弟子,支离、桀戾、固陋,无不有之"。不过,全氏又说,"其能中振(朱学)之者,北山师弟为一支,东发为一支"(《宋元学案·东发学案》)。但是,所谓"中振"朱学的"北山"何基这一支,黄宗羲说他仅能"熟读四书而已",不能张大师说,其庸庸无可足称。何基弟子金履祥,其论说每每"牴牾朱子",另一弟子王柏,对朱熹极为重要的《大学》格物传补,说是"无待于补",视为多余。他并且对朱注《学》《庸》及《诗》《书》经说,亦"莫不有所更定"(《宋元学案·北山四先生学案》)。至于"东发"黄震这一支,其《日钞》之作,折衷诸儒,即于考亭(朱熹)亦不肯苟同"(《宋元学案·东发学案》),其"解说经义,或引诸家以翼朱子,或舍朱子而取诸家,亦不坚持(朱学)门户"(《慈溪县志》)。他甚至欣赏陆学"慈湖(杨简)为己之功"。其后学"由白云(许谦)以传潜溪(宋濂)诸公,以文章著"(《宋元学案·东发学案》),流为朱熹生前所鄙视的所谓末学。总之,在朱熹之后,朱学的思想是"蔬薪不继","所就日下",已经提不出新的东西了。

而陆学又怎样呢?在陆象山去世后,其后学比起朱学更不景气。原来陆象山的门徒,在江西的一支称"槐堂诸儒"。这一支门徒虽热衷门户,严立"门墙",但对陆学并无建树。其中的傅梦泉,虽称陆氏高足,但未得陆学精髓,甚至不解《易》学大意,讲学不知所云,听者"困顿"欲睡(《南城县志·儒林传》)。后来这一支也就逐渐默默无闻了。

在陆象山门下,比较有影响的,是以杨简为首的浙东"四明四先生"。但杨简、袁燮,把陆的"发明本心",极端的发展为"明悟为主","不起意为宗"(《宋元学案·慈湖学案》),以至"不读书、不穷理,专做打坐工夫"(陈淳《北溪文集·答陈师复之一》)。这诚如全祖望说的,他们"一往蹈空,流于狂禅"(《宋元学案·絜斋学案》)。所以黄宗羲季子黄百家谓"慈湖(杨简)之下,大抵尽入于禅,士以不读书为学,源远流分,其所以传陆子者,乃其所以失陆子也"(《宋元学案·静清学案》案语)。

"四明四先生"中的舒璘、沈焕,也并不是完全株守陆学。舒璘将朱、吕、陆之学"一以贯之"(《宝庆四明郡志·先贤事迹》),反对谈论朱陆异同,说是为了避免"徒生矛盾"(《广平类稿·答杨敬仲》)。沈焕在晚年"尤尊晦翁(朱熹)"(《定川言行论》)。到宋末元初,虽然有陈苑、赵偕能壁守陆氏"门墙",但也只是墨守而已,在元代几乎没有什么影响。至于史蒙卿、郑玉这些本来是陆学的徒裔,则是"由陆入朱",离开了陆学。所以陆学到了元代,是每况愈下。加之元代压抑陆学,以致陆象山的四世孙,年至五十,仍贫无妻室,靠着陈苑的弟子李存,为他置田娶妻,修象山祠(《仲公集·题陈道士和归去来辞卷后》)。这就不难想象,在陆象山去世之后的陆学境况!

可以看出,从南宋末到元初,朱学的"格物"更加支离泛滥,陆学的"本心"进一步被禅化。这无论在朱学或陆学的徒裔看来,都是偏离了当年朱、陆的学旨,因而朱、陆各自的学统也就难以为继;而且经过朱、陆之间的一段争辩,各自的长短、利弊,业已暴露。所以,他们要求打破门户,在朱、陆之间取长避短。故元代的郑玉、吴澄、虞集等人,在朱、陆之间和光同尘,其所主张的朱陆"和会""会同""兼综"之说,就成为一时的舆论。如吴澄将陆学的本心论,说成是孔、孟以至到宋代周、程、张、邵相一贯的"圣人之道"。他说:

> 今人谈陆子之学,往往曰以本心为学。而问其所以?则莫能知陆子之所以为学者何如。是本心二字,徒习闻其名,而未究

竟其实也。夫陆子之学，非可以言传也，况可以名求哉！然此心也，人人所同有，反求诸身，即此而是。以心而学，非特陆子为然，尧、舜、禹、汤、文、武、周、孔、颜、曾、思、孟，以逮周、程、张、邵诸子，莫不皆然。故独指陆子之学为本心，学者非知圣人之道者也。(《宋元学案·草庐学案》)

因此，所谓朱、陆之争，在吴澄看来，是朱、陆两家"庸劣"门徒多事，故意制造出来的。他说，"朱陆二师之为教一也，而二家庸劣之门人，各立标榜，互相诋訾，以至于今。学者犹惑，呜呼甚矣！道之无传，而人之易惑难晓也"(同上)。吴澄这种朱、陆本一的论调，自然是一种朱、陆合流的主张。

虞集是吴澄的学生，也是元代的一位名士，他摘编朱熹书信，谓朱熹晚年也感到支离泛滥的毛病，而悟及"反身而求"，是"其效之至速"的方法，婉转地说明朱熹生前就有兼取陆学的想法。他说：

> 朱子答叶公谨书云：近日亦觉向来说话有大支离处，反身以求，正坐自己用功亦未切尔，因此减去文字工夫，觉得气象甚适。又与胡季随书云，衰病如昨，但觉日前用工泛滥不甚切己，方与一二学者力加鞭约为克己求仁之功，亦粗有得力处。此两书皆同时所书，正与书中所谓病中绝学损书，却觉得身心颇相收管，似有少进步处，向来泛滥真是不济事之语，合盖其所谓泛滥正坐文字太多，所以此时进学用功实至于此也。然窃观其反身以求之说，克己求仁之功，令学者且看孟子道性善求放心之说，直截如此用功。盖其平日问辩讲明之说极详，至此而切己反求之功愈切，是以于此稍却其文字之支离，深忧夫词说之泛滥，一旦用力，而其效之至速如此，故乐为朋友言之也。……朱子尝叹"道问学"之功多，"尊德性"之意少，正谓此也。(《道园学古录》卷四十《跋朱先生答陆先生书》)

按照虞集的说法,朱熹生前就已认识"道问学之功多,尊德性之意少"。所谓"道问学"与"尊德性",正是朱、陆生前各持一端,争论不休的一桩公案。而虞集这样委曲其说,也无非是为了说明朱、陆合流的必要,所要责备的是"两家门人区区异同"(同上卷四十四《吴澄行状》),而不知朱到晚年与陆已趋一致。

袁桷是王应麟的入室弟子,入元为翰林直学士,预修宋、辽、金三史,是一个有影响的人物。他倒是不回避朱、陆生前有过的争论,而是把这事说成是朋友之间的互相切磋,互相增益。他说,朱、陆"生同时,仕同朝,其辩争者,朋友之丽泽益,朱陆书牍具在。不百余年异党之说兴,深文巧辟,而为陆学者不胜其谤……而两家矛盾大行于南北矣"(《清容居士集》卷二十一《龚氏四书朱陆会同序》)。这显然也是朱、陆本一的论调。

在元代掀起的这一股朱陆合流的舆论中,郑玉可以说是他们当中的一个代表人物。但他不是简单地说朱、陆学旨本同,而是从朱、陆各有所长,各有所短的这个角度上,提出应调和朱、陆,以使两家互相取长补短。此说在元代被一些人认为是深得朱、陆的学旨。后来,明末的黄宗羲、全祖望等,亦沿承其说(详见《宋元学案》中的有关按语)。今将郑玉在《送葛子熙之武昌学录序》中的这段话引录如下:

> 陆氏之称朱氏曰江东之学,朱氏之称陆氏曰江西之学。两家学者各尊所闻,各行所知,今二百余年卒未能有同之者。以予观之,陆子之质高明,故好简明;朱子之质笃实,故好邃密。盖各因其质之所近而为学,故所入之塗(途)有不同尔。及其至也,三纲五常,仁义道德,岂有不同者哉?况同是尧、舜,同非桀、纣,同尊周、孔,同排佛、老,同以天理为公,同以人欲为私。大本达道,无有不同者乎?后之学者,不求其所以同,惟求其所以异。江东之指江西,则曰此怪诞之行也;江西之指江东,则曰此支离之说也,而其异益甚矣,此岂善学圣贤者哉?朱子之说教人为学之常也,陆学之说才高独得之妙也。二家之学,亦各不能无弊焉。陆

氏之学,其流弊也,如释子之谈空说妙,至于卤莽灭裂,而不能尽夫致知之功。朱氏之学,其流弊也,如俗儒之寻行数墨,至于颓惰委(萎)靡,而无以收其力行之效。然岂二先生立言垂教之罪者?盖后之学者之流弊云尔。(《师山文集》卷三。明刻递修本)

这里,郑玉对朱、陆两家利弊的分析,真可以说是公允之言。他指出,朱、陆在政治上都是扶持封建伦理纲常,只是为学的方法和途径不同而已。而二家的方法和途径,陆是高明简易,但缺点是"谈空说妙",没有"致知之功";朱是笃实邃密,但缺点是支离泛滥,不能收"力行之效"。郑玉还在《与汪真卿书》中,又说:陆学"简易光明","无颓堕不振之习",但"缜密不及晦翁","其教尽是略下工夫,而无先后之序"(同上)。

按照郑玉的说法,朱、陆两家的利弊已如此清楚,唯有打破门户,汇其两家之长。这种调和朱、陆的论说,比起吴澄、虞集、袁桷等人,似乎更合乎情理,因而他的朱陆调和论,在当时和以后起了很大的影响。

这里要进一步指出的是,郑玉是怎样调和朱陆的?南宋吕祖谦在调和朱陆时偏于朱,而元代郑玉则偏于陆。郑玉虽然说陆学缺乏致知、笃实的下学工夫,但还是肯定陆学的本心论是"高明简易"。他所以要肯定陆学的本心论,正如虞集说的,是因为陆学的本心论,能"超然有得于孟子先立乎其大之旨","于焉可以见其全体大用"(《道园学古录》卷四十《跋朱先生答陆先生书》),以说明陆学本心论的"高明"。吴澄在"和会朱陆"中,虽称"二师之为教一也",但他强调陆学本心论的重要,说是"问学"当以陆学"尊德性"为主,然后才是朱学"道问学"的下学工夫(《元史》本传)。因此他称"陆子有得于道,壁立万仞"(《宋元学案·象山学案》),"先生之道如青天白日,先生之学如雷惊霆"(《全集》卷十《象山先生语录序》)。他对陆的这种赞颂之词,却没有轻许给朱熹。他同郑玉一样,在主张朱陆合流时,其态度也是偏于陆的。可见在他们的议论中,一是主张调和朱、陆,不当以门户之见;二是这种调和,并非随便的折中、拼合,而是取陆学的本心论为主,辅以朱学为学致知的次序和笃实的下学工夫。所以,元代的朱陆合流,实际上是以朱学笃实的工夫,去弥补陆学"谈空说妙"的弊病,从而使陆学获得生机。

应当看到,元代不少理学家,不管原来是朱学的人还是陆学的人,他们在朱陆合流中,对朱陆的取舍,都以一种肯定的态度去谈论并且兼取陆学的本心论。所以,陆学的本心论,在派别不同的理学家那里,事实上是不同程度地被张扬了。尤其是陆学的本心论,被一些朱学的人所兼融,因而使境遇日下的陆学反而借朱学而得以薪传。

第二节 朱陆合流的几种情况

当然,朱陆合流,在不同的人中间,也有不同的情况。

先看一看徘徊于朱陆之间的那些人,是如何取舍朱陆的?

(一)史蒙卿,由宋入元,一直活到元大德十年(公元1306年)。他晚年讲学"从者益众"(《清容居士集》卷二十八《静清处士史君墓志铭》)。在理学上,《宋元学案》称他是由陆入朱,与黄震在浙东四明一带,是振起朱学的人物。当时浙东"四明之学,祖陆氏而宗杨(简)、袁(燮),其言朱子之学,自黄东发与先生(史蒙卿)始"(《宋元学案·静清学案》)。但是,他并没有离开陆学的原则。他在《果斋训语》中说,"学问进修之大端,其略有四:一曰尚志,二曰居敬,三曰穷理,四曰反身"。所谓"尚志",是陆象山的"先立乎其大"的意思。所谓"居敬",就是"涵养其本原"之心,因为"人心虚灵,天理具足,仁义礼智,皆吾固有。圣贤之所以为圣贤者,非自外而得之也"(同上)。所以,"穷理"也就是穷其"浑然于吾心"的天理。通过"穷理",体认心中之理,自然也就是"反身"。显然,这种"进修"方法,比起陆象山的所谓直指本心,是吸取了朱学"缜密"的下学工夫,不是骤然的直指本心。所以,史蒙卿虽然也讲了许多朱学的穷理、博学、审问之类,但是,从"尚志"到"反身",从出发点到归结点,还是陆学的主观唯心主义的方法论。因为他的立足点是所谓"人心虚灵,天理具足","天理之全体,固浑然于吾心"的陆学"心即理",而不是朱学的"性即理"。

前已提到的郑玉,从他的师承来说当是陆学,《宋元学案》说他是"和会朱陆"而"右朱"(《师山学案》),似为由陆入朱的人物。但是,他也没有离开陆学的本心论。这在前面引录他品评朱、陆利弊的时候,就透露了这一思想。在他看来,"理以心觉"(《师山文集》卷七《洪本一先生墓志铭》),而不是通过心外格物所能获得的,所以在方法上应当是"自持立心,以诚敬为本"(同上《济美录》附《行状》)。他在《肎肎堂记》中,称"天地一万物也,万物一我也……所谓天地万物皆吾一体"(同上卷四),这纯属陆学宇宙即我,我即宇宙的一套。他更在《云涛轩记》中咏诵:"吾眼空四海,胸吞云梦,以天地为籧篨,古今为瞬息。凡宇宙烟云变化,风涛出没,皆吾轩中物也,又岂拘拘于一室之者乎!……挟飞仙,乘怒翼,超轶乎埃壒之外,周旋于太虚之中,仰观六合,俯观八荒,则天下一云涛尔"(同上)。这也是陆象山"虎豹亿万虬龙千,从头收拾一口吞"的口吻,以为万物森然于方寸之间,万物因我而存在。因此,郑玉在获得天理的方法上,也只能是反观自悟。但是,他避免像陆学那样,"略下工夫"而"厌烦就简"地直指本心,而主张有致知笃实的步骤(《师山文集》卷三《与汪真卿书》)。他所谓致知笃实的工夫,就是所谓"潜心圣贤之书"。对于读书尊经,他甚至提出"道外无文,外圣贤之道而为文,非吾所谓文;文外无道,外六经而求道,非吾所谓道"(《宋元学案·师山学案》),主张道从经出,不同于陆象山的"六经注我"。

以上是史蒙卿、郑玉所谓"由陆入朱"的情况。他们只不过是把朱学致知笃实的下学工夫引入陆学,因此,他们的思想基本上还是陆学的范围。

类似于史蒙卿、郑玉这样的理学人物的,还有徐霖和胡长孺。所不同的是,史蒙卿、郑玉是"由陆入朱",而徐霖、胡长孺是"由朱入陆"。徐霖本是朱学在鄱阳三汤的学传,他与其师汤汉转入陆学之后,曾使"陆学为之一盛"(《宋元学案·存斋晦静息庵学案》)。但是,徐霖的"入陆",并没有完全倒向如杨简那样的陆学。他虽然说,"万化之本在心,存心之法在敬",但"敬"的工夫,不是杨简的"打坐"禅悟,而是"研精六经之奥"(《宋元学案补遗》卷八十四《徐霖传·附录》),强调读书笃实的工夫。徐霖的学生谢枋得、程绍开,虽然也信从陆学反吾本心的原则,但也言及程、朱的下学工夫。清人王梓材谓程绍开"本为陆学而和会朱学者也"(《宋元学案·存斋晦静息庵学案》),是说他以陆为主来调和朱陆的。后来的吴澄,其"和会朱陆"的思想,就是得自程绍开的师传。另一个"由朱入陆"的人物胡长孺,是朱熹门人叶味道的学生,胡晚年转入陆学。元儒吴莱(即"渊颖先生")称胡氏之入陆学,不顾别人的攻击,而"直以此道为己任"(《宋元学案·木钟学案》),但他对"九经子史无不贯通"。他的学生陈刚,对五经、四书是"昼夜研索不倦"(同上),不像过去陆学那样禅坐不读书。所以徐霖、胡长孺和史蒙卿、郑玉一样,是以陆学反求本心为宗,补以朱学笃实的工夫。

(二)再看看吴澄这样的一类理学家又是怎样从朱、陆中摘取自己所需要的思想资料的?关于吴澄,以及后面将要提到的许衡的理学思想,本书已有专门章节,这里仅就他们如何取舍朱、陆这个问题,作一概要的论述。吴澄,从其师授来说,当是朱学人物,在元代名重一时。但是,他在元代的朱学中,却是"和会朱陆"的突出人物,以致使一些人弄不清他的理学面目。《宋元学案》一说他"终近乎朱",一说他"多右陆",评断不一。其实,他在读书治经方面,是"近乎朱"。他的著作《五经纂言》,诚是"接武建阳(朱熹)"。尤其对五经中最为难治的三礼能补朱熹的"遗缺",并能探索朱熹的"未尽之意"(《草庐学案·诸经序说》)。但是,他读书治经,是要"下学而上达";"上达",即达于圣心之大本,而不是像朱学的末流那样泛滥无归。这同郑玉的读书尊经思想又是接近的。

在理学上,尽管吴澄也谈了不少朱学的内容,但从朱陆分歧的原则来看,他也接受陆学的本心论,提出读书、问学,当以陆象山的"尊德性为主",才能"庶几得之",如果以朱熹的"道问学"为主,"则其弊必偏于言语训释之末"(《元史》本传)。

虽然吴澄提出人性善恶的形成,是由于人的气质不同,而接近朱熹的看法。但是,如何去恶从善,恢复天地之性,亦即如何获得天理的问题上,他并没有沿着朱熹格物穷理的方法,而是从自身去发现善端,扩充善端。为此,他曾以教训人的口吻说,"今不就身上实学……非善学也"(《全集》卷二《答人问性理》)。吴澄所谓"用功",是在于"就身上实学",也就是反观自悟,自己认识自己,从主观到主观,不是朱熹格心外之物以明理的方法,而是接近程颢"识仁"到陆象山先识本心的方法。这一点,他在绍述邵雍"中"论时,更明白地说,"在天则为中,在人则为心,人能不失此初心,反而求之,何物非我?扩而充之,为圣为贤,己分内事耳"(同上卷四《邓中易名说》)。这就是所谓"天之所以与我,已所固有也,不待求诸外"(《宋元学案·草庐学案·草庐精语》)的意思。

在知行的关系上,吴澄主张"知行兼该",二者统一于心,以为知即行,以知为重。而对于德性之知与闻见之知,也同样认为是"内外合一"而"具于心"。这种知行观,不同于朱熹说的,"论先后,知为先;论轻重,行为重"。

因此,在吴澄看来,陆学自识本心的方法,是从尧舜到孔孟,以至到北宋的理学诸子,是"莫不皆然",都以"明指本心以教人",是三代以来的"传心之印"。

正因为如此,尽管吴澄在理学上讲了不少朱学理气、理欲的致知下学的内容,但在当时和以后的人,仍然说他在"和会朱陆"中是"宗陆背朱",被视为陆学,这是符合实际的。

(三)在元代,有影响的朱学人物,还有许衡、许谦。这两个理学家与吴澄不同,似乎是谨守朱学。可是,细按他们的思想也并非如此。

许衡在理学上,也谈朱熹的气质之性,和持敬、谨慎、审察这些修己教人的烦琐方法。但是,他并没有严守朱学门槛。他从天理赋予人心这个前提出发,把这一过程用来径求于心。他说"人心本自广大",故其"心之所存者理也"(《许文正公遗书》卷二《语录》下)。因此要求得天理,不是向外,而是向内尽心,认为能"尽心,是知至也"。而"尽心"即"存心","存心而极乎道体之大"(同上卷五《中庸直解》)。谓能如此,即是"天理至大","穆然深远",但如果反身"至诚",就可以获得宇宙的本体即天理,与天为一。所以他也重复一些陆学人物的话,称"万物皆备于我,反身而诚,乐莫大焉"(同上卷二《语录》下)。

许衡也讲"知性",但又并非是朱熹的本意。朱谓"性即理",是说人禀宇宙本体(即天理)以为性,性在心中,可是心不等于就是性,故不可以遽然直求于心,而要通过格物以知性、知天理。然而,许衡恰恰是在这里模糊了朱、陆这一原则的分歧。他闪烁其词地称尽心就可知性,说"尽其心者,知其性也;若能明德,都总了尽心知性"(同上)。

本来,朱熹关于格物穷理的格,是指"即凡天下之物而格",含有穷天下之物的所以然与所当然的意思。可是,许衡把格物的格的内容,说成是叫人明白义和命。这就接近于陆象山的"义利之辨"了。

因而许衡在知行问题上,就必然羼入陆学的观点。他虽然也讲过在知行的工夫上要有先后,但在谈到知行二者相贯的关系时,又往往把二者并列起来,说"凡行之所以不力,只为知之不真;果能真知,行之安有不力者"(《许文正公遗书》卷一《语录》上)。照他的意思,能真知,即可力行;而行之所以不力,不是朱熹说的是因为在行上没有"痛下工夫",而是因为知之不真;若能获得真知,即是行。这同吴澄一样,也混淆了知行的区别,甚至以知代行,这正好踏入陆象山的辙迹。

与许衡接近的许谦,虽隐逸不仕,声势不及许衡,但在理学上,他是朱熹在浙东的后学大宗,明初的不少儒生,包括宋濂在内,多出其门下。他在元代与许衡同为朱学大家,并称"二许"。他的《读四书丛说》,虽多以朱注疏释"四书",但《四库全书总目提要》的作者指出他并不"株守(朱熹)一家"。他也杂入陆学的本心论,认为心具天理。这种言论在他那里并非是个别的。例如他说:"天者理之所出,心者理之所存"(《读四书丛说·中庸上》),"盖天地生物,理为之主;人之一身,心为之主。人心本全其天理也"(同上《论语中》),"五常之理,原具于吾心,而无少亏"(《许白云先生文集》卷四《八华讲义》)。因此,"心妙众理"(同上《北野兀者赞并序》),"此心即有此理也"(《读四书丛说·大学》)。原因是"盖心本虚灵静一,能明天下之理者也,足以应天下之事者亦此也"(同上《孟子上》)。所以在许谦看来,要获得天理,在通过为学致知的笃实工夫之后,即能体验心中已具的天理。如果求之于心外,许谦责问:"天下之理岂易穷?天下之事岂易周?"(《许白云先生文集》卷四《八华讲义》)。照他说,因为心外的天下事物不可穷尽,所以不可以在心外

"执词泛求,几逐于物",即不可以泛滥于心外之物,也就是不必通过朱熹的格物以求其知。因此,他说"舍心弗全,非圣之学"(同上《学箴》)。而他所谓"圣之学",既包括"存心"的"尊德性",也包括"致知"的"道问学",但两者之间,他以为先要"尊德性"。因为"非尊德性,则不能道问学"(《读四书丛说·中庸下》)。这同吴澄所谓"问学"当以陆象山的"尊德性为主",次以朱熹"道问学"的说法,又几乎一致。

因此,许谦讲的"格物",也不是朱熹说的格心外之物,而是指格心。他在疏释"致知格物"时说,"先言致知,就心上说,格物是此心去格,故先言其本"(同上《论语中》),故"格物之理,所以推致我心中之知"(同上《大学》)。许谦还以这种反本求心的思想,批评一些朱学人物是诵读泛滥于书本,谓"今朱子之书满天下,诵而习之者,岂少其人? 能升其堂而窥其室,于今几何人哉"(《许白云先生文集》卷三《答吴正传》)! 所谓不能升堂入室,是指他们不能反于大本之心。这些话,很像是批评陈淳这些墨守朱学的人。

在元代,像许谦、许衡这样,虽为朱学人物,但兼取陆学本心论的,当不止以上这些人。还有如虞集,他说"学莫近焉,于是反求而自治,即此而不待于他求矣"(《道园学古录》卷三十五《抚州路乐安县重修儒学记》),"求诸其心,反诸其身"(同上卷八《可庭记》)。元末的宋濂,晚年归附朱元璋,为明初"开国文臣之首"。如果抛开他讲的朱学致知笃实的工夫,则更像是一位陆学的徒裔。在他看来,"克诚、曰敬、曰仁、曰诚,皆心中所具,非由外铄我也。此心若存,动静合道"(《宋文宪公全集》卷四《观心亭记》)。至于六经,"皆心学也……因心有此理,故经有是言。六经教之,无非复其本心之正也。"总之,"圣人之道,唯在乎治心"(同上卷三十六《六经论》)。这种地道的陆学本心论,真是深得陆学三昧。

总之,元代的朱学人物,除了那些墨守师说的人以外,都在不同程度上兼取陆学的本心论,而蔚为一时的"风会"。在这当中,龚霆松甚至荟纂《朱陆四书会同》一书,袁桷为之作序褒扬,深得当时人的赞许。

这里要指出的是,吴澄、许衡、许谦、宋濂等,这些朱学人物,与"由陆入朱"的史蒙卿、郑玉不同。史蒙卿、郑玉是以陆学的本心论,兼取朱学致知、笃实的下学工夫。而吴澄、许衡等人,是以朱学兼取陆学的本心论,他们不仅持有朱学致知笃实的工夫,而且也还保持朱学的理气论与理欲之辨。这种"和会朱陆"的内容,对于后来王学的出现有一定的关系。

第三节　对元代朱陆合流的分析及其与明代王学的关系

从以上几种情况来看,在陆学系统中,除少数墨守师说的陈苑、赵偕[①]以外,其他的陆学人物,固然坚守陆学反求自悟的本心论,但也吸取朱学致知笃实的工夫。而在朱学系统中,除个别如"卫师门甚力"的陈淳以外,其他的朱学人物,虽然坚持朱学的许多观点,但也兼取陆学"简易"的本心论,以避免朱学支离泛滥以致"乖桀、固陋",这诚如袁桷说的,折衷朱陆两家,可以兼长避短,"补两家之未备"(《清容居士集》卷二十一《龚氏四书朱陆会同序》)。

可以看出,陆学反求本心的原则,不仅在陆学系统中延续下来,而且也渗入到朱学的系统中,被不少朱学的人所兼取。虽然陆学在元代,无论就其政治势力和人数上来说是不及朱学,但其影响是很大的。这是朱、陆在元代合流的复杂现象。这正像历史上佛、道思想虽曾受到压抑,但往往被其他的学派所吸取,甚至被敌对的学派所吸取。

当时,一些朱学人物所以还要打着朱学的旗号,是由于朱学在元代

---

① 在元代,少数墨守陆学,而不与朱学和会的,突出的是陈苑、赵偕,以及陈苑的四大弟子"江东四先生"祝蕃、李存、舒衍、吴谦,他们在元代受到压抑,是"誓以死不悔"。他们正像陈淳所攻击的,是"不读书,专做打坐工夫"。如赵偕专事"恭默自省",有"慈湖之余习"。甚至他们的门徒如李恒,静坐闭目,"闻蛙声而悟",已"纯乎禅矣"(见《宋元学案·静明宝峰学案》)。元人虞集批评陆学说,"近日晚学小子,不肯细心读书穷理,妄引陆子静之说,以自欺自弃"(《道园学古录》卷一《送李彦方闽宪诗序》),当是指的这一类陆学人物。他们与朱学中墨守门户的少数人如陈淳及其门徒,互争异同,双方绝不搞朱陆"和会",而是"角立门户若仇雠"(危素《危太朴文续集》卷九《上饶祝先生行录》)。这些陆学之徒是"浮沉里巷",在元代几无影响,所谓"陆学殆绝",实是指的他们这一些人。如果说,在元代还有什么朱陆之争,也是他们这一些人。不过,这在当时已经不引人注目了。

"定为国是,学者尊信,无敢疑贰"(《道园学古录》卷三十九《跋济宁李璋所刻九经四书》)。因为朱学成了官学,所以当时"设科取士,非朱子之说者不用"(《上饶县志》卷十九《儒林》)。朱学成了仕途捷径,致使陆学的人,也不得不"由陆变朱"。因而原来是朱学的人,自然更不愿意丢掉这个受到官方支持的旗帜。当然,在朱学中的这些情况,又因人而异,程度不同。吴澄、许谦、许衡吸取陆学本心论,但并不系统,他们大量的还是讲朱学读书下学的工夫,讲朱学理气、理欲这一套,与汤汉、胡长孺还有所区别。

还要指出的是,在朱陆合流中,所谓兼取朱学"致知""笃实"的下学工夫是指的什么?当时的理学家只取读书一项为致知、笃实的工夫。读书,是读"古圣贤书"。例如史蒙卿,原来家传陆学,全祖望称其"改而宗朱"。其实,说他"宗朱"只不过是吸取朱熹的论读书一项。这一点,他的及门弟子程端礼表述的尤为清楚。程端礼在《集庆路江东书院讲义》中说:"元(原)来道学不明,不是上面欠工夫,乃是下面无根脚。"这是指过去的陆学只有本心论的上面工夫,但缺乏笃实的下面工夫,所以成了"无根脚"的谈空说妙。这下面工夫,在他看来,只要朱熹讲的读书一项就可以了。因为"盈天地间,万物万事,莫非文也。其文出于圣人之手,而存之于书者,载道为尤显,故观孔子责子路何必读书,然后为学之语,可谓深戒"。于此他又接着说,"端礼窃闻之朱子曰:为学之道,莫先于穷理,穷理之要,必在于读书"(《宋元学案·静清学案》)。所以,程端礼专取朱熹六条读书方法,作《读书分年日程》,是所谓为学的步骤和工夫。他认为只有这样,才能笃实有"根脚",才能避免陆学的"存心"之说,"放入无何有之乡"。清初黄百家说程端礼这个"本末不遗"的读书日程,是陆学的"功臣"。他说:"盖慈湖(杨简)之下,大抵尽入于禅,士以不读书为学……余观畏斋(程端礼)读书日程,本末不遗,工夫有序,由而之焉,即谓陆子之功臣也"(同上)。不同的是,朱熹的读书,是作为心外体验天理的阶梯,而到元代朱陆合流时,他们的读书,是作为体验心中之理的步骤和缜密的工夫。此即吴澄说的,读书是为了"以明此理即在此心而已"(《宋元学案·草庐学案》)。元儒郑所南说,孔子道体之大,在于"正心",但在方法途径上,"何以始之?

由读书入"(《郑菊山先生清隽集·诗文集·早年游学泮宫记》),以免禅坐面壁。这可以说是概括了他们所以取朱熹读书为笃实工夫的看法。然而,这种以"圣经贤传"为笃实的工夫,仍然是一种脱离社会实践的认识方法。

　　元代朱、陆之所以能够合流,主要是由于朱、陆两家有共同的思想基础。前引郑玉在《送葛子熙之武昌学录序》中,已多少触及这一问题。他说朱、陆"同是尧、舜,同非桀、纣,同尊周、孔,同排释、老。同以天理为公,同以人欲为私。大本达道,无有不同。"后来的黄宗羲亦沿袭此说,不过他说得更明确一些。他称朱、陆"二先生同植纲常,同扶名教,同宗孔孟"(《宋元学案·象山学案》案语)。显然,朱、陆都是封建制度的维护者,因而在思想本质上是一致的。就哲学来说,陆以心为本体,朱以理为本体,似乎有主观唯心主义与客观唯心主义的区别。但是,在唯心主义阵营中的这种区别,并不是本质的区别。朱熹在心外的理或太极,通过格物,求得的所谓"一旦豁然贯通",所达到的境界,也还是像陆象山那样,是一种直觉的悟得天理的认识方法。只是朱熹不像陆象山那样"直截""简易"罢了。正如黄百家所说,朱、陆二人如同被召入室,其所入之途,虽从"东、西异户(门)"而入,但"至室中则一也"(同上)。

　　何况,朱、陆二人在生前,虽然"自相龃龉",但思想上仍有互相包融的一面,况且他们各自到了晚年,也都感到偏激。这就是黄宗羲所说的,"至晚年,二先生亦俱自悔其偏重"。他并且举陆象山祭吕祖谦文,谓陆在生前自称与朱的争论,是"粗心浮气,徒致参辰";而朱熹生前给何叔京、周叔谨书,亦谓陆学的本心论,"其效之至速",是"做工夫底本领"("本领"即头绪的意思),否则"无下手处",因而朱熹自悔"向来说话有支离处"(同上)。黄宗羲这种编排朱陆晚年之说,是本于元人虞集《跋朱先生答陆先生书》。虞集引录朱熹在晚年与叶公谨、胡季随的书信,并作题跋。当然,虞集这样做,是意在说明朱、陆应当会归为一,故其对朱熹的书信或有断取之嫌。

　　那么,南宋朱陆两家的理学,到了元代趋于合流,这在理学史上有什么意义呢?我们说,这种合流,是后来明代王学的先声。

以往的说法，多谓王阳明是远承南宋的陆象山。其实并不尽然。不错，陆、王都讲本心，可是王阳明也讲四书五经，也讲理气论与理欲之辨。而这些是朱学的论题。所以，陆、王之间并不完全一样。就陆、王都讲本心这一点来说，陆是讲"发明本心"，王是讲"致良知"，两者也并不完全一样。

显然，王阳明所以同陆象山不完全一样，是因为王阳明不仅远绍陆象山的本心论，而且也融会了朱学的一些内容。王阳明这种兼融朱、陆的情况，不过是承接元代朱陆合流的趋势。因此，元代的理学，实为从南宋的陆学到明代的王学之间的过渡环节。也可以说，元代的朱陆合流，是对明代王学起了直接间接的孕育作用。不过，元代的朱陆合流，只是开其端，而到了明代的王阳明，他在朱、陆之间，能精细的加以取舍和熔铸，形成"博大、精细"的王学体系。例如，王阳明以所谓"感应""灵明"，使朱、陆关于心、物的分歧得以统一，认为只有理欲之分，而无心、物之别。王阳明又以所谓"致良知"，使朱、陆关于知行的分歧得以合一。这就是刘宗周说的朱陆"辩说日起，于是阳明起而救之以良知"（《明儒学案》卷六十二《辨学杂解》）。而"良知即天理"，也就是"是非之心"；要获得这种"是非之心"的天理，首先要有"必为圣人之心"的"立志"。"立志"即陆象山的"先立乎其大"，然后"在事上磨炼做工夫"（《传习录》）。这"工夫"，也包括朱熹格物三事中最重要的一项，读"圣经贤传"的四书五经。这就把朱、陆的"立志"与"格物"浑融为一，达到"即下即上"。可见王阳明对朱、陆的兼融，比起元代的理学家更上一层，没有弥合的痕迹。但是他谈四书五经、"事上磨炼做工夫"，谈心物为一、知行合一，以及理气、理欲之辨，仍可以在元代的理学中找到这种思想的轨迹。很明显，王学的这些内容，诚如刘宗周说的，是"范围朱陆而进退之"（《明儒学案·师说》），故王学"似陆而高于陆"（莫晋《明儒学案》序），不是简单的所谓"直承南宋陆学"。

因为王阳明也兼融朱学，所以他同陆象山不同，并不是公开的反对朱熹。相反，他还是申明"吾之心与晦庵未尝异也"。并且，他也像元人虞集那样，将朱熹与人的书信，摘编为《朱子晚年定论》，以附己说，谓朱熹"晚岁固已大悟旧说之非",而责怪一些人不了解朱熹在晚年,对本心之说,有"既悟之论"(《王文成公全书》卷三),其说几同于虞集。

从理学史中可以看到,由宋到元,由元到明的这一过程,大体上是由支离泛滥,到简易直截的过程。这一过程,从哲学史上来说,理学的唯心主义,就愈来愈表现得彻底,因而它的思想也就更加贫乏,所以在王学中出现了王艮及其泰州学派的离异现象,这就显示了元代以后的理学有了新的特色。不难看出,在理学发展的这一过程中间,元代的朱陆合流,是起了嬗变和转递的作用。

第四编

明初的理学

概　说

由北宋兴起的理学，至南宋朱熹集其大成。这种哲学化的儒学，对于维护封建制度的作用，自非汉唐时期的儒学所能比拟的。可是，程朱理学直到朱熹去世之后才宣布开禁，到元代才将程朱的经传、集注列为试子程式，成为官学。及至明初，程朱理学定于一尊，更进一步强化了它作为封建统治阶级的统治思想的地位。

明朝不仅建立了统一强大的封建王朝，而且它比起宋、元两朝来说，又进一步加强了封建专制主义。这个王朝的君臣非常懂得程朱理学的重要。早在明初开国伊始，即有刘基、宋濂等一批近臣，与明太祖朱元璋"论道经邦"，议论"礼乐之制"，以孔孟之书为经典，以程朱注解为"规矩"。其后，解缙等人对明成祖朱棣的讲筵、入对，更是君臣唱和。遂于永乐年间，在朱棣的御临下，以程朱为标准，汇辑经传、集注，编为《五经大全》《四书大全》《性理大全》，诏颁天下，统一思想，是所谓"合众途于一轨，会万理于一原"，"使家不异政，国不殊俗"。至此，程朱理学才取得了独尊的地位。

由于三部理学《大全》，只不过是以钦定的形式，使程朱理学成为统治思想，因此对于程朱的经传、集注和接近程朱的其他注解，也只是加以辑集，整齐划一，其目的并不在于发明。这就是章懋说的"自程朱后，不必再论，只遵闻行知可也"，和薛瑄说的"自考亭以后，斯道大明，无烦新著"。明末顾炎武、朱彝尊指责三部《大全》，尽是"窃取""抄袭"，没有新义，对人们的思想起着桎梏的作用。

虽然程朱理学在明初被钦定下来，但是，在明代前期也有一些理学家，他们固然是宗奉程朱，但不是徒守吟诵。他们往往以一种"体认"的方式，发其新义。而其中又因为各自的"体认"不同，"所得"不同，使得明代前期的理学，也呈现了错综复杂的情况。这样的理学人物，有刘基、宋濂、方孝孺、曹端、薛瑄、吴与弼等。

刘基、宋濂的理学思想和著作,多成于元末,但其影响和作用,又主要是在明初。其中刘基在理学上是强调天以"理为其心",以"元气"说为"天理"到"化生万物"之间的中介物,进一步强调了"元气"在"天理"中的位置和作用。他在《郁离子》《天说》篇中,反对佛、道的鬼神论,以维护儒家"天理"的绝对性。他的《春秋》经解,比起胡安国《春秋传》,不仅发挥夷夏之防的思想,而且使《春秋》学更具有理学的气味。与刘基同出浙东的宋濂,是宋、元以来金华朱学的传衍人物。他强调吾心"天下最大",以佛教的"明心见性"为"入道之要"。他"饱阅"佛典,称儒、佛"其道揆一","同一",谓学道者当兼儒、佛,因而成为金华朱学"三变"之后的"佞佛者流"。在理学内部,他也主张"折衷群说",唱朱陆"本一",其说"有若"元代"和会朱陆"的吴澄。他强调理学不仅修身,而且用世,"立事功","著之于民用"。由此他推尊陈亮。这充分反映出明初开国时期的生动气象。

宋濂最得意的门生是方孝孺。但方孝孺与乃师宋濂不同,他是"放言驱斥二氏",被称为"千秋正学","明之学祖"。他忠于君臣大义,面斥朱棣"篡国",致被磔死,以身殉道,实是一个崇信理学而又被理学扼死的戆迂人物。在理学上,方孝孺认为朱熹而后,不必新著,其要在于道德的实践,指责一些道学人物侈谈性命而行为不端;主张以小学"养其心志,约其形体",注重治心悟道,而称朱熹的格物补传为多余;倡言以齐家为治国之本,而齐家治国又以《周礼》的宗法制为"遗典大法";认为《周礼》可以"经世淑民",行于今日。

与方氏同时而稍后的曹端,是明初北方大儒,开"河北之学"。其理学多是宋人的议题,好"翻出古人一段公案",讨论周惇颐提出什么是"孔颜之乐"的问题,把程颢所说道德修养的精神境界,从玄远的天人一体,拉到现实的道德实践中。尤其是他的《戾说》一篇,提出理气"一体","未尝有间断",委婉地不同意朱熹所谓理与气如人之乘马;由此提出了新的论题。当时罗钦顺、王廷相谓曹端提出的理气无"间断",是"深有体认",但又嫌其不足。他们发挥曹端理气"一体"之说,提出"理气为一物","理出于气",将理气颠倒过来,引向唯物主义,因而越出曹端本意,但问题却是曹端引起的。在曹端之后,"闻风而起"者是薛瑄。

　　薛瑄学宗程朱,读《性理大全》,作《读书录》,开山西"河东之学",门徒遍山西、河南、河北、关陇一带,蔚为北方朱学大宗。其理学发挥曹端理气"一体"之说,谓理散于气,故"气中有理",理气无"缝隙"。同样,在道与器、性与气的关系上,他认为也是道散于器,性赋于气,故道器不相离,性气相即。由此在心性修养方法上,为求得"一个性字",他主张当于气中求性。而气即万事万物、日用人伦。所以学道者在日用酬酢的道德实践中,即可获见此性,达到"复性"。于是认为道德实践、恭行礼教本身,就是"复性"。这在朱学中是偏于"下学",而不重视心悟的"上达"工夫,致使他的理学思想"悃愊无华",趋于偏枯。其学传至吕柟,又开明代关中之学。关中之学的形成,已进入明代中期,适与王学同时,故吕柟曾与王学有所辩论。但吕柟为首的关中之学,亦以"躬行礼教为本",同薛瑄一样,也只重视道德实践。在理学上虽然有所议论,但其大端并无新义,故其学没有生气,最后默然无闻,而为王学所淹代。

　　与北方薛瑄差不多同时的吴与弼,在南方开"崇仁之学",亦称朱学大宗。吴与弼与重视下学工夫的薛瑄相反,他是"兼采朱陆之长","寻向上工夫",其学只重上达一路,强调"静中体验""静中思绎"的"静观"。其徒陈白沙和娄谅,或"得其静观涵养",或"得其笃志力行",俱流衍为王学的"发端"和"启明"。明中期王学的产生,与明代前期理学思想的变化不无关系;虽然王学的产生还有其他的原因,不能仅仅归之于康斋之传。

　　通观有明一代前期一百多年的历史,虽然有三部理学《大全》的钦定,独尊程朱,但就程朱理学思想来说,宋濂的"佞佛",方孝孺的懋迁,曹端的《戾说》,在他们对朱学的"体认"中,与朱学往往不能合辙,有的甚至对朱学是"得其半而失其半"。后来薛瑄与吴与弼也是各走极端。薛瑄只重朱学的下学工夫,以至"困于流俗";吴与弼只重朱学的上达工夫,强调"静观""洗心",以至成为王学的肇端。在明代前期的理学中,由宋濂、曹端到薛瑄、吴与弼,所出现的这些思想变化,致使程朱理学的思想体系,被弄得"支离破碎",这不能不说是王学得以风靡一时的重要原因之一。

可以看出，由北宋兴起的理学，到明代前期又是一大变化。一方面是程朱理学真正成为统治阶级的统治思想，另一方面就程朱理学的思想来说，却是不景气，走下坡路。自此以后，直到清中期的汉学出现为止，所谓程朱理学，尽管仍然是统治思想，但已没有活力。

第二十八章　明初朱学统治的确立
——论三部《大全》(上)

第一节　三部《大全》的纂修

一、纂修经过

《五经大全》《四书大全》《性理大全》三部大书,共二百六十卷,修成于明成祖永乐十三年(公元1415年)。上距明太祖洪武元年(公元1368年)凡四十七年,将近半个世纪。其中《五经大全》一百五十四卷,《四书大全》三十六卷,《性理大全》七十卷。这三部《大全》的纂修,标志着明初朱学统治地位的确立,是宋明理学史上的大事。

南宋末年,庆元党禁解除,朱熹的学术才得到统治者认可,不再被视作"伪学",读书人参加科举,不再要求申明自己不是"伪学"了。但是当时朱学还没有取得学术思想上的统治地位。元朝是蒙古族建立的朝代,不甚重视文化教育事业。虽然元仁宗皇庆年间,明令科举以朱熹《四书集注》及五经的朱学传注为思想准绳,但实际上未受重视。少数朱学学者讲学著书,影响不大。其间又不乏和会朱陆的理学家。这种情况盖已绵历一百年之久。

明太祖洪武年间,解缙上万言书,建议修书,以关、闽、濂、洛,上接唐、虞、夏、商、周、孔,"随事类别,勒成一经",作为"太平制作之一端"。这就

已开启了官修理学书籍的端倪,而其用意则在树立程朱理学的统治地位。《明史》卷一百四十七《解缙传》载:

> 一日,帝在大庖西室,谕缙:"朕与尔义则君臣,恩犹父子,当知无不言。"缙即日上封事万言,略曰:"……臣见陛下好观《说苑》《韵府》杂书,与所谓《道德经》《心经》者,臣窃谓甚非所宜。《说苑》出于刘向,多战国纵横之论;《韵府》出元之阴氏,抄辑秽芜,略无可采。陛下若喜其便于检阅,则愿集一二志士儒英,臣请得执笔随其后。上溯唐、虞、夏、商、周、孔,下及关、闽、濂、洛,根实精明,随事类别,勒成一经,上接经史,岂非太平制作之一端欤!……"

据此可知,明太祖当时即使以帝王之尊,也还是无一定的经典可读,只能杂览《说苑》《韵府》《道德经》《心经》等书。这个从和尚出身的皇帝喜爱读《心经》,旁及《道德经》,自是他的本色,不足奇怪。《说苑》多历史故事,《韵府》则类似辞典,非正式经典。最高统治者的这种读书状况,一方面固属个人的爱好,而更本质的则是反映了统治思想的尚未确立,反映了明太祖并未受儒家传统思想的拘束。解缙的建议正是针对这种状况而发的,其意义有似于汉武帝时董仲舒的"天人对策",旨在建立有权威的统治思想。由官方修书,而执笔者则为"儒英",即有地位的"儒",此时的"儒"就是理学家。书的内容是上溯唐虞三代周孔,下及"关、闽、濂、洛",即指继承孔孟坠绪的理学。显然,解缙的建议,实开后来明成祖修纂三部理学巨著的先声。

明成祖永乐十二年(公元 1414 年),开始纂修《五经大全》《四书大全》《性理大全》。《大明太宗孝文皇帝实录》卷一百五十八:

> (永乐十二年十一月)甲寅,上谕行在翰林院学士胡广、侍讲杨荣、金幼孜曰:《五经》《四书》,阐圣贤精义要道,其传注之外,

诸儒议论,有发明余蕴者,尔等采其切当之言,增附于下。其周、程、张、朱诸君子性理之言,如《太极》《通书》《西铭》《正蒙》之类,皆六经之羽翼,然各自为书,未有统会,尔等亦别类聚成编。二书务极精备,庶几以垂后世。命广等总其事,仍命举朝臣及在外教官有文学者同纂修。开馆东华门外,命光禄寺给朝夕馔。

《明史》卷一百四十七《金幼孜传》:

(永乐)十二年,命与(胡)广、(杨)荣等纂《五经、四书、性理大全》。

《国榷》卷十六,成祖永乐十三年九月己酉条:

《五经、四书大全》及《性理大全》书成(下叙胡广、金幼孜等纂修者姓名官爵),上亲序之。临海陈燧常曰:"始欲详,缓为之。后被诏促成。诸儒之言,间有不暇精择,未免牴牾。虚心观理,自当得之,不可泥也。"

《大明太宗孝文皇帝实录》卷一百六十二:

(永乐十三年三月)丁巳,命第一甲进士陈循为翰林院修撰,李贞、陈景著为编修,仍命同纂修《性理大全》等。……

据上引史料,可知这三部大全,原来只是两部,一为《五经、四书大全》,一为《性理大全》,所以永乐上谕,称为"二书"。《国榷》所载,亦称《五经、四书大全》及《性理大全》。前者《五经、四书大全》为圣贤精义要道,后者《性理大全》为周、程、张、朱羽翼六经的著作,性理之言。分称为《五经大全》《四书大全》《性理大全》三书,是修成进览时由明成祖确定的。这三部《大全》,开始纂修在永乐十二年十一月上谕之后,修成则在永乐十三年九月,时间不到一年,仓促成书,内容"未免牴牾"。开始时,原想纂修得详细些,进度较慢,以后被诏催促,乃草草成书,"不暇精择"。这就是说,《大全》是修得比较草率的。什么时候被诏催促的,史无明文。观《实录》卷一百六十二,永乐十三年三月丁巳命新进士陈循、李贞、陈景著,"同纂修《性理大全》等",则下诏催促,可能即在此时,为了催促速成,增加了纂修的人手。明政府修这三部《大全》,当初是比较重视的。所选的纂修官,主其事者为翰林院学士、侍讲,实际纂修的当为其他朝官及由各地抽调的教谕、训导等教官,以后增加的人手,也是新科进士等,纂修力量不算弱。开馆东华门外,光禄寺朝夕供馔,待遇不算薄。

书既成,胡广等进览,明成祖亲自作序。及缮写成帙,胡广等上表进书,成祖又御奉天殿受之,命礼部刊赐天下。对纂修者胡广等四十二人,赐钞币有差,又赐宴于礼部。这个场面可以说是十分隆重的了。

今藏北京图书馆善本书室的《四书大全》《五经大全》,有一种白棉纸印本,纸质厚实,比十六开本还要大,规格很高,估计即当时的礼部印本。另一种桑皮纸印本《性理大全》,纸质较逊,开本与白棉纸相同,是南京的翻印本,今藏中国科学院图书馆善本室。现在这两种印本,都作为善本,作为国家的贵重文物保存起来。这种五百七十年前的皇家刊本,即使内容芜杂,也算是宝贝了。

二、纂修目的

明成祖、明政府为什么要纂修这三部《大全》呢?纂修这三部《大全》,目的何在?对这个问题,最好还是用明成祖及纂修者胡广、杨荣、金幼孜等人的话来回答。

明成祖在这三部《大全》的御制序里说:

> 朕惟昔者,圣王继天立极,以道治天下,自伏羲、神农、黄帝、尧、舜、禹、汤、文、武,相传授受,上以是命之,下以是承之,率能

致雍熙悠久之盛者,不越乎道以为治也。下及秦、汉以来,或治或否,或久或近,率不能如古昔之盛者,或忽之而不行,或行之而不纯,所以天下卒无善治,人不得以蒙至治之泽,可胜叹哉!

夫道之在天下,无古今之殊,人之禀受于天者,亦无古今之异,何后世治乱得失与古昔相距之辽绝欤?此无他,道之不明不行故也。道之不明不行,夫岂道之病哉?其为世道之责,孰得而辞焉。夫知世道之责在己,则必能任斯道之重而不敢忽。如此,则道(当夺"岂有"二字)不明不行,而世岂有不治也哉!

朕缵承皇考太祖高皇帝鸿业,即位以来,孳孳图治。怕(当为"惟"字之误)虑任君师治教之重,惟恐弗逮。功(当为"切"字之误)思帝王之治,一本于道。所谓道者,人伦日用之理,初非有待于外也。厥初圣人未生,道在天地;圣人既生,道在圣人;圣人已往,道在六经。六经者,圣人为治之迹也。六经之道明,则天地圣人之心可见,而至治之功可成。六经之道不明,则人之心术不正,而邪说暴行侵寻蠹害,欲求善治,乌可得乎?朕为此惧,乃者命编修《五经》《四书》,集诸家传注而为大全,凡有发明经义者取之,悖于经旨者去之。又集先儒成书及其论议、格言,辅翼《五经》《四书》,有裨于斯道者,类编为帙,名曰《性理大全》。书编成来进,朕间阅之,广大悉备,如江河之有源委,山川之有条理,于是圣贤之道,粲然而复明。所谓考诸三王而不缪,建诸天地而不悖,质诸鬼神而无疑,百世以俟圣人而不惑。大哉,圣人之道乎,岂得而私之?遂命工锓梓,颁布天下,使天下之人,获睹经书之全,探见圣贤之蕴。由是穷理以明道,立诚以达本,修之于身,行之于家,用之于国,而达之天下。使家不异政,国不殊俗,大回淳古之风,以绍先王之统,以成熙雍之治,将必有赖于斯焉。遂书以为序。

胡广、杨荣、金幼孜等的进书表里说:

乃者涣起宸断,修辑六经。恢弘道统之源流,大振斯文之委靡。发舒幽赜,钩纂精玄。博采先儒之格言,以为前圣之辅翼。合众途于一轨,会万理于一原。地负海涵,天晴日曒,以是而兴教化,以是而正人心。使夫已断不续之坠绪,复续而复联;已晦不明之蕴微,复彰而复著。肇建自古初所无之著作,缵述自古初所无之事功。非惟备览于经筵,实欲颁布于天下。俾人皆由于正路,而学不惑于他歧。家孔孟而户程朱,必获真儒之用。佩道德而服仁义,咸趋圣域之归。顿回太古之淳风,一洗相沿之陋习。焕然极备,猗欤盛哉!窃尝观之,周衰道废,汲汲皇皇,以斯道维持世教者,惟师儒君子而已。未有大有为之君,能倡明六经之道,绍承先圣之统,如今日者也。

明成祖朱棣,是一个凶残酷毒的君主,但是在这场纂修《大全》的事业中,却俨然以发扬道统的圣王兼教主面貌出现,不能不令人齿冷,不能不令人感到是对"儒术"的讽刺。君臣之间的唱和,仿佛是古老相传的虞廷赓歌之美了,真是"猗欤盛哉","大回太古之淳风"了。总结御制序和进书表的大意,乃是说:一、圣王是"以道治天下"的。这个"道"就是伏羲、神农、黄帝,尧、舜、禹、汤、文、武,历代相传的"道"。说穿了就是宋明理学家嚼烂了的伪《大禹谟》的十六字心传:"人心惟危,道心惟微,惟精惟一,允执厥中"。这是朱熹在其所著的《中庸章句》序里早就说过的,而永乐御制序却抄袭了朱熹序文的原意,又参以《大学章句》的序意。在朱棣看来,这个"道",又即是"人伦日用之理,初非有待于外"的,那就是君臣、父子、夫妇、兄弟、朋友之间的"日用之理",就是纲常伦理。二、唐、虞、三代之所以治,由于"道以为治"。秦、汉以后之所以"卒无善治",由于"道之不明不行","或忽之而不行,或行之而不纯。"治不治的责任由谁来负呢?"其为世道之责,孰得而辞焉。"由皇帝老子一人来负。这是一句冠冕堂皇的话。三、朱棣自认为是明太祖的继承人,是明朝的第二代皇帝(注意,这里把建文帝完全撇开，一字不提）。他要"孳孳图治"，所以"命儒臣编修《五经》《四书》"，""而为《大全》"，又"类编"《性理大全》。因为"圣人已往，道在六经"。而《性理大全》又是"辅翼《五经》《四书》"的。四、朱棣对这三部《大全》，作了极高的评价，认为"广大悉备"，"圣贤之道，粲然而复明"，"考诸三王而不缪，建诸天地而不悖，质诸鬼神而无疑，百世以俟圣人而不惑"，好到了极点。五、朱棣认为，三部《大全》刊印，"颁布天下"以后，天下之人，就"获睹经书之全，探见圣贤之蕴"，由是"穷理而明道，立诚以达本，修之于身，行之于家，用之于国，而达之天下，使家不异政，国不殊俗，大回淳古之风。以绍先王之统，以成熙雍之治，必将有赖于斯焉。"这就是说，修身、齐家、治国、平天下，就靠这三部《大全》了。这里所提出的"使家不异政。国不殊俗"，是颁行《大全》的宗旨所在，就是要用这套封建经典来统一这个封建国家的思想。序文以及进书表中使用的"善治""真儒""不明""不行"等词，是从《四书集注》卷末程颐所作明道先生墓表抄来的，不过墓表"不明"作"不传"而已。在胡广、杨荣、金幼孜等的进书表中，除与御制序内容相同的语言外，突出宣扬了朱棣的"制作""事功"，认为这位"大有为之君"，"能倡明六经之道，绍承先圣之统"，超越了历史上所有的君主。还认为这三部《大全》颁布于天下之后，就会使"人皆由于正路"，"学不惑于他岐"，"家孔孟而户程朱"，"佩道德而服仁义"，陋习尽洗，淳风顿回，那是极好的了。

　　胡广、杨荣、金幼孜等的进书表，署的日子是永乐十三年九月十五日，明成祖的御制序，署的日子是永乐十三年十月初一日。表送上去之后，半个月序文就出来了，封建政府办这件事十分迅速，可见统治者异乎寻常的重视，表露了要求树立"家孔孟而户程朱"那种局面的急切心情。

　　《五经大全》《四书大全》《性理大全》的颁行，标志着朱学统治地位的确立。

第二节 《性理大全》的朱学印迹

在明政府的官文书里,三部《大全》的顺序是《五经大全》《四书大全》《性理大全》。我们的论述却倒转来,把《性理大全》放在前头,把《五经大全》放在最后。这样做,没有别的,只是因为研究工作是从《性理大全》开始的,而《五经大全》则卷帙较多,到最后才研究完成。

一、印迹举隅

《性理大全》的朱学印迹十分明显。

卷首所列的"先儒姓氏"一百二十多人,其中程朱理学家占半数以上,著名的理学家有周惇颐、二程、张载、游酢、谢良佐、刘绚、李籲、吕大临、杨时、侯仲良、张绎、尹焞、范祖禹、朱栋、胡安国、陈渊、祁宽、罗从彦、李侗、朱松、刘子翬、朱熹、张栻、黄榦、蔡元定、蔡沈、陈淳、李方子、董铢、廖德明、度正、真德秀、魏了翁、项安世、饶鲁、熊勿轩、黄瑞节、许衡、吴澄、黄潜等多人。至于所列的三苏、黄山谷、陆九渊、吕祖谦、张九成、杨简、欧阳玄等,由于学派不同,未计入。从上面所举,程门弟子、朱熹门人、后学,是占主要地位的。《性理大全》书中曾引用这些"先儒"的学说,因而留下了鲜明的朱学印迹。《性理大全》二十六卷以下,有"诸儒"一目,意谓性理诸儒,罗列此目之中。所列者为周惇颐、二程、张载、邵雍、程子门人、罗从彦、李侗、胡安国(附寅、宏)、朱熹、张栻、吕祖谦、陆九渊、朱子门人、真德秀、魏了翁、许衡、吴澄,则百分之七八十为程朱学派中人。这也可见朱学印迹之深。

《性理大全》中所收的"先儒"著作,有周惇颐的《太极图》(朱熹注)、《易通》(朱熹注)、张载的《西铭》(朱熹注)、《正蒙》(杂取诸说为注,非全出朱熹注)、邵雍的《皇极经世书》(邵伯温注)、朱熹的《易学启蒙》《家礼》、蔡元定的《律吕新书》《洪范皇极内篇》等。这些著作,或为朱熹所注,或为朱熹所作,或为朱熹门人所作。只有《正蒙》《皇极经世书》二书,既非朱熹所作,亦非朱熹所注,但这两部书也是朱熹所推崇的。这些著作,都收在《性理全书》(《性理大全》亦称《性理全书》)的卷一至卷二十五之内。

在《性理全书》的卷二十六以下至最后一卷,则为有关性理的语录。语录的门目,大体仿照《朱子语类》的门目。例如"理气""鬼神""性理""道统""圣贤""诸儒""学""诸子""历代""君道""治道"等等,与《朱子语类》的门目,若合符节。而语录的内容则取自程朱及朱熹门人后学之说,很少是其他学派的。现在把《性理大全》卷二十六以下语录的门目与《朱子语类》的门目对比如下:

《性理大全》卷二十六以下门目	《朱子语类》门目
理 气	理 气
鬼 神	鬼 神
性 理	性 理
道 统	学
圣 贤	大 学
孔子、颜子、曾子	论 语
子思、孟子、孔孟门人	孟 子
诸 儒	中 庸
周子、二程子、张子	易
邵子	书
程子门人、罗从彦	诗
李侗、胡安国(子寅、宏)	孝 经
朱子、张栻、吕祖谦	春 秋
陆九渊、朱子门人、真德秀	礼
魏了翁、许衡、吴澄	乐
学	孔、孟、周、程、张子
小学	周子书

	总论为学之方	程子书
	存养(持敬附)	张子书
	省察	邵子书
	知行、致知、力行	程子门人
	教人、人伦	杨氏、尹氏门人
	读书法	罗氏、胡氏门人
	史学、字学	朱子自论为学工夫
	科举之学	朱子论自注书
	论诗、论文	朱子论外任
诸　子		朱子论内任
	老子、列子、庄子	朱子论治道
	墨子、管子、孙子	朱子论取士
	孔丛子、申、韩、荀子、董子	朱子论兵刑
	扬子、文中子、韩子、欧阳子	朱子论民财
	苏子(王安石附)	朱子论官
历　代		朱子训门人
君　道		吕伯恭
治　道		陈　叶
	礼乐、宗庙、宗法	陆　氏
	谥法、封建、学校	老　庄
	用人、人才、求贤	释　氏
	论官、谏诤、法令	本　朝
	赏罚、王伯、田赋	历　代
	理财、节俭、赈恤	战国、汉、唐、诸子
	祯异、论兵、论刑	杂　类
	夷狄	作　文(上)
		作　文(下)诗

看了上列对比,会得出结论,《性理大全》的门目是袭取《朱子语类》的门

目的。好像两所房屋,间架结构彼此相似。深入内容考察,可看到连所用的材料也是基本相同的。

《性理大全》的朱学印迹就是这样的分明。

二、朱学印迹一端——《易学启蒙》的象数学

《性理大全》收载了朱熹的著作,如《易学启蒙》,又收载了朱熹注解的理学书如《太极图说解》《易通解》等。在这些著作及注解的书中,《大全》的纂修者编入了朱门后学的议论和解释。今举《大全》收载的朱熹《易学启蒙》为例,看看纂修者是如何进行纂修工作的。

《大全》收载了《易学启蒙》全书四篇,《本图书》第一、《原卦画》第二、《明蓍策》第三、《考变占》第四;又增加了朱门后学的议论和解释,意在对《易学启蒙》的义蕴做进一步发挥,例如增加了蔡元定的若干议论。

在《本图书》第一部分,画出了"河图"与"洛书"。在朱熹看来,《易》的产生,根本在河图、洛书。所谓《本图书》,就是说,论究《易》学,必须从河图、洛书找寻根底。朱熹对河图、洛书做了说明。这种图,这种说明,是朱熹《易》学的象数论。其渊源为西汉京房、焦赣的《易》学象数。这一点,下文还要论述。

在《原卦画》第二部分,朱熹说,"盈天地之间,莫非太极,阴阳之妙。"朱熹论述了太极、两仪、四象、八卦,以至于六十四卦,更极论百、千、万、亿之无穷。朱熹画了图,用图说明宇宙间数的推衍,由太极以至于无穷。朱熹说,"虽其见于摹画者,若有先后而出于人为,然其已定之形、已成之势,则固已具于浑然之中,而不容毫发思虑作为于其间。""程子所谓加一倍法者,可谓'一言以蔽之'。而邵子所谓'画前有易'者,又可见其真不妄矣。"朱熹在这里是指易有太极,太极生两仪,两仪生四象,四象生八卦……他认为,这样的卦画与数的推衍,是太极浑然中所固有的,好像有先有后,"出于人为",而实则"不容毫发思虑作为于其间",完全不假人力的安排。这种先天数学,就是邵雍的那一套数学,曾被二程称作"加一倍法",即等比级数。朱熹指出这一点,说明其间的关系,对我们研究《易》学

象数有启发。

朱熹画图、作解说,阐明卦画的由来,下了一定功夫。兹引述如下:

易有太极:

○ "太极者,象数未形,而其理已具之称;形器已具,而其理无朕之目。"这是说,太极,没有成象、没有成数,但是先天已具太极之理。即使有了形器,但是太极之理还是无朕无兆,不可识知。

是生两仪:

━━ "太极之判,始分一奇一偶,而为一画者二,是 ━ ━ 为两仪,其数则阳一而阴二。"两仪就是阴和阳,太极分判而为阴和阳。阳数一(奇),阴数二(偶)。

两仪生四象:

太阳一 ⚌
少阴二 ⚎
少阳三 ⚍
太阴四 ⚏

"两仪之上,各生一奇一偶,而为二画者四,是为四象。其位,则太阳一,少阴二,少阳三,太阴四。其数,则太阳九,少阴八,少阳七,太阴六。"

四象生八卦:

乾一 ☰
兑二 ☱
离三 ☲
震四 ☳
巽五 ☴
坎六 ☵
艮七 ☶
坤八 ☷

"四象之上,各生一奇一偶,而为三画者八。于是三才略具,而有八卦之名矣。"朱熹认为,从太极到阴阳,到四象,到八卦,是宇宙生成的过程。太极无形而有理,两仪则分了阴阳二气,四象则列了日月星辰,八卦则有天地万物,所以说是"三才略具",即初步有了天地人物。这个宇宙生成过程,是太极浑然的妙用,是先天的,非经验的。

朱熹进一步论述,"八卦之上,各生一奇一偶,而为四画者十六。于经无见。……四画之上,各生一奇一偶,而为五画者三十二。……五画之上,各生一奇一偶,而为六画者六十四,则兼三才而两之,而八卦之乘八卦亦周。于是六十四卦之名立,而易道大成矣。"朱熹在这里论述了由八卦到六十四卦的推衍次序,八、十六、三十二、六十四,也还是所谓"加一倍法"(等比级数)。到了六十四,那就是"兼三才而两之",八卦乘八卦,八八六十四卦,乘了一周(每卦六画)。

朱熹指出,这就达到了"易道大成"。所谓"易道大成",意味着"易"的义蕴、规律,至此广大悉备、巨细靡遗了。然而,朱熹的《易》学象数,并不到此为止,他继续论述道:"若于其上各卦,又各生一奇一偶,则为七画者百二十八矣。七画之上,又各生一奇一偶,则为八画者二百五十六矣。八卦('卦'字当为'画'字之误)之上,又各生一奇一偶,则为九画者五百一十二矣。九画之上,又各生一奇一偶,则为十画者千二十四矣。十画之上,又各生一奇一偶,则为十一画者二千四十八矣。十一画之上,又各生一奇一偶,则为十二画者四千九十六矣,此焦赣《易林》变卦之数,盖以六十四乘六十四也。今不复为图于此,而略见第四篇中。若自十二画上,又各生一奇一偶,累至二十四画,则成千六百七十七万七千二百一十六变。以四千九十六自相乘,其数亦与此合。引而伸之,盖未知其所终极也。虽未见其用处,然亦足以见易道之无穷矣。"

从"太极浑元"到"三才略具"是一个大的发展阶段。从"三才略具"到"易道大成"是又一个大的发展阶段(8^2)。再上去,可以到《易林》的变卦之数四千九十六(64^2)。再上去,可以到千六百七十七万七千二百一十六变(4096^2)。然而这样的发展是无穷的,所以朱熹说:"引而伸之,盖未知其终极也。"这就是"易道之无穷"。

朱熹的《易》学象数是他的宇宙论,从图书的象数,到八卦的象数,用以说明数的发展规律就是宇宙的发展规律。它开启了京房、焦赣的《易》学象数的绪余,又沿袭了邵雍的先天象数学,进一步构成了自己的体系。这是朱熹《易学启蒙》本图书、原卦画两篇的中心内容。至于《明蓍策》《考变占》两篇,是讲卜筮的,这里不赘述。

以上介绍《性理大全》所载《易学启蒙》大要,目的是在说明《性理大全》这部书的朱学印迹是如何的分明。至于三部《大全》中所载或涉及的

《书》蔡《传》,《春秋》胡《传》,程氏《易传》,张载《西铭》《正蒙》(朱熹继二程之后,特别推重《西铭》,把它从《正蒙》中抽出来,单独成篇)。邵雍《皇极经世书》等,在《宋明理学史》的有关章节已经作了论述,这里就不再讨论其内容,只从三部《大全》的纂修角度做适当说明。

第三节 《四书大全》是《四书集注》的放大

一、《四书大全》体例

《四书大全》的全名是《四书集注大全》,它是《四书集注》的放大。书的《凡例》指出,"《四书大全》,朱子集注诸家之说,分行小书。凡《集成》《辑释》(吴真子《四书集成》、倪士毅《四书辑释》)所取诸儒之说有相发明者,采附其下,其背戾者不取。凡诸家语录、文集,内有发明经注,而《集成》《辑释》遗漏者,今悉增入。"这就表明,这部《四书大全》所辑录的诸儒之说,不论是《集成》《辑释》所已取的,或《集成》《辑释》所遗漏,而这次新增入的,其作用都在"发明经注",即发挥朱熹在《四书集注》中注文的涵义,使之更加明白透彻。而朱熹的《集注》原文,保留不动。《凡例》又指出:"注文下凡训释一二字或二三句者,多取新安陈氏之说。"即取元儒陈栎之说。陈栎字寿翁,一字定宇。"学以朱子为宗",最称宿儒。著有《百一易略》《四书发明》《书传纂疏》《礼记集义》等书。传见《宋元学案》卷七十《沧洲诸儒学案下》。

《四书大全》引用"先儒"之说,《凡例》所列,凡一百又六家,其中绝大多数是程朱学派中人,朱熹的学生及后学特多。即此可见《四书大全》是一部朱学著作。

《四书大全》包括四个部分:

一、《大学章句》《大学或问》;

二、《中庸章句》《中庸或问》;

三、《孟子集注大全》;

四、《论语集注大全》。

《大学章句》《大学或问》,《中庸章句》《中庸或问》,只是把朱熹的四部原著编入,未附诸儒之说。《孟子集注大全》,《论语集注大全》,则在朱熹的两部《集注》之中,逐章逐节附入诸儒之说。这是《四书大全》一书在编辑体例上的一种情况。何以如此,现在很难悬揣,或者由于中途诏旨迫促,以致《大学》《中庸》草草完书,未及采附诸儒之说,亦未可知。

二、《孟子集注大全》旨趣

《四书大全》中的《孟子集注大全》引了许多朱熹学派理学家的言论。这就使朱学的色彩异常的鲜明起来。

《孟子集注》卷首,原有朱熹的《序说》,引《史记·孟子列传》、韩愈之说、程颐之说、杨时之说。《大全》则更引辅广、陈栎、蔡模诸家之说,以发明《序说》的义蕴,使内容加深加广。例如《序说》谓:"或问于程子曰:孟子还可谓圣人否？程子曰:未敢便道他是圣人。然学已到至处"(朱熹按:至,恐当作圣字)。又引程子曰:"孟子有些英气。才有英气,便有圭角。英气甚害事。"《大全》对此说,引辅广、陈栎议论加以发明云:"庆源辅氏曰:未敢便道他是圣人,以其行处言,学已到圣处,以其知处言也。孟子谓大而化之之谓圣,圣而不可知之谓神,与夫圣智巧力之譬,精密切当,非想象臆度之所能及。是其学已到圣处也。然其英气未化,有露圭角处,故未敢便道他是圣人。此其权度审矣。"辅广以"知处"与"行处"相区别,详明地解释程颐的两句话,就其知处言,孟子学已到圣处;就其行处言,则未敢便道他是圣人。又论及孟子有英气,露圭角。《大全》又引新安陈氏曰:"英气甚害事。盖责贤者备之辞。"这样就使《序说》所引程颐的两段话,意思更为清楚明白,内容更丰富。

《序说》引程颐论孔子、颜子、孟子,谓"孔子便浑厚不同,颜子去圣人只毫发间,孟子大贤,亚圣之次也。……且如冰与水精非不光,比之玉,自是有温润含蓄气象,无许多光耀也。"《大全》对此,引庆源辅氏曰:"玉有温润含蓄气象,所以为宝。人有温润含蓄气象,所以为圣也。其理一也。"

又引觉轩蔡氏(模)曰:"闻之程子又曰,仲尼元气也,颜子春生也,孟子并秋杀尽见。仲尼无所不包。颜子示不违如愚之学于后世,有自然之和气,不言而化者也。孟子则露其材,盖亦时然而已。仲尼,天地也。颜子,和风庆云。孟子,泰山岩岩之气象也。……仲尼无迹,颜子微有迹,孟子其迹著。……"辅广、蔡模进一步解释温润含蓄气象,进一步说明孔子、颜子、孟子的不同,对程颐的那段话作了阐发。

《大全》之所以为《大全》,《大全》如何加深加广了《集注》的义蕴,通过上引《序说》的两个例子可以窥见一斑。

现在就孟子与告子论性之一章,解剖《集注》与《大全》的关系。《大全》卷之十一,开首朱熹注云:"告子章句上"其下注云:"凡二十章"。《大全》引"勿轩熊氏曰,首章至六章言性,七章至十九章言心,末章言学。"勿轩熊氏为熊禾,朱门后学。《大全》引其言,所以阐明全卷二十章的章旨,读者从而可以知其大概。孟子与告子论性之第一章,《大全》如下:

> 告子曰:性犹杞柳也,义犹桮棬也。以人性为仁义,犹以杞柳为桮棬。

此处,朱熹《集注》曰:性者,人生所禀之天理也。杞柳,柜柳。桮棬,屈木所为,若卮匜之属。告子言,人性本无仁义,必待矫揉而后成,如荀子性恶之说也。

《大全》于此下,引朱熹、陈栎、王侗之说。朱子曰:桮棬,似今棬杉合子。杞柳,恐是今做合箱底柳,北人以此为箭,谓之柳箭,即蒲柳也。朱子曰:告子只是认气为性,见得性有不善,须拗他方善。新安陈氏曰:"义犹桮棬也,"义上脱一仁字。鲁斋王氏曰:朱子释性字,指性之全体而言,不是解告子所言之性。

> 孟子曰:子能顺杞柳之性而以为桮棬乎?将戕贼杞柳而以为桮棬也?如将戕贼杞柳而以为桮棬,则亦将戕贼人以为仁义

乎？率天下之人而祸仁义者，必子之言夫。

此处，朱熹《集注》曰：言如此，则天下之人，皆以仁义为害性而不肯为。是因子之言，而为仁义之祸也。

《大全》于此下，引朱熹、张栻、辅广、真德秀、饶鲁之说。朱子曰：杞柳必矫揉而后为桮棬，性非矫揉而为仁义。孟子辨告子数处，皆是辨倒着告子便休，不曾说尽道理。南轩张氏曰：人之为仁义，乃其性之本然。自亲亲而推之，至于仁不可胜用。自长长而推之，至于义不可胜用，皆顺其所素有，而非外之也。若违乎仁义，则为失其性矣。而告子乃以人性为仁义，则是性别为一物，以人为矫揉而为仁义，其失岂不甚乎。庆源辅氏曰：不言戕贼人之性，而言戕贼人者，人之所以为人者，性也。西山真氏曰：告子之说，盖谓人性本无仁义，必用力而强为。若杞柳本非桮棬，必矫揉而后就也。何其昧于理邪？夫仁义即性也。告子乃曰，以人性为仁义。如此，则性自性，仁义自仁义也。其可乎？夫以杞柳为桮棬，必斩伐之，屈折之，乃克有成。若人之为仁义，乃性之所固有。孩提皆知爱亲，即所谓仁。及长，皆知敬兄，即所谓义。何勉强矫揉之有？使告子之言行，世之人必曰，仁义乃戕贼人之物，将畏惮而不肯为，是率天下而害仁义，其祸将不可胜计。此孟子所以不可不辨也。双峰饶氏曰：性者，人所禀之天理。天理，即是仁义。顺此性行之，无非自然，元无矫揉。《集注》解性字，是朱子指性之本体而言，不是解告子所言之性。祸仁义，与杨墨充塞仁义相似。

在这章里，《集注》认为，人性就是天理，天理体现而为仁义，乃人性之本然。而告子则认为仁义是人为的，犹桮棬须人工矫揉方能做成。《集注》批评告子的说法与荀子性恶说相似，是错误的。如果戕贼人而为仁义，人们就不肯为仁义，那就是"祸仁义"。《集注》的这些论点，是朱熹理学的著名论点，对后世影响很大。《大全》引朱熹及诸家之说，意在反复说明上述论点。所引张栻之说，尤为典型。张栻与朱熹，理学思想十分相近。张栻的《主一箴》与朱熹的《敬斋箴》，完全一致，后者是从前者脱化来的。朱熹的太极理论受到张栻的启发。《大全》所引张栻的这段话，是性善论,足以发明朱熹《集注》之所言。《大全》又引朱熹的理气观,说告子的矫揉而为仁义,本质上是指气质之性,非天理之性。而气质之性,"性有不善"。《大全》又引李侗与饶鲁之说,指出朱熹"释性字,指性之全体(本体)而言,不是解告子所言之性。"《大全》又对文字作了训诂和校勘。这就可见《大全》之于《集注》,在理论上作了引申发挥,又曲尽回护之能事。使朱学得到阐发,其统治地位得到巩固。

《孟子集注大全》卷之十三,是尽心章句上,共四十六章。其第一章《孟子》原文,论尽心、知性、知天,又论及存心、养性、事天,又论及修身、立命。《集注》对此做了解释。说是:

> 心者,人之神明,具众理而应万事。
> 性,则心之所具之理。
> 天,又理之所从以出。
> 能穷理无不知,则能尽乎此心之至。
> 既知其理,则其所自出(指天)亦不外是。
> 知性,就是《大学》的物格。
> 尽心,就是《大学》的知至。
> 存心,谓操而不舍。
> 养性,谓顺而不害。
> 事天,谓奉承而不违。
> 修身,要做到事天以终身。
> 立命,要做到全其天之所付,不以人为害之。

《大全》引朱熹、陈栎、辅广、陵阳李氏、陈埴、蔡沈、赵氏、蔡渊、胡炳文诸家之说,阐明《集注》的解释。其中引朱熹、辅广的话特多。又引了程颐、张载的话。其中引蔡渊的一段话,阐明了《孟子》此章与《中庸》的相通处,并及与《大学》的关系,则是根据朱熹的意思而加以发挥,颇值得注意。《大全》引曰:"节斋蔡氏曰,《孟子》此章,与《大学》《中庸》相表里。

穷其理以知天,即《中庸》所谓'智'也。履其事以俟天(按:'俟'当作'事'),即《中庸》所谓'仁'也。夭寿不贰,修身以俟死,所以立命而不渝,即《中庸》所谓'勇'也。与《大学》合,前屡言矣。"

《大全》引诸家之说以发明《集注》的义蕴,这种做法,有似于唐人的义疏之学。这点应该指出。

上述大略可以窥见《大全》根据朱学,对《孟子集注》所作的发挥。

三、《论语集注大全》旨趣

《论语集注大全》是《论语集注》的放大和加深。

朱熹的《论语集注》,卷首为《序说》。这个体例,与《孟子集注》相同。《序说》首引《史记·孔子世家》,叙述孔子的生平。然后引何氏之说,叙鲁论、齐论、古论三种本子的篇章、篇次的异同。再引程子之说,言及《论语》之书,成于有子、曾子之门人。又论读《论语》的思想教育体验。《序说》的重点,在所引程子之言,这是不言而喻的。

《大全》在《序说》部分,引了程子、尹焞、李侗、朱熹、辅广、胡炳文的议论,加深了《序说》的含义。例如《序说》引程子之言,谓"论语成于有子、曾子之门人,故其书独二子以子称。"《大全》则引朱熹之言,指出程子之言的根据。朱熹说:"程子之说,盖出于柳宗元。其言曰,诸儒皆以《论语》孔子弟子所论,不然也。孔子弟子,曾参最少,又老乃死,而是书记其将死之言,则其去弟子之时甚远,而当时弟子,略无存者矣。吾意孔子弟子,尝杂记其言,而卒成其书者,曾子弟子乐正子春、子思之徒也。故是书之记诸弟子必以字,而曾子不然,盖其弟子号之云尔。而有子亦称子者,孔子之殁,诸弟子尝以似夫子而师之,后乃叱避而退。则固尝有师之号矣。凡此柳氏之言,其论曾子者得之,而有子叱避之说,则史氏之鄙陋无稽,而柳氏惑焉。以孟子考之,当时既以曾子不可而寝其议,有子曷尝据孔子之位而有其号哉?故程子特因柳氏之言,断而裁之,以为此说。此所以不著柳说,而独以程子为据也。杨氏又谓此书首记孔子之言,而以二子之言次之,盖其尊之亚于夫子,尤为明验。至于闵损、冉求,亦或称子,则因其门人所记,而失之不革也与。"《大全》引朱熹的这段考证,对读者理解程子的话的确有用。

《序说》引程子读《论语》的思想教育体验,是理学家修养功夫的经验谈。这种体验表明读者要能爱好书里的道德教训,要受到书里的思想鼓舞,从原来的为人状况有所前进,向圣贤的榜样靠拢。读《论语》不能限制在"晓文义"的水平,这个水平是初步的,不足道的;要做到"读之愈久,但觉意味深长","不知手之舞之,足之蹈之"才好。

《论语集注大全》在《序说》之后,列了《读论语孟子法》一目,专集程子这方面的读书法。举一些例子如下:

> ……读书者,当观圣人所以作经之意,与圣人所以用心。圣人之所以至于圣人,而吾之所以未至者,所以未得者。句句而求之,昼诵而味之,中夜而思之。平其心,易其气,阙其疑,则圣人之意可见矣。

这是说,读书主要在观圣人之意,把自己同圣人对照,找寻差距。读书目的是学做圣贤。

> 学者须将《论语》中诸弟子问处,便作自己问,圣人答处,便作今日耳闻,自然有得。虽孔、孟复生,不过如此教人。若能于《语》《孟》中深求玩味,将来涵养成,甚生气质。

这是说,读书要如亲临孔子门下,亲问亲受教益,这样设身处地地体味,才能得益大,才能在思想品德上有长进。

> 孔子言语,句句是自然。孟子言语,句句是事实。
> 学者先读《论语》《孟子》,如尺度权衡相似,以此去衡量事物,自然见得长短轻重。

这是说，《论语》《孟子》是真理，是政治是非的标准。学者要掌握这个真理，掌握这个标准。

《大全》的纂修者按照程子的说教，把《论语》看成政治教科书。要求读者掌握它以评断是非，以修身进德。这是理学家对待圣贤经典的当然态度。既然句句是自然，句句是事实，句句都要奉行，于是在道貌岸然的君子们的社会里，不免产生这样的笑话。有个纨绔子弟自诩能够做到《论语》里圣人所说的三句话。人家颇讶其如何能够做到，问他做到哪三句话。他回答说："食不厌精，脍不厌细，狐貉之厚以居也。"这个笑话，是对理学家那种说教的挖苦，也透露了社会心理对圣贤训诲的厌倦。《大全》的纂修者不会想到纂辑《读论语孟子法》的结果，竟然指导出这样的一种读者来的吧。

《论语集注大全》的纂修者，纂辑了"先儒"议论的哪一类精髓来发明《集注》的义蕴的呢？举一些例来说明吧。

"君子喻于义、小人喻于利章"，《大全》引陈栎的议论，说是"君子喻义，未尝求利。然义之所安，即利之所在。义之利，而利自在其中。小人喻利，虽专求利，然向利必背义。不义之利，利愈得而害愈甚矣。要之，义利之界限，学者先明辨其几微，次必刚决其取舍。至深喻其趣味，则君子小人成，天渊判矣。"这是说，先辨义利界限之几微；次乃决然取义去利，或背义取利；终至或为君子，或成小人。这个义利之辨，十分尖锐。董仲舒主张，"正其义不谋其利，明其道不计其功"，丢开功利而求道义。宋明理学家一般都是董仲舒这个论点的追随者，要做"喻于义"的君子，不愿做"喻于利"的小人。只有永康事功派陈亮才鲜明地提出功利未可厚非的观点，认为建功立业的汉唐君主并不逊色于三代的圣王，从而与理学家朱熹展开了一场"王霸义利"之辩。这是十分有名的辩论。《大全》的纂修者自然是宗师仲尼而膜拜朱子的，所引陈栎的这番议论具有重要意义。

"孟懿子问孝章"，关键在"无违"二字。《集注》说，"无违，谓不背于理。"要做到"生，事之以礼；死，葬之以礼，祭之以礼。"《大全》引陈栎议论,说"无违"二字,简要而涵蓄,大有深意。又引胡泳(伯量)的议论,说是"人之欲孝其亲,心虽无穷,而分则有限。得为而不为,与不得为而为之,均于不孝。所谓'以礼'者,为其所得为者而已矣。"朱熹说:"为所得为,只是合做底,大夫以大夫之礼事亲,诸侯以诸侯之礼事亲,便是。""无违",即是"以礼"。这里有一个"分"的问题,即要安于本分,做"合做底"事。不能逾分,也不能不及。所以要这样说,因为当时三家(包括孟懿子家)皆僭礼,拟于公室,孔子固执周礼,贬退这种僭礼的大夫。《大全》发明了这个思想。

"知者不惑、仁者不忧、勇者不惧章",讨论的是道德问题。《集注》说:"明足以烛理,故不惑。理足以胜私,故不忧。气足以配道义,故不惧。此学之序也。"烛理、胜私、配道义,都是道德问题。但是朱熹还认为,在进学的次序上,知在先;在成德的次序上,仁在先。《中庸》所讲的"自诚明",是成德的次序;"自明诚",是进学的次序。《大全》引辅广的议论,说:"仁者,知之体统,故论德,则以仁为先。知者,仁之根底,故论学,则以知为首。勇者,仁知之发也。未能仁知而勇,则血气之为耳。盖学之序,不惑而后不忧,不忧而后不惧。德之序,不忧则自然不惑,不惑则自然不惧。"《论语》所说的知者、仁者、勇者,是指有那种道德的"人",不是指道德本身。而辅广所说的知者、仁者、勇者,是指知、仁、勇那种道德,不是指人。正如《中庸》所说:"知、仁、勇三者,天下之达德也。"朱熹在《中庸章句》里说:"谓之达德者,天下古今所同得之理也。"指的正是道德,不是人。把知、仁、勇,与知者、仁者、勇者,区别开来,前者指三种道德,后者指具有那种道德的人。而《大全》的纂修者似乎不了解这种区别,或者虽知道这种区别,却并未交代清楚。这样,就不免有些含混。

"知者乐水,仁者乐山;知者动,仁者静;知者乐,仁者寿章",《集注》谓"知者达于事理,而周流无滞,有似于水,故乐水。仁者安于义理,而厚重不迁,有似于山,故乐山。动静以体言,乐寿以效言也。动而不括,故乐。静而有常,故寿。"《大全》引朱熹的一段语录,说是:"世自有一般浑厚底人,一般通晓底人,各随其材,有所成就。如颜子之徒是仁者,子夏之徒是知者,是泛说天下有此两般人耳。"这里明确指人,知者是通晓底人,仁者是浑厚底人。比上举的一章里《大全》所引的话,语意清楚多了。《大全》又引辅广的议论,是发明《集注》义蕴的。辅广说:"知者通达,故周流委曲,随事而应,各当其理,未尝或滞于一隅。其理与气,皆与水相似,故心所喜好者水。仁者安仁,故浑厚端重,外物不足以迁移之。其理与气,皆与山相似,故心所喜好者山。知者随事处宜,无所凝滞,故其体段常动。仁者心安于理,无所歆羡,故其体段常静。乐、寿以效言。效,谓功效。……"这位"武夷山下啜残羹"的辅汉卿,深得乃师朱夫子的三昧。《大全》引他的话,确有发明义蕴之功。

"仁远乎哉？我欲仁,斯仁至矣章",《集注》谓"仁者,心之德,非在外也。放而不求,故有以为远者。反而求之,则即此而在矣,夫岂远哉。"这是说,仁是人所固有的心中之德,不是外在的客观道德,只要反求诸己,就能在心中发现。朱熹的这段话,是在客观唯心主义体系里的个别主观唯心主义观点。《大全》引朱熹、张栻、蔡模、辅广、饶鲁、陈栎诸家之说,反复说明仁是心所固有之德这个道理,可见这个主观唯心主义观点,在程朱理学看来十分重要。

"子所雅言,诗书执礼,皆雅言也章",《集注》谓"雅,常也。执,守也。《诗》以理情性,《书》以道政事,《礼》以谨节文,皆切于日用之实,故常言之。礼,独言执者,以人所执守而言,非徒诵说而已也。"《大全》引朱熹的一段语录,阐明《集注》的义蕴说:"古之儒者,只是习诗书礼乐。……如《易》掌于太卜,《春秋》掌于史官,学者兼通之,不是正业。只这诗书,大而天道之精微,细而人事之曲折,无不在其中。礼,则节文度数。圣人教人,亦只是许多事。"这里解释,为什么诗书执礼为孔子所常言,而不及《易》与《春秋》。区别了常言与兼通之异,诗书执礼切于日用之实,故常言,而《易》与《春秋》分掌于太卜与史官,故只能兼通。《大全》又引辅广的议论,发明《集注》的义蕴。意思大同,文繁不录。

综观上文各章所引"诸儒"议论,其精髓所以发明《集注》义蕴者,无非在使朱学的理学个性更加分明。"义利章"维护传统的董仲舒明道义不谋功利的说教。"孟懿子问孝章"论述"无违"和"以礼"的道理;"知仁勇章"阐发进学之序与成德之序。"仁知章"提出"仁者浑厚"与"知者通晓"这两般人的形象、体段、功效的不同。"子所雅言章"推明常言与兼通的有异,把五经中的《诗》《书》《礼》,与《易》《春秋》分开,有以窥见孔门的教育概况:《大全》所纂辑的朱熹的语录及朱门后学的议论,这里所论及只是很少的一部分,尝鼎一脔,当能知味。

第二十九章　明初朱学统治的确立
——论三部《大全》(下)

第四节　《五经大全》的朱学传注

三部《大全》之中,《五经大全》卷帙最多。计《周易大全》二十四卷,《书传大全》十卷,《诗经大全》二十卷,《春秋大全》七十卷,《礼记大全》三十卷,共一百五十四卷,几占三部《大全》二百六十卷总数的三分之二。由于诸经分纂,原书卷帙不少,合之遂致十分庞大。

《五经大全》所据经注,均属朱学著作。《周易大全》据《伊川易传》及朱熹《易本义》。《书传大全》据蔡沈《书集传》。《诗经大全》据朱熹《诗集传》。《春秋大全》据胡安国《春秋传》。《礼记大全》主陈澔《云庄礼记集说》。胡安国私淑程门,蔡沈乃朱熹学生,陈澔之父大猷师饶鲁,鲁师黄榦,榦乃朱熹学生。所以《五经大全》所据经注,无一不是朱学著作。盖自元仁宗皇庆定科举法,《易》用程《传》及朱熹《本义》,《书》用蔡沈《集传》,《诗》用朱熹《集传》,《春秋》用胡安国《传》,《礼》用郑《注》。明初相沿未改。永乐纂修《五经大全》,一仍元人之旧,唯《礼》改据陈澔《集说》,为小异耳。经过《五经大全》的纂修,经学苑囿乃确立了朱学的统治。

下文分经论述其梗概。

一、《周易传义大全》

所谓《周易传义大全》，传，指程颐《伊川易传》；义，指朱熹《易本义》。《大全》乃据这两部书而博采诸家《易》说以纂修的。卷首《凡例》云，"《周易》上下经二篇，孔子十翼十篇，各自为卷。汉费直初以彖、象释经，附于其后。郑玄、王弼宗之。又分附卦爻之下，增入乾、坤《文言》，始加彖曰、象曰、文言曰，而别于经。而《系辞》以后，自如其旧。历代因之，是为今《易》。程子所为作传者是也。自嵩山晁说之始考订古经，釐为八卷。东莱吕祖谦乃定为经二卷，传十卷。是为古《易》，朱子《本义》从之。然程《传》《本义》，既已并行，而诸家定本，又各不同。故今定从程《传》原本，而《本义》仍以类从。凡经文皆平行书之，《传》《义》则低一字书以别之。其《系辞》以下，程《传》既阙，则壹从《本义》所定章次。总釐为二十四卷。"

可知这部《周易传义大全》，是程颐《伊川易传》和朱熹《易本义》的拼合本。经部分据《伊川易传》原本，而以朱熹《易本义》合之，各以类从。传部分《系辞》以下，因程《传》阙，则从《易本义》了。

朱彝尊《经义考》，谓：《易》取诸天台、鄱阳二董氏，双湖、云峰二胡氏。于诸书外未寓目者至多。天台董楷著《周易传义附录》，鄱阳董真卿著《周易会通》。双湖胡一桂著《周易本义附录纂疏》，云峰胡炳文著《周易本义通释》。这四部书是《周易传义大全》之所取资。董楷、胡一桂、胡炳文，笃守朱熹学说，董真卿则以程、朱为主，而博采诸家以翼之，其说颇为赅备。《四库全书总目提要》谓《周易大全》"取材于四家之书，而刊除重复，勒为一编，虽不免守匮抱残，要其宗旨，则尚可谓不失其正。"这是说，这部《周易大全》一方面有取材不广的缺点，另一方面则维护了朱学的统绪。所谓"不失其正"，就是不失朱学之正。

卷首所列"引用先儒姓氏"，共一百三十余家，这恐怕是摆摆场面的，无非是用以文其固陋。

卷首的《易说纲领》，引程颐、朱熹两家之说。朱熹之说，言及《易》为卜筮之书,剔抉《易》的性质。朱熹说:"《易》只是与人卜筮以决疑惑。""今学者讳言《易》本为卜筮作,须要说做为义理作。若果为义理作时,何不直述一种文字,如《中庸》《大学》之书,言义理以晓人,须得画八卦则甚?"又说:"《易》爻辞如签辞。"这些议论,直截了当,把爻辞比作签辞,戳破《易》的神秘传统,还其本来面目,是比较实事求是的。

二、《书传大全》

《书》以蔡沈《集传》为主,自元代皇庆条制已然。然元制犹兼用古疏注。明太祖亲验天象,知蔡《传》不尽可据,因命刘三吾等作《书传会选》,参考古义,以纠其失,颁行天下。是洪武中尚不以蔡《传》为主。其专主蔡《传》,则自《书传大全》开始。朱彝尊《经义考》,引吴任臣之言曰:《书传》旧为六卷,《大全》分为十卷。大旨本二陈氏。一为陈栎《尚书集传纂疏》,一为陈师凯《书蔡传旁通》。《纂疏》皆墨守蔡《传》,《旁通》则于名物度数,考证特详。朱彝尊据吴之说,认为,此书较有根柢,在《五经大全》中尚为差胜。

按蔡沈《书集传序》,"庆元己未冬,先生文公令沈作《书集传》。明年,先生殁。又十年,始克成编。总若干万言。""沈自受读以来,沉潜其义,参考众说,融会贯通,乃取折衷。微辞奥旨,多述旧闻。二典禹谟,先生尽尝是正,手泽尚新。""《集传》本先生所命,故凡引用师说,不复识别。"蔡沈又说:"经承先生口授指画。"由此可知,《书集传》之作,出于朱熹的授意。庆元己未冬,为公元一一九九年冬,第二年庚申三月,朱熹逝世。蔡沈始作是书,在朱熹死前的几个月。二典禹谟传写成后,朱熹亲加改定。其余则成于朱熹去世之后。朱熹平日"口授指画",对《书集传》的写作,当有较大影响。书中又"引用师说",留下了朱熹的学说。可以肯定,《书集传》虽成于蔡沈,而朱熹对这部书十分关注,作为学生的蔡沈,是在朱熹授意和指导下写成的,这部书是地道的朱学著作。因为《书传大全》以蔡《传》为主,所以考论如上。

《书传大全》卷首《凡例》云:"经文之下,大书《集传》,而以诸说分注于其后者,主蔡说也。""以朱子冠诸儒之首者,《集传》本朱子之意也。""朱子于《书》,谆谆以阙疑为言。今采用诸说,一以《集传》为准。遇可疑处,诸说理有通者,亦姑存之。""朱子之说,或有与蔡《传》不合,及前后说有相同异处,亦不敢遗,庶几可备参考。其甚异者则略之。至于诸家之说,或节取其要语。其有文势辞旨未融贯处,则颇加檃栝。"这里明确了《大全》主蔡《传》的特点;明确了以朱熹学说为蔡《传》所本的思想;也表明了《大全》纂修者比较谨慎的、客观的学风。这最后一点是可贵的。

在《书说纲领》里,载了朱熹的一段话,说是:"圣人千言万语,只是说个当然之理。恐人不晓,又笔之于书。自书契以来,二典三谟……周公孔孟,都只如此。……须是量圣人之言是说个什么,要将何用。若只读过便休,何必读?"这是说,读《尚书》要领会书里的"当然之理",讲的是什么,讲它是为什么的。要"做得一分,便是一分工夫",不能读过便算。这个意思,与程子读《论语》法一致,是理学家读经典的一贯方法,这就是所谓"切于己"的方法。

《大全》在《大禹谟》的"人心惟危,道心惟微。惟精惟一,允执厥中"这理学家所谓的"十六字心传"下,写了如下一段议论:

> 心者,人之知觉,主于中而应于外者也。指其发于形气者而言,则谓之人心。指其发于义理者而言,则谓之道心。人心易私而难公,故危。道心难明而易昧,故微。惟能精以察之,而不杂形气之私,一心守之,而纯乎义理之正。道心常为之主,而人心听命焉,则危者安,微者著。动静云为,自无过不及之差,而信能执其中矣。尧之告舜,但曰允执其中。今舜命禹,又惟(疑当作推)其所以而详言之。盖古之圣人将以天下与人,未尝不以其治之之法并而传之,其见于经者如此。后之人君其可不深思而敬守之哉!

这"十六字心传",理学家津津乐道。上述这段议论,是典型的疏释。什么是人心,什么是道心,人心为什么危,道心为什么微,如何精,如何一,如何使人心听命于道心,如何允执厥中,这里讲得很明白了。这里的精髓在乎辨天理(道心)与人欲(人心),在乎"存天理,灭人欲"。这虽然说的是人君传心之要,但就理学家的"切己"方法而论,却有指导所有人的普遍意义。

《书传大全》卷首,列了十幅天文图,如历象授时之图、尧典四仲中里图、日月冬夏九道之图等。明太祖亲验天象,而知蔡《传》不尽可据,则与此类天文图不无关系吧。

三、《诗经大全》

《诗经大全》二十卷,以朱熹《诗集传》为主,更采诸儒的议论以为羽翼。

元延祐行科举法,《诗》用朱熹《集传》,明制沿而不改。永乐修《大全》,一仍宪典。此书名为官修,实则根据元代刘瑾《诗传通释》而稍为损益。删削其过于冗蔓者,改书中"瑾案"二字为"刘氏曰"。刘书以《诗·小序》分隶各篇,此书则从朱熹旧本合为一篇,附于书后。修成以后,颁行天下,取士即以为准。

刘瑾字公瑾,学问渊源,出于朱熹。所著《诗传通释》,大旨在于发明朱熹《诗集传》,与辅广《诗童子问》相同。对于《诗集传》的谬误,瑾亦一一回护。盖专为朱《传》而作,则委曲迁就,势所必然,不足深责。《四库全书总目提要》,谓其"征实之学不足,而研究义理,究有渊源,议论亦颇笃实。于诗人美刺之旨,尚有所发明,未可径废。"则对于此书确守朱学义理矩范,是颇为欣赏的。

四、《春秋集传大全》

《春秋集传大全》七十卷。朱彝尊《经义考》引吴任臣之言曰:"永乐中敕修《春秋大全》,纂修官四十二人。其发凡云,纪年依汪氏《纂疏》,地名依李氏《会通》,经文以胡氏为据,例依林氏。实则全袭《纂疏》成书。虽奉敕纂修,实未纂修也。朝廷可罔,月给可糜,赐予可邀,天下后世讵可欺乎!"这对胡广等纂修官的欺罔缺失,揭露颇尽。

按《大全》卷首《凡例》,谓"诸传以胡氏为主,大字录于经后,而左氏、公羊、谷梁三《传》,虽有异同,辄难去取,今载其全文,同先儒表著事变始终之要,分注经下。"检查《大全》内容,确如以上所云,在《春秋》经文之下,具载同一事件的三《传》传文。三《传》传文之后,则载注疏及"诸儒"之说。《大全》的这种体例,其实是抄袭汪氏《纂疏》的,没有新发明。

按汪克宽元代人,所著《春秋胡传附录纂疏》三十卷,其自序云:详注诸国纪年谥号,可究事实之悉;备列经文同异,可求圣笔之真;益以诸家之说,而裨胡氏之阙疑。附以辨疑、权衡,而知三《传》之得失。大旨终以胡《传》为宗。(按:辨疑,指元程端学所著《春秋三传辨疑》;权衡,指宋刘敞所著《春秋权衡》)。汪克宽的这部《纂疏》为什么要备列三《传》传文?为什么要以胡《传》为宗?这是适应当时科举考试的需要。《元史》卷八十一《选举志第三十一》载:仁宗时《考试程式》,汉人、南人第一场,明经,"……经义一道,各治一经。……《春秋》许用三《传》及胡氏《传》"。汪氏的书满足士子治《春秋》应试的这种需要,这是十分明白的。《春秋大全》因汪克宽之书,稍加点窜,便算是一部新书,完全是剽窃。

五、《礼记集说大全》

《礼记集说大全》三十卷,以陈澔《云庄礼记集说》为宗,所采掇"诸儒"之说凡四十二家,朱彝尊《经义考》引陆元辅之言,谓当日诸经大全,皆攘窃成书,以罔其上。此亦必元人之成书,非诸臣所排纂。以他经之蹈袭例之,或亦未必无因。这种怀疑是有理由的。

《大全》卷首《总论》,引程颐、周行己、周谞、朱熹的议论,阐述"经礼三百,威仪三千,皆出于性","天下国家,礼存则存,礼亡则亡"等理论,为封建社会礼教纲常的合乎天理辩护。

《大全》引陈氏《集说》旧例,谓"凡名物度数,据古注、《正义》。道学正论,宗程子、朱子。精义未尽,则泛取诸家。发明未备,则足以己意。"这表明书中的理学思想是根据程颐、朱熹的。诸家之说,则用在发挥详尽。后人谓其"略度数而推义理,疏于考证,舛误相仍"。纳兰性德专作一书攻之,凡所驳诘,多中其失。可见这部书以朱学义理见长,而名物度数则疏略。学者认为,经本以明理,但理不是虚悬的。《易》之理见于象数,《书》之理见于政事,《诗》之理见于美刺,《春秋》之理见于褒贬,《礼》之理见于节文,都不是可以空言来说的,《礼》尤其如此。而陈澔《集说》却空言说理,是很大的缺点。《大全》乃据澔书为主,先就失掉了根柢。

朱彝尊《经义考》,谓"云庄《集说》,直兔园册子耳,独得颁于学官,三百余年不改。其于度数品节,择焉不精,语焉不详,礼云礼云,如斯而已乎?"这是讥斥澔书只是应科举考试的俗书,不足以语于经学的著作。

陈澔在《礼记集说》自序里,说他父亲是饶鲁的学生,师事双峰十有四年。"所得于师门讲论甚多"。以通《礼记》于宋理宗开庆年间成进士。以后著作了论述《礼记》的书。但是稿毁于火,只字不遗。陈澔继承父业,写成了这部《礼记集说》。"以坦明之说使初学读之即了其义,庶几章句通则蕴奥自见。"因此,《四库全书总目提要》说它"用为训蒙则有余,求以经术则不足。"饶鲁是朱熹女婿黄榦的学生,则陈澔父子当亦沾溉了朱学的余润。

《礼记大全》以澔书为宗,其所援引"诸儒"之说,也不过是笺释文句,与澔说相发明,没有什么新意。

《五经大全》以抄袭成书,为人诟病。顾炎武、朱彝尊皆以为言。《周易大全》全取程颐《易传》及朱熹《易本义》。《书传大全》以蔡《传》为主,袭自陈栎《尚书集传纂疏》及陈师凯《书蔡传旁通》。《诗经大全》以朱熹《诗集传》为主,抄袭刘瑾《诗传通释》。《春秋大全》以胡安国《传》为主,袭自汪克宽《春秋胡传附录纂疏》。《礼记大全》以陈澔《云庄礼记集说》为主,亦不免于抄袭。顾炎武《日知录》卷十八《四书五经大全》条,发了甚深的感慨。他说:

> 当日儒臣奉旨修《四书五经大全》,颁餐钱,给笔札。书成之

日,赐金迁秩。所费于国家者不知凡几。将谓此书既成,可以章一代教学之功,启百世儒林之绪。而仅取已成之书,抄誊一过。上欺朝廷,下诳士子。唐、宋之时,有是事乎?岂非骨鲠之臣,已空于违文之代;而制义初行,一时人士尽弃宋、元以来所传之实学,上下相蒙,以饕禄利,而莫之问也。呜呼!经学之废,实自此始。

又说:

自八股行而古学弃,《大全》出而经说亡,洪武、永乐之间,亦世道升降之一会。

顾炎武从经学大师的立场出发,谴责当时纂修诸臣欺蒙朝廷,愚弄天下的读书人,修出这样的所谓《大全》来,是很不像样的,因而认为由于明成祖在推倒建文帝时候,杀尽了骨鲠之臣,以致士风无耻,又因推行八股,不讲实学,以致经学坠废。这种感慨,不是凭空而发,在方孝孺、齐泰、黄子澄等被杀之际,正是胡广等迎降之秋。骨鲠既空,佞臣盈列。以后要粉饰太平,制礼作乐,自然仍是当年的迎降者用起来得心应手。而更主要的是要统一思想。使封建季世也还能一道德而同风俗,永固皇图,自不能不有如《大全》这类著作出现。在明成祖看来,通过《大全》确立朱学的统治,其政治作用还是不小的。以后设科射策,终三百年之世,读书人一头钻进《大全》猎取富贵,即使天翻地覆也都不在乎。这正是逻辑的必然。《大全》由礼部雕版印制,纸张用最高级白棉纸,开本很大,装订精美,至今我们国家图书馆把它作为文物来珍藏。一代的高文典册,掩盖着陋劣的内容,在顾炎武看来,自然免不了要忿忿了。但是也得从另一个角度想想,在明成祖的威令下,九个月之内,居然写出二百六十卷的大书,胡广、杨荣、金幼孜等即使有再大的学问,再深的经术,要不抄袭成书,也是难乎办到的。

第五节　明初朱学统治的历史意义及其对后世的影响

一、皇庆条制与朱学统治

朱熹理学思想取得统治地位经过大约一百年的历史过程。朱熹生前虽然长期讲学著书，弟子不少，形成了一个有势力的学派。但是这个学派被南宋统治者宣布为"伪学"，不许传布。学生蔡元定被诬为妖人，流放到道州羁管，一年后死在道州。在严重的政治压迫下，有些学生变服易形，以示别异于朱门。学者应科举考试，要自己声明并非朱学。否则，不许考试。朱熹晚年上书朝廷。起草之后，以《周易》筮之，不吉，乃自焚其稿。这表明在政治压迫下，朱熹有严重的疑惧。朱学被禁锢，从朱熹晚年一直延续到死后二十多年。南宋末，经过真德秀、魏了翁的鼓吹，才取得了较为优越的地位。

元仁宗皇庆二年（公元1313年）十一月下诏，命中书参酌古今，定科举条制。关于考试程式，大体有如下规定：

> 蒙古色目人：第一场，经问五条，《大学》《论语》《孟子》《中庸》内设问，用朱氏《章句》《集注》。第二场，策一道，以时务出题。
>
> 汉人南人：第一场，明经，经疑二问，《大学》《论语》《孟子》《中庸》内出题，并用朱氏《章句》《集注》。经义一道，各治一经。《诗》以朱氏为主，《尚书》以蔡氏为主，《周易》以程氏、朱氏为主，以上三经，兼用古注疏。《春秋》许用三《传》及胡氏《传》，《礼记》用古注疏。第二场，古赋诏诰章表，内科一道。古赋诏诰用古体，章表四六，参用古体。第三场，策一道，经、史、时务内出题，不矜浮藻，惟务直述。

按照这个条制,蒙古人、色目人,都与汉人、南人同样学习朱熹的《四书集注》,同样应《四书》考试。《四书》的次序是:《大学》《论语》《孟子》《中庸》。这是朱熹定的次序。汉人、南人考经疑、经义;蒙古人、色目人不考,如果愿试,考中者加一等注授。经,用朱学传注,即《易》程《传》、朱熹《本义》,《书》蔡《传》,《诗》朱熹《集传》,《春秋》胡《传》,唯《礼记》用古注疏。这时候,朱熹的注本已有极大的权威,得到元朝政府的尊崇。在元朝这个大帝国内,蒙古人、色目人在科举考试科目上,与汉人、南人比,要求略为低些。前者考两场,后者考三场,前者不考明经,后者考明经。前者如果要考明经,则予以鼓励,考中者加一等授官。这反映在文化教育上各民族的要求有了走向齐一的趋势。

所有这一切,表明朱学的统治地位在逐步树立。

皇庆二年的这个科举条制,在延祐二年(公元1315年)第一次推行。这年春三月,廷试进士,赐护都答儿、张起岩等五十六人及第出身。以后延祐五年(公元1318年)、英宗至治元年(公元1321年)、泰定帝泰定元年(公元1324年)、四年(公元1327年),都继续推行,三年一次。科举条制在十四世纪初期推行,确立了朱学的统治地位,上距十二世纪末南宋宁宗庆元六年(公元1200年)朱熹逝世,约一百十余年。在这一百十余年中,朱学从"伪学"的地位翻过身来,基本上成为官学。这是不寻常的变化。

从元仁宗延祐二年推行以朱学著作为主的科举,到明成祖永乐十三年(公元1415年)编纂成以朱学为主的三部《大全》,又是一百年。朱学于是达到了思想统治如日中天的顶点,这是封建社会后期的封建学术思想统治的顶点。

明初的科举,专取《四子书》及《易》《书》《诗》《春秋》《礼记》五经命题试士。这个制度,是明太祖和刘基所定。规定文章略仿宋经义,代古人语气为之,体用排偶,谓之"八股",通谓之"制义"。《四书》主朱熹《集注》,《易》主程《传》、朱熹《本义》。《书》主蔡氏《传》及古注疏。《诗》主朱熹《集传》。《春秋》主左氏、公羊、谷梁三《传》及胡安国,张洽《传》。

《礼记》主古注疏。这些都沿袭元朝皇庆条制。永乐十三年,颁《四书大全》《五经大全》,作为科举考试的准绳,废古注疏不用。

由科举考试中式的进士,取得入仕的资格。这是入仕的正途。元朝规定,会试下第的举人,授教职,有教授、学正、学录、山长、教谕、训导等名目,分别委派在中央及路、府、县学任职,或在书院任职(也有担任教职的人,如山长、教谕、训导等是聘请的)。明朝大体也是如此。这些担任教职的人,为了培养应科举考试的后备力量,就按科举要求,用《四书》《五经》的朱学传注,教授生徒。这样,朱学就首先在教育部门占了统治地位。

二、明初朱学代表人物

明初朱学的统治地位,还体现在当时有一批很有影响的朱学学者,讲学著书,形成风气。《明史》卷二百八十二《儒林传·序论》谓:

> 明太祖起布衣,定天下,当干戈抢攘之时,所至征召者儒,讲论道德,修明治术,兴起教化,焕乎成一代之宏规。虽天亶英姿,而诸儒之功,不为无助也。制科取士,一以经义为先,网罗硕学,嗣世承平,文教特盛。大臣以文学登用者,林立朝右。而英宗之世,河东薛瑄以醇儒预机政,虽弗究于用,其清修笃学,海内宗焉。吴与弼以名儒被荐,天子修币,聘之殊礼,前席延见,想望风采。……自是积重甲科,儒风少替。……原夫明初诸儒,皆朱子门人之支流余裔,师承有自,矩矱秩然。曹端、胡居仁笃践履,谨绳墨,守儒先之正传,无敢改错。学术之分,则自陈献章、王守仁始。……姚江之学,别立宗旨,显与朱子背驰。门徒遍天下,流传逾百年。……嘉隆而后,笃信程朱,不迁异说者,无复几人矣。……至专门经训,授受源流,则二百七十余年间,未闻以此名家者。经学非汉、唐之精专,性理袭宋、元之糟粕,论者谓科举盛而儒术微,殆其然乎?

《序论》指出,从明太祖开始,就征用儒士,对开国时的文教事业有所贡献。以后薛瑄、吴与弼、曹端、胡居仁等朱学学者,谨守矩矱,"无敢改错"。朱学占统治地位。从陈献章,王守仁起,学术有了分歧。姚江之学,信从者众,风靡天下。嘉靖、隆庆以后,笃信程朱,不迁异说者,没有几个人了。有明一代,经学不及汉、唐,理学则沿袭宋、元的糟粕,没有什么大的成就。《序论》纵论一代学术的盛衰变化,大体符合事实。对明初朱学,概举其代表人物,谓"清修笃学","矩矱秩然"。足见其学风的谨朴。现在简略论述几个有特色的理学家,以见一斑。

范祖幹,从许谦游,得其指要。其学以诚意为主,而严以慎独持守之功。朱元璋下婺州,与叶仪并召,祖幹持《大学》以进,谓治道不出是书。自修身、齐家以至治国、平天下,必上下四旁,均齐方正,使万物各得其所,而后可以言治。祖幹事亲孝,父母终,悲哀三年如一日。学者称"纯孝先生"。叶仪,受业于许谦。谦诲之曰:"学者必以五性人伦为本,以开明心术、变化气质为先。"仪朝夕惕厉,研究奥旨。已而授徒讲学,士争趋之。其语学者曰:"圣贤言行,尽于《六经》《四书》;其微词奥义,则近代先儒之说备矣。由其言以求其心,涵泳从容,久自得之,不可先立己意,而妄有是非也。"隐居养亲。学者称其理明识精,一介不苟,安贫乐道,守死不变。

谢应芳,自幼笃志好学,潜心性理。以道义名节自励。疾异端惑世,辑圣贤格言,古今明鉴,为《辨惑编》。教乡校子弟,先质后文,诸生皆循循雅饬。诗文雅丽,而所自得者,理学为深。

汪克宽,受业双峰饶鲁,得勉斋黄氏之传。取《四书》自定句读,昼夜诵习。弃科举业,尽力于经学。《春秋》以胡安国为主,而博考众说。荟萃成书,名之曰《春秋经传附录纂疏》。《易》则有《程朱传义音考》。《诗》有《集传音义会通》。《礼》有《礼经补逸》。纲目有《凡例考异》。他的经学,完全宗朱熹。四方学士,执经门下者甚众。汪克宽的《春秋经传附录纂疏》为《春秋集传大全》所本。

薛瑄,究心洛闽渊源,手录《性理大全》,通宵不寐,遇有所得,即便札记。瑄学一本程、朱,尝曰:"自考亭以还,斯道已大明,无烦著作,直须躬行耳。"年七十六卒,遗诗曰:"七十六年无一事,此心始觉性天通"。意即晚年始通悟性与天道的奥旨。有《读书录》二十卷,皆自言其所得。《明儒学案》以为,乃《太极图说》《西铭》《正蒙》之义疏。隆庆五年(公元1571年),诏从祀孔子庙庭,称"先儒薛子"。

吴与弼,年十九,读《伊洛渊源录》,慨然有志于道。弃举业,独处小楼,玩《四书》《五经》、诸儒语录。居乡躬耕食力,弟子从游者甚众。雨中披蓑笠,负耒耜,与诸生并耕。归则解犁,共食蔬粝。一日刈禾,镰伤指,负痛曰:"何可为物所胜,竟刈如初。"英宗天顺初,聘至京师,授左春坊左谕德,固辞不受,放还。所著《日录》,皆自言生平所得。刘宗周谓,予于本期,极服康斋先生。先生之学,刻苦奋励,多从五更枕上汗流泪下得来。七十年如一日,独得圣人之心,评为"醇乎醇"。

陈真晟,赴乡试,闻防察过严,解衣脱袜,裸身检查无待士礼,耻之,乃弃去。务为圣贤践履之学。初读《中庸》,觉无统绪。继读《大学》,始知为学次第。以朱子所谓"敬"者,乃大学之基本。求其"所以为敬"。见程子以"主一"释"敬",以"无适"释"一",始于"敬"字见得亲切。此心,静而主于一,则静有所养,妄念不做;动而主于一,则动有所持,外诱不能夺。尝语人曰:《大学》诚意章为"铁门关",难过。"主一"二字,乃其"玉钥匙"也。意思是说,诚意章讲毋自欺,讲慎独,很难做到,像一道"铁门关",难于通过;只有掌握了"主一"(敬)这把"玉钥匙",才能开启这道关。做到了"敬",才能做到"诚意",做到"毋自欺",做到"慎独"。英宗天顺三年(公元1459年),诣阙上《程朱正学纂要》,奉旨:"礼部看了来说"。既无所遇,归,潜思静坐,自号"漳南布衣"。

章懋,学者称"枫山先生"。林居二十年,弟子日进。其学确守宋儒,本之自得。致政归,家距城十五里,只是步行。客至,鸡黍数豆,力不能办,多借诸族人。其后迁居城中,小楼二间,卑甚。每作文,绕行室中,冠往往触梁、折角。有田二十亩,家人十口,岁须米三十六石,所入不足当其半,则以麦屑充之。诸子皆亲农事,邑令来见,诸子辍耕跪迎。官南京祭酒日,其子往省。道逢巡简,笞之。知而请罪。笑曰:"吾子垢衣敝履,宜尔不识,又何罪焉?"或劝以著述,曰:"经自程朱后,不必再注,只遵闻行知,可也。"

胡居仁,闻吴与弼讲学,从之游,绝意仕进。其学以"主忠信"为先,以"求放心"为要,操而勿失,莫大乎敬。因以"敬"名其斋。严毅清苦,左绳右矩。每日立课程,详书得失以自检查。家贫苦,敝衣蔬食,萧然不厌。筑室山中,四方来学者甚众。居仁闇修自守,布衣终身。曰:"以仁义润身,以牙签润屋,足矣。"所著有《居业录》。学者以为薛瑄之后,粹然一出于正,居仁一人而已。

曹端,专心性理,其学务躬行实践,而以静存为要。读《太极图》《通书》《西铭》,曰:"道在是矣。"笃志研究,坐下着足处,两砖皆有印痕。为霍州学正,修明圣学,诸生服从其教。先后在霍十六载。卒官,霍人思之。河南理学家,二程而后,有刘绚、李籲著。元代有许衡、姚枢,讲道苏门山。明兴三十余年,而曹端兴崤渑间,倡明道学。学者推为明初理学之冠。所著有《孝经述解》《四书详说》《太极图说、通书、西铭释文》《性理文集》《儒学宗统谱》诸书。端平生以力行为主,守之甚确。曰:"一诚足以消万伪,一敬足以儆千邪。所谓先立乎其大者,莫切于此"。时人受其影响。樵者拾金钗,以还失者,人以为异,樵曰:"不欲愧曹先生耳。"某人往观剧,中途而返,曰:"此行岂可使曹先生知也。"初,端作《月川交映图》,学者称"月川先生"。刘宗周谓端"为今之濂溪","方正学而后,斯道之绝而复续者,实赖有先生一人。"推崇备至。

必须叙述方孝孺,这是因为他的死关系理学家认为重大的名教问题。方孝孺是宋濂最看重的学生:"游吾门者多矣,未有若方生者也。"建文帝召为翰林院侍讲,又迁侍讲学士,国家大政辄与商议。燕兵起,廷议讨之,诏檄皆出其手。建文四年(公元1402年)六月,燕兵入金川门,建文帝自焚。孝孺被执。先是,姚广孝曾嘱明成祖朱棣,"孝孺必不降,不可杀之。杀之,天下读书种子绝矣。"至是,朱棣欲文饰篡夺丑行,令孝孺草诏,以塞天下人心。孝孺悲恸,声彻殿陛。朱棣劝慰,并向他解释:"先生毋自苦。予欲法周公辅成王耳。"孝孺曰:"成王安在!"朱棣说:"彼自焚死。"孝孺曰:"何不立成王之子?"朱棣说:"国赖长君。"孝孺曰:"何不立成王之弟?"朱棣说:"这是我们的家事。"顾左右授笔札,曰:"诏天下非先生草不可。"孝孺投笔于地,且哭且骂,曰:"死即死耳,诏不可草!"朱棣怒,命杀孝孺,且夷其十族,坐死者凡八百四十七人。朱棣这次镇压效忠建文帝、反对自己的政敌,手段极其凶狠、残酷。燕兵入南京的当天,就下令大索政敌齐泰、黄子澄、方孝孺等五十余人,榜其姓名曰"奸臣"。过几天,就杀了齐泰、黄子澄、方孝孺,并夷其族,坐死者甚众,谪戍者更多。被杀的人,妻女送教坊,每日令"壮汉十多人伺候着,"即昼夜不断的蹂躏。连不满一两岁的婴孩也遭杀害。景清被杀,剥皮揎草。籍其乡,转相攀染,谓之"瓜蔓抄",村里为墟。过了一百八十多年,到明神宗万历十三年(公元1585年),下令释免坐孝孺谪戍者后裔浙江、江西、福建、四川、广东凡一千三百余人。方孝孺被杀,并夷十族,极大地震动了明朝的读书人。包括许多理学家。《明史》卷一百四十一《方孝孺传·赞》曰:齐、黄、方、练之俦,"忠愤激发,视刀锯鼎镬,甘之若饴,百世而下,凛凛犹有生气。"练,是当时被杀的另一个忠于建文帝的练子宁。明朝末年,刘宗周赞扬方孝孺是"伊周孔孟,合为一人","以九死成就一个,是完天下万世之责。其扶持世教,信乎不愧千秋正学!"刘宗周还指出,方孝孺生前,已为人称许为"程朱复出"。可是后世竟有一些人说,节义与理学是两回事,出此则入彼,贬低方孝孺,使他不得与吴澄论次并称。"于是成仁取义之训,为世大禁,而乱臣贼子将接踵于天下"。黄宗羲谴责朱棣"天性刻薄","怨毒倒行,何所不至。"引蔡虚斋(清)之言,赞扬方孝孺是"千载一人。"黄宗羲对方孝孺作了高度评价,说是"持守之严,刚大之气,与紫阳真相伯仲。"把他许作第二个朱熹。方孝孺被杀,是朱明王朝内部争夺最高统治权而演出的一幕悲剧。以传统的篡夺观点来评论,即以朱熹的《紫阳纲目》的观点来评论,方孝孺赢得了后人的莫大崇敬。他以"十族之诛"维护了天下万世的纲常名教。他的就死,体现了理学原则与忠节的统一,于是他就成为"千载一人"。

以上列举的若干理学家,除方孝孺已经评论外,其他都是朱学学者。

他们规言矩行,谨守理学家的做人规范。他们生活于明初,是在朱学统治的历史条件下成长起来的,是在《性理大全》《四书大全》《五经大全》纂修前后的若干年内成长起来的。如薛瑄还曾手抄《性理大全》,供自己阅读、研究。他们是明初朱学理学家中的若干代表人物。

以上这些人物的简略介绍,根据《明史》《明儒学案》等书的史料。这些书,叙述他们的生平及言行,流露统治阶级的偏嗜和爱好。平心而论,明初理学家中的代表人物,是封建社会的"正人君子",安于贫贱,刻苦自励,授徒著书,以此终身。他们自觉的或不自觉地在格物、致知、正心、诚意、修身、齐家、治国、平天下这个伦理道德的圈子里打转,渴望有一个封建社会的"好"天下。他们憨态可掬,迂疏无用,在正当从事流血战争以取天下的朱元璋面前,捧出《大学》这部书进见,天真地以此来谈治道。这是十分可笑的。然而他们就这样认真地想、认真地做,毫不怀疑。所谓"以身殉道",就是这种精神吧,他们不同于口谈仁义、行同狗彘的那些假道学。

三、科举制度下的"儒林"

明初的理学家是时代的产儿,已在上文论述。这里还要谈到在科举制度下的"八股先生"。

元代的皇庆条制,明初继续沿用。明初朱元璋和刘基所定八股取士的制度,是皇庆条制的继续沿用。这个制度一直用到清朝末年。《清史稿》卷一百八《志》八十三《选举三》写道:"有清科目取士,承明制用八股文。取《四子书》及《易》《书》《诗》《春秋》《礼记》五经命题,谓之制义。三年大比,试诸生于直省,曰乡试,中式者为举人。次年试举人于京师,曰会试,中式者为贡士。天子亲策于廷,曰殿试,名第分一、二、三甲。一甲三人,曰状元、探花、榜眼,赐进士及第。二甲若干人,赐进士出身。三甲若干人,赐同进士出身。乡试第一曰解元,会试第一曰会元,二甲第一曰传胪。悉仍明旧称也。"清朝末年,兴学校,废科举,这个八股取士的制度,才寿终正寝。这个制度从十四世纪中期明太祖(洪武初年)到十九世纪末年(清光绪季年),行了五百多年,如从元皇庆年间算起,则行了将近六百年。

上引《清史稿》《选举志》又云:顺治二年(公元1645年),颁科场条例:"首场,《四书》三题,《五经》各四题,士子各占一经。《四书》主朱子《集注》,《易》主程《传》、朱子《本义》,《书》主蔡《传》,《诗》主朱子《集传》,《春秋》主胡安国《传》,《礼记》主陈澔《集说》。其后《春秋》不用胡《传》,以《左传》本事为文,参用《公羊》《谷梁》。二场,论一道,判五道,诏、诰、表内科一道。三场,经史时务策五道。乡、会试同。"可见清代的科举,全袭明制。《大全》虽废,而精神未变。《四书》《五经》,都用朱学传注。在统治阶级手里,这些已成为遴选人才的得心应手的工具。

明、清两朝的读书人,奔竞在八股取士的科举道路上,做时文,求功名,大多数成为百无一用的废物。其中狡黠者则蠹国病民,行同窃盗。成书于清朝雍正末的《儒林外史》,铸鼎象物,讽刺了形形色色的科举中人。鲁迅谓作者吴敬梓"方侨居于金陵也。时距明亡未百年,士流盖尚有明季遗风,制义而外,百不经意,但为矫饰,云希圣贤。敬梓之所描写者即是此曹,既多据自所闻见,而笔又足以达之,故能烛幽索隐,物无遁形,凡官师,儒者,名士,山人,间亦有市井细民,皆现身纸上,声态并作,使彼世相,如在目前……"刻划伪妄,搐击习俗,书中屡见。敬梓"嫉'时文士'如仇,其尤工者,则尤嫉之。""故书中攻难制艺及以制艺出身者亦甚烈……。"书中令马二先生自述制艺之所以可贵云:"……'举业'二字,是从古及今,人人必要做的。……到宋朝,又好了,都用的是些理学的人做官,所以程朱就讲理学,这便是宋人的举业。到本朝,用文章取士,这是极好的法则。就是夫子在,而今也要念文章,做举业,断不讲那'言寡尤,行寡悔'的话。何也? 就日月讲究'言寡尤,行寡悔',那个给你官做?"(《中国小说史略》)。

《儒林外史》叙述明宪宗成化末年(公元1465—1487年)以后的儒林,而实则取象于清初人物。鲁迅谓"所传人物,大都实有其人,而以象形谐声或廋词隐语寓其姓名,若参以雍乾间诸家文集,往往十得八九。"《儒林外史》所写的"贞士",鲁迅以为,"以言君子,尚亦有人,有虞育德(吴蒙泉),有庄尚志(程绵庄),皆贞士……而奇人幸未绝于市井",如做裁缝的荆元,缝纫之暇,弹琴赋诗以自遣,性尤恬淡云。这些君子,都非出于科场。

对科举的不足以得人,乾隆三年(公元1738年),兵部侍郎舒赫德上章剀切言之。其言曰:

> 科举之制,凭文而取,按格而官,已非良法。况积弊日深,侥幸日众。……时文徒空言,不适于用,墨卷房行,辗转抄袭,肤词诡说,蔓衍支离,苟可以取科第而止,士子各占一经,每经拟题,多则百余,少者数十。古人毕生治之而不足,今则数月为之而有余。表、判可预拟而得,答策随题敷衍,无所发明。实不足以得人。应将考试条款,改移更张,别思所以遴拔真才实学之道。

舒赫德的这道章奏,全面批评了时文、经义、表判、策论的无用,很有眼光。乾隆下其章于礼部,饬议。时大学士鄂尔泰当国,力持议驳,科举制艺,仍未得废。

上引《清史稿》《选举志》具载其事,足见统治阶级中亦有头脑清醒的人物,灼见科举八股之弊,而仍然为习惯的陋见所淹没。直至十九世纪末,屡败于外敌,割地赔款,一蹶不振,惩创之余,乃始废科举而廓清之。然而其幽灵或尚萦绕于国人之梦寐,足以发有识者憬然之思。

四、朱学统治对社会的思想影响

顾炎武《日知录》卷十八"书传会选"条,谓"自八股行而古学弃,《大全》出而经说亡。"这话也是对明初朱学统治的一种总结。上文所论述的具体情况和问题,正好是顾炎武这话的注脚。但是,问题并不止此。

《大全》的纂修、颁行,标志着朱学统治的终于确立。朱学的成书编集在《大全》之中,朱学的理学思想被奉为"一道德而同风俗"的理论指导,八股取士,代圣贤立言,必须以《大全》为依据。读书人的头脑被《大全》

所禁锢,在朱学以外要有所探讨、涉猎,就被斥为"杂览"而非"正学"。《大全》的颁行,其意义犹之汉武帝的罢黜百家、独尊儒术。

所谓"古学弃""经说亡"是指学术上的固陋、荒芜。《大全》的垄断体现了朱学的统治。而这种垄断总是不好的,与学术繁荣背道而驰。一经垄断,便同扼杀,学术的生机无从条达。顾炎武着眼于传统经学的保存与发展,还是一种崇古思想。在顾炎武看来,汉儒的解诂,唐人的义疏,考证典故,具明根柢,有功于后学。而《大全》只是誊抄,无所发明,因遭讥斥。

唐修《五经正义》,越八百年而明修《五经大全》。在封建学者看来,是一件盛事。无如《大全》固陋,不免为通儒所讪笑。而其垄断,则又为明哲所诋諆。理学史上的朱学统治阶段,遂闇然不见光焰。稍后陈献章倡"自得之学",王阳明揭"致良知"之教,唾弃传注,直指本心,学风于是一变。朱学统治的局面就走向式微。到清朝初年,在康熙帝的提倡下,编纂《性理精义》,重新纂修五经,程朱理学一度呈现回光返照,李光地、陆陇其、张百行等理学家再张朱学旗帜,又热闹了一时,然而颓势已成,无法挽回,汉学终于夺了理学之席而代兴。

明初朱学统治地位的确立,对封建社会晚期的影响不可低估。封建思想像一道"长城"包围着人们,禁锢着人们,使人们冲不破,跳不出,使人们不能独立思考,不能创立新学派,不能探讨现实问题。这种封建主义的影响是我们历史的沉重包袱。封建伦理道德的践履,一般责之于幼者、弱者和妇女,造成了人间的惨痛。鲁迅在《中国小说史略》第二十三篇《清之讽刺小说》里说道:"王玉辉之女既殉夫,玉辉大喜,而当人祠建坊之际,'转觉心伤,辞了不肯来',后又自言'在家日日看见老妻悲恸,心中不忍',则描写良心与礼教之冲突,殊极刻深……"鲁迅这是评论小说,而小说所反映社会现实,足以说明封建伦理道德的践履乃属孱弱的女子。在明伦堂里,封建社会的衣冠人物,赞扬王玉辉的这个"好女儿为伦纪生色。""生色"在哪里呢?"生色"就在她活活地饿了八天殉夫而死。《明史》的《孝义传》有二卷,《列女传》有三卷,写的大多是封建伦理道德的践履者。地方史志上,这类传记更是大量的,说明封建伦理道德的践履者为数甚多。朱学统治的思想影响于此可见。

明初朱学统治确立以后,从中央国子学到地方的书院,以至乡村的社学,都用朱学进行教育。社会上,家庭里,朱学的思想影响到处存在,如水银泻地,无孔不入。人们的言行准则就是朱学。即使在艺术方面,如戏曲,如小说,如弹词,也染有朱学思想的色彩。忠臣孝子,义夫节妇,纷纷在舞台上出现,在小说里被描写,在弹词的弦索叮咚中被唱出。又通过这些来感染广大群众。

附记:清朝初年,命理学大臣纂《性理精义》。这部书是《性理大全》的精简本,思想、观点、材料,都没有越出《性理大全》的范围。本书就不另作论述了。在五经方面,也都分经作了纂述,绍承《五经大全》的统绪。本书也不另作论述。

第三十章 明朝开国时期宋濂、刘基的理学思想

程朱的理学著作,尽管在元代科举中悬为令甲,作为应试程文的思想准绳,明初又以三部御定《大全》的形式颁布,成为思想统治的经本。但在一些理学家中间,也并不完全把它当作新的经典,徒守吟诵,他们或者沿流发挥,或者议论于"规矩"之外,出现所谓体认不同、"异同错出"的情况。这些理学家里面主要有宋濂、刘基和方孝孺、曹端以及薛瑄、吴与弼。他们是明代初期的理学人物。其中宋濂、刘基是元末明初朱学在金华的承传人物。在明初,宋濂是"开国文臣之首",刘基是"为明一代宗师"。他们是明初开国伊始的名儒,影响至巨,流风所及,致使理学人物一时并起。从他们的理学著作中,大体上可以看到理学发展到明初的情况。

第一节 宋濂调和朱陆、折中儒佛的理学

一、宋濂的生平和学术渊源

关于宋濂其人,以前的治史者,往往把他看成是有事功而言语凌跞的文章家。但在明清时期,即有不少学者指出他是一位理学家。如明初宋濂的入室弟子方孝孺,称宋濂一生所致力的是"粹然穷理而尽性"的理学,其"事功、言语传于世者,乃其余绪"(《逊志斋集》卷十九《潜溪先生像赞》)。明中期的王学传人薛应旂,曾叹时论对宋濂文章、事功盖"籍籍咸称",而对其

理学,则"为文章、事业所掩,而不得预于理学之列,此余追考先生之生平,未尝不喟然而叹也"(《宋文宪公全集》卷首《祠堂碑记》)。至黄宗羲《宋元学案》,始将其列入金华朱学系统,视为元明鼎革之际承前启后的理学家。其理学在明初的影响,全祖望谓其"以开国巨公,首唱有明三百年钟吕之音"(《宋元学案》卷八十二《北山四先生学案·宋文宪公画像记》)。这些古人虽指出宋濂是理学家,并论定他的理学地位,但囿于他们的思想立场,不可能正确地说明宋濂的理学本质。这就需要我们作新的探讨。

宋濂(公元1310—1381年)字景濂,学者称潜溪先生,浙江金华人。身历元明鼎革。五十一岁以前是在元代度过的。在元代后期,他已是"藉然著闻","知名于时"。元朝曾召以翰林院编修,他推辞未就。因为元末已是农民起义蜂起,他不愿意以身殉这个即将覆亡的元王朝,而隐居于浙东龙门山,读书著述,静观时变。同时人戴良说他"退偃一室,以默计胜败"(《九灵山房集》卷六《赠勾无山樵宋生序》)。宋濂自己也说,"今之入山著书,夫岂得已哉"(《宋文宪公全集》卷五十一《凝道记·令狐微》)。他说自己并不想在山中无所事事,只是坐待时机,一旦有英主礼聘,"苟用我,我岂不能平治天下乎!"(同上《终胥符》)。他的大部分理学著作写成,并刊刻行世,即在他山中韬光匿迹的时候。当时的"台宪诸显,人多愿得而观之"(同上卷首二小传)。

元惠宗至正二十年(公元1360),朱元璋取南京,占婺州,称吴王,召纳儒士,开始建立封建政权。其时宋濂已看出朱元璋有代元定鼎之势,遂出山应召。可是,朱元璋起初仅用他为郡学经师,不合他伊尹之志,故未就职。次年,又经李善长荐举,始受命任江南儒学提举。自此以后,他由山林步入廊庙,不断升迁,历任赞善大夫、翰林院学士、知制诰、《元史》修撰总裁等。虽然他只是文学侍从,但朱元璋经常向他垂问国是,尊同太师。《明史》本传称"一代礼乐制度,濂所裁定者居多"。明朝建国伊始,有不少经国方略,就是出自他的谋划。他利用与朱元璋的密切关系,经常向朱元璋讲论先王之道、孔孟道统和《大学衍义》。由于宋濂等人不断以理学向朱元璋进讲、入对,使这位开国皇帝也懂得理学是治心之要、治国之本(同上卷首序传)。其后,几部理学《大全》的颁定,即与当初宋濂等人对理学的鼓吹有很大的关系。晚年,宋濂也陷入朱元璋搞的兔死狗烹的奇案,死于被贬谪的途中。至明中期,追谥文宪。

关于宋濂理学传授和理学形成的情况,清初全祖望据宋濂的行状、碑传,谓其所学非止一家,曾在几个师门受业。全氏说:

> 文宪之学,受之其乡黄文献公(溍)、柳文肃公(贯)、渊颖先生吴莱、凝熙先生闻人梦吉。四家之学,并出于北山(何基)、鲁斋(王柏)、仁山(金履祥)、白云(许谦)之递传,上溯勉斋(黄榦),以为徽公(朱熹)世嫡。(《宋元学案》卷八十二《北山四先生学案·宋文宪公画像记》)

宋濂除了从黄溍等人受朱学以外,又从方凤得闻陈亮功利之学。其间又学于吕祖谦的后学李大有,为"吕学续传"(同上卷五十一《东莱学案》)。

宋濂对于佛、道二氏,尤其对于佛教典籍,也是潜心饱饫,自称"颇有见于斯(佛学)"(《宋文宪公全集》卷十一《径山愚庵禅师四会语序》)。因为佛教思想在他的理学中占有很大的成分,这里有必要摘引他所谓"饱阅"佛典的两段话。他说:

> 予本章逢之流,四库(指经、史、子、集)颇尝习读,逮至壮龄,又极潜心于内典,往往见其说广博殊胜,方信柳宗元谓(佛)与《易》《论语》合者为不妄。(同上卷十三《夹注辅教编序》)
>
> 濂自幼至壮,饱阅三藏诸文,粗识大雄氏所以明心见性之旨。(同上卷十一《佛性圆辩禅师净慈顺公逆川瘗塔碑铭》)

这两段话,一是他认为儒、佛典籍可以通贯,二是说他从佛典中得到"明心见性之旨"。这后一点对他理学思想的形成很重要。与宋濂同出金华的刘基,就他学佛这点,称他是"升其堂入其室"(《潜溪集序》)。难怪全祖望说他是朱学在金华三变后的"佞佛者流"(《宋文宪公画像记》)。由此,他的理学思想,论心和心性修养方法,不是一般的出入二氏,而几乎是援佛入儒。他对佛学的吸取,已非两宋理学的"阴取",而是公开的袭取,提出儒、佛"其道揆一","本一"的说法。所以在他的文集中,充满了佛学的气息。

宋濂著作,卷帙浩繁,除《凝道记》外,还有《六经论》《诸子辨》和大量佛教的序、传、碑铭。其著作曾以《潜溪集》《萝山稿》等在元代刊行,至明代嘉靖年间,严荣又辑其所著为《宋文宪公全集》,总五十三卷(下称《全集》)。今有四部丛刊本、四部备要本。近年台湾有影印《四库全书》珍本《宋景濂未刻集》,可资参校。

二、天道观和天地之心

宋濂的理学,谈得比较多的是关于心和如何识心、明心的问题。在论述这一问题之前,有必要先看一看他对天道自然的看法,这样可以更好地探索他论心的本意是什么。他在天道自然方面讲的并不多,只是在谈到太虚何以运动时,指出:

> 太虚之间,一降一升,而能橐籥于无穷者,非气母也耶?气母之所孕,其出无根,其入无门,而其应也甚神。人能察乎阴阳之变,而不凝滞于物者,其知鬼神之情状矣。(《全集》卷四十一《温忠靖王庙堂碑》)

所谓"气母",本是医家与早期道家使用的概念。如《素问》中即有所谓"气者生之母也"的说法。道家又称"气母"为"元气","一元之气"。宋濂也把"气母"与"一元之气"等同使用。例如,他在《夹注辅教编序》中,即以"一元之气"来论述与上面一段同样意思的话,他说:"殊不知春夏之伸而万汇为之欣荣,秋冬之屈而庶物为之藏息,皆出于一元之气运行。气之外初不见有他物也"(《全集》卷十三)。

可以看出,宋濂说"太虚",即天道宇宙之间的升降运动和四季庶物的欣荣藏息,是由于"一元之气运行"。那么,这个"气母""元气"的本身又是什么？据宋濂描述，它是"其出无根，其入无门"，无涯无际，人不能察觉它，但它确是存在的。所谓"不滞于物"，即它可能是在物之上或者是在物的背后，它只是宇宙间升降运动和庶物欣荣藏息的原因。显然，这种"气母""元气"，不像是最初的物质性的气，也不像是王充、张载等提出的元气自然论的那种元气，而是一种在宇宙间具有主宰意义的精神。

看来，宋濂在天道观中的元气说，是本于道教和程、朱的说法，为弄清楚这个承启关系，必须说明道教和程、朱有关元气的观点。我们知道，元气在古代思想史上，包括一些早期道家在内，曾作为自然物质概念使用过，它有时是指形成万物的原始物质，有时是指阴阳二气混沌未分的实体。但后来出现的道教，已把它作为某一种假设的概念使用。如五代的道士杜光庭谓"道本包于元气，元气分为二仪，二仪分为三才，三才分为五行，五行化为万物"，而"元气无形，不可名也"（《太上老君说常清静经注》）。道徒王喆的《二十四诀》、张伯端的《悟真篇》亦有此说。唐代僧人宗密的《原人论》也曾说过"元气"（又称"混元一气"）是"从心之所变"，它是心与现象即所谓"法界"之间的精神媒介，它与心一样也是虚幻的。后来，"阴取"佛、道二氏的理学家程、朱，即以道教的元气论，来谈所谓"乾元一气"，"真元之气"，"一元之气"，"元气"等等，作为理与万物之间的过渡，也就是说，作为先有是理而后有是气之间的一种逻辑上的虚构。因为理学家说的理，一般是同气联系起来讲的，是所谓理气相即，有理即有气，并无时间的先后。但从根本上来说，理又是绝对的，是哲学的最高范畴，是气的根本。然而，理的本身是"净洁空阔"，是"无情意、无计度、无造作"。它只是世界万物的"所以"，是万物的道理、极则，是"平铺的放着"，它并不能直接产生二气、五行以至万物，即朱熹说的"理何尝生出物事来"。所谓理先气后、理生气之类，只是从逻辑上来讲的。但是，程、朱为构成这种逻辑，故借取道教元气论，作为理与气、理与物之间的沟通环节。因此，这个元气也就比理要具体一些，具有能动、能生的特征，与"无情意"，"无造作"的理有所不同。但这个元气仍然是一种与理相接近的万物之先的精神，故程颐解说元气的元，认为"元者物之先也"。由此，从"天"，即客观世界的天地万物这个范围来说,是本于元气,所以朱熹有时也就说"天只是一个元气。……浑沦看只是一个(元气)"(《语类》卷六)。而这个能动能生的精神性的元气背后,又是寂然不动的理为它的根本。

由上述道教到程、朱的元气说,再来体会一下宋濂说的宇宙之间的升降运动和庶物欣荣、藏息,是由于"气母(元气)之所孕","一元之气运行";而这个元气又是"无根","无门","不凝滞于物"等等,同程、朱元气说的意思基本一致,也是能动能生的先于万物的一种精神,它同理一样,只不过它较之理要具体一些,因而成了绝对的理与万物之间的逻辑上的中介。不过,宋濂一般不说是理,而是说"天地之心";虽然这两者在他那里并没有实质上的区别。

由此,宋濂的天道观,以理即天地之心为绝对,通过元气而有万物和运动,则元气是具体的体现了"天地之心"的意志和作用的。

问题是,按照宋濂的说法,有了元气就有了万物和运动,那么,何以有了元气就有万物和运动?过去理学家对这一类问题的回答是,理之"所以",理"合当"如此。朱熹在世时就曾经讨论过这个问题。据朱熹说,这是在天地之间有一个所谓生生不息的"天地之心"(又称"生物之心"),它是体现天地之间的仁、德,故有所谓"仁者天地生物之心"之类的说法。这个生生不息的"天地之心",宋濂也特别重视。什么是"天地之心"?他在疏释"天地之大德曰生"时说:

> 夫生者,乃天地之心。其阴阳之所以运行,有开阖、惨舒之不齐。盖天地之心生生而弗息者,恒循环于无穷。(《全集》卷四十七《越国夫人练氏像赞》)

这是说,阴阳所以运行、开阖,是由于生生无穷的"天地之心"在起作用,于是整个自然界充满生意。这种具有生生不息的"天地之心",是通过元气体现出来的,所以元气也就能够产生万物和运动。总之,"天地之心"是元气的主宰,是元气产生万物和运动之"所以"。这就是宋濂在天道观中,思辨性地虚构宇宙生成的逻辑。

宋濂认为,求道问学,修养道德,就在于体验和获得这个"天地之心",使"吾心"能够"冲然"、"渊然"、"浑然"、"凝然"、"充然"。诚能如此,就能与天地并运,与日月并明,与四时并行,浑然一体。能达到这一步,就是实现了"君子之道"。他说:

> 君子之道,与天地并运,与日月并明,与四时并行,冲然若虚,渊然若潜,浑然若无隅,凝然若弗移,充然若不可以形拘。测之而弗知,用之而弗穷。(《全集》卷三十八《萝山杂言》)

照他说,人能够体验到"天地之心",也就是体验到天地之道,其心也就具有一种不可测知而又能无所不照。他形容这个时候的心体,冲然、渊然、浑然、凝然、充然,不可测、不可穷。

不难看出,在宋濂的天道观中,虽然比较多地讲元气及"天地之心",但大体还是不出朱学的范围。虽然他对"天地之心"的提出和对其特征的规定,与朱熹对天理的描述似乎不完全一样,但实质上与天理同样具有绝对的本体意义。

三、吾心为"天下最大"

宋濂说,人能够体验到"天地之心",实现了"君子之道",即可"与天地并运,与日月并明,与四时并行"。为什么能够这样?也就是说,人为什么能够体验到"天地之心"?宋濂认为,这是因为"吾心"本具一切。他在谈到"太极"时说:

> 天地一太极也,吾心一太极也。风雨雷霆皆心中所以具。苟有人焉不参私伪,用符天道,则其感应之速,捷于桴鼓矣。由是可见,一心至灵,上下无间,而人特自昧耳。(《全集》卷八《赠云林道士邓君序》)

意思是说，因为"吾心"本具"太极"，所以才能够与天地之"太极""感应"而"桴鼓"相应。要如此，必须是"吾心"洁净莹彻，"不参私伪"，不杂入私性伪妄，方显出"吾心"的"至灵"，才能与天地"上下无间"，天人合一。因此，他所谓体验"天地之心"，体验天地之为一太极，原不过是发挥"吾心"本有的"天地之心"而已。这就是他提出要识心、明心的理由。

  这里，如果抛开他把客观世界的本质说成是有个"天地之心""太极"这个问题不谈，仅从认识论上来说，他实际上是提到了人的主观认识与客观世界可以"上下无间"而同一的问题。他肯定可以同一这是对的。但是，主、客观之间何以能够同一？怎样同一？对这个问题，他的说法却是错误的。他不是让主观去如何一步步地认识客观，使主观符合于客观，而是认为我心，亦即在我的认识中，本来就具有客观世界的一切，或者说，认识的主体原来就包含被认识的客体，主、客体本来就是同一的。显然，导致他这种错误的原因，是他把人的"至灵"的认识能力作了无限的夸大，以至把人的精神、意志夸大成为世界的本质，从而把本来存在着的主、客观矛盾消融了，达到了所谓同一。这种同一，实际上是把认识的主观（心）夸大成为就是一切。我们读一读下面他讲的一段话，就可以明白他这个意思。他说：

    天下之物孰为大？曰：心为大……曰：何也？曰：仰观乎天，清明穹窿，日月之运行，阴阳之变化，其大矣广矣。俯察乎地，广博持载，山川之融结，草木之繁芜，亦广矣大矣。而此心直与之参，混合无间，万象森然而莫不备焉。

    非直与之参也！天地之所以位，由此心也；万物之所以育，由此心也。……心一立，四海国家可以治，心不立，则不足以存一身。使人知此心若是，则家可颜、孟也，人可尧、舜也，六经不必作矣，况诸氏百子乎？……四海之大，非一物非我也。（《凝道记·天下枢》）

宋濂这一段自问自答,是论说此心所以为天下最大,所以能够仰观俯察,看到天地大矣广矣,是由于此心能与天地相参应合之故。但是,他认为还没有回答问题的实质,所以他接着又说"非直与之参也",即不仅此心与天地相参应合而已。在他看来,此心之所以能够与天地参,乃是由于此心本身。他解释说,因为天地万象原来就在此心中,即前面指出的客体原来就在主体之中。所以天地万物"所以位""所以育",是"由此心也",而不是什么此心与天地参。只要此心一立,可以治国,可以成尧、舜。就这样,他一层一层论说的结果,是此心为天下最大。而心所以为最大,因为它既是万能又是万有,本具一切。

心本身又是什么呢?宋濂说,心不是"一十二两"的肉团。他在《萝山杂言》中描述心体说:"至虚至灵者心,视之无形,听之无声,探之不见,其所庐一,或触焉,缤缤萃也,炎炎乎热也,莽莽乎驰弗息也"(《全集》卷三十八)。按他所说,心的本来状态是无形体无声息的虚寂体,而一旦"触焉"("触"指触物、及物的意思),即这个本来虚寂的心,一旦遇到外物就有所反应,就"缤缤","炎炎","莽莽"地动起来。所以,他又形容心像一面镜子,"如鉴之明也,万象森列,随物而应之"(《全集》卷二十二《全有堂箴》)。所谓心如镜子,是说心本来万象俱有,当它遇物而动时就显现出来,能够"无大不包,无小不涵,虽以天地之高厚,日月之照临,鬼神之幽远,举有不能外者"(《全集》卷三十五《贞一道院记》)。必须指出的是,他说心遇物而动,显现万象,当然不是说心能被动地反映外物的存在,而是说,物由于心的活动而显示它的存在,也就是像镜子一样,被照现的世界万象,原来就在镜子本身。显然,这个镜子的比喻,是表示客体的存在,是由于主体"缤缤","炎炎","莽莽"活动的结果。如果主体寂然不动,也就没有客体的存在。所以心不动,万象俱寂;心一动则万象森列。心的这种动有、静无,宋濂又称之为"出有入无"(《全集》卷一《元武石记》)。

宋濂的理学思想也讲到理这个范畴,虽然他对理这个范畴论述不多。理与心是一物,还是二物?这二者如何摆法?这是朱、陆以后争论的问题。宋濂认为,心与理是有相通的地方,但究非一物。他说:"心存则理之所存"(《凝道记·段干微》)。这和陆九渊的"心即理"比较接近,但不完全相同。宋濂是说理存于心中,如果心不存在,则理就没有安顿之处。显然心是主要的,而理是从属于心,心涵盖着理,这同"心即理"就不尽一致了。宋濂的说法,很可能是对他的老师许谦所说的"心者理之所存"(《读四书丛说·中庸上》)、"人心本全其天理者也"(同上《论语中》)、"有此心即有此理"(同上《大学》)的话,所做的概括。因为心是涵盖着理,所以宋濂也就不怎么谈到理。

还要提到的是,宋濂说的心,即"此心""吾心""我心",是指每个人的心,还是普遍的共同的心?宋濂说吾心同于圣人之心,同于亘古以来的心。他引陆九渊的话说,"前乎千万世","后乎千万世",是"此心同、此理同",四海"有圣人出焉",也是"此心同,此理同"(《凝道记·段干微》)。按宋濂的说法,前面提到的"天地之心",当然也是与我心同、理同。所以他说的"我心""吾心",就是圣人之心、天下之心、古今同一的心。用理学家的话来说,此心非是小我之心,而是大我之心,它不会因人生短暂而消逝,它是永恒地存在着。

宋濂在论及"吾心"为天下最大时,还谈到此"心"与儒家六经的关系。他说"礼乐之道,敛之本乎一心,放之塞乎天地"(《凝道记·河图枢》)。而六经就是记录"吾心"所具之理。其说近乎陆九渊,但又不尽同于陆氏之说。这里有必要引录几段他的《六经论》。顺便看一看元末明初理学家对待儒家经典的态度。他说:

> 六经者皆心学①也。心中之理无不具,故六经之言无不该,六经所以笔吾心之理者也。是故说天莫辨乎《易》,由吾心即太极也;说事莫辨乎《书》,由吾心政之府也;说志莫辨乎《诗》,由

---

① 这里所谓"心学",非指陆象山本心论的心学,而是指伪《尚书·大禹谟》中"人心惟危……"等十六字心传,又称心法,理学家谓此为圣人相沿不绝的秘传。

吾心统性情也；说理莫辨乎《春秋》，由吾心分善恶也；说体莫辨乎《礼》，由吾心有天叙也；导吾民莫过乎《乐》，由吾心备人和也。人无二心，六经无二理。因心有是理，故经有是言。心譬则形，而经譬则影也。无是形则无是影，无是心则无是理，其道不亦较然矣乎？

然而，圣人一心皆理也，众人理虽本具而欲则害之，盖有不得全其正者，故圣人复因其心之所有，而以六经教之……教之以复其本心之正也。

呜呼！……秦汉以来心学不传，往往驰骛于外，不知六经实本于吾之一心……不知心之为经，经之为心也。何也？六经者以笔吾心中所具之理故也……今之人不可谓不学经也。而卒不及古人，无他，以心与经如冰炭之不相入也。(《全集》卷三十六)

这里开头一段像是陆九渊"六经注我"的意思。其实他是说，六经是笔录"吾心之理"，六经之言是概括了"吾心之理"，吾心与六经一致，二者当如形影的关系，不因为吾心之大而废六经之言。不过，他又指出，所谓六经是记录"吾心之理"，原是指圣人之心与六经的关系而言。对于一般的"众人"来说，他们心中虽生而禀赋着理，但蔽于"私伪"，"欲则害之"，故其心不得其正。因此，记录圣人之心的六经，对于"众人"来说，就有"教之以复其本心之正"的作用了。原来，他说六经是笔吾之心，是对一般人讲的，要他们读六经，重视六经。这和陆九渊对待六经的态度不尽相同。宋濂是说六经记录圣人之心，是圣人之言，而陆九渊是说"六经注我、我注六经"，其意是尊大我心。陆氏虽然不废六经之言，但按他的意思，却难免要轻视六经，以至他的门徒就有"不读书，不穷理，专做打坐工夫"(陈淳语)，"以不读书为学"(全祖望语)。宋濂在论证心的绝对性之后，指出"心之为经，经之为心"的形影关系，说明六经也同样具有绝对性。宋濂对六经的这种态度，当然也反映了金华朱学重经、史的传统。

但是，宋濂却认为这是他发现了"至宝"。他欣喜地说，天下之"至宝",不是"万金之利",也不是"斗大金印",而是"吾身之心"。这是说,他在万象世界中摸索的结果,发现天下最大的宝贝,原来就在自家的心中!要问吾心何以是"至宝"?这在前面他对心体的论说中已经讲到。这里不妨再引录一段他说吾心何以是"至宝"的话。他说吾心能"范围至道,妙契天符,初无声臭,不分远近,非至宝欤!函天包地,载负阴阳,日月同明,鬼神同妙,非至宝欤!不为尧存,不为桀亡,终古特立,不迁不变,非至宝欤"(《凝道记·终胥符》)!他又说,可惜人们"不自知"(同上)。如果人们认识吾心自有"至宝",也就知道"心中自有圣人","何劳外慕"(同上《悯世枢》)。问题是,认识心中自有"至宝"固然重要,可是比这更重要的是,人们如何去认识它?通过什么方法、途径去获得它?这是理学的为学之道和道德修养问题。宋濂于此提出以佛资儒、儒佛并用的识心、明心的方法。

四、识心、明心的方法

如何识心、明心?宋濂提出了不断克除"人伪"的所谓"存心"方法。他说:"人伪之滋,非学不足克之也"(《全集》卷二十二《全有堂箴》)。认为克除人伪之法在于学,至于学的内容,前面他说过要读记录圣人之心的六经。故说:"周公、孔子我师也,曾子、子思我友也,《易》《诗》《书》《春秋》吾器也,礼、乐、仁、义吾本也,刑法政事吾末也"(《凝道记·天下枢》)。他列为学的内容,基本上是身外的东西,即以往理学家说的身外之物(理学的"物"所指很广,人、事、历史、读书、洒扫应对之类亦称"物")。宋濂也讲"格物致知"与"持敬",内外兼进。此即他在《自题画像记》中说的,"用致知为进德之方,藉持敬为涵养之地"(《全集》卷四十七)。其在《静学斋记》中讲的明、诚两进也是这个意思(同上卷三十二)。

我们知道,致知与持敬、明与诚,本是朱熹在为学求道中,所讲的由外知到内知和内外交尽的方法。这一方法的特点,是重视身外格物穷理的所谓下学功夫。而朱熹讲的这个方法和功夫,又是从理在心亦在物这个前提出发的。这显然同宋濂以心为绝对这个前提是难以合辙的。所以,在宋濂的著作中,虽然偶尔也提到格物致知,但几乎没有论述过它的具体步骤、方法。看来,他之所以论为学而简单联系到身外之物,只不过是作为他识心、明心的一种补充的功夫。这正像元代持有本心论的理学家那样,其所以也讲点下学功夫,是为了在求心中能有"根脚",不至于面壁蹈空。

作为宋濂识心、明心的主要方法和功夫,不是对身外之物的格物穷理,而是"不假外求"的内向冥悟。这种内向冥悟是同他说的吾心为天下最大相一致的。他这种内向冥悟的方法,首先是把同万象世界相接的心,使之回到所谓"常寂"的状态。在他看来,心在"常寂"的这一静止的状态中,才能光明莹彻,显出"真知之心"。这实际上是把人心,即把人的思想、精神、智慧,同实在的客观世界分离开来,以超乎客观世界。可是,现实的人本来就生活在"有"的世界中,又如何使心回到"常寂"状态?过去周惇颐有"主静"法,程颐有"主敬"法,而宋濂,据他说是取"佛氏空寂之义",其法是从所谓"不二之门"入手。

佛教讲的"不二之门",是指破二边,或叫作"双遣""双绝"的"中道"方法。这种方法,认真说来,与儒家治心养性的修身方法是难以相符的。因为佛教的方法是出于超世脱俗,儒家的方法是出于维护现世的礼义纲常。宋濂却以佛教的方法加以损益,作为儒家识心、明心的方法。他谈到佛教可以"有补治化"时指出:

> 成周以降,昏嚚邪僻,翕然并作,继缧不足以为囚,斧锧不足以为威。西方圣人(佛祖)历陈因果轮回之说,使暴强闻之赤颈汗背,逡巡畏缩,虽蝼蚁不敢践履,岂不有补治化之不足?(同上卷十三《重刻护法轮题辞》)

韩愈排佛,指斥佛教出世,弃仁蔑义,有悖于封建人伦。宋濂却说佛教"有补治化"。这种说法,还见之于他另外几篇文字中,称佛子"身居桑门,心存孝道"(同上卷二《赠定岩上人入东序》);他们也有"忠君爱物之心"(同上卷十三《恭跋御制诗后》)。宋濂所说,还仅是从社会治化和人伦方面而言,如果从思想作用来说,佛教就不仅仅是"有补治化",而是必须以佛资儒的问题了。这是他从儒、佛"本一","同一"当中提出来的。在理学家当中这样公开的宣扬佛教是不多的。这里引录他的几段有代表性说法:

> 西方圣人以一大事因缘出现于世,无非觉悟群迷,出离苦轮;中国圣人(孔孟)受天眷命,为亿兆民主,无非化民成俗,而跻于仁寿之域。前圣、后圣,其道揆一也。……礼乐刑政……实与诸佛同一。(同上卷二十二《金刚般若经新解序》)
> 天生圣人化导蒸民,虽设教不同,其使人趋于善,道则一而已。儒者曰:我存心养性也;释者曰,我明心见性也。究其实,虽若稍殊,其理有出于一心之外者哉?……(儒)修明礼乐刑政,为制治之具;(佛)持守戒定慧,为入道之要。一处世间,一出世间……而一趋于大同。……儒释一贯也。(同上卷十三《夹注辅教编序》)
> 大雄氏躬操法印,度彼群迷,翊天彝之正理,与儒道而并用。……鲁典(儒典)、竺坟(佛典),本一涂辙。或者歧而二之,失则甚矣。(同上卷八《赠清原上人归泉州觐省序》)

在他的文集中,这类说法真可以说是连篇累牍。我们仅从上引的几段中,可以明显看到,宋濂讲儒、佛所以"本一""同一""一贯",其意是强调儒学不过是"化民成俗"的伦常,"礼乐刑政"的"制治之具",而佛教是能"觉悟群迷",能入人之心,因此才是"入道之要"。可见,佛教比起儒学更高明,作用更大。过去多半是由高僧唱的"三教合一",现在则由宋濂这位名儒理学家出来讲了。他讲的儒佛不仅可以"合一",而且本来就是"同一""本一"的。其说比"三教合一"更进了一步。这就是宋濂在识心、明心的方法中,取佛氏空寂之义的思想渊源。

什么是空寂之义?主要是指"荡名相之粗迹"。这里选取他一段比较赅括的话以资说明。他在《送璞原师还越中序》中说:

> 盖宗儒典则探义理之精奥,慕真乘则荡名相之粗迹。二者得兼,则空有相资,真俗并用,庶几周流而无滞者也。……有若璞原,其知真乘法印与儒典并用者欤!处乎世间不着世间,如环之无端,不见其止,如刃之剖水,不见其迹。其知空有相资,真俗并用者欤!循序而上,此焉发轫。……予儒家之流也,四库书册,粗尝校阅,三藏原文,颇亦玩索,负夸多斗靡之病,无抽关启钥之要。(同上卷八)

这一段话是从儒佛相资、真俗并用的关系上,谈学道者在儒、佛中如何"二者得兼"的问题。在儒、佛二者当中兼取什么?他说,在儒学中当探取"义理之精奥"。这里说的"义理",与宋人说的"义理之学"的义理并不一样,它是指世间"化民成俗","礼乐刑政"之类的社会治化之道。而对佛教,是取其"荡名相"。在他看来,能这样兼取儒、佛,学道者即可由此"发轫","循序而上"。他自叹读儒、佛典籍还没有把握这个"抽关启钥"的把柄。显然,"荡名相"是宋濂以佛资儒,识心、明心的关键。

所谓"荡名相",其原话是"慕真乘则荡名相之粗迹"。这包含几层意思,但说得很简约。"慕真乘",即向往"真乘"。"真乘"是佛徒修道中经过"声闻","缘觉"之后的最高境界。要达到这一步则需要"荡名相之粗迹"。"荡"意即荡除、清洗。"名相","名"即物的名称、概念,"相"即物相,物的形象。"荡名相",就是清除"名相"。为什么要清除"名相",按佛教的解释,因为映入人心,扰动人心的,就是这些似乎代表物的"名相"。清除了它,人心即可归于虚寂。而清除"名相"的办法,则在于从认识上知道"名相"二者的不真实、不可靠。用僧肇《不真空论》的说法,因为"名"不能代表物的相、形象("名无得物之功"),"相"也无法用名来表达,或者说找不到确当的"名"("物无当名之实")。因此,扰动人心的"名相",不可靠、不真实,故宋濂称"名相"是"粗迹"。如果人们能认识那种映入人心的"名相"是不可靠、不真实的,是一种虚幻;那么,还有什么物的存在呢("万物安在")?这样,所谓蒙蔽人心的物,就从人的认识中自然而然地被排遣了。

这就是宋濂兼取佛教的"荡名相",作为他识心、明心的方法。这种方法,实际上是对物和物的名相二者双破的所谓不二法门,以排除心中之物,把生活在现实世界中的人心虚空化。他以为这样就可以清除物欲,使心能莹彻不昧,显出真知之心,从而达到了识心、明心。

必须指出,宋濂取佛氏"荡名相"的空寂之义,视物为虚幻不真实,实与朱学相扞格。朱学虽认为理是绝对的、"真实"的,但并不因此就断言万物是虚幻的,而是认为,万物与理一样是实在的,只不过前者是后者的体现罢了。儒家反佛,不仅在对待人伦的问题上,还表现在对待世俗的事事物物的问题上。这在朱熹等人的著作中是讲得很清楚的。宋濂则以为,儒释都主张排除心中之物,因此大端不异,二者可以"相需"、"并用"。

宋濂以这种破二边的不二法门,随处应用。他在《声外鍠师字说》一文中,以钟与声的内外关系为例,指出:一般人以为钟是人铸造的,又由人叩击才有声,因此分不清钟与声孰内孰外。他认为,所以弄不清楚内外的问题,都是由于局限于钟的现象,即所谓"局于器"而"未能忘乎境"的原因。在他看来,这种所谓的内外,是由于我的"心有内外也。心生(此指动)而内外生,心灭(此指寂静)而内外灭"。内外是由于心活动的结果。如果我心寂然不动,就不感到有什么外面的钟声。所以,"我(心)无内孰能求吾之外?我(心)无外孰能求吾心之内?"就是说,从我的主观之心中,通过双遣,"所闻即寂,能闻亦泯,能所双绝"(同上卷二十二)。同样,在房子的坚与朽问题上,宋濂说:"所谓朽者,因坚而名",如果"我(心)本无坚,朽从何来"(同上卷三《朽室偈》)? 前面剖析他"荡名相之粗迹"的双破,是从外在物的客观中进行的,这里钟与声、坚与朽的双破,是从内在的心的主体中进行的。其意思一样,都是不二法门。

宋濂特别重视就人的认识主体(心)中进行双破的问题,认为由此可以在人的主观之心中,泯除是非,入于天人凝合的"物冥"境界。他同一个称为"非非子"的郑源谈到黑与白的时候说:

> 吾本无为(疑为"白"),而黑何加焉?我本无黑,而白何形焉?是谓白黑忘矣,有无齐而是非泯矣;是非泯而非非者(郑源)绝矣;非非者绝,则天与人凝而合矣。此之谓葆纯,此之谓熙神,此之谓物冥。(同上卷三十六《非非子县解篇引》)

这里他参取了庄子齐是非的一些思想,比前面讲的又深入了一层。因为前面讲的内外坚、朽,还是从人的主观认识上排除外物,排除是非、矛盾,而这里是从双破黑白到所谓"非非者绝",是对人的主观认识的本身也要加以排除,也就是把产生是非的主观认识也干脆破掉,剩下的才真正是一个寂然不动,没有是非的心。这简单说来又叫作"忘我"。只有"忘我",不执着于我,才能达到天人冥合。所谓天人冥合,在他同单德夫谈话中有个形象的比喻,说不是我住在山中,也不是山住在我心中,而是"我(心)与山一",以喻天人不分,用庄子的话说叫作"齐物我"(同上卷二《宁山续记》)。

宋濂说,要达到这种天即我、我即天的天人冥合状态,要经过一番"默坐存诚"的神秘体验。其中,最重要的就是屏除外界的止观坐禅法。他说:"必处乎重山密林之中,木茹涧饮,绝去外缘,而直趋一直之境。水漂麦而不顾,雷破柱而弗惊,久之驯熟,忽然顿悟"(同上卷二《送季芳联上人东还四明序》)。其屏息冥悟的样子,据宋濂形容,是"敛神功于寂默之中,昏昏冥冥,万象虽具,不见其迹"(同上卷二十六《松风阁记》)。这种屏绝人烟,在冥冥中顿悟,实是一种直觉方法。需要指出,这里他所谓顿悟、直觉,还是依靠主观意识来进行的。前面曾分析他运用佛教双遣法,由对身外之物的排除,到对自身主观认识的排除。其实,他在主观认识中所要排除的,是执着于物、累于物的那种小我之心,以遣其是非、黑白的扰动,使我心即主观认识摆脱物的制约,而加以膨胀,从而使我心能涵盖天地,成为天地的主宰,成为绝对精神的大我之心,亦即"真知之心"。所以他排除的只是与物相联系的认识,而不是认识的主体。正因为没有排除这个认识的主体,他才能谈论所谓"吾心"为"天下最大","吾心"自有"至宝",以及在冥冥中"顿悟"之类。如果排除认识的主体,这一切都无从谈起,而理学家所谓养心亦无所指了。

还有一个问题,这就是:宋濂在识心明心的时候,用佛教破二边的不二法门,怀疑外物的真实性,这岂不是要进一步否定客观世界,否定世间的封建制度和伦理纲常?对于这个问题,从理论上来说,前面已经指出,他以佛氏"荡名相之粗迹"的空寂之义,怀疑外物的真实性,是同理气皆实的理学观点相矛盾的。但是,宋濂尽管"佞佛",他究竟不是披着袈裟的高僧,而仍然是一位俗世的儒士,是一位理学家,不能设想他会否定世间的封建制度和人伦。他对这个问题和儒佛之间理论上的矛盾,是采取唐代僧人吉藏"二而不二"的说法,认为通过佛教双谴方法所求得的"真知之心",与世间无和有的关系,是相需相函的关系。他强调这两者是"空有相资""二体互融",认为佛教的"明心见性",正是从有"形"的世间获得的。在《赠清源上人归泉州觐省序》中,他说:"盖形非亲不生,性非形莫寄,凡明心见性之士,笃极本反始之诚。外此而求(佛)经,离道愈远。"所以,"其欲明心见性者,虽尝绝学,不废明伦。"即虽然信奉佛经,但不废弃人伦。奉佛与明伦,正是本与迹、内与外的依存关系。故求道者当知"本、迹之不殊,内、外之两尽"(同上卷八)。他在《重建龙兴奥源寺记》中,也同样讲到"般若场中,理、事无碍,内外混融,遍复一切,不即世间,不离世间。苟徒拘泥而堕断灭之见,则违道矣"(同上卷七)。可以看出,宋濂虽以佛教为"入道之门",但并没有因此而否定俗世,否定人伦。他所求得的"真知之心",并不是出世的涅槃。相反,从逻辑上来说,宋濂利用佛教的思辨哲学,论证"真知之心"是绝对的永恒的;而这个"真知之心"既然是绝对,永恒的,则与之相依存的世间人伦,同样也是绝对、永恒的。因为"空有相资",两者是互相对待的,没有"有",则不可能有"无";没有"无","有"也无从相形。现在,他既然论证了"空"的"真知之心"是永恒的、绝对的,那么,"有"的世间人伦当然也是永恒的、绝对的。所以,宋濂所求得的"真知之心",虽然充满佛教的气味,与程、朱的天理不一样,但在为封建制度进行论证方面,却有异曲同工之妙。

五、调和朱陆的态度

宋濂以吾心为天下最大,而求吾心的方法是用佛教不二法门向内冥求,这在理学流派上说,他是偏重于心的。因此,明、清的一些学者也就注意到他与陆学的异同问题。例如,王学人物薛应旂,称宋氏是陆学"正传"。他说:"究观先生之学,在宋则有若陆子静,在元则有若吴幼清(澄),盖皆吾学正传,后先一辙,其与前四贤(何基、王柏、金履祥、许谦)之繁简纡直,世必有能辨之也"(《宋文宪公全集》卷首《祠堂碑记》)。薛应旂站在王学立场上,说宋濂是心学"正传","后先一辙",并说宋濂其学简直,与繁纡的金华四贤的朱学不同。薛氏此说,需要做具体分析。不错,宋濂同他所师承的金华朱学是有不同之处,偏于向内冥求,而与直求本心的陆学有其相近的地方。他的著作中确实引证过不少陆学的话,但整个来看,这不等于就同陆学"后先一辙",可归入心学"正传"。当然也要指出宋濂之学虽不等于就是陆学,但由于他与陆学有相近之处,因而他对陆学曾表示过某种同情,透露出他对朱陆异同所持的调和态度。这一点正是我们所要研讨的。他说:

> 学不论心久矣,陆氏兄弟(九渊、九韶),卓然有见于此,亦人豪哉!故其制行如青天白日,不使纤翳可干,梦寐即白昼之为,屋漏即康衢之见,实足以变化人心。故登其门者,类皆紧峭英迈,而无漫漶支离之病。惜乎力行功加,而"致知"道阙,或者不无憾也。(《凝道记·段干微》)

在宋濂雄迈的笔下,陆氏兄弟的学行,白天与黑夜,公开与背后,都是里外一致,光明磊落。其言真可以为陆学增色。这反映了宋濂对陆学的同情态度,对陆学的际遇为之不平。因为元代延祐科举,把程朱理学著作列为试士程式,悬为令甲,使程朱理学开始成为官学,"定为国是"(虞集《道园学古录》卷三十九《跋济宁李璋所刻九经四书》),而"论心"的陆学则受到压抑。他认为陆学求大本大原，发明本心，是"卓然有见"，没有朱学那种因为泛观博览而产生的"漫漶支离"的弊病。陆学的缺点是"'致知'道阙"，缺乏朱学"致知"的下学功夫。他认为，学问将以明道，不要徒守门户，党同伐异。他为元代陈樵作的墓志铭表述了这一思想。陈樵出于朱学，但他"特立独行"，不为朱学"规矩"所限。宋濂曾受其教，深慕其学能"折衷群言"。他说陈樵能在诸说中，"损益以就厥中，则所造诣者愈光辉混融"。其在朱、陆之间的调和之意，同元代主张朱、陆合流的吴澄、郑玉、虞集等人很相接近，而且他在《凝道记》中讲的，同元代人又如出一辙（参见本书上卷第二十七章《元代的朱陆合流》）。就这一点而论，薛应旂谓宋濂"有若"元代吴澄的说法倒是对的。但他把吴澄，也包括宋濂在内算作陆学"正传"是不确切的，因为吴澄、宋濂对于朱、陆异同是持兼综和合的态度，旨在集长去短，故不能因此就指其为陆学。

从理学发展史来说，宋濂对朱、陆的这种调和态度，反映了元末明初的理学，在儒、佛更趋接近的情况下所出现的一种思想动向。这一朱、陆调和思想动向，虽不能说当时的理学都是如此，但至少说明在部分的理学家那里，他们所重视的不是朱学烦琐的格物穷理，而是向内的身心冥悟。这种思想状况，如果联系在宋濂之后的另一朱学人物吴与弼，和自称二程后裔的程敏政，就更值得注意了。吴与弼也是承朱陆调和之绪，以"兼采朱陆之长"（《四库全书总目》卷一七一《康斋集》提要）。他在朱陆之间经过一番兼采、咀嚼之后，提出的"洗心"，"涵养良心"（《康斋集》卷十、《日录》），就成了"姚江"（王阳明）的"启明"者（见《明儒学案》莫晋序）。而程敏政所著《道一编》，谓朱陆"始异终同""早异晚同"，其说则是王阳明《朱子晚年定论》的雏形。而王阳明承此，进一步"范围朱陆而进退之"（《明儒学案》所引《师说》）。从这一前后的联系来看，王学的出现，当是很自然的。王学为什么既承陆学的本心论，而又浑融了朱学理气、理欲说的原因，也就不难理解。从元代开始的朱陆合流，到明中期王学的出现，其间思想嬗变的脉络，在理学史上诚是一个不可忽略的问题。

宋濂理学思想，诸如天道、心性、为学方法、儒佛关系、朱陆调和等，在元明之际反映了朱学思想在后来分流迁变的情况。

第二节 刘基的理学思想

与宋濂同时的刘基,也是承"儒先理学之统"(《诚意伯集》卷首序),"为明一代宗师"(同上章太炎序),与宋濂同是明初开国时期的理学家。比较起来,宋濂佞佛,刘基近于道,他们的理学思想不尽相同。

刘基(公元1311—1375年)字伯温,处州青田(今浙江青田县)人,在世六十五年,有五十年是在元代度过的。他初习《春秋学》,"博通经史"。早年曾"欲作道未遂"(同上卷八《送龙门子入仙华山辞》),后从郑复初受濂洛之学。二十二岁举进士,后历官元朝江西、浙江县丞、儒学副提举、元帅府都事等。其间曾参与镇压浙东一带的地方民变,其所撰告示,力诫百姓不可"窃弄兵戈,睢盱跳浪"(同上卷六《谕瓯括父志文》)。后因与当道不合,又遭人排抑,遂辞官还乡。其时正是农民起义高潮,他与宋濂一样,隐居著述,作《郁离子》《天说》等,伤古悼今,谈天道,辟鬼神,寓言讥世。

元惠宗至正二十年(公元1360年),朱元璋称吴王,刘基与宋濂等一批浙东儒士,欣然应召。刘基向朱元璋陈《时务十八策》,"敷陈王道",述"孔子之言"。当时,朱元璋正与群雄逐鹿,刘基向朱元璋密陈取天下之计。在朱元璋麾下,他"受心膂之寄,柄帷幄之筹",备受重用。明初开国,刘基历任御史中丞、资善大夫、弘文馆学士,封诚意伯。卒谥文成。他与宋濂比较,是更接近朱元璋的权力中心。

刘基虽然从元末到明初,一直仆仆于仕途,但他也讲儒道,谈心性,有述有作,留下不少理学方面的文字。其著作多成于元代。明成化间辑其所著为《诚意伯刘文成公文集》二十卷。今有四部备要本(下称《文集》)。其文集中能反映理学思想的,主要有《天说》《春秋明经》《郁离子》和序、记等。至于明、清时期坊间流传刘基的所谓占卜相术、六壬遁甲之类的东西,多是托名伪作,不可资用。今就刘基的天道观、心性论和《春秋》学这三个方面,分别论述他的理学思想。

一、天道观

如何把封建社会的伦理纲常,抬高到天的高度,不能不涉及天道自然。这是两宋以后理学家都多少要谈到的。刘基也不例外。首先,关于茫茫的天是什么,刘基似乎不大愿意谈,一则说"六合之外,圣人不言"(《郁离子·天道》),一则说"天道幽微,非可亿(即臆,测度)也"(同上《麋虎》)。但要谈心性又不能回避这个问题。在他看来,天是浑然一团的气。他在谈到阴有余而阳不足时说:

> 夫天浑浑然气也,地包乎其中,气行不息,地以之奠。今而动焉,岂地之自动乎? ……由其所丽者,有所不恒,而使之然也。犹舟之在水,其动也由乎水,非舟之动也。(《郁离子·麋虎》)

这是说,由于天弥漫着气,不息地流动着,又由于它包围着地,地也就动起来,犹如船随水的流动而流动。刘基由此出发,谈到人与物的形成和天之气的关系,说"天以其气分而为物,人其一物也。天下之物异形,则所受殊矣";"人之得气以生"(同上《神仙》),"物受天之气以生"(《天说》下)。于是刘基概括说,"天下之物,动者植者……出出而不穷,连连而不绝,莫非天之气也"(《郁离子·蝼蝈》)。从天之气到包括人在内的万物形成,其间是要经过阴阳、五行、七曜的作用的(《文集》卷四《赠徐仲远序》)。

把天笼统地说成是天之气,而万物形乎下。这个茫茫的天之气,很可能是指微小看不见的微粒,是形成万物最初的东西。如果是这样,则这个天之气可以说是实在的。这种猜想过去的一些思想家就曾经讲过。但是,我们不能就此肯定刘基的天道观是唯物主义的。因为刘基说的茫茫天之气当中,还存在一种起主要作用的"元气"。

前面引述他谈天之气分而为万物的那一段话下面,紧接着说:

> 故物之大者一,天而无二。天者,众物之共父也。神仙,人

也,亦子(即天之子)之一也,能超乎其群,而不能超乎其父也。

夫如是,而后元气得以长为之主,不然则非天矣。(《郁离子·神仙》)

就是说,天是"众物"即万物之父,包括神仙在内都是天之子。只有这样,才可以说是元气"长为之主",即认为天之主是元气。这里他说的天,是天之气的天,即他说的"天,浑浑然气也",它不是虚无的,而是实在的自然的天,与他在另一处说的"天之质茫茫气也"是一个意思。他说的元气为天之主,亦即元气是天之气的主宰。元气本身又是什么?他说:

有元气乃有天地,天地有坏,元气无息。(《天说》下)

元气未尝有息也。(《天说》上)

元气不汩。(《天说》下)

这里可以看出元气的特征:一是"有元气乃有天地",元气是先于天地即已存在。所谓"天地",是指星云霜露和山川草木,也就是万物。天地万物的形成,是茫茫的天之气所形聚,而元气则是茫茫的天之气所以能够化生万物的原因,故称"有元气乃有天地"。二是所谓元气"无息","未尝有息","元气不汩",不是仅指运动不息,而是指不熄长存的意思。古"息"与"熄"通假,故"无息"即"无熄"。这同他说的"天地有坏",即天地万物可以毁灭是对应的。汩,是沉沦、埋没、消失,不汩就是不消失,永存。这就是说,有形的天地万物可以毁灭,而在它之上的元气是永恒不熄的,是永恒存在的。

从上述可以看出,元气是在天地万物之前的,它是永恒的,具有主宰作用的,故元气是万物之本原。

既然元气是在万物之先的,是天之气化生万物的原因,那么,这个元气是不是就是理、道呢?不是的。从上面所引的资料来看,元气是与理的性质相接近的,具有理的特征,但它究竟不是理,故元气在他的天道观中并不是绝对本体,绝对本体还是理:

> 天之质茫茫气也，而理为其心，浑浑乎为善也，善不能自行，载于气以行。(《天说》上)

这里，他讲理、善"载于气以行"，提到"理为其心"。那么，理同元气的关系如何摆法？他说理是心，同元气为天之气的"正气"，"长为之主"并不矛盾。看来，刘基是把理当作绝对性的主宰，当然茫茫的天之气也在它的主宰之下。但理是无情意无造作，是凝然不动，它只是天地万物的"所以"、道理，它并不能生出万物。而元气则具有能动能生的特性，所以它在物的世界中是理的体现者，能反映或代表理，使茫茫浑浑的天之气得以化生万物。所以元气在他这里，既有理的特征而接近理，又靠近实在的天之气，成为气中的"正气"，而长为气之主。

看来，刘基关于元气的观点，是本于程、朱的元气说。程、朱以道教所使用的元气，作为先有理而后有气之间的一种逻辑上的虚构，也就是作为凝然不动的理，与形成万物之间的沟通环节。这在上一节宋濂的理学中曾有详细的论述。刘基对元气性质的规定，基本上是沿承程、朱的元气说，并不是把它作为物质概念使用的。

可以看出，刘基的天道观，仍然以理为绝对本体，为哲学的最高范畴，元气是与理的性质接近，但比起理来说，它又有能动能生的具体性。

必须指出，刘基所说的"天之质茫茫气也"这句话，往往使人误解为天的本质是茫茫的气，因而断言刘基的天道观是唯物主义的。这是需要辨析的问题。这个问题的关键在于对"质"字如何疏解？为此须先做一点文字考释。

刘基说"天之质茫茫气也，而理为其心，浑浑乎为善也，善不能自行，载于气以行。""天之质茫茫气也"，与他在另一处说的"天以气为质"(《天说》下)意思相同。所谓"天"，前已说过是指自然界。其"质"字，古作实、本、主解，意或近于本质，但也有作体、形体解。如《易·系辞下》，王弼、孔颖达疏"质，体也"，这"体"非今人所说的本体，乃指形体，故《广雅释言》

谓"质为躯",躯即形体。因质作形体讲,所以王夫之径称"质是形质"。"质"亦作"素"解(古质、素通假,如郑玄《礼记》注"质,犹素也"),"素"是成分的意思。朱熹谓"气积为质"(《语类》卷一),"质是成这模样底"(同上卷十四),也是指"形质"之意。这样,刘基说的"天之质茫茫气也",具体是说,广漠无涯的这个天的形体,或者天的这个成分,是茫茫的气。刘基这句话也只有这样解释,才可以读通下一句他说的"理为其心"。这两句连贯读起来,意思是:在这个以气为形体的天当中,理是它的心,它的根本。显然,"质"在刘基这里,不可解为本质。

刘基以理为本的天道观,是其论证封建伦理纲常合理性的哲学根据。

二、心性论和道德修养说

刘基说理为天之心,是天的本质,它随着气化而流行于万物。所以万物,也包括人在内,是"一体而毫分,莫不有道"(《文集》卷六《医说赠马复初》)。尧、舜、周、孔善体天道,成为圣人,能"包天地,括万物"(同上)。他们的心能够与天之心合一,与天地万物为一体。但一般的学道者是不能像圣人那样善体天道,因为人的禀受不同。他说:

> 天之质茫茫气也,而理为其心,浑浑乎为善也。善不能自行,载于气以行。气生物而淫于物,于是乎有邪焉,非天之所欲也。人也者,天之子也,假乎气以生之,则亦以理为其心。气之邪也,而理为其所胜,于是乎有恶人焉,非天之所欲生也。(《天说》上)

就人来说,虽然有理的流行而为其心,但往往又被邪气所胜而成为不善的人。这基本上是讲的气禀物欲和气质之性的问题。

不过,刘基在讲到人性时,并不完全局限于先天气禀的原因,他也强调后天环境习染的重要性。他看到后天对人性的影响,提出"性迁于习"的论点,发挥了孔子"性相近,习相远"的思想。他举例说,鱼在狭小池中竟觉得悠游自乐,这是鱼被物(池)牢笼,久之成习,改变了本性,而自以为乐(见《文集》卷五《鱼乐轩记》)。又如,鸟的本性是野飞高翔,但被人置于笼中,久而驯之,"惯而乐生","既习而耽之矣"(同上)。刘基这一观点,本来可以导致后天环境论,它能冲淡以至否定先天禀赋的命定论,从而使理学的人性论动摇。但是他并没有朝着这个正确的方向走下去。而是相反,他由此提出人性与环境,即人性与外物有关系,说明人性能感于物,"蛊于物"。"其(指人性)守不固,而物得以移之矣"(同上《饮泉亭记》)。而物能否移其性,则又在于自我。他说"人心之贪与廉,自我作之,岂外物所能易哉"(同上)?在他看来,归根到底,不是环境的原因;环境之所以起作用,还是通过自我之心,即"心志"的抉择。

刘基提出,固其心志,养其心志,是道德修养的出发点。就道德修养方法来说,他讲到格物。他说:"观其著以知其微,察其显而见其隐,此格物致知之要道也。不研其性,不孛其故,梏于耳目而止,非知天人者矣"(《郁离子·麋虎》)。他又在《赠奕棋相子先序》中说:"儒者之道,格物以致其知,贵能推其类也。故观水而知学,观耨田而知治国,善推之而已"(《文集》卷四)。这种由外及内,由物而推其知,应该说是沿承朱熹"格物致知"的观点。但是,刘基并没有贯彻这一观点。他认为由物求知往往不是真知。如果径求诸心,可以彻见真知。他在登清远楼时曾对一和尚说:

> 楼之名,子(指和尚)与之也,我安能知子之意哉?且盈目皆山水也,我不知其孰为清孰为远也?今夫天清而望远,无远之弗见也。及其云雨晦冥,则所谓远者安在哉?请无求诸目,而求诸心。(同上卷五《自灵峰适得居过普济寺清远楼记》)

在他看来,欲求楼名何意?其远何指?当"无求诸目",即不依赖闻见,而应当"求诸心",求心比察物更真切。因为察物,往往受到风雨晦冥这些不定的现象所干扰,故目见不一定可靠,也就是说人的感觉不可靠。于是,刘基怀疑感觉,相信心知是真实的。这里,刘基提出了对外界感觉到的映象,不一定能获得事物本质的问题,这在认识论上有一定的真理性。但他由怀疑感觉,以至抛弃对客观外界的认识,就难免要滑入王夫之所说的"离物求觉"的内求功夫,因而与朱熹"格物穷理","内外兼尽"的功夫有难以契合。

刘基在论及道德修养时,所强调的是"敬以一之,仁以行之。立乎大,不遗乎细;严乎内,不驰乎外"(同上卷四《沙班子中兴义熟诗序》)。所谓"立乎大",就是立心(古心、志通用),重内而不外骛。为什么要立心?刘基说,因为心如海洋一样是无限的广大:

> 夫志,道之正也,立乎其大,而小者不遗,斯得之矣。是故天下惟海为大,求其大而不于海,非知大者也……是故知学,斯知之矣。(同上《章秀才观海集录》)

又说,海是"浮天地、纳日月,汗漫八极","鲸龙虾蟹",无所不包,故其至大幽深,"杳冥莫测","不可量矣"(同上)。他对海的形容,是比喻心的广大,包有天地万事万物,一切无不在其中,故求心即可以知"道"。

如何求心?刘基谈到了敬的方法。他所说的敬即是敬内。他在《敬斋铭》中,引述他父亲说的"经礼三百,曲礼三千,一言以蔽之曰毋不敬"之后,接着说:

> 敬也者,其万事之根本欤?故圣人之语君子曰:修己以敬。故禹、汤以克敬而王,桀、纣以不敬而亡。自天子至于庶人岂有异哉?(同上卷七)

敬之要,是"克臧自我,否臧自我",在于自我"克念"(同上)。而"克念"就是绝外心虚,使心静无物。这叫虚其心;虚心才能纳理;心能纳理也就实在(同上《连珠》)。至此,其心能"臧之渊渊,出之虔虔,俾中不偏,有握不勿","既悠既坚"(同上为宗道作《敬斋铭》)。其精神境界是"庄其外而肃其内,琼琚玉佩,无显无昧"(同上为彦诚作《敬斋铭》)。这种渊渊虔虔、庄外肃内的精神境界,是理学家所谓达于"圣域"的一种"气象"。

刘基强调"敬以直内"的道德修养,是离物内求的方法,与朱学不尽相同。朱熹也讲敬的功夫,但朱谓敬为收敛、常惺惺,以"收拾自家精神",是作为求道问学的"操之之道"。因此,朱熹强调"不当专在静坐,须于日用动静之间,无处不下工夫"(《朱子文集》卷五十六《答方宾王》),反对兀然端坐,以心观心。而刘基"一其心"的敬,正可以说是默坐澄心的敬,离开了日用动静,偏于向内的冥悟。当然,刘基注重"敬以直内"的一面,忽视"义以方外"的功夫,不是朱熹的"敬义夹持"。但这不等于说,刘基就是"发明本心"的陆学。陆九渊讲理在心中,心外无物,而刘基是讲理载于气以行,理是绝对的本体,万物(包括人在内)是通为一气流行,故理在人心,亦在万物,承认物物有理。所以刘基的"求诸心",是似陆而非陆。

刘基还谈到道德践履的问题。他认为通过敬内冥求,所得到的体验,要能够付诸践履,否则是"谈无用之空言。"他说,学道君子通过道德修养,心清无欲,充之以理,其遇事遇物,当是"吾心裕如",泰然处之。他举例说,会稽王元会筑一小室,"大不盈尺,高不逾仞",其小非常人所能居,但扁题"裕轩",人多姗笑。刘基却说,人心能"裕如",就不觉其小,"盖人之裕在物,而王子(元会)之裕在我;人以物为裕,王子于我裕而不知物之裕"。又说,当年陶朱公虽有车马奇玩,那只是人裕于物,而王元会是裕于心,无为物累。刘基议论说,人心能修养到"裕如",则"何往而不裕哉?",自然不会计较穷陋,不慕轩宇大厦(《文集》卷六《裕轩记》)。在《菜窝说》一文中,他劝谕刘彬要居"陋室",食蔬菜,"永怀怡然而自善"(同上),也是讲的遇事要"吾心裕如"的道理。看来这些论证是对人的主观认识作用做了比较深入的分析,但这种分析过分强调人的认识主体,因而他谈的道德修养,只限于精神的自我修炼,没有积极的意义。

前面《裕轩记》《菜窝说》中,讲的遇事要有"裕如"的态度,但在道德践履中这仅仅是一种被动的行为,而更重要的,是应当有"跃然"的积极行为。对于积极行为,刘基批评一些道学君子的行为与道德之间是了不相顾,指责他们是"呼朋命徒,左跄右趋,谈无用之空言,强相名曰儒"(同上《菜窝说》)。又说,"今夫世俗之人,类以善自名也,观其行而不掩"(同上《书最善堂卷后》)。虽然也有言行一致的人,但他们不是出于由衷的感情。他称有些儒者也知道"孝为百行之首",但只是以"饮食供奉为至足,而不知戚其戚,欣其欣,至于违其情而不顾",不能做到"由义履礼"(同上卷五《养志斋记》)。于是,他提出知德易、行德难的问题:"人之于道,知足以知之,而行弗逮者,无勇也。"因为道德"不能自行,而驾勇以行"。因而,他又提出了道德践履需要"勇"的问题,但勇又不能像荆轲、聂政那样勇而不知仁,他们只是"惟其情之所徇"(同上《大勇斋记》)。他们这种勇,不但不能达德反而害德。故道德践履中的勇,要知仁、知"中道"。所谓"中道",即在恭与诣、评与直的"疑似之间",能择善而行,否则足以害道(同上卷六《书最善堂卷首》)。应该像颜渊那样知仁而"跃然"行之,方为大勇的达德君子(同上卷五《大勇斋记》)。这里顺便指出,刘基强调道德践履,原是理学家的老调,问题是,他一再强调,正是反映他那个时代儒林的空谈习气和言行相悖的严重情况。而儒林的风尚如此,说明理学虽成为统治阶级的统治思想,但它并不能真正起到维系人心的作用。

刘基强调道德践履,也包括用世的思想。他说,"圣人之道,包天地括万物,一体而毫分焉"(同上卷六《医说赠马复初》)。故有志于道者,当"存其不忍人之心"(同上)。学道君子不是以修身为终,还要治国平天下,昭用于时,强调修、齐、治、平,一以贯之。这反映了刘基本人从元末到明初为什么热衷于仕途的思想。

刘基还讲到对待际遇顺逆的态度问题。他说"遇则仕,不遇则隐"。"隐"则"素其位"而自善其身,不可"放言非圣",不动心,不移志(同上卷五《贾性之市隐斋记》)。

刘基谈到道德君子不仕则隐,其言多有道家思想。这一思想在他早年即已存在,"欲作道未遂"(同上卷八《送龙门子入仙华山辞》)。后来也并没有断绝。他在《渔樵子对》中,通过虚拟的"渔樵子"说:"不思霄汉","巢居绝岛","饮石底之流泉","乘风远逝,泛滥乎江湖之间","荣与辱则两忘,世与身而相谢"。这样也就"弓弩不能及","故能保其身"(同上卷六)。在《述志赋》中,他借虚拟的"鲜余生"之口,想"扞扶遥","超烟尘","逍遥以永年"(同上卷八)。他的这种思想还见之于《拙逸篇》(同上)。这种道家超尘仙游的思想反映了刘基在受人猜忌的仕途中有全身远害的心理。

三、借经明义的《春秋》学

理学是依经发义,离不开儒学经典的。朱熹的《四书集注》就是借经以阐明其理学大义,而成为以后的理学经典。其中《春秋》一经,北宋孙复、胡安国所发的"议论",也是讲的理学大义。但理学家治《春秋》,不过是"借事明义","其事合与不合","本所不计"(皮锡瑞《经学通论》第二一页)。刘基治《春秋》也是如此,刘基少习《春秋》。据《明史·选举志》载,明初科场选用的《四书》《五经》朱注,即本于刘基对朱元璋的建议。看来他在经学上也是一个有影响的人物。他的两卷四十一篇《春秋明经》,就是一部比较集中地解经之作。我们所以要注意这部《春秋明经》,是因为他在疏释《春秋》经中所谈的理学思想,与胡氏《春秋传》比较,又有新的特点。

在具体论述《春秋明经》之前,必须说明的是,有些论者根据刘基少习《春秋》并以《春秋》学中举,就推测这部经著是少年习作,而弃置不论。这种推测是不科学的。怎么能因为一个人少年读过什么、考过什么,就把他后来写的东西,也说成少年习作呢?我们如果读一读《春秋明经》,就可发现刘基对《春秋》大事的选取和义理的论说,以及文字的凝练,表明它并非是少年习作。其中所论气的感应和鬼神论,与他成年之作《郁离子》,不仅文风近似,其思想也相互通贯。如果是少年习作,不成熟的文字,则数经选辑重刻的《文集》,是断乎不会一再选进去的。须知,明代学者何塘和民初国学大师章太炎,对于经学论著向来是挑剔苛求的,但他们在为刘基《文集》作序时,却以赞赏的态度来论及《春秋明经》中的思想。章氏指出《文集》中《石末公德政颂》是"非大体"的瑕疵文字,《春秋明经》如果是习作、不成熟的东西,焉能逃过他的苛刻之笔?至于《春秋明经》中谈"华夷峻防","胡主中国",其排夷、仇夷思想是公开"形于篇什",这在蒙古人统治下的元代，刘基是不会轻于惹祸写这种有禁忌的文字的。在我们看来这两卷《明经》之作，很可能是他在元末辞官之后，隐居浙东时著作的。这当然也是一种推测，但这种推测比起所谓少年习作之说，似乎要合理一些。据以上所论，刘基的《春秋明经》，不能贸然断为少年习作而弃置不论。一些论者所以避开不论《春秋明经》，一个显而易见的原因是，《春秋明经》中所包含的思想，是不利于他们论证刘基是唯物主义进步思想家这个观点的。

关于《春秋明经》中的思想，今择其大要，分述如下：

（一）在传统的儒家思想中，有所谓"用夏变夷"的尊王大一统问题。其意是指周天子之礼乐，由其国而诸夏，由诸夏而至于夷狄，由近及远的向外推化，使之进于大同，统一在周天子的礼乐之下。后来董仲舒虽然把公羊学神秘化，但基本上还是讲的这种尊王大一统思想。可是，后来因为边陲少数民族有时强大，竟能入主中原，所以在一些儒生看来，"用夏变夷"、推行王化已经行不通，而应该提出的，是如何防止夷狄"猾夏"的问题。于是他们把当初"变夷"，变成防夷、排夷以至仇夷。这种思想在辽、金、蒙古人先后多次进入中原之后尤其突出。宋室南渡以后的南宋初年，胡氏《春秋传》可以说是这一思想转变的代表作。元儒吴莱说，胡安国见"国步日蹙"，辽、金日逼中原，于是"假《春秋》之说进之经筵"，其排夷、仇夷之说，遂与汉儒"异论"（《渊颖集》卷十二《春秋通旨题后》），后来，戴表元说得更清楚，谓胡氏把《春秋》原来是推行王化的"变夷"思想，变成了"复仇之书"（《剡源集》卷七《春秋法度编序》）。

我们认为，胡氏《春秋传》确有排夷思想，但还不至于变成"复仇之书"。如果把《春秋》变为"复仇之书"这一说法，指刘基的《春秋明经》，那倒是适合的。刘基借《春秋》喻今，说春秋诸夏侯国，与"蛮夷"秦楚的交往，是"蛮夷猾夏，寇贼奸宄。惟是大侯小伯所当攘斥"（《春秋明经·公孙子王所》，以下仅引篇名）。迨秦、楚日强，屡败诸侯伯，侯伯不得不至秦、楚拜聘。刘基称这些诸夏侯伯，"不守中华之礼，而用夷俗焉一变于夷，是弃也"（《仲孙羯会晋》）。在他看来，这种拜聘"蛮夷"秦、楚，是"用夷变夏"，而照《春秋》大义,蛮夷应遭到攘斥。他甚至也反对"外夷"用夏礼,理由是他们用了夏礼就会强盛,使中国不能御侮,那就成为夷夏盛衰之大机。如他说"外夷猾夏,而中国失御侮之道,故外夷遂强而用中国之礼焉,此夷夏盛衰之大机也……由是楚势张,而使椒聘鲁乃以爵书,而君臣并见,然后华夷无复辨矣,可不为之寒心哉"(《楚人伐郑》)!此事据《左传》载:楚派使者椒,以夏礼爵书聘鲁,是夷楚受周礼而进至于爵,接受了王化。《左传》肯定了这件事。可是,刘基从排夷、仇夷的狭隘民族观点出发,一反《左传》之说,认为即使楚人用周礼与鲁交聘,也是夷夏不辨,是夷夏盛衰的"大机",使他感到"寒心"。他强调"华夷之势不两立"(《楚人伐黄》),不许所谓"蛮夷"接触"周礼",接触中原文化,以为这样就可以使"外夷"永远处于落后,不能强大。这显然与推行王道的大一统思想不同,与《春秋》"经旨不符"。其明显的排夷、仇夷思想,诚如章太炎说的,"指斥无忌,其分北(即辨白)戎夏之志,往往形于篇什间矣"(《文集》卷首序),确是胡氏《春秋传》所不及的。

后来刘基为朱元璋草拟的讨元檄文中,即以这种思想提出"驱逐鞑虏,恢复中华"的口号。这在当时反元斗争中确是具有煽动性的。但以这种狭隘的民族观点,去反对蒙古贵族统治的元王朝,并不是进步的思想武器。

(二)刘基在《春秋明经》中,以气的感应论来讲理学上的天人关系。他称"天人一理,有感则有应",如果不能"深明"此理,就"不可以言《春秋》也"(《三月祭雨》)。感应论在汉代即已盛行,董仲舒以此演为"天人相与"的天人之学。其后,感应论又与道教互相参取,在儒学中相沿不绝。到了刘基,他也热衷此道。他以《春秋》中本有的一些感应论大谈灾异。不过,他脱去感应论中爻象、筮占的东西。他认为筮占即蓍龟、卜算,不过是"枯草","枯骨",而"人灵于物者也,何不自听,而听于物乎"(《郁离子·天道》)?他主张气的感应论。因此不能说刘基反对筮占就是"进步思想",因为他并不反对感应论本身。

刘基在《春秋明经》中讲的感应论,与他的《天说》《雷说》《郁离子》等篇所讲的感应论，是互相通贯的。首先，刘基说："人有嗟怨之气，则与天上的阴气邪气相感，是所谓怼怨之气积于下，而阴阳之气渗于上"（《筑台于郎》），"愁叹之声，怨愤之气，上彻于天，而戾气为之应"。这是"天之于人，各以类应"（同上）。而天人之间，怨邪之间相感相应，于是就有饥旱的灾异。当然，如果人心修养，能至于心清无欲，处事泰然，则其和气与天上的正气相感而有祥瑞。刘基说这是"天人相与之理"（《初税亩》）。什么叫"天人相与"？他在《文集》中曾谈到，谓"气，母也；人，子也。母子相感，显微相应，天之理也"。这种以气相感相应，因于"物理相通"（《文集》卷四《赠徐仲远序》）。他又在《尚友轩记》中说："凡物之相从，必以类气所感，不召而集"（同上卷五）。

显然，刘基在感应论中所说的气，是能够显示灾异和惩恶扬善的，因而它具有鲜明的意识性和道德性。而气所以具有意识性和道德性，又是因为理的善性在气中流行之故。

刘基以这种气的感应论来解释风雨雷电等自然现象，反对有知觉的灵魂鬼神。他在《郁离子》的《神仙》篇中说："人受之气以为形……及其死而复于气"，故"人死为鬼者罔也"。所谓魂，是"人得气以生"才有的。魂犹如火，火随木之生灭而生灭，故人死之后，"魂复于气"。同样，他所谓神，是有形之物变化莫测的意思，故"气形而神寓焉，形灭而神复于气"（《雷说》下）。他虽然反对有灵觉的鬼神是魂，但他根据气聚为人、人死为气的观点，谓邪气、阴气可聚为恶事、坏人。而"邪气虽行于一时，必有复焉"。他们终究要复散为气，只是"有迟有速"（《天说》下）而已。

刘基论祭祀，说人君、孝子祭祀先王、先祖，并非祭祀先王、先祖的魂灵。因为人死复归于气，安有灵魂存在？祭祀只是表示"孝诚""致诚"（《郁离子·神仙》），即《春秋明经》中所说的，是继嗣者"孝思之诚"（《吉禘于庄公》），用以感召己心，作为一种心性修养的方法。而活人之所以能与祖考之间相感，是"同气相感之妙"（《郁离子·神仙》）。

应当指出，刘基的辟鬼神与祭祀之说，是本于朱熹的说法。朱说鬼神是气的屈伸，其魂魄是气聚即有，气散则无，魂魄并非能离开人而"截然自为一物"(《朱子文集》卷四十五,《答廖子晦书》,又参见《语类》卷三)。人之祭祀,不过是人心的"感格"(《语类》卷三),用以追念先王、先祖的精神,以"传圣贤之心"(同上),是祭祀者作为"唤醒此心"的一种道德修省方法(同上卷十七)。

大家知道,自孔子提出对鬼神敬而远之以后,在正统儒学中,一般是不谈鬼神、灵魂的。理学就更是如此,它是哲学化的儒学,理是其最高的哲学范畴。理学议论的范围比较广,但其中心问题是性与天道,涉及理与天地万物的关系,用哲学术语来说,是关于存在与意识的相互关系问题。它不承认也不需要上帝、灵魂、鬼神之类的有灵之物。所以,理学家对一切现象的解说,都是以理和理气论为出发点的。无论是程、朱,还是陆、王,他们都视灵魂、鬼神论为异端邪说而加以批驳。他们也常常把反对鬼神论同反对佛教"神识"的有灵论与报应说联系在一起,以维护儒家思想的正统性和纯洁性。所以,作为儒学之士的刘基反对鬼神,并非偶然。弄清楚这一点不是没有意义的,因为这样就可以使我们明白,刘基反对鬼神,同王充、范缜的无神论思想不能相提并论,更不能说刘基是继承和发扬了王充、范缜的无神论思想传统。王充、范缜的无神论不是立足于"理"这个绝对的本体的。当然,这并不是说,在无神论史上不可以谈谈刘基的无神论思想,只是说他与王充、范缜的无神论思想性质不同。以上是就刘基《春秋明经》中关于气的感应论,结合他的《天说》《郁离子》等篇谈到的一个为人们所感兴趣的无神论问题。

(三)刘基在《春秋明经》中又说:"《春秋》之作,无非为存天理正人伦计也"(《齐侯使其年来聘》)。他把《春秋》经直接当成理学经典。他具体说,《春秋》是讲的"明明德"(《陈侯使袁侨》),"亲亲之心"(《公至自晋》),也是讲的"推己及人"的忠恕(《陈侯使袁侨》)等等。其说冗长,这里不必详举。这反映刘基治《春秋》学的又一特点。我们知道,唐末啖助、赵匡和北宋孙复,只是合《春秋》三传为通学,弃去汉、唐传注,直接依经发论。其后胡安国讲尊王攘夷、君臣大义,其"大要皆天子之事"(《进春秋传表》)。至于朱熹曾叫人"不须枉费心力"(《文集》卷四十四《答蔡季通》)。在朱熹看来,"《春秋》大旨,其可见者,诛乱臣讨贼子,内中国外夷狄,贵王贱霸而已"(《语类》卷八十三)。

比较起来,刘基比他们进了一步。他可以说是直接用理学思想改铸《春秋》经旨,因而比起胡氏《春秋传》更具有理学的气味。

《春秋明经》的内容远不止这些。但就以上三点来看,《春秋明经》当是刘基理学思想方面的著作,不可忽视。从理学史来看,它说明理学思想在当时确已成为统治思想,以致像刘基这样的理学家,继孙复、胡安国之后,更大力的疏释,甚至改铸《春秋》的面目。正如刘师培说的,作为儒学经典的六经,是"随世俗之好尚为转移"(《经学教科书》八)。也就是说,理学家对六经的疏释、改铸,是随着封建社会现实的政治需要而变化的。刘基的《春秋明经》就是这样的一个例子。

第三十一章 方孝孺、曹端的理学思想

方孝孺是宋濂最得意的门生,但与"出入二氏"的宋濂不同,方氏"放言驱斥"二氏。其理学,刘宗周、黄宗羲许为"程朱复出","千秋正学",是"明之学祖"。方氏而后,"斯道之绝而复续者"是曹端。曹端为明初北方大儒,谨守宋学"矩矱",而开胡居仁、薛瑄之先。方孝孺与曹端因相"复续",故置为一章。

第一节 方孝孺的理学和行《周礼》、辟"异端"

方孝孺(公元1357—1402年)字希直,一字希古,号逊志,学者称"正学先生"。浙江宁海人,举洪武进士。幼受庭训,得伊洛之学,长为宋濂入室弟子,宋以"孤凤"相誉,谓"游吾门者多矣,未有若方生者也"(《逊志斋集》方孝孺《年谱》)。朱元璋定鼎金陵,方氏应聘为明蜀王世子师,后为建文帝翰林院学士、侍讲学士、洪武《实录》修撰总裁。不久,燕王朱棣起兵篡位,方氏被执。在朱棣面前,方孝孺"且哭且骂",大书"燕贼篡位",遂被磔死,诛及十族,震动儒林。至明后期始获宽宥,追谥文正。其后史书、稗记,往往表彰方氏敢于"抗万乘之威"的"节行"而忽略其理学思想。诚如刘宗周曾说:"考先生在当时,已称程朱复出,后之人反以一死抹过先生一生苦心"(《明儒学案·师说》)。故至今对方孝孺的理学思想,尚未做过认真的研究。虽然李卓吾对方氏学术,曾拍案称赏,评为"一等伟人"(《李卓吾评方正学》)。其后刘宗周、黄宗羲亦曾以理学称许,但均未能触及其学旨,揭示方氏的理学本质。

因方孝孺获罪于明成祖,其学亦当在厉禁,故其著作多已散佚。迨明后期开禁,仅辑得著作二十四卷,名《方正学先生逊志斋集》(今有四部丛刊初编本)。《明史》《明儒学案》有传。今就其心性论与为学方法,以及行周礼与辟佛思想这两个方面,论述他的理学思想。

一、心性论与学道方法

方孝孺很少谈到天道观。在他看来,作为道德准则的理是本于天,这是当然的,无须论证,它已载于六经,经过"近世大儒剖析刮磨,具已明白"(《逊志斋集》卷十《答王仲缙五首》)。认为现在的问题,是如何"尊而行之",修养成为道德君子。于是,他提出关于如何学道的问题。方孝孺同许衡一样,认为学道要重视小学的功夫。由小学到大学,以往的理学家也讲过,朱熹曾注纂《小学》书,但他们视小学为大学的基础,而重点还是放在心性修养的大学功夫方面。方孝孺则认为,小学并非仅仅是教幼童的蒙学之事,而是自少至长,包括成人在内,皆当践履的功夫。他在《幼仪杂箴》中,列小学科目为坐、立、行、寝、揖、拜、食、饮、言、动、笑、喜、怒、忧、好、恶、取、与、诵、书二十项。他说每一项内容,不仅使幼童学到形体外表的"规则",而且也涉及心性的涵养。例如,"坐"要"端庄",是为了培养"坚静若山"的精神;"立"要"植",同树一样挺直,是为了培养屹然不动的精神;"寝"要"宁心定气"(李卓吾于此批谓"可当一卷胎息经"),是为了"安养厥德";"怒"不要遽暴切齿,是为了培养揆道、审虑之心,等等。这一切都是为了"养其心志"(同上卷一)。《幼仪杂箴》中这二十项目,几乎把理学关于心性修养的内容都包括进去,纳入洒扫应对、饮食言动的日用常行中。他认为学道君子,养其心志,体验天道,而这个道就在日用常行中,无乎不在。他在《幼仪杂箴》中开宗明义说道:

> 道之于事无乎不在,古之人自少至长,于其所在皆致谨焉而

> 不敢忽,故行跪揖拜饮食言动有其则,喜怒好恶忧乐取予有其
> 度,或铭于盘盂,或书于绅笏,所以养其心志,约其形体者至详密
> 矣。其进于道也,岂不易哉。

他所说的"道之于事"的"事",仅是一些坐立揖拜、言动取予的酬酢之事,并不是社会实践,没有任何科学意义,最终还是要回到本心体悟的方法中去。

方孝孺所列小学科目的学道方法,是为了培养道德君子的精神,在于"养其心志","以端其本"。他在《送石永常赴河南佥事序》中说:"必也端其本乎,本安在?心是也。子(石永常)其正乃心,嗜欲无形,好恶不倾,是非咸得其正,然后可以为正矣"(同上卷十四)。"本"即心,"端其本"就是正其心;能正心,则嗜欲好恶就可以得其正。"大本既立","何适非宜"(同上卷八《郑氏四子加冠祝辞》)。

正心,方孝孺又称为治心。治心是学道的要旨。他说:"学道之要,莫切乎治心,而心之官则在于思……人之有身孰能无所思也哉"(同上卷十七《身修思永堂记》)!并称"先王之为治,自心而身,而推之家、国、天下行也"(同上卷十八《书汉三王策书后》)。意思是说,修道之要在治心,治心是修、齐、治、平的开始。心之官能思,而思有正与不正,需要通过日用酬酢谨笃其心,使能思之心归于正;心能正,则可以体验天道,使"心通乎天",故需要治心(同上卷一《毁言箴》)。可以看出,要获得天道,是要靠治心的。

方孝孺所谓正心、治心,不过是为了使心清净,毋为物累,所以治心也可以叫作洗心。如何治心?《幼仪杂箴》所列二十项科目的日用酬酢,就是治心的具体方法。对于这种方法,他在《君学》篇里有概括的说明。他说:"治心之术有五",即"持敬"以弭安肆之萌,"寡欲"以遏侈纵之渐,"养慈爱"以充其仁,"伐骄泰"以固其本,"择贤士"以闲其邪,"王者立然后可以为政"(同上卷三《杂著》)。通过弭欲、闲邪、充仁、固守,其心也就清静无欲;诚能如此,其心就可以"静以致思"(同上卷七《慎思堂铭》)。不过,方孝孺在讲到静思时,也还不是绝对的离开动静、离开事物。他谈到周惇颐"主

静"说时指出：

> 苟静而无动，则物而不通矣，欲人在仁义中正主静，静应于物耳，非欲人强制其本心如木石然，而不能应物也。……夫人处乎万事万物之间，而欲与之俯仰，裁天下之变，成天下之务，欲其不动不可得也。（同上卷十一《答林子山》）

因为人本来是处在万事万物之间，故静不能不及于物，不能强制其心如"木石"不动。正确的态度是心接于物而引动"七情"时，以"寡欲""克己"，使心主于"仁义中正"而不偏，这叫作"定之以仁义中正而主静"（同上）。在《省庵记》中，他也谈到了这一点。他说，当人们在言行念虑、事上抚下、交友事神时，就要自问是否违理戾义？所以"凡动乎四体而出乎口者，未尝不致吾之省"（同上卷十七），就是说自省不是离物冥悟，空守一个"省"字。

方孝孺这种静不离动、心不离物的治心方法，有时也从敬义的内外兼进方面论述。他在《直内斋记》中说："敬为复善去恶之机，天理之所由存，人欲之所由消也。故人能一主乎敬，突奥之间，俨乎若上帝之临；造次之顷，凛乎若珪璧之奉"（同上）。他认为敬是复善去恶的转机，看得很重要。而敬当然是指敬内，涵养其心，但敬内又必须同义外结合起来，即所谓"涵养以敬，以澄其内，制之于义，以应乎外"（同上卷八《郑氏四子加冠祝辞序》）。简单地说，就是"以敬存心、以义制行"（同上卷七《习庵记》）。

方孝孺讲的敬内、义外的关系，也确是程、朱讲过的。起初，程颐根据《周易》"敬以直内、义以方外"这句话提出"敬义夹持"的方法。尔后，朱熹加以发挥。朱熹发挥敬、义兼进时，其"义"多指"集义"，其意是指在身外的事事物物，格得其理，然后才能敬内，有由外及内的意思。而方孝孺首先突出敬的重要性，说敬"俨乎若上帝"，"凛乎若珪璧"。由敬涵养澄心，然后才"制之于义，以应乎外"，这个意思与朱说不尽一致。方孝孺是由内及外，即由敬而推之于义。这反映方孝孺是偏重于内修。他也盛称朱学,说"朱子之学,圣贤之学也。自朱子没二百年,天下之士未有舍朱子之学而为学者"(同上。并见卷十四《赠卢信道序》)。但是,作为朱学重要内容的格物论,在方氏文集中却没有得到肯定。他在《题大学篆书正文后》中,称朱熹对《大学》的格物补传是多余的,认为"致知格物传之阙,朱子虽尝补之,而读者犹以不见古人全书为憾"(同上卷十八)。他同意宋、元时期董槐、叶梦得、王柏说的原本《大学》"格物"经传"未尝阙",只要把经中的"知止而后定"那一段话,与传的"听讼,吾犹人也"句合在一起,就是原来"格物"的传,这样"更定次序",就恢复了全书的本来面目,不必另外撰文补传。他又说,这种把《大学》原来的经传"更定次序",虽然"异于朱子而不乖乎道"(同上卷十八)。这里,我们不必去纠缠《大学》原本如何,而要注意的是,方孝孺在谈到内外兼修时,实际上不重视外修的格物穷理,这与他谈敬义时只重敬内是一致的。

由此可见,他在《幼仪杂箴》中讲的坐立行揖、饮食言动这些酬酢之事,不过是"宁心定气""养其心志"的敬内初步功夫,而与朱熹说的由格物而致其心知不同。我们知道,朱熹讲的格物,是指就身外的事事物物格得其理,积之既久,然后吾心豁然贯通。虽然朱熹也讲应接酬酢等"居敬"功夫,但不过是作为格物穷理中所持的精神而已,即他说的"敬者所以操之之道也"(《朱子文集》卷四十《答何叔京书》第二十二),或者说敬是"收敛身心","收拾自家精神"(《语类》卷十二)。所以不是通过"居敬",就可以使心直接体认天理。而方孝孺则是以敬为"觉",因此他很赞同其父亲说的一番话,"闻君子之于学,将有以扩充吾良知良能,而复吾本然之量(性),非由外铄我也"(《逊志斋集》卷十一《与陈敬斋》)。

方孝孺依着这种认识方法,使自我的精神,由"克己"达到"忘己",使心不"留滞于一物",他认为就能直觉天道了。这就是他所谓"忘己以观物,忘物以观道"(同上卷十六《菊趣轩记》)的意思。至此,据他说"其心之虚明广大,与天地同体","万物皆可为乐"(同上卷十七《来鸥亭记》)。其心之浩大,可以"参配天地,超乎万物之表。"他认为"宇宙之内,特以是心为之宰耳"(同上卷十六《心远轩记》)。这种"参配天地"之心,自然不是私欲所蔽的小我之心,而是经过自省自悟,"端思""澄虑"之后获得天道的大我之心。而这样的人也就成为"凝凝""安安"的道学君子,与"圣人气象"不远了。

不难看出,方孝孺的理学方法,同他的老师宋濂通过"佛氏空寂之义",由"无己"到"真知"的"明心见性"的方法,以及与刘基"离物求觉"的方法,甚为相似,即都是比较偏于内省的直觉方法。诚然,朱熹也讲"豁然贯通"之类的直觉,但他首先是要经过格物穷理、博学审问、本末精粗不遗的"集义"功夫,而方孝孺与宋濂、刘基则是如朱熹当年所指责过的那种"存诸内而略夫外","只持一个敬字,更不做集义工夫"的学者(《朱子文集》卷五十四《答项平父书》第一)。因此,他们对朱学可以说是"得其半而失其半"。如果说,他们是明初承传朱学的一批人物,那么,恰恰在他们那里,"恢阔"的朱学被弄得偏枯了。

二、以《周礼》用世

方孝孺的心性修养方法,虽偏于内省,但并非就以修身为终,遁迹忘世。他认为,君子学道,还当有"经世宰物"之心,不能"离世自适","乐其一身以自适"。他说:"天之授我者,养之致其全,知之致其明,行之致其笃。用于世则使……九州四海老癃单弱之民无不得欲"(《逊志斋集》卷十六《适意斋记》),如果"知之"而后,"徜徉恣肆于山泉丘壑之间","遗万物而独立",则"圣人君子犹病其隘也"(同上)。他强调修、齐、治、平要一以贯之,说"古学务实,体立用随;始诸身心,验于设施"(同上卷一《九箴·正学》)。他也和宋濂、刘基一样,批评士儒仅能修身而昧于治事,称他们"谈性命则或入于元密①而不能措之行事,攻文辞则或离乎实德而滞于记问,扣之以辅世治民之术,则冥昧而莫知所为"。正是这种人,使"天下矗矗然皆将以道德为虚器"(同上卷九《与苏先生三书》)。在《与王仲缙五首》中,说当时的士风是,"今闾巷庸人读孔孟之书,犹不知其可用,或以为戏笑之资"(同上卷十)。甚至做老师的对道学"讳而不讲",做学生的更是"嫌而不为"(同上卷十四《送牟

---

① 元密,据《尔雅释诂》:元即玄,密即静;元密即玄秘不测的意思。

元亮赵士贤归省序》)。总之,"自朱子殁,斯道大坏"(同上卷十一《答刘子传》)。方孝孺对士风的不满,对理学的忧虑,反映了朱注奉为正宗之后开始僵化。方孝孺认为理学之所以日渐"污坏",是由于空谈不"务实",因此,他想以诸葛亮、范仲淹、司马光等五君子为法,以"大贤豪杰"的勇气振兴理学,使之在封建社会的政治和思想上具有生机。

方孝孺认为,在修、齐、治、平中,"齐家"最为关键。他在《家人箴序》中讲了"齐家"是治国的根本。他说:

> 论治者常大天下而小一家,然政行乎天下者世未尝乏,而教治乎家人者自昔以为难。岂小者(家)困难而大者(国)反易哉?盖骨肉之间,恩胜而礼不行,势近而法莫举。自非有德而躬化,发言制行有以信服乎?……家既可齐而不忧于为国,为天下者无有也。故家人者君子所尽心,而治天下之准也,安可忽哉。(同上卷一)

这一段话即是他在《宗仪序》中说的"家与国通","家者身之符,天下之本也"(同上)的意思。方孝孺讲的治国用世首在于治家的话,早在宋代周惇颐、真德秀就提到过。真德秀说,因为家门之内,"狃于妻妾,率于骨肉",以至弃仁弃义,何能治天下而用世? 方孝孺知道治家"为难",为此他在《宗仪》中专门讲如何治家。他特别强调要尊祖、重祀、重谱、广睦,认为这样可以"叙戚疏、定尊卑、收涣散","维系族人之心","收人心于一",并由此可以"思孝广爱","以爱亲之心广于天下"(同上)。而要做到这一步,就必须恢复西周的宗法制度。这在理学家讲内修外用当中是一个古怪的思想。

方孝孺曾著有《周礼辨正》,今已佚,但从今存的文集、杂著等篇中,还可以窥见他对周代宗法礼制的留恋和向往,想把它作为"齐家"的模型。他说:"余始读《诗·大雅·豳风》,见其积累之盛,而知周之所以兴。然犹异之曰何其久也? 及读《周礼》……然后慨然叹其虑民之详曰:尽在是矣,治天下易也"(同上卷四《周官》一)。在他看来,周代"遗典大法所以经世淑民者,秩乎明且备,岂后世所能及乎"(同上《周官》二)。但至后世,"秦不识其深意,视为无用之虚言而焚除之,由是斯民如放豚逸马,肆然法度之外而不可复制"(同上《周官》一)。有人因为王安石用《周官》而"致乱",就致罪于《周官》。方孝孺说,王安石用《周官》中的《泉府》敛利,是"以附会其私,卒为天下祸,此安石之谬"(同上《周官》二)。至于现存的《周礼》(即《周官》),虽"成于汉儒之所补,非周之全书",其注说又极"烦碎",不一定"合周公之意",但尚存周制大略(同上卷十二《周礼考次目录序》)。所以"周之成法具在,今欲为此不难也"(同上卷三《成化》)。而《周礼》之用于世,方孝孺主要是用于治家,使家成为宗法性质的家长制。他说,以周制建立每一宗族,以族长为"睦正",在"月之吉,咸造睦正之庐,正中坐,余立而待,老者坐侍,令少者一人读古嘉训……众皆向北跪而听读……四时各一会"(同上)。在《宗仪》中,他按周代宗法礼制,又做了具体的规定:族长主财典事。在尊祖祭祀时,行祭酺、燕乐之法,逢二、五、八、十一月大祀,进豕、羊有定数,进酒以"七行九行为节",歌《诗经》中的《棠棣》《黄鸟》。宗族集会"宴齿"时,有德者南面坐,讲文、武、周公之事,以训导族人。设师一人,司过二人,司礼三人。在族祠大门左立"嘉善",右立"愧顽",遇有善者嘉美,有顽劣者训导,使其自愧(按:这种做法,宋以后的大家族中,如浦阳郑氏,就是如此)。要实行这样的宗族制度,经济上要相应推行周代井田法。所以要推行井田法,他在《与友人论井田》一文中做了解释:在井田法基础上建立宗族,宗族以"睦正"为长,这不仅可以"齐家",还进而可以十睦为保,十保为雍,以至于乡、党、州、里,直至于国。对于国家体制,也用《周礼》改为六官之制,尊行周礼。他说这样由家而国,可以"相亲","相助","无争"(同上卷十一)。

上列方孝孺的"齐家",也包括治国,其制甚繁,这里不备述。但方氏说:"其事似乎太烦也,然则周卒以此而治,孰谓果烦而不切哉!"他很有信心地说,只要推行此法,"近者十年,远者数十年,周之治可复见矣"(同上卷三《成化》)。方孝孺的这一套恢复《周礼》的设想,显然是迂阔的书生之见。

可以看出,在推行周制的宗族中,有自行的司法、教育,财产权,俨如一个国家,国家正是建立在宗族的基础上。这就是他说的"家与国通"的意思。在他看来,宗族中虽设"司过""媿顽",但意在导其自悔,行周公仁人之道,尚德缓刑。他说行周礼古法,并非"好古",而是在于"务明乎伦理而已"(同上卷十七《好古斋记》)。方孝孺据《周礼》设计的"齐家"蓝图,使一家一族成为宗法社会基础,由此治国,广行于天下,当然是行不通的。《周礼》是西周井田制基础上的产物,而且那里面繁复的礼制,又多半是后来儒家的依托,它不可能在以封建地主经济为基础的社会中实行。其以血缘为纽带的宗法制,虽与封建社会相始终,但它随着社会经济的发展也早已松弛。可以想像,如果明代真要倒退去用《周礼》齐家、治国,则必定"为天下祸"。清代四库馆臣对方孝孺这一思想,曾不无讽刺地说:"明去周几三千年,势移事变,不知凡几,而乃与惠帝(即建文帝)讲求六宫改制定礼。即使燕不起(即燕王朱棣不起兵篡位),其所设施,亦未必能致太平"(《四库全书总目》卷一〇七《逊志斋集》提要)。在理学家中,他确是一位讲内修外用的戆迂人物。他自己也曾经意识到这是"泥古而不通"。他说:"臣者虽怀好道之心而无实用之实,语学术则泥古而不通,语才艺则执一而无取。举止疏野言语戆迂"(同上卷九《上蜀府略》)。不过,他以《周礼》齐家以至治国固然是行不通,但他这种戆迂的想法,却是反映了当时的理学家,已经感觉到封建社会后期统治秩序的不稳固,所以企图用古代以血缘关系为基础的宗法制,来维持统治。然而方孝孺所做的这种努力,是无济于事的。

三、"明王道、辟异端"

方孝孺自己说是"诵圣哲之遗言,考帝王之善政"(《逊志斋集》卷九《上蜀府略》),其志在于"明王道"。而"明王道",除了推行《周礼》以外,还要"辟异端"。他"辟异端"最激烈的是对佛、道的批判。认为"二氏"不辟,不足以"明王道"。自宋以来,儒、佛、道"三教合一"论和儒、佛"本一","同一"说相当盛行。方孝孺对佛、道,尤其对佛教"放言驱斥",在当时的理学家中,应该说是很有特色的。在《种学斋记》中,他说:

> 事乎老、佛名教之法,其始非不足观也,而不可以用,用之修身则德隳,用之治家则伦乱,用之于国于天下,则毒乎生民,是犹稊稗之农也,学之蠹者也。(同上卷十七)

他对佛教尤其"放言驱斥",谓反佛当如戍守国土,即使被人"毁讪",亦在所不计。他在《答刘子传》中表白了这一心志:

> 仆有志于古人之道久矣,今之叛道者莫过于二氏,而释氏尤甚。仆私窃愤之,以为儒者未能如孟(轲)、韩(愈)放言驱斥,使之不敢横,亦当如古之善守国者严乎疆域斥堠,使敌不敢劫可也。稍有所论述,愚僧见之辄大恨,若詈其父母,毁讪万端,要之不足恤也。(同上卷十一)

方氏反佛,自然是从维护封建伦理纲常出发的,这在汉、唐以来不乏其人。但方氏认为唐代韩愈反佛是"稍知其大者而不能究其本"。他说:"仆少读韩氏文而高其词,然颇恨其未纯乎圣人之道,虽排斥佛、老过于时人,而措心立行,或多戾乎矩度,不能造颜孟氏之域,为贤者指笑,目为文人"(同上卷十《与郑叔平》)。他对韩愈这个批评是严厉的,其要旨是说,韩愈未能以"圣人之道",从思想上去批判佛教,故韩氏反佛"不能究其本"。

如何从思想上批判佛教,方孝孺同刘基一样,也是用理学家诸如气化流行、二气、五行的观点驳斥佛教的谬妄。他在谈到佛教轮回、宿世这个问题时说:

> 天之生人、物者,二气、五行也,其运也无穷,其续也无端,生者过而后者来,未尝相资以为用者。……人也亦然,得气以生,气既尽而死,死则不复有知矣……身且不有而何以受之?形尽气尽而魂升魄降,无所不尽,安能入人胸腹,重生于世而谓之轮

回也哉？(同上卷一《宗仪·奉经》)

此说亦见于他的《启惑》篇。对于佛教讲的灾异、妖变，方孝孺驳斥说："天地之生物有变有常，儒者举其常以示人，而不语其变也"，"释氏之徒弃事之常者不言，而惟取变怪之说"(同上卷六)。对于灾异等异常现象，刘基说是由于天地间的邪气相感。方孝孺抛弃这一陈腐的说法，认为"运行乎天地之间而生万物者非二气、五行乎？二气、五行精粗粹杂不同，而受之者亦异……此气之变而然，所谓非常者也，非有他故而然也"(同上)。他进一步说："草木之异常者，皆气之变也，于人事何与？而人以为祥，岂不惑乎"(同上卷七《蒋氏异瓜辨》)。在他看来，自然界"星殒地裂"，未必是灾应；"麟凤在郊"，未必是祥瑞(同上卷八《考祥文》)。

方孝孺还驳斥人死为鬼，人死之后有魂的有神论。他认为，祭祀并非祭其先祖有灵觉的鬼魂，而是为了得到先祖精神的感召："过先祖之墓未有不动心者，时焉而祀其先，语及其遗事未有不叹泣者，有所受也。故宗庙之制，祭祀之礼，君子以此，崇本反始，致诚敬于其先"(同上卷一《宗仪·尊祖》)。即朱熹说的祭祖是得到精神的"感格"，以"唤醒此心"。但是，为什么先祖的精神能够感召后人？方孝孺说是子孙与先祖有气相续，是所谓"形禅气续"(同上)。

方孝孺反对佛教的文字，在他文集中还有《斥妄》《言命》《越巫》等篇。其中有一些驳斥鬼神、妖异的议论，也很深刻、尖锐。虽然他是从儒家立场来反佛的，而且这种反佛又是作为"崇本反始"的道德修养的一种方法。但即使如此，他的无神论思想还是值得肯定的。他反对佛教，反对有灵觉的鬼神，比起刘基要彻底一些，因为刘基讲感应、灾异，使他的无神论思想有了很大的局限。因此，在古代无神论的历史上，方孝孺是应该有一席地位的。

方孝孺"明王道、辟异端"，批评佛教思想，不限于批评轮回、灾异和有灵觉的鬼神论，而且也批评佛教的哲学思想。他说，后世儒者希望"一旦之悟"之类，即本于佛教：

> 弃书语,绝念虑,锢其耳目而不任,而侥幸于一旦之悟者,此西域(佛教)之异说,愚其身而不可任用于世之术也,而学之谬自附于圣人,而曰圣人之道固如是……名是而实非,异端其实,而圣贤其名。(同上卷十四《赠金溪吴仲实序》)

方孝孺尽管指出佛教的思想不合"圣人之道",但是他的求"道"方法最后也是靠佛禅"忽明顿悟"。所以他对佛教的批判是不可能彻底的,归根到底,只能是以一种形式的唯心论反对另一种形式的唯心论。他在文集中有几篇涉及对佛教哲学思想的批判,但也只是批判它离事弃物、默坐澄心、一觉天通之类,未超出当年朱熹对佛教批判的水平,因而仍不能从根本上否定佛教哲学。在这一点上,方孝孺似乎不如他的老师宋濂那样能深知底细,后者看到儒、佛在哲学思想上越来越接近的事实,故干脆提出儒、佛"本一""同一"论,而方孝孺还要以先王之道去批判佛教的哲学思想,这同他想以《周礼》用世一样,也是"戆迂""不通"的。

第二节 曹端的理学

按黄宗羲的说法,在方孝孺之后,"斯道之绝而复续者"是曹端。曹端在明初的理学家当中,与宋濂、刘基、方孝孺比较,能"守先儒之正传"。清人认为"明初醇儒以端及胡居仁、薛瑄为最,而端又开二人之先"(《四库全书总目》卷二九)。这说明他在理学史上有一定的地位。

曹端(公元 1376—1434 年)字正夫,号月川,河南渑池人。永乐年间,中乡试举人,官霍州、蒲州学正。其学多由自得,"不由师传,特从古册中翻出古人公案,深有契于造化之理"(《明儒学案·师说》)。自谓五十岁始悟"天下无性外之物"。其理学虽宗程、朱,但对朱熹太极、理气论,作《辨戾》与之评骘。于朱学外,也深契周惇颐《太极图·易说》《易通》和张载《西铭》,并就这些著作作《述解》,以疏发其天道心性思想。他的著作除上述外,还有为劝谕其父远佛老,崇正学而编的《夜行烛》,以及《录粹》《语录》《家规》等。明人张璟汇刻其著作为《曹月川遗书》(不分卷)。今择其太极与理气论、主静立诚的求道方法,以及由仁求乐的圣人境域这三个方面,以论述他的理学思想。

一、太极与理气论

曹端盛称周惇颐是理学宗源,认为"周子《太极图说》为宋理学之宗"(《太极图说述解·序》),其图"有纲有目,有本有末"(《太极图说述解》),"周子《通书》,此近世道之源也","天人性命之微,修己治人之要,莫不毕举"(《通书述解·总论》)。他称周惇颐是理学的开创人物。虽然朱熹早已讲过,但曹端所着意的,是周惇颐"千载不传之秘"的太极论,认为"学欲至乎圣人之道,须从太极上立根脚"(《明史》本传)。太极是成象成形的造化之理,世界万物,阴阳、动静、幽明、久暂,都于太极寻其"所以然与所当然之故",故由太极"吾道一以贯之无遗焉"(《录粹》)。曹端又称"太极理之别名","以通行而言则曰道,以极致而言则曰极,以不杂而言则曰一"(《太极图说述解·序》)。太极是理、道、一,这是根据朱熹说的"太极只是一个理字"(《语类》卷一),"太极只是个一而无对者"(同上卷一〇〇),和邵雍说的"道为太极","太极一也"(《观物外篇》)而提出来的。曹端所论的太极,其用心在于强调太极是绝对的本体。

应当指出,曹端用理来疏释周惇颐著作中的太极,并不符合周惇颐的原意。周惇颐提到理字的地方,只在《易通》里有"理曰礼"(《诚凡德》章),"礼、理也"(《礼乐》章)两处,但并未说过太极是理。其"理曰礼",这个理字并不具有本体论的意义。至于以太极为"道"和"一",也未必符合周惇颐的原意①。看来,曹端是沿用朱熹的观点疏释周惇颐《易通》和《太极图易说》的。可是,他在细辨太极与动静,和由此引起的理与气的问题上,恰又与朱说不同。这是曹端理学上辨析毫芒的一个问题。为弄清楚曹端与朱熹分歧的实质和这一分歧对后来的影响,这里有必要先把朱熹关于太极与理气的观点简介一下,以便对照分析。

朱熹认为太极与动静之间,既相即不离,又不是同一的。从形而上的本体来说,太极含动静之理,是动静的"本然之妙"。太极是动静的根本,动静是从太极来的。但不能由此就说"太极便是动静",更不能说太极自己能够动静。只是当太极流行于气之后,太极才能动而生阳、静而生阴,即朱熹所说的太极于气中"有这动之理便能动而生阳;有这静之理便能静而生阴"（《语类》卷九四）。由于太极流行于气才显出动静,因此动静也可以说是气的动静。朱熹又说:"太极理也,动静气也"（同上）。气的动静便是太极"所乘之机"。这就是朱熹在《答杨子直》中所说的"太极者本然之妙也,动静者所乘之机也"（《朱子文集》卷四五）。前一句是从形而上的理来说的,后一句是从形而下的气来说的。很明显,朱熹是说太极有动静之理,但它自己不能动静;如果说,太极有动静,那是随着或者乘着气的动静而动静。总之,朱熹论太极与动静是同气联系起来谈的,不能从一面"呆看"他的意思。

太极与动静的关系是如此,理与气的关系也是如此。朱熹说"理未尝离乎气",否则理就"无挂搭处",但"理与气,此决是二物"（同上卷四六《答刘叔文》）。这谓之理气既不相离又不相杂。然而,理毕竟是"净洁空阔",它

---

① 周惇颐是否以太极为"道"和"一"的问题,这在上卷周惇颐章已经谈到。周惇颐原话是"自无极而为太极",讲"从无而为有,有生于无。"这里再作一点补充说明。起初南宋文仲琏作《濂溪先生祠》诗有:"道从无极独开先"句。南宋祁宽所得的九江本及《宋史实录》有"自无极而为太极"（载《周子全书》卷十九）,俱谓先有无极而后才有太极,无极是根本的。这样,再读《太极图说》(即《易说》)下一句"太极本无极也",才可以读通。而后来流传的即曹端所依据的《太极图说》本子,实是朱熹根据洪迈本子订定的。他把"自无极而为太极",改成"无极而太极",并注:无极是说明太极无以复加的意思,说"非无极之后别生太极"（《朱子文集》卷四五《答杨子直》）。所以本节说曹端谓太极为绝对的"道"和"一","未必符合周惇颐的原意"。

只是在气之中方显出它的存在和它的作用,故也可以说"有是气,而后理随而具"(同上卷五九《答赵致道书》)。正因为如此,理也是随着或者乘着气的动静而动静,如人之乘马,随着马的动静而动静。

显然,朱熹所以讲太极不离动静,理不离乎气,是为了不使人们离物"悬揣"太极和理,而所以把两者分开,是为了强调太极和理的绝对性。朱熹这一观点,不仅反映在他的《文集》中,也反映在他的《太极图说解》中。《语类》说的理乘气如人之乘马,只不过是通俗的比喻,意思都一样。元代理学家吴澄在答王仪伯一文中,对朱熹的本意也是这样解释的(详见《吴文正公集》卷二)。

但是,曹端不同意朱熹把太极与动静、理与气看成是二物的说法,而认为太极自能动静,因此也不同意朱熹所谓理乘气如人之乘马的比喻。为此,曹端专门写了一篇对后来有影响的《辨戾》。其中说:

> 周子谓"太极动而生阳,静而生阴",则阴阳之生由乎太极之动静。而朱子之解(《太极图说解》)极明备矣。其曰:"有太极则一动一静而两仪分,有阴阳则一变一合而五行具",尤不异焉。及观《语录》(朱熹《语类》),却谓太极不自会动静,乘阴阳之动静而动静耳,遂谓理之乘气,犹人之乘马,马之一出一入,而人亦与之一出一入,以喻气之一动一静,而理亦与之一动一静。若然,则人为死人而不足以为万物之灵,理为死理而不足以为万物之原,理何足尚而人何足贵哉!今使活人乘马,则其出入、行止、疾徐,一由乎驭之何如耳。活理亦然。不之察者,信此则疑彼矣,信彼则疑此矣。经年累岁,无所折衷,故为《辨戾》,以告夫同志诸君。

曹端认为太极自会动静,而反对用人乘马来比喻理乘气的说法,是在尊信朱注而怀疑《语类》时提出来的。其实他在这个婉转的说法中,对朱注即《太极图说解》本身就有不同的看法。我们如果从前面所述朱熹关于太极与动静、理与气的观点来对照曹端这一段话,就可以看得清楚。朱熹是说太极含有动静之理,但不等于说太极自会动静。太极只是在形而下的气中才显出它的动静,从而有阴阳之分,这就是朱熹在《太极图说解》中所谓太极一动一静而两仪(阴阳)分的意思。而曹端可以说是"呆看"了朱熹的原话,他把朱熹说的太极一动一静而有阴阳之分,径直地说成是"太极自会动静"。同样,他也正如朱熹所指出的,笼统地"谓太极便是动静,则是形而上、下不可分"(《答杨子直》)。可见,曹端实际上是违反朱说的,清人孙奇逢在序《太极图西铭述解》中,就曾率直地指出这一点,认为"后儒"曹端所谓信朱注而疑语录,其实就是同朱熹"平情定气而商订之",这是用不着掩藏的。不过,与朱说"一字一辞之戾",当不至于"触忤便成罪案"云云。这是委婉地指出曹端"戾"于朱说。《明儒学案》也讲到曹端与朱说不同。

曹端由"太极自会动静",讲到理不是乘气之动静而动静,其实质在于强调理与气是"一体",理与气是一而不是二,不同意朱熹说的"决是二物"。故曹端《太极图说述解》中,说理与气是"无彼此之间","无间断","浑融而无间",就是一而不是二。理气的这种"浑融无间",他在《通书述解》中说得更直接:"理气未尝有异"(卷上十六章)。理气既然"未尝有异",是"一体"而不是"二物",当然也就不存在理乘气之动静而动静的问题,理也就不是被动的"死理"乘着气,而是"活理"驭气,如喻人之乘马,则人也不是"死人"在马上随马之出入而出入,而是"活人"骑马,由人驭之。

曹端把朱熹的理乘气,变成理驭气,理成为"活理",气也就成了被动的"死物"(黄宗羲语)。他认为,只有这样,理才真正成为"万物之原",可以补苴朱熹在理气问题上的缺漏,使理真正成为气以至万物的主宰。这就是曹端的理气论,也是他《辨戾》篇的实质。

当然,曹端"其心独苦"(孙奇逢语),他用唯心主义思辨方法,论证理是气以至万物的主宰,也并不是通彻圆融的。就在他论证的过程中,他所谓理气"一体"、理气"未尝有异",理驭气等的说法也是自相矛盾的。因为由理来驭气,毕竟还是承认理、气之不同,即黄宗羲所说的"仍为二之"(同上),因而又如何谓之"未尝有异"呢?至于他把气变成"死物",理变成"活理",则活理与死气的这种理气关系,又如何能相即不离而为"一体"呢? 凡此种种,细究起来,就更难弥合圆通了。

曹端的理气论提到的理气"一体""未尝有异",却被后来的一些理学家,直接间接地引申出与程、朱的某些思想越来越远的观点。这是曹端所始料不及的。

例如,最早"闻先生(曹端)之风而起"的薛瑄,就是根据曹端理气"一体""未尝有异"的说法,提出"理气无缝隙",理气犹如光与飞鸟形影相随一样的关系。其在道器关系上则称"器亦道、道亦器"(《读书录》),同理气关系一样也是"无缝隙"。不难看出,薛瑄关于理与气、道与器关系的说法,不同于朱熹的观点。朱熹是在理本气末的前提下,讲理气相即,讲有理则有气,有气则有理,而不是像薛瑄所说的光与飞鸟那样的关系。朱熹论道与器也同样是在本末、主从关系的前提下,才讲道不离乎器、器不离乎道,而不是像薛瑄所说的道亦器、器亦道。薛瑄的光与飞鸟之喻,黄宗羲在《明儒学案》中说这是本于曹端理气两物"一体"说,以后"薛文清有日光、飞鸟之喻,一时之言理气者,大略相同耳"(卷四十四《诸儒学案·曹端传》)。所谓"一时之言",是说受到曹端影响的还不只是薛瑄一个人。其后,罗钦顺又进了一步,说薛瑄"所云理气无缝隙,故曰器亦道、道亦器,其言当矣",但说得还不够,仍有"窒碍"(见《困知录》)。在他看来,应该干脆说成是"理气为一物",理是"依于气而立"(同上)。与罗钦顺差不多同时的王廷相则明确地提出"理出于气"(《太极辨》)、"理根于气"(《横渠理气辨》)。至此,薛瑄、罗钦顺等人相继把朱熹理本气末的关系几乎颠倒过来了,越出了朱学的范围,而逐渐接近唯物主义的门槛。当然,这不是说薛瑄,尤其罗钦顺等人的上述思想,完全是从曹端那里演变过来的,只是说他们的思想,曾经受到过曹端直接或间接的影响和启发。

二、论心性

曹端由太极、理气谈到心性。在心性方面,有一些是重复程、朱的观点。这里主要是论述他自己的"发明"。

第三十一章 方孝孺、曹端的理学思想

按他在《太极图说述解》中所说，太极是天道的本原，由太极的动静而有二气、五行以至万物，故太极"无不各具于一物之中"，所以物物有一太极。而万物中又以人"独得其秀"，其心能禀得太极之全，故"人心即太极"。圣人以此定中正仁义而立人极。这就使封建伦理纲常具有天道（理）的性质。曹端的这些观点，大体本于朱熹。但细辨起来，曹端在由太极谈到"性即理"时，也不尽同于朱说。他在《太极图说述解》中说："自万物观之，则万物各一其性，而万物一太极也。盖合而言之，万物统体一太极也。分而言之，一物具一太极也，所谓'天下无性外之物，而性无不在'者，于此尤可见矣。"这是他从万物来谈一物有一太极，故万物各一其性，以此解说程颐、朱熹的"天下无性外之物"的观点。这里，他所说的性，显然是指流行于万物中的性，是杂乎形气的性。从人来说，是人生而后的能善能恶的气质之性。这个性就是朱熹所说的"堕在气质之中"，而非本然的"至善"之性，也就是所谓"不全是性之本体"了。可是，曹端在序《存疑录》时，笼统地说"天下无性外之物，而性无不在焉，性即理也"（《录粹》）。必须指出，"天下无性外之物，而性无不在焉"，与"性即理也"，确本之程、朱，但这是程朱在两种场合下提出的，有不同的涵义：一是指天道"流行于万物，万物各具一性，所以性无不在"。这个"性"是杂乎形气之"性"。而曹端把"性即理"拼接上去，则其意思就变成流行于万物的性，亦即杂乎形气的性，这种"性"就是"理"。这就同程、朱的"性即理"的本意未免扦格了。朱熹讲"性即理"，一般是从天道观谈起的，故他有时说"性即理"的性，是本然的"天地之性"，这个"性是太极浑然之体"（《朱子文集》卷五八《答陈器之》）。因而这种"性则纯是善底"，于是说此"性则是此理"（《朱子语类》卷五）。所以"性即理"的性，同杂乎形气、流于万物中的性不完全相同。最早提出"性即理"的程颐说："性即理也，所谓理性是也。天下之理，原其所自，未有不善"（《河南程氏遗书》卷二十二上）。这个"理性"①，不是杂于形气的

---

① 有人把"所谓理性是也"，断句为"所谓理，性是也"，也未尝不可，但似觉与上句是同义反复，等于没有解释"性即理"的"性"到底是什么。我们如果不断裂此句，则此句可解释成"性"即是"理性"。至于何谓"理性"，那是由论者见仁见智的去体会了。

"气质之性"（程氏称此性为"才"）。二是指"天命之性"。程颐说："天命之谓性,此言性之理也"(同上卷第二十四)。这是对"性即理"的另一种解说。显然,这个性即他有时所说的"性之本"(同上卷第二十五),与道的意义相同,故他有"道与性一也"之说(同上)。所谓"道与性一也",即后来朱熹所说的此"性是太极浑然之全体",是本体之性,也称"本然之性"。薛瑄在其《读书录》里也是这样看的。

曹端混淆了程朱论性的两种区别,正犯了程颐所谓"性字不可一概论"的告诫。问题还在于,曹端不仅混淆了性字的两种涵义,而且认为除了流于形气的气质之性以外,没有别的性,这就是他说的"气禀之性,只是那四端底性,非别有一种性也"(《通书述解》)。后来,罗钦顺有所谓"超然形气之外,复有所谓本然之性者,支离虚无之见也"之说(《性辨》)。这或者出自于曹端。可见,曹端所谓性,只有气质之性,性气不分,是一而非二等观点,显然是同他的理气"未尝有异"的说法相联系的。这与朱说不同。朱熹固然也说论性不能离气,但"气自是气、性自是性,亦不能相夹杂"(《语类》卷四、卷九五),性与气是二而不一。但是,曹端并没有从性气不分进一步导出如王廷相说的性气"不得相离者也……是性也者,乃气之生理"(《答薛君采论性书》)的性从气出的结论。因为他毕竟还是一个守"宋人规范"的理学家,他不可能把这一"性气不分"的观点贯彻到底,从而得出性从气出的结论。

三、道德修养与"孔颜之乐"

曹端的道德修养方法为"事心之学"。他在《录粹》中谈及为学方法时说："学圣之事,主于一心","事事都于心上做工夫,是入孔门底大路。"所以,君子为学,就是"事心之学",而"事心之学,须在萌上做工夫"。其所以要"在萌上做工夫",是因为"人性本善,而感动处有中节不中节之分",即有合乎天理不合乎天理的分别。而"天理存亡,只在一息之间"。就是说,人在念虑之间,是天理还是人欲,是"克念为圣"还是"罔念为狂",只是在一闪念的"毫忽之间"。因此,曹端在讲到心之已发、未发时,特别重视心之未发时的"预养"功夫,认为"心得其养",则在已发时,可以扩充而"致中和"。所谓"致中和",就是发而中节,合乎天理。

所谓"预养",就是涵养其心的功夫,它是曹端为学方法的关键。如何"预养"?功夫主要是放在"事心"上。他说,"预养"的功夫是诚、敬,而诚、敬又注重于自思反省,不重视身外的"体察"和"集义"。作为方法来说,诚是指虚静、无欲,即"诚之于思"(《语录》)的主静方法,使己心摆脱物情之累。他说这叫作"气清、欲息"。"欲息"便是无欲,其本心"善处自然发露"。故"无欲便觉自在"(《录粹》)。能摆脱物累,其心便能明觉自悟,体悟到天理,或者说天理自然就可"发露"。至此,己心即可与天为一,优入圣域。

诚作为方法之外,还具有己性、太极的意义。本来,诚在《中庸》是指"天之道",而曹端认为诚不是悬于天上,而是在己性之中。对人来说,"诚固未尝无也",只是"以其未形而谓之无也"(《通书述解》卷上)。因为诚不在身外,所以"思诚"当思己心固有之诚。这基本上是上承周惇颐诚为人之性和率性谓诚的说法。所不同者,周惇颐以乾卦喻诚,谓诚本于万物资始的"乾元",不曾说诚就是太极,而曹端直接称"诚即所谓太极也"(同上)。这和他在《太极图说述解》中所说的"人心即太极"是互相发明的。诚既为心中所固有,则"诚之于思",显然就是内省的主静方法。

曹端将"敬"也解释为偏于内省之"敬",不是朱熹说的"居敬","持敬"。总之,曹端作为涵养其心的诚、敬方法,确是他自己说的"在心上做工夫"。朱熹也重视心的功夫,但强调要由外及内、内外兼尽。此即他在《答项平父书五》中说的:"为学次第……必使之即事即物,考古验今,体会推寻,内外参合。盖必如此,然后见得此心之真"(《文集》卷五四)。而曹端却是重内略外,重在"事心"。故刘宗周称他是"即心是极","一以事心为入道之路"(《明儒学案·师说》)。因此,在曹端的著作中,几乎看不到他对身外体察、格物方面的论述。

曹端在讨论道德修养时,论及周惇颐提出的什么是"孔颜乐处"的问题。这是关于道德修养所要达到何种目的的问题。曹端认为这个问题程、朱没有"说破"、说清楚。真德秀也说,程颐"不说出颜子之乐是如何乐"(《西山答问·问颜乐》)。为此,曹端要为"学者说破"。他说:

> 周子之教程子,每令寻仲尼、颜子乐处所乐何事者也。然学者当深思而实体之,不可但以言语解会而已。今端窃谓孔、颜之乐者仁也。非是乐这仁,仁中自有其乐耳。且孔子安仁而乐在其中,颜子不违仁而不改其乐。安仁者天然自有之仁,而乐在其中者,天然自有之乐也;不违仁者,守之仁而不改其乐者,守之乐也。《语》(《论语》)曰:"仁者不忧。""不忧"非乐而何?周、程、朱子不直说破,欲学者自得之。愚见学者鲜自得之,故为来学者说破。(《通书述解》卷上第二十三章)

曹端这个回答,得到孙奇逢的称赞,谓"斯言至矣尽矣"(《笺通书述解》,载《曹月川遗书》)。原来,这个问题是周惇颐向二程授业时,根据《论语·述而》篇孔子蔬食饮水而乐在其中,和《雍也》篇颜回箪瓢陋巷而不改其乐的记载,要二程回答孔、颜"所乐何事"?二程兄弟的回答并不一致。程颢在《识仁》篇中认为乐于仁,做一个"仁人""仁者"。所谓"仁者",即不仅在道理上认识人是"浑然与物同体",而且亲身也感觉到"与物同体",其心即同于圣人,具有圣人的"气象"。程颐则认为要"至于圣人",是在于"与理为一",提出"天人之理得,然后可以至于圣人"(《遗书》卷第二十五)。朱熹亦承此说,谓圣人心中是仁,仁是"心中天理流行",不甚赞同程颢"与物同体"这种泛泛的说法,认为"泛言'同体'者,使人含糊昏缓"(《文集》卷六十七《仁说》)。

这不能说二程、朱熹没有回答孔颜"所乐何事"。只是程颢说的乐仁,泛言含糊,过于玄远;而程颐、朱熹讲"与理为一",也同样未讲出"乐处"到底是什么。曹端在上引的一段话中,回答的也是"乐仁",但他强调不是乐这仁,而是仁中自有其乐。实际上,他是沿程颢之说而作了所谓"说破"的发挥。但他的发挥不是泛言含糊。他对"仁中自有其乐"的"仁",说是

"仁者,天地生物之心,而人所受以生者,为一心之全德,万善之总名"。所谓"天地生物之心",他在《语录》里说就是"己与天地万物为一体"的"圣人之心",也可以叫作"仁者"之心。所谓"仁者"之心,曹端把它具体说成是"仁者不忧"。

"仁者不忧",语出《论语·子罕》,孔颖达《正义》谓:"不忧"为"不忧患"。邢昺疏:"仁者知命,故无忧患"。曹端认为,像孔、颜这样的"仁者",心通天地,熟知天命,因而他们即使身处忧患,箪食陋巷,仍然是"安仁""守仁"、不忧不患,不改其志,安于现状。"仁者"处在现实社会中而"不忧",也就"乐在其中"了。这样,曹端就把程颢、朱熹所谓"仁者""与物同体""与理为一"之类的空泛说法,作了具体的所谓"说破"的发挥。

总之,曹端说孔、颜之乐,就在于获得"己与天地万物为一体"的这种精神境界当中,对其自身处境能"裕如"处之,无忧患之心。这就是他所说的"'不忧',非乐而何"的意思。

显然,曹端为"学者说破"的孔、颜之乐,其实质是:在为学修道中获得"圣人之心"之后,在现实社会中能随遇而安,泰然无忧。换句话说,他把过去在"孔颜之乐"问题上的那种玄远的说法,变成乐于现实,安于现实。所以曹端所谓"说破",实际上是把"孔颜之乐"这个论题,讲得更具有封建社会的现实意义。从这一点来说,过去二程、朱熹确是没有如此"说破",也就是没有这样说得清楚、说得切近,诚如孙奇逢所说,"斯言至矣尽矣"。

综上所述,曹端的理学基本上还是沿着程朱理学发挥的,其间虽有一些新的议论,但正如"丸之走盘",仍然不出程朱理学的"圆盘"之外。《明史》本传称其"大旨以朱学为归",大体上是符合实际的。

第三十二章　薛瑄、吴与弼的理学思想

继曹端而起的薛瑄,在北方开"河东之学",门徒遍山西、河南、关陇一带,蔚为大宗。其学传至明中期,又形成以吕柟为主的"关中之学",其势"几与阳明中分其盛"。与薛瑄同时的南儒吴与弼,"刻苦奋励",立江西"崇仁之学",其弟子又分"余干之学"与"白沙之宗",在理学中都很有影响。

薛瑄与吴与弼虽然都宗奉朱学,但薛瑄以"复性为宗",强调日用人伦、恭行践履,清人视为朱学传宗,称他是"明初理学之冠","开明代道学之基"。而吴与弼是磨砺自家身心,"寻向上工夫",期在"得圣人之心精",其学遂衍为王学的"发端"。显然,薛瑄与吴与弼两家虽宗朱学,但趋向不同,正反映王学出现以前朱学"分流"迁变的情况。

第一节　谨守"朱学矩矱"的薛瑄理学及其学传"关中之学"

薛瑄(公元1389—1464年)字德温,号敬瑄,山西河津人。少随其父读《四书》《五经》;及长,从东莱魏希文(纯)、大梁范汝舟习濂洛学。年三十三登永乐进士,授广东、云南监察御史。他在公廨间读钦定《性理大全》,作札记,后汇为《读书录》。其后,官大理寺时,因忤中官王振,一度被贬至甘陇,后居家讲学。未久,英宗诏任礼部右侍郎、翰林院学士。其间,他曾为于谦辩诬,但未能获救。时权臣石亨当朝,遂托病回家,继续读朱熹及周惇颐、张载理学著作,续作札记,成《读书续录》。卒年七十六。在临终弥留之际,作诗谓"七十六年无一事,此心惟觉性天通"。谥文清。

薛瑄并无理学的专门著作。能反映其理学思想的,即上述《读书录》和《续录》(凡二十三卷),属笔记性质,大多不成系统。其他即为诗文、奏札之类。清人辑其所有文字,并同其年谱、诸儒论赞等,汇刻为《薛文清公全集》,总四十六卷。今传世的有清康熙五十二年(公元1713年)刻本。薛瑄与弟子张鼎、阎禹锡和私淑段坚等形成"河东之学"。复由段坚门徒周蕙(小泉)及周的再传弟子吕柟(泾野)等,形成明中期以吕柟为主的"关中之学"。

一、薛瑄的理气论

与以往的理学家一样,薛瑄关于天地万物之所以生成,也是用理与气来解释的。他说,大而六合,小而一尘,"凡大小有形之物,皆自理气至微至妙中生出来,以至于成形成著"(《读书录》卷二)。所以,"天地万物浑是一团理气"(同上卷三)、"天地间只有理气而已"(同上卷一)。周惇颐的《太极图》,宋、元以来注家很多,在他看来,"一言以蔽之曰理气而已"(同上卷三)。

就理气问题而言,薛瑄间有所论。本来,理学的集大成者朱熹,以二程的理本论,溶入张载气的学说,建立了理本气末的理气关系说。这一关系是:理乘气以行,因而理气是相即而不相杂,终是"二物"。但后来即使宗奉朱学的一些理学家,认为朱熹理乘气之说,在理气关系上,不够圆融周备。他们认为理气关系有"间隙",则学道君子无以从气、从万物中格求天理。为此,他们以所谓"体认不同"的方式,婉转地与朱说商榷。本书上一章论曹端理学中提到的《辨戾》一文,即是一例。而薛瑄正是在曹端提出"理气未尝有间隙"之后来探讨这一问题的。

和曹端一样,薛瑄在《读书录》卷九中,根据曹端的"太极自会动静"之说,认为"太极能为动静",阴阳之气的动静是太极的动静。只有这样,太极与气才没有"间隙"。理与气也是如此:"理气密匝匝地,真无毫发之缝隙"(同上卷八)。因为没有"缝隙",所以"理与气一时俱有,不可分先后"(同上卷三)。既然"理气间不容发",那么,"如何分孰为先孰为后"(同上)?显然,这与朱熹的理气相即不离之说是相左的。朱熹认为,理流行于气,充塞于气,故理气不能分离,但从本原上说,是理先气后,故说:"若论本原,即有理然后有气"(《文集》卷五九《答赵致道书》)。理对气来说是根本的。薛瑄不同意朱熹这一观点。他说:

> 或言"未有天地之先,毕竟先有此理。"(语出朱熹《语类》卷一)……窃谓气不可分先后。盖未有天地之先,天地之气虽未成,而所以为天地之气,则浑浑乎未尝间断止息,而理涵乎气之中也。(《读书续录》卷三)

薛瑄认为,朱熹的"理在气先",是就所谓"未有天地之先"而言。在他看来,即使在"未有天地之先",就已存在"浑浑乎"的无形之气,只是"未成"即未聚合成具体的东西而已,而气在未形聚时,其理即已涵乎其中。所以,气从无形到有形,是"未尝间断止息",理与气从一开始就"密匝匝地"相即不离,不存在理先气后的问题。

薛瑄所以不同意朱熹的理先气后之说,当然不是反对理的绝对性,而是在于强调理气"无缝隙"的这种不可分离的关系,因为这样才能避免理气脱节,使理不致成为"气之外悬空"之物,而因此理也是"真实"的。在他看来,道器关系也是如此:"道器合言,所以真实"(同上卷五)。

他认为,只有把理气不可分离这个前提确定下来,才能懂得"即理而气在其中,即物而理无不在"(《读书录》卷十一)的道理,懂得由下学而上达的求道功夫。而只有这样,才可能同"明心见性"的佛教区别开来,同"直求本心"的陆学区别开来。

不难看出,薛瑄在理气的关系问题上,既是发挥朱熹理气相即的观点,而又抛弃了朱熹所谓理先气后的提法。因为理先气后的提法,难免割裂理与气。可见,薛瑄强调理气"无缝隙",是企图弥补朱学的不足,而非反对朱学。

薛瑄在对于同理气有关的一些概念、命题的解释中,也贯穿着理气相即的观点。例如,道器关系,他说"显者器也,微者道也;器不离道,道不离器"(《读书续录》卷三),"故曰道亦器也,器亦道也"(《读书录》卷一)。又如,"理一分殊"这个理学的传统命题,他说:"理一乃所以包乎分殊,分殊即所以行夫理一;分殊固在乎理一之中,而理一又岂离分殊之外哉"?因此,"理所以统夫分殊,分殊所以分夫理"(同上)。至于"体用一源""显微无间"和名实、有无等等理学概念和命题,他也都用理气相即"无缝隙"的观点做了解释。

但是,薛瑄关于理气相即"无缝隙"的观点,也并非完满无缺。当他进一步谈到理和气的本质时,就表露出他这一论点的自相矛盾。他称理是天地之道,其道在物为理,赋予人为性。而太极就是理的极至,它虽然幽微无形,但是无乎不在,天地万物包括人在内是它的表现、作用,是它的显现。不过,当人们一提到理的时候,气亦随之。所以说理在气中,反过来说,则气中有理。这样,从理的方面来说,有此理便有此气;而从气的方面来说,有此气便有此理。因此,理气相即而无先后。但是,他也可能感到这样去强调理气"密匝匝"的相即关系,难免要淹没理的绝对性,故有时论气,又往往说"气有消息,理无穷尽"(《读书录》卷九)。而所谓变化"日新",是指"方生之气,非既散之气,自是新者"(《读书续录》卷七);理则是"万古只依旧,它是永恒不变的"(同上卷十一)。故说:"气有聚散,而理无聚散"(《读书录》卷四)。其理与气,是"理为主,气为客,客有往来,皆主之所为"(同上卷五)。这种同义反复的烦琐论证,说到底,理仍然是绝对的、永恒的,而气则是相对的、暂时的。他所谓"日新""气有消息",则表明气还是有间断性的。这里还想提到,为了说明理是绝对的、永恒的,气是有聚散的,他有一段常为后人提到的日光与飞鸟之喻的话:

> 理如日光,气如飞鸟,理乘气机而动,如日光载鸟背而飞,鸟飞而日光虽不离其背,实未尝与之俱往,而有间断之处,亦犹气

动而理虽未尝与之暂离,实未尝与之俱尽而有灭息之时。气有聚散,理无聚散,于此可见。(同上)

这个例子,除说明理的永恒性以外,所谓理气不可分离,原不过是为了说明"理乘气"而已,也就是他在另一处所说的理载乎气中、理寓于气中的意思。所以理与气性质不同,仍然是"二物",其结果是理气之间还是有"缝隙"。薛瑄在理气关系上的矛盾,罗钦顺就曾经指出过(见本书罗钦顺章)。黄宗羲在《明儒学案》中也曾指出这个矛盾。这说明薛瑄在理气关系上,虽然比曹端作了更多的烦琐论证,但最终也无法弥合朱熹关于理气关系上的漏洞。这是由于他不能放弃理的绝对性、永恒性这个为理学家所奉行的基本观点。

可以看出,薛瑄以理为绝对的天道观基本上还是朱学的思想观点。因此,他在论证理气"无缝隙"的相即关系时,尽管讲到气中有理,有气即有理之类的话,但始终不能再前进一步,导出新的更为积极的结论。所以,明、清人称他谨守"朱学矩矱","开明代道学之基",是不无道理的。

不过,值得指出的是,薛瑄在论述理气关系时,往往把气与理,说成是"有形"与"无迹","可见"与"不可见",并进而抽绎为有与无这样一对哲学范畴。这里我们仅从薛瑄将有、无作为范畴的规定,以及由此猜测到抽象与实在的统一等问题做一些论述。他说:

谓有乎?则视之无形也;谓无乎?则其来有本也。有本而无形则有而无矣,无形而有本则无而有矣。有而无,无而有,非真知有、无为一体者,不足以语之。(同上卷三)

他在论及名与实、微与显、形而上与形而下时,也多少有这种类似的提法。

这里,他所说的"有",不是指有形可见的物象,而是物的一般,即物的抽象,故说"视之无形也"。然而,如果把这个看不见的"有",说成是"无",则这个"无"不是虚幻的"无",而是"有本"的,即有所本,有所根据。

可以看出,在这里面,他既谈到有、无这对范畴之间的联系,也谈到有、无这一对范畴与"有本"之间的联系。这里,他对理学范畴所作的分析具有辩证的思想因素。

其次,他进一步申述有、无这对范畴的关系,指出,"有本而无形则有而无矣,无形而有本则无而有矣"。在他看来,有本而无形的"有",可以说是"无";反之,无形而有本的"无",也可以称为"有"。故说"有而无,无而有,非真知有无为一体者,不足以语之。"这是说,抽象的"有",看起来似乎是"无",而抽象的"无"却是"有本"的,即"真实"的,故又说"有、无为一体"。所谓"有、无为一体",他在别处又称"有无为一"（同上卷一）。这就揭示了有、无这一对范畴之间的互涵和统一的关系,而它们所以能够互涵和统一,又在于二者都是统一在"有本"这一实在的基础上。他强调"无而有、有而无"的互涵统一关系,实际上是针对魏晋玄学中"崇有"与"贵无"两派互相排斥的争论而发的,故说"非真知有无为一体者,不足以语之"。

薛瑄曾以"有无为一"的观点,指出老子的"无能生有"的错误,认为这是由于老子"截有无为两段",没有看到有无之间的互涵与统一,致使"有、无为二"（同上）。其"无"也就离开与之相涵的"有",从而就成了由虚无而生有了。他还以"有无为一",批评佛教把现象世界看作"空虚""幻迹"的所谓"万法皆空"说:"《金刚经》只欲说形而上之道（为真实）,以形而下者为幻迹,此所以偏于空虚也。圣人（指周、孔）则道器合言,所以皆实"（同上卷五）。认为佛教割裂形而上与形而下,亦即割裂无和有的关系,故最后"偏于空虚"。如果"道器合言",即道器相即不离,那么,形而上、下都是实在的。薛瑄对老子和佛教的分析,当然不一定就抓住了他们的哲学本质,但他这种分析方法应该说是深刻的。

应当承认,薛瑄从理气、道器相即关系中,间接地抽绎出哲学有、无的范畴,虽然论述得还不充分,但他对有、无这对范畴本身,还是做了必要的规定。这种规定,既是抽象的,又是立足于"有本"的实在的基础之上。这在思想史上是值得注意的。

二、论性与"复性"方法

薛瑄在天道观中,讲理气以及太极,是在于论证"一个性字"。他认为"性",从上来说是天地的本质,从下来说是伦理纲常的核心。由此,他提出求道问学、道德修养的目的在于"复性"。明、清时代的学者因此称他的理学是"以性为宗","复性为要"。

薛瑄为强调他的"复性"论,把孔、孟以来的儒学归结为一个性字,说"圣人相传之心法,性而已"(《读书续录》卷六),"圣人之所以教,贤者之所以学,性而已"(《读书录》卷三)。至于圣贤之书,如"看一部《中庸》,得一性字可贯之"(《读书续录》卷三)。《大学》讲"明德",《论语》讲"仁",《孟子》讲"仁义",其实都是叫人明白"一个性字"(同上卷七)。周惇颐《通书》,也"只是一个性字,分作许多名目"(同上卷二)。总之,"千古圣贤之言,一性字括尽"(《读书录》卷三)。因此,"论性是学问大本大原,知此则天下之理可明矣"(《读书续录》卷六)。他为此叹息:"自孔孟以后皆不识性"(《读书录》卷一),"孟子之后,道不明,只是性之不明"(《读书续录》卷七)。而他一生孜孜不倦地追求,就是为了明白"一个性字"。经过长期的探索,到了晚年他才识得此性,其心始觉与"天通"。

那么,薛瑄说的"性",与程、朱之说有什么异同?其"复性"的方法是什么?他在《读〈西铭〉笔录》中称:"此一性字,皆自'天地之帅吾其性'之性来……窃以为性之一字贯之如此"(《读书续录》卷五)。他把张载这句话理解为性是本于天地,也就是本于天道、天命,故他说:"天地公共之理,人得之为性"(《读书录》卷八),"性乃天命赋予人物之实体"(同上卷二),"性本于命,命者天道之流行而赋人物者也"(同上卷二)。天道、天命(有时也称天理)是"顺其自然",故也可以说"性本自然"(同上卷一)。

因为人所禀受之性,具有天道、天理的意义,故其性是"无所不有,无时不然"(《读书续录》卷四),它是包括人在内的万物之枢纽、万理之总汇,"故曰'天下无性外之物,而性无不在'"(同上卷二)。一句话,"天下万理不出于一性"(同上卷三)。他还指出,性是"实体",而道是性之"实用"(同上卷二),

"太极是性之表德"(《读书录》卷八)。故道、太极就是性,"性者……即所谓道也"(《读书续录》卷五),"太极只是性"(同上卷八)。按他在这里所说的道、太极就是性,当指本然之性,即理学家常说的天地之性、本体之性,它是道、太极的本质,亦即天地自然的本质。

值得注意的是,程、朱论性时,对"人生而静以上"的性,即人未生时的本然之性,认为"不容说",所以,他们谈到的性,一般是指理具于形气之中而有的性,即就人生而后说的,故朱熹说:"性是就人物上说"(《语类》卷二八),是人禀受天理而谓之性,"性者,人所受之天理"(同上卷五),"人得之而为性"(同上卷二八)。由此,从人的气质之性中,可以求得天地的本然之性,而达于天道、天理。所以由己性可通于天,知性可以知天,性是人与天地之间的贯通环节,而很少讲到性就是天地的本质或世界万物的根本、枢纽、总汇之类。

看来,薛瑄论性,是根据周惇颐以宇宙统体言性这个观点出发的。周谓性即诚,诚本于"万物资始"的"乾元"。其所谓"乾元",即起始、根本。同时,薛瑄也接受张载"性与天道不见乎小大之别"的观点,从而讲出"人生而静以上"的性,即天地本然之性。

这从理学的立场来说,薛瑄是企图使理学的心性问题,具有天道自然的意义。他所谓性即天道自然,太极、天理的本质就是性,"物理之极处不过一性字",故"知性",其心即与"天通",等等,朱熹确是未尝如此直截"明爽"地提出来。薛瑄以为这样去讲"复性"的意义,自可为"学道君子"所信服。

薛瑄在论证心性具有天道自然的意义之后,进而指出心性的社会伦理纲常的意义。他说:"只是一个性字,分而为仁、义、礼、智、信,散而为万善"(《读书录》卷八),"仁、义、礼、智即是性"(同上卷五)。又说:"道只是循此性而行","德即是行此道而得于心","诚即是性之真实无妄","忠即是性于心","恕即推是性于人",等等,"虽有万殊,其实不过一性"(《读书续录》卷五)。总之,道德名目繁多,统统是本体之性的表现而已。而"复性",就是通过道德修养,复返到湛然纯善的本体之性。这种"复性"在人伦日用中是可及可求的,由此,薛瑄指出佛教"明性"所以荒谬,就在于他们"举人伦而外之"(《读书录》卷一),他们不承认现实社会中的"人伦之理即性也"(同上)的事实。

为什么要"复性"?是因为人的气质之性有为善为恶的两种可能性。据他说,人的气质之性,在"感物而动之初,则有善有不善,周子(惇颐)所谓'几'也"(同上卷五)。这是说,性有已发、未发之分,其善或不善,正是遇物将动未动的一瞬间产生的。这种可善可恶的一瞬间谓之"几"。所以,道德修养的功夫,就是在性之未发、已发这一瞬间。在这个当间,革除去即将萌发的不善意念。薛瑄认为,《中庸》只讲一个未发、已发,周惇颐也只是"指出未发已发之间说'几'字","教人于此用功"(《读书续录》卷三)。然而,要革除那即将萌发的不善意念,则又在于改变产生这种不善意念的气质。故说:"为学者,正欲变化不善之气质"(《读书录》卷五)。

如何变化气质?他认为应该在日常地应接酬酢中不断矫正偏向,如"轻,当矫之以重;急,当矫之以缓;褊,当矫之以宽;躁,当矫之以静;暴,当矫之以和;粗,当矫之以细。察其褊者而悉矫之,久之则气质变矣"(同上卷三)。他自称"余性偏于急且易怒,因极力变化"(同上)。所以,"为学于应事接物处尤当详审。每日不问大事小事,处置悉使其宜,积久则业广矣"(同上卷二)。如何在矫偏中"详审""合宜"?这就要有诸如下学上达、内外兼修、格物致知的方法和功夫。这既包括身心修养,又包括精神上所当求的趣向。

薛瑄的这一套"复性"方法、功夫,特别强调下学的功夫。他认为下学功夫不实,欲求上达则"无可据之地"(同上卷十),故应当"因器以识道","于有形处默识无形之理"(同上卷四),否则就要流于禅坐空悟。他指出"宋儒亦有流于禅者,不可不察"(同上卷八)。所谓"流于禅者",是指直求本心的陆学。他在另一处就明确指出,"象山谓使人读书为义外工夫,必欲人静坐先得此心。若如是,未有不流于禅者"(同上卷五)。

至于下学的内容,他说:"下学人事,形而下之器也"(同上卷二)。所谓"人事",是指君臣、父子、夫妇之类的伦理纲常。其具体内容是:除了读圣经贤传外,主要是与切己有关的视听言动、饮食男女等人伦日用。他认为,在这些人伦日用中,只要按封建道德的要求,"恭行践履",而且"处之各得其宜"(同上),即获得仁义礼智之性,这就是知其性、复其性。

薛瑄指出,这种人伦日用的下学功夫,也就是"格物"。如说"耳目口鼻身心皆物也","圣贤之书,六艺之文,历代之政治,皆所谓物也"(同上卷二)。故"格物"就是在与耳目口鼻相接的应事接物中,"求其是处"(同上卷三),"求至极之理"(《读书续录》卷五)。能获得"是处""至极之理",即可"豁然贯通",明白了"一个性字"。对于程颐所说"涵养须用敬,进学在致知",其要也在于"明此性"(同上卷六)。

他说,由格物到知性复性,即由下学到上达,这中间所以要通过"豁然贯通"的直觉方法,是因为"至极之理"的性,无声无形,非闻见之知所能获得,而只能靠默识心悟的直觉。这就是他在《读书续录》中所说:"凡言性命仁义礼智道德之理,皆无形声之可接,惟默而识之可也。故曰上达必由心悟"(卷六)。这种直觉的认识方法,并非是由知识的积累而发现真理的认识飞跃,而是在冥悟中忽然"明觉"。他自己就有过这种神秘的体验:"一日,在湖南靖州读《论语》,坐久假寐。既觉,神气甚清,心体浩然若天地之广……几与天地同体,其妙难以语人"(《读书录》卷一)。显然,这种"难以语人"的直觉"心悟",是近乎佛禅的"顿悟"。尽管他反对佛教,但并不妨碍他与佛禅之间存在着相同的修养方法。

薛瑄这种直觉"心悟"的上达功夫,首先要对心进行一番"括磨",拨开昏翳,使"心如镜"(同上卷五),然后才能达到"澄心精意"(同上卷二)的"心悟"。而所谓"括磨"功夫,就是上面说的人伦日用的下学功夫。所以,下学功夫是上达的基础,是上达的关键。

薛瑄的"复性"方法,虽然主张下学而上达、内外兼修,但重点放在下学,即外在的日用功夫。在他看来,只要下学功夫做到,自然可以上达。而下学功夫,主要又是人伦日用、言行酬酢,以至一些生活俗事。这同朱熹所说的"泛观博览""格物穷理"的下学功夫比较起来,未免过于褊狭。因此,刘宗周、黄宗羲对薛瑄的理学评价不高,甚至在字里行间里还有微词。如刘宗周说"薛文清多困于流俗","阅先生《读书录》,多兢兢检点言行间,所谓学贵践履,意盖如此"(《明儒学案·师说》)。黄宗羲称薛瑄的"河东之学,恫愊无华"。又说:"河东有'未见性'之讥,所谓'此心始觉性天通'者,为定欺人语。可见无事乎张皇耳"(《明儒学案》卷七《河东学案·序》)。黄宗羲怀疑他是否真的"见性"?其临终时称"此心始觉性天通",并非欺人之语。这同刘宗周说的"或曰'此心始觉性天通',先生晚年闻,未可量也"(《明儒学案·师说》)一样。所谓"未可量",不是指"无可限量",而是说不好量评,不好肯定的意思。刘宗周、黄宗羲的评论,固然带有他们自己的偏见,但从上面列举的薛瑄的思想观点来看,他们的评论不是全无根据的。

总之,薛瑄虽然谨守"朱学矩矱",基本上还是朱学的一套,并力图在某些方面为朱学补苴圆融。但总的来说,朱学在他这里被弄得褊狭"无华"了。这一情况,至其后学——"关中之学"就更明显了。这也反映出,朱学在明代虽然已成为官学,但就其思想本身而言,并没有什么新的发展;相反,它却是越来越不景气了。

三、薛瑄的学传——"关中之学"

高攀龙曾说过,有明一代"学脉有二":一是南方的阳明之学,一是北方的薛瑄的朱学(见《东林书院志》卷七《景逸高先生行状》)。高氏称薛瑄在北方的朱学,既包括薛瑄及其弟子的"河东之学",也包括数传之后,与王学同时的"关中之学"。这里,我们拟着重论述薛瑄所开创的"河东之学"至"关中之学"这一学传及其变化情况。从中可以看出明代朱学的发展趋向。

所谓"关中之学",刘宗周认为明代"关学",是指从薛瑄的再传弟子周蕙开始,到四传弟子吕柟及其门人为止的这一学术统绪。吕柟是"关中之学"的"集大成者"(《明儒学案·师说》)和代表人物。"关学"学者除个别人以外,大多都出生在陕西关中一带。他们的学术活动,大约从明成化年间到嘉靖年间。

"关中之学"的代表人物吕柟(公元1479—1542年),学者称泾野先生,陕西高陵人,曾官翰林院修撰、国子祭酒。传世的有《吕泾野先生文集》《吕泾野先生语录》。其师即薛瑄三传弟子薛敬之（思庵）。薛敬之有《思庵语录》，其学主薛瑄之说，强调理气不"断隔"，性气"不相离"。吕柟之学即由其师薛敬之而上承薛瑄的理学观点，注重人伦日用的下学功夫。其说也是从性气相即立论的。他说：

> 孟子言气字，即有性字在。盖性字何处寻？只在气上求之。先儒喻气犹舟也，性犹人也，气载乎性，犹舟之载乎人，则分性气为二矣。试看人于今，何性不从气发出来？
>
> 皋陶说"九德"，皆从气质行事上说，至商、周始有礼义性命之名。宋人则专言性命，谓之道学，指行事为粗迹，不知何也？
>
> （《吕泾野先生语录》，以下不注出处者，俱见于此）

这是沿薛瑄理气"无缝隙"、性在气中之说，但他不同意"气载乎性，犹舟之载乎人"，也就是不同意薛瑄用日光与飞鸟以喻"理乘气"的说法。因为"气载乎性"，"理乘气"，则难免使理与气、性与气有间隔的可能。罗钦顺就曾经这样指出过。吕柟认为是"性从气发出来"，而不是"气载乎性"。因为最初"天与人以阴阳五行之气，理便在里面了"，所以理不是乘气，理本来"便在里面"，这样才可以说理气无间隙。性与气也是如此。所以要寻求"性字"，"只在气上求之"。就人来说，当从气质、行事上寻求。故"行事"，即人伦日用并非是宋儒说的"粗迹"。由此，求性方法"亦只在下学中做去"，"从下学做起"，应当"即事即学，即学即事"，不能"高远"揣摩。他具体地说："今讲学甚高远，某与诸生相约，从下学做起，如随处见道理。事父母这道理，待兄弟妻子这道理，待奴婢这道理。此可以质鬼神，可以对日月，可以开来学，皆是切实处做来。"而学者所说的"求仁"，就在这些人伦的实践中"熟而已"，然后"斯仁至矣"。

从人伦实践中获得"仁"，当然还要通过人心的"德性"体验，俾可"心、事合一，体用一原"。但主要功夫还是放在"事事"的闻见中。黄宗羲于此指出，吕柟"所谓穷理，不是泛常不切于身，只在语默作止处验之。所谓'知'者,即从闻见之知,以通德性之知,但事事不放过耳。大概工夫,下手明白,无从躲闪也"(《明儒学案》卷七《河东学案·吕柟传》)。所谓"下手明白",即吕柟自己说的"随处见道理"之意。所以把功夫放在"切于身"的人伦之事上,就是"格物"的"把柄之处"。他在《语录》中论及格物的意义时指出:

> 章诏问格物,先生(吕柟)曰:这个物正如孟子云"万物皆备于我"物字一般,非是泛常不切于身的。故凡身之所列,事之所接,念虑之所起,皆是物。凡是要格的,盖无一处非物。其功无一时止息得的……念头便觉萌动,此处亦有物可格否?先生曰:怎么无物可格!……

他认为,格物主要是格与己有关的物,即所谓"身之所列"(耳、目、口、鼻),"事之所接"(饮食男女、言行酬酢),"念虑之所起"(心与物相接时萌生的不善念头)。这些都是"身心所列事物",而不是格天下之事事物物。他为此曾提醒其门人说,如果"事事物物皆要穷尽,何时可了? 故只一坐、立之间,便可格物……如是,则知可致而意可诚。"如何格? 他说"以格为度量即是。"所谓"度量",即如何使之适当的意思。如果对照一下朱熹论格物时,所说物的内容与格的本义(详见本书朱熹章),则吕柟讲的格物,真是"路头就狭了"。

可以看出,吕柟这种格物的内容和上面提到的下学功夫,同薛瑄一样,也是"困于流俗",而并不注意上达的功夫。虽然他讲格物时,也提到不要在静处"禅定",应该在"动处用功",但又说用功"莫太高远",即同人伦日用的事不要离得太远。他解格物的格为"度量",实即薛瑄说的在日用酬酢中求合其宜,在行为上符合封建道德的要求而已,所以刘宗周称他的理学,其要不过是"以躬行礼教为本"(《明儒学案·师说》)。

因为与吕柟同时的王学已经盛行,故吕柟也不能不正视王学的观点。况且有人曾以王学观点去向他请教。他对王学、也包括陆学的观点作了辩驳。这种辩驳进一步反映了吕柟的理学特点。他认为论心、存心,就是"人于凡事皆当存一个心",而存心不是离事而直求本心。前面引录他说宋儒"指行事为粗迹,不知何也"?就是批评陆学的。对于王阳明所谓良知是本体,"不假外求"的说法,吕柟认为此说"浑沦"不清。因为孟子提出"良知","便兼良能言之",故所谓"致良知",当是发其本能的意思,而要发其本能就需要下学功夫,功夫达到,"本体"即可获得。

吕柟还批评王守仁的知即行、行即知的"知行合一"论,指出知不等于行,知行"自有先后,必先知而后行……圣贤亦未尝即知为行也","如何将知得亦为行乎?予所未晓也。"他强调,不仅知不等于行,且知行二者,行比知更重要。他说:"今世学者开口便'一贯',不知所谓'一贯'是行上说?是言上说?学到'一贯'地位多少工夫?今又只说'明心',谓可以照得天下之事,'宇宙内事',固与吾心相通。使不一一理会于心,何由致知?所谓不理会而知者,即所谓'明心见性'是也,非禅而何?"认为以知代行,忽视行的下学功夫去"理会",便是"明心见性"的禅悟。在他看来,即是"吾之知本是良知,然被私欲迷蔽了,必须闻见开拓,师友夹持而后可,虽生知如伏羲,亦必仰观俯察"。他这些对王学"致良知""知行合一"的批评,均旨在强调人伦日用的下学功夫。

显然,吕柟作为"关中之学"的集大成者,与其时的王门相反,认为上达就在下学中,功夫就是上达。这与王学不同。王学以知代行,而他认为知在行中,能行即能知,其极端则必然是以行代知。吕柟这种强调道德践履的理学特色,必然使其理学流于简单浅俗,故吕柟的传人,能株守师说者,多枯乏没有生气,以致后来与王学不能抗衡。而另一部分传人,或涉足于讲上达功夫的湛若水门庭,或以王学的观点质诸其师。尤其是张节竟讲起"静中养出端倪",而郭郛竟自称"闭门只静坐,自是出风尘"之类,则已明显地越出吕柟的门墙。这说明"关中之学"开始分化,其学统已难以为继了。总之,以吕柟为代表的"关中之学",作为一个以朱学为旗帜的学派来说,到了吕柟的传人,已是奄然息响,了无生气。

必须指出,以吕柟为代表的"关中之学",尽管重功夫、贵践履,但无论就这个学派本身和后来这个学派的思想分化来说,却始终没有把理学思想向前推进一步。因为他们虽然提出性气相即、气中有性的观点,吕柟甚至讲过"性从气中发出来"这类话,但他们是以性为前提的,因而颠倒了性与气二者的关系,不可能得出性从气出、性是气之性的结论。

最后,还要提一下明、清时期的一些学者对"关中之学"资料的搜集和整理。如明万历年间关中人冯从吾,把吕柟与宋代张载、清初李颙(二曲)的资料汇辑为《关学编》,统称为"关学"。其后,清代李元春又进一步增订《关学编》。接着,张骥又据此作《关学宗传》。经过这些人的搜集和论说,吕柟成了上承张载、下开李颙的这样一个承前启后的学者。显然,这是把三个人物,仅仅因为是同一关中地区,而不顾及他们各自所处的不同历史时期和思想传承关系,强行拼凑在一起的。这当然是不符历史实际的。即以吕柟的"关中之学"来说,其源出自山西人薛瑄,即刘宗周说的"关中之学皆自河东来"(《明儒学案·师说》),并非是上承张载,也并非是从张载的理学中演变过来的。因此,由宋至清这前后三个人物的思想,不存在张载以肯定形式、吕柟以否定形式、李颙以返归张载的肯定形式这样一个"正反合"的递传关系。所谓"关学"的始作俑者冯从吾,他所汇编的《关学编》,原不过是地志的性质,一如《金华丛书》《江西丛书》《岳麓丛书》之类。而李元春、张骥却从中牵率为承前启后的"宗传"关系,真可谓是好事者为之,殆无意义。

第二节 刻苦奋励的吴与弼理学

一、吴与弼的学行

与薛瑄同时的吴与弼,也是明代前期的朱学人物。所不同者,薛瑄偏于下学,主道德实践;吴与弼则侧重于"寻向上工夫",求"圣人之心精"。

吴与弼(公元1391—1469年)字子傅,号康斋,抚州崇仁(今属江西)人。初习诗、赋、经制。年十九,赴南京省亲,得拜明代"三杨"之一的洗马杨溥为师。其时，在他父亲的任所，获读朱熹所编《伊洛渊源录》。自谓读后，"睹道统一脉之传，不觉心醉……于是思自奋励，窃慕向焉，而尽焚当时举子文字，誓必至乎圣贤而后已。……与弼迷途少改，实始于此文"（《康斋文集》卷十二《跋伊洛渊源录》）。自此立志习理学，发奋读书。虽生活清贫，躬耕自食，但于理学笃志不改。至六十八岁，不顾年老，应诏赴京，然仅官以"谕德"，辅导太子读书，故谢辞未就。在返乡前，向英宗上"崇圣志"、"广圣学"等十事，内多以往"圣贤格言"。归途中，绕道至闽拜朱熹墓，"以申愿学之志"。后居家以读书授徒终老。其一生虽刻苦奋励，孜孜于理学，但其"节操"多遭人物议。究其原因，一是为权臣石亨作年谱序，颂其"盛德在天下"，又自称"门下士"，世谓其"自附匪党"；二是其弟私鬻祭田涉讼，吴以"褫冠蓬首，跪讼于庭"，有失道学体统；三是"求名太急"，不愿屈就太子师。其事在道学中，"一时名流尽哗"，"诟谇丛滋"，以至有人要"上告素王（孔子），正名讨罪，不得久窃虚名"。也许这些原因，再加上他在理学上"矜心作意"，不能恪守朱说，故卒后不得封谥，不得从祀孔庙。

吴与弼的理学，"上无所传"，自学自得，"刻苦奋励，多从五更枕上汗流泪下得来"。其讲学授徒，多以禅语机锋的启发方式，促其自悟。

先后从吴与弼受学者，有娄谅、胡居仁、罗伦、谢复、胡九韶、陈献章、周文、杨杰等。其弟子在其门下，分成两派。陈献章"得其静观涵养，遂开白沙之宗"；胡居仁、娄谅等"得其笃志力行，遂启余干之学"（《四库全书总目》卷一七〇《康斋文集》提要）。其后，王阳明即从娄谅和陈白沙学生湛甘泉问学。

吴与弼主"刻苦自立"，只求心得，"不事著述"，故其著作不多，仅有日常"学之所得"的《日录》一卷，体裁近似于语录，并不系统，但比较集中反映他的理学思想。章衮称《日录》为吴氏"一人之史，皆自言己事，非若他人以己意附成说，以成说附己意"（《明儒学案》卷一《崇仁学案·吴与弼传》）。今有明末崇祯刻本《康斋文集》十二卷。清康熙年间将其《日录》汇入《广理学备考》，称《吴先生集》。

二、吴与弼的"静观"修养论

吴与弼的理学,主要是讲身心修养,并不重视天道自然,认为圣贤教人,就是修身,修身然后可以治国平天下。关于修养身心以及治学方法,多得自朱学,但也自有"体认",而这种"体认",又往往偏离朱学。其论人心也是如此。首先,吴与弼论"为学"说:

> 圣贤教人,必先格物致知以明其心,诚意正心以修其身。修身以及家、而国而天下,不难矣。故君子之心必兢兢于日用常行之间,何者为天理而当存,何者为人欲而当去。(《康斋集》卷十《励志斋记》)

他在《日录》中也讲到为学是"无非存天理去人欲","学圣贤者,舍是何以哉"？而为学的过程就是变化气质。其变化气质的方法,吴与弼说主要是"读圣贤书",体会圣人遗言,以充实"吾心固有之仁义礼智"。但是,他在讲述朱熹这一观点时强调,人之所以为人,不同于禽兽,是因为人心本具仁义礼智四端:"人之所以异于禽兽者,以其备仁义礼智四端也"。因此就人来说,读书为学,主要是在于"反求吾心"。他在《劝学赠杨德全》一文中主要就是讲这个问题。他说:"欲异于物者,亦曰反求吾心之固有之仁义礼智而已,欲实四者于吾身,舍圣贤之书则无所致其力焉"(同上卷八)。

读书的目的是"反求吾心",自然要体现在读书的方法和功夫上。但是,他说读书为了"反求吾心",这种"反求"并非是"直截"和顿悟,一蹴而得,而是要有个过程。这个过程是经过对吾心的涵养、磨洗、启发,如此"积功久之",最后才能使吾心固有的东西发露出来,从而达到"反求吾心"的目的。所以,他在谈到读书的具体方法和功夫时,总是强调要结合日用酬酢,要有不间断的长期刻苦工夫,要"勿忘勿助",自然而然,反对一读书、一冥目即可通透的顿悟。这是他所一再强调的,也是他谈论得比较多的方面,且多以亲身的体验立论。

他强调说,在玩味、体验"圣人之道"中,即可浃洽于身心。因为就心来说,"心是活物,涵养不熟,不免摇动,只常常安顿在书上,庶几不为外物所胜"(《日录》)。关于读书对心的涵养,他举例说,"观《近思录》,觉得精神收敛,身心检束,有歉然不敢少姿(疑'恣')之意,有悚然奋拔向前之志","贫困中事务纷至,兼以病疮,不免时有愤躁,徐整衣冠读书,便觉意思通畅。""枕上思在京时,昼夜读书不间,而精神无恙"(同上)。

这种对心的涵养,是要有一个持久不断的过程,要"昼夜反复身心,然后知圣贤之心"(《康斋集》卷八《与章士言训导书》)。这并非是躐等可取。他曾对他的学生胡九韶说:"专心循序熟读,勿忘勿助,优柔厌饫于其间,积久自然有得,不可强探向上。此味真难知之,正文公(朱熹)所谓虽淡而实腴也"(同上《与胡九韶书》)。为此,他在《复曰让书》中,提醒学道者,要"读以千万言不计其功,磨以岁月而不期其效。优柔厌饫于其间,则日新之益,自有不期而然也"(同上卷八)。总之,读书"须要打叠岁月方可","如此痛下工夫,三五年庶几可立些根本,可以向上"(同上《学规》)。

这里,他谈论的读书方法和修养方法,看起来似乎是属于朱学的思想。娄谅在为吴与弼作的《行状》中,就是这样认为的。其实,这并不合于朱熹的思想。因为吴与弼的读书方法和功夫,只是要以所谓"循序渐进"的方法达到"反求吾心"的目的,而朱熹是把读书作为格物穷理的一项重要内容,因为按他的说法,理在事事物物中,即所谓"天下之事莫不有理",故格物穷理就是要在事物中"有以穷之",以"知其所以然,与知其所当然……此穷理所以必在格物也。"因此"为学之道,莫先于穷理,穷理之要必在于读书"(《朱子文集》卷十四《行宫便殿奏札二》)。显然,"读书只是要见得许多道理"(《语类》卷三四)。故读书也叫作"集义",获得许多道理,即可浃洽于心,"涵养德性本原"。

所谓读书是"涵养德性本原",这又是吴与弼引述并着意发挥的一句话。但是,朱熹讲"涵养德性本原",其意思是说,通过读书去掉私欲,以使"心静理明",而不是吴与弼所说的读书是为了"反求吾心",端发吾心固有之理。朱熹认为,心是"空豁豁地,更无一物",是"虚底物"。心要能知,需要在事事物物中格得其理,不能直接从心中获得。所以,读书等为学功夫,是由外知到内知,向内充实,不是说读书是为了"反求",径直发明"吾心"。他曾经批评以"读书类推反求"的说法,认为这是"却将他人说话(圣贤之言),来说自家底意思",因而又不免以"自家私意"去牵率古人,其圣人之言也就成了吾心之注脚。这难免要滑向陆九渊所谓"六经注我"的轨辙。

从吴与弼的读书论中,可以看出他的理学倾向与朱熹有所扞格。他在《浣斋记》中说:

> 夫心,虚灵之府,神明之舍,妙古今而贯穹壤,主宰一身而根柢万事,本自莹彻昭融,何垢之有?然气禀拘而耳目口鼻四肢百骸之欲为垢无穷,不假浣之之功,则神妙不测之体,几何不化于物哉?……于是退而求诸日用之间,从事乎主一无适,及整齐严肃之规,与夫利斧之喻,而日孜孜焉,廉隅辨而器宇宁,然后知敬义夹持,实洗心之要法。(《康斋集》卷十)

这里,吴与弼突出了心是"妙古今而贯穹壤,主宰一身而根柢万事",这个心本来是"莹彻昭融",是完满自足的,即他在另一处说的"吾心固有",本具一切。这是他对心的看法。而因为这个心,被气禀所拘,蒙有尘垢,故要通过刻苦奋励的浣洗功夫,去其尘垢。这叫作"洗心",亦称"磨镜"。他曾赋诗"十年磨一镜,渐觉尘境退"(同上卷一)。而对心的"浣洗"功夫,包括向内的敬内功夫与日常的集义功夫。这个日常间的功夫,就包括前面所论述的读书方面。总之,他把程颐提出的"敬义夹持",变成向内"洗心",也就是明心的功夫,故他说"敬义夹持,实洗心之要法"。而心经过敬义两方面的"浣洗",即可"莹彻昭融",从而显现本心,达到"反求吾心"的目的。

不难看出,吴与弼所论的心与朱说并不相同。朱熹论心,一般是指理与气相合而有的心,这个心"有指体而言","有指用而言",故心与理、性、情之间,不能一概而论。朱熹这方面的具体论说,可见之于本书朱熹章。这里只就吴与弼论心时有关朱熹曾说过的"心者,身之所主也"以及心为"主宰"云云加以辨析。按朱熹所谓"主宰",是指心的"发用"时,有"知觉","思虑","灵处"的能力而言。如他答张钦夫信中说:"人之一身,知觉运用,莫非此心之所为,则心者固所以主以一身也"(《文集》卷二四)。他在《语类》卷十八也讲过,所谓心之知,能"六合之大,莫不在此。这个神明不测,至虚至灵",等等。正因为心是能知能觉,因此在论及为学的方法上,朱熹是主张先在身外要有"格物穷理"的下学之功,然后通过具有"知觉"之心,加以"思虑营为"而上达天理。这个时候的心,才可以说是得到"莹彻昭融"。这同吴与弼径直地对心"浣洗","磨镜",反求"吾心"中固有的一切观点,显然有所不同。由此可见,吴与弼论心,接近陆九渊的"本心"说。其所谓"洗心",也接近陆氏所谓此心"只自完养"之说:"人气禀清浊不同,只自完养,不逐物,即随清明。""清明"即本心明彻发露。显然,吴与弼"体认"朱熹的"涵养性情""涵养本原",已非朱熹之本意,而是陆学的"涵养本心"了。

由于吴与弼强调向内径求,主张在"思处"格物,因此在谈到为学修道的功夫时,他特别重视"平旦之气"的"静观"和"枕上"的"夜思"冥悟,故刘宗周称吴与弼之学,"多从五更枕上汗流泪下得来"。正是这种"静观""夜思"的为学修道的功夫,成为其理学思想的最大特色。其后,他的门人陈献章、胡居仁,正是从这里衍变而为王守仁心学的"发端"。

他所谓"静观",是指在为学的功夫中,能于"静中"冥悟,获得"意思",即在静悟中得到心中固有之理。在这方面,吴与弼是以亲身体验来谈的。例如,他说自己在一亭子憩息时,久之"见静中意思"。在耕作间息卧田垅,其"静极如无人世",这时能于"静中思绎其理,每有所得"。即便在路途中读《孟子》,对着"野花""幽草","延伫久之,意思潇然"。有时在室中,"卧看康节(邵雍)诗,遂熟睡,方醒,意思甚佳"(以上俱见《日录》),等等。

吴与弼对他这套"静观""夜思"的功夫,也用诗来表述,其意就更清楚。其诗云：

> 夜思经世务，神倦方熟睡，晨朝气清爽，良心还炯然。（《康斋集》卷一《晓起即事》）
> 雨滴空阶响，灯悬净壁明，掩书人独坐，性达正惺惺。（同上《夜坐》）
> 静坐迢迢独觉时，寸心凝敛绝邪思，聪明睿知何处出？作圣之功信在斯。（同上卷二《梦觉作》）

在这几首诗中，说明人们所以要"静坐""夜思"，是因为"静中"能"略无所挠"，使"寸心凝敛""独觉"。可见，要得到"聪明睿知"，其功即在于斯。

那么，他在"静观""夜思"的"独觉"中，所获得的，或者说，所"思绎"到的是什么"意思"？他说，是"良心炯然"，即良心得以发露、显现。至此，其心也就感到"天地自阔，日月自长"，自有一番出尘脱俗的"气象"。此时的心体是"湛然虚明，平旦之气，略无所挠，绿荫清昼，薰风徐来，而山林闲寂，天地自阔，日月自长，邵子所谓'心静才能知白日，眼明斯会识青天'，于斯可验"（《日录》）。这也就是他在另一处所说的，其心能"与天地同流，往来相应"（同上），入于"从容无竞之境，游心于平澹不挠之乡"（同上）。他用程颢的话说，在天地之间，"并无窒碍，大小咸快活"（同上）。这就是吴与弼在"静中"，通过"反求"所获得的"意思"。他所企求的这种"吾心"，就是刘宗周所说的"寻孔、颜向上工夫"，得"圣人之心精"（《明儒学案·师说》）。这实际上是一种心理作用，即人在排除了心理上的纷扰后所获得的宁静，有时会产生一种幻觉。而吴与弼则把这种幻觉加以夸大。

还要指出，吴与弼所谓在"静中思绎其理"，在"静中"冥悟"意思"，显然是一种直觉的方法。但是，这种直觉，在他这里也还有一个思辨的过程，并非在刹那之间一省即悟，像禅宗那样一个"棒喝"即可顿悟的。首先，他承认"外物"的存在，因此在"静中思绎其理"，不是采取"绝物"，断绝思虑，而是采取"识物"的态度。在《日录》中，他说："恶夫外物之逆，以害吾中,此非也",而应当对"万有不齐"之物,"详审其理以应之"。在"详审"中认识到物的背后存在着一个理,故"识物"也就是识得其理,以理"齐之"。所谓以理"齐之",即认识万物本于一理,天下之物无不是理,而这个理又备于吾心。因此,经过这种"识物"的思辨过程之后,其心外之物就泯化于我,同一于我了。从而达到"中心洒然"(《日录》),无有"窒碍"。有时,吴与弼也把这种"识物"的思辨方法,说成是"物我两忘,唯知理而已"(同上)。这是说,既不是我役于物,也不是物役于我,而是把物、我同一于理。而这个理又具于我心,故最后还是同一于"吾心"。不过,他所说的心,是经过刻苦功夫"浣洗"之后的"莹彻昭融"的心;他所谓"物我两忘",其实质是把客观消融于主观。

吴与弼这种向内的"静观"方法,同朱说并不尽同。当年朱熹就曾反对所谓静中悟理的说法,而主张动静结合、内外兼尽,不能一味地"说向里"。他在《语类》卷七六和《文集》答项平父、何叔京的信中,都一再强调这一点。而吴与弼以"吾心固有"为出发,以"静观""静中思绎"的"反求"为方法,实是他在朱学中杂入陆九渊的理学思想。所以,清人称吴与弼的理学是"兼采朱陆之长"。所谓"兼采朱陆之长",即取陆学上达的本心论,又取朱学读书等下学的渐进功夫。正因为吴与弼的理学重视本心,所以后来王学的殿军刘宗周从心学的立场上,称他的理学是"醇乎醇矣"。而对同一时期,偏重下学而不重视上达的薛瑄理学,则以"困于流俗"相讥。

三、吴与弼的理学与王学的产生

吴与弼在理学上求"静中意思""寻向上工夫"的这种向内求心的倾向,到他的弟子就更加明显,以至成为王学的先声,对王学的产生起了一定的影响。为了说明这一点,有必要先看一看吴与弼之学的传衍情况。清四库馆臣于此曾有一段很扼要的介绍:

> 与弼之学,实能兼采朱、陆之长,而刻苦自立。其及门陈献

章得其静观涵养,遂开白沙之宗;胡居仁得其笃志力行,遂启余干之学。有明一代,两派递传,皆自与弼倡之,其功未可尽没也。

(《四库全书总目》卷一七〇《康斋集》提要)

这从前面所述吴与弼的理学来看,清人称陈献章的"白沙之宗"与胡居仁的"余干之学",俱得之吴与弼所传,是没有疑义的。其中陈献章的理学,另有专章论述,这里只就陈献章与吴与弼的学传关系做些说明。今从《康斋文集》中可以看到,吴与弼与陈献章的师生情谊很深。与弼卒后,陈献章为之刊布遗集。至于陈献章提出"为学须从静中养出个端倪来",则明显的是本于吴与弼的为学须求"静中意思"、从"静中思绎其理"的观点。只不过陈献章把吴与弼这一思想,表述得更加贴切而已。从陈献章"静中养出端倪"这一提法,证明清人谓"白沙之宗"得之于吴与弼的"静观涵养"这一论断是正确的。然而,黄宗羲对吴与弼的"崇仁之学"有一个说法未必确切。他说:"白沙出其(吴与弼)门,然自叙所得,不关聘君(吴与弼),当为别派"(《明儒学案》卷一《崇仁学案·序》)。认为陈献章虽出于吴门,但他自称其学所得,与吴与弼无关。黄氏说这是根据陈献章的"自叙"。其实这是他误解了陈献章的"自叙"。所谓"自叙",是指陈献章《论学书》中《复赵提学》一文。文中说他自己在吴与弼门下受业,尚未得其旨,未能悟其师道,其后他回到白沙里,"静坐久之,反复体味,方见此心之体。"他说的在"静坐"中反复"体味",才悟得"心之体",其实,就是吴与弼早就提出来的观点。陈献章上文的意思,是说他对师传之道,悟之迟迟,而并没有说他的"所得"与乃师无关。至于刘宗周谓其学"归于自得",是指他求道方法是"静坐得之",与其师吴与弼"刻苦自立"方法一样,也是着重心内自思自悟的功夫。如果说,陈献章与吴与弼有的观点有所不同,那就是陈献章把吴与弼的"静观",朝着内心冥悟方面推得更远,以至于有"通禅"之嫌,但这不能说是"别派";毋宁说,这是对吴与弼理学的一个合乎逻辑的发展。因此,清人说"白沙之学"得自吴与弼所传,则是说对了的。

白沙之学又通过他的学生湛甘泉而与王阳明相切磋。故从明代的心学来说,"白沙开其端,至姚江(王阳明)而始大明"(同上卷十《姚江学案·序》)。由白沙到阳明这一启发关系,已为明清以来的学者所承认,无须赘述。

吴与弼的理学对王学的影响,不只是通过陈献章,而且还通过其门下的另一支"余干之学"。所谓"余干之学",除胡居仁外,还有娄谅、罗伦等人,曾会聚于江西余干。他们在吴与弼的理学中,是"得其笃志力行"的。所谓"笃志力行",并不是薛瑄所说的"恭行践履"的道德实践,而是指遵行吴与弼的"静观""静中涵养"的方法,刻苦奋励,笃志不改。至其大端,与陈献章并无实质的区别。如胡居仁所著《居业录》,谓"主静独立""静中有物"之类,黄宗羲称其所言"静中之涵养,尤为学者津梁。然斯言也,即白沙所谓静中养出端倪"(同上卷二《崇仁学案》本传),与白沙一样,都本于吴与弼的所谓"静中意思""静中思绎其理",都是向内求心,故清人谓胡居仁"其学以治心养性为本","以求放心为要"(《四库全书总目》卷一七二,《胡文敬公集》提要)。因而在方法上,也具有禅悟的色彩。这点胡居仁自己也不讳言。他说,"与吾道相似者莫如禅学",不过与禅学"所见不同"(《明史》本传)。胡居仁的私淑魏校著《体仁说》,其旨为"天根之学",主要是讲心的主宰,故称颂陆学是"坦然大道"。吴与弼的理学发展至此,真可以说是与陆学"打并一路"了。

"余干之学"的另一重要人物娄谅,是吴与弼最得意的门生,吴称其所学"确实",能入其"堂奥",对他评价很高。就是这个娄谅,把乃师吴与弼的"洗心""涵养此心",申述为"以收放心为居敬之门,以何思何虑、勿忘勿助为居敬要旨"(《明儒学案》卷二《崇仁学案·本传》)。娄谅之说,正如朱熹当年曾批评过的一种人,把学道功夫"更向里(心)说"了。难怪罗钦顺批评他"近禅"。也就是这位吴门高弟娄谅,王守仁曾登门向之问学,其师生之间是"深相契也"。在一些论著里,谓王守仁从娄谅习朱学。这个说法大体可信,但不确切。应该说,他从娄谅那里学的是被禅学化、心学化了的朱学,或者说,从他那里学的是吴与弼"兼采朱陆之长"的朱学。这在后面还要谈到。因此,就吴与弼门下的"余干之学"来说,其"姚江(阳明)之学,先生(娄谅)为发端也"(同上)。不唯如此,"余干之学"还有一个叫夏尚朴的,先师事吴与弼,后又从学于娄谅,遗著有《夏东岩文集》。其说为"主敬之学",谓"卓然竖起此心,便有天旋地转气象"(同上卷四《崇仁学案》本传)。他讲的这一类话,真可谓深得陆学三昧。也因此,他能与王守仁契相切磋。

可以看出,吴与弼开创的"崇仁之学",其传人分为陈献章的"白沙"一派和胡居仁、娄谅的"余干"一派,虽各有其特点,但都是传承和发挥吴与弼的理学思想。即使像陈献章在发挥吴与弼"静观涵养"的思想中,有"超悟""通禅"的地方,但这不过是对吴与弼理学的进一步发展而已。其思想实质,并未越出吴门。我们知道,强调静观、静坐,在静中求所谓"意思"之类,这种冥悟方法,势必要滑入"禅悟"一路。在理学史上已有过不少这样的例子。何况,理学的产生,本来就是以儒家思想为主干的儒、释、道"三教合一"的产物,与禅学本来就有密切的关系。这是一。第二,吴与弼的理学,通过"白沙""余干"这两个学派,对王学的产生,有"启明"和"发端"的影响;尽管王学的出现还有别的原因,但不能不承认这个影响的存在。我们仅从这个影响就可以看到王学的产生,是顺理成章的事情,从而对王学的产生,得到某种合理的解释。否则,如果忽视这个影响的存在,则诚如黄宗羲所说:"微康斋,焉得后时(王学)之盛哉"(同上卷一《崇仁学案·序》)?因此,黄宗羲在其亲撰的《明儒学案》中,以王学为中心,以吴与弼的"崇仁之学"为开篇第一卷。其编排胪列,正如清道光朝学者莫晋所说,"以大宗属姚江,而以崇仁为启明,以蕺山(刘宗周)为后劲"(《明儒学案序》),构成了明代心学的承传关系。宗羲这种编排,显然是从其思想的前后联系及其影响考虑的。当然这并不意味着王学就是"崇仁之学"的传衍,只是说,吴与弼的理学对王学的产生是有影响的。

必须指出,对王守仁有影响的"崇仁之学",已不是本来面目的朱学,但也不是陆学,而是"兼采朱陆之长"的理学。就这点来说,从元代的朱陆合流,到明初宋濂的朱陆调和,到吴与弼的"兼采朱陆",直至王守仁"范围朱学而进退之"。而王守仁在"进退"朱陆当中,又以陆学的本心论为主,兼取朱学的理欲、理气论,加以熔铸,脱胎成为"博大、精细"的王学体系。

至此,就是所谓朱陆殊途而同归了。这样,自南宋朱、陆去世以后,朱、陆两家的支流余裔,出现了一股和会朱陆异同的新潮流,虽然在不同的时期和不同人物身上,表现形式各异,但这前后却贯串着一条值得注意的思想脉络。

从这一情况来看,我们认为,王学的产生,并不是从明中期跨越将近三百年而"直承"南宋陆学的,而是与它所处的那个时期的思想有关。这不仅在前面所述的事实得到说明,而且从一般的道理来说,一个思想家的思想形成,总是受到他那个时代距离较近的思想的启发和刺激而产生的。如果把王学说成是从明中期跨越近三百年而"直承"陆学,那么,这无异是把明代王学的产生,看成是孤立的偶然现象。这当然是说不通的,况且事实上也并非如此。

这是就吴与弼的理学及其影响,而得出的结论。从这里可以看到吴与弼的理学,在理学史上所处的地位和作用。至于王学产生的整个情况及其理学内容,当有专章论述。

如果再把吴与弼理学的这种情况,同薛瑄的理学联系起来,那么,可以看出,他们虽然本属宋学范围,但两家之学,旨趣不同,前途不同。吴与弼的"崇仁之学"成了王学的"启明"和"发端";薛瑄的"河东之学",到了"关中之学",则已黯然无闻。这两家之学,尽管后来的命运不同,但都说明朱学到了明中期的王学出现以前,从其思想来说,已处于枯萎的状态。正是在这种情况下,一个以"进退"朱、陆而形成的王学,才得以抬头。而朱学虽然早已成为官学,但到了这个时候,已只是徒具形式。其被御定的程朱著作,也只是成了腐儒背诵的新章句,没有多少生气。

第五编

明中期心学的崛起及王守仁心学的传播

概　说

　　明代中期,理学史发展的主要内容是王守仁心学的崛起及王学的广泛传播。朱学虽然也还是官方哲学,但逐渐退居次要地位。在这种情况下,王学与朱学有一些相互诘辩。到嘉靖以后,出于王学而又不同于王学,则有"掀翻天地"的泰州学派,在下层社会传播。王学于是走向式微。历史向明末清初对理学的批判总结阶段转化。

　　在王学崛起之前,陈献章的江门自得之学已为之前驱。江门心学提倡"静中养出端倪"。所谓"端倪",也就是心之本体,即虚灵明觉的心体。这与王守仁的"良知"并无不同。陈献章心学在岭南形成一个学派,自相传授。大弟子湛甘泉得其心传,"江门钓台付与湛民泽(湛甘泉字民泽)收管",意即以衣钵传之。湛甘泉主张"随处体认天理",从事事物物上体认本心的精微,实与陈献章心学一致。湛甘泉历官各地,筑书院以祀献章,张大师说。王守仁与湛甘泉友善,二人互相切磋,对湛的学说深为契合。陈、湛之学对王守仁有所影响甚明。而王守仁一生并未齿及陈献章。黄宗羲于此表示不能理解,明眼人自不能不蓄此怀疑。

　　王守仁学凡三变,最后建立了心学体系。其学说集宋明理学史上心学一派之大成,达到了心学的高峰。王守仁心学的主要论题有三:一曰心即理;二曰知行合一;三曰致良知。这三个论题俱围绕发明本心的良知这一中心思想。可见,他的思想渊源上承陆九渊立大本,发明本心的统绪。王守仁事功赫奕,弟子众多,而传其学者不能不无所歧异。其"无善无恶心之体"四句教,遂有钱德洪、王畿理解的不同。王守仁弥缝其间,以王畿为"四无",可以接上根人。以钱德洪为"四有",可以接中根人以下。这等于自己承认其心学必然要走向分裂。果然,王学的后学分了若干派别。王守仁长期讲学,积累了教育经验,其教育思想与原则,有积极的因素。王学对后世及日本、朝鲜,有一定影响。

　　王学广泛传播,浙中则有王畿、钱德洪。王畿把王守仁的主观唯心主义推向极端,"挤阳明而为禅"。他到处讲学,在上层社会影响甚大。钱德洪比较谨慎,成就不如王畿。王守仁的亲家黄绾,以其为师,后乃对王学流弊有所批评。张元忭奉阳明之说,对王学流弊亦有讥议。张元忭的后人张岱,明末清初以文学名家,间亦治史。所作《四书遇》,辑录宋、明人研究诠解《四书》言论,颇有新意,要亦近于王学。这些都属于浙中王学。

江右王学以邹守益为正传,欧阳德与之相近。聂豹、罗洪先亦负盛名,为说稍背于王守仁。聂豹的"归寂"说颇与阳明异同,为同门所非难。罗洪先不名一师,为学博杂,虽自列于王门,但亦受朱学影响,刘邦采、王时槐、胡直,均为江右王学,对王学的发展都有一定贡献。江右王学为王学的重要分支,学者众多,为世所重。

南中王学有薛应旂,造就不大。唐鹤征有唯物主义思想,值得重视。

此外,楚中王门、粤闽王门、北方王门,地域很广,但没有突出的学者。黄安耿定向,曾讲学于南京,其复初书院,至今犹存。耿以不救何心隐之故,为李贽所诟病。《明儒学案》列耿于泰州学派。

泰州学派出于王学,而不同于王学。开创者王艮,及门于王守仁,然自立门户,倡"淮南格物"之说,谓"百姓日用即道",要求做到"人人君子,比屋可封"。弟子中多有农工商贾,与其他王学学派不同。何心隐、罗汝芳、李贽等,都是泰州学派的有名学者。何心隐、李贽为封建政府迫害致死,被目为"妖逆",或目为"异端之尤"。可见其学派的"异端"性格异常鲜明。

当王学盛行于海内的时候,不断受到学术界批评。陈建著《学蔀通辨》,批驳王守仁"朱熹晚年定论"之说。罗钦顺为朱学学者,仍然维护朱学,其思想含蕴唯物主义因素。王守仁曾与之论学。王廷相的唯物主义特别突出,其所著《雅述》《慎言》,谓"天地未生,只有元气","元气之上,无物、无道、无理。"批评宋儒之论"天地之先,只有此理",乃老、庄"道生天地"之改易面目,诚为一语破的。吕坤亦有唯物主义思想。

东林党人顾宪成、高攀龙,组织社团,讲学著书,评论朝政。顾宪成论性,批评王学"无善无恶心之体"四句教,与管东溟论辩,对王学末流的无忌惮,深致不满。东林党人的政治活动,遭到明政府的严厉镇压。

　　刘宗周和黄道周是明末两大师。刘宗周创"慎独"之说,讲学于蕺山,明亡,不食而死,气节令人钦敬。黄宗羲、张履祥、陈确皆其弟子之著者。黄道周精于《易》学象数,其天文、历算之学,十分深邃,明亡,起兵抗清,兵败被执,以死殉国。明有天下三百年,初有方孝孺、齐泰、黄子澄,末年乃有刘宗周、黄道周,俱以身殉节,足以为青史生色。

　　方以智及"易堂九子",对理学有所讥评。"易堂九子"的经世之学,殊有价值。当明清易代之际,思有所建树,然终亦无补于大局。

第三十三章 陈献章的江门心学

第一节 陈献章的生平及其心学产生的学术背景

陈献章(公元1428—1500年)字公甫,别号石斋,广东新会白沙里人。白沙村濒临西江入海之江门,故明、清学者或称陈献章为白沙先生,其学为江门之学。陈献章的诗文,后人辑为《白沙子》。

陈献章早年曾锐意科举,于二十岁(正统十三年,公元1448年)、二十三岁(景泰二年,公元1451年)、四十一岁(成化五年,公元1469年)时三次参加会试,但皆落第,终未获出仕机会,从而促成了他逐渐走向潜心学术的道路。

陈献章第一次落第后,以听选监生入国子监读书。第二次落第后,于二十六岁时(景泰五年,公元1454年)曾师事当时著名的江西学者吴与弼。半年后归家,闭门读书;又筑阳春台,静坐其中,数年不出户外。正是于此期间,陈献章的思想发生了一种转机,即由读书穷理而转向求之本心,他提出"惟在静坐,久之然后见吾心之体"的修养方法,开始显示了异于朱学的心学思想风貌。

陈献章三十八岁时(成化二年,公元1466年),重游太学,受到京师名士们的极高推崇,被誉为"真儒复出"。但三年后他第三次参加会试时,却又名落孙山。五十六岁时,因布政使彭韶、都御史朱英的推荐,陈献章应召赴京,令就试吏部。他以疾病为理由,推辞了吏部的考试,又上疏乞终养老母。最后,授以翰林院检讨而放归。此后至卒,屡荐不起。此期间,陈献章的思想风貌又有所变化,即他非唯静坐室中,而是逍遥于自然,"或浩歌长林,或孤啸绝岛,或弄艇投竿于溪涯海曲"(张诩《白沙先生墓表》),领略山水风光,养浩然自得之性,标立"以自然为宗"的为学宗旨;主张不离日用,于时事出处中即现"本心",标立"天地我立,万化我出,宇宙在我"的世界观。这些都表明陈献章的心学思想体系已臻完成,其规模也较初期为开阔。

总之,陈献章的生平,在政治上是极为平凡的,而在学术上却是颇具特色的。

陈献章心学从萌芽到完成的过程,他自己有个叙述:

> 仆才不逮人,年二十七始发愤,从吴聘君学,其于古圣贤垂训之书,盖无所不讲;然未知入处。比归白沙,杜门不出,专求所以用力之方,既无师友指引,惟日靠书册寻之,忘寝忘食,如是者亦累年而卒未得焉。所谓未得,谓吾心与此理未有凑泊吻合处也。于是舍彼之繁,求吾心之约,惟在静坐,久之然后见吾此心之体,隐然呈露,常若有物,日用间种种应酬,随吾所欲,如马之衔勒也;体认物理,稽诸圣训,各有头绪来历,如水之有源委也。于是涣然自信曰:作圣之功,其在兹乎!(《白沙子》卷二《复赵提学》,以下凡引《白沙子》只注卷数、篇名)

从陈献章的自述中可以看出两点:第一,他为学的根本目标,乃是"作圣",即完成儒家主张的伦理道德修养。在这一点上,他和宋、元以来的理学家是一致的。在他死后八十五年(万历十三年,公元1585年)即从祀孔庙,并赐谥文恭。第二,但他为学的方法,却和朱熹理学异趣,而与沉寂无闻的陆九渊心学同旨。"朱子求一贯于多学而识,寓约礼于博文,其事繁而密,其功实而难"(章学诚《文史通义·朱陆》)。陆九渊则主张"易简工夫",唯在"先立乎其大者"或"发明本心";朱主"居敬"而陆倡"求静"。这里,陈献章标举"舍彼之繁而求吾心之约,惟在静坐,久之然后见吾心之体",其于朱、陆之间取舍异同,昭然若揭。

这样,陈献章学说的出现,既是明初朱学统一局面的结束,也是明代心学思潮的开始,正如《明史·儒林传序》所述:

> 原夫明初诸儒,皆朱子门人之支流余裔,师承有自,矩矱秩然……学术之分,则自陈献章、王守仁始……嘉、隆而后,笃信程、朱,不迁异说者,无复几人矣。(卷二百八十二)

陈献章在明初朱学处于独尊地位和极盛局面下,思想向陆学的逆转,这与其个人的生活经历以及当时社会的学术环境都是有关的。

明代初年,诏天下立学,颁科举程式,钦定朱熹的《四书集注》及程、朱派的其他解经著作,为科举经义考试的标准,明确规定,"剽窃异端邪说、炫奇立异者,文虽工,弗录"(《松下杂钞》卷下)。这样,读书求仕之人,就不得不拜倒在朱熹的脚下了。朱彝尊说:"世之治举业者,以《四书》为先务,视六经为可缓,以言《诗》,非朱子之传义弗敢道也,以言《礼》,非朱子之《家礼》弗敢行也。推而言之,《尚书》《春秋》非朱子所授,则朱子所与也。言不合朱子,率鸣鼓而攻"(《道传录序》)。陈献章早年也颇有功名之志,"幼览经书,慨然有志于思齐。间读秦、汉以来忠烈诸传,辄感奋赍咨"(张诩《白沙先生墓表》)。后来尽管有"真儒"之誉,但科举却屡试不第。这种遭遇或经历,自然容易使他走向绝意仕宦而追求学术的路子。他曾说:"予少无师友,学不得其方,汩没于声利,支离于粃糠者益久之。年几三十,始尽弃举子业,从吴聘君游"(卷一《龙岗书院记》)。自然也容易产生和表现出鄙薄、疏远朱学的倾向。如他斥训诂、辞章为"陋学"(同上《古蒙州学记》);当江西按察使陈耻庵等遣人来聘他去图复白鹿书院,兴考亭之学时,他即告使者说:"使乃下谋于予,是何异借听于聋,求视于盲也"(同上《赠李、刘二生使还江右诗序》),表示出自己对朱学无法消融的隔膜、对立之感。于是,他就针对朱学的"穷理",针对汉、唐以来的训诂、辞章、科举之文而提出圣学在于"人心","圣朝访古设学立师以教天下,师者传此也,学者学此也"(同上《古蒙州学记》)。

陈献章心学的产生,与明初社会的学术状况也有关系。明初,朱学成为神圣不可改易的官学后,学者士人大都只能以程、朱为极致,谨守其矩矱,极尽推崇而不敢逾越。如明初最称博学者宋濂说:"自孟子之殁,大道晦冥,世人擿埴而索涂者千有余载。天生濂、洛、关、闽四夫子,始揭白日于中天,万象森列,无不毕见,其功固伟矣,而集其大成,唯考亭朱子而已"(《宋学士全集》卷五《理学纂言序》)。明初另一著名学者薛瑄也说:"《四书集注》《章句》《或问》,皆朱子萃群贤之言议,而折衷以义理之权衡,至广至大,至精至密,发挥先圣贤之心,殆无余蕴,学者但当依朱子,精思熟读,循序渐进"(《读书录》卷一)。可见,在明初朱学独尊的情况下,认为道理已被朱熹说尽,是一种流行的观念。这种独断的观念正是朱学由于极盛而生出的一种流弊,表明其丧失了进一步发展更新的动力。然而朱学的这种流弊,却正是陈献章转向心学的契机。他慨叹世之学者蒙昧而不知觉悟,"眼前朋友可以论学者几人,其失在于不自觉耳"(卷三《与湛民泽》)。于是,他提出"贵疑":"前辈谓学贵知疑。小疑则小进,大疑则大进。疑者,觉悟之机也。一番觉悟,一番长进"(卷二《与张廷实》)。这位"贵疑"的前辈,正是当初与朱熹争鸣并立的陆九渊。陆九渊曾告诫其弟子"为学贵知疑,疑则有进"(《象山全集》卷三十五《语录》),"小疑则小进,大疑则大进"(同上卷三十六《年谱》)。陈献章一反崇朱的时论,认为濂、洛的学脉是主静、主一,继承这个学统的是陆九渊而不是朱熹:"周子《太极图说》'圣人定之以中正仁义而主静。问者曰:圣可学欤?曰:可。孰为要?曰:一为要,一者无欲也'。《遗书》云:'不专一则不能直遂,不翕聚则不能发散。见静坐而叹其善学,曰:性静者可以为学'。二程之得于周子也,朱子不言有象山也。此予之狂言也"(卷四《书莲塘书屋册后》)。自谓"狂言",是在朱学统治的情况下,陈献章使用的遁辞,其实正表明其思想已背离朱学领域而进入陆学藩篱。

陈献章离朱入陆,即因"寻书册,累年未有得"而转向"求心",这种思想变化的逻辑必然性,与宋末以来和会朱、陆的社会思潮也有关系。朱熹和陆九渊在政治立场和哲学世界观的根本点上并无区别,作为朱、陆学术差异标志的"道问学"和"尊德性"两种不同的完成儒家伦理道德修养方法,实际上也是相辅相成的。故在朱、陆相争的当时,也就出现了会通朱、陆的主张。朱、陆和会更是整个元代学术思想的特征。即使在明初朱学独尊的局面下,宗朱学者的思想,也有陆九渊心学观点的成分。如服膺朱熹,称其为孔子以后"又集其大成者也"的王祎即说:"人身甚微细,而至广且大者,心也。范围天地、经纬古今、综理人理、酬酢事变,何莫非心思之所致也。于是圣贤有心学焉,先之以求放心,次之以养心,节之以尽心。是故心学废,人之有心者犹无心矣。无心则无以宰其身,伥伥焉,身犹一物耳,何名为人哉"(《华川卮辞》)?薛瑄亦说:"为学第一工夫,立心为本"(《读书录》卷十)。这种把"心"作为人的根本和把"立心"作为修养之根本的观点,都是陆学的基本观点。就陈献章本人来说,他虽倾心于陆学,但也不否认朱学有救弊作用而与陆学相互补正。如一次他令来学者读《论语》"与点"一章,学子怀疑问:"以此教人善矣,但朱子谓专理会'与点'意思,恐入于禅?"他即说;"彼一时也,此一时也。朱子时,人多流于异学,故以此救之。今人溺于利禄之学深矣,必知此章然后有进步处耳"(夏尚朴《浴沂亭记》)。总之,朱、陆本来相通,于朱学中摸索未得而入陆,于陆门中求解不悟而入朱,宋末以来,不乏其人,这也是陈献章心学产生的学术背景的一个方面。

第二节 "天地我立,万化我出"的心学世界观

陈献章的"天地我立,万化我出"的心学世界观的最后形成,经历了一个思想发展过程,它有三个环节:

一、元气塞天地

陈献章二十七岁时,曾受学于服膺朱熹的吴与弼。虽然陈献章声称于吴与弼处所学收获甚微,"未知入处",然而受其影响亦在所难免。例如,他的自然观,即他在解释宇宙万物的形成、变化时,就和程朱理学一样,也一般地称引"气"为宇宙构成的基本因素的观点。他说:

> 天地间,一气也而已,诎信相感,其变无穷。(卷一《云潭记》)
> 元气之在天地,犹其在人之身,盛则耳目聪明,四体常春;其在天地,则庶物咸亨,太和缊缊。(卷四《祭先师康斋墓文》)
> 元气塞天地,万古常周流,闽浙今洛阳,吾邦亦鲁邹。(卷五《五日雨霁》)

陈献章认为"元气"是构成万物的基本要素,元气变化是古今所以迁改的原因。这正是宋代理学中根据《周易》而形成的一般的宇宙生成观念。例如,张载即认为"太虚无形,气为本体,其聚其散,变化之客形尔"(《正蒙·太和篇》)。程颐亦认为万物"种于气"(《河南程氏遗书》卷第十五)。朱熹更说:"盈天地之间,所以为造化者,阴阳二气之终始盛衰而已"(《朱文公文集》卷七十六《傅伯拱字说序》)。所以,在这里还难以分辨出陈献章"元气塞天地"观点的性质,这还需要看他对"气"之本质是如何理解的:是如同张载那样,把"气"认作是"本体",是万事万物的最后根源;抑或是如同朱熹那样,把"气"看作是"形而下之器",是"生物之具",只有"理"才是"生物之本"。

二、道为天地之本

陈献章虽然认为"元气塞天地",认为"气"是构成天地万物的最基本的东西,但在"气"与"道"("理")的关系上,他认为"道"是根本的,"道为天地之本"。他说:

> 道至大,天地亦至大,天地与道若可相侔矣。然以天地而视道,则道为天地之本;以道视天地,则天地者太仓之一粟,沧海之一勺耳。(卷一《论前辈言铢视轩冕尘视金玉》上)

> 神理为天地万物主本,长在不灭。人不知此,虚死浪死,与草木一耳。(卷三《与马贞》)

陈献章将"道"与天地("气")相比,认为"道为天地之本",这和朱熹将"理"与"气"相比,认为"理"是"生物之本"的观点极为相近。如朱熹说:"天地之间,有理有气,理也者形而上之道也,生物之本也;气也者,形而下之器也,生物之具也"(《朱文公文集》卷五十八《答黄道夫》)。陈献章世界观的唯心主义性质,也就开始从这里表现出来。

但在对"道"("理")作为超感性的宇宙根源这种性质的解释上,陈献章和朱熹有所不同。朱熹援引《易传》的"太极"和周惇颐的"无极"来加以解释,他说:"圣人谓之太极者,所以指夫天地万物之根也。周子因之又谓之无极者,所以著夫无声无臭之妙也"(同上卷四十五《答杨子直》)。而陈献章则径以老、庄为解,他说:

> 道可状乎?曰:不可。此理之妙,不容言;道至于可言,则已涉乎粗迹矣。(卷一《论前辈言铢视轩冕尘视金玉》下)

> 道不可以言状,亦可以物乎?曰:不可。物囿于形,道通于物,有目者不得见也。何以言之?曰:天得之为天,地得之为地,人得之为人;状之以天则遗地,状之以地则遗人,物不足状也。(同上)

陈献章以"不可言"来解释"道"之无形体,以"天得之为天,地得之为地,人得之为人"来解释"道"为万物之根源,与老、庄极为相似。因为《老子》阐述"道"("一")为万物根源时正是这样说的:"天得一以清,地得一以宁,神得一以灵,谷得一以盈,万物得一以生,侯王得一以为天下贞"(第三十九章)。而《庄子》在描绘"道"之不可闻见时也是如此说的:"夫道,有情有信,无为无形,可传而不可受,可得而不可见……"(《大宗师》)。这就预示着陈献章思想的进一步发展,可能不是程、朱的方向,而是另外的方向。事实正是这样,陈献章思想进一步发展,就是他提出万物、万理具于一心的观点,向着陆九渊的方向走去。

三、心具万理、万物

陈献章虽然认为"道为天地之本",但他并不像客观唯心主义者朱熹那样,认为"理"是独立于万物之先的某种绝对存在,而是认为有此"心"方有此理,有此"诚"方有此物。他说:

> 君子一心,万理完具,事物虽多,莫非在我。(卷一《论前辈言铢视轩冕尘视金玉》中)

> 天地之大,万物之富,何以为之也?一诚所为也。盖有此诚,斯有此物;则有此物,必有此诚。则诚在人何所?具于一心耳。心之所有者此诚,而为天地者此诚也。(卷一《无后》)

陈献章的"君子一心,万理完具""万物之富,一诚所为"的观点,和陆九渊"心即理"(《象山全集》卷十一《与李宰》)、"万物森然于方寸之间"(同上卷三十四《语录》)的观点是相同的。这样,陈献章从开始认为"元气塞天地",进而认为"道为天地之本",继而又认为"道"("理")亦为我心之所具有,万理、万物、万事,归根到底皆是我心的产物。

陈献章的心学世界观,在理论形态上与陆九渊心学极为相似。这种心学世界观,陆九渊用"宇宙便是吾心,吾心即是宇宙"(同上卷二十二《杂说》)两语来概括,陈献章则用"天地我立,万化我出,宇宙在我"三言来表达,他说:

> 此理干涉至大,无内外,无终始,无一处不到,无一息不运,此则天地我立,万化我出,而宇宙在我矣。得此霸柄入手,更有

何事,往来古今,四方上下,都一齐穿纽,一齐收拾,随时随处无不是这个充塞,色色信他本来,何用尔脚劳手攘。(卷三《与林郡博》)

陈献章和陆九渊一样,以"宇宙"为自己思索背景,极力强调主观扩充,认为万事万物皆是"心"的创造,皆是"心"的充塞。

但比较而言,陈献章和陆九渊对"心"的理解有所不同。陆九渊所理解的"心",除了它的知觉能力外,还特别强调它的伦理本性,如他说:"仁义者,人之本心也"(《象山全集》卷一《与赵监》)。而陈献章所理解的心,则主要是指它的知觉认识能力,如他说:"即心观妙,以揆圣人之用"(卷一《送张进士廷实还京序》)。这样,陆九渊的"宇宙吾心、吾心宇宙"命题,除了包含有万事万物皆我"心"的产物这种哲学本体论和认识论的内容外,还主要是指一种道德修养境界,即指儒家所主张的最高的"天人合一"的道德境界。而陈献章的"天地我立,万化我出,宇宙在我"命题,则主要强调心的知觉作用是决定万事万物的枢纽。他说:

其观于天地,日月晦明,山川流峙,四时所以运行,万物所以化生,无非在我之极而思握其枢机,端其御绥,行乎日用事物之中,以与之无穷。(同上)

人争一个觉,才觉便我大而物小,物尽而我无尽。(卷三《与时矩》)

身居万物中,心在万物上。(卷五《随笔》)

这样,陈献章的心学世界观就没有陆九渊心学那种强烈的伦理色彩,而是具有杨简心学那种明显的唯我主义色彩。

陈献章心学不同于陆九渊心学的这个特色,与他受到佛学思想的较深影响有关。在陈献章的诗文中,多次提到诵读佛经,如:"无奈华胥留不得,起凭香几读《楞严》"(卷六《午睡起》),"天涯放逐浑闲事,消得《金刚》一部经"(卷六《邹吏目书至有作兼呈吴县尹》),"闲拈曲江句,胜读《法华经》"(卷七

《春兴》),"胸中一部《莲华经》,江云浩浩江泠泠"(卷八《病中寄张廷实》)。他的诗中也不乏禅语,诸如"千休千处明,一了一切妙"(卷五《付民泽》),"虚无里面昭昭应,影响前头步步迷"(卷五《赠周成》),"人世万缘都大梦,天机一点也长生"(卷八《再和示子长》),"得山莫杖,临济莫喝,万化自然,太虚何说,绣罗一方,金针谁掇"(卷八《示湛雨》),等等,不胜枚举。这些都表明陈献章与佛学思想有很深的关系。

儒、佛之异,就其根本宗旨而言,儒家旨在践履封建伦理纲常,而佛家则在实现个人的解脱。就"心性"这个问题而言,宋代理学家,无论朱熹或陆九渊都认为"心""性"是指人所固有的伦理道德观念或品性,而佛学则指"心""性"为人的生理知觉能力。宋代理学家一般都从儒家所主张的伦理道德立场,对佛说进行了尖锐的攻击。陈献章由于受佛学思想影响较深,故对儒、佛这种分歧和对立,也看得比较淡薄,甚至认为"儒与释不同,其无累同也"(卷三《与太虚》),承认"白沙诗语如禅语"(卷八《次韵张东海》)。这样,他在"心性"这个理论问题上,在修养方法上,将心学与禅学有时不加深辨,也就是很自然的了。

当然,在根本上说,陈献章还是儒家,在他心中,儒家的宗旨与佛、老学说之间的界限还是清楚的。例如,他曾在《夜坐》诗中写道:"不著丝毫也可怜,何须息息数周天。禅家更说除生灭,黄老惟知养自然。肯与蜉蝣同幻化,秖应龟鹤羡长年。吾儒自有中和在,谁会求之未发前"(卷七《夜坐》)。认为儒家所追求的"中和""未发之前",也就是达到完满的、纯粹的、善的伦理道德境界,与佛家的超生死、道家的求长生是不同的,并表示自己最终还是要维护儒家立场的。他说:"近苦忧病相持,无以自遣,寻思只有虚寂一路;又恐名教由我坏,佛、老安能为我谋也。付之一叹而已"(卷三《与容一之》)。所以当有人攻击他"流于禅学"时,他就加以分辨,声称这只是迹之近似,而非实有所同。他在答一学官的信中说:

> 承谕有为毁仆者,有曰:自立门户者是流于禅学者。甚者则曰:妄人率人于伪者……仆又安敢与之强辩,姑以迹之近似者为

> 执事陈之:孔子教人文行忠信,后之学孔氏者则曰,一为要,一者无欲也,无欲则静虚而动直,然后圣可学而至矣,所谓"自立门户者",非此类欤? 佛氏教人曰静坐,吾亦曰静坐;曰惺惺,吾亦曰惺惺。调息近于数息,定力有似禅定,所谓"流于禅学者",非此类欤?(卷二《复赵提学佥宪》)

总之,陈献章力辩自己的修养方法,虽然形迹上和佛、老的"禅定""主静"有某种相似,但根本目标还是为了达到孔子提出的修养目标,为了使"圣可学而至",所以不是"自立门户",不是"流于禅学"。应该说,陈献章的辩白是符合事实的,整个明代心学都有这样的理论特色:表面上虽带有禅学色彩,但本质上仍是儒家思想。

第三节 "以自然为宗"的心学宗旨

陈献章的心学认为"天地我立,万化我出,宇宙在我",由此出发,他提出"以自然为宗"的修养目标或为学宗旨。他说:

> 人与天地同体,四时以行,百物以生,若滞在一处,安能为造化之主耶? 古之善为学者,常令此心在无物处,便运用得转耳。学者以自然为宗,不可不著意理会。(卷二《遗言湛民泽》)

陈献章所谓的"自然",乃是指万事万物朴素的、无着任何外力痕迹的、本然的存在状态。如他以诗为例说:"古文字好者,都不见安排之迹,一似信口说出,自然妙也。其间体制非一,然本于自然不安排者便觉好"(卷二《与张廷实主事》)。所以陈献章的"以自然为宗",实是指一种无异同、得失、生死,即无任何负累的、本然的绝对自由自在的精神状态,他又称之为"浩然自得"。他说:

> 士从事于学，功深力到，华落实存，乃浩然自得，则不知天地之为大，死生之为变，而况于富贵贫贱、功利得丧、诎信予夺之间哉？（卷一《李文溪文集序》）

可见，陈献章"以自然为宗"或"浩然自得"的修养目标，实际上乃是企图从自然（如生死）和社会（如得失）的束缚中超脱出来，它不是指为了某个崇高的目的而置生死得失于度外的那种道德境界，而是指达到泯除生死得失界限的那种心理状态。这种心理状态，当然不是践履道德的结果，而只能是充分扩充主观自我的结果，因为主观自我意识的充分扩张，必然由重我轻物，到有我遗物，最后到有心而无物。他说：

> 重内轻外，难进而易退，蹈义如弗及，畏利若懦夫，卓似有以自立，不以物喜，不以己悲，盖亦庶几乎吾所谓浩然而自得者矣。（同上）
>
> 能以四大形骸为外物，荣之、辱之、生之、杀之，物固有之，安能使吾戚戚哉！（卷三《与僧文定》）
>
> 灵台洞虚，一尘不染，浮华尽剥，真实乃见，鼓瑟鸣琴，一回一点，气蕴春风之和，心游太古之面，人具七尺之躯，除了此心此理，便无可贵。（《白沙语要》）

"重内轻外"，"以四大形骸为外物"，"除了此心此理，便无可贵"，这些就是陈献章"以自然为宗"的实际内容。在这里，陈献章心学又一次显示它和陆九渊心学相比，伦理色彩较为淡薄的特色。陆九渊曾说："今所学果为何事？人生天地间，为人当尽人道。学者所以为学，学为人而已，非有为也"（《象山全集》卷三十五《语录》）。又说："须思量天之所以与我者是甚底为？不是要做人否？理会得这个明白，然后方可谓之学问"（同上）。可见，陆九渊心学的理论目标是"做人"，其主要内容是指践履儒家所主张的伦理纲常。而陈献章心学"以自然为宗"，企羡超越物外，遗世独立，他曾述己之志向曰：

> 优游自足无外慕，嗒乎若忘，在身忘身，在事忘事，在家忘家，在天下忘天下。(卷一《送李世卿还嘉鱼序》)

这与儒家所主张的"修身、齐家、治国、平天下"的为学宗旨，当然是相悖的。故他的同窗胡居仁、后学夏尚朴评论"白沙之学近禅"(《明儒学案》卷二《崇仁学案二》、卷四《崇仁学案四》)，也不是无缘故的妄断，而是有某些事实根据的。然而，这种所谓"近禅"的思想正是宋明理学对儒学的心理描述的一种贡献。

第四节 "静坐中养出端倪"的心学方法

陈献章认为"天地我立，万化我出，宇宙在我"，万事万物皆我心的产物。为学的宗旨或目标，在于"以自然为宗"，即求得无任何负累的"浩然自得"。那么，如何才能达到这个目标？陈献章有个简要回答：

> 为学当求诸心，必得所谓虚明静一者为之主，徐取古人紧要文字读之，庶能有所契合，不为影响依附，以陷于徇外自欺之弊：此心学法门也。(卷四《书自题大塘书屋诗后》)

可见，陈献章的"心学法门"，即他的心学方法，其要点有二：

一、以静求"心"

陈献章的心学认为，万物万理具于一心，生于一心，为摆脱万事万物的负累，识得"心"之本体，是绝对必要的。但是，在陈献章心学里，"心"不仅是指一种可感觉的、具体的生理实体，而且是具有神秘作用的宇宙本体，它无法通过理性的、逻辑的方法来认识，只能通过非逻辑的、内省方法来觉悟。这种内省的方法自有其心理学的根据,是人们认识过程中的一个不可缺少的环节,陈献章对它作了精深的分析,也是对人类认识结构要素的贡献。他对其弟子李承箕(字世卿)说:

> 此心通塞往来之机,生生化化之妙,非见闻所及,将以待世卿深思而自得之。(卷一《送李世卿还嘉鱼序》)

陈献章把这种由"深思而自得之",即内省体验的以静求"心"的方法,称之为"静坐中养出端倪"。他说:

> 为学须从静坐中养出端倪方有商量处。(卷二《与贺克恭黄门》)
> 惟在静坐,久之然后见吾此心之体……作圣之功,其在兹乎!(卷二《复赵提学佥宪》)

何谓"端倪""心之体"?是否即是孟子的"四端"?陈献章自己没有做过明确说明。刘宗周曾试作做解释:"静中养出端倪,不知果是何物。端倪云者,心可得而拟,口不可得而言,毕竟不离精魂者近是"(《明儒学案·师说》),似乎也不得要领。实际上,它是指某种本然的、善恶喜怒未形的精神状态。不过,陈献章对这种精神状态作了一些神秘的解释。

二、以"我"观书

陈献章虽然认为"为学当求诸心","静坐"是求"心"的主要方法,但他也不否认需要读书,不否认"学以变化习气,求至乎圣人而后已"(卷一《古蒙州学记》)。但他主张"以我观书",反对"以书博我"。他说:

> 六经,夫子书也,学者徒诵其言而忘味,六经一糟粕耳,犹未免于玩物丧志……以我而观书,随处得益;以书博我,则释卷而茫然。(卷一《道学传序》)

陈献章的"以我观书"和陆九渊的"六经注我"涵义是一样的,即认为六经所阐述的道理,即是我"心"的内容。读经在于明了其精神实质,使我心与六经契合,而不是为了博闻强记,增加心的负担。基于这种理解,陈献章和陆九渊一样,并不主张多读书。他说:

> 此心自太古,何必生唐虞;此者苟能明,何必多读书。(卷五《赠羊长史寄贺黄门钦》)

> 读书不为章句缚,千卷万卷皆糟粕。(卷八《题梁先生芸阁》)

陈献章还主张学贵自得。他认为,所谓"道理",是自得于心,不是言语可表达的。这种自得可能是对世界和自我某一方面的洞察,尚未形成系统的理论,因而很难用语言来表达。他说:"道也者,自我得之,自我言之可也;不然,辞愈多而道愈窒,徒以乱人也"(卷二《复张东伯内翰》)。基于这种理解,他也不主张著书。他说:

> 他时得遂投闲计,只对青山不著书。(卷八《留别诸友》)

甚至认为"六经而外,散之诸子百家,皆剩语也"(《明儒学案》卷五《白沙学案·李承箕文集》)。故他说"真儒不是郑康成"(卷八《再和示子长》),传注章句皆是"百氏区区赘疣苦,汗牛充栋故可削"(卷八《题梁先生芸阁》)。

陈献章江门心学的思想内容大致就是如此。陈献章的江门心学在宋明理学史上有重要的地位,因为它开始了明代学术局面由初期的朱学统治向中后期的心学风靡的转变;并且它和后起的王守仁姚江心学共同构成了明代心学的主要内容,正如黄宗羲所说:"有明之学,至白沙始入精微……至阳明而后大"(《明儒学案》卷五《白沙学案·序》)。"精微"二字正是陈献章思想的最好说明。

第三十四章　湛若水对江门心学的发展与江门心学的学术归向

第一节　湛若水的生平及著述

湛若水(公元1466—1560年)字元明。初名露,字民泽,避祖讳,改名雨,后定今名。广东增城人。因居家增城之甘泉都,学者称之为甘泉先生。

湛若水二十八岁时(弘治六年,公元1493年),第一次参加会试,落第;于次年往江门,从学陈献章。因悟出"随处体认天理"的修养方法,深得陈献章的嘉许曰:"著此一鞭,何患不到古人佳处"(《白沙子》卷二《遗言湛民泽》)。陈献章对湛若水极为器重,卒前曾赠诗三首,自跋云:"达摩西来,传衣为信。江门钓台亦病夫之衣钵也,兹以付民泽,将来有无穷之托,珍重珍重"(同上卷六《江门钓台与湛民泽收管》)。视湛若水为自己学术思想的继承人。故湛若水对陈献章也极其情深。弘治十三年(公元1500年)陈献章殁,他"为之制斩衰之服,庐墓三年不入室,如丧父然",说:"道义之师,成我者与生我者等"(罗洪先《湛甘泉墓表》)。后来,湛若水仕路通达,凡"足迹所至,必建书院以祀白沙"(《明儒学案》卷三十七《甘泉学案·湛若水传》)。

湛若水四十岁时(弘治十八年,公元1505年)中进士,选授翰林院庶吉士、编修。此时,获交王守仁,甚为相得,以同志相期。如王守仁回忆所述,"一见定交,共以倡明圣学为事"(《王文成公全书》卷三十二《年谱》)。四十七岁时（正德七年，公元1512年）出使安南，册封国王。四十九岁至五十五岁的几年中，湛若水因服母丧、养病，一直家居讲学。五十七岁时（嘉靖元年，公元1522年），明世宗即位，复被起用，历仕编修、侍读、南京国子监祭酒、南京吏部右侍郎转礼部右侍郎，南京礼部尚书转吏部尚书、兵部尚书，曾出使安南。七十五岁时（嘉靖十九年，公元1540年）致仕。晚年，致力于讲学著述，年登九十犹为南岳之游。年九十五卒。

湛若水久仕高级学官，故其生平所建书院甚多，从学弟子甚众，"相从士三千九百余"（罗洪先《湛甘泉墓表》），这对于他的思想的传播自然很有好处。

湛若水的著述很多，就罗洪先、洪垣为其所撰《墓表》《墓志铭》中存录的书目而言，大体可分为三类：一是论述自己心学思想与时事出处之作，如《心性图说》《樵语》《雍语》《明论》《新论》《新泉问辨》等，由其门弟子编纂成《甘泉先生文集》。此集今多有散佚，洪垣于万历七年（公元1579年）重刻时序称："先生原集四十八册，今存惟十五册。"如《明论》十卷全佚，《非老子》《遵道录》等亦残缺。虽是如此，湛若水心学思想的基本方面和主要观点，仍可在现存的《甘泉文集》中反映出来。二是厘订儒家经典之作，如《四书训测》《古本小学》《春秋正传》《二礼经传测》《古易经传测》《尚书问》《诗经厘正》《古乐经传》《节定仪礼燕射纲目》等。湛若水此类著述大都成于五十岁以后，其意在正古人之谬。他说："吾于五十以前，未尝理会文义，后乃稍稍有见，于《二礼经传》《春秋正传》及《古易经传》《庸学论孟测》，皆以正古人之谬，以开天下后世之蒙，非得已而不已也"（《甘泉先生文集》卷七《答王德徵》，以下凡引《甘泉先生文集》只注卷数篇名）。然而，湛若水的厘订救正之作，多有依据不足、立论偏颇之失。如他根据《论语》"诗三百"一语，竟断定今《诗经》超过三百之篇，皆是为孔子删去而又为"好事儒复取而混之"的"淫诗"，故他编《厘正诗经诵》，删去十篇"淫诗"，以成"三百"之数（卷七《厘正诗经诵序》）。其他如据《中庸》"礼仪三百、威仪三千"和《礼记》"经礼三百、曲礼三千"立"二礼"之说，以《礼记·曲礼》附以《少仪》为"上经"，而《仪礼》定为"下经"（卷七《二礼经传测序》）。又自拟度数为《补乐经》,而以《乐记》为传(卷七《补乐经序》)。等等,皆有"殊伤烦碎""自信太过"之弊(《四库总目提要》卷二十五、卷三十九)。唯其《春秋正传》稍有可取,《四库总目提要》评曰:"此书大旨以《春秋》本鲁史之文,不可强立义例,以臆说汩之,惟当考之于事,求之于心,事得,而后圣人之心、《春秋》之义皆可得,因取诸家之说厘正之……若水能举向来穿凿破碎之例,一扫空之,而核诸实事以求其旨,犹说经家之谨严不支者矣"(卷二十八)。湛若水此类著述也多遗失,只有《春秋正传》三十七卷录入《四库全书》,《二礼经传测》六十八卷、《古乐经传》三卷仅存目《四库全书》,完书迄今未世见。三是发挥儒家修身、治国理论之作,即《圣学格物通》。此乃嘉靖七年(公元1528年)湛若水任南京礼部侍郎时进献之书,凡一百卷,为时四年方成。体例略仿丘濬《大学衍义补》,杂引诸儒及明帝训示二千余条,各以己意发明之,诚如他自己所述:"事皆取诸大训格言,义则附以浅见薄识"(《圣学格物通·进书疏》)。此作是他藉"立志正心""敬天畏民""立教兴化""选贤任能""抑末薄赋"等儒家传统的论题,来发挥自己的心学观点。

第二节 "万事万物莫非心"的心学世界观

湛若水心学世界观的最后形成,经历了一个和陈献章相似的逻辑发展过程,即它也有三个环节:由"宇宙一气"开始,经过"理气一体""道、心、事合一"而最后得出"万事万物莫非心"的心学结论。

一、宇宙一气

湛若水深受张载的影响,把"虚无"当作其自然观中的基本范畴。他说:"'虚'之一字,先儒鲜有道及者。后之学者无识见,便以为佛老之学,怕向此中寻求,惟有张子'虚者仁之原'何等识见……天地至虚而已"(卷七《答王宜学》)。但湛若水所谓"虚无",实是指万物尚未形成时和消亡后那种宇宙空虚状况。宇宙的变化过程,就是万物由无到有、由有到无的变化过程。正是在这个意义上,他认为"虚无"是天地之始终,他说:

> 天地之初也,至虚。虚,无有也。无则微,微化则著,著化则形,形化则实,实化则大……大变而实,实变而形,形变而著,著变而微……微则无矣,而有生焉。有无相生,其天地之终始乎?(卷二《新论》)

湛若水还接受了张载"太虚即气"的观点,认为宇宙就其变化状况言,是从无到有,从有到无;就其变化的实体言,是"气"。他说:

> 虚无即气也。如人之嘘气也,乃见实有,故知气即虚也。其在天地,万物之生也;人身,骨肉毛血之形也,皆气之质,而其气即虚无也。(同上)

所以,湛若水把"气"或"虚"比作生成万物的"种子"或"根本"。他说:

> 空室空木之中有物生焉,虚则气聚,气聚则物生,故不待种也。气即种也。得之气化而生也,故虚者生之本。(同上)

湛若水的这个观点,和张载"气不能不聚而为万物,万物不能不散而为太虚"的观点(《正蒙·太和篇》),是极为相似的。

湛若水进而指出,不仅天地万物是由"气"构成,而且精神意识现象也是"气"的表现,因而得出"宇宙一气而已"的结论。他说:

> 宇宙间一气而已,自其一阴一阳之中者谓之道,自其成形之大者谓之天地,自其主宰者谓之帝,自其功用者谓之鬼神,自其妙用者谓之神,自其生生者谓之易,自其生物而中者谓之性,自其精而神、虚灵知觉者谓之心,自其性之动应者谓之情,自其至公至正者谓之理,自其理出于天之本然者谓之天理,其实一

也。(卷二《新论》)

张载说:"由太虚,有天之名;由气化,有道之名;合虚与气,有性之名,合性与知觉,有心之名"(《正蒙·太和篇》)。正是把天、道、性、心都看作是太虚与气的某种存在形式。可见,湛若水"宇宙一气"的观点与张载的气一元论是相近的,这表明湛若水在自然观上受到张载的很大影响。

二、理气一体与道、心、事合一

张载的"太虚即气""气生万物"固然是彻底的气一元论自然观,但它有一个明显的缺点,就是认为精神是至清之气("清极则神")、万物是粗浊之气("万物形色,神之糟粕"),认为"合虚与气,有性之名"。这里,他没有分清物质与精神在本质上是有所不同的。湛若水从张载自然观中的这个缺陷处向前走去,得出"理气一体"的结论,他说:

> 以理气对言之也者,自宋儒始也,是犹二端也……形而上者谓之道,形而下者谓之器,器即气也。气有形故曰形而下,及其适中焉即道也。夫中何形矣,故曰形而上。上下,一体也。以理气相对而言,是二体也。(卷二《新论》)
> 《易》一阴一阳之谓道,即气即道,气之中正者即道,道气非二也。(卷十一《问疑续录》)

湛若水认为"道""器",或"理""气",或"性""气",只有存在状态的有形或无形、偏或正的区别,而无本质的不同。

湛若水"理气一体"的观点,把物质性的"气"和精神性的"理""性",看作是同一的,就使他的思想由唯物自然观走向唯心的伦理观、世界观接通了桥梁。既然"理"与"气"或"性"与"气"同一;那么,由"天地一气"进而得出"天地一性""天地一理"的结论,在逻辑上也就是必然的和合理的了。他说:

> 天地间只是一个性,气即性也,性即理也,更无三者相对。(卷八《新泉问辨录》)
>
> 天理浑然在宇宙内,又浑然在性分内,无圣无愚,无古无今,都是这个充塞流行。(卷二十《韶州明经馆讲章》)

湛若水认为理、气或性、气一体,所以由"宇宙一气",推演出"宇宙一理""宇宙一性"的结论。这样,他的思想开始蜕去了具有张载气一元论自然观的色彩,而呈现了具有朱熹理气观的色彩,因为朱熹也认为,就事物的现存状态言,理气是不可分的。但湛若水的"合一"思想,并没有停止在"理气一体"上,而是进一步发展,提出心、事、理三者"合一"。他说:

> 甘泉子五十年学圣人之道,于支离之余而得合一之要……合一有三要,曰心、曰事、曰理,所谓合一也。(卷十七《送方直养归齐云诗序》)
>
> 心也、性也、天也,一体而无二者也。(卷二十《天泉书堂讲章》)

同样,既然心、理、气(事)同一;那么,由"天地一气""天地一理",进而得出"天地一心"的结论,在逻辑上也是必然和合理的了。故他说:

> 天地古今,宇宙内只同此一个心。(《明儒学案》卷三十七《甘泉学案一·语录》)
>
> 盖道、心、事合一者也,随时随事何莫非心。(卷七《答欧阳崇一》)

至此,湛若水逻辑地提出了具有个性特色的心学定义:

> 何谓心学? 万事万物莫非心也。(卷二十《泗州两学讲章》)

三、万事万物莫非心

湛若水心学思想的基本观点"万事万物莫非心"具有怎样的理论内容,这要从他对"心"的理解开始分析。

当然,湛若水也是把"心"理解为具有知觉作用的实体,他说:

> 知觉者心之体也,思虑者心之用也。(卷一《樵语》)
> 心也者,知也。(卷二《新论》)

但是,他又认为,并不是凡具有知觉作用或能力的皆是"心";而是只有能认识"天理"的才是"心"。他说:

> 夫心非独知觉而已也,知觉而察知天理焉,乃为心之全体。(卷八《与吉安二守潘黄门》)
> 盖知觉是心,必有所知觉之理乃为真知也。(卷八《新泉问辨录》)

"知觉是心",这是湛若水所谓"心"的一个方面的涵义。他关于"心"的另一个更重要方面的涵义,是"心即天理"。他说:

> 虚灵方直而不偏,心之本体,所谓天理。是心也,人人之所固有。(《圣学格物通》卷十八《正心》)
> 天理只是心之生理,如彼谷种,仁则其生之性,仁即是天理也。心与天理何尝有二。(卷十一《问疑续录》)

可见,湛若水认为,本体状态的"心",是没有任何偏邪之念的,"心之本体无一物也,忿懥、恐惧、好乐、忧患四者皆私也,而有一焉,即失其本体而心不正矣"(《圣学格物通》卷二十《正心》)。一切伦理道德都由此而生,"亲亲、仁民、爱物,无不由此流出"(同上卷二十七《进德业》)。而"仁即是天理","礼是天理之见于实事者"(同上卷四十四《事君使臣》)。所以,在湛若水看来,"心"即是"天理",二者是一个东西。陆九渊曾说:"人心至灵,此理至明,人皆有是心,心皆具是理"(《象山全集》卷二十二《杂说》),也是主张心不仅有知觉作用,而且心即是天理,心有伦理意义。但湛若水仍认为他表述得不够准确,对他的说法提出批评:"心即理也,理即心之中正也。一而已矣。而云'具'者,是二之也"(《圣学格物通》卷二十《正心》)。可见,湛若水的心学观点是很明确的。

知觉、天理,这就是湛若水心学中"心"的涵义。湛若水把他的这种对"心"的理解绘成一图,称之为"心性图"。图为一个大圈,内含三个小圈。大圈标明为"宇宙",三个小圈分别标为"性""情""万事万物天地"。他解释说:"何以小圈?曰:心无所不贯也,何以大圈?曰:心无所不包也"(卷二十一《心性图说》)。所谓心"无所不包",是说上下四方、古今往来,心无所不知;所谓"心无所不贯",是说天地之万事万物,人之性情,无不是融贯天理。这样,"心是知觉""心即天理",用"心"来包含一切,就得到了进一步的、明确的阐述。

湛若水对"心"的这种理解,使他的"万事万物莫非心"的心学观点具有两方面的内容:

一是从认识论的角度解释心。既然心具知觉作用,那么,"万事万物莫非心"也就意味着万事万物皆是心的知觉的产物,心之外则无事无物。湛若水说:

> 万事万变生于心。(《圣学格物通》卷十九《正心》)
> 心体物而不遗,何往非心。(卷七《答太常博士陈惟浚》)
> "心外无事,心外无物,心外无理"三句无病。(同上)

这些都表明湛若水的"万事万物莫非心"的结论具有明显的主观唯心主义性质。他还说:"天地万物皆我分内"(卷二十三《天关语录》),"非人,亦无天地矣"(卷八《新泉问辨录》)。所以,这种主观唯心主义还带有某种唯我论的色彩。

二是从本体论的角度解释心。既然"心即天理",那么,"万事万物莫非心"也就意味着由心所生之万事万物,同时也是"理"的表现,为"理"所充塞。湛若水说:"天理者,吾心中正之本体而贯万事者也"(卷七《复洪峻之侍御》),"动容周旋中礼,则无非天理之流行矣"(《圣学格物通》卷二十一《正威仪》)。所以这种"心",就不仅仅是个体知觉之"心",而且是古往今来的人的共同的、客体化了的"心"。他说:

> 一人之心,即千万人之心;一时之心,即千万世之心。(《圣学格物通》卷十九《正心》)
>
> 圣贤之学本乎心,千万世之上,千万世之下,同此心同此理。(同上卷六十一《用人》)
>
> 天地古今,宇宙内只同此一个心,岂有二乎?初学之与圣人,同此心,同此一个天理。(《明儒学案》卷三十七《甘泉学案一·语录》)

这样,湛若水"万事万物莫非心"的心学观点,从"心即天理"这个角度来解释,似乎具有某种客观性质,和程、朱理学有某种接近。但湛若水最终还是强调"心",他说:"谓之在物为理则不可,此理毕竟在心,通贯乎万事万物"(卷八《新泉问辨录》),"格致诚正修齐治平皆心也"(卷七《答太常博士陈惟浚》),从而使他的思想体系仍然保持着鲜明的心学思想。

第三节 "随处体认天理"的心学方法

湛若水心学的为学或修养方法,他的及门弟子周冲把它概括为三点:"先生之教,惟立志、煎销习心、体认天理三言者最为切要"(卷八《新泉问辨录》)。当然这三点是互相联系的,都是为了认识"天理",从而完成儒家的道德修养。他是这样解释的:"此只是一事。天理是一大头脑,千圣千贤共此头脑,终日终身只此一大事。立志看,立乎此而已;体认是功夫,以求得乎此者;煎销习心,以去其害此者"(同上)。然而,在这三者之间,他经常强调的是"体认天理"。如当弟子说他的《大科训规》"其要则在'体认天理''煎销习心'两句尽之"时,他即加以纠正道:"其要又只在体认天理"(卷十《问疑录》)。故他总结为学方法说:"圣学功夫,至切至要、至简至易处,总而言之,不过只是随处体认天理"(卷二十一《四勿总箴》)。这样,如同陆九渊的"发明本心"、陈献章的"静坐中养出端倪"是他们各自心学方法的主要内容和特征一样,"随处体认天理"也是湛若水心学方法的主要内容和特征。下面就来分析湛若水心学方法的三个方面,而着重分析他的"随处体认天理"的心理学特色。

一、立 志

湛若水所谓"立志",是指为学首先要确定用力方向,这是为学、修养的第一步或根基。他对弟子们说:"诸生为学必先立志,如作室者先立其基址乃可"(卷六《大科训规》)。那么,这个用力方向是什么?湛若水认为是"天理",实际上也就是"本心"。他说:

> 圣学莫先于立志,立志莫先于见大;见大者非他,即天理者;天理者非他,即吾心之本体也。心体本自广大,本自高明,人惟不见此体,则志无定向而学有间断。(《圣学格物通》卷三《立志》)
>
> "天理"二字乃千圣千贤之大头脑,学者之学圣贤,舍此宜无用力者矣。(同上)

从这里可以看出,湛若水的"立志"有个特点,它主要不是指确立达到圣贤的目标,而是指明确达到圣贤的方法、途径。他说:"吾之所谓立志者,异乎人之所谓立志。人之所谓立志者,谓有必为圣人之心;吾之所谓立志者,即孔子所谓'志于学','志于道',则志必有实功教人入途辙去"(卷十《问疑录》)。换言之,湛若水的"立志",就是确立以体认"天理"或"本心"为途径,以达圣贤的目的。

二、煎销习心

湛若水认为,人心之本体即是天理,一旦本体中正之心被气习、物欲蒙蔽,"天理"也就昏塞。这种被气习蒙蔽之心,他称之为"习心"。他说:

> 虚灵不昧,心之本体,岂待人而后能之也。气习物欲蔽之,则本体昏塞而不知返,天理灭矣。(《圣学格物通》卷九《感应》)

"习心"和"天理"对立,所以消除"习心"的根本办法是"体认天理",以发现被蒙蔽之本心。他说:

> 体认天理乃煎销习心之功夫。盖天理与习心相为消长,养得天理长一分,习心便消一分,天理长至十分,则习心便消十分,即为大贤;熟而化之,即是圣人。(卷十《问疑录》)

煎销习心,除运用"体认天理"的功夫外,湛若水还提出学问的方法,他认为"不可徒良知而不加学问耳"(卷十七《答洪峻之侍御》),即必须藉师友启导和读书学习,以警醒其固有之本心。他说:

> 此理在人心本自固有,然或有所蔽,则此理不明,所以不能不资人问询,以警其良知,盖此理人人同得故也。(《圣学格物通》卷五《谋虑》)
>
> 天理也,至善也,物也,乃吾之良知良能也,不假外求也。但人为气习所蔽,故生而蒙,长而不学则愚。故学问、思辨、笃行诸训,所以破其愚,去其蔽,警发其良知良能者耳。(卷七《答阳明王都宪论格物》)

湛若水还主张煎销习心,必须就事上磨炼,他以炼金必须炉锤为例说:

> 煎销习心……如煎销铅铜,便是炼金。然必须就炉锤乃得炼之之功。今之外事以求静者,如置金于密室,不就炉锤,虽千万年也只依旧是顽杂的金。(《明儒学案》卷三十七《甘泉学案一·语录》)

总之,湛若水的"煎销习心",主张在完成儒家的道德修养时,要读书,要于事上磨炼,这自然有别于陈献章的"静坐",蕴涵有某种实际的生活经验内容。但其"读书",并不是为了增长知识,而是为了觉醒本心,使书本为"我"所用,如他说:"人心中天理具备,读书亦唤醒一番,何等有益"(卷十一《问疑续录》),"六经觉我者也"(卷十八《广德州儒学新建尊经阁记》)。所谓"事上炉锤",也只是指"居处恭、执事敬、与人忠"之类的儒家道德体验和践履,而不是真正的社会实践。如他说:"吾人切要,只于执事敬用功,自独处以至读书酬应,无非此意,一以贯之,内外上下莫非此理,更有何事"(卷七《答徐曰仁工曹》)。

三、随处体认天理

"随处体认天理"向来被视为和王守仁心学相区别的湛若水心学的思想特征或标志,黄宗羲说:"阳明宗旨致良知,先生宗旨随处体认天理,学者遂以王、湛之学各立门户"(《明儒学案》卷三十七《甘泉学案·湛若水传》)。湛若水也认为自己生平言论著述"其词虽多,不过止在'体认天理'四字"(卷十九《元年八月初二日进讲后疏》)。同时,他还把"随处体认天理"认定为古来圣贤共同的为学、修养方法。他说,"随处体认天理六字,千圣同行"(卷二十六《示学六言赠潘汝中黄门》),"为千古圣贤心法之要"(卷二十《斗山书堂讲章》)。

湛若水"随处体认天理"的方法,主要内容有两个方面:"敬"与"勿忘勿助"。

关于"敬",他说:

第三十四章　湛若水对江门心学的发展与江门心学的学术归向

> 敬者,圣学之要,自古千圣千贤,皆在此处用功,体认天理皆是这个大头脑,更无别个头脑。(卷二十《经筵讲章》)

> 敬立而良知在矣,修己以敬,敬以直内,此圣门不易之法。(卷二十三《天关语录》)

可见,湛若水所谓的"敬",与程、朱的"敬"是基本一致的,即以儒家的伦理道德标准来规范,制约自己的思想和行为,故他说,"敬也者,思之规矩也"(卷一《樵语》)。

"体认天理"方法的另一个方面是"勿忘勿助"。他说:"天理在心,求则得之……求之有方,勿忘勿助是也"(卷八《新泉问辨录》)。又说:"欲见'中'道者,必于勿忘勿助之间,千圣千贤皆是此路"(卷二十三《天关语录》)。那么,什么是"勿忘勿助"?他说:

> 心虚而"中"见,犹心虚而占筮神。落意识、离虚体,便涉成念之学。故予体认天理,必以勿忘勿助自然为至。(同上)

> 说勿忘勿助之间便是天理则不可,勿忘勿助之间即见天理耳,勿忘勿助即是中思。(卷九《新泉问辨续录》)

可见,湛若水的"勿忘勿助",是指保持心境的空虚、无一杂念的那种本然状态,在这种心境的本然状态中,则"天理"自见。

湛若水之所以把"敬"与"勿忘勿助"提出当作他"体认天理"的主要方法,这是由他对"天理"的理解决定的。

湛若水所谓"天理",是指儒家所主张的封建伦理道德规范。他说:

> 孔门所谓"中庸",即吾之所谓"天理"。(卷二十《甘泉洞讲章》)
> 所谓人道之序者非他也,天理也。(《圣学格物通》卷五十九《用人》)
> 圣人制礼以教人也,盖本之天理尔。天理者天性也,故"三

千""三百",无一而非性也。(同上卷四十八《立教兴化》)

而这种"天理"又是存在于人心之中,是为人所自然固有的、不用人为规定的本性。他说:

天理者,即吾心本体之自然者也。(《圣学格物通》卷二十七《进德业》)

这样,既然"天理"是"人道之序",是"威仪三千,礼仪三百",所以必须用"敬"的态度才能体认、践履;既然"天理"是人心固有,不由安排,所以必须用"勿忘勿助"的态度让它自动表现、显示。湛若水"体认天理"方法的这两个方面,即一方面要求保持空虚无念的心境,一方面又要求以道德规范去制约思想和行为,不仅从逻辑上来说,而且从人的思想活动的实际情况来看,都是矛盾,因为既然"空虚无念",当然就不容时时惦记"三千""三百";若想着"人道之序",也就谈不上是"不涉成念"。正因为存在着上述这种矛盾,致使他的弟子们在道德修养实践中常有困惑之感,苦于"难为下手","久而未得"(《明儒学案》卷三十七《甘泉学案一·语录》)。如其高足吕怀说:"体认天理最难……又不是有个硬格尺可量定的,只这功夫何缘便得正当"(卷八《新泉问辨录》)?

实际上,湛若水的"体认天理",是指对伦理道德的自我反省。如他自己所说:"随处体认天理,功夫全在省与不省耳"(卷十一《问疑续录》)。通过这种内省功夫,认识到这些伦理道德(即"天理")是人之本心所固有,"天理二字,人人固有,非由外铄,不为尧存,不为桀亡"(《明儒学案》卷三十七《甘泉学案一·语录》)。进而,自觉地把这些伦理道德规范贯彻、渗透到自己生活的各个领域中去。据其弟子洪垣说,湛若水的"随处体认天理","初为'体认天理',后觉未尽,复加'随处'二字"(卷三十二《外集·墓志铭》)。湛若水自己解释说:"体认天理而云'随处',则动静、心事皆尽之矣"(《明儒学案》卷三十七《甘泉学案一·语录》)。换言之,无论动或静,无论思考或行为,皆能做到以"天理"为准的,是"本心"之呈露,这就是"随处体认天理"所要达到的道德修养境界。可见,湛若水"随处体认天理"的修养过程,就是从自我反省开始,到"本心"流露结束。这种心学修养方法和陆九渊的"发明本心"及陈献章的"静坐中养出端倪",虽然在本质上是相同的,但在具体内容上却有所不同,它吸收和融进了程、朱理学中的"天理""事理合一"观点,补充、发展了心学的修养方法。对心理道德要素的分析自有其独到之处。故湛若水对自己的修养方法自视甚高,称之为包医百病的"中和汤"。他说:"随处体认天理,此吾之中和汤也。服得时,即百病之邪自然立地退听,常常服之,则百病不生"(同上)。

第四节 湛若水心学思想的独特面貌

湛若水的心学思想体系,在宋明理学中按其基本理论特色来说,是和王守仁一样属于陆九渊开创、陈献章中兴的心学系统,而和程、朱理学系统相对立。然而值得注意的是,他却有不少非议自己思想先驱的言论或与他们相牴牾的观点;而于程、朱理学思想反而每有褒扬或契合。他和自己同时代的王守仁也发生了理论上的争执。这样,就显得湛若水的心学思想具有不同于其他心学家的独特面貌。

一、对宋代理学的态度

湛若水对宋代理学朱、陆两派,采取平等对待的态度,他从自己的"心事合一"或"知行并进"的观点来看,认为他们各有所蔽。他说:

> 在心为性,在事为学;尊德性为行,道问学为知,知行并进,心事合一,而修德之功尽矣。德修而道自凝矣,此圣门合一之学。后世支离之弊寖兴,朱熹与项平父书曰:"子静专尊德性,而熹平日道问学为多。"臣谓二者会其全,无独用之理也。虽以朱、陆大儒未免此说,而况于他者乎?(《圣学格物通》卷二十七《进德业》)

湛若水认为，"尊德性""道问学"应该是合一的，犹如一体之两面，朱、陆则各见其一，故是有弊。或者说，孔孟之学与道，本应"上下体用一贯，大中至正而无弊"，而"朱陆各得其一体者，朱语下而陆语上"（卷七《答太常博士陈惟浚》），故是有偏。所以，他对朱、陆学术都表现出不太尊重的态度。例如，他认为朱熹的《大学章句》用来科举应试是可以的，但作为修身指南就难以胜任了。他说："诸生读《大学》，须读文公《章句》应试，至于切己用功，更须玩味古本《大学》"（卷六《大科训规》）。但是，他并非否定或反对朱熹，故当有人非议朱熹时，他说："如之何其非之！其志也，学也，行也，将班诸孔门可也"（卷一《樵语》）。

对于陆九渊，他虽然明确表示"若于象山，则敬之而不敢非之，亦不敢学之"（卷七《寄崔后渠司成》），而实际上却并不乏非议之词。如他对陆九渊"心皆具是理"之说，就颇疑其非。他说："说'具'者是二之也……九渊谓读《论语》疑有子之言支离。臣亦敢以是疑九渊焉"（《圣学格物通》卷二十《正心》）。对于陆九渊的高足杨简，湛若水则更尖锐地批评其为"以圣贤之格言，文自己之邪说"（卷二十四《杨子折衷》），并著《杨子折衷》六卷，逐条辨析杨简言论"乃异教宗旨也"（同上）。

但是，毫无疑义，湛若水心学和陆九渊心学不仅在本质上是一致的，而且也确实有着源流和承继关系。如上所述，湛若水主张的对"本心"自我反省、自我体认的"随处体认天理"，和陆九渊的"发明本心"就是一致的。湛若水心学中的不少观点或命题，也早就在陆九渊心学中出现，如"心即理"，"六经皆注我心者也"（卷十八《广德州儒学新建尊经阁记》）。陆九渊曾设喻论为学当先须"明心"："若田地不净洁，则奋发植立不得"（《象山全集》卷三十五《语录》）；湛若水也持相同之论："如不好的田地，虽有美种，亦将奚施"（卷二十三《天关语录》）？不过，他们也有不同。陆九渊重视心为自明之体，而湛若水则重视心的反思之用。前者更加接近于所谓"顿悟"，而后者对于心理活动层次之分析则更为深入。总之，无论是陆学和湛若水思想，对人之知觉、情感、理性诸主观范畴之分析，在中国理论思维发展史上有着重要的贡献。

湛若水认为宋代理学诸儒中,能得孔孟心事、体用一贯之旨的是周惇颐、程颢,故唯对周、程二人极表尊崇。他说:

> 明道得孔、孟、濂溪之传者也,故其语学语道,上下体用一贯,大中至正而无弊……故愚尝云:乃所愿则学明道也。(卷七《答太常博士陈惟浚》)

于是,他著《遵道录》八卷,明确表示对宋代理学诸儒的态度:

> 夫遵道何为者也?遵明道也。明道兄弟之学,孔、孟之正脉也,合内外、彻上下而一之者也。今夫为朱、陆之辨者聩矣,或失则上,或失则下,吾弗敢遵焉尔。(卷十七《叙遵道录》)

湛若水对陆九渊和周惇颐、程颢之所以有如此不同的态度,是因为他没有觉察到、也不承认自己的哲学基本观点和陆九渊心学是完全相同的,如他用来批评陆九渊"心具是理"命题的"心即理"观点,原来也正是陆九渊心学的基本观点;而他对于自己"随处体认天理"的方法和周、程"无欲主一""无丝毫人力,浑然与物同体"思想之间的联系也是很清楚的。因为所谓"主一",就是排除杂念,唯一地以伦理道德规范制约思想言行,这正是湛若水"随处体认天理"方法中的"敬";所谓"无丝毫人力","浑然与物同体",就是保持心境的空虚本然状态,这正是湛若水"随处体认天理"方法中的"勿忘勿助"。故他说:"'敬'字宋儒之论详矣,惟明道'主一'之言为至当"(卷七《答黄孟善》)。"'自然'之说,本于明道'明觉自然'之说,'无丝毫人力'之说;明道'无丝毫人力'之说,本于孟子'勿忘勿助'之说"(卷二十一《自然堂铭序》)。因此,他认为"孔孟之道在周、程"(卷十八《默识堂记》),对他们表示尊崇。

但是,湛若水的修养方法与周惇颐及二程也并非完全一致。如程颐的"主敬"功夫,据朱熹的概括是:"只云但庄整齐肃,则心便一,则自无非辟之干;又云但动容貌、整思虑,则自然生敬,只此便是下手处"(《朱文公文集》卷四十一《答程允夫》),则颇多于自我约束。与此相较,湛若水则着重于任心自然。他说:"心本活物,不必防闲太过,但得使之有路可循,如流水或淮或泗,各循其道,久之自无泛滥之患"(卷二十三《天关语录》)。周惇颐、程颢不除窗前草,则是完全放任自然。与此相较,湛若水则又有所检束,主张"恶草"仍须剪除。他赋诗曰:"窗前草不除,吾除惟恐后。不除恶草根,芝兰安得茂?兰德馨通天,草秽虫蛇薮。无为无不为,自取为何有"(卷二十七《禹山除草吟示同志》)!这些说明他们关于修养的具体步骤或方法是不完全相同的。总之,湛若水与周、程、陆之间,固有所同,亦有所异。

二、对陈献章心学的修正

湛若水生平对陈献章极为尊崇,认为"白沙先生之学,追濂、洛、关、闽之轨,以入孔、孟、禹、汤、文、武、尧、舜之大道"(卷十七《庐陵黄氏总谱序》),并且认定白沙之学是自己思想的渊源。他说:

> 孟子之道在周、程,周、程没,默识之道在白沙,故语予曰用间随处体认天理,何患不到圣贤佳处。(卷十八《默识堂记》)
> 先师白沙先生云:学以自然为宗。当时闻者或疑焉,若水服膺是训,垂四十年矣,乃今信之益笃。(卷二十一《自然堂铭序》)

这表明,湛若水认为自己的"随处体认天理"即是陈献章的"默识之道",自己的"勿忘勿助"即是陈献章的"以自然为宗"。所以,他把陈献章当作自己的思想先驱,称为"道义之师"。

陈、湛之间,在思想上有明显的师承关系,这是符合实际情况的。但是,湛若水并不是完全沿袭陈献章的思想,而是对它有所修正、有所发展。

首先,湛若水的为学或修养方法和陈献章相比,虽然在本质上是相同的,但在具体内容和提法上,则有显著的差别。陈献章的心学修养方法,是"静坐中养出端倪",认为"惟在静坐,久之然后见吾此心之体"(《白沙子》

卷二《复赵提学佥宪》)。但湛若水对此却颇不以为然,且持怀疑态度。他说:"古之论学,未有以静坐为言者;而程氏言之,非其定论,乃欲补小学之缺,急时弊也。后之儒者,遂以静坐求之,过矣! 古之论学未有以静为言者,以静为言者皆禅也"(卷七《答余督学》)。湛若水的修养方法是"随处体认天理",他主张动静、心事合一,随时随地去发现"本心"、践履"天理"。他说:"盖道、心、事合一者也,随时随事何莫非心;心定则何动非静,随处体认则端倪随现,何必静养"(卷七《答欧阳崇一》)? 故他认为自己的"随处体认天理"方法,包含和发展了陈献章的"静坐"法。他说:"'静坐久隐然见吾心之体'者,盖先生(指陈献章)为初学言之……'随处体认天理'自初学以上皆然,不分先后,'居处恭,执事敬,与人忠'即随处体认之功,连静坐亦在内矣"(卷八《新泉问辨录》)。湛若水进而提出"孔门之教皆欲事上求仁,动时着力"(卷七《答余督学》),批评"舍书册、弃人事而习静即是禅学"(卷六《大科训规》),这表明湛若水的随处体认天理的方法对于江门心学由"惟在静坐"出发而进一步向禅学发展的趋势,具有某种遏止作用。

其次,陈献章心学中的修养目标,在湛若水心学中演变为修养方法。陈献章心学"以自然为宗",是指一种无任何负累的、本然的、绝对自由自在的精神状态,他又称之为"浩然自得"。所以在陈献章心学里,"自然"是一种为学或修养的目标。但在湛若水心学里,却把陈献章的"自然"理解为、修正为体认天理时的"勿助勿忘"、无一毫杂念的一种态度,一种无任何纷扰的心理状态。如湛若水说:"忘、助皆非心之本体,此是心学最精密处,不容一毫人力,故先师(指陈献章)又发出自然之说"(卷七《答聂文蔚》),"故予体认天理必以勿忘勿助、自然为至"(卷二十三《天关语录》)。这样,"自然"就变成一种识得"天理"、完成修养的方法("勿忘勿助"),而不是为学或修养所要达到的目标("浩然自得")。如湛若水说:"日用之间随时随处随动随静存其心于勿忘勿助之间,而天理日见焉"(卷十九《进圣学疏》),"欲见中道者,必于勿忘勿助之间"(卷二十三《天关语录》)。湛若水将陈献章心学中的修养目标修改为修养方法,同样也是使江门心学的禅、老色彩淡薄而儒家色彩加重了。

陈、湛二人在修养或为学方法上的差异,是因为他们具有不同的生活经历,因而具有不同的修养经验和理论需要所造成的。陈献章生平仕路蹇塞,乃一蛰居学者,故多追求个人的精神超脱;而湛若水则宦海半生,为一代学官,当然每思索贯彻封建伦理道德。

三、与王守仁心学思想的分歧

湛若水与王守仁的分歧,是明代心学阵营内部的分歧。这种分歧并不是由于政治立场或哲学世界观上的对立所产生,而是由于各自承受先前的思想影响不同,对理学中的某些范畴、命题理解有所不同而引起的;并且集中地表现在为学方法,即如何完成儒家所主张的伦理道德修养这一问题上。在湛、王之间,这种分歧又具体表现在如下三个问题上:

第一,对"格物"的不同解释。

"格物",按《大学》中的提法,它是完成儒家道德修养的一个开始阶段,或一种初步方法,宋、明以来,儒家学者们的解释很不一致。就湛、王二人来说,湛若水的解释是融会程、朱的,而王守仁的解释是反对程、朱的。程、朱基本上是从认识论的意义上来解释"格物"的:"格者至也,物者事也。事皆有理,至其理乃格物也"(《河南程氏外书》卷第二);"夫格物者,穷理之谓也。盖有是物必有是理,然理无形而难知,物有迹而易睹,故因是物以求之,使是理了然心目之间而无毫发之差"(《朱文公文集》卷十三《癸未垂拱奏札》)。即程、朱的"格物"具有认识事物之理的意思。但由于程、朱又主张"格物"的主要内容应是"穷天理、明人伦、讲圣言、通世故"(同上卷三十九《答陈齐仲》),所以程、朱的"格物"论也包含有修养方法的意义。王守仁则反对程、朱这种解释,他完全是从修养方法的意义上来解释"格物":"朱子所谓格物云者,在即物而穷其理也,是就事事物物上求其所谓定理者也,是以吾心而求理于事事物物之中,析心与理为二矣……若鄙人所谓致知格物者,致吾心之良知于事事物物也。吾心之良知即所谓天理也,致吾心良知之天理于事事物物,则事事物物皆得其理矣。致吾心之良知者,致知也;事事物物皆得其理者,格物也,是合心与理而为一者也"(《王文成公全书》卷二

《传习录》中)。王守仁认为"心外无理,心外无事"(同上卷一《传习录》上),又训"格"为"正","物"为念头,故他的"格物"不是指认识外事外物,而是指端正本心,纯然是修身的功夫。如他说:"致知必在于格物。物者事也,凡意之所发,必有其事,意所在之事,谓之物。格者正也,正其不正以归于正之谓也。正其不正者,去恶之谓也;归于正也,为善之谓也"(同上卷二十六《大学问》),"'格物'如孟子'大人格君心'之格,是去其心之不正,以全其本体之正"(同上卷一《传习录》上)。可见王守仁更加着重于修养的"主体"分析,和程、朱所强调的修养的主体对客体的认识过程,各有其侧重点。

至于湛若水的"格物",则既是指认识"天理",同时也是修身功夫。他说:

> 鄙见以为格者,至也。"格于文祖","有苗未格"之"格"。物者天理也,即"言有物","舜明于庶物"之"物",即道也。格即造诣之义。格物者即造道也。知行并进,博学、审问、慎思、明辨、笃行,皆所以造道也。读书、亲师友、酬应,随时随处,皆随体认天理而涵养之,无非造道之功,意、身、心一齐俱造,皆一段工夫,更无二事。下文诚、正、修功夫,皆于格物上用了,其家、国、天下,皆即此扩充……故吾辈终日终身,只是格物一事耳。(卷七《答阳明》)

可见,湛若水对"格物"的解释,一方面具有认识方法的意义,另一方面也具有修养方法的意义,基本上同于程、朱,如他自己所说:"训'格物'为至其理,始虽自得,然稽之程子之书,为先得同然一也"(卷七《答阳明王都宪论格物书》)。因而他对王守仁的"格物"提出批评,认为其训"格物"为"正念头"于《大学》之篇"文义重复"、于孔子、子思、孟子之说相悖,他称之"四不可"(同上)。

第二,"知行合一"的不同涵义。

宋代程、朱理学分析知行关系,主要是论其先后,主张"知先行后"。

程颐说:"人力行,先须要知"(《河南程氏遗书》卷第十八),"须是识在所行之先,譬如行路,须得光照"(同上卷第三)。朱熹进一步论其轻重,论其相辅。他说:"程子云,'涵养须用敬,进学则在致知',分明自作两脚说,但只要分先后轻重。论先后,当以致知为先;论轻重,当以力行为重"(《朱子语类》卷九),"知行常相须,如目无足不行,足无目不见"(同上)。明代心学分析知行关系,则主张"知行合一"。然而,心学中的湛、王两派关于"知行合一"的理论宗旨或出发点并不相同。王守仁提出"知行合一"是为了反对程、朱将知行作明确区分,进而引起知行分离的情况,他说:"今人学问,只因知行分作两件,故有一念发动,虽是不善,然却未曾行,便不去禁止。我今说个知行合一,正要人晓得一念发动处便即是行了,发动处有不善,就将这不善的念克倒了,须到彻根彻底,不使那一念不善潜伏在胸中,此是我立言宗旨"(《王文成公全书》卷三《传习录下》)。王守仁以"知行合一"的理论,救分裂知行的时弊,认为知中有行,行中有知,知行不可分割。但是他的理论也有偏颇,即以"知"消"行",以知代行,所以,他提倡的实际上是"知行同一"。

湛若水也讲"知行合一"。他说:

> 内外合一谓之至道,知行合一谓之至学。(卷十《问疑录》)
> 夫学不过知行,知行不可离,又不可混。(卷七《答顾若溪金宪》)
> "涵养须用敬,进学则在致知",如车两轮。夫车两轮,同一车也,行则俱行,岂容有二?而谓有二者,非知程学者也。鄙见以为如人行路,足目一时俱到,涵养进学岂容有二?自一念之微,以至于事为讲习之际,涵养致知,一时并在,乃为善学也。(卷七《答太常博士陈惟浚》)

可见,湛若水的"知行合一"和王守仁的"知行合一"涵义不同,他基本上是继承了程、朱的知行理论,主要是强调在道德修养过程中,对道德规范的体认和践履是不可分的。所以他对王守仁把知行"合一"理解为

"同一"提出批评:"阳明'知即行,行即知'不能无病。至于'知者行之始,行者知之成',其说即近也。大抵知行终始,是一理一功夫,如点一烛相似,知则初燃也"(卷二十三《天关语录》)。那么,他所谓"知行合一",实则"知行并进"。他之所以喻知行为车之两轮,谓"涵养致知,一时并在",就是旨在说明知行不是同一,而是"并在","并进",故说:"尊德性为行,道问学为知,知行并进,心事合一,而修德之功尽矣。"

第三,"致良知"与"体认天理"的不同。

湛若水和王守仁在修养方法的主张上有所不同。湛若水说:"阳明公初主格物之说,后主良知之说,甘泉子一主随处体认天理之说"(卷三十一《阳明先生王公墓志铭》)。"致良知"和"体认天理"在本质上都是一种对封建伦理道德的自我反省、自我体验。但因湛、王二人承受先前理学思想的影响不同,故其强调的着重点也就有所不同。一般说来,在这个问题上,王守仁受陆九渊"发明本心"的"易简工夫"影响比较明显,特别强调"良知"为人心所固有的知觉能力和伦理本能。他说:"良知者,孟子所谓是非之心人皆有之者也。是非之心,不待虑而知,不待学而能,是故谓之良知,是乃天命之性,吾心之本体,自然灵昭明觉者也"(《王文成公全书》卷二十六《大学问》)。所以,"致良知"即是将心所固有的伦理道德观念、感情,自觉地表现、发露为道德行为。他说:"良知只是一个天理,自然明觉发见处只是一个真诚恻怛,便是他本体。故致此良知之真诚恻怛以事亲,便是孝;致此良知之真诚恻怛以从兄,便是弟;致此良知之真诚恻怛以事君,便是忠……良知只是一个随他发见流行处,当下具足,更无去求,不须假借"(同上卷二《传习录中·答聂文蔚》)。"致良知"是修养的唯一方法,"致良知之外无学矣"(同上卷八《书魏师孟卷》)。湛若水则受程、朱"穷理居敬"的"下学上达"方法影响比较明显,认为"天理"虽为人心所固有,但需要通过"敬""勿忘勿助"的学问、思辨、笃行功夫方能体认,"不可徒良知而不加学问"(卷七《答洪峻之侍御》)。正因此,王守仁认为湛若水的"体认天理"是"求之于外"的俗见。他说:"随事体认天理,即戒慎恐惧功夫,以为尚隔一尘,为世之所谓事事物物皆有定理,而求之于外者言耳"(《王文成公全书》卷五《寄邹谦之》),批评此说是无根柢着落,"捕风捉影"(同上),讥笑其犹如"烧锅煮饭,锅内不曾渍米下水,而专去添柴放火,不知毕竟煮出个什么物来"(同上卷二《传习录中·答聂文蔚》)！湛若水则否认"求之于外",而自谓"无内外"。他说:"阳明与吾看心不同,吾之所谓心者,体万物而不遗者也,故无内外;阳明所谓心者,指腔子里而为言者也,故以吾之说为外"(卷七《答杨少默》),并批评王守仁的"致良知"抛弃了切实的修养功夫,所以是"害道":"'良知'事亦不可不理会……孟子为此,不过提出人之初心一点真切处,欲人即此涵养扩充之耳,故下文曰'达之天下'。学问、思辨、笃行,皆涵养工夫。今说'致良知',以为是是非非,人人皆有,知其是则极力行之,知其非则极力去之,而途中童子皆能,岂不害道"(卷二十三《天关语录》)？因此,将流为异端:"若徒守其心而无学问、思辨、笃行之功,则恐无所警发,虽似正而实邪,下则为老佛、杨、墨,上则为夷、惠、伊尹"(卷七《答阳明王都宪论格物书》)。二人争执,一时颇显不能相容。但最终还是言归于好,王守仁致书湛若水说:"随处体认天理,是真实不诳语,鄙说初亦如是,及根究老兄命意发端,却似有毫厘未协,然亦终当殊途同归也"(《王文成公全书》卷四《答甘泉》)。湛若水为王守仁撰墓志铭则说,"致良知"之说与"随处体认天理"之说,"皆圣贤宗旨也。而人或舍其精义,各滞执于语言,盖失之矣。故甘泉子尝为之语曰:'良知必用天理,天理莫非良知',以言其交用则同也"(卷三十一《阳明先生王公墓志铭》)。事实上也正是如此,"致良知""体认天理"只是王、湛二人因接受宋代理学的影响不同,对自我反省、自我体验为主要内容的心学修养方法,在侧重点上有所不同,而在理论本质和修养实践上却没有根本的不同。

第五节　江门心学的学术归向

明代的心学阵营,主要是由陈献章开创的江门心学和王守仁开创的姚江心学两派组成。虽然两家学术各具特色,湛若水的著述之丰,年龄之长又都在王守仁之上,然而就门庭兴旺而言,江门却远不及姚江。究其原因,王守仁在当时"事功"卓著,影响大,既然是一方面原因;另一方面也由于江门心学主旨多变,对心学的理论主题缺乏一贯的、连续的提法和论证,致使江门心学的师生关系中,理论的承接与发扬较为薄弱,湛若水之后就渐渐失去中心和作为一个学派所必须具有的、统一的理论标志,进而导致这一学派不振和衰落。诚如《明史·儒林传序》概述明代学术所说:"宗献章者曰江门之学,孤行独诣,其传不远;宗守仁者曰姚江之学,别立宗旨,显与朱子背驰,门徒遍天下,流传逾百年……"（卷二八二）。

一、陈献章及门弟子偏离江门心学的两种倾向

陈献章的及门弟子,《明儒学案》录十二人,最著者当为湛若水、张诩二人。他二人代表了陈献章门人阐发江门心学时的两种不同倾向:吸收融会程朱理学思想和吸收融会佛、老思想。

湛若水是陈献章最得意的弟子,是他亲自选定的"衣钵"继承人。湛若水对陈献章也极为尊重,但正如前述,他的思想却与陈献章大相径庭。陈献章认为"作圣之功,惟在静坐",主张修养方法是"静坐中养出端倪"。湛若水则认为"以静为言者皆禅也",而主张"随处体认天理"。陈献章在朱、陆之间表现了明显的离朱近陆的倾向,而湛若水正相反,他对陆九渊及其弟子杨简有所批评,在阐述其"随处体认天理"时和在与王守仁发生分歧的几个理学问题上,都带有明显的程、朱思想痕迹,表现出离陆而近朱的倾向。这些上面已有所论,这里不再赘述。

张诩,字廷实,号东所,也是陈献章得意门生,其学深为陈献章所嘉许:"廷实之学以自然为宗,以忘己为大,以无欲为至,即心观妙,以揆圣人之用。其观于天地,日月晦明,山川流峙,四时所以运行,万物所以化生,无非在我之极而思握其枢机,端其衔绥,行乎日用事物之中,以与之无穷"（《白沙子》卷一《送张进士廷实还京序》）。陈献章认为,他心学中的"以自然为宗"的宗旨和"万化我出"的思想观点,张诩都有所领会和把握。但实际上,张诩对陈献章心学的理解是有偏离的,他忽视了陈献章心学的儒学本质,而把它看作如同佛、老一样的学说。他在《白沙先生墓表》一文中概述陈献

章心学完成过程时说：

> 白沙先生……壮从江右吴聘君康斋游，激励奋起之功多矣，未之有得也。及归，杜门独扫一室，日静坐其中，虽家罕见其面，如是者数年，未之有得也。于是迅扫夙习，或浩歌长林，或孤啸绝岛，或弄艇投竿于溪涯海曲，忘形骸、捐耳目、去心智，久之然后有得焉，于是自信自乐。其为道也主静而见大，盖濂洛之学也。由斯致力，迟迟至于二十余年之久，乃大悟广大高明，不离乎日用一真，万事本自圆成，不假人力，其为道也，无动静内外，大小精粗，盖孔子之学也。（《明儒学案》卷六《白沙学案二》）

张诩把陈献章心学的最后完成归之于"忘形骸、捐耳目、去心智"，这是老、庄的修养方法，而不是陈献章的"静中养出端倪"；张诩把陈献章心学修养完成后的境界说成是"万事本自圆成，日用不离一真"，这是佛学的话头，也不是陈献章所谓的日用间种种应酬，随心所欲而皆合圣训的"作圣之功"。张诩这种以佛、老解心学的做法，引起陈献章其他及门弟子的不满或反对，如湛若水说："常恨石翁（即陈献章）分明知廷实之学是禅，不早与之斩截，至遗后患。翁卒后作墓表，全是以己学说翁……全是禅意，奈何奈何"（卷四《知新后语》）！

湛若水和张诩在进一步阐述陈献章心学时所表现的思想倾向尽管不同，甚至互相对立，但在偏离陈献章江门心学的主要论题上则是共同的，即他们都抛弃了作为陈献章心学特色的"静坐中养出端倪"。湛若水否定了他的"静坐"，张诩则偷换了他的"端倪"。这样，从一开始，在江门心学的传继中，师生祖统的承接关系是清楚的，而思想学脉的承接与发扬却是微弱和贫乏的。

二、湛若水门人不守师说的思想分化倾向

湛若水的及门弟子最著名者为吕怀、何迁、洪垣、唐枢四人。《明史》

概述四人学术宗旨及特色时说:"怀之言变化气质,迁之言知止,枢之言求真心,大约出入王、湛两家之间,而别为一义。垣则主于调停两家,而互救其失,皆不尽守师说也"(卷二八三《湛若水》)。

吕怀,字汝德,号巾石。他在答一友人书中,完整地表述了他的为学宗旨和主张:

> 天理、良知,本同宗旨。诚得原因著脚,则千蹊万径皆可入国;徒徇意见,不惟二先生之说不能相通,古人千门万户,安所适从。今即使子良知、天理之外,更立一方亦得,然无用如此,故但就中指点出一通融枢要,只在变化气质。学问不从这上著脚,恁说格致,说戒惧,说求仁集义与夫致良知,体认天理,要之只是虚弄精神,工夫都无着落。(《明儒学案》卷三十八《甘泉学案二·巾石论学语·答叶德和》)

从这段话里可以看出:一是吕怀认为,"天理""良知"同旨,反对在湛、王之间寻找分歧;二是吕怀提出为学宗旨"只在变化气质"。就第一点而言,还不能说吕怀"不守师说"。尽管湛、王曾有分歧,但湛若水终则认为"天理""良知""交用则同也"。就第二点而言,吕怀把为学宗旨确定为"变化气质",则是有悖于师说了。

湛若水偶尔也曾说过"学求变化气质而已矣"(卷二《新论》),但这里的"学"是指读书而言,他说:"诵诗三百,达政、专对,气质之变化也。学求变化气质而已矣。是故变化之道莫大乎歌咏"(同上)。他更经常强调的则是"随处体认天理"。即湛若水心学的修养方法,和陆九渊、陈献章一样,主要是对"善"的"本心"(或"端倪"或"天理")的自我反省、自我发现,而不是对"恶"的气质(或"习心")的剥落、煎销。而吕怀却认为自我反省的"发明本心""体认天理"之类,只是"虚弄精神",唯一的方法是"变化气质"。他说:"窃见古来圣贤求仁集义,戒惧慎独,格致诚正,千言万语,除却变化气质,更无别勾当也"(《明儒学案》卷三十八《甘泉学案二·巾石论学语·复黄损斋》)。对于这一观点,在宋以来的传统心学理论里是找不到论证的,于是吕怀就在心学理论范围以外寻找论证。他作《心统图说》,以"河图"之理,比附人之身心,表明他接受了象数派理论的影响。《心统图说》主旨在论述"性统于心,本来无病,由有身,乃有气质;有气质,乃有病;有病,乃有修。是故格致诚正,所以修身,戒惧慎独,所以修道。身修道立,则静虚动直,天理得而至善存矣"(同上《与蒋道林》)。这与张载"形而后有气质之性,善反之,则天地之性存焉"(《正蒙·诚明篇》)的思想,又有某种联系。故黄宗羲在评论吕怀"变化气质"之论时说:"先生之论极为切实,可以尽横渠之蕴"(《明儒学案》卷三十八《甘泉学案·吕怀传》)。这些都表明吕怀心学思想在确立宗旨和论证方法上都偏离了师说,超越了江门心学的范围。

何迁,字益之,号吉阳。他的为学宗旨以"知止"为要。他说:"道有本末,学有先后,《大学》教人,知止为先……止者,此心应感之机,其明不假思,而其则不可乱"(同上《吉阳论学语·沧守胡子序》)。何迁的"知止"说,实是指体认寂然不动之心。正如黄宗羲所说:"此与江右主静归寂之旨大略相同"(同上《何迁传》)。然而,对于王守仁弟子聂豹的"归寂之说",湛若水是深不以为然的,并有所批评。《天关语录》记曰:"聂双江有归寂豫养之说,其言曰:……归寂以通天下之感,致虚以立天下之有,主静以该天下之动,云云。先生曰:……其言静以养动者,亦默坐澄心法也,不善用之,未免绝念灭性,枯寂强制之弊,故古来圣圣相授,无此法门"(卷二十三)。可见,何迁"知止"之旨,于其师说"随处体认天理"亦是有所偏离的。

洪垣,字峻之,号觉山。他是湛若水最寄厚望的弟子,称其"是可传吾钓台风月者"(《明儒学案》卷三十九《甘泉学案·洪垣传》),但洪垣并没有继承和发挥湛若水的"随处体认天理"之说,而是对它有所批评,认为这种方法"逐善恶之端以求所谓中正者,恐未免涉于安排"(同上《觉山论学书·答徐存斋阁老》)。

唐枢,字惟中,号一庵,是湛若水及门弟子中著述最多者,他提出"讨真心"三字为修养目标,这非但没有进一步发挥湛若水的"随处体认天理",反而如黄宗羲评断的那样:"'真心',致'良知'也。'讨'即'致'也。

于王学尤近"(同上卷四十《甘泉学案·唐枢传》)。

湛若水的二传弟子如许孚远,倡"著到方寸地洒洒不挂一尘,乃是格物真际"(同上卷四十一《甘泉学案·许孚远论学书·与蔡见麓》)。三传弟子如冯从吾,倡"学问之道,全要在本原处透彻,未发处得力"(同上《冯从吾语录》)。其心学思想虽然没有改变,但陈、湛江门心学的个性特色已经消失,而呈现出和王学融合的新特色。这样,在湛若水之后,江门心学由吸收姚江心学的某些观点开始,最后就慢慢融入了姚江心学。

湛若水及其弟子主要是从人的心理本质和心理过程的角度,探讨了宋明理学的主要论题,从而丰富了人们对于人的"主体"的认识。对这些如果不作仔细剖析,而用"唯心主义"一词加以否定,那是不妥的。

这里应提到,近几年来我国广东学者关于岭南心学之研究,已有丰硕成果,如整理、编辑、出版《湛若水全集》近400万字,这便于我国文史学界对于岭南心学之研究。

第三十五章　王守仁的心学(上)

第一节　王守仁生平活动及"学凡三变"

王守仁(公元1472—1529年)字伯安,浙江余姚人。因筑室阳明洞,世称阳明先生。有《王文成公全书》(一称《阳明全书》,以下简称《全书》)三十八卷传世。

王守仁生活的十六世纪,是中国封建社会日趋没落和资本主义萌芽的历史变迁时代。在此一特定背景下,阶级矛盾、民族矛盾和统治阶级内部矛盾剧烈化,农民起义彼伏此起,西北俺答边患日益严重,各地藩王叛反不断发生;同时大批自耕农的破产和手工业商品经济的抬头正面冲击和破坏着传统的封建秩序;加之奸佞当道、宦官擅权,使得明王朝濒临空前的统治危机。这种"天下事势如沉疴积痿"的局面,用王守仁的话说:"何异于病革临绝之时"(《全书》卷六《答储柴墟》)!

王守仁认为,政治、经济的动荡是由于道德沦丧;道德沦丧是由于学术不明;而学术不明是由于朱学的流弊所造成的。于是,以"正人心,息邪说""而后天下可得而治"自任的王守仁,便从攻讦朱学入手,企图另辟蹊径,用以解救明王朝的统治危机,为统治阶级另谋思想统治的出路。因之,王守仁一生的政治活动,是与其"学凡三变"的学术历程联系着的。黄宗羲根据王畿的记载,叙述了王守仁学术的创立过程,指出:

> 先生之学，始泛滥于词章；继而遍读考亭之书，循序格物，顾物理、吾心终判为二，无所得入；于是出入佛老者久之。及至居夷处困，动心忍性，因念圣人处此，更有何道？忽悟格物致知之旨，圣人之道，吾性自足，不假外求。其学凡三变而始得其门。自此之后，尽去枝叶，一意本原，以默坐澄心为学的，有未发之中，始能有发而中节之和，视听言动，大率以收敛为主，发散是不得已。江右以后，专提致良知三字，默不假坐，心不待澄，不习不虑，出之自有天则；盖良知即是未发之中，此知之前，更无未发；良知即是中节之和；此知之后，更无已发，此知自能收敛，不须更主于收敛，此知自能发散，不须更期于发散。收敛者，感之体，静而动也；发散者，寂之用，动而静也；知之真切笃实处即是行，行之明觉精察处即是知，无有二也，居越以后，所操益熟，所得益化，时时知是知非，时时无是无非，开口即得本心，更无假借凑泊，如赤日当空而万象毕照。是学成之后又有此三变也。（《明儒学案》卷十《姚江学案》本传）

按照这个意见，"学凡三变"可以"龙场悟道"为界标，分为前"三变"和后"三变"两个阶段。"泛滥于词章"，"遍读考亭遗书"和"出入佛老"是前三变。"以默坐澄心为学的"，"专提致良知三字"与"所操益熟，所得益化"是后三变。我们再来看看，王守仁学术的前后三变是如何伴随其政治活动应运而生的。

"学凡三变而始得其门"，即是所谓"龙场悟道"。前此，王守仁在反对宦官刘瑾的斗争中失势，由"赐二甲进士出身，兵部主事"而被贬谪为"贵州龙场驿丞"。这一仕途挫折，使他由愤懑而觉悟"良知"，感觉到需要有一种精神力量的支持；不论外界有何变化，都能经受得住。由此而诞生心学。罗洪先说：

> 及其摈斥流离于万里绝域、荒烟深菁、狸鼯豺虎之区,形影孑立,朝夕惴惴,既无一可聘者,而且疾病之与居,瘴疠之与亲。情迫于中,忘之有不能;势限于外,去之有不可。辗转烦瞀,以需动忍之益。盖吾之一身已非吾有,而又何有于吾身之外?至是而后,如大梦之醒,强者柔,浮者实,凡平日所挟以自快者,不惟不可以常恃,而实足以增吾之机械,盗吾之聪明。其块然而生,块然而死,与吾独存而未始加损者,则固有之良知也。(《龙场龙冈书院祠碑记》,引自《全书》卷三十五《年谱》四附)

这段话分析王守仁心学所以会诞生于龙场,是比较符合事实的。由于"身处逆境","情迫于中","势限于外",自然有一种挣扎反抗的本能要求。他自己的说法,是"居夷处困、动心忍性"之余,"因念圣人处此,更有何道"(同上卷三十二《年谱》)? 在这种情势下,一切诉诸本心,用主观意识去消解客观存在的危难险阻。所谓"五经臆说",所谓"道,天下之公道也;学,天下之公学也,非朱子可得而私也,非孔子可得而私也"(同上卷二《答罗整庵少宰书》)一类的话,在很大程度上,就是这种心理状态的表露。这时,王守仁以"默坐澄心为学的",并在贵阳书院讲授"知行合一"之旨。

不久,刘瑾伏诛,王守仁一年之内连升三级,先是由庐陵知县升授刑部四川清吏司主事,旋调吏部验封清吏司主事,再晋升为文选清吏司员外郎。四十五岁时,"汀漳各郡皆有巨寇,尚书王琼特举之",于是,擢任王守仁为都察院左佥都御史。从此,他开始了所谓"破山中贼"和"破心中贼"的活动。

通观王守仁一生,其活动和学术大抵有如下数端:

(一)正德十二年(公元1517年),王守仁以上职巡抚南赣、汀、漳等处,在江西一带推行保甲联防制度,首倡"十家牌法",并建立地主阶级的地方武装"团练民兵"。"十家牌法"规定,各家各户须将籍里户主姓名、家有男子几丁、治何生业、现在家几人、妇女几口、门面房几间、寄歇客人名籍、职业等项,依式一一开具明白,写在粉牌上,"同牌十家,轮日收掌,每日酉牌时分,持牌到各家,照粉牌查审:某家今夜少某人、往某处、干某事、某日当回;某家今夜多某人、是某姓名、从某处来、干某事。务要审问的确,乃通报各家知会,若事有可疑,即行报官,如或隐蔽,事发十家同罪"(同上卷十六《十家牌法告谕各府父老子弟》)。与此同时,还命令"所属各府州县,于各乡村推选才行为众信服者一人为保长,专一防御盗贼","但遇盗警,即仰保长统率各甲,设谋截捕",并令各村"各于要地置鼓一面,若乡村相去稍远者,乃起高楼,置鼓其上,遇警即登楼击鼓,一巷击鼓,各巷应之;一村击鼓,各村应之,但闻鼓声,各甲各执器械,齐出应援,俱听保长调度"(同上卷十七《申谕十家牌法增立保长》)。他认为,"如此即奸伪无所容,而盗贼亦可息矣"(同上)。

所谓"团练民兵",即是"案仰四省各兵备官,于各属弩手、打手、机快等项,挑选骁勇绝群、胆力出众之士,每县多或十余人,少或八九辈,务求魁杰异材,缺则悬赏召募。大约江西、福建二兵备,各以五六百名为率;广东、湖广二兵备,各以四五百名为率"(同上卷十六《选练民兵》)。这些"选拣精壮","就委该县能官统练,专以守城防隘为事","宜日逐操演,听候征调"(同上)。

(二)从正德十二年至十三年(公元1517—1518年),王守仁指挥官军在大庾、横水、左溪、桶冈、浰头、郴州、大帽山、闽南一带镇压了以陈曰能、谢志珊、兰天凤、锺景、池仲容、龚福全、詹师富等人为首的农民起义。

与此同时,王守仁还做了两件事,一是奏准朝廷,在要害地区增设了福建平和县、江西崇义县和广东和平县以治之(见《全书》卷九、卷十、卷十一之《添设平和县治疏》《立崇义县治疏》《添设和平县治疏》);二是在赣南各地订立"乡约"、兴举"社学",以便使民既知"格面",又知"格心"(见《全书》卷十七《南赣乡约》《兴举社学牌》及《颁行社学教条》)。

(三)正德十四年(公元1519年),王守仁在"奉敕戡处福建叛军"途中,平定了南昌宁王朱宸濠的武装叛乱(见《全书》卷十二《飞报宁王谋反疏》《擒获宸濠捷音疏》)。此期间,以薛侃为首的一批王门弟子皆在王守仁老家"聚讲不散",王守仁亦于军旅之暇与之"发明《大学》本旨,指示人道之方"。于是,刊行《大学古本》,编印《朱子晚年定论》,"以良知指示至善之本体"(同上卷二《答罗整庵少宰书》)。黄宗羲所谓"江右以后,专提致良知",就是指的这段时间。

(四)嘉靖六年(公元1527年),广西思恩、田州壮族土官卢苏、王受反叛朝廷,王守仁以"都察院左都御史"总督两广及江西、湖广军务,率兵征讨。次年剿抚兼施,平定了思、田之乱,接着,不待朝廷之命,他又主动移兵镇压八寨、断藤峡瑶族的反明武装。

(五)王守仁在出征思、田之前,嘉靖帝就升他为"南京兵部尚书、参赞机务",旋又晋封"新建伯,奉天翊卫、推诚宣力、守正文臣,特进光禄大夫柱国,还兼南京兵部尚书、照旧参赞机务。岁支禄米一千石,三代并妻一体追封,给与诰券,子孙世世承袭",权势炙手可热。当此之时,王守仁丁忧在越,"从学如云",以至于"宫刹卑隘不能容,环坐而听者三百余人"。于是,"辟稽山书院,聚八邑彦士,身率讲习以督之"。他教示学人"各求本性,致极良知,以止于至善",认为这样就可以"康济得天下,挽回三代之治","方是不负圣明之君,方能不枉此出世一遭也"(同上卷三十二《年谱》)。这是王守仁讲学的黄金时代,亦即所谓"居越以后,所操益熟,所得益化"的学成之后第三变。

王守仁的学说终于得到了统治阶级的认可和揄扬。隆庆元年(公元1567年)五月,穆宗降诏旌褒,"特赠新建侯,谥文成,锡之诰命……永为一代之宗臣"(同上卷三十五《附录》)。

第二节 王守仁心学的主要论题:"心即理" "知行合一""致良知"

作为明代的心学泰斗,王守仁的心学体系,从思想内容看,要比南宋陆学精致完整和广泛得多。他的心学存在着许多理论上的矛盾,加上宋明理学伦理型的共性,他的某些命题,也常被从不同角度作哲学范畴上的分类、归纳和理解。本节从王守仁庞杂的心学系统中,标举"心即理""知行合一"和"致良知"三个论题,用以对王守仁思想的本体论、先验主义的认识论和道德修养论作一概要的述评,进而探讨其"万物一体"的政治哲学以及教育思想的某些内容。

一、心即理

我们知道,宋明理学之所以称作"理学",是因为它们都把"理"作为哲学的最高范畴,而理学并不等于哲学,其外延则比哲学更为宽广。首先,"理"或曰"天理",它是唯一的绝对,不仅永恒存在,而且主宰一切,故曰"天下只有一个理"(《河南程氏遗书》卷第十八),"万物皆只是一个天理"(同上卷第二上)。其次,它又是先验的,为一切物所固有,故曰"物物皆有理"(同上卷第十九)、"一物须有一理"(同上卷第十八)。自从程颢"自家体贴出""天理"二字之后,在怎样求得这个"理",或者说,"天理"存在何方的问题上,程、朱理学和陆、王心学便产生了分歧。程颐认为,"须是遍求"事物,方可"达理"(同上卷第十九)。朱熹以"即物穷理"论继承了这方面的理论。陆九渊则不然,他认为"理"不寓于外物,而在人的心里,"人皆有是心,心皆具是理,心即理也"(《象山全集》卷十一《与李宰书》二)。但是,陆九渊的"心即理"说在主观唯心主义方面还是不彻底的。如说:"万物皆备于我,只要明理。然理不解自明,须是隆师亲友"(同上卷三十五《语录》下)。不管怎么说,在物、我之间,还有一个待"明"之"理"的客体。王守仁发展了这个命题,主张"吾心之良知,即所谓天理也",认为求"理"不在"格物",而在"致知","致吾心良知之天理于事事物物,则事事物物皆得其理"(《全书》卷二《答顾东桥书》)。这样,二程、朱熹客观唯心主义的"天理"论,就被王阳明心一元论的"良知"说所代替,而建立起主观唯心主义的本体论。

"心即理"是王守仁心学的逻辑起点,是其哲学思想的理论基础,也是他的宇宙观。要解剖这个命题,先须明白"心"与"理"这两个概念的特定内涵。他说:

> 心不是一块血肉,凡知觉处便是心。如耳目之知视听,手足

之知痛痒,此知觉便是心也。(同上卷三《传习录》下)

身之主宰便是心,心之所发便是意,意之本体便是知,意之所在便是物。(同上卷一《传习录》上)

耳目口鼻四肢,身也,非心,安能视听言动?心欲视听言动,无耳目四肢亦不能。故无心则无身,无身则无心。但指其充塞处言之谓之身,指其主宰处言之谓之心。(同上卷三《传习录》下)

所谓"身之主宰便是心",程、朱亦有类似说法。"主于身为心"(《河南程氏遗书》卷第十八),这是程颐的观点。朱熹也说:"主宰运用便是心"(《朱子语类》卷九)。但是,在程、朱学说中,"心"只是指"腔子里"的血肉之物,如说"心统性情","心具万理","心将性做馅子模样"(同上卷五),等等都把"心"看作一种客观存在的物质实体。而在王守仁的定义中,"心"已经不是物质的存在,而是精神的实体,并且赋予它以主宰人身、化生万物的规定性。当然,从"心之官则思"这一古老命题出发,"心"被认为具有思维的能动性,视听言动也受有一定意识("心")的支配。他试图探讨思维与感觉的关系,认为这两者不可分,这是很有价值的。从某一方面说,思维可以支配感觉,但是从另一方面说,离开了视听言动等感觉经验所提供的外界知识,"心"便无从作出正确、深刻的推理判断,因而也就不能起任何"主宰"作用。王守仁把感觉("所以视、所以听、所以言、所以动")与感官("耳、目、口、鼻、四肢")混为一谈,把人的感性活动说成是由"心"绝对支配着的,从而把认识的主体(心)等同于认识的客体(物),这是他的失足。由这一理论前提推衍开去,他认为人心不仅是人身的主宰,甚且主宰着天地、鬼神、万物。他说:"天地万物,与人原是一体,其发窍之最精处,是人心一点灵明","充天塞地中间,只有这个灵明。"《传习录》有如此一段师徒答问:

请问。先生曰:"你看这个天地中间,甚么是天地的心?"对曰:"尝闻人是天地的心。"曰:"人又甚么教做心?"对曰:"只是一个灵明。"可知充天塞地中间,只有这个灵明。人只为形体自间隔了。我的灵明,便是天地鬼神的主宰。天没有我的灵明,谁去仰它高？地没有我的灵明,谁是俯它深？鬼神没有我的灵明,谁去辨它吉凶灾祥？天地鬼神万物离却我的灵明,便没有天地鬼神万物了;我的灵明离却天地鬼神万物,亦没有我的灵明。如此便是一气流通的,如何与他间隔得？又问:"天地鬼神万物千古见在,何没了我的灵明,便俱无了？"曰:"今看死的人,他这些精灵游散了,他的天地万物尚在何处？"(《全书》卷三)

这里,王守仁对认识主体的作用做了充分肯定。如"天高地深",这个判断是人做出的,离开了人的认识、人的感觉和思维,就不可能做出这个判断。所以说,王守仁对认识的主体作了理论探讨,尽管是片面的,却是有价值的。但是,他以死人"精灵游散",不复感知天地万物为立论依据,用"他的天地万物"(精神)偷换"天地万物"(物质),从而把"人心"描绘成一种无所不包、主宰一切、绝对自由的先验的精神实体,这在理论上无疑是错误的。接着,他便以"人心是天渊,无所不赅"的臆断,把人类的主观意识和客观存在等同起来,进一步否定了有离开"心"而独立存在的物质世界。他说:

> 人者,天地万物之心也;心者,天地万物之主也。心即天,言心则天地万物皆举之矣。(同上卷六《答季明德》)

"心"这个精神实体成了宇宙的最高本体。这个包举万物的"心",王守仁有时亦称之为"良知"。他说:"天地万物,俱在我良知的发用流行中,何尝又有一物超于良知之外"(同上卷三《传习录》下)？这就是王守仁的"心外无物"论。

从这样的观点出发,他又引申出"心外无事"和"心外无理"两个结论。前者的论证比较简单,他用"物即事也","有是意即有是物,无是意即无是物"(同上卷二《答顾东桥书》)的断语,用观念形态的"意",使人类行为的"事"与客观世界的"物"混同起来,然后由"心外无物"证成"心外无事"。后者是与"心即理"联系一起说的。"理",也有其特定含义和现实目的。在王守仁哲学中,"理"或言"吾心良知之天理",都是指的封建道德律。

> 礼字即理字。理之发见,可见者谓之文,文之既微不可见者谓之理。只是一物。(同上卷一《传习录》上)

"礼"字即"理"字,其说源于孔子。这个"礼"在这里是指宋明理学共同维护的封建伦理道德,亦即仁义礼智信;这个"理",则是仁义礼智信的"自然条理"。朱熹也有类似的说法。王守仁认为,"良知上自然的条理不可逾越,此便谓之义;顺这个条理,便谓之礼;知此条理,便谓之智;终始是这条理,便谓之信"(同上卷三《传习录》下)。那么,为什么礼之条理是"自然"的呢?王守仁于是提出他的"天理"论,说:

> 夫礼也者,天理也。天命之性,具于吾心,其浑然全体之中,而条理节目森然毕具,是故谓之天理。天理之条理谓之礼。是礼也,其发见于外,则有五常百行、酬酢变化、语默动静、升降周旋、隆杀厚薄之属,宣之于言而成章,措之于为而成行,书之于册而成训,炳然蔚然,其条理节目之繁,至于不可穷诘,是皆所谓文也。(同上卷七《博约说》)
>
> 天下之事虽千变万化,而皆不出于此心之一理,然后知殊途而同归,百虑而一致。(同上)

此说是对朱学的改造。前面说过,朱熹也曾有过"礼者天理自然之节文"之说,但在他的"天理"论中,"心"与"理"是判然为二的,他认为,虽然"心包万理",但是"一物须有一理",这叫作"一月普现一切水,一切水月一月摄"。因为"理一分殊",所以必须"即物穷理"。这个理论被王守仁以"殊途同归,百虑一致"的先验论打破了。这就是说,吾心便是天理,便是世界的本体,它既是万物产生的根源,又是事物变化的归宿。于是,天地间诸事万物,举凡纲常伦理、言行举止、成败荣辱等等,无一不是根于吾心而"森然毕具"、神圣本然的"天理流行"。因此,自然规律就这样被消溶在"吾心"之中,并被强行先验化和伦理化了。

在给"心"和"理"下了这样的哲学与伦理的先验界说之后,王守仁又使用无类比附的传统逻辑,从而使"心"与"理"最后沟通起来,完成其"心外无理"的论说。

> 先生曰:知,是理之灵处,就其主宰处说,便谓之心;就其秉赋处说,便谓之性。(同上卷一《传习录》上)
>
> 经,常道也。其在于天谓之命,其赋于人谓之性,其主于身谓之心。心也、性也、命也,一也。(同上卷七《稽山书院尊经阁记》)
>
> 所谓汝心,即是那能视、听、言、动的,这个便是性,便是天理,有这个性,才能生这性之生理,便谓之仁。这性之生理,发在目,便会视;发在耳,便会听;发在口,便会言;发在四肢,便会动。都只是那天理发生。以其主宰一身,故谓之心,这心之本体,原只是个天理,原无非礼。这个便是汝之真己,这个真己是躯壳的主宰。(同上卷一《传习录》上)

既然"性"是先天的秉赋,"心"是躯壳的主宰,"都只是那天理发生","原无非礼",则在"心也、性也、命也,一也"的反理性推导中,程、朱的"性即理"命题就被扩充成比陆九渊更富主观色彩的"心即理"了。他反复宣称:"心外无物,心外无事,心外无理,心外无义,心外无善"(同上卷四《与王纯甫》二),"心外无学"(同上卷七《紫阳书院集序》)。且看:

> 先生曰:心即理也。天下又有心外之事,心外之理乎?(同上卷一《传习录》上)

> 夫物理不外于吾心,外吾心而求物理,无物理矣;遗物理而求吾心,吾心又何物邪?心之体,性也;性即理也。故有孝亲之心,即有孝之理;无孝亲之心,即无孝之理矣。有忠君之心,即有忠之理;无忠君之心,即无忠之理矣。理岂外于吾心邪?(同上卷二《答顾东桥书》)

> 且如事父,不成去父上求个孝的理?事君,不成去君上求个忠的理?交友治民,不成去友上民上求个信与仁的理?都只在此心,心即理也。此心无私欲之蔽,即是天理,不须外面添一分。以此纯乎天理之心,发之事父便是孝,发之事君便是忠,发之交友治民便是信与仁。只在此心去人欲、存天理上用功便是。(同上卷一《传习录》上)

这里,王守仁的理论思辨有其有价值的一面,这在于他认为伦理观念与认识论不可分。理性与伦理是结合在一起的。只有理解的东西,才能产生道德的实践。知道了孝的道理,才有孝的行为。但是,王守仁的这个理论思辨也有片面性,这就是,他离开了道德观念的社会性和实践性,孤立地谈论道德观念本身,因而使道德观念成了无源之水,无本之木了。王守仁所强调的是,所谓父子之亲、君臣之义、夫妇之别、长幼之序、朋友之信,"是恻隐也、羞恶也、辞让也、是非也,是亲也、义也、序也、别也、信也,一也,皆所谓心也、性也、命也"(同上卷七《稽山书院尊经阁记》)。

王守仁的"心即理"说并不止此,他的"吾心"不仅化生天地万物、纲常伦理,即便六经学术,亦在"吾心"的轨迹之中。他这样说,"六经者非他,吾心之常道也","故六经者,吾心之记籍也"(同上)。要之,"万事万物之理不外于吾心"(同上卷二《答顾东桥书》),"诸君要实见此道,需从自己心上体认,不假外求始得"(同上卷一《传习录》上)。

二、知行合一

知行问题,在中国哲学史上是个古老的题目。溯其源,则在孔子的知识论中已见端绪。然而,知行问题被提到相当重要的地位而加以讨论,还只是从宋代开始。其时,封建统治阶级企图利用整饬道德、"净化"人心的办法,来挽救日益深重的社会危机。因此,他们并不是为了正确地认识客观世界而研讨知行问题,而只是为了通过对知行问题的议论达到加强对封建道德的体识和践履的目的。于是,宋明理学的知行观便应运而生了。

程颐说:"不致知,怎生行得?勉强行者,安能持久"(《河南程氏遗书》卷第十八)?陆九渊说:"吾知此理即乾,行此理即坤。知之在先,故曰'乾知太始';行之在后,故曰'坤作成物'"(《象山全集》卷三十四《语录》上)。朱熹说:"论先后,知为先"(《朱子语类》卷九)。王守仁不同意宋儒以上看法,批评朱熹的"知先行后"说。他认为,"只说一个知,已自有行在;只说一个行,已自有知在","知行如何分得开"(《全书》卷一《传习录》上)?他以"心即理"为理论前提,批评朱熹"物理吾心终判为二"是导致"知行之所以二也"的原因,而如果"今人却将知行分做两件去做",则势必在理论上失却"知行本体",在实践上造成"终身不行,亦遂终身不知"的流弊。他说:"此不是小病痛"(同上)!这里,王守仁提出"知""行"这两个认识论上的重要问题,似乎已察觉到前人理论的某种缺陷,假使能够循此路径,探讨知行内涵及其相互关系,从而揭示人类对于自然界和人类社会的认识规律,即便得出错误的结论(譬如苏格拉底的"知行合一"论),在认识史上也是很有价值的。可惜,王守仁的知行观只是把认识问题局限在伦理道德的范畴上。大凡以哲学论证伦理学,以"天理""良知"论证封建道德律的绝对权威,便是宋明理学的一般特点。王守仁的"知行合一",就是这种典型。这一点,他直言不讳:

> 今人学问,只因知行分作两件,故有一念发动,虽是不善,然却未尝行,便不去禁止。我今说个知行合一,正要人晓得,一念发动处,便即是行了;发动处有不善,就将这不善的念克倒了,须要彻根彻底,不使那一念不善潜伏在胸中。此是我立言宗旨。

(同上卷三《传习录》下)

可见,王守仁提倡"知行合一",正是要人们"克服不善的念",以便符合道德规范。因而,他把"知行合一"说成是"对病的药"(同上卷一《传习录》上)。基于这样的宗旨,他从三个方面论证"知行合一"说。

第一,所谓"知行之体本来如是"。他声称,"知行合一""又不是某凿空杜撰,知行本体原是如此","非以己意抑扬其间,故为是说,以苟一时之效者也"(同上卷二《答顾东桥书》)。为什么知行本体"本来如是"呢?他用了个比方:"知犹水也,人心之无不知,犹水之无不就下也;决而行之,无有不就下者。决而行之者,致知之谓也。此吾所谓知行合一者也"(同上卷八《书朱守谐卷》)。此论显然是从孟子斥告子"湍水、杞柳"之喻的性论中引申出来的。王守仁的妹婿徐爱不能无疑,提问道:"如今人尽有知得'父当孝、兄当弟'者,却不能孝、不能弟,便是知与行分明是两件。"王守仁这样回答他:

> 此已被私欲隔断,不是知行的本体了。未有知而不行者,知而不行,只是未知。圣贤教人知行,正是要复那本体,不是看你只恁的便罢。故《大学》指个真知行与人看,说:"如好好色,如恶恶臭。"见好色属知,好好色属行。只见那好色时已自好了,不是见了后又立个心去好;闻恶臭属知,恶恶臭属行。只闻那臭恶时已自恶了,不是闻了后别立个心去恶。如鼻塞人,虽见恶臭在前,鼻中不曾闻得,便亦不甚恶,亦只是不曾知臭。就如称某人知孝,某人知弟,必是其人已曾行孝行弟,方可称他知孝知弟,不成只是晓得说些孝弟的话,便可称为知孝弟?又如知痛,必已自痛了,方知痛;知寒,必已自寒了;知饥,必已自饥了。知行如何分得开?此便是知行的本体,不曾有私意隔断的。(同上卷一《传习录》上)

既说"未有知而不行者",则人尽有知,知即能行,为何又要抬出"圣贤教人知行"、搬出经典"指个真知行与人看"？既说"知行本体本来合一"，为何又需"复那本体"？"私欲"又何尝能够"隔断本体"？其实，对于徐爱的诘难，王守仁并不曾在理论上解释清楚。在封建伦理道德观念占统治地位的时代，孝悌忠信的道理是尽人皆知的。如果说"知必能行"，为什么封建社会偏有许多"口诵仁义，行若狗彘"的丑恶现象？既然"合一"是"知行之体本来如是"，它就不是任何东西（包括"私欲"）所能隔断的。那么，只好说，"知善者必行善，知恶者必行恶"固然符合知行本体；反之，"知善者能行恶，知恶者能行善"也是符合知行本体的。这显然不是王守仁的"立言宗旨"。然而，照"知而不行只是未知"的逻辑演绎，必然推论出这种悖论。可见，以道德的"为善去恶"标准去解释认识论问题，在理论上是不能自圆其说的。

王守仁又说：

> 知是心之本体，心自然会知。见父自然知孝，见兄自然知弟，见孺子入井自然知恻隐，此便是良知不假外求。（同上）

原来，所谓"知行本体"就是"心之本体"，也就是那"自然会知"，"不假外求"的"良知"。就是说，"知"是"良知"的自我体认，"行"是"良知"的发用流行，都是"心的本体"自然如此。这种理论，实际上把知和行混淆起来，抹煞了主观意识和客观活动之间的区别。此中所受禅宗思想的影响，下节详论。事实上，知与行，即理论与实践的关系是辩证统一的关系。王守仁夸大了二者之间的统一性，并把它歪曲成绝对的同一，从而把"主观见之于客观"的"行"等同于纯粹主观先验的"知"，这样的结论当然错误。

我们知道，"见好色"和"好好色"，"闻恶臭"和"恶恶臭"，当它们被见诸行动或付诸实践之前，都只是观念形态的不同层次而已，这其间知和行并没有必然的联系。正如他自己所说，"鼻塞人虽见恶臭而不甚恶"，就因为这人心理上没有产生"恶"的观念，因而也就不会有"恶恶臭"的行为表示。明"知"其"臭"而"不甚恶"，足见知与行的差别性。王守仁硬把"见好色""闻恶臭""知孝""知悌"这些属于"知"的范畴归之于"行",这就否定了行的客观性及其在认识过程中的决定性作用。

第二,所谓"知行原是两个字说一个工夫"(同上卷六《答友人问》)。王守仁说:

> 知是行的主意,行是知的工夫;知是行之始,行是知之成。(同上卷一《传习录》上)

> 凡谓之行者,只是着实去做这件事。若着实做学问思辨的工夫,则学问思辨亦便是行矣。学是学做这件事,问是问做这件事,思辨是思辨做这件事,则行亦便是学问思辨矣。若谓学问思辨之,然后去行,却如何悬空去学问思辨得?行时又如何去做得学问思辨的事?行之明觉精察处便是知,知之真切笃实处便是行。若行而不能明觉精察,便是妄行,便是"学而不思则罔",所以必须说个知;知而不能真切笃实,便是妄想,便是"思而不学则殆",所以必须说个行。原来只是一个工夫。凡古人说知行,皆是就一个工夫上补偏救弊说,不似今人截然分作两件事做。某今说知行合一,虽亦是就今时补偏救弊说,然知行体段,亦本来如是。(同上卷六《答友人问》)

这里,所谓"学问思辨行",就是《中庸》提出的博学、审问、慎思、明辨、笃行的概念,前四者属于精神活动范畴。王守仁用一个"做"字,把四者纳入有实践意义的"行"中,这当然犯了逻辑错误。对此,王夫之有一段中肯的批评,说:"彼(阳明)非谓知之可后也,其所谓知者非知,而行者非行也。知者非知,然而犹有其知也,亦惝然若有所见也;行者非行,则确乎其非行,而以其所知为行也。以知为行,则以不行为行,而人之伦、物之理,若或见之,不以身心尝试焉"(《尚书引义》卷三《说命》中二)。他点出王守仁"以知为行,则以不行为行",这是切中"知行合一"论的本质和要害的。本来,从"知是行的主意,行是知的功夫"这一前提出发,是可以推导出"学问思辨的目的是为了笃行"这一结论的。但是,由于王守仁使用的是"一悟本体即是功夫"(《全书》卷三《传习录》下)这种思辨方法,又由于他的"立言宗旨"正是要人们把"不善"的念头在萌发之初就在心中"克倒",这就必然要以知代行,消行归知,取消作为客观实践活动的"行",从而使"知行合一"成为主观意识的心理活动。

第三,所谓"知行合一并进"。

王守仁在《答顾东桥书》中说:

> 知之真切笃实处即是行,行之明觉精察处即是知。知行工夫本不可离。
>
> 夫人必有欲食之心然后知食,欲食之心即是意,即是行之始矣。食味之美恶,必待入口而后知,岂有不待入口而已先知食味之美恶者邪?必有欲行之心然后知路,欲行之心即是意,即是行之始矣。路歧之险夷,必待身亲履历而后知,岂有不待身亲履历而已先知路歧之险夷者邪?知汤乃饮,知衣乃服,以此例之,皆无可疑。
>
> 以求能其事而言谓之学,以求解其惑而言谓之问,以求通其说而言谓之思,以求精其察而言谓之辨,以求履其实而言谓之行。盖析其功而言则有五,合其事而言则一而已。此区区心理合一之体、知行并进之功,所以异于后世之说者,正在于是。
>
> 是故知不行之不可以为学,则知不行之不可以为穷理矣;知不行之不可以为穷理,则知知行之合一并进而不可以分为两节事矣。(同上卷二)

"知行常相须"的说法在朱熹及其门人陈淳的著述中偶有提及,后学叶由庚、王柏曾屡加发挥。但是,"相须"或曰"并进"到底还是两个主体。可见,王守仁的"知行之合一并进"仍是对朱学的改造与发展。我们认为,在人类认识过程中,有时候"即知即行"或者"即行即知"的情况是有的,此时,知与行是紧密结合在一起的。但是,结合绝不是"合一",因为知与行毕竟是认识过程的两个阶段。因此,王守仁"合一并进"论,其根源就是所谓"心理合一之体"。在"心理合一"理论指导下,他认为,"欲食之心即是意,即是行之始","欲行之心即是意,即是行之始",把行动的思想动机等同于行动本身,混淆了知与行的界限。

诚然,王守仁的某些言论已经接近于人类的实践是有目的的活动这一思想,这是他知行论的合理因素。如解"学"为"求能其事";解"问"为"求解其惑";解"思"为"求通其说";解"辨"为"求精其察";解"行"为"求履其实"。认为学、问、思、辨都是有目的的活动。这是很有见地的。但是,把学、问、思、辨的精神活动等同于客观实践的"行",从而得出"合其事而言则一"的结论,这就错了。又如,说"有欲食之心然后知食","有欲行之心然后知路",这也没错。但是,动机和行为毕竟是两码事,把"欲食之心"等同于"食",把"欲行之心"等同于"行",这就错了。为了论证"知行合一",王守仁还曾经援用一些为生活实践所证明了的经验常识,如说"食味之美恶,必待入口而后知","路歧之险夷,必待身亲履历而后知","哑子吃苦瓜,与你说不得;你要知此苦,还须你自吃"(同上卷一《传习录》上)。又说"学射,则必张弓挟矢、引满中的;学书,则必伸纸执笔,操觚染翰"(同上卷二《答顾东桥书》)云云,也不失为对事物的正确的认识。

尽管如此,"知行合一"在命题上也自有其比前人进步的一面。

首先,在理论结构上,以"心即理"为前提,以"知行合一"为指归,从因果律看,这其间是有其逻辑必然性的。所谓"吾心即物理,无假外求",因而只要体认自心,便"事事物物皆得其理"。这种认识论,虽然夸大了主观能动的一面,但是,就其解剖自身(吾心固有的"良知")以推求万物万理的认识方法来看,却也蕴涵有"一般('事事物物')存在于个别('吾心良知')之中"的辩证因素。"吾心良知"属"知","致吾心良知于事事物物"属"行","知行合一"便以其"发展了能动的方面"而达到了前所未有的唯心主义认识论高度,从而为宋明理学增进了一个新的范畴,为认识论的发展开拓了一个新的境界,而这对于后世知行观的建立,显然是起了触媒的作用,曾从中得到了启发。例如,王夫之就曾从批评"知行合一"论入手,总结出"知行相资以互用"的观点。他说:"知行相资以为用。唯其各有致功,而亦各有其效,故相资以互用。则于其相互,益知其必分矣。同者不相为用,资于异者乃和同而起功,此定理也。不知其各有功效而相资,于是而姚江王氏知行合一之说得借口以惑世"(《礼记章句》卷三十一)。

其次,"知行合一"是为反对朱熹的"知先行后"说而提出的。朱熹《四书集注》第二十章注"博学之、审问之、慎思之、明辨之、笃行之"云:"学、问、思、辨,所以择善而为知,学而知也;笃行,所以固执而为仁,利而行也。程子曰:五者废其一,非学也。"这就是说,在认识过程中,知与行是分作两截的,知在前,行在后,二者不是"循环往复,以至无穷"的辩证统一过程。朱熹虽然把认识过程的两个阶段提出来了,但却割裂了二者的辩证关系,是不恰当的。对此,王守仁提出"知行合一"命题,强调认识过程两个阶段之间的统一与联系,这是王氏高于朱氏之处,是他对于认识论的新贡献,应给予肯定。但是,王守仁从一个极端走向了另一极端。在认识论问题上,他和朱熹一样,都不可避免地犯了形而上学的错误。这就是,他们所谓的"知""行",不是指对于外部世界的认识,也不是指对于社会活动的实践,而只不过是对于"天理""良知"的体认和对封建道德的践履,因而是纯属主观的心理活动,而不具有社会实践的客观性质。归根到底,他们的知行观,都以割裂主客观的联系为归宿。

三、致 良 知

"致良知"或曰"致知格物",这是王守仁关于认识方法的核心思想。他称之为"学问大头脑",认为是"千古圣圣相传的一点真骨血","譬之操舟得舵,平澜浅濑无不如意,虽遇颠风逆浪,舵柄在手,可免没溺之患"(《全书》卷三十三《年谱》二)。

王守仁如此标榜的"致良知"命题,其实只是将《大学》的"致知"与《孟子》的"良知"观点结合起来。《大学》云:"古之欲明明德于天下者,先治其国;欲治其国者,先齐其家;欲齐其家者,先修其身;欲修其身者,先正其心;欲正其心者,先诚其意;欲诚其意者,先致其知:致知在格物。物格而后知至,知至而后意诚,意诚而后心正,心正而后身修,身修而后家齐,家齐而后国治,国治而后天下平。"这里,修身、齐家、治国、平天下的活动被演绎为"格物、致知、诚意、正心"的修养活动,而"格物"成为身心修养的首要环节。但是,"致知在格物,物格而后知至"的观点和王守仁"心即理""知行合一"哲学有矛盾。为了解决这个矛盾,以坚持其"心外无物"的主观唯心主义立场,王守仁便采用正名主义的传统手法,在"格、物"二字上大做文章。

他认为,《大学》"格物"的"格",不能以"至"字训,而当作"正"字解。他举《尚书》"格其非心"为例,说:"格者,正也,正其不正以归于正之谓也。正其不正者,去恶之谓也;归于正者,为善之谓也。夫是之谓格"(同上卷二十六《大学问》)。如此说来,"格物"便成了"正物"。但是,"天下之物本无可格者,其格物之功只在身心上做"(同上卷三《传习录》下),"故格物者,格其心之物也,格其意之物也,格其知之物也"(同上卷二《答罗整庵少宰书》)。那么,"物"如何就是"心、意、知之物"呢?他解释道:

> 物者事也,凡意之所发必有其事,意所在之事谓之物。(同上卷二十六《大学问》)
> 身之主宰便是心,心之所发便是意,意之本体便是知,意之所在便是物。如意在于事亲,即事亲便是一物;意在于事君,即事君便是一物;意在于仁人爱物,即仁人爱物便是一物;意在于视听言动,即视听言动便是一物,所以某说无心外之理,无心外之物。(同上卷一《传习录》上)

这里,王守仁提出知、意、物三者的关系问题,包含着合理的因素。意,即意念、动机,这是人的主观意识范畴内的东西,故说"意之本体便是知"。意念所及,不管是对于道德伦理,还是行为感觉,都是对象,故谓之"物"。他对人的心理结构所做的分析,是很细致的。但是,他所谓"物",乃是

"心"的附属品。于是,意即是物,物即是事,事即是知,知即是行,通过这样的同义反复,身、心、意、知、物便成了以心为基础的统一体,《大学》"致知在格物"也就变成为"致知在诚意"了。王守仁接着说:"《中庸》言:不诚无物。《大学》明明德之功,只是个诚意;诚意之功,只是个格物"(同上)。至此,"格物""致知""诚意""正心"的序列范畴就在唯心主义的前提下,统一于王守仁的"格心"理论,而为"修身""齐家""治国""平天下"的目的服务。

孟子曰:"人之所不学而能者,其良能也;所不虑而知者,其良知也。孩提之童,无不知爱其亲也;及其长也,无不知敬其兄也。亲亲,仁也;敬长,义也"(《孟子·尽心上》)。孟子认为,"良知"是心的本体,是先天固有的,"良知"而外,别无所谓"知"。这正符合王守仁的理论需要。他发挥说,"良知"是"造化的精灵",它"生天生地",是"与物无对"的宇宙根源,"人若复得它完完全全,无少亏欠",便完成了对宇宙的认识;因此,"圣人只是顺其良知之发用,天地万物,俱在我良知的发用流行中,何尝又有一物,超乎良知之外,能作得障碍"(《全书》卷三《传习录》下)!所谓"良知不由见闻而有,而见闻莫非良知之用;故良知不滞于见闻,而亦不离于见闻"(同上卷二《答欧阳崇一》),也就是这个意思。

这样,被改造过的《大学》"致知"和被发挥了的《孟子》"良知"便溶合为王守仁的"致良知"说。

"致良知"说作为道德修养论,是以"存天理,去人欲"为其内容和归宿的。

"天理"是北宋以来理学家讲论最多的论题,它实际上指的就是"仁义礼智"四端。我们知道,理学的基本特点就是以哲学论证伦理学,更具体地说,即是以"天理""良知"论证封建道德的绝对权威。王守仁的思想学说也具有这种特点。他强调说:"这些子看得透彻,随他千言万语,是非诚伪,列前便明,合得便是,合不得便非"(同上卷三《传习录》下)。他还把"良知"与"天理"等同起来,如说,"吾心之良知,即所谓天理也"(同上卷二《答顾东桥书》),"良知是天理之昭明灵觉处,故良知即是天理"(同上《答欧阳崇一》)。按

照这一观点,所谓"良知",约而言之,就叫"天理";推而衍之,便成了孝、弟、忠、信、五伦百行的道德规范。他说:

> 见父自然知孝,见兄自然知弟,见孺子入井自然知恻隐,此便是良知。(同上卷一《传习录》上)
> 故致此良知之真诚恻怛以事亲便是孝,致此良知之真诚恻怛以从兄便是弟,致此良知之真诚恻怛以事君便是忠。只是一个良知,一个真诚恻怛。(同上卷二《答聂文蔚》二)

这便是"致良知"的内容。然而,就在"天理、人欲"问题上,王守仁的修养论产生了一个无法克服的内在矛盾。因为他说:

> 性无不善,故知无不良。良知即是未发之中,即是廓然大公、寂然不动之本体,人人之所同具者也。但不能不昏蔽于物欲。故须学以去其昏蔽,然于良知之本体,初不能有加损于毫末也。知无不良,而中寂大公未能全者,是昏蔽之未尽去,而存之未纯耳。体即良知之体,用即良知之用,宁复有超然于体用之外者乎?(同上《答陆原静》)

问题就在这里:既然"性无不善,知无不良",而且"人人之所同具",则作为"心之本体"的"良知"就不会有"昏蔽于物欲"的可能;既然"体即良知之体,用即良知之用",而"良知即是天理",在逻辑上就不允许有与之对立的"人欲"干扰。这样,不仅"心即理"的理论前提不击自溃,而且"物欲"的客观存在,也使自己的"良知"学说趋于破灭。由于在理论上陷入这种不可自拔的境地,王守仁的"致良知"说,一旦落实到"存理去欲"的命题时,只好也沿着宋儒"道问学(格物)""尊德性(致知)"的两条老路具体发挥。他说:

> 若鄙人所谓致知格物者,致吾心之良知于事事物物也。吾心之良知,即所谓天理也。致吾心良知之天理于事事物物,则事事物物皆得其理矣。致吾心之良知者,致知也;事事物物皆得其理者,格物也。是合心与理而为一者也。(同上卷二《答顾东桥书》)
>
> 孰无是良知乎?但不能致之耳!《易》谓"知至至之",知至者,知也;至之者,致知也。此知行之所以一也。近世格物致知之说,只一知字,尚未有下落,若致字工夫,全不曾道着矣。此知行之所以二也。(同上卷五《与陆原静》二)

其实,这样说,心与理、知与行、致知与格物仍然为二,因为客观存在毕竟不是主观意识所能统摄的。因此,王守仁便不能不把"格物""致知"的功夫分为"动时"和"静时"两种。他说:

> 静时念念去人欲、存天理,动时念念去人欲、存天理。(同上卷一《传习录》上)
>
> 存养是无事时省察,省察是有事时存养。(同上)
>
> 必欲此心纯乎天理,而无一毫人欲之私,此作圣之功也。必欲此心纯乎天理,而无一毫人欲之私,非防于未萌之先,而克于方萌之际不能也。(同上卷二《答陆原静书》)

综上所述,我们可以把王守仁关于"存天理,灭人欲"的方法论概括成这样的图式:

作圣之功 ── { 静的功夫:无事时存养──"防于未萌之先"──"静处体悟"──存天理(致知)
动的功夫:有事时省察──"克于方萌之际"──"事上磨炼"──灭人欲(格物) }

所谓静的功夫,指的是"反身而诚"的直观内省,即"自明本心"的本体证悟功夫。他说：

> 君子之学，以明其心。其心本无昧也，而欲为之蔽，习为之害，故去蔽与害而明复，非自外得也。心犹水也，污入之而流浊；犹鉴也，垢积之而光昧。孔子告颜渊克己复礼为仁，孟轲氏谓万物皆备于我，反身而诚。夫已克而诚，固无待乎其外也。世儒背叛孔、孟之说，昧于《大学》格物之训，而徒务博乎其外，以求益乎其内，皆入污以求清、积垢以求明者也，弗可得已。（同上卷七《别黄宗贤归天台序》）

他认为，人心如水如镜，只要复得本体明净，"反身而诚"，"固无待乎其外也"。又说，"圣人之心如明镜，只是一个明，则随感而应，无物不照"，"只怕镜不明，不怕物来不能照"，"学者唯患此心之未能明，不患事变之不能尽"（同上卷三《传习录》下）云云。而要做到镜明水净，就须恢复"无视无听、无思无作、淡然平怀"（同上）的良知本体，最直接的办法就是静坐息虑，"久久自然有得力处"。他说：

> 吾昔居滁时，见诸生多务知解，口耳异同，无益于得，故教之静坐，一时窥见光景，颇收近效。（同上）

又说：

> 教人为学，不可执一偏。初学时心猿意马拴缚不定，其所思虑多是人欲一边，故且教之静坐息虑。久之，俟其心意稍定，只悬空静守，如槁木死灰，亦无用，须教他省察克治。省察克治之功，则无时而可间。如去盗贼，须有个扫除廓清之意。无事时将好色、好货、好名等私，逐一追究搜寻出来，定要拔去病根，永不复起，方始为快。常如猫之捕鼠，一眼看着，一耳听着，才有一念

萌动,即与克去,斩钉截铁,不可姑容,与它方便,不可窝藏,不可放它出路,方是真实用功,方能扫除廓清。到得无私可克,自有端拱时在。虽曰何思何虑,非初学时事。初学必须思(诚),省察克治即是思诚,只思一个天理,到得天理纯全,便是何思何虑矣。
(同上卷一《传习录》上)

所谓"静坐息虑",就是在无事时将好色、好货、好名等私欲,"逐一追究搜寻","拔去病根,永不复起"。这样,"货、色、名、利等心,一切皆如不做劫盗之心一般,都消灭了,只是心之本体,看有甚闲思虑。此便是寂然不动,便是未发之中,便是廓然大公,自然感而遂通,自然发而中节,自然物来顺应"(同上)。如果不这样做,"譬之病疟之人,虽有时不发,而病根原不曾除,则亦不得谓之无病之人矣"(同上)。这番静处体悟的方法,王守仁称之为"思诚"或"诚意"。他说:"诚意之说,自是圣门教人用功第一义"(同上卷二《答顾东桥书》),并把它喻为"杀人须就咽喉上着刀,吾人为学,当从心髓入微处用力"(同上卷四《与黄宗贤》五)的关键所在。

以上所说,就是王守仁"防于未萌之先"的修养论,亦即"存天理"的"致知"之功。"致知"二字,他称之为"良知的诀窍","人若知这良知的诀窍,随它多少邪思妄念,这里一觉,都自消融,真个是灵丹一粒,点铁成金"(同上卷三《传习录》下)。

如果说,王守仁所谓"无事时存养"是用加强内心修养的方法去体认天理;那么,所谓"有事时省察",强调的则是要在为人处世的一切领域贯彻封建道德。这种"克治省察"的说教,亦即"动的工夫",可有如下几种表述。

一曰"真格物"。王守仁曾对一狱吏说:

> 尔既有官司之事,便从官司的事上为学,才是真格物。如问一词讼,不可因其应对无状,起个怒心;不可因他言语圆转,生个喜心;不可恶其嘱托,加意治之;不可因其请求,屈意从之;不可

> 因自己事务烦冗，随意苟且断之；不可因旁人谮毁罗织，随人意思处之。这许多意思皆私，只尔自知。须精细省察克治，惟恐此心有一毫偏倚，杜人是非，这便是格物致知。(同上卷三《传习录》下)

这是王阳明反对"著空为学"。可见他的唯心主义哲学，一旦归复到伦理的目的论，就不再是虚无缥缈的了。此之谓"真格物"。

二曰"真实克己"。这是对上言的进一步发挥，反对"只管闲讲"，而不克除私欲：

> 问：知至然后可以言诚意，今天理人欲知之未尽，如何用得克己工夫？
>
> 先生曰：人若真实切己，用功不已，则于此心天理之精微日见一日，私欲之细微亦日见一日。若不用克己工夫，终日只是说话而已，天理终不自见，私欲亦终不自见。如人走路一般，走得一段，方认得一段；走到歧路处，有疑便问，问了又走，方渐能到得欲到之处。今人于已知之天理不肯存，已知之人欲不肯去，且只管愁不能尽知，只管闲讲，何益之有？且待克得自己无私可克，方愁不能尽知，亦未迟在。(同上卷一《传习录》上)

他说，"真实克己"功夫，如人走路一般，边走边认，边问边走，才能到达目的地，如此"用功不已"，则"天理之精微日见一日，私欲之细微亦日见一日"。试看，这与"今日格一物，明日格一物"的朱熹哲学，又何不同之有？

三曰"事上磨炼"。王守仁说："人须在事上磨炼做功夫乃有益"(同上卷三《传习录》下)。所谓"事上磨炼"，往往被误认为是他的实践论，其实还只是个观念形态的矫情说教。看看下面这些记载，就不难明白它何所指了：

> (陆)澄在鸿胪寺仓居，忽家信至，言儿病危。澄心甚忧闷不能堪。先生曰：此时正宜用功。若此时放过，闲时讲学何用？人

正要在此等时磨炼！父之爱子，自是至情，然天理亦自有个中和处，过即是私意。人于此处多认做天理，当忧则一向忧苦，不知已是有所忧患，不得其正。大抵七情所感，多只是过，少不及者；才过，便非心之本体，必须调停适中始得。就如父母之丧，人子岂不欲一哭便死，方快于心，然却曰毁不灭性。非圣人强制之也，天理本体自有分限，不可过也。人但要识得心体自然，增减分毫不得。(同上卷一《传习录》上)

陆原静(澄)当儿子病危、忧心忡忡之际，得到的却是先生的这番训示。所谓"天理亦自有个中和处，过即是私意"，所谓"大抵七情所感，多只是过，少不及者"，无非是以"天理"强制"七情"，让陆原静矫情饰伪，以便符合王守仁所说的"天理本体之分限"。这就是他所强调的"事上磨炼"的功夫。

再举一例：王守仁在戎马倥偬之中，曾经接见过一个聋哑人，叫杨茂，王守仁以字问，杨茂以字答，留下了这样一篇奇文：

你口不能言是非，你耳不能听是非，你心还能知是非否？(答曰：知是非。)如此，你口虽不如人，你耳虽不如人，你心还与人一般。(茂时首肯、拱谢。)大凡人只是此心，此心若能存天理，是个圣贤的心。口虽不能言，耳虽不能听，也是个不能言、不能听的圣贤。心若不存天理，是个禽兽的心。口虽能言，耳虽能听，也只是个能言能听的禽兽。(茂时扣胸，指天蟿地。)你如今于父母但尽你心的孝，于兄长但尽你心的敬，于乡党邻里、家族亲戚，但尽你心的谦和恭顺。见人怠慢，不要嗔怪；见人财利，不要贪图。但在里面行你那是的心，莫行你那非的心，纵使外面人说你是，也不须听；说你不是，也不须听。(茂时首肯、拜谢)你口不能言是非，省了多少闲是非；你耳不能听是非，省了多少闲是非！凡说是非，便生是非、生烦恼；听是非，便添是非、添烦恼。

你口不能说,你耳不能听,省了多少闲是非,省了多少闲烦恼!你比别人到快活自在了许多。(茂时扣胸、指天蹙地)我如今教你,但终日行你的心,不消口里说;但终日听你的心,不消耳里听(茂时顿首,再拜而已)。(同上卷二十四《谕泰和杨茂》)

因人设教,即便是聋哑人,也不轻易放过对他进行"存天理、灭人欲"的"事上磨炼"说教。固然,王守仁还是懂得教育心理的,因而其说教有时会收到某些效果。但是,不能不看到,他这种说教无非是把人们的思想禁锢在封建道德规范之中,使人们安于现状而不敢起来抗争,因此具有极大的欺骗性。

"致良知"被王守仁称作"孔门正法眼藏",是他一生最得意的理论发明。他曾标榜说:"吾平生讲学,只是致良知三字"(同上卷二十六《寄正宪男手墨二卷》)。王守仁之所以要讨论良知学说,是为着服务于"为善去恶"这个现实目的的。后来,他曾把自己的"立言宗旨"归纳为"王门四句教",即所谓"无善无恶心之体,有善有恶意之动,知善知恶是良知,为善去恶是格物",下文详论。诚然,在扩大"致良知"说的社会影响方面,王守仁确有其比朱熹远为"高明"之处。首先,他把"存理去欲"的烦琐教条讲得更为"明白简易","虽至愚下品,一提便省觉"(同上卷六《寄邹谦之》三);其次,他把"良知"这种"惟圣人能致"的"圣物"下降到"愚夫愚妇与圣人同"的普及地位,从而宣扬人人皆有"良知",个个做得"圣人"(同上卷三《传习录》下),故其影响很大。

第三十六章 王守仁的心学(下)

第三节 "天泉证道"与教育论

一、天泉证道与王门四句教

在王守仁的及门弟子中,钱德洪、王畿二人,曾经两次放弃科举考试的机会,专心就学于王门。当时,四方学士向习王学者,往往先由钱、王二人启蒙辅导,而后卒业于王守仁,因此他们被称作"教授师"。由于二人在师门的重要地位,黄宗羲谓"先生(德洪)与龙溪(畿)亲炙阳明最久,习闻其过重之言"(《明儒学案》卷十一《浙中王门学案·钱德洪传》)。此话是有道理的。但是,二人学术思想不尽相同,各从"无善无恶是心之体,有善有恶是意之动,知善知恶是良知,为善去恶是格物"的"王门四句教"中悟出"四有""四无"之说。黄宗羲和他的老师刘宗周为了替王学规避禅迹,遂判钱德洪为"把缆放船,虽无大得,亦无大失","不失儒者矩矱",而王畿则"竟入于禅","悬崖撒手,非师门宗旨所可系缚"(同上),并把王守仁的"四句教法"也说成是王畿所伪托,这是需要加以辨析的。

《阳明夫子年谱》卷三"九月壬午发越中"条云:"是月初八日,德洪与畿访张元冲舟中,因论为学宗旨。畿曰:先生说,知善知恶是良知,为善去恶是格物,此恐未是究竟话头。德洪曰:何如?畿曰:心体既是无善无恶,意亦是无善无恶,知亦是无善无恶,物亦是无善无恶;若说意有善有恶,毕竟心亦未是无善无恶。德洪曰:心体原是无善无恶,今习染既久,觉心体上见有善恶在;为善去恶,正是复那本体功夫;若见得本体如此,只说无功夫可用,恐只是见耳。畿曰:明日先生启行,晚可同进请问。是日夜分客始散,先生将入内,闻洪与畿候立庭下,先生复出,使移席天泉桥上。德洪举与畿论辩请问。先生喜曰:正要二君有此一问。我今将行,朋友中更无有论证及此者。二君之见,正要相取,不可相病;汝中(畿)须用德洪功夫,德洪须透汝中本体,二君相取为益,吾学更无遗念矣"德洪请问。先生曰:有(按指'四有'),只是你自有,良知本体,原来无有。本体只是太虚,太虚之中,日、月、星、辰、风、露、雷、电、阴霾、噎气,何物不有?而又何一物得为太虚之障?人心本体亦复如是。太虚无形,一过而化,亦何费纤毫气力?德洪功夫须要如此,便是合得本体功夫。畿请问。先生曰:汝中见得此意,只好默默自修,不可执以接人。上根之人,世亦难遇,一悟本体,即见功夫,物我内外,一齐尽透,此颜子明道不敢承当,岂可轻易望人?二君以后与学者言,务要依我四句宗旨:无善无恶是心之体,有善有恶是意之动,知善知恶是良知,为善去恶是格物。以此自修,直跻圣位;以此接人,更无差失。畿曰:本体透后,于此四句宗旨何如?先生曰:此是彻上彻下语,自初学以至圣人,只此功夫。初学用此,循循有入,虽至圣人,穷究无尽,尧舜精一功夫,亦只如此。先生又重嘱咐曰:二君,以后再不可更此四句宗旨。此四句,中人上下无不接着,我年来立教,亦更几番,今始立此四句。人心自有知识以来,已为习俗所染,今不教他在良知上实用为善去恶功夫,只去悬空想个本体,一切事为俱不着实,此病痛不是小小,不可不早说破。是日,洪、畿俱有省"(同上卷三十四《年谱三》)。

上录这段冗长的师徒答问,就是有名的"天泉证道"。概括起来,有四个要点:(一)"无善无恶心之体,有善有恶意之动,知善知恶是良知,为善去恶是格物"乃是王守仁立教的"四句宗旨";(二)王畿认为,这"王门四句"只是随处立教的师门"权法",因为如果说心体是无善无恶的,则心体的发用也当是无善无恶的,由此提出心、意、知、物的"四无"之说;(三)钱德洪则认为,"四言教"是师门不易之旨,因为心体虽无善恶,但被习染所侵,便觉有善恶在,所以必须为善去恶以恢复心的本体,即所谓"四有";(四)王守仁折中调和二说,既肯定"四有"为中等资质之人的渐修功夫,又首肯"四无"为具有上等资质之人的本体透悟,要"汝中用德洪功夫,德洪透汝中本体",以便"物我内外,一齐尽透","中人上下,无不接着"。以上《阳明年谱》所载的同类内容,还见于钱德洪所编《传习录》卷三、王畿所著《天泉证道记》等文。此外,关于"天泉证道"其事,钱德洪的《讣告同门》书,亦有一段话可资旁证:"前年秋天,夫子(阳明)将有广行,宽(德洪)、畿各以所见未一,惧远离之无正也,因夜侍天泉桥而请质焉。夫子两是之,且进之以相益之义"(同上卷三十七《世德纪》)。钱德洪于师教是恪守不渝的,即如平昔编纂《阳明文录》,也惶惶然唯恐"杂夫少年未定之论","惧后之乱先生之学者,即自先生之言始也,乃取其少年未定之论,尽删而去之"(《阳明先生文录序》)。审慎如此,"天泉证道"如果不是实有其事,其亲手编定的《年谱》和《传习录》是不会妄记其事的。再说,《年谱》和《传习录》中所记王守仁"证道"之语,语意之间,屡将德洪称作"中根以下"人,而王畿则是"利根"上士,如果不是实有其言,钱德洪也是不会妄记其言的。

王畿的"四无"说,对"无善无恶"一语做了如下发挥:"盖无心之心则藏密,无意之意则应圆,无知之知则体寂,无物之物则用神。天命之性,粹然至善,神感神应,其机自不容已,无善可名;恶固本无,善亦不可得而有也。是谓无善无恶。若有善有恶,则意动于物,非自然之流行,着于有矣。自性流行者,动而无动;著于有者,动而动也。意是心之所发,若是有善有恶之意,则知与物一齐皆有,心亦不可谓之无矣"(《龙溪先生全集》卷一《天泉证道纪》)。从"无善无恶心之体"推导出这样的结论,自有其逻辑的必然,当然是持之有故、言之成理的,王守仁遂以"汝中见得此意"而首肯之。但是,如此诠释,不免有禅学之嫌。顾宪成就认为:"佛学三藏十二部五千四百八十卷,一言以蔽之,曰:'无善无恶'"(《顾端文公全集》卷首)。又说:"见以为心之本体原是无善无恶也,合下便成一个空"(《小心斋札记》卷十八)。王守仁的心学，改头换面地偷贩禅理，当时就有"阳明禅"之说（下节详论）。而以"王学正宗"相标榜的蕺山学派，为了维护王学的道统，自然要为守仁辟禅。于是，刘宗周即从批评"四无"说入手，进而把"王门四句宗旨"说成是王畿的伪造。

刘宗周说："象山不差，差于慈湖；阳明不差，差于龙溪"（《刘子全书》卷十三《会录》）。就是说，陆学和王学的跻入于禅，只是弟子杨简和王畿的责任。他认为，王畿的心、意、知、物"四无"之说，是并格致诚正、修齐治平、先后本末始终而无之，是"不思善不思恶时，见本来面目"的"天机泄漏"，是"眼中着不得金银屑"的禅宗思想的再现。他这样说："'有善有恶意之动，知善知恶知之良'二语决不能相入。"因为知与意既然是两回事；那么，是"意"先动而"知"随之呢？还是"知"先主而"意"继之？如果是前者，"则知落后着，不得为良"；如果是后者，"则离知之下，安得更留鬼魅"！而如果"驱意于心之外，独以知与心，则法惟有除意，不当诚意矣"（同上卷十二《学言》下，又见于卷八《良知说》）。总之，无论怎么理解，"四句宗旨"确有捉襟见肘之窘。因此，刘宗周便臆断所谓"王门四句"，"盖阳明先生偶一言之，而实未尝笔之于书，为教人定本。龙溪辄欲以己说笼罩前人，遂有天泉一段话柄。甚矣，阳明之不幸也"（同上《学言》下）！他说："予以为此（四句）非子（阳明）之言，而王先生（畿）之言也。子所雅言，良知而已矣。又曰：良知即天理，为其有善而无恶故也。知是有善无恶之知，则物即是有善无恶之物，意即是有善无恶之意，而心之为有善无恶，又何疑乎"（同上卷二十一《钱绪山先生要语序》）？因此他认为，"王门四句"的本来意思应是："有善有恶者心之动，好善恶恶者意之静，知善知恶者是良知，为善去恶者是物则"（同上卷十一《学言》上）。《明儒学案·师说》又云："愚按：四句教法，考之阳明集中，并不经见，其说乃出于龙溪，则阳明未定之见，平日间尝有是言，而未敢笔之于书，以滋学者之惑，至龙溪先生始云四有之说猥犯支离，势必进之四无而后快！……惜哉！王门有心斋（王艮）、龙溪，学皆尊悟，世称'二王'，心斋言悟虽超旷，不离师门宗旨，至龙溪，直把良知作佛性看，悬空期个悟，终成玩弄光景，虽谓之操戈入室可也！"对王畿的批评是很严厉的。黄宗羲在《明儒学案》的钱绪山条、王龙溪条、邹东廓条、顾泾阳条等处,又将师说发挥一通,且慨叹道:"呜乎！天泉证道,龙溪之累阳明多矣"(《明儒学案》卷五十八《东林学案·顾宪成传》)！他还征引《东廓邹先生文集》卷二的《青原赠处》为证,说:"先生(邹守益)青原赠处记:阳明赴两广,钱、王二子各言所学,绪山曰:至善无恶者心,有善有恶者意,知善知恶是良知,为善去恶是格物。龙溪曰:心无善而无恶,意无善而无恶,知无善而无恶,物无善而无恶。阳明笑曰:洪甫(德洪)须识汝中本体,汝中须识洪甫工夫。此与龙溪《天泉证道》记同一事,而言之不同如此"(同上卷十六《江右王门学案·邹守益传》)。就这样,刘氏师弟给"天泉证道"和"四句宗旨"布上了层层疑团,遂成一桩悬案。守仁卒后,学者论及"王门四句教"者,有的确信,如周汝登(海门);有的存疑,如许孚远(敬庵);有的臆解,如毛奇龄(西河);有的则干脆避而不谈。

其实,要搞清楚这个问题并不很难。我们可从徐阶的《龙溪王先生传》和赵锦的《龙溪王先生墓志铭》里找到旁证。他们的文章不仅记有"天泉证道"始末,而且都认为"自天泉证道之说传于海内,学始归一。"徐、赵二人都是嘉靖进士,与钱、王、守仁为同时代人,且都是王门学者,他们的记载是可信的。这些材料给我们三点重要启示:其一,"天泉证道"其事属实;其二,守仁日常谈禅说玄,原不是绝无仅有;其三,邹守益等人毕竟没有参加"天泉证道",后来是否曾"质之汝中",虽不得而知,但证道过程辗转传说,毫厘之别,以至笔之于书,则是完全可能的。况且,守益所记钱德洪语,原是德洪执定师门四句的一种表述,《传习录下》可以为证。黄宗羲举此为例,又似欲将"王门四句"归诸德洪的理论发明,从而疑上又加一疑,以便替守仁开脱,这实在是黄氏之偏见。

我们以为,"王门四句"的类似意思,在《王文成公全书》中是有诸多内证的。如说:

> 无善无恶者理之静,有善有恶者气之动。不动于气,即无善无恶,是谓至善。(卷一《传习录》上)

> 心之本体原无一物，一向着意去好善恶恶，便又多了这分意思，便不是廓然大公。《书》所谓无有作好作恶，方是本体。(同上)
>
> 心之本体，本无不正，自其意念发动，而后有不正。(卷七《大学古本序》)
>
> 至善也者，心之本体也，动而后有不善。(同上)
>
> 无善无不善，性原是如此。(卷三《传习录》下)
>
> 性之本体，原是无善无恶的。(同上)

可见，王守仁是把"无善无恶"解为"至善"，并把它作为"心之本体"的，依据他的逻辑，心、性、意、气是相同的范畴。所以，他一面说"性之本体无善无恶"，一面说"有善有恶气之动"。这种思想，正是拾取禅宗"佛性无善无恶"，"动念作恶"的牙慧而来。所有这些，便是"四句教"前两句"无善无恶心之体，有善有恶意之动"的明证。至于后两句"知善知恶是良知，为善去恶是格物"的同类意思，在《传习录》中俯拾皆是，更不赘引。足见"四句教"并非"阳明先生偶一言之"。

下面这段师生答问，更能说明问题：

> (薛侃)问：然则善恶全不在物？
>
> (阳明)曰：只在汝心，循理便是善，动气便是恶。
>
> 曰：毕竟物无善恶？
>
> 曰：在心如此，在物亦然。(同上卷一《传习录》上)

"在心如此，在物亦然"！这是说，心既然是无善恶的，物当然也是无善恶的。从心的无善无恶到物的无善无恶，这就是王畿"四无"说的理论根据，始作俑者是"先师阳明"。难怪王畿一经阐发这方面的玄旨，王守仁会有"亦是天机该发泄"之叹。总之，王守仁的援禅，是连自己都不讳言的。只是由于禅学的虚无不可用世，他才于肯定"四无"说在理论上成立之同时，不得不稍加裁抑,以免学者"只去悬空想个本体"。"王门四句教"以探讨心的本体为起点,最后落实到"为善去恶"的目的,这与王学三个论题(心即理、知行合一、致良知)的思想路径是一致的。

由上可知,"天泉证道"既实有其事,"四句宗旨"乃至"四有""四无"之说也都符合王守仁的一贯思想,应视为王学的晚年定论。证道之后,王守仁出征广西,病殁归途,来不及"笔之于书"是实。这就是刘宗周所谓"考之阳明集中并不经见"的原因。弄清楚这一点很重要,因为"天泉证道"充分暴露了王学的内在矛盾,并由此导致了王学的分化。大体说来,以钱德洪和王畿为两个起点,分化出修补王学的一派(即所谓"得其传"者)和流入狂禅的一派(即所谓"小人无忌惮"者)。

二、教 育 论

如前所说,王阳明以为世之不治,在于学之不明。他批评时弊是"功利之毒沦浃于人之心髓而习以成性也,几千年矣",而"记诵之广,适以长其傲;知识之多,适以行其恶也;闻见之博,适以肆其辩也;辞章之富,适以饰其伪也"。他说,这是因为"圣学晦而邪说横,教者不复以此为教,而学者不复以此为学"的缘故(同上卷二《答顾东桥书》)。于是,王守仁以弘扬"圣学"为己任,一生讲学不辍,所到之处,或立"乡约",或兴"社学",或创"书院"。由于怀抱着"辅君淑民"的政治目的,其所讲授,自然是以"存天理,去人欲"为基本内容,而教育的根本问题,则是内心修养。

后来,刘宗周作《阳明传信录》说:"先生教人,吃紧在去人欲而存天理,进之以知行合一之说,其要归于致良知。虽累千百言,不出此三言为转注……是为教法。"王守仁自己也说:"致良知之外无学矣"(同上卷八《书魏师孟卷》)。他认为,如果人人能"致其良知,则自能公是非,同好恶,视人犹己,视国犹家,而以天地万物为一体"(同上卷二十六《大学问》)。这样,人人就可以靠信守固有的良知,来奉行封建道德,而顺从专制统治了。

在教育方法论方面,王守仁经过几十年的讲学实践,确曾总结出一些值得重视的经验。他曾经书《箴》一首,总结毕生教学心得说:

> 古之教者,莫难严师。师道尊严,教乃可施。严师唯何?庄敬自持;外内合一,匪徒威仪。施教之道,在胜己私;孰义孰利,辨析毫厘。源之不洁,厥流孔而。毋忽其细,慎独谨微;毋事于言,以身先之。教不由诚,曰惟自欺。施不以序,孰云匪愚。庶余知新,患在好为。凡我师士,宜鉴于兹。(同上卷二十八)

这些言传身教的经验,总括起来,有这样几点:(一)启发诱导,(二)学贵自得,(三)循序渐进,(四)因材施教。

(一)启发诱导

在儿童教育问题上,王守仁批评说:"若近世之训蒙稚者,日唯课以句读课仿,责其检束而不知导之以礼,求其聪明而不知养之以善。鞭挞、绳缚,若待拘囚,彼视学舍如图狱而不肯入,视师长如寇仇而不愿见,窥避掩复以遂其嬉游,设诈饰诡以肆其顽鄙,偷薄庸劣,日趋下流,是盖趋之于恶,而求其为善也,何可得乎"(同上卷二《训蒙大意示教读刘伯颂等》)?他分析说:"大抵童子之情,乐嬉游而惮拘检。如草木之始萌芽,舒畅之则条达,摧挠之则衰痿,今教童子,必使其趋向鼓舞,中心喜悦,则其进自不能已。譬之时雨春风沾被卉木,莫不萌动发越,自然日长月化;若冰霜剥落,则生意萧索,日就枯槁矣"(同上)。他把童蒙的学习比作草木初萌,把教师的教学比作春风时雨,如果反其道而行之,必然摧残儿童身心的健康成长。因此,他强调教学必须注意诱导启发、潜移默化。他说:"顺导其志意,调理其性情,潜消其鄙吝,默化其粗顽,使之渐于礼义而不苦其难,入于中和而不知其故"(同上)。他认为,这种教授法较之拘束防范和威迫体罚,效果要好得多。基于这种主张,他提出训蒙《教约》,把童蒙课程分作五项:一考德,二背诵,三习礼或习字,四讲读,五歌诗。考德是每日行为的检查,由蒙师发问,学生如实对答,目的是使儿童自幼即进行"内心省察"的功夫。背诵是对儿童每日功课的检查。习礼是为了使学生"久则体貌习熟,德性坚定"。讲读就是授新课。他主张"凡授书不在徒多,但贵精熟。量其资禀,能二百字者,止可授以一百字,常使精神力量有余,则无厌苦之患而有自得之美"(同上《教约》)。歌诗吟讽,是为了使学生"精神宣畅,心气和平","乐习不倦,而无暇及于邪僻"(同上)。

重视礼乐之教,原是儒家的优良传统。王守仁说:"古之教者,教以人伦。后世记诵词章之习起,而先王之教亡"(同上)。衍至明代,在科举考试和朱熹学风的影响下,教育严重地表现出形式主义的倾向。王守仁对童蒙阶段的教育,提出以陶冶性情为主的启发诱导原则,是符合儿童心理学的教育原理的。

(二)学贵自得

王守仁从"致良知"的中心思想出发,主张教学重在引导学者"各得其心"。他说:

> 夫学,贵得之心。(同上卷二《答罗整庵少宰书》)
> 君子之学,求以得之于其心。(同上卷七《观德亭记》)
> 夫君子之论学,要在得之于心。众皆以为是,苟求之心而未会焉,未敢以为是也;众皆以为非,苟求之心而有契焉,未敢以为非也。(同上卷二十一《答徐成之》二)

可见,王守仁提倡"学贵自得",是旨在反对盲从,主张独立思考。作为认识论的原则来说,这对于激励人们追求真理的精神,是有积极意义的。他还转述孟子"君子深造之以道,欲其自得之也"的话,认为学有自得才能左右逢源(同上卷七《自得斋说》)。教学就是要启迪学生的良知,使他自己得到亲切的体验,故他说:"学问也要点化,但不如自家解化者,自一了百当。不然,亦点化许多不得"(同上卷三《传习录》下)。关于"点化",王守仁举了这么个例子:"孔子有鄙夫来问,未尝先有知识以应之,其心只空空而已,但叩他自知的是非两端,与之一剖决,鄙夫之心便已了然。鄙夫自知的是非,便是他本来天则,虽圣人聪明,如何可与增减得一毫?他只不能自信。夫子与之一剖决,便已竭尽无余了。若夫子与鄙夫言时,留得些子知识在,便是不能竭他的良知道体,即有二了"(同上)。关于"解化",又有这么个故事:"乡人有父子讼狱,请诉于先生。侍者欲阻之,先生听之。言不终辞,其父子相抱恸哭而去。柴鸣治入,问曰:先生何言,致伊感悔之速?先生曰:我言舜是世间大不孝的子,瞽瞍是世间大慈的父。鸣治愕然,请问。先生曰:舜常自以为大不孝,所以能孝;瞽瞍常自以为大慈,所以不能慈。舜只思父提孩我时,如何爱我,今日不爱,只是我不能尽孝,日思所以不能尽孝处,所以愈能孝。及至瞽瞍底豫时,又不过复得此心原慈的本体。所以后世称舜是个古今大孝的子,瞽瞍亦做成个慈父"(同上)。

所谓"点化",即指由别人指点而后开化;所谓"解化",则是自己一旦豁然省悟。显然,王守仁是着重于后者的。当然,这里讲的无非是对封建主义伦理道德的"点化"和"解化"。但是,他这种启发式教学,无疑具有借鉴意义。

(三)循序渐进

王守仁强调为学"不可躐等","须从本原上用力,渐渐盈科而进"。他说,"为学须有本原","仙家说婴儿,亦善譬。婴儿在母腹时,只是纯气,有何知识?出胎后方始能啼,既而后能笑,又既而后能识认其父母兄弟,又既而后能立、能行、能持、能负,卒乃天下之事无不可能。皆是精气日足,则筋力日强,聪明日开,不是出胎日便讲求推寻得来。"又比如"种树","方其根芽,犹未有干,及其有干,尚未有枝,枝而后叶,叶而后花实。初种根时,只管栽培灌溉,勿作枝想、勿作叶想、勿作实想。悬想何益?但不忘栽培之功,怕没有枝叶花实"(同上卷一《传习录》上)?王守仁又以"种田"为喻,说:"君子之于学也,犹农夫之于田也。既善其嘉种矣,又深耕而耨,去其蝥莠,时其灌溉,早作而夜思,皇皇惟嘉种之是忧也,而后可望于有秋"(同上卷七《赠郭善甫归省序》)。

实施循序渐进的原则,就是必须顾及学者的知识基础和水平,良知达到何种程度,就于此种水平上教学。他认为,童子自有童子的良知,"洒扫应对就是一件物。童子良知只到此,便教去洒扫应对,就是致他这一点良知了"(同上卷三《传习录》下)。王守仁举"饮食"为例,说超过正常食量,便是

"伤食之病":"凡饮食,只是要养我身,食了要消化,若徒蓄积在肚里,便成痞了,如何长得肌肤"(同上)!他把人的知识的增长阶段比作"襁褓之孩"、"童稚之年"和"壮健之人"。方其襁褓之时,只能扶墙傍壁而学起立移步;方其童稚之时,只能步趋于庭除之间;当其壮健之后,便能奔走往来数千百里。"既已能奔走往来于数千里之间者,则不必更使之于庭除之间而学步趋","既已能步趋于庭除之间,则不必更使之扶墙傍壁而学起立移步","然学起立移步便是学步趋庭除之始,学步趋庭除便是学奔走往来于数千里之基"(同上卷二《答聂文蔚》二)。

于是,王守仁得出这样的结论:"我辈致知,只是各随分限所及。今日良知见在如此,只随今日所知扩充到底;明日良知又有开悟,便从明日所知扩充到底。如此方是精一功夫"(同上)。

(四)因材施教

因材施教是与循序渐进相辅相成的又一教学原则。王守仁说:"与人论学,亦须随人分限所及"(同上卷三《传习录》下)。又说:"人品力量,自有阶级,不可躐等"(同上卷二《答聂文蔚》二)。类似的意思还有:"人的资质不同,施教不可躐等。中人以下的人,便与他说性说命,他也不省得,也须慢慢琢磨起来"(同上卷三《传习录》下)。因材施教的道理,他用了个形象的比喻:"如树,有这些萌芽,只把这些水去灌溉萌芽;再长,便又加水;自拱把以至合抱,灌溉之功,皆是随其分限所及。若些小萌芽,有一桶水在,尽要倾上,便浸坏他了"(同上)。

他还说,教学要注意学者的症结所在,不可不问青红皂白,乱授一气。就像良医治病,初无一定方剂,只是各随病人症候的虚实、强弱、寒热、内外而斟酌加减、调理、补泄之法。但是,"治病虽无一定之方,而以去病为主,则是一定之法。若但知随病用药,而不知因药发病,其失一而已矣"(同上卷五《与刘元道》)。这里,所谓"因药发病",就是强调要因材施教。他反对用一个模型去束缚学者,主张根据各人的不同特点因势利导。这方面,王守仁在授受之中,是有些讲究的。

> 仲尼与曾点言志一章。……先生曰：以此章观之，圣人何等宽洪包含气象。且为师者问志于群弟子，三子皆整顿以对，至于曾点，飘飘然不看那三子在眼，自去鼓起瑟来，何等狂态！及至言志，又不对师之问目，都是狂言。设在伊川，或斥骂起来了，圣人乃复称许他，何等气象！圣人教人，不是个束缚他通做一般。只如狂者，便从狂处成就他；狷者，便从狷处成就他。人之才气如何同得？（同上卷三《传习录》下）

试看是年中秋之夕，月白风清，王守仁设宴天泉桥上，酒足饭饱，门弟子或歌或舞，泛舟击鼓，"何等狂态"！王守仁却吟成了"铿然舍瑟春风里，点也虽狂得我情"的诗句（同上卷二十《月夜》二首）。后来，王畿与钱德洪讨论"四句教"，王畿以为"四无"合先生本意，德洪非之，两相争执不下时，王守仁便用因材施教的原则而"两是之"，让其自去体悟发挥，详如上文。这种"因药发病"的方法《传习录》中所在多有，比如"汝止圭角未融，萝石恍见有悟，故问同答异，皆反其言而进之"就是一例。就是这个汝止（王艮），初谒王守仁时，戴有虞氏之冠，着老莱子之服，王守仁卒能一语收服，并把他培养成王门一大弟子。这种因材施教之功，王守仁无时或忘，不论孺子老耆，甚至连聋哑之人，也不轻易放过。钱德洪所谓"先生海人，不择衰朽"（同上卷三《传习录》下），正此之谓。

此外，王守仁还提出立志、勤学、改过、责善"四事"作为学者的"教条"。他说："志不立，天下无可成之事"；"志不立，如无舵之舟、无衔之马，漂荡奔逸，终亦何所底乎？"苟能立志勤学，则"使其人资禀虽甚鲁钝，侪辈之中，有弗称慕之者乎？"至于缺点错误，王守仁认为，虽大贤在所难免，其所以能成为大贤，"为其能改也"，"故不贵于无过，而贵于能改过"（同上卷二十六《教条示龙场诸生》）。而"过"莫甚于骄傲自满，"人生大病，只是一傲字"，"古先圣人许多好处，也只是无我而已。无我只能谦。谦者，众善之基；傲者，众恶之魁"（同上卷三《传习录》下）。师生之间，讨论如何为人为学，是可以收到"教学相长"的效果的："人谓事师无犯无隐，而遂谓师无可谏，非也！

谏师之道,直不至于犯,而婉不至于隐。使吾而是也,因得以明其是;吾而非也,因得以去其非。盖教学相长也"(同上卷二十六《责善》)。

以上所述王守仁教育思想的这些合理因素,对于我们今天的教育工作,仍有一定的参考价值。

第四节 王学渊源

王守仁心学的思想渊源,来自三个方面。

(一)对传统儒学的汲取。王守仁讲心、讲性、讲诚、讲仁、讲良知良能、讲万物一体、讲修齐治平、讲天理人欲等等,这些伦理、哲学的观念、范畴、命题,很大一部分得诸传统儒学。

《孟子》曰:"君子所以异于人者,以其存心也"(《离娄》下);"学问之道无他,求放心而已矣"(《尽心》上);"心得其养,则无物不长;心失其养,则无物不消"(《告子》上);"尽其心者,知其性也,知其性则知天矣。存其心,养其性,所以事天也。夭寿不贰,修身以俟之,所以立命也"(《尽心》上);"人之所不学而能者,其良能也;所不虑而知者,其良知也"(同上);"君子以仁存心,以礼存心。仁者爱人,有礼者敬人。爱人者人常爱之,敬人者人常敬之。有人于此,其待我以横逆,则君子必自反也"(《离娄》下)。又说:"仁义礼智,非由外铄我也,我固有之也"(《告子》上)。这种"良知"不假外求、先天具足的理论,王守仁在《紫阳书院集序》一文中,将它发挥为"心外无事,心外无理,故心外无学。是故于父子尽吾心之仁,于君臣尽吾心之义。言吾心之忠信,行吾心之笃敬,惩心忿、窒心欲、迁心善、改心过,处事接物,无所往而非求尽吾心以自慊也"。

《中庸》:"天命之谓性,率性之谓道,修道之谓教"(第一章);"唯天下至诚为能尽其性。能尽其性,则能尽人之性;能尽人之性,则能尽物之性;能尽物之性,则可以赞天地之化育;可以赞天地之化育,则可以与天地参矣"(第二十二章)。王守仁解释说:"率性之谓道,诚者也;修道之谓教,诚之者也。故曰:自诚明谓之性,自明诚谓之教。《中庸》为诚之者而作,修道之事也。道也者,性也,不可须臾离也"(《全书》卷七《修道说》)。他还说,"《大学》之要,诚意而已矣;诚意之功,格物而已矣;诚意之极,止至善而已矣;止至善之则,致知而已矣。正心,复其体也;修身,著其用也。以言乎己,谓之明德;以言乎人,谓之亲民;以言乎天地之间,则备矣"(同上《大学古本序》)。

子思、孟子的以上思想,被陆九渊继承和发展。陆九渊说:"心,一心也;理,一理也。至当归一,精义无二。此心此理,实不容有二"(《象山全集》卷一《与曾宅之》);"人皆有是心,心皆具是理,心即理也"(同上《与李宰书》)。但又说:"万物皆备于我,只要明'理'"(同上卷三十五《语录》下)。把"明理"看成为"心备万物"、实现"物我合一"的前提。实际上,是承认理比心更为根本。这表明陆九渊心学之不彻底性。因此,王守仁虽然推崇"象山之学,简易直截,孟子之后一人"(《全书》卷五《与席元山》),但是也不能不批评它"未免沿袭之累","是象山见得未精一处"(同上卷六《答友人问》)而不敢苟同了。于是,他就在思孟—陆学的系统中建立了自己集大成的心学思想体系。

(二)与陈、湛学派的因缘。王学的形成,还受有陈献章、湛若水的影响。王畿说:"我朝理学开端,还是白沙,至先师而大明"(《龙溪先生全集》卷十《复颜冲宇》)。黄宗羲在写《白沙学案》时留下了一个疑问:"两先生(按指陈献章、王守仁)之学最为相近。不知阳明后来从不说起,其故何也?"顾宪成认为:"阳明目空千古,直是不数白沙,故生平并无一语及之"(《小心斋札记》卷十八)。耿定向《先进遗风》卷上记王守仁"养疴阳明洞时,与一布衣许璋者相朝夕,取其资益"时则说:"往谓先生学无师承,据璋曾经事白沙,而先生与之深交,谅亦有私淑之者"(《湖北先正遗书》)。王守仁的弟子薛侃也有见于此,所以于正德十六年(公元1521年)上疏"请增祀象山、白沙"(《明儒学案》卷三十《粤闽王门·薛侃传》),而陈献章亦终于"万历十三年,诏从祀孔庙,称先儒陈子,谥文恭"(同上卷五《白沙学案·陈献章传》)。

从陈献章到王守仁,大抵后者从前者得到如下资益:教人静坐,并示人良知的教法;学贵自得,反对盲从轻信的精神;不讳言禅宗的"无累"思想。

陈献章高足湛甘泉，则是与王守仁相交甚挚的同僚道友。王守仁曾称赞他说："守仁从宦三十年，未见此人"（《全书》卷三十七《阳明先生墓志铭》）。如果说，《墓志铭》是甘泉所写，未尽可信，则王守仁自己也说："吾与甘泉友，意之所在，不言而会；论之所及，不约而同"（同上卷七《别湛甘泉序》）。大体说来，两人的学说都偏重内心涵养，一个"随处体认天理"，一个"心体万物而不遗"，其实并无多大歧异。他们早在弘治十八年（公元1505年）就"一见定交，共以倡明圣学为事"，此后，两人相交益契，相得益彰。王守仁说："晚得友于甘泉湛子，而后吾之志益坚，毅然若不可遏，则吾之资于甘泉多矣"（同上）。总之，思孟的心性天命学说，二程的天理论，陆象山附保留的"心即理"，陈献章、湛甘泉"内圣外王"的学派风格，都是王守仁有以汲取的先驱资料。

（三）禅宗的影响。《大乘开心显性顿悟真空论》："心是道，心是理。则是心外无理，理外无心。"神秀《观心论》："心者，万法之根本也。一切诸法，唯心所生，若能了心，万行俱备。"慧能《坛经》："性中万法皆见，一切法自在性。"宋《祖钦禅师语录》："事不自立，因理而显，理亦心也……事本无名，因理而得，心即理也。"可见"心即理"命题既非陆九渊的发明，也非王守仁所独创，而是由唐朝僧人开其先河，历宋、元不绝如缕。王守仁也承认，"心即理""如佛家说心印相似"（《全书》卷三《传习录》下）。我们知道，王学和朱学在心性问题上的区别在于：朱熹认为心不是性，性为大宇宙，心为小宇宙；要使心合于性，就必须尽心知性，心外求理（所谓"求理于天地万物"）；故说"性即理"。王守仁则认为心即是性，心、性同一宇宙，心之体便是性；心性本合，只要明心，即可见性；因此，主张心内求理（所谓"求理于吾心"），故说"心即理"。这样，便又涉及心性及其相互关系诸问题，于是王守仁运用禅理，设法证明了"心也、性也、天（道）也，一也"这个宋人的命题。兹列表对照如下：至此，"心外无理，心外无事"就被改装成"无性外之理，无性外之物"。既然"性即心"，"心即道，道即天"，则心＝性＝天（道）＝理，这个公式就得以成立了。

禅　学	王　学
心是地，性是王，王居心地上。性在王在，性去王去；性在身心存，性去身心坏。（《坛经·疑问第三》）	故无心则无身，无身则无心。（《全书》卷三《传习录》下）
心性不异，即性即心，心不异性。（《宛陵录·传心法要》）	心之本体即是性。（同上卷一《传习录》上）
心即性，故是自性清净心也。（《大正藏》卷四十八《宗镜录》第六）	心即性。（同上）
世人性本清净，万法从自性生。（《坛经·忏悔第六》）	虚灵不昧，众理具而万事出。（同上）
佛向性中作，莫向身外求。（《坛经·疑问第三》）	天下无性外之理，无性外之物。（同上卷二《传习录》中）
	心一而已，以其全体恻怛而言谓之仁，以其得宜而言谓之义，以其条理而言谓之理。不可外心以求仁，不可外心以求义，独可外心以求理乎？（同上）
今学道人，不向自心中悟，乃于心外着相取境，皆与道背。（《钟陵录·传心法要》）	心即道，道即天，知心则知道知天。（同上卷一《传习录》上）

再说"知行合一"与禅。按《坐禅用心记》的说法，"夫坐禅者，直令人开明心地，安住本分，是名露本来面目，亦名现本地风光"。王守仁"知行合一"说的本旨绝不是只让人用"坐禅"的办法"现本地风光"而已，他曾经声明过："所云静坐事，非欲坐禅入定，盖因吾辈平日为事物纷拏，未知为己，欲以此补小学收放心一段工夫耳"（《全书》卷四《与辰中诸生》）。他认为坐禅不能流于"槁木死灰"，因此强调了一个特定意义的"行"。这个"行"，如前章所述，即是"不使那一念不善潜伏在胸中"的"克念"。禅宗北宗认为，净心、染心本不相生，必须磨除妄念，才能寂上起用。南宗则认为，寂体自有般若，真如是念之体，念是真如之用，一切念都是道体本有之用，所以甚至不承认"妄念"的存在："一切众生无不在正智，实无妄想"

(《顿悟真空论》)。后者在能所问题上的主观唯心主义显然要比前者彻底。王守仁以"行"的概念代替"磨除妄念",实在还是受了《坛经》"摩诃般若波罗密多"(大智慧到彼岸)的影响。请看下表:

禅　　学	王　　学
念念若行,是名真性。 此须心行,不在口念。 一念修行,自身是佛。(《坛经·般若第二》)	我今说个知行合一,正是要人晓得,一念发动处便即是行了。(《全书》卷三《传习录》下)
定慧一体,不是二。定是慧体,慧是定用;即慧之时定在慧,即定之时慧在定。若识此义,即是定慧等学。名虽有二,体本同一。(《坛经·定慧第四》)	若会得时,只说一个知,已自有行在;只说一个行,已自有知在。(同上卷一《传习录》上) 知行工夫,本不可离。只为后世学者分作两截用功,失却知行本体,故有合一并进之说。(同上卷二)

禅宗的意思很清楚,它所谓"真性",即是"念念若行",因此主张"心行","一念修行"。王守仁"一念发动"之谓"行"的"立言宗旨"正与之相契合。禅宗所谓"定慧等学",指的是禅定为体,智慧为用,寂体而常照,照用而常寂,体用不二。王守仁在揭示"知行合一"命题时,也反复强调了知行等学、体用不二的意思。如说,"知是行的主意,行是知的功夫"(《全书》卷一《传习录》上)、"知之真切笃实处即是行,行之明觉精察处便是知"(同上卷二),等等。这种知行本体合一并进之说,其实是他的"本体即功夫,功夫即本体"论的演绎,显然有得于禅宗"定慧等学"的思想。

"致良知"与禅。"致知"二字,本出《大学》,王守仁却把它禅化,称作"圣教的正法眼藏"(同上卷五)、"学问的大头脑"(同上卷二)、"千古圣传之秘"(同上)、"天下的大本达道"(同上卷八)、"学者究竟的话头"(同上卷首序),等等。这样表述,都是使用的禅家行话。"话头"乃是禅的常套语,"正法眼藏"即指禅之要旨,如《八句义》"正法眼藏涅槃妙心"之谓。在这个命题中,王守仁把"良知"说成是"虚灵不昧的妙体",这个"妙体","昭明灵觉,圆融滑彻,廓然与太虚而同体"(同上卷六《答南元善》),它"无前后内外而浑然一体"(同上卷二),是"无方体、无穷尽,语大天下莫能载,语小天下莫能破者也"(同上)。因此,"人若知这良知诀窍,随他多少邪思妄念,这里一觉,都自消融,真个是灵丹一粒,点铁成金"(同上卷三《传习录》下)。这些玄言妙语,留有禅学"灵觉""法空"之论的明显印迹。按《传心法要》曰:"此灵觉性无始以来与虚空同寿,未曾减、未曾有、未曾无、未曾秽、未曾净、未曾喧、未曾寂、未曾少、未曾老,无方所、无内外、无数量、无形相、无色象"(《钟陵录》)。《摩诃般若波罗密多心经》曰:"是诸法空相、不生不灭、不垢不净、不增不减"(《大正藏》卷八)。《兴禅护国论序》云:"大哉心!天之高不可极也,而心出于天之上;地之厚不可测也,而心出于地之下;日月之光不可逾也,而心出于日月光明之表;大千沙界不可穷也,而心出于大千沙界之外。其太虚乎?其元气乎?心则包太虚而孕元气者也。天地待我而覆载,日月待我而运行,四时待我而变化,万物待我而发生"(《大正藏》卷八十)。以上是关于"良知"的禅迹。至于"致知之功",王守仁说:"随物而格,是致知之功,即佛氏之常惺惺,亦是常存他本来面目。体段工夫,大略相似"(《全书》卷二)。兹将"致良知"与禅列表对勘如下:

禅　　学	王　　学
三世诸十二部经,在人性中本自具足。(《坛经·般若第二》)	良知者心之本体。(《全书》卷二)
菩提般若之智,世人本自有之。(同上)	良知人人皆有。(同上卷三《传习录》下)
应无所住而生其心。(《金刚经》)	佛氏曾有是言,未为非也。妍者妍,媸者媸,一过而不留,即是无所住处;妍者妍,媸者媸,一照而皆真,即是生其心处。(同上卷二)

禅　　学	王　　学
金屑虽贵,落眼成翳。(《临济录》) 起心着净,却生净染;着心著净,即障道。(《坛经·坐禅第五》)	心体上着不得一念留滞,就如眼着不得些子尘沙。些子能有几多,满眼便昏天黑地了。又曰:这一念不但是私念,便好的念头亦着不得些子,如眼中放些金玉屑,眼亦开不得了。(同上卷三《传习录》下)
平常心是道。随处做主,立处皆真。(《临济录》) 佛法在日用处,行住坐卧处,吃茶吃饭处,语言相同处,所作所为处。(《大慧普觉禅师书》上)	随它发见流行处,当下具足,更无去求,不须假借。(同上卷二) 百姓日用而不知,皆是道也。(同上卷六) 如此格物,虽卖柴人亦是做得。(同上卷三《传习录》下)
动静常禅,成就自然之理。(《修心诀》) 行亦禅,坐亦禅,语默动静体安然。(《证道歌》)	动静一理。动静只是一个。动亦定,静亦定。(同上卷二) 知得动静合一,释氏毫厘差处,亦自莫掩矣。(同上)

此外,禅宗宣扬"愚人忽然悟解心开,即与智人无别","不悟即佛是众生;一念悟时,众生是佛"(《坛经·般若第二》);王守仁也主张"若体认得自己良知明白,即圣人气象不在圣人,而在我矣"(《全书》卷二《启问道通书》),因此,"人皆可以为尧舜"(同上卷一《传习录》上)。显然,这就是"放下屠刀,立地成佛"的儒家伦理版。

"四句教"与禅。王守仁说过"人性皆善"(同上卷一《传习录》上)。这种人性论,溯其源,自然是出于孟子的性善论。但是,王守仁的性善论,目的还在于揭示所谓"至善"。他说:"无善无恶者,理之静;有善有恶者,气之动。不动于气,即无善无恶,是谓至善"(同上)。既然至善就是无善无恶;那么,人性就具有了可塑性。这样,王守仁为"存天理、灭人欲"所设计的一套"格、至、诚、正、修、齐、治、平"的涵养方法,在无善无恶的混沌状态中,功夫便有了下手处。因此,在性论问题上,与其说王守仁主张性善论,不如说他主张"至善"或"无善无恶"论。然而,"无善无恶"却是禅家的理论。东林首脑顾宪成在与管志道辨"无善无恶之学"时就曾指出:"佛学三藏十二部五千四百八十卷,一言以蔽之,曰无善无恶。观七佛偈了然矣"(《顾端文公全集》卷首)。顾宪成观《七佛偈》而"了然",我们观"四句诀",亦可了然王守仁"无善无恶"之旨之所从来。

四句	王 守 仁	禅
无善无恶心之体	无善无恶者理之静。(《全书》卷一) 性之本体原是无善无恶的。(同上卷三) 本来面目即吾圣门所谓良知。(同上卷二)	佛性非善非不善,是名不二。(《坛经·行由第一》) 心量广大,无有边畔。无是无非,无善无恶,无有头尾。(《坛经·般若第二》) 慧能云:不思善、不思恶,正与么时,那个是明上座本来面目。(《坛经·行由第一》)
有善有恶意之动	循理便是替,动气便是恶。(同上卷三) 心之发动,不能无不善。(同上)	顺性者必善,逆性者必恶。(《续藏经》卷三十《寐言》) 动念是恶根。(《大乘起信论》)
知善知恶是良知	良知常觉常照。常觉常照,则如明镜之悬,而物之来者,自不能遁其妍媸矣。(同上卷二) 知得良知却是谁?自家痛痒自家知;若将痛痒从人问,痛痒何须更问为!(同上卷二十)	身是菩提树,心如明镜台,时时勤拂拭,莫使染尘埃。(《坛经·行由第一》) 何期?自性本自清净;何期?自性本不生灭;何期?自性本自具足;何期?自性本无动摇;何期?自性能生万法。(同上)

四句	王 守 仁	禅
为善去恶是格物	随物而格,是致知之功,即佛氏之常惺惺,亦是常存他本来面目耳。(同上卷二) 其格物之功,只在身心上做。故格物者,格其心之物也。(同上)	性中各自离五欲,见性刹那即是真。(《坛经·付嘱第十》) 自心地上觉性如来。自性内照,三毒即除,内外明彻,即心是佛。(《坛经·疑问第三》)

从以上的比较中,我们看得清楚,王守仁理学思想的某些论题,都或多或少有借于禅或暗用其旨。概括而言,王学的"人欲""人心"有类于禅学的"迷心""妄心""烦恼""无明"之说,而禅学的"悟心""真心""菩提""般若",王守仁则以儒家语言表述为"天理""道心"。举例说,王守仁"寂然不动,感而遂通"的"本体良知"类同于禅宗"三学六度"中的"定慧";"无善无恶"类同于"本来面目";"致吾心良知"类同于"见性成佛";而禅学的"断烦恼即证菩提"则是王守仁的"去人欲即存天理",如此等等。要之,无论如何改头换面,禅宗南宗的空无本体和北宗神秀的渐修顿悟对王守仁的思想是有甚深影响的。

我们知道,王守仁"学凡三变而始得其门",这期间是有着一段漫长的参禅履历的。后来,他曾用忏悔的口吻说:"吾亦自幼笃志二氏,自谓既有所得,谓儒者为不足学。其后居夷三载,见得圣人之学若是其简易广大,始自叹悔错用了三十年气力。大抵二氏之学,其妙与圣人只有毫厘之间"(《全书》卷一《传习录》上)。又对湛甘泉说,"某幼不问学,陷溺于邪僻者二十年,而始究心于老释,赖天之灵,因有所觉,始乃沿周、程之说求之,而若有得焉"(同上卷七《别湛甘泉序》)。诸如此类的自白,在《王文成公全书》中颇不少见。可见禅学思想对王守仁学术的影响之深。

关于圣学与二氏的关系,王守仁打了一个形象的比喻:

唐虞之时(三间屋舍),原是本有家当,巢许辈皆其守舍之人。及至后世,圣学做主不起,仅守其中一间,将左右两间甘心让与二氏。及吾儒之学日衰,二氏之学日炽,甘心自谓不如,反欲假借存活。洎其后来,连其中一间,岌岌乎有不能自存之势,反将从而归依之,渐至失其家业而不自觉。(《龙溪先生全集》卷一《三山丽泽录》)

这个比喻,很有夫子自道的意味。王守仁虽然不敢公开亮出禅学旗号,但其议论言谈之中,就大有"圣学做主不起","自谓不如"的慨叹。他说:

> 颜子没而圣人之学亡,曾子唯一贯之旨,传之孟轲终,又二千余年而周、程续。自是而后,言益详,道益晦;析理益精,学益支离无本,而事于外者益繁以难。盖孟氏患杨、墨、周、程之际,释、老大行。今世学者,皆知宗孔、孟,贱杨、墨,摈释、老,圣人之道若大明于世。然吾从而求之,圣人不得而见之矣。其能有若墨氏之兼爱者乎?其能有若杨氏之为我者乎?其能有若老氏之清净自守,释氏之究心性命者乎?吾何以杨、墨、老、释之思哉?彼于圣人之道异,然犹有自得也。(《全书》卷七《别湛甘泉序》)

既然佛学究心性命而有自得,较之朱学繁难暗晦、支离无本殊强,再进一步,王守仁就主张不能因为儒、佛二家门户不同而不敢称引讲论佛道。他说:"释氏之说,亦自有同于吾儒,而不害其为异者,惟在于几微毫忽之间而已,亦何必讳于其同,而遂不敢以言;狃于其异,而遂不以察之乎"(同上卷二十一《答徐成之》二)?有西安郑德夫,"问于阳明子曰:释与儒孰异乎?曰:子无求其异同于儒、释,求其是者而学焉可矣。曰:是与非孰异乎?曰:子无求其是非于讲学,求诸心而安焉者是矣"(同上卷七《赠郑德夫归省序》)。他举例说,"吾儒亦自有神仙之道,颜子三十二而卒,至今未亡也,足下能信之乎?后世上阳子之流,盖方外技术之士,未可以为道,若达摩、慧能之徒,则庶几近之矣"(同上卷二十一《答人问神仙》)。基于这种沟通儒、释的思想,王守仁哲学的许多命题都有得于禅,已如上述。而作为理学家的王守仁,即平常师弟授受、言谈举止,其形其质,也俨然一个禅师,这方面的表现是很突出的。

据黄绾《明道编》记载,王守仁曾以《六祖法宝坛经》为教材:

> 又令看《六祖坛经》,会其本来无物,不思善、不思恶,见本来面目,为直超上乘,以为合于良知之至极。又以《悟真篇》后序(按杨简作,多作禅语)为得圣人之旨。以儒与仙佛之道皆同,但有私己同物之殊;以孔子《论语》之言,皆为下学之事,非直超上悟之旨。予始未之信,既而信之,又久而验之,方知空虚之弊,误人非细。信乎差之毫厘,谬以千里,可不慎哉!

陈建说:"阳明一生讲学,只是尊信达摩、慧能,只是欲合三教为一,无他伎俩"(《学蔀通辨》卷之九《续编》下),此言不谬。

《传习录》上有"肖惠问:己私难克,奈何? 先生曰:将汝己私来,替汝克"一节,这里便是仿用了一个禅宗公案:"(慧)可曰:我心未宁,乞师与安。祖(达摩)曰:将心来,与汝安。可良久曰:觅心了不可得。祖曰:我与汝安心竟"(《五灯会元》卷一《东土初祖》)。又,三祖僧璨有"将罪来,与汝忏"的公案故事,四祖道信有"谁缚汝? 无人缚"的公案故事。这些公案,王守仁谙熟有余,时加运用,有诗为证:"夜来拾得遇寒山,翠竹黄花好共看;同来问我安心法,还解将心与汝安"(《全书》卷二十《无题》)。

"一友举佛家以手指显出,问曰:众曾见否? 众曰:见之。复以手指入袖,问曰:众还见否? 众曰:不见。佛说还未见性。此义未明。"这种禅家斗机锋、参话头的神秘主义教学法,王守仁熟习而运用之,把它溶入良知本性的说教里,他解释道:"手指有见有不见,尔之见性常在。人之心神只在有睹有闻上驰骛,不在不睹不闻上着实用功。盖不睹不闻是良知本体,戒慎恐惧是致知的工夫。学者时时刻刻常睹其所不睹,常闻其所不闻,工夫方有个实落处。久久成熟后,则不须著力,不待防检而真性自不息矣,岂以在外者之闻见为累哉"(同上卷三《传习录》下)?

王守仁征思田的途中,王艮弟子"徐樾自贵溪追至余干,先生令登舟。樾方自白鹿洞打坐,有禅定意,先生目而得之,令举似。曰:不是。已而稍变前语。又曰:不是。已而更端。先生曰:近之矣,此体岂有方所?譬之此烛,光无不在,人不可以烛上为光。因指舟中曰:此亦是光、此亦是光。直指出舟外水面曰:此亦是光。樾领谢而别"(同上卷三十四《年谱》三)。这种"体无方所"的观点,是王学得诸禅学的一个表现。类似的例子尚有:"目无体,以万物之色为体;耳无体,以万物之声为体;鼻无体,以万物之臭为体;口无体,以万物之味为体;心无体,以天地万物感应之是非为体"(同上卷三《传习录》下)。这是把万物的客观存在统摄于心,即所谓"体用一源"。王守仁说:"心不可以动静为体用。动静,时也。即体而言,用在体;即用而言,体在用。是谓体用一原,若说静可以见其体,动可以见其用,却不妨"(同上卷一《传习录》上)。按《还原观》云:"用则波腾海沸,全其体以运行;体则镜净水澄,举随缘而会寂。斯则不离体之用,用乃波腾;不离用之体,体常湛寂。体虽湛寂,常在万缘;用虽波腾,恒冥一际"(《宗境录》卷九十四)。王守仁的"体用一源"论本此。又,《传习录》下:"九川问曰:伊川说到体用一原,显微无间处,门人已说是泄天机,先生致知之说,莫亦泄天机太甚否"(《全书》卷三)?这里所说的"泄天机",有此一段程门公案:"一日,(伊川)出《易传·序》示门弟子,先生(尹焞)伏读数日后见伊川。伊川问所见,先生曰:某固欲有所问,然不敢发。伊川曰,何事也?先生曰:至微者理也,至著者象也,体用一源,显微无间,似太露天机也。伊川叹美曰:近日学者,何尝及此!某亦不得已而言焉耳"(《河南程氏外书》卷第十二引吕坚中所记尹和靖语)。此"体用一源,显微无间"与华严宗玄猷、素范的"体用无方、圆融叵测",法界的"往复无际、动静一源"颇相类似,故曰"泄露天机"。而此语在《王文成公全书》俯拾皆是。

"心应千里"是佛家宣扬心灵先知的理论。《宗镜录》卷七十三说:"夫心者,形于未兆,动静无不应于自心。如诗云:'愿言则嚏',故知心应千里。设有处远而思者,我皆知矣。是以万事唯心先知,故得称心灵。如太山吴伯武,与兄相失二十余年,相遇于市,仍共相殴,伯武觉心神悲恸,因问,乃兄弟也。"王守仁也大讲"感应"或"感应之几",如说:"你只在感应之几上看,岂但禽兽草木,虽天地也与我同体的,鬼神也与我同体的"(《全书》卷三《传习录》下),"圣人之心如明镜,只是一个明,则随感而应,无物不照"(同上卷一《传习录》上)。这种宗教家的"心灵感应",比董仲舒的"天人感应"还要具体得多,王守仁就曾躬自试行所谓感应术。据《年谱》记载,他三十一岁时,"告病归越,筑室阳明洞中,行导引术,久之,遂先知。一日,坐洞中,友人王思舆等四人来访,方出五云门,先生即命仆迎之,且历语其来迹。仆遇诸途,与语良合,众惊异以为得道"(同上卷三十二)。这些装神弄鬼的勾当,当然不是现代生理学所谓"人体特异功能",否则,王守仁也不会自警悟曰:"此簸弄精神,非道也,遂屏去之"(同上)。

王守仁谈道还经常袭用禅家语,使人眩惑。有门徒刘观时,"匾其居曰'见斋'以自励,问于阳明子曰:道有可见乎? 曰:有有而未尝有也。曰:然则无可见乎? 曰:无无而未尝无也。曰:然则何以为见乎? 曰:见而未尝见也。观时曰:弟子之惑滋甚矣,夫子则明言之,以教我乎? 阳明子曰:道不可言也,强为之言而益晦;道无可见也,妄为之见而益远。夫有而未尝有,是真有也;无而未尝无,是真无也;见而未尝见,是真见也"(同上卷七《见斋说》)。与其说这是《老子》"道可道,非常道;名可名,非常名","玄之又玄,众妙之门"的着意发挥,毋宁说是受了禅师谈禅的启示,宛似永嘉真觉禅师"非有非无","非有非非有,非无非非无"的《观心十门》论。

《王文成公全书》中多处教人"省察克治之功",要"精神心思凝聚融结,而不复知有其他","如猫之捕鼠,一眼看着,一耳听着,才有一念萌动,即与克去,斩钉截铁,不可姑容,与它方便,不可窝藏,不可放它出路,方是真实用功,方能扫除廓清,到得无私可克,自有端拱时在"(卷一《传习录》上)。这里便是暗用了黄龙宝觉祖心禅师的话头:"草堂侍立晦堂(即祖心),晦堂举风幡话问草堂。草堂云:迥无入处。晦堂云:汝见世间猫捕鼠乎? 双目瞪视而不瞬,四足踞地而不动,六根顺向,首尾一直,然后举无不中。诚能心无异缘,意绝妄想,六窗寂静,端坐默究,万不失一也"(《宗门武库》)。

《传灯录》有个香严智闲格竹子的故事:智闲"参沩山,山问:我闻汝在百丈先师处,问一答十,问十答百,此是汝聪明灵利。意解识想,生死根本,父母未生时,试道一句看?师(智闲)被一问,直得茫然。归寮,将平日看过底文字,从头要寻一句酬对,竟不能得。乃自叹曰:画饼不可充饥。……遂将平昔所看文字烧却,曰:此生不学佛法也,且做个长行粥饭僧,免役心神。乃泣辞沩山。直过南阳,睹忠国师遗迹,遂息止焉。一日,芟除草木,偶抛瓦砾,击竹作声,忽然省悟。遽归沐浴,焚香遥礼沩山,赞曰:和尚大慈,恩逾父母。当时若为我说破,何有今日之事!乃有颂曰:一击忘所知,更不假修持;动容扬古路,不坠悄然机。处处无踪迹,声色外威仪;诸方达道者,咸言上上机。沩山闻得,谓仰山曰:此子彻也"(《五灯会元》卷九)!那么,此子"彻"个什么?这个哑谜的底蕴无非想说,智闲禅师从竹子的空空作响中悟得了"空无"的道理。王守仁依样画葫芦,也做起格竹子的功夫。结果,据他所说,"早晚不得其理,到七日亦以劳思致疾。遂相与叹圣贤是做不得的,无他大力量去格物了。及在夷中三年,颇见得此意思,乃知天下之物本无可格者,其格物之功,只在身心上做,决然以圣人为人人可到,便自有担当了"(《全书》卷三《传习录》下)。这里,王守仁故意绕了个弯,似乎格竹子失败了。其实,这只是反其意而用了智闲的彻悟故事。他的体悟,还是智闲的体悟。试看,"格本无可格者",与"一击忘所知"何异?"只在身心上做",与"更不假修持"何别?"圣人人人可到"又何尝不是"上上机"!

王守仁讲学,有时还公开征引禅师故事,模仿禅师动作,弄得听讲者跃然哄然:

> 一友……求讲明致之之功。先生曰:此亦须你自家求,我亦无别法可道。昔有禅师,人来问法,只把麈尾提起。一日,其徒将麈尾藏过,试他如何设法。禅师寻麈尾不见,又只空手提起。我这个良知,就是设法的麈尾,舍了这个,有何可提得?少间,又一友请问功夫切要。先生旁顾曰:我麈尾安在?一时在坐者皆

跃然。(同上)

这里说的是师郁禅师以举麈尾的动作回答"祖师西来意"的故事。当然，姑不论其讲学内容如何，以此法开启学者，躲避诘难，或者还不失其为一法。但是，总得要有一定的禅学修养，方才知得来、说得出、做得像。

王守仁对禅学的高深造诣，还集中表现在他的禅诗上。兹举几首为例：

山　　僧
岩下萧然老病僧，曾求佛法礼南能；
论诗自许窥三昧，入圣无梯出小乘。
高阁松风飘夜磬，石床花雨落寒灯；
更深月出山窗曙，漱齿焚香诵法楞。

(同上卷二十)

这是王守仁的自画像。

书汪进之太极岩二首
一窍谁将混沌开，千年样子道州来；
须知太极原无极，始信心非明镜台。
始信心非明镜台，须知明镜亦尘埃；
人人有个圆圈在，莫向蒲团坐死灰。

(同上)

"心非明镜台"，典出《坛经》："惠能偈曰：菩提本无树，明镜亦非台；本来无一物，何处惹尘埃。"说的是"心性本体"。所谓"明镜亦尘埃"，则是用的神秀偈颂："身是菩提树，心如明镜台；时时勤拂拭，莫使染尘埃"。说的是"渐修功夫"。"圆圈"以喻良知，"蒲团"以喻坐禅，典出佛家语"不可蒲团上死座"(《禅关策进》卷一)。后二句强调良知人人见在,不假修持;而"不假修持"正是禅宗精义。这样,太极、无极;明镜、蒲团,便被统一在佛光的"圆圈"之内。换言之,"良知"学说包容、统摄了儒、释、道三教。如果说,这二首讲良知有些隐晦;那么,下面一首就讲得很明白了:

> 示诸生三首(其一)
> 尔身各各自天真,不用求人更问人。
> 但致良知成德业,谩从故纸费精神。
> 乾坤是易原非画,心性何形得有尘?
> 莫道先生学禅语,此言端的为君陈。
>
> (《全书》卷二十)

"谩从故纸费精神"的故事出于古灵行脚和尚:"本师有一日在窗下看经,蜂子投窗求出,师(古灵)睹之,曰,世界如许广阔,不肯出,钻它故纸驴年去!遂有偈曰:空门不肯出,投窗也太痴,百年钻故纸,何日出头时"(《五灯会元》卷四)!不啻说,这一思想对王守仁的提倡简易之学,是有甚深影响的。

> 答人问道(其一)
> 饥来吃饭倦来眠,只此修行玄更玄;
> 说与世人浑不信,却从身外觅神仙。
>
> (同上)

《五灯会元》卷三:"有源律师问:和尚修道还用功否?师(慧海)曰:用功。曰:如何用功?师曰:饥来吃饭,困来即眠。曰:一切人总如是,同师用功否?师曰:不同。曰:何故不同?师曰:他吃饭时不肯吃饭,百种须索;睡时不肯睡,千般计较,所以不同也。"

咏良知四首示诸生(其四)
无声无臭独知时,此是乾坤万有基;
抛却自家无尽藏,沿门持钵效贫儿。

(同上)

陈建案:"此诗说禅甚高妙。首句即说鉴象之悟,第二句心法起灭天地也,后二句皆《传灯录》语也。阳明于禅学卷舒运用熟矣"(《学蔀通辨》卷之九《续编》下)。陈建只知其一,不知其二。这是以禅理"咏良知",而不是用良知"说禅"。"儒体禅用"的原则,王守仁是把握的。不过,王守仁"卷舒运用"禅理、禅语的熟稔程度,真无愧于陈建此评。举凡"扑人逐块之喻","刊落声华之义","自心转法华,非从法华转","一棒一条痕,一掴一掌血","红炉点雪","妍媸并见","常提念头","不二法门","正法眼藏"等等佛家口头禅,在《王文成公全书》中在在多有。

此外,王守仁所到之处,遍求佛刹,终其一生,巡历浙江、江西、福建、广东、广西、贵州、湖南、江苏、安徽、河北十数省,过访禅门五宗五十余处寺刹(不一一胪列),亦可见王守仁参禅求法的苦心。他对禅僧的尊崇佩服,可以与日僧了庵和尚的过从为例。正德六年(公元1511年),日本五山大老了庵桂悟以八十八岁高龄,奉足利义澄之命远使中国,馆于宁波育王山广利禅寺三年。此间,王守仁多次过访问法,《汉学纪源》谓其"就见,悟焉,感其学行"云。了庵归国时,王守仁曾书赠《送日东正使了庵和尚归国序》一文,对其揄扬备至(此文《王文成公全书》不录,真迹珍存日本。西村时彦《日本宋学史》辑有原文及部分墨照,可参考)。

以上集中论列了王守仁的用禅,这只是问题的一方面,问题的另一方面是,作为理学家的王守仁,确是辟禅甚力。如何解释这一矛盾的现象呢?

王守仁的辟禅,总括起来,有这样几点:

第一,虚无不可用世。

> 或问：释氏亦务养心，然要之不可以治天下，何也？先生曰：吾儒养心，未尝离却事物，只顺其天则自然，就是工夫。释氏却要尽绝事物，把心看做幻相，渐入虚寂去了，与世间若无些子交涉，所以不可治天下。（《全书》卷三《传习录》下）

> 佛氏著在无善无恶上，便一切都不管，不可以治天下。（同上卷一《传习录》上）

佛家侈谈心性，空疏无用，外人伦而遗事物，"一切都不管"，这种不染世累的遁世主义哲学，自然与王守仁企图挽世教、救人心的理想格格不入。于是，前者为释，后者为儒，个性判然。王守仁诘难佛说，正是基于这种用世的儒家立场。

第二，自私自利，不同于儒。王守仁认为。佛氏外人伦遗事物而以清心寡欲为要，这种养生哲学便是自私自利。

> 今日养生以清心寡欲为要，只养生二字，便是自私自利，将迎意必根之。有此病根潜伏于中，宜其有灭于东而生于西，引犬上堂而逐之之患也。（同上卷二《答陆原静书》）

> 又问：释氏于世间一切情欲之私都不染着，似无私心，但外弃人伦，却似未当理？曰：亦只是一统事，都只是成就他一个私己的心。（同上卷一《传习录》上）

这就是说，佛氏的理论，只能治一人一身；而王守仁所追求的，是治国平天下的理论。

第三，佛氏"著相"而曰"不著相"，只是逃避现实。

> 先生尝言：佛氏不着相，其实着了相；着相吾儒，其实不着相。请问。曰：佛怕父子累，却逃了父子；怕君臣累，却逃了君臣；怕夫妇累，却逃了夫妇。都是为个君臣、父子、夫妇着了相，

> 便须逃避。吾儒有个父子,还他以仁;有个君臣,还他以义;有个夫妇,还他以别。何尝着父子君臣夫妇的相!(同上卷三《传习录》下)

佛氏"即世间而出世间"的消极态度虽然遭到批判,但是,从中可以看出,对于禅学的"无累"思想,王守仁是心领神会而一以贯通的。

第四,佛氏非"彻上彻下"一贯之道。

> 王嘉秀问:佛以出离生死诱人入道,仙以长生久视诱人入道,其心亦不是要人做不好,究其极至,亦是见得圣人上一截,然非入道正路。如今仕者,有由科,有由贡,有由传奉,一般做到大官,毕竟非入仕正路,君子不由也。仙释到极处,与儒者略同,但有了上一截,遗了下一截,终不似圣人之全。然其上一截同者,不可诬也。后世儒者又只得圣人下一截,分裂失真,流而为记诵、词章、功利、训诂,亦卒不免为异端。是四家者,终身劳苦,于身心无分毫益,视彼仙佛之徒清心寡欲,超然于世累之外者,反若有所不及矣。今学者不必先排仙佛,且当笃志为圣人之学。圣人之学明,则仙佛自泯。不然,则此之所学,恐彼或有不屑,而反欲其俯就,不亦难乎?鄙见如此,先生以为何如?先生曰:所论大略亦是。但谓上一截下一截,亦是人见偏了如此。若论圣人大中至正之道,彻上彻下,只是一贯,更有甚上一截、下一截?(同上卷一《传习录》上)

王守仁认为,圣人之道,是"彻上彻下"的"一贯"之道,而仙、释二氏单以生死诱人入道,超然于世累之外,只适用于上根人的悟道养身,不利于对下根人的普及教育,达不到"下学而上达"的目的,故其说便不免有得上遗下的半截子弊病。

综观上述,可以看出,王守仁之所以辟禅,是因为禅佛粗迹是不可以治天下的。为了使佛道符合于圣道,就须弃其粗迹,加以一番改头换面的功夫。这样,佛释的空虚寂灭、重内轻外、自私自利、不染世累的思想,便具有了用世的思想性质。比如,王守仁批评仙、释"只养生二字,便是自私自利",可是自己却也说,"果能戒谨不睹,恐惧不闻,而专志于是,则神住、气住、精住,而仙家所谓长生久视之说亦在其中矣"(同上卷五《与陆原静》)。这就是用"戒慎乎其所不睹,恐惧乎其所不闻"之类的圣人词句,偷贩了仙、释的养生学说。难怪陈建讥笑他是"责人而忘己,同浴而讥裸裎"(《学蔀通辨》卷之九《续编》下),再比如,王守仁说,"外人伦遗事物,则诚所谓禅",但是,"使其未尝外人伦遗事物,而专以存心养性为事,则固圣门精一之学也,而可谓之禅乎哉"(《全书》卷七《重修山阴县学记》)?!这就是说,只消将禅学伦理化,即是用世的圣学,故说:"道一而已,仁者见之谓之仁,知者见之谓之知。释氏之所以为释,老氏之所以为老,百姓日用而不知,皆是道也,宁有二乎"(同上卷六《寄邹谦之》四)?道既无二,只是见仁见智而已,则运用之妙,存乎一心。王守仁作为集大成的心学大师,自然要兼而采之,统而用之了:"二氏之用,皆我之用。即吾尽性至命中,完养此身谓之仙;即吾尽性至命中,不染世累谓之佛。但后世儒者,不见圣人之全,故与二氏成二见耳"(同上卷三十四《年谱》一)。

除了改头换面的需要,王守仁辟禅,还很有禅宗"呵佛骂祖"的味道。禅宗之于佛教,不管它如何托称"教外别传",其不失为大乘佛教的一个宗派,则是毫无疑义的。但是,传至六祖慧能以后,禅宗僧人,多有"烧木佛"取暖的,骂初祖达摩是"老臊胡"的,斥十二部大经为"干屎橛"的,这当然只是为了标榜门户宗旨,以示有别于其他宗派。王守仁之于禅宗,其哲学的唯心主义实质则一,但为了亮明圣学大蠹,他自然要在不妨碍其有得于禅的前提下辟禅了。

对王守仁的辟禅问题,应作如是观。

那么,为什么王守仁非要乞灵于佛学思想不可?又为什么主要是汲取于禅宗呢?我们认为:

首先,这是由唯心主义哲学的共性所决定的。由于传统儒学理论思辨之不足,迫使它只有求援于思辨的宗教唯心主义,以便化腐朽为神奇,把儒学进一步精致化。

其次,王守仁所以看中禅宗,亦自有其思想倾向相同的原因。思辨哲学到了禅宗阶段,已经实现了一个转折,即从客观唯心主义向主观唯心主义转化。在这一转化过程中,禅宗另辟蹊径,使烦琐的教义归于简易。而这种理论正是王守仁所需要的。王守仁倡学立说,目的在于"上欲以其学辅吾君,下以其学淑吾民"(同上卷三十七《阳明先生行状》),挽救明中期以来"沉疴积痿","病革临绝"的统治危机。他认为,造成此种局面是因为人心败坏、道德沦丧,因此亟须一种速效的"救心丹"。而禅宗之学,唯其易简,繁重的推理形式遂被"顿悟"的神秘途径所代替,"成佛作祖"被从渺茫的彼岸世界拉回到每个人的心中,"般若"的绝对超越性被还原为俗世的"运水搬柴"一类生活琐事。所有这些,最有利于王守仁据以进行禁欲主义的说教,这样,王守仁汲取禅宗的义理,以构造其心学的理论体系,就不是偶然的了。

第三十七章 钱德洪、王畿与浙中王学

第一节 钱德洪的理学思想

钱德洪(公元1496—1574年)初名宽,字洪甫,避先世讳,以字行,浙江余姚人。尝读《易》于灵绪山中,人称绪山先生。嘉靖十一年(公元1532年)进士。官刑部陕西司员外郎时,因郭勋论死一案获罪嘉靖帝,下狱,斥为民。穆宗朝,以"特诏进阶朝列大夫"的身份致仕。年七十,作《颐闲疏》布告四方:"古人七十曰老而传。少壮则思尽其职以敬业也;衰疲则思安其身以全养也。故七十在朝则致其仕,在家则传诸子孙,皆因时命以顺人心"(王畿《绪山钱君行状》)。王畿说他"归田三十年,未尝以私事入公门。人有冤负,则挺身为之伸雪,不以嫌为避。尤笃于孝友"云(《龙溪先生全集》卷二十)。其间,每岁春秋,辄相期东南同志,聚会于天真书院,"共证交修"。钱德洪待子弟严而有礼,有疑义时,启其机以待其自悟;有过则微示之,使其人自我省悟、幡然悔改。著有《阳明夫子年谱》三卷(载《王文成公全书》中),《濠园记》一卷(中国科学院图书馆抄本);另有《言行逸稿》一篇,"藏而未行"(今佚)。其师徒授受言论,见于《明儒学案》卷十一所录《会语》和《论学书》。

钱德洪的学术路径,就像他所记"先师阳明,学凡三变"一样,也有一个"三变"的过程。初时,他以"为善去恶"之功夫为"致良知";而后,又认为"良知"是"无善无恶"的,"吾安得执以为有"?最后则说:"离已发而求未发,必不可得","无善无恶者见也,非良知也,吾惟即吾所知,以为善者而行之,以为恶者而去之"(《明儒学案》卷十一《浙中王门学案·钱德洪传》)。这个变化过程,乍看像是起首的回复,其实不然。后期的钱绪山,重在一个"知"字。他说:

> 充天塞地间只有此知。天只此知之虚明,地只此知之凝聚,鬼神只此知之妙用,四时日月只此知之流行,人与万物只此知之合散,人只此知之精粹也。(同上《会语》)

在他看来,天地、鬼神、四时、万物只是"知"的虚明凝聚、妙用流行,人与天地万物的关系是"知"的"合散"。就是说,人而有"知"(生),则天地"合"(有);人而无"知"(死),则天地"散"(无)。这种本体论,是王守仁"我的灵明"论的伸延。关于心、意、知、物的体用关系,他说:

> 心无体,以知为体,无知即无心也;知无体,以感应之是非为体,无是非即无知也;意也者,以言乎其感应也;物也者,以言乎其感应之事也。而知则主宰乎事物是非之则也。意有动静,此知之体不因意之动静有明暗也;物有去来,此知之体不因物之去来为有无也。(同上)

"心"以"知"为本体,"知"以"心"的"感应"之是非为本体,这种感应就叫作"意",而意所"感应之事"就是"物";"意"和"物"的变化作用都不能干扰作为"主宰万物"的"知"的"是非之则"。这种主观唯心论的色彩是清楚的。

王学之流于空疏,当王守仁生前就已觉察到了。王守仁死后,钱德洪更以力辟空疏、恢宏师说为己任。他在《复王龙溪》信中道:"吾党于学未免落空,初若未以为然,细自磨勘,始知自惧。日来论本体处说得十分清脱,及征之行事,疏略处甚多,此便是学问落在空处。"他怨叹说,师门宗旨原以"诚意"为《大学》之要,以"致知格物"为诚意之功,学者因得入门用力,以至于圣,及"吾师既没,吾党病学者善恶之机生灭不已,乃于本体提揭过重,闻者遂谓诚意不足以尽道,必先有悟,而意自不生;格物非所以言功,必先归寂,而物自化。遂相与虚臆以求悟,而不切乎民彝物则之常;执体以求寂,而无有乎圆神活泼之机;希高凌节,影响谬戾,而吾师平易切实之旨壅而弗宣"(同上)!这里所批评的,其实就是他的同门友王畿。他曾向季本(彭山)、张元冲(浮峰)表示过:"弟向与(王畿)意见不同,虽承老师遗命'相取为益'(按指'天泉证道'事,详见上章),终与入处异路,未见能浑接一体"(同上《论学书》)。王畿学主"四无",钱氏执定"四有";前者讥后者是"随人脚根转",后者反唇相讥,斥之为"养成一种枯寂之病"。因此,钱德洪处世,主张于应酬之中求本体,"除却应酬,更无本体;失却本体,便非应酬"。他认为,日用应酬间,主客体的关系"在心不在事","只须于事上识取本心";如果反其道而行之,只是"顽铁",不是"真金"(同上)。基于这种认识,钱德洪企图调和王、湛两家学说。王守仁主张"致良知",湛甘泉主张"体认天理"。当时,甘泉曾经递书要求辨正"良知""天理"同异,王守仁但以不理理之。至是,钱德洪致信湛甘泉,说:"良知、天理原非二义,以心之灵虚昭察而言谓之'知',以心之文理条析而言谓之'理'。灵虚昭察、无事学虑、自然而然,故谓之'良';文理条析、无事学虑、自然而然,故谓之'理'。""今日良知不用天理,则知为空知,是疑以虚无空寂视良知,而又似以袭取外索为天理矣,恐非二家立言之旨也"(同上《论学书·上甘泉》)。

  钱德洪的修养论是"无欲"。他说:"君子之学,必事于无欲。"无欲便是良知真体,"是知也,虽万感纷纭,而是非不昧;虽众欲交错,而清明在躬。"若要时刻保持"是非不昧""清明在躬",就必须正心、诚意,即归结于"慎独"的修养功夫,"慎独即是致中和"(同上《会语》)。

  显而易见,钱绪山的这种理论,只是在"先师"思想的基础上做些大同小异的修饰,以便在体认和践履封建伦理道德方面发扬师说,使更有利于说教。他曾说:"凡为愚夫愚妇立法者,皆圣人之言也;为圣人说道妙、发性真者,皆贤人之言也。"语意之间,他是有取于"作圣"的(同上《论学书·答念庵》)。而"作圣"云者,正是宋明理学家"以其学易天下"的一般原则,所谓"为天地立心,为生民立命,为往圣继绝学,为万世开太平"(张载语)说的就是这一目的。钱德洪以为,"作圣"的法则是"透得此心,彻底无欲","无欲则不必言止而心不动",所以,"君子之学,必事于无欲"(同上《会语》)。这里的"无欲""不动心",只是重复周惇颐"无欲故静"和其他理学家"洗心、正心、惩忿、窒欲"的禁欲主义的一套,并无新意。但是,在天理、人欲问题上,尤其是"道心""人心"问题上,钱德洪在继承陆九渊、王守仁以来的观点的基础上,还作了进一步的解释:

> 古人以无欲言"微"。道心者,无欲之心也。研几之功,只一无欲而真体自著,更不于念上作有无之见也。(同上《论学书·答念庵》)

> 人只一"道心",天命流行,不动纤毫声臭,是之为"微";才动声臭,便杂以"人"矣,然其中有多少不安处,故曰"危"。人要为恶,只可言自欺,良知本来无恶。(同上《会语》)

按所谓"人心""道心""危""微",乃据"人心惟危,道心惟微,惟精惟一,允执厥中"的十六字之旨。伪古文《尚书》的这十六字,前八言源于《荀子·解蔽》,后八言源于《论语·尧曰》:"咨,尔舜!天之历数在尔躬,'允执其中'。四海困穷,天禄永终。"陆九渊说:"人心惟危,道心惟微,解者多指人心为人欲,道心为天理,此说非是。心,一也,人安有二心?自人而言,则曰'惟危';自道而言,则曰'惟微'。罔念作圣,克念作圣,非'危'乎?无声无臭,无形无体,非'微'乎"(《象山全集》卷三十四《语录》上)?王守仁说:"舜之好问好察,惟以用中,而致其精一于道心耳。道心者,良知之谓也"(《全书》卷二)。其实,他们都错了。王夫之《尚书引义·大禹谟一》认为:"夫舜之所谓'道心'者,适于一而不更有者也。'未发'(人心),有其'中'(道心);已发(人心),有其'和'(道心),有其固有。而未发无不中,已发无不和,无其所无者也,固有焉,故非即人心而即道心;仅有其有,而或适于无,故曰'微'也。"顾炎武《日知录·心学》则说:"(十六字)本尧命舜之辞,舜申之以命禹而加详焉耳。尧之命舜曰'允执厥中',今舜加'危、微、精一'之语于'允执厥中'之上,所以使审择而能执中者也。此训之之辞也,皆主于尧之'执中'一语而发也。尧之命舜曰:'四海困穷,天禄永终。'今舜加无稽之言勿听,以至敬修其可愿于'天禄永终'之上,又所以警切之,使勿至于困穷而永终者也。此戒之之辞也,皆主于尧之'永终'二语而发也。'执中'之训,正说也;'永终'之戒,反说也。盖舜以昔所得于尧之训戒,并其平日所尝用力而自得之者,尽以命禹,使知所以'执中',而不至于'永终'耳,岂为言心设哉?!"黄震《日钞》亦持此说。顾炎武之意,这"十六字"的本旨是"尧、舜、禹授受天下,以治之之法而并传之",用"执中"之道保国安民,勿使"四海困穷,天禄永终"的经验之谈,说的是政治,而不是心学,"其后进此《书传》(按指蔡沈著《书经集传》)于朝者,乃因以三圣传心为说。世之学者,遂指此《书》十六字为传心之要,而禅学者(按指理学家)借以为据依矣"(《日知录》卷十八)。顾炎武、王夫之于此对心学作了批评。钱德洪的"人只有一道心"说,并以"无欲"言"微",以杂以"人伪"为"危",与陆九渊、王守仁之说,精神一致。

"天理""人欲"之语,宋以前学者很少用。自程颢"自家体贴出来""天理"二字,且谓:"人心莫不有知,惟蔽于人欲,则亡天理也"(《河南程氏遗书》卷第十一)。(其实,还是受了《乐记》"好恶无节于内,知诱于外,不能反躬,天理灭矣"的启发)。中间,又经过朱熹的发挥,天理、人欲之说,遂颇明备。陆九渊出,以为"天理人欲之言,亦自不是至论。若天是理,人是欲,则是天人不同矣,此其原盖出于老氏"(《象山全集》卷三十四《语录》上)。到了王阳明,则进而强调"天理人欲不并立,安有天理为主,人欲又从而听命者"(《全书》卷一《传习录》上)? 故揭橥"致良知",以为"七情有著,俱谓之(人)欲,俱为良知之蔽。然才有著时,良知亦自会觉,觉即蔽去,复其体矣"(同上卷三《传习录》下)。至于良知和天理的关系,王守仁虽亦说过"天理即是良知"(同上),但只笼统一语,未加阐述。钱德洪仍本王守仁之说,以为"良知天理,原非二义",亦无所发挥。黄宗羲谓钱德洪于阳明之学"把缆放船,虽无大得,亦无大失"(《明儒学案》卷十一《浙中王门学案·钱德洪传》),此语符合事实。

钱德洪的理学思想,有一点闪光的火花:

> 格物之学,实良知见在功夫,先儒所谓过去未来徒放心耳。见在功夫,时行时止,时默时语,念念精明,毫厘不放,此即行、著、习察,实地格物之功也。于此体当切实,著衣吃饭,即是尽心至命之功。(同上《论学书·与陈两湖》)

此说经王艮——王襞而影响于李贽,乃谓"穿衣吃饭,即是人伦物理",遂成"百姓日用即道"的光辉命题。这是应该肯定的。

第二节 王畿的理学

王畿(公元1498—1583年)字汝中,别号龙溪。世居山阴,是王守仁的同郡宗人。嘉靖十一年(公元1532)进士,仕至南京兵部武选郎中。因感于宦官劣迹,曾汇集古今史料,成《中鉴录》七卷(今佚)"为之(皇帝)开牖迷"(《龙溪先生全集》卷十二《与曾见台》)。王守仁病死舟中之时,他与钱德洪正赴廷试,途中闻耗,遂奔丧至广信,"迎榇,经纪丧事,庐于墓,服心丧三年,又建天真书院,祀文成像其中,且以馆四方之来学者"(徐阶《龙溪王先生传》)。《明儒学案》卷十二记其"林下四十余年,无日不讲学。自两都及吴、楚、闽、越、江、浙皆有讲舍,莫不以先生为宗盟。""年至八十,犹不废出游","车辙所至,会常数百人"(赵锦《龙溪王先生墓志铭》)。有《龙溪先生全集》二十卷行世。

王畿与钱德洪,曾经两次放弃科举的机会,专心就学王门。当时,四方学人士子向习王学者,往往先由他们辅导,而后卒业于王守仁,因此被称为"教授师"。由于二人在师门的重要地位,黄宗羲说:"先生(德洪)与龙溪亲炙阳明最久,习闻其过重之言"(《明儒学案》卷十一《浙中王门学案·钱德洪传》)。同书卷十二还说:"(王畿之学)虽云真性流行、自见天则,而于儒者之矩矱,未免有出入矣。然先生亲承阳明末命,其微言往往而在。象山之后,不能无慈湖;文成之后,不能无龙溪,以为学术之盛衰因之。慈湖决象山之澜,而先生疏河导源,于文成之学,固多所发明也"(《浙中王门学案·王畿传》)。这段话是比较客观的。周汝登评论道:"文成之徒,领悟者多,而最称入室,则唯先生(畿)"(《刻王龙溪先生集·序》)。这是因为周汝登(海门)之学系从王畿之学悟入,后来他教人"贵于直下承当。尝忽然谓门人刘塙曰:信得当下否?塙曰:信得。先生曰:然则汝是圣人否?塙曰:也是圣人。先生喝之曰:圣人便是圣人,又多一'也'字"(《明儒学案》卷三十六《泰州学案·周汝登传》)!可见其学有所自,才会写出那样的评语。刘宗周则曰:"虽谓之操戈入室可也"(同上卷十二)!

王守仁的"良知之学"多从禅理悟得,因此,讲论之间,不免藏头露尾,漏洞百出。王畿看准这一点,说:"不二,禅宗也。昔者文殊与维摩二大士说法,共谈不二,众谓一者善、二者不善,佛法非善非不善,故名不二;一者常、二者无常,佛法非常非无常,故名不二;一者悟、二者迷,佛法非悟非迷,故名不二。文殊以无说证之,维摩以默表之,是为深入不二法门"(《龙溪先生全集》卷十七《不二斋说》)。他以儒家的主人翁态度谈论"不二",不加掩饰地援用禅理,形成了自己独特的学术。如果我们不囿于道统的门户之见,则所谓"跻阳明于禅"的责任原不在王畿,守仁本来就有禅学的若干思想特色。所谓"流于空疏"也不能一概而论,因为后来李贽等正是在"狂禅"的形式之下进行反封建、反传统而被诬为"异端"(之尤)的。

王畿之学,重在求"真"。一部《龙溪先生全集》,随处可见"真体""真性""真知""真志""真修""真立本""真好""真恶""真火候""真药物""真思为""真典要""真得""真保任""真自然""真警惕""真常""真息""真血脉""真君子""真根子""真种子"等各种提法。"真"与"假"对,在王畿看来,世儒的解说皆幻皆假,唯我之说为妙为真,这是从禅真援入。

如训"真根子"曰:

> 千古圣学,只有当下一念,此念凝寂圆明,便是入圣真根子。

(同上卷十六《书查子警卷》)

释"真种子"曰:

> 吾人心中一点灵明,便是真种子。(同上卷四《留都会纪》)

解"真知""真修"曰:

> 人知神之神,不知不神之为神,无知之知,是为真知;罔觉之修,是为真修。(同上卷十七《学易说》)
>
> 知非知识之谓,见悟入悟,真知也。(同上《赠宜中夏生说》)

可见,王畿的世界观,接近于禅学唯心主义。唯其一切求"真",对王学的某些概念范畴,每多赋予新意,这是一方面。另一方面,发展到极点,必然导致对包括封建伦理纲常在内的世俗知见的否定。这就是说,王畿的理学具有这样的二重性:它使王学因翻新而加固,又使王学固有的藩篱因突破而崩溃。我们这样说是有根据的,王畿曾说:"天下之公学,非先师所得而私也"(同上卷八《大学首章解义》)。他认为,"一生若要做个千古真豪杰,会须掀翻箩笼、扫空窠臼、彻内彻外、彻骨彻髓、洁洁净净、无些复藏、无些陪奉,方有个宇泰收功之期"(同上卷九《答李克斋》);如若不然,"虽尽将先师口吻言句,一字不差,一一抄誊与人说,只成剩语,诳己诳人(同上)而已。因此,他主张看"先师之言,一般还须转个关捩子","方是享用大世界、出世大豪杰,方不落小家相"(同上卷七《龙南山居会语》)。基于此,他解"格物"就与师说大异其趣。他说:"'天生蒸民,有物有则'。物是伦物感应之实事,如有父子之物,斯有慈孝之则;有视听之物,斯有聪明之则。伦物感应实事上循其天则之自然,则物得其理矣。是之谓'格物'。良知是天然之则,是之谓格物"(同上卷六《格物问答原旨》)。有父子关系才有慈孝之则,有视听功能才有聪明之则,此论较诸王守仁"不成去君上父上求个忠孝的理"以及"岩中花树"的诡辩,显然是一个突破。故说王畿之学是王学营垒内一个潜在的危机,其实并不过分。"异端之尤"李贽很欣赏王畿此道,至推之为"圣代儒宗,人天法眼;白玉无瑕,黄金百炼",称许他"遂令良知密藏,昭然揭日月而行中天;顿令洙泗渊源,沛乎决江河而达四海",认为有《龙溪全集》行世,"后有学者可以无复著书矣"(《焚书》卷三《王龙溪先生告文》《龙溪先生文录抄序》)。李贽的异端思想使人有耳目一新之感,显然是受到王畿的启迪。

王畿理学思想的禅学特色有他自己的语录为证:

> 友人问:佛氏虽不免有偏,然论心性甚精妙,乃是形而上一截理,吾人叙正人伦,未免连形而下发挥;然心性之学沉埋既久,一时难为超脱,借路悟入,未必非此学之助。先生曰:此说似是而实非,本无上下两截之分(按:"一截、两截"乃承王守仁"上半截、下半截"之说而来),吾儒未尝不说虚、不说寂、不说微、不说密,此是千圣相传之秘藏;从此悟入,乃是范围三教之宗。自圣学不明,后儒反将千圣精义让与佛氏,才涉空寂,便以为异学,不肯承当,不知佛氏所说,本是吾儒大路,反欲借路而入,亦可哀也。夫仙、佛二氏,皆是出世之学,佛氏虽后世始入中国,唐虞之时,所谓巢许之流,即其宗派;唐虞之时,圣学明,巢许在山中,如木石一般,任其自生自化,乃是尧舜一体中所养之物,盖世间自有一种清虚恬淡不耐事之人,虽尧舜亦不以相强。只因圣学不明,汉之儒者强说道理,泥于刑名格式,执为典要,失其变动周流之性体,反被二氏点检訾议,敢于主张做大,吾儒不悟本家自有家当,反甘心让之,尤可哀也。(《龙溪先生全集》卷一《语录》)

上言似为儒宗辟禅,其实不然。他在那段语录中还说:"佛氏之家,遗弃物理,究心空寂,始失于诞。然今日所病却不在此,惟在俗耳。世之儒者,不此之病,顾切切焉唯彼之忧,亦见其过计也已!"这不就给佛氏留下一条后路了吗？同卷《维扬晤语》还说：

> 若是真致良知,只宜虚心应物,使人人各得尽其情,能刚能柔,触机而应,迎刃而解,更无些子掺入：譬之明镜当台,妍媸自辨,方是经纶手段。才有些子才智伎俩与之相形,自己光明反为所蔽,口中说得十分明白,纸上写得十分详尽,只成播弄精魄,非真实受用也。

"明镜当台,妍媸自辨",这是尽人皆知的禅宗话头。然而,王畿绝非只是套用禅家话头而已,要紧的是,他认为禅与儒"其致一也","禅固有同于儒矣",而"儒者之学,渊源有自,固非有所托而逃(禅)也,亦非有所泥而避(禅)也"(同上卷十七《不二斋说》)。因此,王畿论学,多标举禅理,主张"君子之学,以无念为宗"(同上卷十五《趋庭漫语付应斌儿》),"君子之学,贵于得悟；悟门不开,无以证学"(同上卷十七《悟说》)等等。我们认为,"无念"即是禅门"不着一念"的思想,源于慧能所谓"起心着净,却生净妄；着心着净,即障道"(《坛经·坐禅第五》)。王守仁曾说过："心体上着不得一念留滞……这一念不但是私念,便好的念头亦着不得些子"(《全书》卷三《传习录》下)。"无念"或表述为"无心""不动心",王畿强调说："以无心而成化,理学之的也"(《龙溪先生全集》卷一《抚州拟岘台会语》)。"千古圣人之学,只是个不动心。学者只是学个不动心,舍不动心之外无学也"(同上卷八《孟子告子之学》)。"无念"有时他也说成"一念"：

> 圣狂之分无他,只在一念克与罔之间而已,一念以定,便是缉熙之学。一念者,无念也,即念而离念也。故君子之学,以无念为宗。(同上卷十五《趋庭漫语付应斌儿》)

> 真伪之几,辨诸一念,无假于外也。鹅湖之会,在辨真伪；今

日之会,在辨内外,内外辨则真伪之几决矣。(同上卷一《闻讲书院会语》)

一念灵明,无内外、无方所,戒慎恐惧,亦无内外、无方所。识得本体原是变动不居,不可为典要,虽终日变化云为,莫非本体之周流,自无此病矣。(同上《冲元会纪》)

再看王畿的禅理诗:

> 念中本无念,已发即未发;
> 妄念斯为失,克念斯谓得;
> 此念无动静,往来同日月;
> 动静亦强名,乾坤偶对列;
> 日月凝其精,匪凝将空裂;
> 无处亦无方,有之即成惑;
> 寄语同心人,切莫生分别。

(同上卷十八《次白石年兄青原论学韵》)

> 无古亦无今,忘物亦忘己;
> 呼吸造化根,绵绵讵容已;
> 微哉两字诀,如是而已矣。

(同上《秋日登钓台次阳明先师韵二首[之二]》)

> 师门两字诀,为我受金针。
> ……
> 静虚亦非禅,盎然出天禀。
> 虚实动静间,万化以为准。

(同上《南谯书院与诸生论学感怀次巾石韵》)

> 四十年前参学时,分明举似众中知;

深山落木虚堂夜,衣钵于今付阿谁?

衣钵于今付阿谁,良知知处本无知;
会须荐取言前句,才落丝毫即强为。

(同上《辛亥秋予偕周顺之、江叔源访月泉天池山中,出阳明先师手书良知二偈卷,抚今怀昔,相对黯然,叠韵四绝聊识感遇之意云》[上其一、二])

本来无息若为钦,对治终为未了心;
万象扫空归一窍,诸门洞启见孤岑。
圣非剩有愚非欠,日自东升月自沉;
北海玄珠忘处得,百年忧乐古犹今。

(同上《再至水西用陆象山鹅湖韵》)

已分虚空属我身,一丝不挂岂论绅,
更须打破虚空相,信手拈来法法真。

(同上《复渐庵纪梦韵》)

"无念"(即"两字诀")只是"不作意即是无念"(《神会语录》第一残卷《与拓跋开府书》),"故知无念为最上乘"(《传灯录》卷二十八《荷泽神会语录》)的重复。至于"参学""衣钵","更须打破虚空相,信手拈来法法真"等等,亦只是袭用禅语。袭用禅语、重复禅理原也无可厚非,因为这只是一种借用手段而已。但是,王畿认为,"三教"之说由来已久,老氏曰虚,圣学亦曰虚;佛氏曰寂,圣学亦曰寂,怎样来辨正孰是孰非呢?

佛氏始入中国,主持世教,思易五浊而还之淳,圆修三德六度,万行摄归一念,空性常显,一切圣凡差别,特其权乘耳。洎其末也,尽欲弃去礼法,荡然沦于虚无寂灭,谓之沉空,乃不善学者之过,非其始教使然也。人受天地之中以生,均有恒性,初未尝以某为儒、某为老、某为佛而分授之也。

> 良知者,性之灵,以天地万物为一体,范围三教之枢。不徇典要、不涉思为,虚实相生,而非无也;寂感相乘,而非灭也,与百姓同其好恶,不离伦物感应而圣功征焉。
>
> 学者苟能以复性为宗,不沦于幻妄,是即道、释之儒也。(同上卷十七《三教堂记》)

结论是:"三教"无是无非,提倡学者做糅合道、释之儒。语意之中,对佛氏是曲为回护的。张元忭(阳和)《祭王龙溪先生文》忆道:"余生也晚,不及抠侍于文成,而犹幸窃其绪余于先生之旁;或联舟于镜水,或信宿于禅房;每获闻所未闻,以自破其迷荒。"[①]后四句即是一首偈颂。至此,我们要说,王畿在禅的问题上是比王守仁走得远了。

下面,叙述王畿禅理的几个范畴:

(一)良知。"良知本虚本寂、不学不虑,天植灵根、天濬灵源,万事万化,皆从此出,无待于外也。致知之功,存乎一念之微,虚以适变,不为典要;寂以通感,不涉思为"(同上《渐庵说》)。"良知是先天,致良知是后天奉天时之指诀"(同上卷十六《赵望云别言》)。"良知之主宰即所谓神,良知之流行即所谓气。尽此谓之尽性,立此谓之立命。良知先天而不违,天即良知也;良知后天而奉时,良知即天也。故曰:知之一字,众妙之门。伏羲之画,像此者也;文王之辞,象此者也;周公之爻,效此者也;孔子之易,赞此者也。魏子(伯阳)谓之丹,邵子(雍)谓之丸,致良知所谓还丹弄丸。知此谓之知道,见此谓之见易,乃四圣之密藏、二子之神符也"(同上卷十五《易测授张叔学》)。

同上《自讼问答》说"良知"无善无恶,叫作"至善";良知知善知恶,叫作"真知"。无善恶则无祸福,知善恶则知祸福。无祸福就是与天为徒,能通"神明之德";知祸福就会与人为徒,能懂"万物之情","天人之际,其机甚微,了此便是彻上彻下之道"。《答季彭山龙镜书》又说,"(良知即乾

[①] 可参看《龙溪先生全集》卷十五《苇航卷题辞》《法华(天台宗)大意题辞》卷十六《报恩卧佛寺德性住持序》。

知)即此知是良知,即此知是致知,即此知是工夫。纯此之谓乾,顺此之谓坤;定此谓之素定,觉此谓之先觉;主此谓之主静,尽此谓之尽性,至此谓之致命,非有二也"(同上卷九)。不二,即是一,一(念)即无(念)。说来说去,良知即是无知。

> 良知本无知。凡可以知知、可以识识,是知识之知,而非良知也;良知本无不知,凡待闻而择之从之,待见而识之,是闻见之知,而非良知也。是皆不能自信其良知,疑其不足以尽天下之变,而有所待于外也。(同上卷十三《欧阳南野文选序》)
>
> 良知即是独知,独知即是天理。独知之体,本是无声无臭,本是无所知识,本是无所粘带拣择,本是彻上彻下。独知便是本体,慎独便是工夫。此是千圣斩关立脚真话头,便是吾人生身立命真灵窍,亦是入圣入神真血脉路。(同上)

这样,王守仁的良知学说便被他以"本体即工夫"的禅理发挥得淋漓尽致了。

王畿还以"空空"为"道之体",认为鄙夫之空空与圣人之空空无异,"心唯空,故能辨是非"(同上卷六语录《致知议略》)。"空""无""寂"自是同义语,他这样诠释:

> 空空即是虚寂,此学脉也。(同上《致知议辨》)
>
> 寂之一字,千古圣学之宗。(同上)
>
> 诚精而明寂,而疑于无也,而万象森然已具,无而未尝无也;神应而妙感,而疑于有也,而本体寂然不动,有而未尝有也。即是为有无之间,亦何不可。老子曰:无无。既无,湛然常寂,常寂常应,真常得性,常应常定,常清净矣。则是以无为有之几,寂为感之几,非以寂感有无隐度其文……(同上)

先说"几"：王守仁把"感应之几"作"良知"，其先原得之于道、佛。老子知几，庄子亦有弃世、无累、正平、更生则几之说，周子（惇颐）说过"诚、神、几"（《易通·圣》）；慧能说过"如人饮水，冷暖自知"（《坛经》），智闲禅师通过击竹也悟出了"更不假修持"的上上之"机"（《五灯会元》卷九）。这种境界即儒、道之"几"（良知、契）。再说"感应"：寂然不动，渊默而感应万端，从安世高的禅观系统乃至僧肇、道生的般若学、涅槃学，从来便是一个主要的本体论论题；而自从宗杲以改头换面手法援儒入释以来，《易·系辞上》所谓"易无思也，无为也；寂然不动，感而遂通天下之故。非天下之至神，其孰能与于此。夫易，圣人之所以极深而研几也。唯深也，故能成天下之志；唯几也，故能成天下之务；唯神也，故不疾而速、不行而至"，遂变作"寂然不动，感而遂通"。朱熹对此甚不以为然，然周惇颐、邵雍、二程、陆王诸理学家，都津津乐道。王畿"以无为有之几，寂为感之几"；以"归寂"为"天根"，以"感应"为"月窟"（《龙溪先生全集》卷八《天根月窟说》），则又在旧基础上将道德真君、南华真君的学问糅入于儒，将邵雍的"丸"附会于"良知"，必然招致他的反对派以洪水猛兽视之。王畿强调："学术既明，一切事功特其余事；而即事功为学术，何啻千里"（同上卷九《答邹东廓》）。话是对的，只是未免自负些，谈何容易！

王守仁的"致良知"，王畿企图把它改造成"良知致"，借以自立体系。"良知致"后来被王艮（心斋）以"淮南格物"发挥成"百姓日用之学"，而王畿仅以禅理证之。

（二）悟。

> 君子之学，贵于得悟；悟门不开，无以征学。入悟有三：有从言而入者，有从静坐而入者，有从人情事变练习而入者。得于言者谓之解悟……得于静坐者谓之证悟……得于练习者谓之彻悟。……根有大小，故蔽有浅深，而学有难易，及其成功一也。
>
> 夫悟与迷对，不迷所以为悟也。百姓日用而不知，迷也；贤人日用而知，悟也；圣人亦日用而不知，忘也。学致于忘，悟其几

矣乎。(同上卷十七《悟说》)

吾人本心,自证自悟,自有天则。握其机,观其窍,不出一念之微。率出谓之尽性,立此谓之至命。譬之明镜照物,鉴而不纳,妍媸在彼,而镜体未尝有所动也。敛而不滞,纵而不溢,此千古经验无倚之实学,了此便是达天德,意识之乎哉。(同上卷十六《赵麟阳赠言》)

知非知识之谓,见性以入悟,真知也。(同上卷八《大学首章解义》)

致良知工夫,原为未悟者设,为有欲者设。(同上卷二《滁阳会语》)

说来说去,所谓悟者,就是学者在由浅入深、由易至难的过程中,由跬步以至千里的一种境界。这时候,学者破除了迷惑,对某种学问、某个原来想不通的问题,都有了自己的见地,所以能"敛而不滞,纵而不溢"。

刘宗周谓王畿"直把良知作佛性看,悬空期个悟,终成玩弄光景,虽谓之操戈入室可也"(《明儒学案·师说》),这话是凿凿有据的。慧能讲过,"自性本无一法可得",应该"百物不思、念尽除却",只有"迷人"才于"境上有念",境上有念,"便起邪见"(《坛经·决疑品第三》)云云。这些禅语,对照王畿说的"悟",确是若合符契。

王畿认本体为无,为虚寂,是明显的禅学观点。本体既是无,既是虚寂,自然无所用其功夫。因而撤去一切规矩藩篱,放手流去。这种本体即是工夫的学说,比王守仁的致良知还要走得远,王畿认为,"良知原是无中生有。即是未发之中,此知之前,更无未发。即是中节之和,此知之后,更无已发。自能收敛,不须更主于收敛。自能发散,不须更期于发散。当下现成,不假工夫修证而后得。致良知原为未悟者设。信得良知过时,独往独来,如珠之走盘,不待拘管,而自不过其则也。以笃信谨守,一切矜名饰行之事,皆是犯手做作"(《明儒学案》卷十二《浙中王门学案·王畿传》)。王畿实际不满于"致良知"的"致",讲"致"就是犯手做作,就是功夫修证,就不是自然之则。他说:"良知是天然之灵机。时时从天机运转,变化云为自见天则。不须防检,不须穷索"(同上《语录·丰城答问》)。泰州学派就顺着这一路发展出去,认为饥来吃饭困来眠,世间都是圣人,更无须修为研讨,于是不免被斥为"无忌惮的小人"。"狂禅"之"狂",就"狂"在这里。

第三十八章　江右王学正传邹守益的理学思想（附：欧阳德）

江右王门是指明代江西地区的王学传人。他们在传播王学中的地位、作用和影响，均超过其余王门学派。黄宗羲谓"姚江之学惟江右为得其传"（《明儒学案》卷十六《江右王门学案·序》），并非溢美之言。然而，他们传播师说各有所侧重，学术风格也不尽相同。其中或偏于守成，因而被视为王学正传，邹守益是其主要代表人物；或重在标立新意，因而有离异师说之嫌，聂豹、罗洪先是其主要代表人物，聂发其端，罗踵其后。

本章先论述邹守益信守师说的理学思想特色；欧阳德因与邹守益属于同一学术倾向，故附于后。聂豹、罗洪先的理学思想特色将在下一章专论。

第一节　邹守益的生平与学行

邹守益（公元1491—1562年）字谦之，号东廓，学者称东廓先生，江西安福人，明武宗正德六年（公元1511年）进士，授翰林院编修；翌年，引疾归里，开门讲学，从学者众，为王学在江右的主要传人。

守益师事王守仁之前，曾对儒家经典《大学》《中庸》宗旨不一疑惑不解，谓"子思受学曾子者，《大学》先格致，《中庸》首揭慎独，何也"（《耿天台先生文集》卷十四《东廓邹先生传》，以下简称《邹先生传》）？正德十四年（公元1519年），守益赴赣州，问学于守仁，守仁告以《学》《庸》宗旨合一之理，始豁然领悟,释其所疑,遂称弟子。

守益的学识和德行,深为其师所称许。据耿定向《邹先生传》载:守益年三十,"如越谒王公(阳明)",切磋学问;"既别,王公张望不已"。门人问:"夫子何念谦之之深也?"守仁引曾子赞颜渊的话作答:"曾子云:以能问不能,以多问寡,若无若虚,犯而不校。谦之近之矣①。"视守益几同古之贤人。湛若水也十分赞叹其为人。嘉靖三十五年(公元1556年),若水以九十一高龄由湖南衡山访于江西青原。时守益年六十六,仍率子弟及王门"诸同志"亲迎,并一遵古养老之礼,"晨夕躬定省,执酱执酳"。他还告诫王门"同志体古宪'老不乞言'意,毋烦辨论"。临别,守益又冒大水亲自连舟送至赣州。其尊贤敬老的真儒风范,被视为一代学者之楷模。无怪乎湛若水"叹王公之门得人如此"(同上)。

正德十四年(公元1519年),明宗室宁王朱宸濠反,守益曾参与守仁军事,从义起兵。世宗即位,守益入京复职。嘉靖三年(公元1523年),守益因直谏忤旨,下诏狱谪广德州判官,稍迁南京礼部郎中,后官至南京国子监祭酒。嘉靖二十年(公元1541年),"九庙灾,有旨大臣自陈。大臣皆惶恐引罪",惟守益上疏直言"君臣交儆之义"(《明儒学案》卷十六《江右王门学案·邹守益传》),因忤旨落职归里,家居二十余年而后卒,赠南京礼部右侍郎,谥文庄。其著作有《东廓邹先生文集》十二卷。

耿定向对邹守益的言行政事,十分推崇,称其莅政立朝,"抗论正义,纳约矢谟,至忤权贵,触雷霆,屡蒙严谴,迄遭没世而无悔,非以为名也",而是欲以不负"吾君也";落职闲居,仍关心民瘼,"力赞有司方田均赋,恤灾赈饥,与夫缮桥梁、恤义仓、广陂堰,凡创利剔弊,虽冒嫌怨而不避,非以为德也",而是欲以为民兴利除弊(《邹先生传》)。可以说,这种"忠君爱民"的儒家传统思想,几乎贯穿于守益一生的言行政事。

然而,终守益一生,其历官时短,为学日长;即使历官期间,也以讲学

---

① 语出《论语·泰伯》:"曾子曰:以能问于不能,以多问于寡;有若无,实若虚,犯而不校——昔者吾友尝从事于斯矣。"按"昔者吾友",历来学者认为系指颜渊。

兴礼为要务。例如，于广德州判官任上，《明史》本传谓其"撤淫祠，建复初书院，与学者讲授其间"(卷二八三)；《邹先生传》谓其"延同门王艮暨诸贤讲学兴礼，风动邻郡"。又如，在南京居官期间，《邹先生传》谓其时与湛若水、吕柟"聚讲"，与同门王艮、薛侃、钱德洪、王畿"商究"；落职闲居，其"聚讲"更勤，"大会凡十"，"常会七十"，"会聚以百计"，范围更广，"若越之天真、闽之武夷、徽之齐云、宁之水西，咸一至焉"，足迹几乎遍及江南各省，而江西境内之青原、白鹭、石屋、武功、连山、香积，则"每岁再三至"。至于"聚讲"规模之大、听者之众，也均远在江右王门诸子之上，有时"以千计"。如嘉靖三十六年(公元1557年)，会白鹭，"生儒以千计听讲"，就是例证。《邹先生传》曾用"负墙侧聆者肩摩，环桥跂睹者林立"来形容守益讲学时之盛况，其听者人数之众，由此可以想见。

综观守益一生讲学，有两个显著特点：

一是讲学内容以申论师说为旨归。据《邹先生传》载：嘉靖二十四年(公元1545年)，会富池，守益申师训：学无分"动静""有无"，若"分动静、分有无，不是圣门正脉"；嘉靖三十年(公元1551年)，避暑武功，其时守益"教语多主默识"，谓"戒惧不闻不睹，正是默识工夫"；翌年，会复古书院，守益又重申"戒惧"之旨；越五年，会白鹭，守益"倡《大学》《中庸》合一之旨"等等。守益的这些讲论，均秉承师训。《传习录》中多次提到王守仁论学主"动静合一"之旨，《明儒学案》则认为南中之时，王守仁"以默坐澄心为学的"(卷十一《浙中王门学案·徐爱传》)。至于以"戒惧"即是"慎其独"，"慎独"即是"致良知"，并以此论证《学》《庸》宗旨合一，则是王守仁于江右以后所一再倡导的思想学说。可见，守益讲学，一本师说，故谓其得王学之正传，是符合实际的。

二是讲授方法注意有的放矢，"因人造就"。这大体可分三种情况：对于主"纵任为性体自然"的人，守益恐其"流于荡而约之于独知"，故特申"戒谨恐惧"之旨，明"自强不息为真性"之理(《邹先生传》)；对于主"寂静"方为"良知本体"的人，守益恐其"倚于内而一之于独知"，故特明"寂感、动静无二界"之理(同上)；对于"学从无极悟入"的人，守益恐其"流于邪"

而教以"物格知致"之旨,明"下学上达无二途辙"之理(同上)。守益这种有的放矢、"因人造就"的讲授方法,远继之于孔门"因材施教"的传统,近本之于"王门四句教法。""王门四句教法"所以有"四无""四有"之别,正是王守仁根据不同的传授对象而采用的不同教法:资质聪颖的"上根人",王守仁教以"四无"之说;资质次之的"中根以下人",王守仁教以"四有"之说。可见,守益这种有的放矢的讲授方法也是得自师传的。

总之,邹守益的一生,无论是历官或落职闲居,从未间断讲学,而其讲学又以弘扬师说、传播王学为旨归。耿定向在评述其生平、学行时指出:"凡以弘师旨之传,广与人为善之量,心独苦矣"(《邹先生传》)。说明守益确实忠于师说,并为使其得以广泛传播而竭尽了心力。

在江右王门诸子中,与邹守益同时、同为王守仁之及门且又同属一学术倾向的知名学者是欧阳德,他在"弘师旨之传"方面,同样有卓著的贡献。

欧阳德(公元1496—1554年)字崇一,号南野,江西泰和人,嘉靖二年(公元1523年)进士,授六安知州,以学行改翰林院编修,官至礼部尚书兼翰林院学士。王守仁倡道于赣州,首揭"致良知"说,"以为人心虚灵,万理毕具,惟不蔽于欲,使常廓然以公,湛然以寂,则顺应感通之妙,自出乎其中",而世儒"溺于旧闻,哗以为禅"。时欧阳德领乡荐,"独曰:此正学也,遂受业于王守仁"(徐阶《经世堂集》卷十九《欧阳公神道碑》)。其学"精思力践",凡有所得,必见诸于言行政事,如知六安州,为民兴利除弊,汰冗役、罢苛法、省讼狱、兴水利、定经费、建龙津书院,奖掖后进;居家则以讲学为事,日与邹守益、聂豹、罗洪先等讲论,学者自远而至,"而称南野门人者半天下"(同上),可见从其学者之众。欧阳德善于论说,"诚意恳笃,气象平易,士以是日亲"(同上)。尝与聂豹、徐阶、程文德等集四方名士于灵济宫,讲论"致良知"说,赴者五千人,而欧阳德以"宿学"居显位。其为人处事,颇有邹守益之风,敢于"谠言正论",不避权贵,临危不惧,"如无事时"。何以能如此?他说:"吾惟求诸心,心知其为是,即毅然行之,虽害有不顾;知其非,虽利不敢为。此吾所受于吾师而自致其良知者也"(同上)。年五十九卒,赠太子少保,谥文庄。其著作有《欧阳南野先生文集》三十卷。

第二节　信守师说的理学特色

邹守益和欧阳德在江右王门中以信守师说而见称。罗洪先谓邹守益"能守其师传而不疑,能述其师说而不杂"。徐阶称此论为"天下之公言"（同上《邹公神道碑铭》）,王畿论欧阳德,称其书中无非"先师尝谓独知无有不良"之义（《龙溪王先生全集》卷十三《欧阳南野文选序》）；黄宗羲则谓"先生之格物,不堕支离,发明阳明宗旨"（《明儒学案》卷十七《江右王门学案·欧阳德传》）,说明欧阳德的理学观点也是信守师说的。他们深信,王学承接孔子以来的学脉,其道"愈简愈易愈广大,愈切实愈高明"（《东廓邹先生文集》卷一《阳明先生文序录》）。因此,当世儒"溺于旧闻",视王守仁"致良知"说为禅时,他们奋起护卫,宣称"致良知"说为"正学",并亲受业于王守仁,从而表明他们对师说的信守和执着追求。

邹守益信守师说的理学特色有如下要点：

一、提倡"戒慎恐惧所以致良知"的"戒惧"说

"戒慎恐惧所以致良知",是邹守益理学思想的基本观点,旨在阐明其师王守仁的"致良知"说。他在与友人讨论"致良知"说时指出：

> 不睹不闻是指良知本体,戒慎恐惧所以致良知也。（同上卷五《答曾弘之》）

湛若水的弟子吕怀在《东廓邹先生文集序》中也引了守益本人与上述相类似的话：

> 学者只常常戒慎不离,无分寂感,一以贯之,此其为致良知而已矣。

按"戒慎恐惧"语出《礼记·中庸》:"戒慎乎其所不睹,恐惧乎其所不闻。"据郑玄注:"小人闲居为不善,无所不至也。君子则不然,虽视之无人、听之无声,犹戒慎恐惧自修正,是其不须臾离道。"认为"君子""小人"之辨,在于"小人闲居为不善",为所欲为;"君子"虽于闲居独处、无人察觉之时,犹能"戒慎恐惧",谨慎从事,故一刻也不离"道"。这里所说的"道",是指循"天命之性"行事的行为规范,它是儒家为人处世的最高的行为准则。可见,《中庸》的"戒慎恐惧"是作为明辨"君子"与"小人"的标准提出来的。而邹守益的上述言论,则是把"戒慎恐惧"与"致良知"说直接联系起来,认为"戒慎恐惧"即是"致良知",或者说,是"所以致良知"。显然,这是用王学观点对《中庸》所做的新解。

必须指出,守益对"戒慎恐惧"所做的新解并非其独创,而是本自师说。早在正德年间,守益就《学》《庸》之旨问学于王守仁时,即得到王守仁关于"戒慎恐惧所以致良知"的启示。王守仁说:

> 致知者,致吾心之良知于事事物物也。致吾心之良知于事事物物,则事事物物皆得其理矣。独即所谓良知也,慎独者所以致其良知也,戒谨(慎)恐惧所以慎其独也。《大学》《中庸》之旨一也。(《邹先生传》)

按王守仁的这段话,是旨在论证《学》《庸》宗旨合一。而在论证过程中,他透露了"戒慎恐惧所以致良知"的观点。虽然他没有直接提出"戒慎恐惧所以致良知"的命题,但是只要通观这段话的上下文,它仍然包含着上述命题的思想观点。问题不难理解:既然"慎独"即"所以致良知",而"戒慎恐惧"即"所以慎其独";那么,这无疑是说,"戒慎恐惧"也即"所以致良知"。只不过王守仁是通过"慎独"这一环节来表达上述观点罢了。正因为如此,我们说,邹守益的"戒慎恐惧"说得自王守仁的启示,本自师说。

然而,邹守益对于上述师说,虽信守但不株守,而是有所发明,因而使其理学思想更具有特色。吕怀在论及邹守益时指出:"东廓邹先生,阳明先生嫡派也。……每闻先生开示学者,必以肫肫恳恳,戒慎不离为教。此其所以发明师说者至矣"(《东廓邹先生文集·序》)!认为守益以"戒慎"为教,"开示学者",是将"发明师说"推向了极至。应该说,吕怀此论颇得邹守益理学思想的要领。因为在江右王门中,唯有他提出"戒惧"说,并以之立教,"发明师说"。

邹守益"戒惧"说的思想特点是:

(一)赋予"戒慎恐惧"以"自强不息"之新义。

考《中庸》"戒慎恐惧"一语,历来学者多从消极防范的意义上加以疏解,王守仁也不例外。他在《答陆原静》中说:"防于未萌之先而克于方萌之际,此正《中庸》戒慎恐惧、《大学》致知格物之功"(《王文成公全书》卷二《传习录》中)。邹守益对于"戒慎恐惧"的解释有继承师说一面,认为"戒慎恐惧之功,如临深渊,如履薄冰,所以保其精明之不使纤尘或縈之也"(《东廓邹先生文集》卷四《九华山阳明书院记》)。这说明他尚未完全摆脱儒家的传统观点,仍以谨其言、慎其行、战战兢兢之意解释"戒慎恐惧"。然而,他对"戒慎恐惧"的解释还有发明师说的一面,这就是:赋予它以"自强不息"的新义。耿定向在论及守益教授学者之方时指出:"有以纵任为性体自然者,先生肫肫焉申戒谨(慎)恐惧旨,明自强不息为真性"(《邹先生传》)。王时槐在《东廓邹先生守益传》中也指出,守益"以戒慎恐惧、健行不息为真功"(《国朝献征录》卷七十四)。耿、王的论断符合守益本人的观点。他说:

> 自强不息,学者之所以希圣也。……息则与天不相似矣。故曰:君子不动而敬,不言而信,戒慎乎其所不睹,恐惧乎其所不闻,则无须臾之息而天德纯矣,天德纯而王道出矣。此千圣相传之心法也。(《东廓邹先生文集》卷一《康斋日记序》)

按"自强不息"语出《周易·乾卦·象辞》:"天行健,君子以自强不息。"意即有德之人用"天行健"这一卦象来策励自己而没有止息。这里包含有

"以人事法天象"的思想。根据这一思想,既然"天象"运行不息,那么"人事"也应"自强不息";否则,就"与天不相似"。守益正是根据《周易》"自强不息"的观点来解释《中庸》"戒慎恐惧"这一概念的,故说"戒慎恐惧""则无须臾之息",其"自强不息"之意甚明。这样,原来只具有消极防范之义的"戒慎恐惧",因而具有积极进取的新意。这说明邹守益的"戒慎恐惧"说不但有继承师说的一面,而且更有发明师说的一面。

(二)强调"戒慎恐惧"在"为学"中的地位和作用。

王守仁论学,以"默坐澄心"为"学的"。虽有时也言及"戒慎恐惧",但主要用以说明心性修养,而不以之论学;守益则以之论学,强调它在"为学"中的地位和作用,认为这是"为学"之"大要"。他说:

> 为学大要在戒慎恐惧,常精常明,不使自私用智得以障吾本体。(同上卷八《寄龙光书院诸友》)
>
> 学之病莫大乎息。息则物欲行而天理泯矣。天理与物欲互为消长者也,无两立之势。故君子戒慎恐惧之志,由闻以至于不闻,由见以至于不见,由言以至于不言,由动以至于不动,一也,无须臾之离也。道不离人,人不离道,人与道凝,然后可以践形而无忝。夫是之谓善学。(同上卷三《说类·学说》)

所谓"为学大要在戒慎恐惧",就是认为"戒慎恐惧"是"为学"的大纲要领;只要把握住这大纲要领,就能"人与道凝",融为一体,"无须臾之离";而只要能做到这一点,就称之为"善学"。可见,在守益看来,"戒慎恐惧"是实现人、道合一的关键,也是"善学"的标志,故说"为学大要在戒慎恐惧"。

邹守益所以如此强调"戒慎恐惧"在"为学"中的地位和作用,一方面是因为"戒慎恐惧"的"自强不息"之义可以克服"学之病莫大乎息";另一方面则是因为其"为学"宗旨在于"存天理去人欲"。他说:"学也者,将以何为也?学以存此心之天理而无人欲也"(同上卷八《留别南都诸生》)。又说:

"学以去其欲而全其本体而已矣"(同上卷三《录青原再会语》)。而这正与"戒慎恐惧"所以"不使自私用智得以障吾本体"的宗旨相一致。因为根据守益的观点,"自私用智"即"欲之别名",而"吾本体"即指"良知本体"亦即"天理"(同上),故"戒慎恐惧"就是旨在不使人欲得以障蔽人之"天理良知",其"存天理去人欲"之意同样十分清楚。

(三)以"戒慎恐惧"为"致良知"功夫。

以"戒慎恐惧"为"致良知"功夫,是王守仁"致良知"说的重要观点。他说:"戒慎恐惧,是致良知的工夫"(《王文成公全书》卷三《传习录》下)。又说:"君子之戒慎恐惧,惟恐其昭明灵觉者或有所昏昧放逸,流于非僻邪妄而失其本体之正耳。戒慎恐惧之功无时或间,则天理常存而其昭明灵觉之本体无所亏蔽……"(同上卷五《答舒国用》)。守益继承其师的上述观点,指出:

> 良知之本体,本自廓然大公,本自物来顺应,本自无我,本自无欲,本自无拣择,本自无昏昧放逸。若戒慎恐惧不懈其功,则常精常明,无许多病痛。(《东廓邹先生文集》卷五《复石廉伯郡守》)

他认为,"良知本体"是"廓然大公"、无私无欲、"无昏昧放逸"的,只要"戒慎恐惧",坚持不懈,就能保持这"良知本体"之"常精常明",而不受私欲之昏蔽。这与王守仁所说的"戒慎恐惧之功"的观点是一致的,即认为"戒慎恐惧"是廓清私欲之昏蔽以恢复"良知本体"之"常精常明"的功夫。

然而,使邹守益的理学思想更具特色的,还在于他把"戒慎恐惧"这一"致良知"功夫直接等同于"修己以敬"的涵养功夫:"修己以敬则安人安百姓,戒慎恐惧则位天地,育万物,无二致也"(同上卷七《论克己复礼章》);"戒慎以致中和,裁成辅相,皆修己以敬作用,非由外铄也"(同上卷六《简徐郢南大尹》),认为"戒慎恐惧"与"修己以敬"均同属于"内心省察"的修养方法,具有相同的性质特点,既"修己治人",又"开务成物"。他进而指出:"克己复礼即是修己以敬工夫。敬也者,此心之纯乎天理而不杂以人欲。杂之以欲便为非礼。非礼勿视听言动,便是修己以敬之目"(同上卷五《简复马问庵督学》)。从守益对"修己以敬工夫"所做的论述来看,其思想内容与程朱派所倡导的"主敬""持敬""居敬"的涵养功夫本质是一致的,都是旨在"存天理、去人欲"。

众所周知,程颐最早提出"涵养须用敬"的"主敬"说,指出"主一之谓敬","无适之谓一","但存此涵养,久之自然天理明"(《河南程氏遗书》卷第十五)。朱熹发挥程颐的"主敬"说,提出"持敬"说,认为"敬字工夫"是"圣门之纲领,存养之要法"(《朱子语类》卷十二);所谓"持敬",就是要把"主一""直内"的"敬"字之义,贯彻于"动静语默之间",做到"内外兼顾""表里如一",而"无一息之间断"(同上)。张栻更提出"居敬"说,谓"居敬则专而不杂,序而不乱,常而不迫"(《论语解》卷三),而"害敬者莫甚于人欲"(《南轩全集》卷十二《敬简堂记》),认为"居敬"其要在"去人欲","人欲"既去,"天理"自明。

由此可见,当邹守益援"修己以敬"解"戒慎恐惧"这一"致良知"功夫时,其观点确有与程朱理学的"涵养"说相通的一面。这与其师王守仁论涵养不以"敬"言说显然有别。但是,这并不意味着他对程朱理学的认同而对师说的背离。因为他所说的"修己以敬工夫",是旨在保持"良知本体"之"精明"而不受"私欲"昏蔽:"敬也者,良知之精明而不杂以私欲也"(《东廓邹先生文集》卷五《简吕泾野宗伯》)。其实质在于援引王守仁的"致良知"说来重新解释程朱理学的"涵养"说。显然,这既不是对程朱理学的认同,也不是对师说的背离,而是进一步申论师说、发明师旨。

二、主张"寂感无时,体用无界"的"寂感体用"合一说

"寂感无时,体用无界"是邹守益与聂豹讨论"涵养"功夫时提出的理学命题,意在申明"戒慎恐惧"说。其时,江右王门中有学者以"收视敛听"为"涵养"功夫,以为这即是"未发之时"。守益反对这种观点,问道:

> 收视是谁收? 敛听是谁敛? 即是戒惧工课,天德王道,只是此一脉。所谓"去耳目支离之用,全圆融不测之神",神果何在?

不睹不闻,无形与声,而昭昭灵灵,体物不遗。寂感无时,体用无界,第从四时常行,百物常生……(同上卷六《再简双江》)

从这段讨论"涵养"功夫的文字来看,守益提出"寂感无时,体用无界"的命题,是针对江右王门中以聂豹为代表的"归寂"派而发的。"归寂"派以"心"之未发为"寂"、为"静"、为"体","心"之已发为"感"、为"动"、为"用";"涵养"功夫就是旨在离"感"求"寂",离"动"求"静",离"用"求"体",故认为"动静(寂感)有二时,体用有二界。"守益指出这"分明是破裂心体"(同上卷七《冲玄录》)。他所以提出"寂感无时,体用无界"的命题,就是为了挽救"归寂"派"破裂心体"的弊病。

所谓"寂感无时",是说"寂感(动静)"在时间上不可分,它们是"常寂常感",无时不在,这是"天然自有之规矩"(同上卷一《诸儒理学语要序》)。所谓"体用无界",是说"体用"在空间上"非二物"(同上卷五《复黄致斋使君》),它们是互相包涵,犹如名之与字,"称名则字在其中,称字则名在其中"(同上卷六《再答双江》)。如果说,"归寂"派的上述观点称为"寂感体用"分离说;那么,邹守益的上述观点可以称为"寂感体用"合一说。故王时槐称守益之学"以寂感体用,通一无二为正学"(《国朝献征录》卷七十四《东廓邹先生守益传》),是不无道理的。

根据"寂感体用"合一说,守益进而指出"本体工夫"也是合一的:

本体工夫,原非二事。《大学》之教,在明明德。下明字是本体,上明字是工夫,非有所添也。做不得工夫,不合本体;合不得本体,不是工夫。(同上卷六《复高仰之诸友》)

换言之,就是认为"做得工夫"即是"本体","合得本体"即是"工夫",二者是一致的,故说"本体工夫,原非二事"。而在他看来,"慎独""戒惧"就是兼有"本体工夫"这一双重的品格。他说:"从心从真便是慎矣。即此是本体,即此是工夫。故除却自欺更无病,除却慎独更无学"(同上《答夏卿高泉名东山》)。又说:"戒慎恐惧便是慎,不睹不闻便是独"(同上卷七《冲玄录》),则"戒慎"即是"慎独",它本身既是"本体",又是"工夫"。应该说,这是邹守益"戒慎恐惧"说的一个重要的思想特点。由此可见其"寂感体用"和"本体工夫"合一说与其"戒惧"说之间的思想联系。正因为如此,我们说,守益的"寂感体用"合一说意在申明其"戒惧"说。

值得指出的是,邹守益的上述思想观点,是对师说的继承和发扬。大家知道,王守仁是主张"体用合一","动静无间"的,认为体用原于一"心","静其体也","动其用也"(《王文成公全书》卷五《答伦彦式》),而"动静只是一个,分别不得"(同上卷三《传习录》下)。《明儒学案·师说》曾将王守仁的上述思想观点概括为:"即知即行,即心即物,即动即静,即体即用,即工夫即本体,即下即上,无之不一",认为这是王学不同于朱学的主要特点,旨在"救学者支离眩鹜、务华而绝根之病"。可见,守益关于"寂感体用"合一说,实本于王守仁的"即动即静,即体即用,即工夫即本体"的"体用合一""动静无间"的观点;而他关于"戒惧""慎独"既是"本体"又是"工夫"的观点,正是对上述师说的进一步贯彻和发挥。这也是他的"戒惧"说"所以发明师说者至矣"的具体体现。

三、申论《学》《庸》合一宗旨

《大学》《中庸》宗旨合一,是王守仁论证其"致良知"说的重要观点。邹守益在讲学时,又重申这一观点。据《邹先生传》载:

> 丁巳(嘉靖三十六年,公元1557年)会白鹭。学使王敬所(宗沐)率生儒以千计听讲。先生发明《学》《庸》合一之旨:
> 《大学》以家国天下纳诸明明德,《中庸》以天地万物纳诸致中和。天地万物,家国天下之总名也。中和者,明德之异名也。明德、新民而止至善,安焉曰率性,复焉曰修道,而本本源源不越慎独一脉。慎独则意诚,诚则忿懥好乐无所滞而心得其正,命之曰中,亲爱贱恶无所辟而身得其修,命之曰和;立中达和,溥博而

时出之,以言乎家庭曰齐,以言乎间里曰治,以言乎四海九州曰天下平。人人有家国天下,人人有天地万物。自天子至于庶人无二学,自唐虞至于洙泗无二功。世欲位育而不致中和,欲致中和而不戒惧,闻见日博,测度日巧,摹拟日精,而至善日远矣。

如果我们将守益的上述观点与王守仁的观点做一比较,就可以发现二者的异同点:

首先,他们都采用比附的方法来论证自己的观点。如:王守仁以《中庸》的"慎独"比附《大学》的"致知",谓"慎"即"致","独"即"良知","慎独"即"所以致其良知";守益则以《中庸》的"致中和"比附《大学》的"明明德",谓"中和"即"明德之异名也",又以"心正"为"中","身修"为"和","立中达和"则"家齐""国治""天下平"。这种比附方法的共同特点,是以《中庸》之义解《大学》之旨。

其次,他们都认为,要达到《大学》所提出的"止于至善"的最高的精神境界,离不开《中庸》所提出的"戒惧""慎独"功夫。王守仁谓"戒惧"即"所以慎其独","慎独"即"所以致其良知"(按:根据阳明以"良知"为"至善"的观点,"致其良知"即"止于至善");守益谓"欲致中和而不戒惧"则"至善日远矣"。足见他们都是把"戒惧""慎独"视为"止于至善"的"不二法门"。

然而,他们在论证《学》《庸》宗旨是怎样合一时,其立论则有差异。王守仁立足于"致良知"说,认为《大学》的"致知"即"致吾心之良知",《中庸》的"慎独"即是"致其良知";守益则立足于"戒惧"说,认为《大学》的"明德""新民""止至善"与《中庸》的"率性""修道",其源盖出于"慎独一脉",指出"此是孔门相传正脉"(同上卷五《再简洪峻之》)。不过,他们这种立论的差异并没有实质性的区别,因为根据守益的观点:"慎独也者,去其夹杂以复其洁净之本体而已矣"(同上)。认为"慎独"是去其物欲的昏蔽而恢复"良知本体"之洁净无瑕。这与王守仁的"慎独"所以"致其良知"的观点是一致的。

必须指出,守益不仅申论《学》《庸》合一之旨,而且还试图以王学沟通濂、洛之学。他说:

> 定性之学,无欲之要,戒慎战兢之功,皆所以全其良知之精明真纯而不使外诱得以病之也。(同上卷一《赠廖日进》)

按"定性之学"是指程颢的《定性书》。他提出"动亦定、静亦定,无将迎,无内外",顺"天地之常"的观点。刘宗周认为这是发明周惇颐"主静立极之说","首言动静合一之理而归之常定"(《宋元学案》卷十三《明道学案上·定性书》案语)。"无欲之要"是周惇颐《易通》提出的观点,谓"圣可学",而以"无欲"为要。"戒慎"之功则见之于《中庸》。守益认为这三者"皆所以全其良知之精明真纯而不使外诱得以病之",就是将"定性""无欲""戒慎"视为"致良知"的功夫。实际上,这是以王守仁"致良知"说的观点沟通思、孟、濂、洛之学,把它们融为一体,在《复黄致斋使君》中,他更明确地说:

> 主静、寡欲皆致良知之别名也。说致良知即不消言主静,言主静即不消说寡欲,说寡欲即不消言戒慎恐惧。盖其名虽异,血脉则同……此先师所谓凡就古人论学处说工夫,更不必掺和、兼搭,自然无不吻合贯通者也。(同上卷五)

认为周惇颐的"主静"、二程的"寡欲"、思孟的"戒惧",名异实同,均为"致良知之别名"。所谓"其名虽异,血脉则同",就是以"致良知"说为孔、孟以来儒学之正传。

总之,邹守益这种试图以王学沟通《学》《庸》,联结濂、洛之学,融汇理学诸说为一体的观点,是其信守师说的理学思想的一大特色,也是他发明师说的又一重要方面。

欧阳德的理学思想与邹守益一样,以信守师说为其特色。其主要表现是:以王守仁的"致良知"说重新解释《大学》"格物致知"的义旨。

他说：

> 格物致知，后世学者以知识为知，以凡有声、色、象、貌于天地间者为物，失却《大学》本旨。先师谓知是独知，致知是不欺其独知。物是身心上意之所用之事，如视听言动、喜怒哀乐之类。……格物是就视听喜怒诸事慎其独知而格之，循其本然之则以自慊其知。(《明儒学案》卷十七《江右王门学案·南野论学书·答冯守》)

这里，他指出对《大学》"格物致知"有两种解释：一是"后世学者""以知识为知"，以"有声、色、象、貌"者为"物"；二是王守仁的观点，即以"独知"为"知"，以"视听言动、喜怒哀乐之类"为"物"。他批评"后世学者"的解释"失却《大学》本旨"，而肯定王守仁的观点："致知是不欺其独知"，"格物是就视听喜怒诸事慎其独知而格之"。

欧阳德根据王守仁的观点进而辨明"良知"与"知识"的关系。他说：

> 良知与知识有辨。知识是良知之用，而不可以知识为良知。犹闻见者聪明之用，而不可以闻见为聪明。此毫厘千里之分。(《广理学备考·欧阳南野先生·答胡仰斋》)

> 夫知识必待学而能，必待虑而知。良知乃本心之真诚恻怛，不学而能，不虑而知者。而人为私意所杂，不能念念皆此良知之真诚恻怛，故须用致知之功。(同上)

在他看来，"良知与知识"之辨有二：一是体用之辨，"良知"是体，"知识"是用，二者不容混同；二是先天与后天之辨，"良知"是先天的，"不学而能，不虑而知"，"知识"是后天的，"必待学而能，必待虑而知"。他指出，由于"后世学者以知识为良知"，致使"知识甚广，而良知之蔽日深"，"格物致知之道不明"(同上《答应徽庵》)。他认为这是汉儒"先讲说以广知识"之弊，而非"圣学之宗""孔孟之教"；"孔孟之教"是"务践履以充良知"

(同上)。所谓"务践履",就是"去恶为善"。他认为这是"格物致知真实功夫",而"其要只在慎独"(同上《答确斋兄轼》),这和王守仁"慎独者,所以致其良知也"的观点是一致的,也与邹守益以"戒惧""慎独"为"致良知"功夫同调。

根据上述观点,欧阳德认为,孔子谓"博学于文",非独指《诗》《书》、六艺";"博学者,博学其礼","其实则所谓非礼勿视听言动者也"。他反对"后儒以己意"加以"附益":"谓通古今、达事变为博文,尊所闻、行所知为约礼;谓格物致知为博文,克己复礼为约礼",认为"孔子无是言也"(同上《答应儆庵》)。

必须指出,欧阳德虽反对"以知识为良知",但并非认为"良知"可以离开"知识"或"知觉"而独存;相反地,它们是互为表里的。他说:

> 良知必发于视听思虑,视听思虑必交于天地人物……离却天地人物亦无所谓良知矣。然先生(指王守仁)之所谓良知,以知是知非之独知为据,其体无时不发,非未发以前别有未发之时。(《明儒学案》卷十七《江右王门学案·欧阳德传》)

同样道理,他不"以知识为良知",也并"非谓知识有二也"。他指出:

> 恻隐、羞恶、恭敬、是非之知,不离乎视听言动,而视听言动未必皆得其恻隐、羞恶之本然者。故就视听言动而言,统谓之知觉;就其恻隐、羞恶而言,乃见其所谓良者。知觉未可谓之性,未可谓之理。知之良者乃所谓天之理也,犹道心、人心非有二心,天命、气质非有二性也。(同上)

这里有两点值得注意:第一,他认为"良知"发自"视听思虑""不离视听言动";后两者统称为"知觉"。由于"知觉"属于"已发",故发自"知觉"的"良知"也自然"无时不发"。第二,他认为"知觉与良知"本于一"知",

犹如"道心、人心"本于一"心","天命、气质"本于一"性"。显然,欧阳德的上述观点,与邹守益一样,是针对江右王门中的"归寂"派以"寂感有二时,体用有二界"这种"破裂心体"的观点而发的,它与王守仁的"体用合一","动静无间"的观点是一致的。这说明欧阳德解释"格物致知"的义旨也是"信守师说而不疑"的。

第三节 王学正传的历史地位

邹守益在王门中的地位,王守仁和后世学者誉之甚高。王艮曾寓书守益,谓"昔文成称先生几颜子,所期者远也"(《邹先生传》)。王守仁将守益比之于孔子的高足颜渊,虽有以孔子自况之嫌,但也足见守益在王门中确居显位,实际上是以其为王学的正宗嫡传。所谓"所期者远也",显然寓有赖守益之力以广师说的深意在。可见王守仁对守益之期望至为殷切。而守益没有辜负其师的厚望。王守仁的再传弟子王时槐在为守益作传时指出:"盖阳明王公之学盛于东南,实赖先生力也"(《国朝献征录》卷七十四《东廓邹先生守益传》)。充分肯定他在传播王学方面的卓著贡献。黄宗羲则以守益为王守仁的嫡传,谓"阳明之没,不失其传者,不得不以先生为宗子也"(《明儒学案》卷十六《江右王门学案·邹守益传》)。认为他是王学正传,其地位远在王门诸子之上。这是不无道理的。

大家知道,王守仁的"致良知"说虽倡于晚年,却是其一生精神之所在,也是其治学为教的宗旨。因此,对王守仁"致良知"说的态度应该成为衡量王门弟子是否为王学正传的主要依据。邹守益所以被奉为王学正传,是因为其一生唯师旨是尊,唯师说是发。正如吕怀所说:"先生生平自精神心术之微以达于人伦事物之著,皆不离良知一脉运用,而其发为辞章,虽因人造就,一言一药,然要其宣和脉理,直是一贯,真应时起死,易简之良方也"(《东廓邹先生文集·序》)。这说明守益一生确以发明王守仁的"致良知"宗旨,卫护师说,挽救时弊为职志。

其时,王守仁的"致良知"说受到来自各方面的责难。如:朱学学者徐问谓王守仁的"致良知"说"遗了格物工夫",故"流于佛、老之空寂"(《明儒学案》卷五十二《诸儒学案·答人书》);心学别派湛甘泉则深以王守仁训"格物"即"正念头"之说为非(同上卷三十七《甘泉学案·答阳明王都宪论格物》)。而在王学内部则出现了以"知识"为"良知",从而混同二者的体用关系的倾向。为了卫护师说、挽救时弊,邹守益把发明师说的重点放在"致良知"功夫方面。他提倡"戒惧"说,就是对"致良知"功夫的具体阐发。如上所述,王守仁虽提出"戒慎恐惧,是致良知的功夫",但只从消极防范的意义上去解释,而且也没有对这一"致良知"的功夫展开具体的分析和论证。只是到了邹守益才对"戒惧"说提出较为系统的观点进行分析和论证。他以"自强不息""修己以敬"解释"戒慎恐惧"的义旨,不但使作为"致良知"功夫的"戒惧"具有积极进取的新意,而且具有以王学和会程、朱、陆、王的学术异同的意义。显然,这是对王守仁的"致良知"说的完善和补充,也是针对朱学学者的责难而发的,其卫护师说之意甚明。

至于他提出"寂感无时,体用无界"的观点,则是针对"归寂"派关于"寂感有二时,体用有二界"的观点而发的,旨在挽救王门中流于"空寂"的时弊,从而卫护了"体用合一""动静无间"的师说。

总之,在王守仁的"致良知"说受到多方的责难和曲解的情况下,邹守益公然奋起卫护,并以发明"致良知"宗旨为职志,正表明其对师说的信守和忠诚。他之被后世学者奉为王学正传,是当之无愧的。

此外,需要提到的一点是:邹守益一生十分注重开门讲学。其对象不限于士人、举子,甚至连"田夫市侩"也"趋而听之,惟恐或后"(《经世堂集》卷十九《邹公神道碑铭》),足见其听讲者范围之广。这对于传播师说,扩大王学的思想影响,无疑是起了积极的作用。当我们评价邹守益在王学中的历史地位时,应该充分考虑到这一点。

最后,还要提一下欧阳德在王学中的地位。与邹守益一样,他在发明师旨、卫护师说、挽救时弊方面,功不可没。特别是,他以王守仁的"独知"说对《大学》"格物致知"的义旨所做的阐发,贡献更为突出。他力辨"良知"与"知识"的关系,具有双重的用意,即:既批评了以"良知为知识"的观点,又批评了以为"良知"可以离开"知识"而独存的观点;前者旨在纠正王门中偏于程朱"道问学"的倾向,后者旨在挽救王门中"归寂"派偏于"空寂"的流弊,其卫护王学的用心,可谓良苦!因此,我们也应该将欧阳德列入王学正传的一派。

第三十九章　江右王门聂豹、罗洪先的理学思想特色

在江右王门中,如果说,邹守益、欧阳德以信守师说而见称;那么,聂豹、罗洪先则因提出"良知本寂"(聂豹)、"良知本静"(罗洪先)的"寂静"说而见异于世,被王门诸子视为偏离了师说。本章将着重探讨这个问题,揭示聂豹、罗洪先的理学思想特色。

第一节　聂豹的生平与学说

一、生　平

聂豹(公元1487—1563年)字文蔚,江西永丰人,后因徙家双溪(今浙江余杭区境内),故自号双江。明武宗正德十二年(公元1517年)进士,知华亭县。嘉靖四年(公元1525年)召入为御史,越二年,巡按福建,出为苏州知府。其时"山西频中寇,民无宁日"(《明史》本传)。朝廷用豹计,修关练卒,先事以待,寇来被却。豹因退寇有功,擢陕西副使,"备兵潼关"(同上)。后因遭权臣恶言,"逮下诏狱,落职归"(同上)。嘉靖二十九年(公元1550年),"都城被寇"。时礼部尚书徐阶"为豹讼冤,言其才可大用",遂立召拜右佥都御史,尚未赴,又擢兵部右侍郎,寻转左,官至兵部尚书。后因反对"开海滨互市禁",忤旨罢归,数年而卒,年七十七,赠太子少保,谥贞襄。其著作有:《双江聂先生文集》(十四卷)和《困辨录》等。

终聂豹一生,历职四十余载,备尝宦海浮沉之甘辛。他曾因谤身陷囹圄而竟能泰然处之。王时槐曾记述聂豹被捕时的情景:"从容出,见使者,易囚服,慷慨就道,室中悲号不胜,先生若不闻。门人父老送之,无不流涕。先生神色不动,第抗手而别。罗文恭公(罗洪先)见之,大敬服"(《国朝献征录》卷三十九《双江聂先生传》)。其一身凛然正气,跃然纸上。

聂豹为官廉正,其立法行政注重为民兴利除弊。如:知华亭县,他"首革积胥宿猾侮法剥民之弊",免去征银,"以补民间积逋";兴修水利、清理余田,"以补民间坍荒",故"在邑三年,积谷至二十万石,复业至三千余户"(同上),使民得以安居乐业。

聂豹不仅有从政的经验,更有治国安邦的构想。他认为,"治天下以正风俗得贤才为本",其要务在"四事":"敦本实以兴正学","清寺田以备赈恤","核官籍以均徭役","考宦余以励风节"。"而四者之中,又以学校为本"(《聂贞襄集·应诏陈言以弭灾异疏》)。这是因为"至今人才未振,风俗未醇,民力未裕,国用未舒","皆责在士夫";而"外士夫"无以"得贤才","外贤才"无以"正风俗","故欲善今日之风俗,当自今日之士夫始,欲善今日之士夫,当自今日之学校始。学校者,又士夫之所关也"(同上)。

据上所述,聂豹关于治国安邦的构想可以归结到一点,这就是:"兴学育材"。因此,历职期间,他十分注重兴学,如巡按福建时,建养正书院,"群诸生教之";又刻《大学古本》《传习录》"以明正学"(王时槐《双江聂先生传》)。

必须指出,聂豹的"兴学育材"有三个显著特点:一是效法"三代之学皆所以明人伦"之意,提出"必须仿《周礼·大司徒》"以"六德"(智、仁、圣、义、中、和)、"六行"(孝、友、睦、姻、任、恤)、"六艺"(礼、乐、射、御、书、数)为"教万民之法"(《聂贞襄集·应诏陈言以弭灾异疏》);二是强调育材应以"德行"为主,"经义"为辅,指出"苟德行道义无一足观,虽有经义,亦不之考",二者的主次关系不容颠倒(同上);三是认为"德行""经义"之教应"一主于格物、致知、诚意、正心,以至于平天下"(同上)。就是说,兴学施教应一本之《大学》宗旨,而以造就"治国平天下"的人才为目的。

总之,聂豹关于"兴学育材"的治国安邦的构想,是以明人伦、重德行、通经义、应世事为其思想特色的。应该说,不少理学家也有与此相类似的思想观点,但却不及聂豹如此之鲜明突出。

二、学　说

聂豹之学,"初好王守仁良知之说,与辩难,心益服"(《明史》本传),认为"良知之学""是王门相传指诀"(《明儒学案》卷十八《江右王门学案·困辨录》);后巡按应天,继续与王守仁讲论良知之学,"锐然以圣人为必可至者"(《华阳馆文集》卷十一),并重刻《传习录》《大学古本》等王守仁著作,教授诸生,其服膺王守仁"致良知"说之志益坚;乃至王守仁殁,又"以弟子自处"(《明史》本传),故后世学者谓其学"出于姚江"(《四库全书总目》卷九六《困辨录》提要),不无道理。然而,使其学更具特色者,是他所提出的"归寂"说。《明史》本传谓其学"于王守仁说颇有异同",即指此而言。

《明儒学案》关于聂豹"归寂"说的提出及其遭到"同门"学者的非难,记载尤详:

> 先生之学,狱中闲久静极,忽见此心真体光明莹彻,万物皆备。乃喜曰:此未发之中也,守是不失,天下之理,皆从此出矣。乃出,与来学立静坐法,使之归寂以通感,执体以应用。是时同门为良知之学者,以为未发即在已发之中。盖发而未尝发,故未发之功,却在发上用;先天之功,却在后天上用。其疑先生之说者有三:其一,谓道不可须臾离也,今日动处无功,是离之也;其一,谓道无分于动静也,今日工夫只是主静,是二之也;其一,谓心事合一,心体事而无不在,今日感应流行,着不得力,是脱略事为,类于禅悟也。王龙溪(畿)、黄洛村(宏纲)、陈明水(九川)、邹东廓(守益)、刘两峰(文敏)各致难端。先生一一申之。唯罗念庵(洪先)深相契合,谓双江所言,真是霹雳手段,许多英雄瞒昧,被他一口道著,如康庄大道,更无可疑。两峰晚乃信之曰:

"双江之言是也"。(卷十七《江右王门学案·聂豹传》)

黄宗羲这段话说明以下几个问题：

第一，聂豹提出"归寂"说，是在他被捕入狱期间。据《华阳馆文集》载：聂豹被捕入狱，时在嘉靖二十五年(公元1546年)，而著《困辨录》，提出"归寂"说，则在其后两年(卷十一)。其时聂豹已年逾六旬，说明聂豹的"归寂"说是在晚年才提出来的。而《明史》本传所说"初好王守仁良知之说"，则是在他四十岁以前。可见，聂豹对于王学的态度，前后期不尽相同。这反映他的理学思想并非一成不变，而是有一个发展变化的过程，即由前期对王学的信服转向后期对王学"颇有异同"。

第二，聂豹提出"归寂"说的方式颇与王守仁"龙场悟道"相似：阳明是"忽中夜大悟格物致知之旨"(《王文成公全书》卷三十二《年谱》)，聂豹是"狱中闲久静极，忽见此心真体"而悟出"归寂"之旨来，二者均通过"顿悟"的方式达到对于"心"之本体的认识；王守仁认为"心"具众"理"，聂豹认为"此心真体"为"天下之理"所从出，二者均主"心即理"的心本论；王守仁于南中时期曾"以默坐澄心为学的"(《明儒学案》卷十《姚江学案·王守仁传》)，聂豹继承阳明这一心性修养方法，"与来学立静坐法"。由此可见，聂豹的"归寂"说与王学并没有根本分歧，它仍属于王守仁心学体系的范畴。

第三，如果说，聂豹的"归寂"说与王学"颇有异同"；那么，主要是在"致良知"的途径上，或者说，是在"求道"之方上。"王门为良知之学者以为未发即在已发之中"，"道无分于动静"，"心事合一"，而聂豹的"归寂"说则主张外"事"以求"心"，舍"动"以求"静"，离"已发"以求"未发"。一句话，即径直从"寂"、从"静"、从"未发"中体认"良知"，因此遭到"同门"王畿、黄宏纲、陈九川、邹守益、刘文敏等人的非难，被目为"禅悟"。当然，王门中也有赞同其说者，这就是罗洪先。王时槐谓其闻聂豹"未发之说，深相契合"(《国朝献征录》卷三十九《双江聂先生传》)，而刘文敏晚年也信其说。

在辨明聂豹提出"归寂"说的原委以后，有必要进一步探讨其思想内容和特点。

"良知本寂"是聂豹提出"归寂"说的理论依据和基本观点。他说:"良知本寂,感于物而后有知;知其发也,不可遂以知发为良知而忘其发之所自也"(《明儒学案》卷十七《江右王门学案·双江论学书》)。所谓"其发之所自",就是"本原之地,要不外乎不睹不闻之寂体也"(同上);而"不睹不闻,便是未发之中"(同上《困辨录》)。这里,有两点值得指出:一是谓"良知本寂"即是"不睹不闻"即是"未发之中"。他认为这是王守仁的观点,也是其《传习录》中的义旨,故说"先师云:良知是未发之中,廓然大公的本体……此是《传习录》中正法眼藏"(同上);二是谓"良知"与"知"有别:"良知"是"寂体","知"是其"发用",即"良知寂体"感物而动的结果,二者之间是体与用的关系,故说"不可遂以知发为良知",亦即不可以"知"为"体"。

聂豹的上述观点与师说"颇有异同":一方面,王守仁认为,"心之本体,即是天理",而"天理原自寂然不动"(《王文成公全书》卷二《传习录》中);这"原自寂然不动"的"天理",其"昭明灵觉",即"所谓良知也"(同上卷五《答舒国用》)。简言之,"心之本体"即是"天理","良知"。就此而论,聂豹关于"良知本寂"的观点与师说有其同的一面。然而,另一方面,王守仁又认为,"知是心之本体,心自然会知。见父自然知孝,见兄自然知弟,见孺子入井自然知恻隐,此便是良知,不假外求"(同上卷一《传习录》上)。一句话,"知"即是"良知"即是"心之本体",三者是一回事,不可妄加分别。就聂豹不以"知"为"良知",因而不以"知"为"心之本体"而言,又与师说有异的一面。他之所以遭到"同门"的非难,也就可以理解了。

既然"良知本寂",那么,"归寂"就成为"致良知"的不二法门。因为在聂豹看来,"心主乎内,应于外而后有外;外其影也,不可以其外应者为心而遂求心于外也。故学者求道,自其求乎内之寂然者求之,使之寂而常定"(《明儒学案》卷十七《江右王门学案·双江论学书》)。可见,所谓"归寂",简言之,就是"求寂于心"。显然,这与王守仁关于"心"的体用、动静观点是相违异的。王守仁说:"心一而已,静其体也,而复求静根焉,是挠其体也;动其用也,而惧其易动焉,是废其用也。故求静之心即动也,恶动之心非静也"(《王文成公全书》卷五《答伦彦式》),认为体用原于一心,动静不可分离;舍动求静,就是"废其用"而"挠其体",这是行不通的,因为舍动求静之心,它本身就是动而非静。王门弟子正是根据上述师说,提出"寂本无归,即感是寂,是为真寂"(《明儒学案》卷十七《江右王门学案·双江论学书》)的观点与聂豹的"归寂"说进行辩难的。

然而,聂豹所说的"归寂"并非释氏"寂灭"之义。他在回答"同门"的责难时指出:

> 夫禅之异于儒者,以感应为尘烦,一切断除而寂灭之。今乃归寂以通天下之感,致虚以立天下之有,主静以该天下之动,又何嫌于禅哉!(同上)

认为儒、释之辨在于:释氏"以感应为尘烦",以"寂灭"为旨归,故为了归于"寂灭",就必须"断除"一切"尘烦",说明在寂感问题上,释氏是主张"废感"以"归寂";与此相反,儒者是主张"归寂"以"通感",就是说,"感"不但不能"废",而且还必须"通","归寂"就是"通感"之道。上述"儒者"的观点,其实也是他本人思想的自白。据王时槐《双江聂先生传》载,聂豹在给欧阳德的信中就曾提出"归寂"以"通感"的观点,他在论及"良知本寂"之后说:"故学问之功,自其主乎内之寂然者求之,使之寂而常定也,则感无不通,外无不该,动无不制,而天下之能事毕矣"(《国朝献征录》卷三十九)。这说明在"归寂"问题上,聂豹与释氏的观点不同:聂豹提倡"归寂"是旨在通感、应事,是"入世"的,而释氏则是旨在超世脱俗,是"出世"的。

必须指出,聂豹虽然主张于"未发"中体认"良知",视"归寂"为"致良知"的不二法门,推崇"龟山一派每言静中体认"是"吾儒真下手处"(《明儒学案》卷十七《江右王门学案·困辨录》),但又认为这并非适用于一切人。有人问:"周子言静,而程子多言敬,有以异乎?"他说:

> 周曰"无欲故静",程曰"主一之谓敬"。一者无欲也,然由敬而入者,有所持循,久则内外斋庄,自无不静。若入头便主静,

惟上根者能之。盖天资明健，合下便见本体，亦甚省力，而其弊也，或至厌弃事物，赚入别样蹊径。是在学者顾其天资力量而慎择所由也。近世学者猖狂自恣，往往以主静为禅学，主敬为迂学。哀哉！（同上）

这段话表明：第一，聂豹的"归寂"说与周惇颐的"主静"说在认识"本体"的方法上，是一致的。他们都主张从"寂""静"入手，在"寂""静"中体认。显然，这与程颐的"由敬而入"，因而"有所持循"的"主敬"说，是有所不同的。但是，从终极目标来看，则又是相同的，它们都是认识"本体"不可或缺的方法，故聂豹对二者均持肯定的态度。

第二，在认识"本体"问题上所以存在着"主静"和"主敬"两种方法，是因为人的"天资力量"各异。聂豹认为，只有"天资明健"的"上根者"才适用"入头便主静"的"主静"说。这与王守仁关于"四句教法"的观点，即认为只有天资聪颖的"上根人"才适用"四无"之说颇为相似。说明"主静"说并不具有普遍适用的思想品格，因而也说明他提倡"归寂"说是有条件的。

第三，即使适用于"上根者"的"主静"说，也并非完美无缺，而是有其利弊得失的。它既有"合下便见本体，亦甚省力"之利，又有"或至厌弃事物，赚入别样蹊径"之弊。这说明聂豹对于"主静"说的适用性的肯定不但是有条件的，而且是有分析的。

既然如此，聂豹为何提倡"归寂"说呢？王时槐认为，这是因为"先生患当时学者率以知之发用为良知，落支节而遗本原"，故"特揭未发之中"（《国朝献征录》卷三十九《双江聂先生传》）。聂豹所患的"当时学者"，不但包括朱学学者，而且更包括王门学者。在当时的王门学者中，确实出现过倾向于"道问学"的思想流派，他们强调"多学而识"，注重"考索记诵"。如：浙中王门的季本和顾应祥，他们"悯学者之空疏，只以讲说为事，故苦力穷经"（《明儒学案》卷十三《浙中王门学案·季本传》），于"九流百家"之书，"皆识其首尾"（同上卷十四《浙中王门学案·顾应祥传》）。而最显者，莫如南中王门的薛应旂和杨豫孙,公然反对"离行言知,外事言学"(同上卷二十五《南中王门学案·薛应旂传》),主张"知识即性"(同上《杨豫孙传》)。

总而言之,尽管聂豹提倡"归寂"说有与师说相违异之处,也与"同门"的某些观点不甚契合,然而在反对朱学、纠正王门中的朱学倾向方面,其态度是十分鲜明的,故说他的"归寂"说与王学"颇有异同",而并非根本的对立。这就是聂豹理学思想的基本特色。

第二节 罗洪先的生平学行与理学思想

一、生平学行

罗洪先(公元1504—1564年)字达夫,号念庵,江西吉水人。明世宗嘉靖八年(公元1529年)举进士第一,授翰林院修撰。明年,告假归。嘉靖十二年(公元1533年),充经筵官;十八年,召拜春坊左赞善。明年冬,上疏议"东宫事",因忤旨落职归里。家居,常与王门诸子邹守益等切磋学问,然未绝意仕宦,于人才、吏事、国计、民情,"悉加意谘访",谓"苟当其任,皆吾事也"(《明史》本传)。郡邑田赋多积弊,洪先"精心体察",建议有司均之,"弊顿除"(同上);岁饥,又移书有司,使民得以赈恤。及至年五十前后,"睹时事日非,始绝意仕宦"(《耿天台先生文集》卷十四《念庵罗先生传》)。嘉靖三十七年(公元1558年),其时严嵩居相位,"以同乡故,拟假边才起用"(《明史》本传),洪先告以"毕志林壑",力辞不就(《明儒学案》卷十八《江右王门学案·罗洪先传》)。其一生安于贫困,不求富贵,"先世田宅,尽推以与庶弟,别架数楹,仅蔽风雨"(同上)。巡抚马森曾欲馈赠数千金为之筑室,洪先力辞不受。同年项瓯东见其清贫而有意提携,告以有富人坐死,行贿万金,只待洪先一言即可得手,洪先辞之;已而念富人罪不当死,洪先"嘱恤刑生之,不令其知"(同上)。耿定向称其"辞受取与,咸裁以义","秋毫靡狗"(《耿天台先生文集》卷十四《念庵罗先生传》),良有以也!临终,其室内四壁萧然,"视如悬磬"。有人问:"何至一贫如此?"洪先以"贫固自好"作答(《明儒学案》卷十八《江右王门学案·罗洪先传》),大有"安贫乐道"的孔、颜之风。卒年六十一,赠光禄少卿,谥文恭。著作有《念庵罗先生集》十三卷。

考罗洪先一生,无论身处何种境遇,均毕志于"圣学"而不移:

年十一,读古文,慨然慕罗伦之为人,"即有志于圣学"(同上)。

年十五,闻王守仁于赣州开府讲学,心即向往;比《传习录》出,手抄玩读,竟至废寝忘食,欲往受业,父不可而止。

年二十二,举乡试,因父病,辍会试。师事同里谷平李中,"得其根柢"(同上)。

年二十五,师事同郡江右王门学者黄宏纲、何廷仁,自是日究王守仁"致知"旨。

年二十六,赴京廷试,御批:"学正有见,言说而意必忠,宜擢之首者,赐进士及第一人"(《耿天台先生文集》卷十四《念庵罗先生传》)。外舅太仆卿曾直闻报大喜,谓:"幸吾婿建此大事。"洪先说:"丈夫事业,更有许大在。此等三年递一人,奚足为大事也"(《明儒学案》卷十八《江右王门学案·罗洪先传》)。

年三十六,赴召。道南都,晤王畿诸王门学者,"质辨累日,大都主无欲旨"(《耿天台先生文集》卷十四《念庵罗先生传》)。趋泰州,访王艮,艮为之"论正己物正"说,洪先自称:"日闻心斋言,未能尽领,论至此却洒然有鼓舞处"(同上)。

年三十七,抵京历职。与唐顺之、赵时春"日相期许,以天下自任,中外咸称异之曰:三翰林云"(同上)。

同年冬,因忤旨落职归里。从此"削迹城市",日与邹守益、欧阳德、聂豹诸子为会讲学,然"未尝以言词先人"(同上)。

年三十九,始闻聂豹"归寂"之论。

年四十三,赴毗陵,访唐顺之。顺之自以博大不如洪先,称道"念庵之学平正"(同上)。

其时,闻王畿论"现成良知",畿谓"良知当下具足",不假纤毫之力,其意在速人悟入。洪先非之,谓"世岂有现成良知者耶?"(《明史》本传)因虑世人"利欲之盘固,血气之浮扬而欲从其心之所发,任其意之所行,灭裂恣肆",故平时提诲学者,多主周惇颐"无欲故静"说和《易·系辞》"寂然不动"语,以为"能静寂,乃为知体之良;能收摄保聚,一切无染,乃为主静而归寂"(《耿天台先生文集》卷十四《念庵罗先生传》)。

年四十七,为聂豹《困辨录》作序,自称于聂豹之说,"始而洒然无所疑,已而怡然有所会,久而津津然不能舍"(《明儒学案》卷十八《江右王门学案·困辨录后序》),甚相契合。

年五十二,与王畿游楚,寓黄陂深山中"习静"。曾贻书楚中王门学者蒋信,谓"此心中虚无物,旁通无穷,无内外可指、动静可分,上下四方,往古今来,浑然一片,而吾身乃其发窍,非形质所能限也"(《耿天台先生文集》卷十四《念庵罗先生传》)。

曾辟石莲洞,其晚年多洞居,以之终老。

综观罗洪先一生学行,有几个显著特点:

一是求学不名一师。如上所述,洪先早年即服膺王学,又以江右王门学者黄宏纲、何廷仁为师,且自称为王守仁后学。然而,他并不专名一师。在服膺王学之前,他曾慨然慕罗伦之为人;在服膺王学之后,他又师事同里谷平李中。按罗伦、李中均为明代前期的朱学学者。宗羲称罗伦"守宋人之途辙"(《明儒学案》卷四十五《诸儒学案·罗伦传》),而李中则以"朱子之学"为"圣人之学"(同上卷五十三《诸儒学案·谷平日录》)。可见,洪先之学虽本之王学,且师承江右王门学者,但又并不以此为限;对于朱学学者,他也曾有所师承。这充分体现其学术师承关系的多层次的特点。

二是为学泛观博览。洪先自忤旨罢归,即发愤读书,其学无所不窥,自天文、地志、礼乐、典章、河渠、漕饷、边防、战阵攻守,以至阴阳、卜筮、算数等,无不精究,说明其为学视野之宽广。唐顺之"自以博大不如先生",正好反证洪先学识之博大。

三是交友论学重在求同存异。洪先之学虽得自于江右王门,但并不因此而株守门户。对于学术上的异同,无论是同一门派还是其他门派,他均与之广交往、多切磋,重在求同存异。例如,陈九川是江右王门学者,在体用寂感问题上与洪先意见不合,洪先与之书信往还,论辩再三。又如,王艮是泰州学派的开创者,倡"百姓日用即道"之说,洪先虽反对此说,认为"不知反小人之中庸以严君子之戒惧"(《念庵罗先生集》卷四《读困辨录抄序》),但对其"正己物正"之说,却欣然心领。据说,洪先初访王艮,艮因病不出。洪先就榻旁求教,艮仍不答。逾日再见王艮,艮遂为之论"正己物正"之说。由此可见洪先虚心求教的精神。王畿是浙中王门学者,洪先虽与其"持论始终不合"(《明史》本传),尤其对于王畿的"现成良知"说,反对最为激烈,但仍肯定其"速人悟入"的诚意。直至晚年,两人交好如故。再如,唐顺之是南中王门学者,认为寂感"不容人力"所为,此说虽与洪先相左,但不妨碍他们成为至交。耿定向曾以"夜语契心相对,达旦不寐"(《耿天台先生文集》卷十四《念庵罗先生传》)来形容他们交谊之深。这一切均充分体现了罗洪先在交友论学方面的求同存异精神。而正因此,唐顺之称"念庵之学平正",意即不失于偏狭。应该说,这是罗洪先治学的一大特点。

必须指出,尽管罗洪先一生学行有以上特点,然其学宗王守仁,且以之为师,是得到王门诸子的承认的。据说罗洪先在编定《阳明年谱》时,自称后学,不称门生。钱德洪和王畿主张应改称"门人",认为洪先"非徒得其门",且为"升堂入室者"(《明儒学案》卷十八《江右王门学案·罗洪先传》)。邓以赞则认为,王守仁"及门之士,概多矛盾。其私淑而有得者,莫如念庵"(同上)。宗羲称邓以赞此说为"定论",指出:"天下学者,亦遂因先生之言而后得阳明之真"(同上)。可见,无论洪先是王守仁的"门人"还是"私淑",其学一宗王守仁,且入其"堂奥"已为王门诸子和后世学者所公认。这是我们讨论罗洪先的理学思想应予以充分考虑的。

二、理学思想的演变

罗洪先的理学思想有一个发展、演变的过程,它大体如黄宗羲所言:"始致力于践履,中归摄于寂静,晚彻悟于仁体"(同上)。这有他所写的《甲寅夏游记》为证,其大意是:

"往年"他和"谈学者"一样,以为"知善知恶即是良知,依此行之即是致知",并"尝从此用力",而结果"竟无所入",没有找到通往"致良知"的门径。于是,他转向以"收摄保聚"为"致良知"功夫的"主静"说。然而,近"一二年来,与前又别",他认识到"当时之为收摄保聚偏矣",其流弊是:"重于为我,疏于应物"。于是,他又转向"仁体"说,认为程颢所言"识得仁体,以诚敬存之,不须防检穷索"应该成为"收摄保聚之功"的"准则"(同上《论学书》)。

上述表明,罗洪先理学思想的演变,经历了三个阶段:"往年"他"用力"于"知善知恶"的"良知"说,宗羲所谓"始致力于践履",即指此而言;后来,他提倡以"收摄保聚"为功夫的"主静"说,宗羲所谓"中归摄于寂静",即指此而言;近"一二年来",他转向以"诚敬存之"为功夫的"仁体"说,宗羲所谓"晚彻悟于仁体",即指此而言。

按罗洪先的《夏游记》冠于"甲寅"二字,表明其事在嘉靖三十三年(公元1554年),他时年五十一。《记》中自称"一二年来"因觉悟到"收摄保聚"之偏而转向了"仁体"说,当系他五十岁左右的事。又据他在《困辨录序》所言:"癸卯(嘉靖二十二年,公元1543年),洪先与洛村黄君闻先生言必主于寂,心亦疑之"(同上)。说明他直至四十岁仍不信聂豹的"归寂"说。及至后四年,聂豹陷于图圄,"自是乃益知先生",遂为其"归寂"说申辩,聂豹谓为"知我"(同上),则洪先转向"归寂"说,已年四十四。这与耿定向《念庵罗先生传》所载:洪先年四十三,与王畿辩论"现成良知",以为"收摄保聚,一切无染,乃为主静而归寂"(《耿天台先生文集》卷十四),大体相符。由此可见,洪先提倡"主静"说,约在四十三四岁左右。那么,《记》中自称"往年""用力"于"知善知恶"的"良知"说,当在此以前。如果上述的推算无误,则宗羲关于罗洪先理学思想演变过程的论断,大体可以表述如下:四十三四岁以前,"致力于践履";四十三四岁以后,"归摄于寂静";五十岁以后,"彻悟于仁体"。这就是罗洪先理学思想发展、演变的大致情况。

至于他的理学思想是怎样演变的,为什么会有这样的演变,《甲寅夏游记》言之甚明。

例如,他之所以由"用力"于"知善知恶"的"良知"说转向以"收摄保

聚"为功夫的"主静"说,是因为认识到"往年"对"良知"的理解有错误。他说:

> 夫良知者,言乎不学不虑、自然之明觉,盖即至善之谓也。吾心之善,吾知之;吾心之恶,吾知之,不可谓非知也。善恶交杂,岂有为主于中者乎!中无所主,而知本常明,恐未可也。知有未明,依此行之,而谓无乖戾于既发之后,能顺应于事物之来,恐未可也。故知善知恶之知,随出随泯,特一时之发见焉耳。一时之发见,未可尽指为本体,则自然之明觉,固当反求其根源。(同上)

显然,这是他根据"至善"的"良知"说对"往年"的"良知"说所做的"反省"。他认为,"良知"是"不学不虑、自然之明觉",是"至善之谓",而"往年"所谓"知善知恶即是良知",实则为"善恶交杂"之"知","善恶交杂"说明"中无所主","中无所主"则"知有未明","知有未明,依此行之",则无不悖谬、"乖戾",故其结果必然"竟无所入"。这是他所以放弃"往年"的"良知"说的原因。他又认为,"善恶交杂"之"知","随出随泯","特一时之发见",不可"尽指为本体",故要认识"自然明觉"的"良知本体","当反求其根源"。这个"根源"就是"静"。他说:

> 盖人生而静,未有不善;不善,动之妄也。主静以复之,道斯凝而不流矣。(同上)

在他看来,"静"为"善"根,因此,只要"主静",就可以去"动妄"之"不善",而恢复人性固有之"至善",亦即"不学不虑","自然明觉"之"良知"。这种"主静以复之"的"致良知"功夫,他也称之为"收摄保聚之功":

> 良知者,静而明也。妄动以杂之,几始失而难复矣。故必有

> 收摄保聚之功,以为充达长养之地,而后定静安虑由此出。(同上)

所谓"收摄保聚之功",其实就是孟子所说的"收放心"。洪先认为,一旦"良知"为"妄动"所"杂",只有"收放心",使之"定静安虑",才能恢复"良知""静而明"的本然状态。这就是他所以转向"主静"说的原因。

又如,他之所以由"收摄保聚"的"主静"说转向"以诚敬存之"的"仁体"说,是因为认识到"收摄保聚之功"失之于偏,即偏重于"寂",而忽视于"感","以为寂在感先,感由寂发"。他指出,"以为寂在感先"则"不免于执寂有处","执寂有处"则必然以"寂"为"守内";"以为感由寂发"则"不免于指感有时","指感有时"则必然以"感"为"逐外";其流弊"必至重于为我,疏于应物",因而有溺于释、老二氏之嫌。这是他所以要起来克服"收摄保聚"之"偏"的原因。

怎样克服"收摄保聚"之"偏"呢?他求助于程颢的"仁体"说。因为程颢的"仁体"说主张"仁者浑然与物同体"。这种"物我合一"的"仁体"说,显然有助于克服"重于为我,疏于应物"的"收摄保聚之功"的偏颇。而且,"仁体"说的"诚敬"功夫,强调"不须防检穷索",具有不落人为安排、顺应心体自然的特点,它较之专于"守内""重于为我",因而落于人为有意安排的"收摄保聚之功",显然更能体现"不学不虑""自然明觉"的"良知本体"。这是他所以转向程颢的"仁体"说的原因。

从罗洪先理学思想的发展、演变中,可以清楚地看到,它始终是围绕着阐发王守仁的"致良知"说而展开的:其初,他以"善恶交杂"为"良知",以"为善去恶"的"践履"为"致良知"功夫;既而,他以"至善"为"良知",以"收摄保聚"的"主静""守寂"为"致良知"功夫;最后,他以"识得仁体"为"良知",以"不须防检穷索"的"诚敬"为"致良知"功夫。像他这样的思想演变过程,在王门学者中是具有典型性的,而这也正是其理学思想的最大特色。

三、理学思想的特点

罗洪先的理学思想,以其"主静"说、"仁体"说和"异端"说最具有特色。

(一)"主静"说

对于"心体"的探讨,是罗洪先"主静"说的理论前提和出发点。他在《答陈明水》信中,对此有明白的表示。陈九川提出:"吾辈学问,大要在自识本心,庶工夫有下落。"洪先十分赞同九川的观点,谓"此言诚是也"。就是说,只有识得"本心","工夫"才有下手处。可见,明辨"本心"是确定下手"工夫"的前提和出发点。洪先的"主静"说正是根据其"心体"说提出来的。

"心体"问题,是关于"心"的本然状态有"体"无"体"、孰"寂"孰"感"的问题。这一问题在江右王门诸子中争论最为激烈,并由此分成两派:一派主张"寂感无时,体用无界"的"寂感体用"合一说,这大体上本之王守仁的观点,此派以邹守益、陈九川为代表;另一派则主张"寂感有二时,体用有二界"的"寂感体用"分离说,这显然与师说相违异,此派以聂豹、罗洪先为代表。洪先在《答陈明水》信中针对陈九川提出的"心无定体""有感而无寂"的观点,提出"心有定体,寂然不动"的"心体"说来,就是上述两派争论的继续。罗洪先说:

> 来教云:"心无定体,感无停机。"……谓"心有感而无寂",是执事之识本心也。不肖验之于心,则谓心有定体,寂然不动是也;感无定体,时动时静是也。心体惟其寂也,故虽出思发知,不可以见闻指,然其凝聚纯一,渊然精深者亦惟能著。(《念庵罗先生集》卷二)

虽然陈九川认为"心无定体",但是从他提出"心有感而无寂"来看,实则以"感"为"体"。与此相反,洪先提出"感无定体""心有定体,寂然不动是也",则是以"寂"为"体"。他这一"心体"本"寂"的"心体"说,显然与陈九川以"感"为"体"的"心体"说相对立,却与聂豹的以"寂体"为"心体"、为"良知本体"的观点相一致。故黄宗羲谓其观点与聂豹的"归寂"说"深相契合"。

然而,必须指出,聂豹以"寂"为"体"只是用以说明"心体",罗洪先则不局限于说明"心体",而是将其放大、推广,用以说明一切现象的"根原":"凡天地之交错变易,日用之酬应作止,皆易也,皆动也,而其根则本静,本于无极。此即所谓根原也"(同上卷一《答董蓉山》)。就是说,无论是天地万物之错综变化,人伦日用之酬酢应对,"其根"无不"本静"。这种以"本静"为万物"根源"的静本论,是对他的以"吾心"为宇宙本原的心本论的进一步贯彻。其诗云:

> 天地即吾心,吾心天地似;
> 万物生其中,扩然无彼此。(同上卷十二《闲述其十三》)

既然"天地即吾心","万物生其中",亦即以"吾心"为万物之本原;那么,由"心体"本"寂"得出万物本"静",自然是合乎逻辑的结论。就此而言,罗洪先的"主静"说较之聂豹的"归寂"说,显然要彻底得多。

与"心体"本"寂"的观点相应,罗洪先提出"致良知"的功夫属静而非动:

> 致良知者,致吾心之虚静而寂焉,以出吾之是非,非逐感应以求其是非,使人扰扰外驰而无所于归以为学也。夫知其发也,知而良则其未发,所谓虚静而寂焉者也。(《明儒学案》卷十八《江右王门学案·双江七十序》)

与聂豹一样,洪先认为"知"属"已发","良知"属"未发",即"虚静而寂"。因此,所谓"致良知",就是"致吾心之虚静而寂",而非在"感应"中去致

"吾心"之"良知",去求"吾心"之"是非"。他针对当时"言良知者恶闻静之一言",以为"主于静焉,偏矣"的责难,明确提出"主静所以致良知"的命题：

> 夫良知该动静、合内外,其体统也。吾之主静所以致之,盖言学也。学必有所由而入,未有入室而不由户者。苟入矣,虽谓良知本静可也,虽谓致知为慎动亦可也。(《念庵罗先生集》卷一《答董蓉山》)

按这里所谓"体统",是指"良知"一统于"心"而言。"心""该动静、合内外",故"良知体统"自然也"该动静、合内外"。然而,从为学的角度看,所谓"致良知",必须"有所由而入",这就是由"静"而入,即以"主静"为"致良知"的"入室"门户,故又说"主静所以致之"。可见,在罗洪先看来,"主静"是通往"致良知"的必由之路,是"所以致良知"的功夫。

罗洪先的"主静"功夫有如下三个特点：

第一,"主静"功夫自"戒惧"入手。他说：

> 良知犹言良心,主静者求以致之,收摄敛聚,自戒惧以入精微。(同上卷四《读困辨录抄序》)

所谓"自戒惧以入精微",就是认为"主静"功夫必须自"戒惧"始,实则视"戒惧"为"所以致良知"的功夫。如前所述,"戒慎恐惧所以致良知"是自王守仁以来王门诸子一脉相传的思想观点。但是,当涉及"戒惧"功夫属动还是属静时,则分成两派：邹守益为首的一派认为,"戒惧"属动而非静,故赋予其"自强不息"之新义；聂豹、罗洪先一派认为,"戒惧"属静而非动,故说："常令此心寂然无为,便是戒惧"(《明儒学案》卷十八《江右王门学案·答郭平川》)；并且指出："今以戒慎恐惧属动,既失子思本旨,又因戒慎而疑吾心无寂,则并《大易》、周子之旨而灭之,无亦言之未莹矣乎"(《念庵罗先生集》

卷二《答陈明水》)！可见，罗洪先主张"戒惧"属静，是与其"心体"本"寂"的"心体"说相一致的。这再次表明："本体"论与"工夫"说往往是一致的。就是说，有什么样的"本体"论，就有什么样的"工夫"说与之相应。

第二，"主静"的最高境界，是达到"内外两忘"。他说：

> 今岁体会得内外两忘一言，真是致良知之功。良知本无内外。今人未经磨劖，却都在逐外一边走透。稍知反观而不得其要，又容易在守内一边执着。脱此两种，始入内外两忘路径，始是近里有安顿人。此非收敛枯槁后，未易言也。(同上卷一《答胡青崖》)

所谓"真是致良知之功"，就是说，只有"内外两忘"才是"致良知"的真功夫，而要做到这一点：第一步，是自"戒惧"入手，"常令此心寂然无为"；第二步，是"收敛枯槁"一番，使"精神自不走透"，"至此方可语良知之通塞"(同上)；只有经过第一、第二步功夫，最后才能进到"内外两忘"的境界。故说"内外两忘"是"主静"功夫的最高境界。这种"内外两忘"的"主静"功夫，已经近乎佛教徒的摒弃思虑、湛然静坐的"坐禅"了。无怪乎以聂豹、罗洪先为代表的"寂静"派有"落禅"之讥。

第三，"主静"功夫的实质在于"无欲"。他说：

> 今之议者咸曰："寂然矣，无为矣，又何戒惧之有？"将以工夫属于动，无所谓静者。不知无欲故静，周子立极之功也。(同上卷二《答陈明水》)

按"无欲故静"一语，源自周惇颐的《太极图·易说》，它是作为道德修养的功夫被提出来的，具有禁欲主义的性质特点。罗洪先称之为"周子立极之功"，就是认为它是达到人道之极至的一种道德修养功夫。既然罗洪先将"主静"功夫与周惇颐的"无欲"说联系起来，以为"无欲"即是"主静"；

那么,这正好表明他提出"主静所以致良知",是以理学家的道德说教即"存天理、去人欲"为旨归的,同样具有禁欲主义的性质特点。只是与程朱派理学家的禁欲主义相比,他的禁欲主义要彻底得多。因为他是以全盘否定人的一切欲望为前提的。所以,他的禁欲主义也可以称之为极端的禁欲主义。

然而,他并没有将这一具有极端禁欲主义性质特点的"主静"说贯彻始终。正如以上所述,到了晚年,他又转向"以天下为己任"的"仁体"说了。

(二)"仁体"说

罗洪先在《答蒋道林》①信中曾具体言及自己省悟"万物一体"的"仁体"说的情况:

> 未几,入深山静僻,绝人往来。每日块坐一榻,更此心中虚无物,旁通无穷,有如长空,云气流行,无有止极,有如大海鱼龙变化,无有间隔,无内外可指,无动静可分,上下四方,往古来今,浑成一片,所谓无在而无不在。吾之一身乃其发窍,固非形质所能限也。(同上)

这就是程颢所谓"仁者浑然与物同体"。什么叫"同体"? 洪先解释说:

> 同体也者,谓在我者亦即在物,合吾与物而同为一体,则前所谓中虚而能旁通,浑上下四方,往古来今,内外动静而一之者也。故曰:视不见,听不闻,而体物不遗。体之不遗也者,与之为一体故也。(同上)

---

① 按罗洪先《答蒋道林》的信写于嘉靖三十五年(公元1556年),其时他五十三岁。这与上述洪先年五十以后转向"仁体"说可以互相印证。

可见,在洪先看来,所谓"同体",是指"吾心""体物不遗",故说"合吾与物而同为一体"。显然,这是孟子"万物皆备于我"的"天人合一"思想。因此,程颢的"仁体"说也可以称为"天人合一"说。

然而,罗洪先的"仁体"说又有自己的思想特点,这就是:他并不以"天人合一"为"仁者"之极至,而是从"天人合一"中推衍出"仁者"必须"以天下为己任"的结论来。他认为,这才是"仁体",才是"孔门教人"的根本。他说:

> 近来见得吾之一身,当以天下为己任。不论出与处,莫不皆然。真以天下为己任者,即分毫躲闪不得,亦分毫牵系不得。……阳明公万物一体之论亦是此胚胎。此方是天地同流,此方是为天地立心、生民立命,此方是天下皆吾度内,此方是仁体。孔门开口教人从此立根脚。……《西铭》一篇,稍尽此体段。(同上《寄尹道与》)

这里,我们可以看到罗洪先试图将王守仁的"万物一体之论"、张载《西铭》的"民胞物与"的义旨与他本人的"以天下为己任"的"仁体"说连成一体的用心。他认为,"以天下为己任"的"仁体"说早就萌发于王守仁的"万物一体之论";而只有"以天下为己任",才是"为天地立心、生民立命",才是"仁体"。就此而论,罗洪先的"仁体"说与程颢的"仁体"说,显然有所不同。如果说,程颢的"仁体"说的主旨在于宣扬以人配天,让人回归于自然,因而具有超世脱俗的思想特点;那么,罗洪先的"仁体"说的主旨则在于以天弘人,让人从天上回到人间,因而具有"入世""用世"的思想特点。应该说,这就是罗洪先"仁体"说的最大特色,故他的"仁体"说也可以称为"以天下为己任"的"仁体"说。

(三)"异端"说

历来儒家论"异端",总是与"正学"相对而言。罗洪先的"异端"说也不例外。他论"异端",就是从"名正学"开始的:

> 夫名以正学者,所以别其学为圣贤,不杂于他道云尔。尝考正学之明,独在孔、孟之时,而其后莫盛于宋。……夫圣贤之学,何学哉?求以复吾之心焉耳!以吾心之能应也,而遇之为君臣、父子、兄弟、夫妇、朋友焉,于是有五伦之交;以吾心之能应,常不违其本体之则也,而形之为亲、义、序、别、信焉,于是有明伦之实。即五伦之交而善吾酬酢变化之用,必博学以竭其才。即明伦之实而敦吾主宰静定之本,必约礼以立其大。此圣贤之学所以周遍而不涉于流荡,精深而不失之高虚,皆所以笃躬行而非以空谈相诱,长其知见而已也。传此者谓之六经,言此者谓之课试,而尽此者谓之贤才,其不出于此者,皆他道也,非吾圣贤之正也。(同上卷五《正学书院记》)

他认为,所谓"正学",就是"圣贤之学",而"圣贤之学"在于"求以复吾之心";"心能应",故有"五伦之交";"心能应"又"常不违其本体",故有"明伦之实"。因此,所谓"正学""圣贤之学",说到底,就是"明伦""约礼"之学,它是以封建纲常伦理为本位的。这说明罗洪先所谓"正学",实质上是以维护封建等级秩序为旨归的儒家"正统"之学。

那么,谁是"今日""正学"的代表呢?他认为是王守仁及其"致良知"说:

> 慨自江门致虚之说出而俗学为之一醒,然可谓分殊处,合当理会者,固未始忽遗也。绍兴言"致良知"不离"格物",诚周遍矣。其言曰:良知者,未发之中,寂然大公之本体,便自能感而遂通,便自能物来顺应。又曰:当知未发之中,常人亦未能皆有,是必致之而后可谓之学,未尝废学言良知也。(同上)

他所指的"今日",当为有明一代,认为世之学术,自"濂洛之后",不免失之于"口谈"之"偏蔽",及至明之陈献章创立"江门致虚之说",才使"俗学"为之一变,然于"分殊处"尚欠"理会",于学术仍不免失之于偏。只是到了王守仁倡"致良知"说,才使"圣贤之学"复明于世,"周遍"而不偏。在他看来,王守仁补偏救弊之功,莫过于"未尝废学而言良知","不离格物"而"言致良知"。而这补正了陈献章"江门致虚之说"不重"分殊"之偏颇。由此可见,罗洪先是以陈献章的"心学"为明代"正学"之开山,而以王守仁的"致良知"说为其代表的。其王学的思想立场是十分鲜明的。

在辨明"正学"以后,所谓"异端"也就其义自明了。就是说,凡是与儒家的正统思想相对立的学派,均称之为"异端"。由于佛教自传入中国以来,其影响日益扩大,以至与儒学分庭抗礼,因而,历代儒家均以佛教为最大之"异端","儒释之辨"也遂之成为中国思想史上的一大论题。罗洪先的"异端"说正是以"儒释之辨"为中心论题的。他有《异端论》一文,分上、中、下三篇,专门论述这个问题。

罗洪先"异端"说的最大特点在于:他虽以"明伦约礼"为"正学",却不以其为儒、释之辨的依据。在他看来,儒、释之辨首先在于对生死问题所持的不同态度。他说:

> 儒者指释氏莫不曰:异端,异端。及考其故,而弃伦理遗之。夫不君,其大也。夫圣人立中国生民之命,设名教以绝祸乱之源,莫大于明物而察伦。而释氏顾遗弃之,其相去不啻南北之背驰!(同上卷三《异端论》上)

但是,他接着指出,"前所指异端云者,不过习其常谈,未有察其所以然也"(同上)。什么是释氏"遗弃"伦理之"所以然"呢?他认为是释氏"欲脱"生死的困扰。而在他看来,生与死,"生人之所必有。圣人不以为病而不为生死之所拘,故能与世同好恶。而为佛之说者,首欲脱之"。正是在这个问题上,"吾儒者习而不察",故"不能远有窥以破其蔽"。因此,"历千有余年以来,止以弃伦理、遗事物为释之谬"(同上)。

总之,罗洪先既不同意历来以"弃伦理、遗事物"作为指责释氏是"异端"的主要依据,也不以其作为儒、释之辨的分界所在。他认为,儒、释之辨的分界是如何对待生死问题:儒家不回避生死,佛家则妄想超脱生死。

其实,无论是以伦理问题还是以生死问题去论辩儒、释异同,均无可厚非。因为儒、释两家对待上述问题的态度,确是截然相反。然而,更为重要的,是揭示这种态度截然相反的实质。我们认为,其实质在于它反映了两种世界观和人生观的对立:儒家以世界为实有,故采取积极用世的态度,是"入世"的;佛家以世界为虚幻,故采取消极厌世的态度,是"出世"的。这就是我们从上述的儒、释之辨中所得出的结论。

此外,罗洪先在《异端论》中还提到儒、释之辨的其他观点,如:儒家认为人有"智愚贤不肖"之差异,释氏则否认有这种差异,以为"自性本觉圆融净妙至为希有","上天下地惟吾独尊";"儒为大公,佛为自私",等等。由于这些观点均系历来儒家所提倡,并非洪先本人之独创,且亦无多大的理论特色,因此,我们就不再详加论列了。

综观罗洪先的理学思想,有两点值得注意:

第一,就其"良知"说的理论基础而言,属于抽象人性论。无论其初主张的"善恶交杂"的"良知"说,后来主张的"至善"的"良知"说,还是最终主张的"仁体"的"良知"说,都是离开人的社会性和历史发展去谈论人性的善恶的。因此,尽管他的"良知"说有一个发展、演变的过程,但在理论上却没有前进一步。

第二,然而,就其整个思想倾向而言,则具有由虚而实的特点。他之所以由"内外两忘"的"主静"说转向"以天下为己任"的"仁体"说,正是反映其人生态度的转变:由超世脱俗的"出世"态度转向应于世务的"入世"态度,故说这在王门学者中具有典型的意义。

第三节 聂豹、罗洪先理学思想评价

在江右王门中,聂豹、罗洪先的理学思想颇有特色。他们根据王守仁

"心之本体,原自不动"的观点,提出"所以致良知"的"归寂""主静"说。他们对于师说有继承的一面,即都认为"良知本体"是"未发之中""寂然不动";然而,在如何"致良知"的问题上却标立新意,以为"归寂""主静"才是"致良知"的功夫。正因为如此,他们遭到邹守益、黄宏纲、王畿、陈九川等人的非难,被视为背离了师说而溺于禅。邹守益等人的非难自有其道理在。因为王守仁虽认为"良知本体""寂然不动",为"未发之中",亦即以"寂"、以"静"为"良知本体",但又指出,"良知本体"之"寂""静"不能离"感"和"动"而独存,因此,只有即"感"求"寂"、即"动"求"静",才是"致良知"的功夫。而聂豹、罗洪先则认为"寂""静"可以离"感""动"而独存。因此,他们主张"致良知"必须由"寂""静"而入。这是一种离"感"求"寂"、离"动"求"静"的"致良知"功夫,它与邹守益等人主张的"致良知"功夫,显然是对立的。

必须指出,江右王门内部就如何"致良知"的问题所进行的争论,并没有根本性的歧异。因为他们都认为"良知"是"不学而能、不虑而知",是先验的;而"所以致良知者",不论是"即感求寂""即动求静",还是离"感"求"寂"、离"动"求"静",都只不过是一种纯心理的活动。然而,就寂感、动静的相互关系而言,他们的观点又是互相对立的。邹守益等人主张"寂感无时",就是承认寂感之间互相依存,有着不可分割的联系。聂豹、罗洪先主张"寂感有二时",则是否认寂感之间的依存关系,割裂二者之间的联系。

尽管聂豹和罗洪先的"归寂""主静"说理论上是错误的,但是,他们在发展王学方面,是有贡献的。例如,聂豹所以提倡"归寂"说,就是为了申明师说,纠正"世之学者"对"良知之学"的曲解。他说:

> 先师以世之学者,率以无所不知无所不能为圣人,以有所不知不能为儒者所深耻,一切入手,便从多学而识、考索记诵上钻研,劳苦缠绊,担搁了天下无限好资质的人,乃谓良知自知致而养之,不待学虑,千变万化,皆由此出。(《明儒学案》卷十七《江右王门学

案·困辨录》)

在他看来,王守仁之所以倡"致良知"说,是为了转变当时学者以"多学而识、考索记诵"为"知能"的风气,而他之所以倡"归寂"说,则是为了申明其师的上述意图,以挽救"当时学者""落支节而遗本原"的流弊。

又如,罗洪先之所以提倡"主静"说,则是有感于其时王守仁"门下承领本体太易",而欠缺"静定工夫"。说明他提倡"主静"说,同样寓有补偏救弊的用意,只是侧重点有所不同罢了。故宗羲谓"天下学者亦遂因先生之言而后得阳明之真"。无怪乎孙奇逢编《理学宗传》,将他与周惇颐、张载、程颢、程颐、邵雍、朱熹、陆九渊、薛瑄、王守仁、顾宪成等并列为宋明理学之正传,谓其学"真切为己,明之真儒"(《理学宗传》卷十《罗文恭公》)。足见他在理学史上是享有盛誉的。至于他的"仁体"说,不但申论王守仁关于《学》《庸》宗旨合一的观点,而且还力图以王学去沟通张(载)、程(颢)的关、洛之学,因而使其理学思想具有"浑然一体"的特点。

总而言之,聂豹、罗洪先的理学思想在昌明王学、发挥师说方面,寓有新意,颇有特色。尤其是他们各自从"本体"或"工夫"的不同角度对师说所做的发挥,虽然并非尽如师意,但是,就其立说之初衷而言,则仍然是为了补王学流传中之偏,救王学流传中之弊,以恢复"阳明之真",故说他们在发展王学方面,是有贡献的。

第四十章 江右王门刘邦采、王时槐、胡直的理学思想

江右王门学者,除上述邹守益、欧阳德、聂豹、罗洪先外,刘邦采、王时槐、胡直的理学思想也颇具特色。本章着重探讨他们在理学方面提出的主要论题。

第一节 刘邦采的"性命兼修"说

刘邦采(公元约1490—约1578年)字君亮,号师泉,与刘文敏同时,主要活动约在正德、嘉靖、隆庆年间。吉安府安福(今江西省安福县)人。年轻时虽天资聪慧,但不喜科举。他的同乡好友刘文敏与其共学,二人"思所以立于天地间者",每每至夜分不能入寝。这些都与王守仁正德五年(公元1510)在吉安府庐陵县的任职有关。可见王学对当时青年的影响。正德十一年至十六年,王守仁巡抚南赣以及汀、漳等地,更成为江西有影响的人物。正德十三年,王守仁门人薛侃刻《传习录》,进一步扩大了王学的传播。正德十六年至嘉靖六年(公元1521—1527),王守仁居越六年,在稽山书院,龙泉寺中天阁讲学,四方学者纷至,刘邦采与刘文敏也一同入越拜见,从此成为受业弟子,与王守仁有了正式交往。刘邦采在早年业已为王守仁学说所折服,因此拜师的过程进行得很顺利,双方并无歧见,王守仁称"君亮会得容易"(《明儒学案》卷十九《江右王门学案·刘邦采传》),这与正德十五年(公元1520年)王艮拜见王守仁时"相与究竟疑义"的辩难形成鲜

明对比,由此也可看出江右学者与泰州王门的不同风格。

刘邦采虽为一布衣书生,但因行为高洁而威重乡里。嘉靖五年(公元1526年),他在家乡安福组织"惜阴会",请王守仁题会籍。王守仁此时正在大力倡导"致良知"说,便为之作《惜阴说》,其中说:"天道之运无一息之或停,吾心良知之运亦无一息之或停","知惜阴者,则知致其良知矣"(《王文成公全书》卷七)。这个民间结社后来发展到百余人。

嘉靖七年(公元1528年)秋,邦采乡试中举,先授寿宁教谕,又升嘉兴府同知。翌年,王守仁卒,时刘邦采身在公职,即急赴南安奔丧,不久便弃官归乡,著书讲学。著作有《易蕴》,其主要内容,是围绕着王守仁晚年讲学的根本宗旨——"致良知"而展开论说。

关于刘邦采学术活动的背景,黄宗羲在《明儒学案》中写道:

> 阳明亡后,学者承袭口吻,浸失其真。以揣摩为妙悟,纵恣为乐地,情爱为仁体,因循为自然,混同为归一。先生恝然忧之,……(卷十九《江右王门学案·刘邦采传》)

这段话指出了王守仁身后的学术趋向。这里所谓仁体,所谓自然,所谓悟、乐、归一,涉及本体论与认识修养论,虽未有一语提及"良知"二字,却语语与"良知"问题有关。由此透露出,王门弟子虽然都讲"致良知",但在如何对待作为"天下之大本"(《王文成公全书》卷八《书朱守乾卷》)的"良知",以及如何"致良知"的问题上,却歧见纷纭。实际上,这种情况王守仁在世时就已见端倪。他本人就说过:"某于良知之说,从百死千难中得来,不得已与人一口说尽,只恐学者得之容易,把作一种光景玩弄,不落实用功,负此知耳"(同上卷三十二《年谱·正德十六年正月条》)。他的这种担心,后来果然成为事实。王守仁死后,王门七家(浙中、江右、南中、楚中、北方、闽粤、泰州)对"致良知"说的种种歧见及辩难,成为明后期学术思想史上的一段公案。刘邦采的学术思想,正是在这样的背景下提出来的。

刘邦采不同意上述的种种观点,他提出"性命兼修"的理论,指出:

第四十章 江右王门刘邦采、王时槐、胡直的理学思想

> 夫人之生,有性有命。性妙于无为,命杂于有质,故必兼修而后可以为学。盖吾心主宰谓之性,性无为者也,故须首出庶物以立其体;吾心流行谓之命,命有质者也,故须随时运化以致其用。常知不落念,是吾立体之功;常过不成念,是吾致用之功。二者不可相杂,常知常止,而念常微也。(《明儒学案》卷十九《江右王门学案·刘邦采传》)

又说:

> 夫学何为者也? 悟性修命,知天地之化育者也。往来交错,庶物露生,寂者无失其一也;冲廓无为,渊穆其容,赜者无失其精也。惟悟也,故能成天地之大;惟修也,故能体天地之塞。悟实者非修,性阳而弗驳也;修达者非悟,命阴而弗窒也。性隐于命,精储于魄,是故命也有性焉,君子不淆诸命也;性也有命焉,君子不伏诸性也。原始返终,知之至也。(同上《刘师泉易蕴》)

以上便是刘邦采的学术要旨。这里,首先要注意的,是他的"性命"之说,与宋儒的说法有相似之处。宋儒朱熹以"性"指人生所禀受之理,以"命"指"所禀之分有多寡厚薄之不同"(《朱子语类》卷四),刘邦采则提出"性妙于无为,命杂于有质",性为心之主宰,命为心之流行。这与宋儒张载的"心统性情"说十分接近①。刘邦采之所以这样谈论性与命,是为他的功夫说打下基础,以这样的基础作前提,就可以引导出"故必兼修而后可以为学"的结论。也就是说,为学的用力方向有二:性与命。因此,为学不能只讲"悟",还必须讲"修",这就是"悟性修命"或者干脆称之为"性命兼修"说的用意所在。

---

① 刘邦采所说的"命",指"吾心之流行",这与宋儒"情者心之用"(陈淳《北溪字义》)的"情"意思大体相同。

但是，刘邦采以性命说人生，确实与王学性命归一的宗旨有所乖离。王畿便抓住这一点进行指责。他说："良知原是性命合一之宗，即是主宰，即是流行。故致知功夫，只有一处用，若说要出头、运化，要不落念、不成念，如此分疏，便是二用，二用即支离，到底不能归一"（同上卷十二《浙中王门学案·答林退斋》）。黄宗羲对此也有所批评。这就使我们产生了一个疑问：刘邦采为什么要在这个问题上违背师说呢？这需要从当时他所处的学术背景进行考察。黄宗羲在《明儒学案》中写道：

> 当时同门之言良知者，虽有浅深详略之不同，而绪山、龙溪、东廓、洛村、明水，皆守已发未发非有二候，致和即所以致中。独聂双江以归寂为宗，工夫在于致中，而和即应之。故同门环起难端。双江反复良苦，后遇念庵，则双江不自伤其孤零矣。（同上卷十七《江右王门学案·欧阳德传》）

由此可见，江右王门的两位主要代表人物与王门诸子的分歧，在于致中与致和。按中和的概念本出自《中庸》："喜怒哀乐之未发，谓之中，发而皆中节，谓之和。"致中和问题与已发未发问题紧密相关，成为理学的一大论题。王守仁提出"致良知"，企图解决在未发已发问题上的争论，但是问题并没有得到解决。王守仁卒后，大多数王门学者主张从已发入手求良知，即上文中所说的"致和即所以致中"，因而产生了"把作一种光景玩弄，不落实用功"之弊，从浙中王门的王畿到泰州学派的王艮，他们的表现形式不同，"不落实用功"则一致，均以良知为"天然自有之理"（王艮《天理良知说答甘泉书院诸友》），现现成成，自自在在。这种观点带有自然人性论的倾向，认为人的喜、怒、哀、乐等情感是自然的，不要去压抑它，要让它们发泄出来。从这种自然人性论出发，很自然地会对封建礼教和正宗统治思想提出疑问来。有一次，江右王门学者欧阳德与王艮讨论"致良知"问题，王艮竟说："某近讲良知致"（《王心斋先生遗集》卷三《年谱》）。这样的观点自然遭到江右王门学者的反对。罗洪先说："从前为良知时时见在一句误却，欠却培养一段工夫";又说:"阳明拈出良知,上面添一致字,便是扩养之意。良知二字,乃是发而中节之和,其所以良者,要非思为可及。所谓不虑而知,正提出本来头面也。今却尽以知觉发用处为良知,至又易致字为依字,则是只有发用,无生聚矣"(《明儒学案》卷十八《江右王门学案·与尹道舆》)。这样,我们就看出了江右学者的"致中",是为了强调"工夫"。所谓"工夫",包括两层意思:一是为学功夫,一是修养功夫。通过这种"工夫"去遏制人的情感的自然发泄,并用礼教来加以约束。

还要指出,江右王门学者的"工夫",主张在"源泉""根本"之处用力,这就是"致中",又称之为"归寂",而这种"归寂"的具体方法,不过是"静坐"而已。江右王门学者,大都有这种静坐的"工夫",例如:

聂豹:于狱中"闲久静极,忽见此心真体,光明莹彻,万物皆备……"(同上卷十七《江右王门学案·聂豹传》)

罗洪先:曾于石莲洞静修,"默坐半榻间,不出户者三年。……"(同上卷十八《江右王门学案·罗洪先传》)

王时槐:"五十罢官,屏绝外物,反躬密体,如是三年,有见于空寂之体。……"(同上卷二十《江右王门学案·王时槐传》)

类似上述的例子,还可举出一些。这种归寂、静坐的功夫,正是江右王门主静派的功力所在。

在反对"见在良知"、主张"工夫"方面,刘邦采与其他江右王门学者一样,指出:"是说也,吾为见在良知所误,极探而得之"(同上卷十九《江右王门学案·刘邦采传》)。他还与王畿辩论过"见在良知"问题。但是,在刘邦采的传记资料里,找不到静坐、归寂的记载。实际上,他是不满意"归寂"之说的,故才提出性命之论与兼修之功夫,这是他有别于江右王门学者之处,值得我们注意。

刘邦采的"性命兼修"说有什么样的意义呢?黄宗羲认为:

> 所谓性命兼修,立体之功即宋儒之涵养;致用之功即宋儒之省察。涵养是致中,省察是致和,立本致用,特异其名耳。然功

夫终是两用,两用则支离,未免有顾此失彼之病,非纯一之学也。(同上)

这里,黄宗羲把性命兼修说与宋儒修养论中的涵养省察说相对比。其实,在修养论问题上,宋儒的观点有一个发展过程:理学开山周惇颐主张"主静立极",程颐易以"敬"字,朱熹几经反复,终于接受程颐"主敬"说,主张静时存养、动时省察,"内外交相养"的"持敬"说(《朱子语类》卷十二)。正是此说法,被陆九渊指斥为"支离",以后便是王守仁提出"致良知"说。然而王门弟子中又出现了江右学者主"归寂"以致中与其他学者主"致和即致中"的分歧,而刘邦采对王门弟子在修养论上的分歧,采取了调和的态度,他主张悟性修命、性命兼修,在形式上似乎又回到朱熹静时存养、动时省察一途,因而招致同门的批评以至有黄宗羲的上述评论。

但是,刘邦采的性命兼修说真的是向宋儒涵养省察说的简单回归吗?事实并非如此。朱熹的涵养省察,落脚点在涵养,即"收敛身心,整齐纯一","静为主,动为客"(《朱子语类》卷十二)。他反对"尽废讲学而专务践履"(《朱文公文集》卷三十一《答张敬夫》之十八)。而刘邦采的性命兼修,侧重点则在于"修",虽然他也说"悟性",但从其言论来看,主要倾向是践履,很少于"悟"字上着墨。他说:

心之为体也虚,其为用也实。义质礼行逊出信成,致其实也;无意、无必、无固、无我,致其虚也。虚以通天下之志,实以成天下之务,虚实相生,则德不孤。(《明儒学案》卷十九《江右王门学案·刘师泉易蕴》)

由此可见,他所讲的心体功夫,不过是无意、无必、无固、无我的实在修养,而不是所谓"收敛翕聚","煎销保任"的玄妙功夫。下面再列举几条材料,全是论修养的,如说:

伯玉不以昭昭申节,冥冥堕行,感应之著察者也;原宪之克伐怨欲不行,著察之感应者也。念念谨念,其知也迁;念念一念,其知也凝。颜子不善未尝不知,知之未尝复行,主宰流行,明照俱至,犹之赤日当空,照四方而不落万象矣。(同上)

又如:

九容不修,是无身也;九思不慎,是无心也;九畴不叙,是无天下国家也。修容以立人道,慎思以达天德,叙畴以顺帝则。君子理此三者,故全也。(同上)

又如:

能心忘则心谦,胜心忘则心平,侈心忘则心淡,躁心忘则心泰,嫉心忘则心和。谦以受益,平以称施,淡以发智,泰以明威,和以通知,成性存存,九德咸事。(同上)

类似的材料还可以举出不少。江右王门学者罗洪先当时评论道:"圣贤只要人从见在寻源头,不须别将一心换却此心。师泉欲创业不享见在,岂是悬空做得?亦只是时时收摄此见在者,使之凝一耳"(同上《刘邦采传》)。这也从侧面说明,刘邦采的兼修功夫,既注意内心的省察,防止人的感情的自然发泄,同时也强调不要对人的思想感情一味采取遏制的办法,而是通过疏导,使它们有所节制。

刘邦采的"性命兼修"说,讲求"虚以通天下之志,实以成天下之务",很容易使人联想到主张"明体适用"之学的清初学者李颙。李氏在《盩厔答问》中说:"穷理致知,反之于内,则识心悟性;实修实证,达之于外,则开物成务,康济群生,夫是之谓明体适用"(《二曲集》卷十四)。刘邦采所讲的"实以成天下之务",虽然没有像李颙那样充分展开,但其中蕴含的思想,却和李颙有几分相通之处。

刘邦采的"性命兼修"说,是在江右王门学者力纠王门后学之弊的情况下提出来的。江右王门的主要代表人物(如聂豹、罗洪先)以收摄保聚的归寂功夫,反对空言本体,反对以见在言良知。这种注重功夫的精神为刘邦采所吸收,然而他用"兼修"的功夫修正"归寂"的功夫,在客观上启发了后来的学者,特别是东林、蕺山学派。从明代理学在内容上的这种微妙变化,使人看到了明代后期学术思想的发展是怎样艰难地走着由悟到修、由内到外、由虚到实的路程。在这种演进的过程中,刘邦采的"性命兼修"说作为一个中间环节,是有着特殊地位的。

第二节 王时槐的"透性""研几"说

王时槐(公元1521—1605年)字子植,号塘南,吉安府安福(今江西省安福县)人。嘉靖二十六年(公元1547年)进士,授官南京兵部主事等职,隆庆五年(公元1571年)升任陕西参政,自请告退。万历十九年(公元1591年)再次诏起贵州参政、南京鸿胪卿、太常卿等,皆未上任即请告退。卒年八十四。著作有《论学书》《语录》等。

王时槐是刘邦采的同乡,他的老师刘文敏曾与刘邦采一同受业于王守仁。关于他的为学经历和学术宗旨,《明儒学案》有一概括介绍:

> 先生弱冠,师事同邑刘两峰,刻意为学。仕而求质于四方之言学者,未之或息,终不敢自以为得。五十罢官,屏绝外务,反躬密体,如是三年,有见于空寂之体。又十年,渐悟生生真机,无有停息,不从念虑起灭。学从收敛入,方能入微,故以透性为宗,研几为要。(卷二十《江右王门学案·王时槐传》)

由此可见,他的为学路径,仍是从静坐入手,与罗洪先、聂豹等人大体相同。从其学术思想的内容来看,主要仍集中在修养论方面。他说:"致良知一语,惜阳明发于晚年,未及与学者深究其旨。先生没后,学者大率以情识为良知,是以见诸行事,殊不得力"(同上《三益轩会语》)。对于王门后学的这种批评,王时槐殊为严厉,他说过:"学者以任情为率性,以媚世为与物同体,以破戒为不好名,以不事检束为孔颜乐地,以虚见为超悟,以无所用耻为不动心,以放其心而不求为未尝致纤毫之力者,多矣,可叹哉!"(同上)这样的说法,为后来包括东林、蕺山学派在内的许多学者所沿用,上一节我们已经提到。王时槐认为,为学必须从探本穷源起手,必须施之以功夫,这种探本穷源的功夫,首先是静中涵养。他说:

> 静中涵养,勿思前虑后,但澄然若忘,常如游于洪濛未判之初,此乐当自得之,则真机跃如,其进自不能已矣。(同上《论学书·答刘心遽》)

这种静中涵养,其实是指的人们由修养而达到的最高境界;达此境界之后,"则真机跃如,其进自不能已",本心良知自然呈露,认识能力也就提高了。而要达到此种境界,在江右王门学者看来,必须要经过长期甚至是艰苦的锻炼,这就是所谓的"工夫"。从以前的一些叙述中,已经可以看出,江右王门事实上是以注重功夫为特色。他们对浙中王门以及泰州等学派批评指责的根本之点,也即功夫问题。正如罗洪先所说:"龙溪之学……其谓工夫又却是无功夫可用。故谓之以良知致良知。……大抵本之佛氏……直是与吾儒兢兢业业必有事一段绝不相蒙"(同上卷十八《江右王门学案·与聂双江》)。可以说,黄宗羲在评价江右王学时所谓"皆能推原阳明未尽之意","盖阳明一生精神俱在江右"(同上卷十六《江右王门学案·序》),正是指的他们在"致良知"的功夫问题上对师说的发挥。

但是,同样是讲功夫,江右王门学者却各具独特见解:邹守益言"戒惧"的功夫,聂豹、罗洪先言"主静归寂"的功夫,刘邦采讲"性命兼修"的功夫,王时槐则又以"透性""研几"的学说而提出"慎独"的功夫,明末学术思想界正是在这种王门的分化中孕育着新的思想。

王时槐的"透性""研几"说，是从对江右王门"主静归寂"派的批评中开始的。他论静坐说：

> 学无分于动静者也。特以初学之士，纷扰日久，本心真机，尽汩没蒙蔽于尘埃中。是以先觉立教，欲人于初下手时暂省外事，稍息尘缘，于静坐中默认自心真面目。久之邪障彻而灵光露，静固如是，动亦如是，到此时终日应事接物，周旋于人情事变中而不舍，与静坐一体无二。此定静之所以先于能虑也。岂谓终身灭伦绝物，块然枯坐，徒守顽空冷静以为究竟哉！（同上卷二十《江右王门学案·论学书·答周守南》）

这后几句批评，正是对主静归寂派而言。聂豹、罗洪先的功夫学说，本意在纠正"见在良知"之偏，实际上走入另一个极端，王时槐对此批评说："罗念庵乃举未发以究其弊，然似未免于头上安顿"（同上《三益轩会语》）。所谓"于头上安顿"，正是指归寂派将已发、未发区别太严，专在未发上用功夫，非要到所谓枯槁寂寞、天理炯然的地步不可。王时槐则认为，"舍发而别求未发，恐无是理"（同上《论学书·答钱启新》），他又认为，未发之中是"性"，本不容言，无可用功，若施功夫于此，正是未理解"未发"。他说：

> 未发之中，性也。有谓必收敛凝聚以归未发之体者，恐未然。夫未发之性，不容拟议，不容凑泊，可以默会而不可以强执者也。在情识则可收敛可凝聚，若本性无可措手，何以施收敛凝聚之功？收敛凝聚以为未发，恐未免执见为障，其去未发也益远。（同上《三益轩会语》）

从上述对归寂派学者的批评中，已经透露出王时槐的人性论观点。这样的说法，是江右王门学者所没有的，在当时的学术思想界，也是独家之言，因此王时槐大声呼吁要"透性"，企图以此来纠偏。

所谓"透性",即是要透彻明了什么是"性",以及如何把握"性"。按照王时槐的观点,性,首先是先天的。他说:"性者,先天之理"(同上《答萧勿庵》)。既然性属先天,也是自然的,所以在对它的把握上,便无法直接用力,只能通过"性之呈露"来把握,因此,"修命"才能"尽性"。他说:

> 性之一字,本不容言,无可致力。知觉意念总是性之呈露,皆命也。……是故性不假修,只可云悟。命则性之呈露,不无习气隐伏其中,此则有可修矣。修命者,尽性之功。(同上)

由此可见,所谓性是先天之理,命是性之呈露,修命是尽性之功,这便是王时槐"透性"说的基本内容。在这里,虽然他并没有完全排斥"悟性"的说法,但是已经给人性的感情思虑留下了一条狭窄的自由通道,主张不要在人的感情思虑刚刚萌生时,便用封建礼教把它们扼杀在摇篮里,要等到人的感情思虑已转化为某一种行为和行动,这时再用封建礼教对行为、行动加以衡量,加以取舍。王时槐在《潜思札记》中有如下一段问答:

> 性之生,而后有气有形,则直悟其性足矣,何必后天之修乎?曰:非然也。夫彻古今、弥宇宙,皆后天也。先天无体,舍后天亦无所谓先天矣。故必修于后天,正所以完先天之性也。(同上)

在这里,他用一元论的观点考察性与命、先天与后天的关系,不仅否定了"直悟其性"的空疏之论,而且也克服了刘邦采"性命兼修"说的二元论倾向。

王时槐将上述观点进一步向理论方面发挥,提出了理气一元论的观点。他说:

> 盈宇宙间一气也。即使天地混沌,人物消尽,只一空虚,亦属气耳,此至真之气,本无终始,不可以先后天言。故曰一阴一

阳之谓道,若谓别有先天在形气之外,不知此理安顿何处?(同上《论学书·与贺汝定》)

他明确地把"气"看作是宇宙的基础,看作是先于一切,否认形气之外有理的独存。王时槐在本体论方面承认气本说(宇宙本原为气),但在人性论和修养论方面,他承认有先天的人性,这两者并没有什么矛盾,因为按照他的论点,盈宇宙间一气而已,而气从某种意义上说也是先天的,在尚未被人认识以前就是先天的。附带要说明:在宋明理学的哲学词汇中,"先天"的含义和我们今天所理解的并不完全相同。王时槐的"先天"是指一种道理,人们尚未认识,然而它是自然而然地存在着。由此推论,人的思想未见之于行动,也是先天的。

以"透性"说为前提,王时槐论述了"研几"说。按照他的观点,既然尽性在于修命,因此在道德修养论上也只能从"后天"下手,而这个后天的下手之处,王时槐借用前人的术语,称之为"几"。

"几"一词,本出自《易·系辞》,指"动之微,吉之先见者";又说:"夫易,圣人之所以极深而研几也"。在先秦,荀子曾用"几"把"人心之危"与"道心之微"联系起来,提出"危微之几,惟明君而后能知之"(《解蔽》)的说法,使"几"带上了几分神秘色彩。到了宋代,周惇颐在《易通》中提出:"寂然不动者,诚也;感而遂通者,神也;动而未形、有无之间者,几也。诚精故明,神应故妙,几微故幽。诚神几曰圣人"(《易通·圣》)。又说:"诚,无为;几,善恶"(同上《诚几德》)。这些说法,把几与诚联系起来,作为"感"与"寂"、有与无之间的中间环节,并把善恶的道德属性安置于这个环节之上,使后来的理学家为此辩论不休。

王时槐从前人手中借用了"几"的概念,但在看法上与前人有所不同。他首先不同意"几善恶"之说,指出:"研几者,非于念头萌动辨别邪正之谓也"(《明儒学案》卷二十《江右王门学案·静摄寤言》)。认为"几"不是念头初起有邪有正之谓。他赞同周惇颐关于诚几关系的说法,写道:

"寂然不动者诚,感而遂通者神,动而未形、有无之间者几",此是描写本心最亲切处。夫心,一也,寂其体,感其用;几者体用不二之端倪也。当知几前别无体,几后别无用,只几之一字尽之,希圣者终日乾乾,惟研几为要。(同上《仁知说》)

由上述材料来看,他反对"几善恶"(于念头萌动处辨别邪正),正如前面所指出,是给人性的感情思虑留下一条狭窄的通道,这同他"透性"说中的一元论观点相一致。但是,由于他不能把理气一元论原则贯彻到人性论当中,所以必然带来如下的矛盾,即:对于他所要寻找的道德原则,既反对从寂然不动的"体"的方面去研究,又做不到从感而遂通之后的"用"的方面去探索,事实上是陷入了一种进退两难的困境。他企图摆脱这个困境,宣称道德准则就在"几"之中。请看他对"几"的形容:

此几生而无生,至微至密,非有非无,惟绵绵若存,退藏于密,庶其近之矣。(同上《静摄寤言》)

利用这种带有神秘色彩的形容,说"几""生而无生","非有非无","至微至密",似乎是指一种伦理上的思维倾向性,或称之为心理趋向。这种倾向表现出来时是一种自然流露,不是有意而为,因而说它是"生而无生";它在人心之中,无事而隐,有事(待人接物)必显,因而说它是"非有非无";如果有意识地去把握,则非常困难,因而说它"至微至密"。这种倾向性,王时槐又称之为"本心真面目",并且指出,对于这种"本心真面目",先儒圣贤早已给它许多名称:

虞廷曰中,孔门曰独,舂陵曰几,程门主一,白沙端倪,会稽良知,总无二理。虽立言似别,皆直指本心真面目,不沉空,不滞有,此是千古正学。(同上《论学书·寄钱启新》)

这种"本心真面目"在王时槐看来,既不属于空,又不属于有(不沉空,不滞有),因此称之为"几"最合适。

如何评价这种学说?

我们认为,在中国思想史上,自孟子提出性善学说,把恻隐、羞恶、辞让、是非这些致善的趋向性(可能性)说成是绝对的善端以来,这种观点就被许多儒家学者所接受。王时槐所主张的透性研几说,对理学的性论观点进行了大胆而积极的修正:首先,他用"透性"说论证了"先天无体",不同意理学家讲心体与性体于"未有天地之先"的"邪说淫辞"(同上《与贺汝定》);其次,他用"几"来称谓"本心真面目",虽然有神秘主义的渲染,但这是向自然人性论转化的一个过渡环节,应当受到重视。

王时槐用"几"来形容"本心真面目",还只是"本心真面目"的一个方面,即就其特点而言,它是在"动而未形、有无之间"。这确实表现了王时槐的苦心孤诣。除此之外,他还从"意"和"知"两个方面对"本心真面目"展开进一步的说明。

先看"意"。王时槐说:

> 阳明曰:"大学之要,诚意而已矣,格物致知者,诚意之功也。"知者意之体,非意之外有知也;物者意之用,非意之外有物也。但举"意"之一字,则寂感体用悉具矣。意非念虑起灭之谓也,是生几之动而未形、有无之间也。独即意之入微,非有二也。意本生生,惟造化之机不克则不能生,故学贵从收敛入。收敛即为慎独,此凝道之枢要也。(同上)

意,是研几说体系中一个重要概念,也是"本心真面目"的最重要体现。王时槐在王守仁学说的基础上,对人的主观认识的心理要素的分析,虽然不是建立在实验科学的基础上,但是表现出概念分析的细致。在他看来,"意"是指人们认识活动开始以前的一种心理活动状态,它以知为体,以物为用,如果离开了知,就性质不明;一旦离开了物,就无从显现。因此可以说,"意"就是"本心真面目"的存在状态。这种存在状态,是充满活力的,因而又称之为"生生"。这个"生生",既是指生生不息的运动状态,又是指"生生即仁"的趋善性质。不过,这里所讲的运动,是指一种无休止的绝对的运动,因此只能用"生生"来形容,不能用"动静"去称谓。王时槐还强调,意不是念虑的起灭,因此一讲念虑,就已堕入形气,而意属"中道","不落二边"。

再看"知"。王时槐说:

> 知者,先天之发窍也。谓之发窍,则已属后天矣。虽属后天,而形气不足以干之。故知之一字,内不倚于空寂,外不堕于形气,此孔门之所谓中也。(同上《答朱易庵》)

知,是研几说体系中的又一重要概念。这里所谓"知",即我们今天所谓的认识,它有认识的对象,即"内不倚于空寂";它是有条理、有逻辑的,并不等同于外物,即"外不堕于形气"。另外,王时槐又赋予"知"以道德性质:知即"孔门之所谓中",也即《论语·尧曰》所说的"允执其中",皇侃疏之为"中正之道",《中庸》称为"天下之大本",可见是指一种完美的道德范畴。把这层意思和上文"知者意之体"联系起来看,就可断定,"知"是指"本心真面目"的善与美的性质,也即必然向善的思维趋向。从这个意义上说,此处之知,实际是指"良知",王时槐不用此语,大概是为了与作为先天本体的良知相区别。

从王时槐对"几""意""知"的论述中,我们可以得出这样的结论:第一,三者皆非先天的虚幻之物,而都是属后天的产物;第二,三者皆处于动而未形、有无之间,虽不倚于空寂,亦不堕于形气。从这里可以看出,几、意、知是从不同的方面展现了"本心真面目":以其微妙而言,谓之几;以其生生而言,谓之意;以其中正而言,谓之知。总而言之,称为"几"。在这三个概念之中,最重要的是"意"。围绕着这个"意",王时槐进一步展开分析,又提出了"识"与"念"两个概念。他说:

> 性无为者也,性之用为神。神密密常生谓之意。意者一也,以其灵谓之识,以其动谓之念,意、识、念,名三而实一,总谓之神也。(同上《潜思札记》)

意,作为"几"的存在状态,虽然生生不息,但又不堕于形气,因此并不直接表现出来,而只能借助"识"与"念"而外化:识,大体相当于主观意识;念,大体相当于念头、动机,它支配着人的待人接物的活动。念外在运动的结果,就会出现所谓"念头断续转换不一"的情况,在这种"断续转换"之中,有时不善以至恶便表现出来,因此说,"断续可以言念,不可以言意"(同上《三益轩会语》),"若至于念头断续转换不一,则又是发之标末矣"(同上《答钱启新》)。

意和念的区别,并不是绝对的,从意是专一致善的趋向来说,有时又可以称为"一念"。从它至微至密来说,有时或称"念之至微"者。人们把"澄然无念"当作未发之体,正是"将发字看得粗了"。实际上,"澄然无念",就是一念,也就是"意"。

王时槐通过对几、意、知、念、识等概念的细致分析,描绘了总称为"几"的"本心真面目"。他强调说:"学者终日乾乾,只是默识此心之生理而已"(同上《答周时卿》)。这就是所谓的"研几"。

王时槐指出,研几的实践要求,是"慎独"。他说:"意本生生,惟造化之机不克则不能生,故学贵从收敛入,收敛即为慎独,此凝道之枢要也"(同上《与贺汝定》)。所谓"造化之机不克则不能生",就是说,生机的显露是要在应事接物中才能表现出来,而要在应事接物的过程中把握生机,只有依靠"慎独"的方法,这就叫作"收敛"。很明显,这种以"慎独"为收敛的修养方法,同以静坐枯寂为收敛的修养方法是大相径庭的。这种方法后来为刘宗周所继承。

王时槐的透性研几说,论证缜密,孤标独帜,后人称之为"洞彻心境"(高攀龙语)。实际上,这恰恰表现出"牛毛茧丝,无不辨析"的理学特色。

这种情况同佛教对理学的影响有很大关系。王时槐本人就曾有过"究心禅学"的经历,他的著述中讲"中道""不二",不仅是直接借用佛教的术语,而且在辨析方法上,也深深渗透着佛教中道观的影响,其中对几、意、知的论证,就是一个明证。当然,他的"究心禅学",主要是在方法论上。就人生观而言,他仍然站在批评佛学的立场。他说:"大抵佛家主于出世,故一悟便了,更不言慎独。吾儒主于经世学问,正在人伦事物中实修,故吃紧在于慎独"(同上《答郭存甫》)。正如《易传》中所说"唯几也,故能成天下之务"(《系辞》上)一样,王时槐的研几说背后,隐藏着经世、践履的精神,这与江右王门学者刘邦采、胡直有相似之处。不过,这种精神到了后来的刘宗周、李颙等人手里,才得到发扬光大。

第三节 胡直的"心造天地万物"说

胡直(公元1517—1585年)字正甫,号庐山,吉安泰和(今江西泰和县)人。曾任四川参议,湖广督学,广东、福建按察使等职,年六十九卒于官。著作有《胡子衡齐》等,后人辑为《衡庐精舍藏稿》三十卷、《续稿》十一卷。

胡直少年时性格豪放,羡慕孔融、郭元振、李白、苏轼、文天祥的为人,同时又酷嗜词章之学。年二十六,始从王守仁弟子欧阳德问学,得"立志"之教,为学方向便转向心性修养,自称"因悔时日之过,大病在好词章,又多忿欲,三者交割于胸中,虽时有战胜,不能持久,此予志不立之罪"(同上卷二十二《江右王门学案·困学记》)。年三十一,与友人王托去石莲洞拜罗洪先为师,罗授之以"主静无欲"之教。尔后不久,胡直便又从陈大论、邓鲁等人学道与学禅,学道未果,学禅却大有收获,据《困学记》载:

> 予亦就钝峰(邓鲁)问禅。钝峰曰:"汝病乃火症,当以禅治。每日见予,与诸生讲业毕,则要共坐,或踞床,或席地。常坐夜分,少就寝,鸡鸣复坐。其功以休心无杂念为主,其究在见性。"

予以奔驰之久,初坐至一二月,寐寤见诸异相。钝峰曰:"是二氏家所谓魔境者也。汝平日忿欲利名,种种念虑,变为兹相。《易》所为游魂为变是也。汝勿异,功久当自息。"四五月果渐息,至六月遂寂然。一日心忽开悟,自无杂念,洞见天地万物,皆吾心体。喟然叹曰:予乃知天地万物非外也。自是事至亦不甚起念,似稍能顺应,四体咸丕泰,而十余年之火症向愈,夜间能寐。(同上)

这段学禅静坐的经历使胡直受益匪浅,特别是"心忽开悟"的心理体验,给他思想上留下了深刻的印象。胡直的这种求学过程读起饶有趣味,和练气功有相似之处。现代医学对气功的研究认为:"气功进入至静境界时,一切感官活动和思维活动暂时停止。人们在恍惚之间,好像感到自身并不存在,有一种虚无缥缈的感觉,这种状态……用现代心理学的术语来说,就是自己身体的客观化(Objectification of the Body)"(卓大宏《气功源流略考》)。由此证明,胡直所说的"洞见天地万物,皆吾心体",并非主观凭空的捏造。但是,他把这种实际上是练气功过程中所特有的心理现象,当作一般的认识现象,并以这种心理体验作为根据,坚信"天地万物皆吾心体",在当时的自然科学水平条件下,是不足为怪的。

胡直把自己通过内省获得的心理经验,"印诸子思上下察、孟子万物皆备、程明道浑然与物同体、陆子宇宙即是吾心,靡不合旨"(《明儒学案》卷二十二《江右王门学案·困学记》)。由此他便直截了当地提出"理在心,不在天地万物","心造天地万物"的观点,指出:

夫万理之实,岂端在物哉?其谓实理即实心是也。孟子曰:万物皆备于我,而下文继之曰:反身而诚,乐莫大焉。若实理皆在于物,则万物奚与于我、又奚能反身以求诚哉?(《胡子衡齐》卷二《六锢》)

又说:

第四十章 江右王门刘邦采、王时槐、胡直的理学思想

> 天者,吾心为之高而覆也;地者,吾心为之厚而载者;日月,吾心为之明而照也;星辰,吾心为之列而灿也。雨露者吾心之润,雷风者吾心之薄,四时者吾心之行,鬼神者吾心之幽者也。江河山岳、鸟兽草木之流峙繁植也,火炎水润木文石脉,畴非吾心也;蝼蚁虎狼鸿雁雎鸠,畴非吾心也;一身而异窍,百物而殊用,畴非吾心也。是故皎日者所以造天地万物者也;吾心者,所以造日月与天地万物者也。其惟察乎,匪是则亦黝墨荒忽,而日月天地万物熄矣。日月天地万物熄,又恶睹夫所谓理哉?子故曰:察之外无理也。(同上卷一《理问》下)

这样的观点,和王守仁的"心学"没有什么区别。如果说王守仁还用心物不相分离的观点来装饰"心外无物"之说;那么,胡直在这里便是开门见山,直接把心摆在第一位,甚至认为天地万物竟无理,理只在心中,犹如没有光明就见不到天地万物一样,没有心,则连光明也见不到,故说心造日月天地万物。这里,我们看到了胡直是怎样片面地夸大主观认识的作用,并加以绝对化的例子。

上述观点,也表现出胡直浪漫和豪爽的个性。他批评前哲怀忌含讳,这样写道:"不直则道不见,以致谈者狐疑指摘,莫决从违。……仆不忖漫为八字打开,一口说破,直将此学尽头究竟,不敢为先儒顾惜门面"(《衡庐续稿》卷四《与郭相奎书》)。从以上言论看,胡直的确是胜过前哲,把王学"一口说破"了。事实上,他走得比王守仁更远,与佛教"三界惟心"的观点一致。他自己也并不隐讳,说道:"若夫释氏所谓三界惟心、山河大地为妙明心中物,其言虽少偏,而亦不至大缪"(《胡子衡齐》卷二《六锢》)。正是因为如此,黄宗羲在《明儒学案》中评论上述观点时写道:"此与文成一气相通之旨,不能相似矣"(卷二十二《江右王门学案·胡直传》)。胡直的"心造天地万物"之说,与王守仁"心外无物"之说确实有所不同,但却可以视为"心外无物"说合乎逻辑的发展,而黄宗羲所说的"文成一气相通之旨",则渗透了他自己对

王守仁学说的理解,即:"夫所谓理者,气之流行而不失其则者也。太虚中无处非气,则亦无处非理。孟子言万物皆备于我,言我与天地万物一气相通,无有碍隔。夫人心之理,即天地万物之理,非二也。若有我之私未去,堕落形骸,则不能备万物矣。不能备万物,而徒向万物求理,与我了无干涉。故曰理在心,不在天地万物,非谓天地万物竟无理也"(同上)。用这样的观点批评"心造天地万物"之说,是有一定说服力的:一方面,他认为认识离不开主体("我"),而主体如果被主观成见("私")所蒙蔽,也就不能洞见万物之理;另一方面,他又认为人的认识结果("人心之理")与客观真理("天地万物之理")是统一的关系,而不是等同。可见,宗羲的见解是很深刻的。

"心造天地万物"之说,是胡直理学的主题。《胡子衡齐》一书,基本上围绕这一主题,故而黄宗羲称:"先生著书,专明学的大意"。但是,如果用"主观唯心主义"一语概括胡直思想了事,则未免过于简单。实际上,胡直思想中颇有值得注意之处。首先,是勇于怀疑与独立思考的精神;其次,是强调心学与力行不悖的注重践履的精神。这些都值得阐发。

理学中心学的一派,注重独立思考。陆九渊的"六经注我"、陈献章的"以我观书",都是显例。在明代后期学者中,胡直也应视为突出的例子之一。他不仅主张独立思考,更敢于怀疑,在《困学记》中,他写道:

> 反复而思之,平心而求之,不敢循近儒,亦不敢参己见。久之,于先儒终不能强合,其疑有四;于近儒亦不能尽合,其疑有三。(同上)

这里所说的"先儒""近儒",就是指程、朱与王守仁两大派。胡直对于程朱一派的疑难,主要在"穷理"问题上。他坚持"理在心而不在物"的观点,反对多闻多见与读书,不主张"瞿瞿焉索物以求理"(《胡子衡齐》卷二《六锢》)。在为学之序上,他提出"物理远而心性近"(同上卷七《续问》下),主张以心性为先。对于王守仁学派的疑难有三:其一,他认为王守仁释格物为正心,与《大学》中"正心"条目本身意思重复,会使初学者"增缴绕之病";其二,他提出良知中有"天则"在,不可以随意变化圆通,生"猖狂自恣"之病;其三,他反对"重内轻外",主张"日用应酬可见之行者,皆所学之事",不必"探索于高深","测度于渺茫"。从以上"四疑"和"三疑"的内容来看,他对程、朱的疑难,显然都是站在"心学"的立场,然而,他又不泥于心学的清规戒律,因此又对王守仁及其后学也提出了疑难,而且其中包含有合理因素。在《胡子衡齐》中,有《六锢》一篇,从"虚实""天人""心性""体用""循序""格物"六个方面阐发他自己的独立见解,与"四疑""三疑"说的精神基本一致。

在对待佛、老二氏的态度上,胡直也表示了与众不同的看法。他说:

> 某则以为老、佛之言或类吾儒,而吾儒之言亦有类老、佛者,此则譬之食稻衣锦,虽庄跻皆然。(《衡庐藏稿》卷二十《答唐明府书》)

又说:

> 某尝以为圣人能兼夫禅,禅不能兼夫圣,以其间有公私之辨,此其所以成毫厘千里之异也。(同上《答赵大洲先生》)

虽然从根本上说,胡直是反对佛、老二氏的,但是他不反对使用"老、佛之言",认为儒、释之分的关键在于"经世"与"出世",也即"尽心"与"不尽心":

> 释氏者,虽知天地万物之不外乎心,而卒至于逃伦弃物。若是异者,非心之不实也,则不尽心之过也。(《胡子衡齐》卷二《六锢》)

对于佛、老二氏的思想,绝大多数理学家抱着暗中吸取而公开讳言的态度,胡直这种与众不同的兼容态度,也从一个侧面反映其不因循世俗、独立思考的学术态度。

胡直思想中另一点值得注意之处,是强调心学与力行不悖的注重践履的精神。他在给友人的信中说:"仆以为见今之语心学者,当谪议其力行与不力行,而不当竟诋其学之为非也"(《衡庐藏稿》卷二十《答唐明府书》)。他认为心学与力行并不矛盾,主张心学不应当受到批评,但语心学而不力行则应受到指摘。他还说,《周礼》中的六德、六行、六艺这"三物"皆不能离心。他在"三疑"之说中对"今之学者""重内而轻外"的批评、对佛学"逃伦弃物"的批评,都表现了注重践履与讲求实际的精神。

在知行问题上,他虽然还恪守着王守仁"知行合一"之旨,但在具体论述中则宣称真知必须躬行。《胡子衡齐》中有这样一大段他与弟子论知行的记载,兹抄录于下:

> 渭南南大夫谓胡子曰:"昔予伯大夫告马少卿曰:知行一也,唯行乃为真知'。马君曰:'今夫水溺人、火燎人孰不知之,岂必身经溺燎而后为真知哉!'伯大夫未有以应也,子则谓何?"胡子亦未有以应也。有座客曰:"古人有身亲经虎者,见谈虎而色变,此出于真知固也,然亦有不必尽然者,此不可定拟也。"已而,一客传郭黄门《使琉球录》,群披诵之,见《录》称今琉球与杜氏《通典》载尽异。或曰:"杜氏年久远,与今异者宜也"。已而又读《星槎胜览》,亦多异。《胜览》载其国山形合抱,有翠丽大畸之高耸,今《录》称无之;载田沃谷盛,今称沙砾而不硕;载气候常热,今称雨过遽凉,而亦有霜雪;载造酒以甘蔗,今称以水渍米而谓之米奇,其它不合者更夥。《胜览》所载,出本朝永乐间,今去尚未远,乃不合如此,自非郭君亲历而目较之,鲜不以《胜览》为是也。然则不躬行而云真知者,岂不误哉!……胡子谓南大夫曰:"善乎哉,其言知行者也!"大夫曰:"其若溺燎之辨何?"胡子曰:"夫人者虽未身经溺也,然日有溺者矣,故知溺为真;虽未身经燎也,然日有燎者矣,故知燎为真。且水火昕夕庸之,耳目逮之,安得不

第四十章　江右王门刘邦采、王时槐、胡直的理学思想

为真知？其它未庸未逮而必曰知之皆梦知也。即若兹堂也,吾与子升其中,然后真知斯堂之景物,彼在外者纵工考讯亦徒想象已耳。吾与子若久居斯堂,则所知尤详;若遂有而主之,则何啻详也,而且忘所为知矣。故谓知为行始、行为知终可也,谓真行即知、真知即行亦可也。彼必谓知行异者,梦语也哉,想象也哉!"

……弟子曰:"允哉,诸君子之言一也,虽然,《系辞》有曰:'百姓日用而不知',彼日用则行矣,而又不知何也?"曰:"百姓虽日用之,然而冥行多矣,非真行也。""然则何以为真行?"曰:"真知则无不行,真行则无不知。"(《胡子衡齐》卷七《续问》上)

这段引文虽然较长,但它再现了胡直与学子们读书讲论的生动场面,其时胡直正以四川按察副使督其学政,从中可以窥见晚明书院讲学之一斑。在胡直与学子的对话中,不仅肯定了直接经验,同时也肯定了间接经验,认为人们要取得知识,不可能什么都要直接经验。他还提出"真知"与"梦知"及"真行"与"冥行"的问题,指出真知是含有行的知,真行是含有知的行,在说法上虽与王守仁相似,而在旨归上却异趣。不过,他把"忘"当作知的最高境界,不免又走入神秘主义。

胡直注重践履与讲求实际的思想特点,也与他后半生为官三十年的经历相关。他的为官政绩,文献记载不多,但从其文集来看,"经世"的言论却不在少数。例如,他论当时东南沿海"倭寇"事,就向上司提出"审战地","严间谍","操刑赏","简士兵","破资格","恤内地"等十项建议,其中多是针对时弊而发的(《衡庐藏稿》卷十九《上陈府院论倭寇》)。他还呼吁反对"虚文",指出:"今日虚文之甚,其委细者固多而大端则有五:一曰无名杂徭;二曰浮羡供应;三曰宴会多费;四曰借关滥应;五曰奢僭无度"(同上)。从这些言论中,不难看出他讲求实际的思想倾向。胡直认为,"天下大计有三",其一正圣功,其二豫人才,其三培元气。他以百姓为国之元气,指出:"民为邦本,本固邦宁",对聚敛、征输、倭患之扰民深表忧虑,感叹道:

"使仍以催科为课,则民困不知何所终也"(《衡庐藏稿》卷二十《启江陵张相公》)。这些都表现出他关心民情的求实一面。

  总之,胡直的思想一方面以"理在心""心造天地万物"为主旨,同时又表现了独立思考、注重践履与讲求实际的特色。他的思想的最终落脚点,仍然是所谓的"约礼顺则",即以封建的道德原则征服人心,支配整个社会。他有一段话论及人心的重要:

  仆尝讯鞫大盗,虽刑之不肯服输,及至一二语中其独知,盗不觉服。所以然者,非盗不闲掩饰,以触其独知,若天所管押,虽欲掩不可得也。可见此知不容一毫虚假,乃天下至诚之动者也。在盗且然,而况学者乎?其所谓明德,所谓天下之明命,所谓虚灵,所谓天理、天则、天聪明,所谓仁体,所谓生理,所谓性,所谓人之生也直,皆不能外此,吾人舍此更何所倚。故唯慎其独知则可以诚意而致平天下,可以致中和而致位育。(《衡庐藏稿》卷二十《答程太守问学》)

在这里,胡直又是从经验出发论证了解决人心问题的极端重要,由此也就透露出他在理论上无限夸大"心"的作用,主张"心造天地万物"之说所具有的社会现实意义。

第四十一章 南中王门薛应旂与唐鹤征的思想特色

第一节 薛应旂的心学思想

薛应旂是南中王门的一位有影响的学者。过去学术界对他研究极少,仅在个别著作中有所涉及,认为他"调和于朱熹和王守仁之间","倾向于朱学"[①]。其实,他的思想主要方面是陆王心学。现将薛应旂心学思想及其矛盾论述于后。

一、薛应旂的生平、师承和著作

薛应旂[②]字仲常,号方山,武进(今常州)人。嘉靖十四年(公元1535年)进士。薛应旂自述:

> 旂少贫贱,学与时违。及走仕途,言行多忤于俗。公卿大臣之门,无可借以进,而亦不敢有意于求闻。然于天下之贤人君子,耆德元老,一从士人间有得,则心辄向往而不忍果于自弃。
> (《方山先生文录》卷十《别西磐张公序》)

---

① 容肇祖《明代思想史》第286页和第300—301页。
② 生卒年不详。

赵时春《方山先生文录序》说，薛应旂"其励志即尚友千古，不与世狎"，"方山子沈毅畅达，绩学好问"。由此可知，薛应旂贫寒而好学，行为方正，其为人与流俗相忤，是封建社会正派的知识分子。

薛应旂中进士后，曾任浙江慈溪县知县、江西九江府儒学教授、南京吏部考功司主事、本部稽勋司郎中、考功司郎中、江西建昌府通判、刑部陕西司员外郎、礼部祠祭司员外郎、本部精膳司郎中、浙江副使、郧州兵备副使等职。"嘉靖二十四年（公元1545年），奉例考察南京五品以下官员"，因得罪宰相严嵩，受降职处分。《常州府志》载："严嵩托人，风之令去御史王晔。晔，端士也。应旂留晔而去其所托之人。嵩不怿，竟用言者，谪建昌通判。"卷二十三《人物》所指当是此事。薛应旂说他"一生以清苦自励，不敢妄有出入"（《薛方山先生集·明出处疏》）。他为官清正，对宰相严嵩不苟同，故遭到贬责。这对他思想发展有重要的影响。

从《方山先生文录》可见，薛应旂一生为官、教书和著作，政治上不十分得意。

薛应旂的学术师承，在他的《与王槐野》书中有所叙述：

> 七八岁时，就一乡村老学究启蒙，俾诵《孝经》、小学。……髫丱（幼童）入乡校，从先达二泉邵先生游。……既先生谢世，怅怅无依，忽闻关中吕泾野先生论道金陵，徒步往从之。先生一见甚欢……问自何来，语以邵先生故。吕先生曰：有自来矣。"留四三年，日有所闻。

又赵时春《方山先生文录序》说：

> （薛方山）自为诸生时从无锡邵文庄公（邵宝）游……既而业成均（古之大学），其司成泰和欧阳文庄公（欧阳德），阳明先生高第子也，以方山子为良，亟嘉与之。方山子沈毅畅达，绩学好问，务求其至。闻陕之泾野吕先生，笃信好古，从而请益。以

故造诣日进,闻誉日茂,遂魁南宫。

由上两段材料,可见薛应旂有几位老师,一是邵宝,二是欧阳德,三是吕柟。薛应旂受学于三位老师,影响各有其至。

邵宝学以洛、闽为的。尝曰:吾"不愿为假道学"(《明史·儒林传》)。欧阳德是王守仁的弟子,曾知六安州,建龙津书院,聚生徒论学,他在当时学术界有一定影响,讲学时"赴者五千人,都城讲学之会,于斯为盛"(同上)。吕柟学以薛瑄为宗,"格物穷理,先知而后行"(《四库全书总目提要》卷七),"其践履最为笃实,尝斥王守仁言良知之非"(同上卷九十三)。

从以上师承关系可以看出,薛应旂既有王守仁心学的影响,又有朱熹理学的影响。两者相较,以王学为主。

薛应旂的著作很多,主要有:《方山先生文录》二十二卷,这是他自己编的文集;《四书人物考》四十卷;《宋元资治通鉴》一百五十七卷;《宪章录》四十七卷;《薛方山纪述》一卷;《薛子庸语》十二卷;《甲子会记》五卷等。

二、薛应旂的心学思想及其矛盾

薛应旂的思想比较复杂,但其主要倾向是心学。我们只要把王守仁的思想和他进行比较,就不难发现这个情况。

(一)"此心之外无余道"

薛应旂说:

> 苟能反诸吾心,而超然自得,则天之所以为天,人之所以为人,物之所以为物,皆一以贯之,而此心之外无余道,此心之外无余言也。究而论之,此心此道,皆圣人名之也。(《薛方山先生集·会道》)

> 外心以为道者,非道也。(《方山先生文录》卷十七《学以人事为大》)

> 夫学所以明道也,道安从生哉?人有此心,心即是道。(同上

卷八《记二·宁海正学祠记》)

从以上材料可见,薛应旂认为,除自己的心之外没有其他的道。简而言之,即是心外无道。如果认为心外有道,那么,道是从何处来?按照他的意思,自然是从人心中来,因此,心就是道;或说道具于人心。这和王守仁"心外无理"的思想是一脉相承的。薛应旂所说的"道",就是王守仁所说的"理"。"心即理"与"心即道";心外无理与心外无道,是一个意思。

薛应旂又说:

> 天理之在人心,其究不在于纷华盛丽逢迎容悦间也。(《方山先生文录》卷十一《赠叶教谕序》)
> 天理之在人心者,则未尝泯也。(同上《论三·高帝》)

薛应旂所说"天理在人心",与王守仁所说"汝心……便是天理",意思是相同的。

薛应旂又说:

> 盖观不在物而在我,以我观物,则万物皆备于我矣。观不在目而在心,以心宰目则百体皆令(合)于心矣。(同上卷八《大观草堂记》)

这与王守仁所说的"心外无物""心者天地万物之主也"的思想是一致的。

他又说:"人之一心,本与天通者也"(同上卷三《纪述上篇》)。王守仁说:"心即天,言心则天地万物皆举之矣"(《王文成公全书》卷六《答季明德》)。

总之,在薛应旂看来,"心"包涵天地万物,是天地万物的主宰。心即天,心与天通,而且其地位立于天。

(二)"人者天地之心也"

薛应旂的心学思想还反映在他的"人者天地之心也"的主张上。

第四十一章 南中王门薛应旂与唐鹤征的思想特色

他说：

> 今夫立天之道曰阴与阳，立地之道曰刚与柔，立人之道曰仁与义。是故阴阳成象而天道立矣。刚柔成质而地道立矣。仁义成德而人道立矣。别而言之，三才之道也。合而言之，理也，具之乎人心者也。故曰：人者天地之心也。是心也，万事之所从出，而万化之所由行者也。（《方山先生文录》卷十七《圣人人伦之至》）

又说：

> 人者天地之心也。圣之所以为圣者，此心也；贤之所以为贤者，此心也。吾人之学，正以学为圣贤也。（同上卷七《常州府重修儒学记》）

又说：

> 夫人非圣人也，夫人之心则固圣人之心也。《易》曰成德、《书》曰恒性、《诗》曰秉彝，一理也，皆具之乎此心者也。故曰：人者天地之心也。圣人之所以为圣者，以其能存乎此心也；众人之所以去圣远者，以其昧乎此心也。（同上卷十七《思者圣功之本》）

薛应旂认为天道（阴阳）、地道（刚柔）、人道（仁义）为三才之道。三才之道即"理"，或者说，"成德""恒性""秉彝"。德、性、彝，指的都是"理"。而"理"是具于人心的。因而"心"是天地的主宰。而具有仁义之心的人，就成为天地之心。从而得出"人者天地之心也"的结论。"人者天地之心也"，此语出自《礼记·礼运》篇。薛应旂引用此语，已经进行了改造。他说得很清楚，"是心也，万事之所从出，而万化之所由行者也"。即是说，"心"是万事万物的创造者，千变万化都是由"心"而来的。人是天地的主宰,"心"又是人的主宰,所以"心"也是天地万物的主宰。

薛应旂"人者天地之心"的观点,也是从王守仁的思想而来的。王守仁说:"夫人者,天地之心,天地万物本吾一体者也"(《王文成公全书》卷二《传习录》中)。他又在《答李明德》中说:"人者天地万物之心也,心者天地万物之主也"(同上卷六)。薛应旂继承了王守仁的主观唯心主义思想,于此就一目了然了。

(三)六经与心的关系

薛应旂的心学思想还反映在六经与心的关系这一问题上。他说:

> 人之言曰:圣人未生,道在天地,圣人既生,道在圣人,圣人既往,道在六经。是六经者,固圣人之道之所寓也。然其大原则出于天,而夫人之心,则固天之心也。人能会之于心,则圣人之道,即吾人之道,有不在六经而在我者矣。(《方山先生文录》卷十六《折衷》)

又说:

> 人人存其本心而形气不扰,则六经可无作也。于是乎可以知圣人作经之意也。《易》以道化,《书》以道事,《诗》以达意,《礼》以节人,《乐》以发和,《春秋》以道义。先后圣哲,上下数千年,究其指归,无非所以维持人心于不坏也。夫圣人作经,以生人。而夫人则任末而弃本,各出意见,竞为训疏。支辞蔓说,眩博务奇,门户争高,相倾相毁,而彼此枘凿,后先矛盾,遂使学者耳目应接不暇,而本然之聪明,反为所蔽。以经求经,而不以吾心求经也,求经于经,而不求其理于吾心也。(同上卷十六《原经》)

薛应旂认为六经包含着圣人之道。"圣人之道,即吾人之道"。他反对"以经求经","求经于经",而主张"求经于心"(同上卷七《舒城县儒学尊经阁记》)。如果"以经求经,而不以吾心求经也。求经于经,而不求其理于吾心也",那就是荒谬的。薛应旂的这些议论,实际是陆九渊"六经注我"思想的翻版。

关于这个问题,王守仁说:

> 六经者,吾心之记籍也。而六经之实,则具于吾心。……而世之学者,不知求六经之实于吾心,而徒考索于影响之间,牵制于文义之末,硁硁然以为是六经矣。(《王文成公全书》卷七《稽山书院尊经阁记》)

这里,他把六经和心的关系讲得很清楚,认为六经是自己的心的记录,六经之实包含在吾心之中。而一般学者不懂得这个道理,"不知求六经之实于吾心",而去搞些考证文字意义的东西。实际上这是舍本逐末。王守仁这种观点,显然是陆九渊"六经皆我注脚"(《象山全集》卷三十四)思想的发展。由此明显地看出薛应旂和陆九渊、王守仁心学思想的继承关系。

(四)薛应旂心学思想的矛盾

薛应旂的思想既有王守仁的主观唯心主义,又有朱熹的客观唯心主义。这种思想上的矛盾与其师承是有直接关系的。前面我们已经说过,薛应旂的老师欧阳德是王守仁的弟子,而另外两个老师邵宝、吕柟都是学宗朱熹的。《四库全书总目提要》说,薛应旂"所见出入朱、陆之间"(卷一七七)。又《四库全书总目》卷六十一《考亭渊源录》提要中说:"应旂初学于王守仁(按:应为王守仁的弟子欧阳德),讲陆氏之学。晚乃研穷洛闽之旨,兼取朱子。故其书目录后有云:'两先生实所以相成,非所以相反'。遂以陆九渊兄弟三人列《考亭渊源录》中,名实未免乖舛也。"这里确实看出,薛应旂有和会朱、陆的味道,不过他主要倾向于陆王心学。黄宗羲指出:

> 先生(薛方山)为考功时,置龙溪于察典,论者以为逢迎贵溪

(夏言)。其实龙溪言行不掩,先生盖借龙溪以正学术也。先生尝及南野(欧阳德)之门,而一时诸儒不许其名王氏学者,以此节也。(《明儒学案》卷二十五《南中王门学案·薛应旂传》)

可见,薛应旂曾一度被排斥于王门学者之外。其原因是得罪了王畿,这并不能说明薛应旂真的不是王门弟子。

《四库全书总目》卷一七七《方山先生文录》提要说,薛应旂"先入为主,宗良知者居多"。黄宗羲在《明儒学案》中把他列入《南中王门学案》,这样做是合适的。

三、薛应旂的《致良知说》与《正己格物》论

薛应旂的思想虽然有自相矛盾处,但其主要倾向是王守仁的心学。他的道德论也是学宗王守仁的。这从他的《致良知说》与《正己格物》两文中可以明显看出。

薛应旂的《致良知说》继承了王守仁的观点,阐明了"致良知"说的几个基本问题。他说:

> 《大学》一书,乃学者入德之门,而致知一语,实大头脑处,实紧关下手处。世儒误认其义,遂以为必穷尽天下之物,然后吾之知致。(《方山先生文录》卷六《杂著》)

这就是说,"致知"是《大学》的关键,而朱熹等人认为必须一件一件地穷尽天下的事物,然后才能达到。其实这是一种误解。人们要按照此种误解行事,就差之毫厘失之千里。他指出:

> 阳明先生直指以示人曰:此致知者,乃致良知也,非别有所谓知也。(同上)

这是说，王守仁所说的"致知"即是"致良知"，除了"致良知"之外，再没有别的什么知了。薛应旂认为，王守仁的"致良知"说"所以发明人心天命之本然"(同上)。即是把先天赋予的、不虑而知，不学而能的天赋发挥出来。

他进一步发挥王守仁"致良知"说关于"求诸本心"的观点说：

> 今之从事口耳者，执著良知之说，而不能求诸心，其说纷纷，遂致自相牴牾枘凿。其于道理，一无所得，而古圣贤之格言至论，已一切废弃，不能为阴阳之辅翼，而其说反晦矣。敢告吾党，求诸本心，当自有豁然贯通处。(同上)

这就把王守仁"致良知"说的要害问题抓住了。什么是"致良知"？就是要求诸本心，把人的心作为认识的本体；就是不向外求，不去认识具体的事物，而是去认识自己的心，即向内心去探求，使内心充实明白，良知也就得到了。这种不假外求的思想是"致良知"说的一个重要观点。薛应旂是王守仁的再传弟子，在这一点上他是王守仁的忠实继承者。

薛应旂的道德论还可从他的《正己格物》一文来探索。"正己格物"是程子的主张。薛应旂将它加以改造，已经和程朱之说不一样了。朱熹解释"格物致知"说："欲致吾之知，在即物而穷其理也"(朱熹《大学补传》)。他承认了接触事物是获得知识的方法，虽然这还是有限的。但是，薛应旂在论"正己格物"时，首先提出"唯求诸己而已矣"。不是"即物穷其理"，不是接触事物而获得知识，而是要"于其身焉求之"。他认为只要从内心探求就可以获得体验。这与王守仁"天下之物本无可格者，其格物之功，只在身心上做"(《王文成公全书》卷三《传习录》下)的观点是一致的。

薛应旂说：

> 今夫天下之物，纷然不齐，而吾以一人处于其中，知其一，未必知其二，而况什伯千万，有不可胜计者乎！知其外，未必知其中，而况矫伪饰诈，有不可以常测者乎！君子于此，而欲其我格

焉,岂非势之难者哉!(《方山文录》卷十七《正己格物》)

他认为,要像程、朱那样一一格物是很困难的。那么,应该如何去对待事物呢? 他说:

> 殊不知天下之物理众多,而感应之机则存乎我。我有文德焉,则有苗可格也,鸟兽可驯也。吏虽难御,比之夷狄禽兽,则犹有人心者,初何难格哉? 呜呼! 是未可以难易言也。……吏一也,而其所以为吏者有不同焉。自朝廷而言,则天子而下,凡百执事,皆吏也。自一国而言,大夫庶士,皆吏也。斯其为吏也,御之,格之,犹易为力也。乃若奉佥书而供使令者,则其为吏,莫非诬上行私之属,而奉公守正者千万不一、二也。吾言未发,而彼得以探之;吾令未宣,而彼得以窥之;吾欲未萌,而彼得以导之;吾念未及,而彼得以先之。阿谀逢迎,以希吾意;奔走承顺,以快吾情;巧辞曲说,以乱吾听;蒙蔽壅遏,以眩吾明;追改日月,涂擦文字,以败吾事;间见叠出而居其上者,不觉也。于此而欲御而格之,非有孚苗之德,感物之诚,则无以发其良心而使之格也。吁! 其亦难哉!(同上)

由此可见,薛应旂的"正己格物"与朱熹的"格物致知"是不相同的两回事。薛应旂说的是"正己以感格顽冥之人",是属于道德论的问题。朱熹的"格物致知"是格客观事物以求取知识,是属于认识论的问题。薛应旂认为,要通过我的诚意,使顽冥之人"发其良心而使之格也"。他说:"君子于此,固当正己以格之。"就是说,首先要"正己","正己"才能"格物"。他又说:

> 正己之功,则又不可以易为也,必以正心。正其身,正其衣冠,正其瞻视,正其体统,正其举动。大庭正焉,退食正焉。非徒

格面,而务以格其心也。非徒格之于一时,而务以格之于永久也。潜消其狙诈之术,而俾之献其诚,默化其奸宄之私,而俾之输其悃。不惟不能欺而不忍欺,斯可以言正己之功也。吁!此犹吾儒正心诚意之学而纯任道之言也。(同上)

他认为,"正己格物"首先要"正心"、要"正心诚意",只有这样才能达到感格他人的目的。格不是格面,而是要格心,即是要使人从内心的功夫上入手。

薛应旂说:

正己格物之功,固圣门第一义也。自是而齐家而治国平天下,位天地,育万物,举不出此。(同上)

这里的"正己格物"相当于《大学》的"修身"。湛若水在《答聂文蔚侍御》中说:"程子曰:'格者至也,物者理也。至其理乃格物也'。故《大学》古本以修身说格物"(《甘泉文集》卷七)。薛应旂认为,有了"正己格物"功夫,进一步推扩乃能齐家、治国、平天下。

四、薛应旂的务实思想

薛应旂处在王守仁去世之后,学术界出现了空谈良知,不尚实际的时弊。他反对这种坏学风,提倡"务实":

子言之,君子疾没世而名不称焉。称非称许之称,乃实称其名之称也。非疾其无名也,疾其无实也。世儒之说异焉,乃谓名者,治世修身之具。于是好名者,益肆其侈心,而凡可以盗名者,无弗为矣。……此皆不尚实而尚名,而末流之祸,遂沦胥而莫能障也。夫是以知微生高之直名,陈仲子之廉名,孔孟所以斥之而不少假借者,盖尚实而防其渐也。(《薛方山先生集·尚实》)

可见，薛应旂在尚名与尚实二者之间是重视尚实的。故说"君子疾没世而名不称焉"，"非疾其无名也，疾其无实也"。他指出"尚实"与"尚名"是相对待的。"尚实"也就是务实。他说：

> 赵生子严学于薛子，岁暮将归，请以言为教。薛子曰："言之匪艰，行之惟艰。"古圣贤之训，其虑天下后世也，盖亦远哉！太古忘言，典籍靡纪，中古以还，躬行不逮者，虽或有其偏蔽遁屈，多与心性悖戾，尚可指摘辨析。延至于今，则有大不然者。知行合一之旨，勿忘勿助之说，公私理欲，是非同异，剖析几微，亹亹终日，随口酬答，无可疵议，虽古称善言德行者，亦不是过矣。及见诸行事，则弃厥所言，不啻若弁髦唾涕，若是者，将谁欺哉！而又何贵于言哉！吾愿子身体力行，不立户门，不事标榜，务从实践，则本心本圣，当自有不言而喻者，吾又何言哉？子归维扬，维扬士人，近多论学，试平心易气，以质其日之所师，当自信鄙见之非诬，而益知空言之无益，实行之当务也。（《方山先生文录》卷六《杂著·答赵生》）

薛应旂讲"言之匪艰，行之惟艰"（《书》曰："知之非艰，行之惟艰"）。说空话并不难，要实行才是艰难的，这话有积极意义。他又主张"身体力行"，主张"务从实践"，强调"空言之无益，实行之当务"。在这里，我们可以看到薛应旂不是空谈心性的理学家，而是一个重视践履、反对空言的思想家。

薛应旂说：

> 鄙意则谓践履上亦不一息放过，不然则荒唐无实，如近世之论学者，于知行忘助，辨析毫厘，而义利大防，则甘心溃决而不顾，未必非邯郸之步累之也。（《方山先生文录》卷五《与唐荆川》）

又说：

> 古之学者，知即为行，事即为学。今之学者，离行言知，外事言学。一念不敢自恕，斯可谓之修；一语不敢苟徇，斯可谓之直；一介不敢自污，斯可谓之廉。(《明儒学案》卷二十五《南中王门学案·薛方山纪述》)

可见薛应旂是重视"践履"，主张务实的。

薛应旂评价孟子说：

> 孟子……所以距杨、墨者甚至，而所自为者，则务知言养气之实学，竭明善诚身之实功。真足以继往圣开来学。(《薛方山先生集·审异》)

这里，他对孟子的"实学"，"实功"是赞许的。孟子所谓的"实学"是"知言养气"，"实功"是"明善诚身"，都没有超脱唯心主义修养的窠臼，和我们所说的实践并不相同。那么，薛应旂所谓"务实"的"实"是指的什么呢？是封建道德的践履。他是针对当时理学家"束书不观"，空谈心性，不考虑人生践履而发的。

薛应旂的务实思想与他的师承有直接关系。他的老师欧阳德就是"学务实践，不尚空虚"(《明史·儒林传》二)。他的另一个老师吕柟也是"学以穷理实践为主"(同上)。在薛应旂《送谢阳溪序》中说："值泾野吕先生近在留都，闻其务实敦行，乃徒步从之游"。他作的《泾野先生传》中也说，泾野先生"务事力行，不尚口耳"(《方山文录》卷十四)。欧阳德和吕柟的务实思想深深地影响了薛应旂。

薛应旂的务实思想是一种朴实的作风。与理学家的空谈义理，不尚实际的时弊形成鲜明的对比，这在当时是相当可贵的，应该予以肯定。

综上所述,薛应旂主要继承了王守仁心学,同时也杂有程朱理学。

黄宗羲在《明儒学案》中指出:"东林之学,顾导源于此,岂可没哉"(卷二十五《南中王门学案·薛应旂传》)。这说明薛应旂是东林学派的始源。东林学派的主要代表顾宪成是师事薛应旂的。黄宗羲说:

> 顾宪成……年十五六,从张原洛读书……原洛曰:"举子业,不足以竟子之学,盍问道于方山薛先生乎?"方山见之大喜,授以《考亭渊源录》曰:"洙泗以下,姚江以上,萃于是矣。"(《明儒学案》卷五十八《东林学案·顾宪成传》)

薛应旂的孙子薛敷教也是东林学派中人,《明儒学案》说:

> 薛敷教,字以身,号元台,常之武进人,方山薛应旂之孙也。年十五,为诸生,海忠介以忠义许之,登万历己丑进士第……甲辰,顾泾阳修复东林书院,聚徒讲学,先生实左右之。(同上《东林学案·薛敷教传》)

薛应旂晚年作《考亭渊源录》,和会朱陆思想。但顾宪成的思想并不是完全来源于薛应旂,而是还另有来源。薛应旂仅是顾宪成的老师之一。顾宪成的思想主要是朱学,与薛应旂的思想并不一致。但是,也要看到,薛应旂的思想对东林党人确有影响。除上述《考亭渊源录》的传授之外,顾宪成和东林党人的务实思想,深深受到薛应旂的影响。

第二节 唐鹤征《桃溪札记》及《易》学著作的思想特色

明代后期,王学末流在理论上的弊病越来越明显。他们崇尚空疏,空谈心性,可是又缺乏详细有力的论证和严密的体系;他们是不能和王守仁本人相比的。这就引起了一些学者的反对,东林党人就是其中的重要力量。在反对王学末流的队伍中,唐鹤征是一个值得注意的人物。他是从王学中分化出来的思想家。过去对宋明理学的研究,往往忽视了他。这是很不应该的。

一、唐鹤征的生平、师承及著作

唐鹤征(公元1537—1619年)字元卿,号凝庵,隆庆五年(公元1571年)进士。历任礼部主事、工部郎、尚宝司丞、光禄寺少卿、太常寺少卿、南京太常等职。任太常寺少卿时,"请以陈献章从祀孔庙"(《唐氏丛刊·唐荆川公弟子考》)。后来在无锡东林书院讲学。

唐鹤征是唐荆川(顺之)的儿子。《四库全书总目》卷七《周易象义》提要说,唐鹤征在"凡例中屡称先君,盖右都御史顺之之子也"。又说,《周易象义》"大旨述顺之之说,主于以象明理"。刘日宁在《周易象义叙》中说:"闻荆川先生有言:'易之为书,以象证理',辄慨然太息。昔苏子瞻读《庄子》,叹曰:'吾昔有见,口未能言'。余于先生(唐鹤征)亦云:'奉常先生者,荆川先生子也。盖尝发百家之藏,殚三绝之力,禀过庭之训,而益畅其言,作《周易象义》'"。从以上两段记载可见,唐鹤征的学术思想受其父唐顺之的影响很大。《唐氏丛刊·唐荆川公弟子考》中列有唐鹤征,可见唐顺之既是他的父亲又是他的老师。至于唐顺之的学术渊源,黄宗羲说:"先生(唐顺之)之学,得之龙溪者为多,故言:于龙溪只少一拜"(《明儒学案》卷二十六《南中王门学案·唐顺之传》)。由此可见,唐顺之受到王畿的很大影响。而王畿是王守仁的得意弟子,从这个意义上说,唐鹤征是王守仁的三传弟子,也许是说得过去的。

唐鹤征的著作有《桃溪札记》一卷、《周易象义》四卷、《周易合义》二卷、《皇明辅世编》六卷、《宪世编》六卷、《太常遗著常州府志人物志》一卷、《太常遗著》三卷、《武进县志》八卷、《重修常州府志》二十卷、《南游记》三卷、《元卿三稿》三卷等。

二、唐鹤征的宇宙生成论

唐鹤征思想的主要观点,见于其《桃溪札记》和《周易象义》中。在他的思想学说中,比较引人注目的是其"乾元生三子"的理论。他没有遵循程朱理学"理生气"的思维路径,也没有陷于陆王心学"心外无物"模式之中,而是以他特有的方式,回答了理学家们反复论辩的宇宙本原问题。他说:

> 乾元所生三子:曰天、曰人、曰地。……世人皆谓天能生人,不知生人者却是统天之乾元耳。人生于乾元,天地亦生于乾元,故并称之曰:三才。(《明儒学案》卷二十六《南中王门学案·桃溪札记》)

"乾元"一词最早见于《易·乾卦·彖辞》:"大哉乾元,万物资始,乃统天。"指创造世界万物的至善天德。唐鹤征认为,广袤无垠的天,人类社会的芸芸众生,以及仪态万千的大地万物,都是"乾元"的产物。过去人们常说,人是天生的,这是一个错误的观念。天、人、地三者,都是"统天之乾元"生的,所以它们是并列的宇宙间的三个基本要素。那么,"乾元"在唐鹤征的思想里究竟指什么呢?请看他的解释:

> 盈天地之间,一气而已。生生不已,皆此也。乾元也、太极也、太和也,皆气之别名也。自其分阴分阳,千变万化,条理精详,卒不可乱,故谓之理,非气外别有理也。(同上)
>
> 知天地之间,只有一气,则知乾元之生生,皆是此气。(同上)
>
> 圣人到保合太和,全是一个乾元矣。盖天下之物,和则生,乖戾则不生,此无疑也。乾元之生生,亦只此一团太和之气而已。(同上)

可见,"乾元"是"气"的别名,它不是一个高度抽象的精神本原,而是一个客观存在的实体,它的具体形态就是物质状态的"一团太和之气"。他进一步认为,理学的最高范畴"理",以及与"理"意义等同的"太极",也不过都是这乾元之气。之所以要称其为"理",是因为乾元之气在生化万物的过程中"分阴分阳,千变万化",事物的产生与发展,都遵循着一条轨迹有条不紊地进行着,从未出现混乱。这"条理精详"的整个程序,就是"理"。确切地说,"理"是"乾元之气"及气化流行,发育万物的规律。

有时唐鹤征说天也是气,人也是气,地也是气:"夫天亦积气耳,六合之内无非气,无处非天。而天下之山,其中未有不虚者。山之虚处皆气,则皆天也。虽谓之山在天中可也"(《周易象义》卷二《大畜卦》)。所以"气"不仅是万物的始原,而且是万物存在的普遍形式。这种气本质论和王廷相的论点颇为一致。

唐鹤征以气本论作为自己思想观点的基石。这是由于他受到张载的影响,他这样说过:

> 盈天地之间,只有一气,惟横渠先生(张载)知之。故其言曰:"太和所谓道"。又曰:"知虚空即气,则有无、隐显、神化、性命通一无二。顾聚散、出入、形不形,能推本所从来,则深于《易》者也。"(《明儒学案》卷二十六《南中王门学案·桃溪札记》)

值得注意的是,张载虽然以物质状态的气作为宇宙本体和世界各种物质形式的最基本的状态,但气所具有的运动变化功能"神",却明显地带有神秘主义色彩,于是渊源于"神"的"天道""天性""天理"诸范畴,也就自然而然地具有物质性与精神性、自然性与社会性的双重性质。张载的理学思想,就是从这里开始建立的。这在本书上卷第一编第三章中已做过详细分析,这里不再重复。唐鹤征从张载这里借取了气本论的思想,但他又认为"吾之性"和"天之性"都是气的作用和表现,并且推论说气既有自然物质性的一面,也有道德性质的一面,这和张载的观点基本上是一致的。由此可见,唐鹤征用以反对王学末流的思想武器只不过是张载的气本论而已。当时还没有形成足以与王学相抗衡的新思想。

三、唐鹤征的心性说

唐鹤征的心性之说,是其思想中较有特色的内容,深为明末清初一些思想家所重视。黄宗羲在《明儒学案》中说,唐鹤征的心性之说,"从来言心者所不及"(同上《唐鹤征传》)。

关于心,唐鹤征说:"心不过五脏之心,舍五脏之外,安得有心"(同上《桃溪札记》)。他认为心是生理器官,否定了心的伦理性。这和王守仁所说"心不是一块血肉,凡知觉处便是心;如耳目之知视听,手足之知痛痒,此知觉便是心"(《王文成公全书》卷三《传习录》下)并不相同。关于心与人体的关系,他是这样看的:

> 身者心之郭廓也。身之屈伸,纤悉听命于心者,艮其身则心必止于郭廓之内,而无复放而外驰矣,又何咎乎!(《周易象义》卷四《艮卦》)

认为心在人体内部,人体的身子好比心的外城。心是人体不可分割的一部分,而不是什么主观的精神本原。这一论点,否定了王学"心即理"的主观唯心主义虚构,把心还原为物质化的人身器官。在王学盛行的时代,唐鹤征敢于对"心"做出这样的解释,无疑是对王守仁心学体系的一个大胆的反叛。

唐鹤征又说:"吾人之心,原无停机,新新代谢,息息密移"(同上卷二《无妄卦》)。心不停地运动,不断地新陈代谢,充满生机,成为人的生命的源泉。这是"心"区别于其他人体器官的一个重要特征。

心的功能在于思维:"心之官本思"(同上卷三《咸卦》),这显然是从孟子"心之官则思"而来。作为思维器官的心,对人的行为起着直接的支配作用。他说:

> 心与行非有二也。自其浑含谓之心,自其运旋谓之行。惟其心之生生不已,故其行之运旋不息。(同上卷二《复卦》)

心使行不间断地进行着。心如果停止运动,行也就自行中断了。因此,没有心的支配,就没有人的行为;没有行,心的功能也就无从体现。按照唐鹤征的这种观点,心又相当于思维、意志的含义。

在阐述心与性的关系时,唐鹤征显示出了他的思想特色。他认为,所谓"性",并非如程、朱所认定的那样,是一种发源于"天理"的道德品性,而是"乾元之气"的本质、特性:"性不过此气之极有条理处。舍气之外,安得有性"(《明儒学案》卷二十六《南中王门学案·桃溪札记》)?他将心、性关系表述如下:

> 心之妙处,在方寸之虚,则性之所宅也。观制字之义,则知之矣。心中之生则性也,盖完完全全是一个乾元托体于此。故此方寸之虚,实与太虚同体。故凡太虚之所包涵,吾心无不备焉。是心之灵即性也。《诗》《书》言心不言性,言性不言心,非偏也,举心而性在其中,举性而心在其中矣。盖舍心,则性无所于宅;舍性,则心安得而灵哉。(同上)

这就是说,心的作用表现在它的"方寸之虚"容纳了"性",并作为性滞留于心的方所。所以,心中的性并非人心对"天理"的禀受,而"完完全全是一个乾元托体于此"。性是"乾元之气"在心中的体现,是气的本质、特性以及功能在人心中的根植。故而心的"方寸之虚"与"太虚"(气的原始的、常见的状态)是同为一体的。尽管他提出"凡太虚之所包涵,吾心无不备焉",似有王学"心外无物"的观念之嫌,但正是由于他排除了性的道德内容,实际上已变相地、巧妙地否定了王学的理论,只保留了一个"万物皆备于我"的理论外壳。这句话的真正含义就是:天地间一切气化之物的本质,都包含在我的心中。

唐鹤征对"天命"的解说,也与他的心性论保持一致。他在解释《中庸》"天命之谓性","思知人,不可以不知天"时说:

> 在天为命,在人则谓性,其实一也。故曰:"天命之谓性"。欲知人之性,非知天之命,不能知性之大也。故曰:"思知人,不可以不知天。"示人以尽性之则也。《大甲》曰:"顾諟天之明命",时时看此样子。(同上)

这段话,表面上看,似乎与程、朱的说法并无二致。实际上,他仍然只是保留了程、朱关于"天命"的理论外壳。当我们看到他对"天命"内涵的解释时,他与程、朱的区别就一清二楚了。他说:"人与天并生于乾元,乾元每生一物,必以全体付之。天得一个乾元,人也得一个乾元。其所得乾元,绝无大小厚薄之差殊。"人在产生时,乾元将自身的"全体"授予了它,天地万物和人都得到了乾元的"全体",这个"全体",实际上就是"乾元之气"变化运行的法则。每个人和物都受这一法则的支配,这就是"天命"。唐鹤征的"天命"说,显然已经排除了把"天命"作为上帝或天理对人类及世界万物前途、命运的先验安排的神秘主义的含义,赋予"天命"以唯物主义的解说。

唐鹤征的心性说,提出了一些前人未有的新观点,虽然形式上还留有程朱陆王学说的痕迹,但其思想内容,已与理学大相径庭。把"气"引入心性论,并将性作为气的本质与特征,这比张载的气本论大大向前跨进了一步。唐鹤征对理学思想的背离,可以说就是从这里开始的。

四、唐鹤征的认识论

唐鹤征没有提出完整的认识论,只有某些涉及认识问题的观点,这些观点,与其气本论和心性说均缺乏必然的有机联系。但是,在这些观点中,也可以看出唐鹤征的某些背离理学的倾向,值得我们进行总结。

首先,唐鹤征提出"悟"和"自得"的认识途径。他说:

非悟非自得,何由知哉!(同上)

故孟子曰:"君子深造之以道,欲其自得之也。"其教也,曰:"劳之、来之、匡之、直之、辅之、翼之。"皆所以使之自得耳。为学为教,舍自得别无出路。欲自得,舍悟别无得路。(同上)

要达到对事物的认识,必须内心"自得","自得"的方式,就是"悟",即充分发挥人的主观能动性,通过思维体认认知的对象。他认为,能否"自得",取决于主体的思维水平和认识能力,外界的力量,只能起到辅助的作用,只有主体自身的努力,才是达到"自得"的唯一途径:

自得不可以力为也。即有明师,亦惟劳、来、匡、直、辅、翼以使之而已,不能必之也。有言下即得者;有俟之数年而得者;有终身不得者;有无心于感触而得者;有有心于参求而得者;有有心无心俱不得者;及其得之也,师不能必其时,必其事,己亦不能必其时,必其事也。学者须是辨必得之志则无不得者矣。(同上)

唐鹤征说的"自得",来源于孟子"欲自得,舍悟别无得路"(见《孟子·离娄》下和《滕文公》上)。"悟"是禅宗的术语。唐鹤征虽然借用了佛教的词句和孟子的概念,但表达的思想却与二者不同。这点反映在他对"悟"的解释上。他说:

宋人惟以圣人之好学为谦己诲人,遂谓生知无学。后来宗门,更生出一种议论,谓一悟便一了百当,从此使人未少有见,辄以自足,儒为狂儒,禅为狂禅。(《明儒学案》卷二十六《南中王门学案·桃溪札记》)

彼谓一悟便一了百当,真圣门中第一罪业也。(同上)

看来,他对程朱派主张圣人生知无学观点不太满意(这里,他对"宋人"的观点有些误解。"宋儒",特别是程朱派的理学家虽认为圣人生而知之,但更注意凡人的学而知之,他们的学便是读经,以及洒扫、应对、进退等道德践履)。他更痛恨陆王心学所谓"一悟便一了百当"的认识论,把它当作"圣门中第一罪业"。他主张"悟"要在学习中进行,即在学习过程中运用自己的思维。因此,他特别强调学习的重要性。他说:

> 故《中庸》曰:优优乎大哉,言其充足之为大也,非学之密其功,与之俱无渗漏,何以完吾之大乎。圣人勉焉,日有孳孳(同孜孜),死而后已。过此以往,未之或知,皆此意也。学其有止息乎?此子贡请息,而孔子告之以死也。(同上)

唐鹤征认为,学应该孜孜不倦,没有止息,活到老学到老,只有到死时才能停止。这种思想是很可贵的。他对王守仁的"致良知"也表示不满:"徒曰:'致良知',而未识所谓良知者何状,几何不认贼作子也"(同上)。遗憾的是,他自己也没有阐明认识主体与客体的相互关系。虽然他主张学以致知,但学什么,认识的客体是什么,都未有个交代。因此,唐鹤征的认识论,也是很不完善的。

其次,唐鹤征在知、行关系上,也有一些不同于王学的看法。他说:"知而弗行,犹勿知也"(同上)。知不能脱离行而独存,没有行就等于没有知。他特别重视行在认识过程中的重要性,并主张"知易行难"。他认为:

> 自凡民视之,可使由,不可使知,行似易而知难。自圣人视之,则知犹易而行之未有能尽者也。(同上)

尽管孔子说过:"民可使由之,不可使知之",似乎行易知难,但这只是对一般人说的,在圣人看来,则知很容易,而行却很难。唐鹤征生活的时代,已是明朝末年,王学末流往往以知代行,销行以归知。使学者们养成了"束书不观,游谈无根"的坏风气。唐鹤征在当时强调"行",正是针对这种坏风气而发的。他的知行观虽然也在某种程度上受到王守仁"知行工夫本不可离"的观点的影响,但他反对王学抹煞认识与实践界限的"知行合一"论,主张"行处即是学处"(同上),学习的行为与过程是行,学习获得的知识是知,知与行是有区别的。

五、道家思想对唐鹤征的影响

从现存的唐鹤征的著作中不难看出,唐鹤征受道家思想的影响很大,他直接接受了老子、庄子的许多观点,并将老、庄某些理论加工改造,与自己的学说融为一体。他的代表作《周易象义》,许多地方就是用老、庄思想解说《周易》的。如在解释《乾卦》时他说:

> 返本还元,归根复命,何悔之有,此舜禅禹之时也。(《周易象义》卷一《乾卦》)
> 王者唯以诚敬对越中心无为,而奔走相祀,皆大臣为之。九四萃下三爻而致之,五端拱无为而得其萃。(同上卷三《萃卦》)
> 盖乾言君道也。君如九五,世极治矣。拥五位之尊,享万乘之富,端拱无为。(同上卷一《乾卦》)

《四库全书总目》说:"鹤征解乾之上爻,以'反本还元,归根复命'为说,已涉道家之旨"(卷七《周易象义提要》)。这是明确说唐鹤征受道家思想的影响。另外,王者无为,显然也是从道家无为思想而来。《周易象义》还多次引老子和庄子的话来解释象义。如:

> 夫功成、名遂、身退,老氏言之。(卷一《乾卦》)
> 盖在时止则止之一时,是以吾虽有身而吾不自获,庭虽有人而吾不能见,亦可以无咎耳。苟当感应以相与之时,而犹以所为止,则是槁木死灰而已,焉得无咎哉?庄生丧偶丧我一段议论,

大体于此。大块一节,形容时行时止之意甚妙,以见其丧偶丧我,亦适当无感之一时而已,非感应之通道也。(卷四《艮卦》)

言人之行止,自当因时制之,于当行之时,心欲行而势不得,四体隔绝,其身将危,其心焉得不如焚,即庄生焦火之说。(同上)

又巽木浮于泽上,故曰:乘木。全卦中虚舟虚象,即庄生虚舟之说也。惟虚则不容伪,所至无不孚矣。(卷四《中孚卦》)

盖观之为道,乃天之神道也。上天之载,声臭俱无,四时受成而不忒其序矣。孔子曰:"天何言哉,四时行焉,百物生焉,天何言哉!"庄生所谓孰主张是,孰纲维是,孰居无事而推行是,是也。(卷二《观卦》)

从以上材料可见,唐鹤征多从老、庄那里吸取思想资料,往往改造老、庄的思想为自己的观点服务。唐鹤征的"乾元"就是改造道家的"道"而来的。

唐鹤征也受《老子》和《周易》朴素辩证法思想的影响。在他的《周易象义》一书中,不乏这方面的材料。唐鹤征看到了事物都是永恒运动变化的。他说:

天地盈虚消息,终无停机,皆时为之。(卷四《归妹卦》)

唐鹤征还认识到事物的发展变化是由渐到积,有一个发展过程。他说:

天下之事无不起于渐而成于积。善恶之殃庆,皆以积也。然其积未始不由渐也。乱臣贼子之弑父弑君,人见其祸之烈,成于一旦矣;不知其始不过一念,见得君父有不是,以渐而日积月累,势不可回,遂至于弑逆而不自知。(卷一《坤卦》)

唐鹤征不仅认识到事物有矛盾的两个方面，而且认为矛盾的对立面是相互转化的。他说：

> 阴阳消长之机，间不容发，阳一盈于上，阴即始姤于下矣。盈安得久哉！时至于上，则阳之盈满极矣。故谓之亢，则君人者倦勤之后矣。于此而更欲有为，情见势竭，欲为而不得，亏损继之，安得无咎。故曰：有悔。此亦位之故也。然谓之曰有，则亦可无，知进而复知退，知存而亦知亡。（卷一《乾卦》）
>
> 坤道六爻纯阴，岂非至柔，然积柔自然成刚。（卷一《坤卦》）
>
> 日中之必昃，月盈之必食，丰享之必不可久（卷四《归妹卦》）

唐鹤征还认为矛盾转化有一定的时机。圣人在于掌握好这个时机。他说：

> 进退、存亡、得丧，各有其时，不可偏废。能因其时，则得其正矣。阳性躁，六爻纯阳，躁之甚者，故只见一边，不见一边，知进而不知退，知存而不知亡，知得而不知丧，穷而不能变，此亢之所以为亢也。其唯圣人，乃能因时之进退存亡，以为进退存亡，而不失其政，则当亢之时，必且居其退，居其亡矣，又何亢之有。（卷一《乾卦》）
>
> 动静不失其时，其道光明。（卷四《艮卦》）

综上所述，我们可以看到，唐鹤征继承并发展了张载的思想，力图纠正王学末流的弊病。他的心性说有发前人之未发的观点，在宋、明、清思想发展史上起了继往开来的作用。

第四十二章　黄绾、张元忭对王学流弊的批评

在王门弟子中,影响最大的王畿,在某些方面发展了王学,使王学进一步流为空悟的禅学。这曾引起浙中王门学者黄绾、张元忭的批评。而在他们的批评中,又透露出王守仁去世以后王学的动向。

第一节　黄绾的学行与"艮止"说

黄绾(公元1480—1554年)字宗贤,号久庵,又号久翁、石龙。台之黄岩(今属浙江)人。曾官南京礼部尚书、翰林院学士,预修《明伦大典》。其学少从司马陈石峰习举子业,后与王廷相师事谢铎,得杨时、李侗、程朱之学。学问自书一木牌:"穷师孔孟,达法伊周"(《黄岩集》卷十四,《寄谢方石先生书》),表示有志于理学。年三十四,在北京结识王守仁、湛甘泉,相与论学。年四十五,在余姚听王守仁讲"致良知",谓王学"简易直截,圣学无疑,先生(阳明)真吾师也",由此"乃称门弟子"(《明儒学案》卷十三《浙中王门学案·黄绾传》),成为浙中王门学者。嘉靖七年(公元1528年),王守仁卒,黄绾为其撰《行状》,辑遗文。其时,王学遭到攻击,黄绾上《辨王守仁理学疏》,称其"致良知""知行合一"出于孔、孟,"本先民之言"(《黄岩集》卷十二)。晚年,附时相夏言(贵溪)。夏言攻王畿是"禅机""伪学"(《明史·黄绾传》)。嘉靖二十一年(公元1542年)在浙东雁山,黄绾与王畿等两次"深辩",未得结果。黄绾生平与王廷相、何塘、严嵩多有交往。其著作甚多,今存世的尚

有《石龙集》二十八卷嘉靖本、《久庵先生文集》十六卷万历本、《久庵日录》六卷嘉靖本、《明道编》六卷万历本、《游永康山水记》一卷清抄本。其他还有若干诗文，散见于方志和诸家文集中①。其中，黄氏晚年所编的《明道编》比较集中反映他的理学思想。

一、黄绾与王畿的理学论争

研究黄绾的理学，主要是依靠今存的《明道编》。而《明道编》又是以批评"今日朋友""今日学者""今日君子""今日士友"这个形式，来表述黄绾理学思想的。那么，这个"今日朋友"云云究竟何所指？这对于把握黄绾的理学倾向是一个首要的问题。为弄清楚这一问题，先要了解黄绾晚年写作《明道编》时的王学情况。

我们知道，王守仁的"致良知"方法是顿悟，但"顿不废渐"（《明儒学案》卷十《姚江学案·王守仁传》），也主张不断"扩充""精一"的渐修过程，认为"除却见闻酬酢，亦无良知可致"（同上《语录》）。但是，王守仁的"致良知"，是"发自晚年，未及与学者深究其旨，后来门下各以意见搀和，说玄说妙……非复（阳明）立言之本意矣"（同上《王守仁传》）。在王守仁门下"说玄说妙"最突出的就是王畿。与浙中王门钱德洪不同，王畿强调"本体便是工夫"，主"顿悟之教"，其"立教"是重在"上根"即上智之人。在争论所谓"天泉证道"的"四句教"中，他偏于"四无"，忽视"见闻"，忽视体认"良知"（心）的修持功夫。在王畿看来，"一著工夫，则未免有碍虚无之体（即良知、心体）"。其结果正如王守仁所说只是"凭空想个本体"。因此，王畿的"龙溪之学"，"不得不近于禅"（同上卷十二《浙中王门学案·王畿传》）。因为不重视

---

① 黄绾著作除《明道编》外，尚有不少文章、诗赋散见他处的，有《明经世文编》四篇；《黄岩集》二十一篇、诗九首；《台学统》九篇；《黄岩县志》六篇、诗十五首；严嵩《钤山堂集》一篇，诗三十一首；郑善夫《少谷全书》一篇。以上所载黄绾诗文，其中有一部分是互相重复的。又彭季木《说理会编》，钱德洪《绪山会语》。《三台文献》《姚江渊源录》《圣学宗传》《太平县志》《乐清县志》《雁山志》等，也载有黄绾文字。至于《王文成公全书》十五篇、何塘《何文定公文集》一篇、王廷相《王氏家藏集》三篇、王世贞《弇州堂别集》一篇、夏侯《赤城集》三篇和夏浚《月川类草》等，其中有与黄绾的书札，也有记述黄绾思想和学术行迹的，这对了解黄绾理学，亦有参考价值。

修持功夫和次第过程,故对"良知"的体验方法,是"悬崖撒手,茫无把握",其所体认的"良知"也就"不落方所,不可典要"。这在心学中,比起王守仁走得更远。正如刘宗周所说,王学"至龙溪,直把良知作佛性看,悬空期个悟,终成玩弄光景","几何而不蹈入佛氏之坑堑哉"(《明儒学案·师说》)。因此,黄宗羲认为他不是王学的"精神",不合"师门宗旨"(同上卷十一《浙中王门学案·钱德洪传》)。可是,就是这位王畿,影响很大,"自两都及吴、楚、闽、越、江、浙皆有讲舍,莫不以先生(王畿)为宗盟"(同上卷十二《浙中王门学案·王畿传》),成为王守仁死后的王学宗主。黄宗羲在王畿学案中,把他与其师王守仁的关系比喻为杨简(慈湖)与陆九渊的关系。杨简虽不能恪守其师陆九渊的学旨,但又成为陆九渊死后的宗主。王守仁去世后,王畿成为王学宗主,适值黄绾晚年之时。故黄绾晚年成书的《明道编》中,作为批评对象的"今日朋友""今日士友",正是指的王畿等人。

对于王畿使王学更加禅学化的情况,还在王守仁生前,不仅有钱德洪与之诘辩,而且还有一批能使"阳明之道赖以不坠"的江右王门学者邹守益、聂豹、罗洪先等,也与之论难。王守仁去世后,上述这种辩难一直没有停止。作为浙中王门的黄绾就是其中之一。黄绾与王畿的论争,其所持的"艮止"说,与钱德洪及江右王门学者所论并不尽同,自有其思想特色。他所批评和争论的对象,固然主要是针对着王畿,但在"辨析毫芒"的争论中,在一些问题上也多少涉及王学的开创者王守仁的一些观点。

黄绾在《明道编》中论述《大学》"致知在格物"问题时指出,宋儒朱熹固然因为"求之于物,失之于外,支离破碎",但"今日君子"又转而"求之于心,失之于内,放旷空虚"(卷二)。黄绾的门人吴国鼎说,黄绾所以有"明道之编",是因为"病学术之偏晦",各走极端,"或失则内,或失则外……是皆病于空虚、支离"(《明道编》跋)。而对于"今日朋友"将王学"堕于空虚""失之于内",流于禅学,又是黄绾最为忧虑之事,不得不加以"痛辩"。他说:

> 予言宋儒及今日朋友禅学之弊,实非得已。盖因年来禅学

之盛，将为天下国家之害，尝痛辩之，皆援先儒（王守仁）为据，皆以朋友为难言，故于其根本所在，不得不深明之。世有君子，必知予之不得已也。（同上卷一）

黄绾说"今日朋友"动辄"援先儒为据"，也就是断取王守仁的话，援为己说，正是指王畿"挟师说以杜学者之口"。黄绾又说"慈湖（杨简）以不起意为宗"，但现时"朋友有辩杨慈湖为非禅者"（同上）。这是针对王畿在《答彭山龙镜书》中，与人辩论所说"慈湖不起意未为不是"而言的。就王守仁来说，虽然也承认杨简"不为无见"，但却是批评杨简只是"著在无声无臭"这种"不起意"的说法（见《传习录》）。所以黄绾说"慈湖之学出于象山，象山非禅，至慈湖则纯禅矣"（《明道编》卷一）。与黄宗羲一样，黄绾也是把王畿与其师王守仁的关系比喻为杨简与陆象山的关系，谓王畿是"纯禅"。

黄绾有一段话，既表明他的学旨，又表明他与杨简思想的异同。他说：

> 我之学与慈湖之学初无异。慈湖曰："人心自善，人心自灵，人心自明。人心即道，人心即神……"我亦云然。我之所异者，我有典要，慈湖无典要；我有工夫、功效，慈湖无工夫、功效；我有日新、次第，慈湖无日新、次第……我则曰："知止而后有定"……"止"在于心而有其所……慈湖则随其所止而止，"止"于泛而无所。（同上）

这是说，他和杨简都承认人心自善、自明，都是以心为至善之本体。所不同的是，杨简没有次第的功夫和方法。这里，他对杨简所做的批评，正是针对王畿曾经说过的话。例如，他说"我有典要，慈湖无典要"，是指王畿在《宛陵定语》中所说的"良知"自足，遇事"自能知"，反对"先取古人孝弟爱敬五常百行之迹，指为典要，揣摩依仿"，并指责"世之学者泥于典要"（《龙溪王先生全集》卷八《良止精一之旨》）而言的。黄宗羲在龙溪学案中也特别指出王畿不要"典要"。又如,黄绾谓"我有工夫、次第,慈湖无工夫、次第",是针对王畿所谓只要"说个良知,一念自反,当下便有归著","不须防检,不须穷索"(《明儒学案》卷十二《浙中王门学案·语录》)而发的。黄绾谓"慈湖则随其所止而止,止于泛而无所",则是针对王畿《艮止精一之旨》而发的。关于"艮止"问题,在后面还要详细谈到。当然,黄绾同王畿的争论,在一些问题上也往往连及王守仁,但这并不意味着主要就是针对王守仁。例如,在《明道编》卷一中,有一处(仅此一处)批评王守仁的话,就是这种情况。他曾说,"予尝与阳明、甘泉日相砥砺",对王守仁的"致良知","于予心尤未莹"。所谓"莹",即透彻明白。这是说,黄绾与王守仁互相切磋时,对王守仁的"致良知"说没有透彻的领会。当然也可以把"未莹"理解为"不解",这或者也含有批评的意思。但即是这样,那也只是说,黄绾在批评当时学术"偏晦""空虚"时,对过去王守仁"致良知"的罅漏也间有批评。这里顺便说一下,黄绾晚年称"今日朋友"王畿,而称王守仁是"予昔年与海内一二君子""予尝与阳明""昔师"等等,无论在时间概念上和称谓上,是分别清楚的。

就黄绾与王畿的关系而言,他们都属于浙中王门,相互间是同学、朋友,但用黄绾的话来说,他们之间又是"道不同,不相为谋"。他们在王守仁死后,曾有过两次面对面的"深辩"。《台学统》卷四十四载有黄绾写的《游雁山记》,文中提到,他们曾以邀游浙东雁山的机会,"相与深辩":一次是在黄岩的石龙书院,"相与论绝学未明之旨,数晨夕";一次是在能仁寺,"列草铺,烧炉围坐,再论绝学,深辩释、老精微不同之旨……至夜半而寐"。这两次"深辩",参加者还有冯子通、朱时言、沈静夫、杨汝鸣、林肇修、杨二坛、王正亿(王守仁子)和黄承式、黄承忠等。这两次"深辩",像当年朱、陆鹅湖之会一样,没有详细记述,但在黄绾这篇游记的字里行间中,还是看出他和王畿的辩论,彼此未能折服。当第二次"深辩"之后,黄绾就借故离山,没有再与王畿同游。这可能是歧见太深,以至没有什么共同的游兴了。在《明道编》中,提到的"今日君子,有谓仙(老)、释与圣学(孔孟儒学)同者……"并且接着批评说,释、老的"顿悟上乘之旨",非是"圣学"

(卷一)。这当是间接记述他与王畿在雁山"深辩释、老"的不同观点。

由于黄绾与王畿有分歧,因此对王畿在王守仁死后,在王门中以"宗盟"座主的地位,和"挟师说以杜学者之口"的学阀作风,自然也使黄绾感到愤懑。这在《明道编》中也是溢于言表的。诸如,所谓"今日学者……自高以空人,遂有俯视天下之心,略无谦下求益之意";"今日朋友专事党护勾引,以立门户,自相标榜,自为尊大","凡与其意不合者……概加毁訕排抑而卑小之";这些人"共谈清虚……或致'伪学'之禁"。黄绾在晚年对"今日朋友"的这些指责,显然是指王畿以及与王氏观点接近的人。

黄绾批评王畿这些"今日朋友","共谈清虚",以至遭到"'伪学'之禁",是指时相夏言曾指责王畿虚谈"禅机",一些"浮诞不逞者",相率攀为"龙溪弟子"(《明史·王畿传》),党同勾护,遂被斥以"伪学小人"一事。不久,王畿被贬职外放。在这期间,黄绾是附合夏言的。所以,在《明道编》中也间接提到这一件事。

至于黄绾同王守仁的关系,前已提到,王守仁在世时,他是自愿投入王门,执弟子礼的。王守仁去世后,据黄绾亲撰《辨王守仁理学疏》和《阳明先生存稿序》(载《石龙集》卷十三)来看,他是肯定和推崇王守仁的心学观点的,并没有提到他与王守仁之间的思想分歧。在王守仁去世后,王学受到攻击,黄绾不仅为之辩护,且以其女妻王守仁之子王正忆,甚至到了晚年告老还乡后,题诗谓"怀我蒲团终日望",还一直怀念王守仁(同上卷七《紫霄怀阳明甘泉》)。

从上述几个方面来看,黄绾晚年成书的《明道编》,其所批评和与之争论的主要对象是王畿等人。弄清楚这一情况,才能读通《明道编》,才能明白黄绾晚年的理学倾向并没有离开所谓心是"自明""自善""自灵"的心学观点。

二、"艮止"说的道统论和心本论

黄绾晚年作《明道编》,对王畿的不满和批评,并非试图完全恢复"昔年"王守仁的思想。他以"斯道自任",提出"艮止"说,"以为圣门开示切要之诀"。其"艮止"说既包括其学旨,也包括其为学方法和功夫,强调"学与思",容纳了程、朱为学的"实地工夫"。这是他晚年为"救正"王学而提出来的。

黄绾提出的"艮止"一词,原出自《易·彖传》"艮,止也"句。黄绾称"艮止"即"尧舜执中之学"。此说较早见于他的《易经原古序》和《书经原古序》(载《台学统》卷四十四)。他在《书经原古序》中,以《尚书·大禹谟》"人心惟危"的十六字心传为中心,以三代圣人为援据疏解"艮止"说:

> 盖自伏羲以来,以艮止启存心之法,至尧、舜以"允执厥中"示由道之要,至尧、舜以"人心""道心""微危""精一""安止""几康",明"允执厥中"之要也,以至汤、文、武以"钦止""艮背""建中""建极"之要,其实皆"艮止"也。

"艮止"之说,不仅远有端绪,俱在经典,而且一直是"圣圣相传"的道统。这就是他在《明道编》开篇第一卷讲的:

> 伏羲、尧、舜以艮止、执中之学相传。伏羲之学具于《易》,尧、舜之学具于《书》。《易》之微言,莫要于艮止;《书》之要旨,莫大于执中。自是圣人相传,率由是道。至仲尼出而大明厥蕴……当时惟颜、曾二子独得其传,再传而得子思,又传而得孟子,轲之没而无传矣。是以艮止之旨不明而失存心之要,执中之旨不明而失体道之要,故异端足以惑之,而伏羲、尧、舜之相传者渐以湮沦。

关于儒家的道统论,自韩愈以来说法不一。黄绾认为儒学道统是"艮止"。"艮止之旨"自孟子而后失传,致使"功利之说兴""禅定之学起"(《明道编》卷一)。至于宋儒谈性命、说道德,也未窥见"艮止之旨",所以他们不是流于"支离"的"下乘禅",就是流于"空虚"的"上乘禅"(同上)。于是,他上接

"圣人之道","乃揭艮止、执中之旨,昭示同志,以为圣门开示切要之诀"(同上《跋》)。显然,"艮止"是黄绾理学立论的基础,也是《明道编》的纲领,故《明道编》第一卷即以"艮止"开宗明义,以后几卷关于"至善"心体的绝对性,关于学与思、格物与致知、有与无,以及批评为学方法的"支离"与"空虚"等等,都是从这里依次展开的。

首先,解剖一下黄绾如何以"艮止"论证心体的绝对性问题。他疏解"止"字说:"止字之义,本于《易》之艮。艮之义原于伏羲、文王而发于孔子"(同上卷一)。这是说,"止"本于"艮",而"艮"之义是"原出伏羲、文王"的《艮卦》和"发于孔子"的《象传》。今查《艮卦》和《象传》,其本意是说"艮"象山,用来论说八卦的变化达到应该所止的地方,不可再进,以表示极限和"静止之义",即《象传》谓"艮其止,止其所也"的意思。而黄绾就此说"止",既然是表示"静止",到了它应该达到的地方(即"所"),那么,"止"就包含有绝对之意。从理学的角度来说,能够获见这个绝对的"止"之所在,也就获得了"圣学之本",故说:"知'止其所',则理气兼备,体用俱全,圣学之本在此矣"(同上)。在他看来,这个"止"的绝对性,虽然"不获其身",没有形体,但也不是"泛而无所"。他认为,"止"是有"其所"的,这就是"心"。他说:

> 孔子《象传》曰:"艮其止,止其所也"。言"止"非泛止,是"止"必有"所","所"即心中之窍,一阳如粟。所止之处,即所谓天地之根、阴阳之门,五性具备于此。故曰:"成性存存,道义之门",故谓之"气机",又谓之"魂魄之合",又谓之"为帝之降",又谓之"天命之性",又谓之神,又谓之仁,皆在于此(所)也。……艮止于内而不动,乃性之真也。……亦指此性言也。……此性之归根复命,则常静而常明也。(同上)

既然"止"之所在就在于"心",那么,心就是"止","止"就是心。所以,他有时也干脆说,"止指心体"(同上)。

他认为《大学》的"知止",就在于使人知道"止指心体",而能够知道心体,或者说求得心体,就是"知其本"。这种对心的"知""求",实质上就是体验、悟知心体的绝对性,也就是认识和把握绝对的心体。他进一步指出,能够"知止""知其本",把握住绝对的心体,就可以"常静而常明",可以"定""静""安",从而达到"存心"。而能"存心",则"体立"而"用行"。故说:"知其本则可以存心,故《大学》曰:'知止而后有定,定而后能静,静而后能安'。知其本而能安,则体立而气顺,气顺而心之用行"(同上)。所谓"心之用行",是说在把握住绝对的心体之后,再向外发露行用,就能"行止皆当""用之自然中道",亦即所谓"执中"。具体地说,能把握住绝对的心体,就可以"时止则止,时行则行,动静不失其时,其道光明"(同上卷三)。

关于性、理问题,黄绾说:"天赋人此性谓之命,人受天此理谓之性。性即理也。其所以分,理是泛言事物之理,性是专言在我之性。虚的是心,实的是性"(同上卷六)。他认为理是"事物之理",而理在有形体的心中即为性,故说:"其云性者,指形质知觉(心)中之理也"(同上卷一)。这种观点似乎接近程、朱的"性即理"说。但是,他在具体论述"性"字时,并不合程、朱的观点。他在引论程颢"言性不言气不备,言气不言性不明"时说:

> 盖"一阴一阳之谓道",气也;"继之者善",此指阴阳之流行也;"成之者性",此指阴阳之成质也。其云"善"者,指二气(阴阳)中之理言也,其云"性"者,指形质知觉中之理言也。(同上)

这里,他从天道自然方面强调了人性本善。正因为人性本善,故人心本具凝然不动的"性之真"(同上)。这是同他论证心体为绝对之本体的观点相一致的,是接近王守仁所谓"心之体,性也,性即理"的说法。由此可见,黄绾所谓"性即理",实质上是陆、王"心即性""性即理"这个心学逻辑中的"性即理",并非程、朱"性即理"的本意。

同时,黄绾以"艮止"论证心体的绝对性时,还谈到心体孰有孰无的问题。按黄绾的说法,作为绝对的"艮止"之"止",是以心体为"止"的,而不是王畿所说的"真宰"流行,"如珠走盘","不落方所"。这个绝对的心体,虽本具一切,圆融自足,但却是凝然不动,是"艮其背",不见"其身",即不见形影,无声无臭的。然而,这个作为绝对本体的心体,"非言无也",而是实在的,是"有"而非"无"。这与王畿的"心体"说正好相反。王畿认为,心体是空寂的"无",由"无"而生"有"。他在《艮止精一之旨》中说:"惟得其所'止',是'不获其身',不见其人',忘己忘物而'无咎'也。……心之良知是为圣,知是知非,而实无是无非。知是知非,应用之迹。无是无非者,良知之体也。譬之明镜之照物,镜体本虚,而妍媸自辨。妍媸者,照之用也。以照为体,奚啻千里?夫万物生于无而显于有。无色然后能辨五色,耳无声然后能辨五章,口无味然后能辨五臭,良知无知,然后能知是知非。'无'者圣学之宗也,非深于《易》者,孰能知之"(《龙溪王先生全集》卷八)?王畿以镜、耳、口、鼻为喻,用佛教的思辨方法,说明"良知之体",即心体,是"无是无非"的"无",从其"应用",即发露于外,方显得"有",才有"知是知非"。如果说,本体的心是"有",则未免以形迹的"用"为"体"。这岂不"奚啻千里"!

黄绾在批评王畿以"无"为本体而"坠于空虚"的同时,指出王畿所谓"'无'者圣学之宗"的提法,是本于老子"无名天地之始",和禅宗"有物先天地,无形本寂寥"(《明道编》卷一)的说法。至于黄绾论心体的"有",是指的什么,他说:

> 圣人之言则不然,在《易》则曰"易有太极",在《洪范》则曰"皇建其有极",在《诗》则曰"天生蒸民,有物有则"。皆言"有"而未尝言"无",言"无"则坠于空虚。(同上)

又说:

> 孔子所谓"成性存存,道义之门"是也。此予所谓"良知其止,以存其心"是也。即此"存存",谓之"有"乎?谓之"无"

乎？(同上卷三)

原来，黄绾所谓"有"，是指"太极"，是天生于民的"有物有则"，实即是天道、天理。这个天道、天理，具体说，就是"威仪三千、礼仪三百"的伦理纲常(同上)。而从性理来说，心体就是孔子说的"成性存存，道义之门"的"存存"。这说明心体是"有"，实在的，不是空虚的"无"。他说王畿谓心体为"无"，即没有天道、伦理的内容，故其说"传于人多放肆无拘检"，以至"不可胜言之弊矣"(同上卷一)。黄绾对王畿的这种批评，深得钱德洪的赞同。钱德洪一向与王畿的观点有矛盾。他就黄绾这个论点，在给王畿的信中说："久庵(黄绾号)谓吾党于学，未免落空。初若未以为然，然细自磨勘，始知自惧。日来论本体(心)处，说得十分清脱(即空脱、空虚)，及征之于行事，疏略处甚多，此便是学问落空处"(《明儒学案》卷十一《浙中王门学案·会语》)。

从这里可以看出，黄绾指出王畿谓心为"无""空虚"是本于禅说，可以说是对的。但是，他强调的"有""实"，又不是从物质意义上说的"存在""实在"，而是指的存在着天道、天理意义的伦理法则。至于黄绾从伦理方面强调本体之心是"有"、是实在，是具体的，这正反映了当时理学被禅化的现象。我们知道，理学不过是把封建社会的伦理纲常哲学化，使之具有天道、天理的意义。但是，这种哲学化的结果，是在思辨的道路上竞相说玄，即黄绾所谓"说玄说妙"，以至"落空"。甚至有的理学人物以"包荒为大"，竟至"犯手做作"，不受礼教"拘管"。黄绾为此感到忧虑，故以"艮止"论心体的绝对性和实在性，试图把这种"落空"的理学实体化，使它具有伦理的实在内容。这就是他强调心体的绝对性和这个绝对心体"有""实"思想的实质所在。

三、体验绝对心体的方法及知行论

黄绾以"艮止"为心体，它虽是抽象的，但却是实在的；它是"有"而不是"无"。这个"有"，即是"至善"的伦理纲常。他在《明道编》中指出，心体本具仁、义、礼、智、信的五常和君、臣、父、子、夫妇的五伦,它就是"'天生蒸民,有物有则'是也。'则'非外铄,皆在人心独知之中,所云'至善'者是"(卷五)。但是,黄绾又说,由于"人生不能无习,人心不能无染,若不知慎独而致其知,而去其习染之私,则……不获'止'于'至善'矣"(同上)。这是说,人心虽然是"至善"的,但由于人生而后不能没有习染,故要经过"慎独以致其知"的功夫和过程。这同王畿所谓只要"说个良知,一念自反……便是了当"(《明儒学案》卷十二《浙中王门学案·语录》)的说法不同。黄绾不主张径求于心,认为不能只是简单的"一念自反"即可自得的。那么,去蔽害、去习染的"慎独以致其知"的功夫是什么?黄绾说:

> 夫所谓慎独以致其知者,即《中庸》所谓"博学、审问、慎思、明辨、笃行",《论语》所谓"克己"是也。……克己者,求尽其道于吾身,则吾身之物格;吾身之物既格,然后家、国、天下之物皆之而格矣。故曰"致知在格物"。…则知工夫只在此一句。(《明道编》卷五)

这里,他提出去习染的功夫是"致知在格物"。关于"格物致知"问题,他首先批评"先儒"朱熹和"今日君子"王畿。从这一批评中,透露出他对"格物"以及"格物"与"致知"关系的看法。他说:

> 先儒不明,乃以格物为致知工夫,故以格物为穷事物之理,而不知"有典有则"之为格物,所以求之于物,失之于外,支离破碎,而非圣人之学矣。今日君子又不能明之,亦以格物为致知工夫,故以格物为格其非心,谓格其不正以归于正……工夫皆在"格"字上用,亦不知"有典有则"之为格物,所以求之于心,失之于内,空虚放旷,亦非圣人之学矣。(同上卷二)

在黄绾看来,一个求物"失之于外",一个求心"失之于内",这两者的错误,都是由于不知"'有典有则'之为格物"。

所谓"有物有则",语出《诗·大雅·蒸民》:"天生蒸民,有典有则"句。孟子曾引以为四端之心"我固有之"(《孟子·告子》),说明人心本具善性。赵岐注:"言天生蒸民,有物则,有所法"。黄绾对"格物"的疏解,基本上是依据《孟子》及赵岐注,称"格者,法也,'有典有则'之谓也"(《明道编》卷二)。按"法",就是前面他说的所谓天赋"蒸民"的天道、天理,它具有《易》之"太极"和《洪范》"皇建其有极"的意义。这就是他训"格"为"法","法"即"'有典有则'之谓"的意思。因为他训"格"为"法",不作功夫讲,所以就"格物"与"致知"关系来说,他也不同意"以格物为致知工夫"的提法。在他看来,"致知是格物工夫",《大学》"致知在格物"句,应解释为"致知"功夫是为了"格物",为了获得天赋"蒸民"的"有典有则"之"法",也就是"至善"的心体。

因此,从"格物"来说,"致知"是它的功夫;从"致知"来说,"格物"是它的功效。黄绾称"致知"与"格物"二者是"克己"与"复礼"的关系,是所谓"以克己为致知之实,以复礼为格物之实"(同上卷一)。这两者又以"致知"功夫为最基本的方面。至于"格物",只不过是"致知"功夫的功效、效验。所以,黄绾强调"学以致知为先"(同上卷五),说"《大学》先务只在于致知,圣学之本只在于独知,故工夫皆在'知'字上用"(同上卷二)。这同朱熹、王畿,也包括王守仁的观点正好相反,他们是把"工夫皆在'格'字上用"。显然,"致知"是黄绾用来"去习染",以达到或者说体验到绝对心体的功夫。

作为功夫的"致知",黄绾又称"致其知"。其解"致,思也"(同上卷一)。所谓"思",他不同意有人把"思"解为"只是此心不忘,心存处是思"(同上)。因为这种解释,等于是把"思"说成直接"求之于心"的思心、守心,取消了功夫,使"工夫莫措矣"(同上),故称这种思心默念的解释是"禅说也"。他认为"思是工夫"。其"工夫"既包括身内的性情涵养,又包括身外求"物则之当然",讲得比较宽泛。从对身内性情涵养来说,是所谓"慎独以致其知"。对于"慎独",他说"'戒慎不睹,恐惧不闻',所以言慎独也……

此尧舜'精一'之传也"(同上卷六)。据彭季木说，黄绾当年同王守仁讨论时，谓"戒慎不睹，恐惧不闻"，就是"常睹常闻"。黄绾的意思是说，在"常睹常闻"中，只要自己保持"戒慎""恐惧"，惕然警觉，就不为"闻见所牵"，"不因声色而后起念"，"遇声色而能忘情"(彭季木《说理会编》)。这样，在"常睹常闻"中，等于"不睹不闻"。可以看出，黄绾同其他王学传人不同，他不主张闭目塞听，隔断闻见，而强调在闻见中以排除闻见。

黄绾在谈到人心、道心时，主张从与闻见相接，与人欲相杂的"人心"中回到"道心"，而谓"道心在人心中"(《明道编》卷一)。"人心"所以能够返回"道心"，因为"人心""道心"都是一心。他说：

> 心，一也。以其发于人欲，故谓之人心；以其发于天理，故谓之道心。人欲亦本体之有，常动而不安，故曰"危"。天理易汩于欲，常隐而不明，故曰"微"。惟能"精"而"一"之，"一"以守之，念念不失，圣学之方也。(同上卷六)

此说接近朱熹所谓"道心人心本只是一个物事，但所知觉不同耳"(《语类》卷七八)，"其觉于理者道心也，其觉于欲者人心也"(《文集》卷五六《答郑子上》十)。黄绾承认"人心""道心"都本于一心，天理、人欲都出于"本体"，所以他不主张思心，守心，而是主张由人心求道心，这就是他所谓"精而一之"的"执中"之学。

他说由"人心"而达于"道心"，其间通过的"精一"，实即是"知""思"，也就是"致其知"。他说："知视听言动者人心也，知视听言动之非礼而克之者，人心之'精'也；复视听言动而无非礼者，道心之'一'而得'厥中'也"(《明道编》卷一)。认为这种"精而一之"的"致其知"，即"致知"功夫，正是"孔子教以克己复礼"的本意(同上)。可见，最终还是王守仁所说的"致知者，致其物(心)之知也"(《明儒学案》卷十《姚江学案·语录》)，并没有离开王学。

黄绾论"致知"功夫中，还从身外之物，讲到求"物"之当然与所以然。

这方面的"致知"功夫,他是就《大学》"博学、审问、慎思、明辨、笃行"来谈的。据他说,《大学》讲的"笃行",不仅是指道德的践履,而且还指以"身履深历"的"困知"功夫,求物的"当然之理"(《明道编》卷六),"真见物则之当然"(同上卷三)。他说自己少从其师谢铎所授的是"必有真实心地克苦工夫而后可"(同上卷二)的指教,但他"错用"了这个功夫,诸如"闭户书室","罚跪自击",或刻"当戒之言"以"自警",或以红黑点的办法(凡一念出于天理,即以红笔点在"天理"牌子上;凡一念出于人欲,即以黑笔点在"人欲"牌子上。每过十天,检视红黑点多寡,以观成效)。他觉得这些闭门观过的功夫,并无效验。他说"知",还要在"日用事为之间,勉勉其志,必有以见当然之理而不容已处,方为有益"(同上卷六)。就这一点,他倒是很同意朱熹讲的,即使贤者有"过人天资",也要"下迟顿工夫始得"的话,说朱熹"此言最切"(同上)。

应当指出,黄绾所谓在物中求"当然之理""真见物则之当然",并不是说求客观事物的规律和懂得这个规律之所以然,而是在于明了伦理纲常的当然及其所以存在的合理性。

黄绾这种求"物则之当然"的思想,还见之于他的"治生"论。这是他根据朱熹《四斋铭》《又四斋铭》(俱载朱熹《文集》卷八五)中的"志道、据德、依仁、游艺"而论的。他解释游艺是"民生日用、衣食居住"(《明道编》卷一)。许衡也以此谈他的"治生"论(见本书上卷许衡章)。黄绾认为"治生"也有"义""分"的当然之别,此是学道君子所当明悉的。他在《明道编》卷二说:"君子为学,岂不治生?岂无所取?皆视其分所当为、义所当得、力所当勤、用所当俭者,尽其心而已,此孔门所以有游艺之训也"。所谓"分所当为、义所当得",是说要按封建道德的"义"才能"当为",按封建等级的"分",即"名分",才能"当得",不能越轨。"义""分"是封建道德和等级制度,是"不容已"的当然之则,故又称为"物则"。学道者只在于明白这个当然之则及其所以然之理。

还要指出的是,黄绾认为物的"当然之则"所以能化为己心之物而成为自觉的意识,是因为己心先验地存在着能够体验这种"当然之则"的所谓"心体固有之明"(同上卷一)。他说朱熹的错误,就在于他"不见物则之当然在于己,以为天下之理皆在于物"(同上)。不仅朱熹,也包括程颐在内,都因为他们"不见心体固有之明,万物皆备于我之理"(同上)。正因为如此,所以朱熹在为学的方式上,只在身外求物之理,以至陷于"支离破碎",不能上达于心。

黄绾在论述体验"至善"心体的"致知"功夫中,也涉及对知行关系的看法。因为他谈这个问题往往使人混淆不清,这里不能不交代一下。他在《明道编》卷一说,先在于知"艮止"之"止",然后在日用酬酢的行为中,才能"时止则止,时行则行,动静不失其时,其道光明"。这叫作先"得体而后用"。由此他主张先知后行,不同意"知行合一"论。他曾就陆九渊的一段话,谈到这一观点:

> 象山常语门人曰:"吾知此理即乾,行此理即坤。知之在先,故曰乾知大始;行之在后,故曰坤作成物"。近日朋友有为象山之言者,以为知即是行,行即是知,以知行合一为一事,而无先后,则失象山学旨矣。(同上)

这里,他批评的是"近日朋友"王畿等人,但事实上也批评了主张"知行合一"的王守仁。不过,他主张的先知后行与朱熹的"先知后行"说有别。因为朱熹所说的"知",他在注《大学》"致知"时说,"知,犹识也",认为"知"是由身外格物所获得的,并要加以"推极""充广"。其"推极""充广"本身,也是对已获得的"知"(又称"知识")的行(又称"力行")。这样,在行的过程中,使"知之愈明"。故知行有先后,但两者又是"互发",如"两足相先后"的关系。而且只有在行的不断"推极""充广"的过程中,才能达到"真知","明善"。黄绾的知行是以心本论为基础,故他说的知是心知,是所谓人心"固有之明"。因此,他往往把知与绝对心体的"止"联系起来。而行,是心知的向外推行而已。这种由内向外的先知后行,同朱熹由外向内,即由外知达到内知的先知后行不同。黄绾这种知行观和陆、王的知行观则是相通的。他在讲述先知后行时,不引证朱说,而是引证陆九渊的观点。显然,他明白自己的"先知后行"说与朱熹的"先知后行"说是有区别的。正因为黄绾在知行关系上,把知说成是心中"固有之明",行是这个心知的向外推行,因而也就突出了知,以知为重,与朱熹"以行为重"不同。黄绾的"先知后行"说,以知为重,其结果是以知摄行,同陆九渊一样,实质上还是知行合一。黄绾这种知行观,显然是同他以心为本体的哲学相联结的。所以他批评王畿,乃至于王守仁的"知行合一"论,并不表明他是正确的,当然也不表明他是反对王学的。

四、对黄绾理学的评价

从上述黄绾提出的"艮止"说,和从"艮止"说出发论证心体的绝对性以及体验心体的方法和功夫来看,他并没有越出王学的范围。他批评王畿,是针对王畿没有"典要",把心体变成"空虚"不实,"泛而无所";是针对王畿"一念自反……便是了当"的"禅悟";是针对王畿废去"学与思",没有"致知"的功夫和"日新"的次第过程。由于王畿否认功夫和过程,只是强调"一念自反",因此求"艮止"之"止",即求得的心体,往往是"泛而无所","空虚"不实。由此,黄绾提出"艮止"说的内容,在于以心为本体,指出心体的绝对性和实在性,阐述体验此心体的功夫和方法。他对王畿的批评,就是围绕这些问题展开的。

虽然黄绾的批评主要是针对王守仁去世以后影响最大的王畿,但事实上也不能不涉及"昔年"王守仁提出的"良知"和"致良知"观点。对于"良知",即心体,黄绾当然不会采取否定的态度,但是关于功夫与本体、致知与格物、知与行的相互关系,黄绾认为,王守仁的观点是有罅漏的。这就是他在《明道编》卷一中,所以提到"予昔年与海内一二君子(王守仁、湛若水)讲习"云云的一段话。王守仁观点的这些罅漏,正是后来王畿等人借以发展成为"纯禅"的依据。

从黄绾一生为学的过程来看,他初从谢铎学。谢铎也深契杨时、李侗所谓体认心体"未发"之前的某些观点,故授以黄绾的并不完全是朱学。

其后,他也涉猎周惇颐、邵雍、程颢、陆九渊、杨简的著作。显然,促使黄绾理学的形成原因是多方面的,其学并非一家,不名一师。黄绾的好友何塘曾论及其理学形成的问题,他说:"石龙(黄绾号)之贤,谓其渊源有自可也,谓其深造自得可也,皆不必深论"(《黄岩集》卷二《赠石龙黄先生致仕序》)。但有一点应该是清楚的,即黄绾在结识王守仁以前,不仅接受了程朱理学的影响,而且也接受了心学的影响。他在结识王守仁之后,又受到王守仁那一套"博大、精细"的心学的濡染,使他以心为本体的理学思想更加坚定起来,这也是合乎情理的。后来,他的理学是沿着这条线索发展的,以至到了晚年形成"艮止"说。"艮止"说是《明道编》的宗旨,它是激于晚年王畿使王学"空虚"和禅学化而作的,即所谓"病学术之偏晦",故撷拾六经之言,并兼取朱熹为学的"实地工夫",熔为己说,用来"指摘正救"王学。虽然他的"艮止"说与王学不尽一致,但仍然没有超出以心为本体的王学范围。

必须看到,由于黄绾重视"物则之当然",强调"身履深历"和"学与思"的功夫,因此虽然他说的"物"的内容和"学与思"的对象,主要是伦理道德,但在王学内部,与王畿那种"一念自反"的以心观心,完全依靠神秘的心理体验,毕竟有所不同。黄绾以心为本体的"艮止"说,固然也是先验论,也有神秘主义的色彩,但也部分地容纳了重视知识的经验论。这对于后期的王学来说,黄绾理学中的这些思想,使人有某种清新之感。

就王学内部来说,黄绾这一思想情况,与黄绾同属浙中王门的张元忭在"辟龙溪"时,谓王畿"徒言良知而不言致,徒言悟而不言修"(《不二斋文选》),和董澐所谓"舍万事无心","离物见心,亦是见鬼"(《求心录》)等等的观点是相近的①。这些说明在王学的内部已经出现了一种新的学术倾向,其特点是,在为学的方法上,强调"致知"功夫和修持的过程,反对"离物","舍万事"的禅悟方式。如果把这一情况,联系在黄绾之后的王学内

---

① 其时出现与黄绾、张元忭等人相类似的思想的,还有开"东林之学"的南中王门薛应旂和主张吸取朱学功夫而提出"朱陆合一"的薛甲。在江右王门中,也有这种类似的思想。

部出现思想离异的泰州学派来看,则早先黄绾等人的这些思想,可以说是成为后来泰州学派思想的征兆。虽然黄绾等人只限于为学方法的争论,与泰州学派的离异思想不能等同,也并不具有近代启蒙意义的所谓"实学"思想,但我们不能由此低估黄绾晚年对为学方法的论争在理学史上的意义。

第二节　张元忭的理学思想

浙中王门的另一位学者张元忭,与黄绾一样,也批评王畿。但他的批评较之黄绾又进了一步,更能反映王学后期的思想变化状况。

一、张元忭的学行和以心为本体的理学

张元忭(公元1538—1588年)字子荩,号阳和,浙江绍兴人,比黄绾小五十多岁。隆庆五年(公元1571年)廷试第一,先后官翰林院修撰、左春坊左谕德兼翰林侍读。天启年间追谥文恭。其学"从龙溪得其绪论,故笃信阳明"(《明儒学案》卷十五《浙中王门学案·张元忭传》)。中年以后转而"辟龙溪",批评其只识本体而"讳言工夫",指责其浑同儒释是"何其悖也",声称"吾以不可学龙溪之可"(同上)。其生平与江右王门邹元标,泰州学派罗汝芳、周海门,东林学派顾宪成等,多往来论学,互通声气。《明史》本传谓其学"矩矱俨然",黄宗羲在《明儒学案》中称其所学,虽宗王门,但能"善学",与王畿不同(同上)。遗著有《张阳和集》和《明儒学案》摘录的《不二斋论学书》。

作为王学传人的张元忭,也以心学为宗旨。在《又答田文学》中,他谈到以心为"一贯"的学传说:

> 万事万物皆起于心。心无事而贯天下之事,心无物而贯天下之物,此"一贯"之旨也。曾子之三省,省此心也;孟子之三反,反此心也。居处之恭,持此心也;非礼之禁,闲此心也。谓"一

贯"之外另有学问,非也。谓"一贯"之教,独私于颜、曾,而门弟子不闻者,非也。谓曾子之学终有异于颜子,非也。心无二,故学无二。二之,非也。(《张阳和集》卷一)

他用《论语》"一以贯之",讲述所谓心为"一贯"。所谓"贯",包含"赋散"或"管摄"的意思。因此,他所谓心贯天下之事、天下之物,是指心赋散于天下之事物,管摄天下之事物。而曾、颜、孟三子之学,就是讲的这种"一贯之旨"。

那么,张元忭所说的"心"就它的本来面目而言,是"无垢无污"的"心之本体"(同上卷一《寄冯纬川》)。他在答复南中王门查铎的信中,谓心是无私的仁,说"孔门之学莫大于求仁,舍仁而言学,则学非其学矣"。虽然"仁之难言也,然仁,人心也。人人所具,是自以私意蔽之耳。故仁则无私矣,无私则仁矣。学者学此也,安可以难言自诿也"(同上卷二《复查毅斋》)。他所谓心即仁,仁即"无私"。其"无私",不是指狭义的无我、执著于我,而是指廓然大公的天地之心。他给查铎的另一信中有详细的论说。其论说吸收了张载、程颢的思想,反映其理学思想具有兼综他说的特点。他说:

> 仁是何物?某闻之仁之为物,未易名状,故孔子罕言仁,凡所言者皆求仁之功而已。其最明切者则己立、立人,己达、达人二语,可谓善于形容,然亦未言仁体也。他日曰:仁者,人也;仁,人心也。此则直指仁体矣。《易》曰天地之大德曰生,又曰复其见天地之心乎?故生生不已者天地之德,天地之心也。人之生,以天地之德为德,以天地之心为心,虚而灵,寂而照,常应而常静,谓其有物也,一物不容;谓其无物也,而万物皆备。无物无我,无古今无内外,无始终。谓之无生而实生,谓之有生而实未尝生,浑然廓然,凝然炯然,肫肫然,渊渊然,浩浩然。仁之体倘若是乎!仁者识其体,是故视我犹人,视人犹我,视我与天地万物,如腹心手足之本为一体,痒疴疾痛无不相关,触之即觉,感之

即应,不待矫强,不待扩充,而抚摩调护,自不容已。彼不仁者,妄以"四大"为我,而一膜之外便如胡越,虽父母兄弟之间尚不相顾,何况其他!所谓麻木痿痹,虽投之针砭,冥然罔然,此其人虽幸生,其心已死久矣。是故仁则为人,可以参天地而育万物,不仁则近于禽兽,身且不保,而况于天地万物乎?(同上卷二《寄查毅斋》)

他开头引《论语》"仁者人也",引申为"仁、人心",就是仁之体,说明心的本质是仁。其仁的具体内容,即程颢《识仁篇》所发挥的所谓"生生不已"的"天地之心",亦即天地之德。这个"天地之心",据他说,是"虚而灵,寂而照,常应而常静",虽是"虚寂"看不见,但却是灵明的。虽遇物即能感应,但又是"常静"不动,它是"无古今","无始终"的永恒存在。因此,这个"天地之心",虽没有具体的物,但能普照万物,遇物而应,故它又是"万物皆备"。人心既然具有天地之德、天地之心,"万物皆备",则人心当然就是天地万物中的绝对本体,而"千古圣贤,何曾于心外加得一毫"(同上卷二《答吕新吾》)!由此,他断言:"非心外有理,心存则理无不存"(同上),"心外无道……言道而不本于心者,非道也"(《明儒学案》卷十五《浙中王门学案·不二斋论学书》)。

因为这个心赋散于万物,即他说的"心普万物",故从万物来说,万物之心即为我之心;从我心来说,我之心自然也就是万物之心,因而有所谓物我一体。他发挥张载《西铭》"民胞物与"的思想说,作为一个以天地之心为心的人,也就是一个仁者,是"视我犹人,视人犹我","痒疴疾痛,无不相关";否则,就是麻木不仁,虽生犹死,同于禽兽。顺便指出,张元忭虽吸取程颢、张载的思想,以论证心为绝对本体,但与他们的思想并不一致。程颢的《识仁篇》,是讲理学家道德修养的精神境界,并不在于论证心是绝对本体。张载的《西铭》是讲仁孝,讲天、地、人相通,也没有因此就把心作为绝对本体。

张元忭又从心的能知方面论证心是绝对本体。他认为心对万物能

"虚而灵,寂而照",故说"心普万物"。这个"普"即普照,可以从不同的角度做解释。从知的意义来说,是含有心对万物的能知。其所以能知,是因为物的"定则"与心之体原来是一致的。因此心能知万物,与万物一体,没有间隔。在他与许孚远讨论格物时,申述了这一道理。他说:

> 来教以"则"训"格",谓物物皆有定则,一循其则而不违,是为格物也。知体无穷,物则有定。若然,是将以知不足恃而取则于物矣,是将舍吾心之天则,又索之于外矣,是将歧知与物而二之矣。请就兄之言而反复之,知则无穷,知之体亦无穷,何也?凡物之理千变万化,不可为典要,若云有定,不为子莫之执中乎!物则有定,知之则亦有定,何也?帝降之衷,天然自有,不爽毫发。若曰无穷,则将舍规而为圆,舍矩而为方乎!(同上)

按许孚远来信的意思是说,因为物则有定,而知体无穷,故有知与物歧而二之的问题。张元忭回答这个问题的前提,是坚持以心为本体的观点。因为心为本体,心普万物,与万物一体,则我心之定则,即为物之定则,所以物的定则与"吾心之天则"是一致的。因而从物的方面来看,"物则有定,知之亦有定"。因为物的定则本于吾心之天则,故物的定则体现吾心之天则。这正如朱熹常说的理散于气,故气中有理一样,不能把气中有理孤立地理解为理本于气。

张元忭论证这个绝对本体的心,当然是指"无垢无污"的"心之本体",而这个"心之本体",即王守仁所说的良知。那么,良知是无善无恶还是纯善?这曾是王门弟子一直争论的问题。张元忭说:

> 人有知觉,禽兽亦有知觉。人之知觉命于理,禽兽之知觉命于气。今但以知觉言良知,而曰良知不分善恶,不得混人性、物性而无别耶?夫所谓良知,自然而然,纯粹至善者也。参之以人为,蔽之以私欲,则可以言知而不得谓之良知矣。谓良知有善无

恶则可,谓良知无善无恶则不可。(同上)

关于知觉与良知的问题,江右王门聂豹认为"误以知觉为良知",是"叛其师(王阳明)说"(《困辨录·辨诚》)。张元忭同意这个说法,反对"以知觉言良知"。据他说,因为禽兽亦有知觉,而以知觉言良知,其实是混淆人性、物性的界限,以致使良知善恶不分。在他看来,作为心之本体的良知,是"有善无恶"、"纯粹至善"的。"至善"是良知的本质,是"自然而然",本来如此。这个"至善",不是与恶相对待的那个善,而是超乎善恶对待之上的绝对的纯善。这就是他在《又答查毅斋》中所说的,"此心真如太虚,无人我,无善恶,则一切分别相,亦何从生"(《张阳和集》卷二)。因此,他不同意心体的良知是无善无恶的提法,只能说良知是知是知非、知善知恶。可是,他不同意良知是无善无恶,实际上是涉及他对"王门四句教"的看法。关于四句教,王畿曾引申为"四无",以致走上"崇虚无而略实功"。钱德洪引申为"四有",强调"事上磨练"的功夫。张元忭同意钱德洪之说,谓"良知无善无恶则不可"。正如后来黄宗羲所说,他们都把"无善无恶者心之体"理解为是指心体禀赋的本质。这在黄氏看来是理解错了。他说:"今解者曰,心体'无善无恶'是性……其实,'无善无恶'者,无善念无恶念耳,非谓性'无善无恶'也"(《明儒学案》卷十《姚江学案·序》)。黄宗羲谓"无善无恶"是指"无善念无恶念",这样解释是否符合王守仁的本意,姑且不论。但他指出当时王门中一些人对"四句教"的争论,都把"无善无恶"理解为"心体无善无恶是性",是本质,倒是接近事实。如王畿就是把"无善无恶"理解为心体之性,以至把心体说成是空廓虚无的"无",而有"四无"之说。钱德洪也是这样理解的,不过他认为这是王守仁的权宜之说,而心体的本质应当是天然有则的"至善",不是一无所有的"无"。

在王门中,张元忭对以心为绝对本体和对心体的良知的论证,与王畿不同,而比较接近钱德洪。但是,他比钱德洪更多地强调体验心体的功夫,提出由功夫而见本体的看法。

二、本体、功夫"一贯"说和"悟修并进"说

张元忭论证心是绝对本体，这个心是"至善"的心之本体。但是，他说除圣贤以外，一般人的心因蔽于污垢而需要"日新""洗心"，才能显出心之本体。他在《寄冯纬川》中说：

> 汤曰日新，《易》曰洗心。夫心本无垢，何从而新？心本无污，何从而洗？盖无垢无污者，心之本体也。物交于外，欲动于中，能无垢无污乎？是故列圣之所为惓惓者，惟惧其本体之有蔽也，去其所蔽以还其真，而学余事矣。（《张阳和集》卷二）

"学"，即"为学"，其要在于去其心中污垢之蔽，"以还其真"，显露本体。其《寄邓定宇》也是陈述这一思想。他说："吾辈今日所当亟图者，亦惟反之身心，日涤月洗，务使此中（心）徵（澄）然，无所染著，屹然不可动摇，而后他日足以应天下之事"（同上卷二）。这种"洗心""反之身心"的为学功夫，他认为就是"孔孟之学"的"正心""存心"，是"千古圣学之的传"（同上卷二《寄罗近溪》）。

张元忭把这种为学功夫也叫作"存心之功"。他在《寄张洪阳》中，谈到"存心之功"的要法：

> 动静者，时也；无动无静，常翕而不张，常聚而不散者，心也。夫心无动静，而存心之功，未有不自静中得之者。初学之士，未能于静中得其把柄，遂欲以憧憧扰扰之私，而妄想于动静合一之妙，譬之驾无柁之舟以浮江汉，犯波涛，其不至覆且溺者，鲜矣！

（《明儒学案》卷十五《浙中王门学案·不二斋论学书》）

张元汴这一段话，结合他对心体的描述来看，他所说的动静，当指意念发动而产生的动静。所以"存心之功"，不是从动静当中求其"合一"，而是

以心体绝对的静,作为"把柄"来驾驭因意念发动而产生的动静的。显然,张元忭所谓"于静中得其把柄",是强调由寂静的心之本体出发,来驾驭意念的动静,再回到绝对心体的静,也就是回到心体的本来状态,而并非是从意念的动静当中求其"合一"。因为在意念的动静中求其"合一",其"存心之功"的出发点和归结点都不明确,如驾无柂之舟,陷溺于意念的"波涛"之中。

这里,张元忭所说"无动无静"的心之本体,又称"未发"之心,其心与物相接而有的意念,又称"已发"之心("意者,心之所发")。可见,他所谓"于静中得其把柄",以制其意念,实际上是以"未发"来察识"已发"、制其"已发"的意思。这就是所谓静中察识。因为他强调从本心出发的"存心之功",所以他重视向内省思,认为"父母生我之时,光光净净",本来具有,而"一切身外之物,真如水上沤,奈何抛我之本来,而汲汲营营于身外暂生暂灭之浮沤乎"(同上)。

所谓以本心察识意念,即察识心之已发、未发时的思虑。因为此时正是思虑萌发的阶段,有产生或动或静、或善或恶的可能性。即他所说的,此心"方其未动,本无人欲,才一萌动,则有天理,便有人欲。此'危'、'微'之训,尧、舜所为惓惓也"(同上)。所以,察识刚刚萌动的意念,就是察识善恶之端的"几",叫作"知几"。他认为这就是周惇颐的"研几之学"。故说:"致知之功,全在察其善恶之端,方是实学"(同上)。人能"知几",即能察识"善恶之端",就是"此念常存",等于"著一防字"。当欲、恶刚一萌动时,即可克除,使意念归于"善念"一边,即他所说的在"意念之间,时时省克,自然欲尽理还"(同上)。通过这一"存心之功",即能复显心之本体,获见良知。

但是,张元忭所谓静中察识、知几、独知,均属于心体所具有的本能方面的静悟。而能在静悟中体验心之本体,获见良知,还要在身外的日用事为、言行酬酢当中,进行困知勉行的所谓渐修涵养功夫。张元忭说,因为就一般的中下人来说,非生而知之,故身外困知勉行的渐修功夫,则更为重要。他在《寄冯纬川》信中说:"生而知之者上也,性之之圣,汤、武犹不能与,况其下者乎！今人气习拘蔽已甚,少无小学之功,长鲜师朋之助,所可自力者,不过困知勉行之事。乃欲舍勉强之行,而径语自然之妙,卒归于自欺而已矣"(《张阳和集》卷一)。

在张元忭看来,没有困知勉行的修持功夫,而直接谈"自然之妙",即直接谈心体、良知,等于是自欺。由此,他在批评杨起元时,提出"悟修并进",不能空言本体,而"讳言工夫"。其说在王门中,比黄绾更为明晰。他说:

> 人之资禀不能无高下,而教人者亦自有"权""实"。直指本体,不落阶级者,其"实"也;旁引曲辟,务以渐入者,其"权"也。上根之人可以"实"语,中下之人必以"权"谕。孔门之"一贯",惟二三大贤得闻之,而其所常言者,文行忠信而已。要之文行忠信无非"一贯",使能者可以默悟,而不能者亦有所持循,此所谓循循善诱者也。若以秘密妙藏,而人人既语之,不几于亵吾之道,而起人之惑乎！复所(杨起元之号)欲广师门之传,每对人谈本体而讳言工夫,以为识得本体便是工夫。某谓本体本无可说,凡可说者皆工夫也。……经云"理以顿悟,事以渐修",悟与修安可偏废哉！世固有悟而不修者,是徒骋虚见、窥影响焉耳,非真悟也。亦有修而不悟者,是徒守途辙,依名相焉耳,非真修也。故得悟而修,乃为真修,因修而悟,乃为真悟。古之圣贤所以乾乾惕惕,若无一息之懈者,悟与修并进也。……《易》言知、崇礼,卑崇效天,卑法地,故智慧欲其高明,践履欲其笃实,此亦悟、修之说也。
>
> 近世学者窥见影响,辄自以为大彻大悟,而肆然不复修持,决藩篱而荡名检,其敝有不可胜言者。某窃有忧之,故每对学者,必以悟、修并进,知、礼兼持为说。(同上卷二《寄罗近溪》)

这里,张元忭是触及王学中经常争论的关于功夫与本体的关系问题。首先,他认为功夫与本体是"一贯",不可偏废。至于过去王畿、钱德洪争论所谓上下"权""实"的教法,也是"一贯"的。他认为"直指本体"的顿悟,离不开修持功夫,否则是"骋虚窥影",不是真悟。当然,如果仅有修持而不悟,即不能悟见本体,就滞于"名相",陷入物的迹象、现象上,不能上达。可见,本体与功夫既不可互相替代,又不可分离。正是从这个意义上说"悟修并进"。所谓"并进",是指有修必有悟,有悟必有修。

其次,就本体而言,张元忭认为它没有物象,并不是具体的,故说"本体本无可说",如果直求本体,是"终不可得"。但本体又确是存在的,它赋散于万物,万物禀有本体,故在万物(指日用人伦)上做功夫,可以显见本体,是"卓尔如有可见"。他在《答周海门》中陈述这一观点:"颜子当仰钻瞻忽时,只是于本体上想象追寻,终不可得。后来得夫子之教,却于博文约礼上用工夫。工夫既到,而后本体卓尔如有可见,始悟向者想象追寻之为非也"(《明儒学案》卷十五《浙中王门学案·不二斋论学书》)。张元忭不仅认为功夫与本体之间存在着"一贯"的必然的联系,而且认为可以由功夫而见本体。显然,这同王畿、杨起元所谓识得本体便是功夫的观点正好相反。

三、揭露王学的流弊和预示王学的衰变

在张元忭看来,由功夫而见本体,是所谓"不离于事物言行之间,而穷理尽性而至于命,下学而上达"(《张阳和集》卷一《又答田文学》)。由此,他在强调功夫和下学的同时,反对那种只讲本体不讲功夫、只言悟不言修、只言良知不言致良知的不良学风,认为这是王守仁去世以后,王门中最严重的流弊,不能坐视。他说:

> 近时之弊,徒言良知而不言致,徒言悟而不言修。仆独持异议,不但曰良知,而必曰致良知;不但曰理以顿悟,而必曰事以渐修,盖谓救时之意也。世儒口口说悟,乃其作用处,殊是未悟者,悟与修分两途……只是于本体上想象追寻,终不可解。(《明儒学案》卷十五《浙中王门学案·不二斋论学书》)

他给罗汝芳的信中曾指责近世学者窥见影响,辄自以为大彻大悟,而肆然不复修持,决藩篱而荡名检。他又在给许孚远的信中说:

> 近世谈学者,但知良知本来具足,本来圆通,窥见影响,便以为把柄在手,而不复知有戒慎、恐惧之功。以嗜欲为天机,以情识为智慧,自以为寂然不动,而妄动愈多,自以为廓然无我,而有我愈固,名检荡然,阳明之良知果若是乎!(同上)

张元忭这种指责,一是反映了王守仁去世后,王学趋于空疏,不做修持功夫,只是"想象",并不能真见本体的情况。二是反映了他本人对此情况忧虑的是,由于只悟不修,而导致"决藩篱而荡名检",绝弃伦理纲常。其结果是"以嗜欲为天机,以情识为智慧",依个人的情识行事。这不仅与王学宗旨大相悖谬,而且又成为封建道德的毁弃者。

据张元忭说,在当时的道学人物中,普遍的现象是"崇虚而蔑礼法","崇妙悟而略躬行","类多虚谈而鲜实行",其学道者,殆无力行,世风不古,成了"作伪之士"。他说:

> 古人之讲学,讲其所行也;古之人力行,行其所学也。学、行岂两途哉!今也不然,讲学者惟务于空言而忽躬行之实。力行也,徒徇乎应迹,而忘著察之功,斯二者盖胥失之矣。宋儒分析,诚多支离。然当时讲论皆尚名检,故一时人物卓然可称。今之言学者,信"心"而遗"行",崇虚无而蔑礼法,作伪之士,得假其说以自文。(《张阳和集》卷一《寄冯纬川》)

张元忭指责当时的学者学、行相背,王学成了饰伪之具。这种状况,不仅关系到王学的命运,而且也关系到封建社会的礼法问题。所以,他为此惕然警惧,"以此为戒",说"当今所急在务实不在炫名,在躬行不在议论,愈笃实则愈光辉",故他以此"所日孳孳",务实躬行。这样,张元忭不仅反对王畿所谓识得本体便是功夫这种忽视功夫的为学方法,而且也反对王畿只求个人精神上悟见本体而忽视道德的实践。故《明史》作者谓张元忭虽"从龙溪,传良知之学",但"笃于孝行,躬行实践,矩矱俨然,无流入禅寂之弊"(《明史·张元忭传》)。认为他是守着王学的"矩矱",同陷于禅学的王畿不同。

应当指出,张元忭在体验心体、获见良知的方法上,强调修持的功夫。这是针对王学的流弊提出来的。具体说,主要是针对王畿而发的。所以他在申论修持功夫的同时,就功夫与本体、悟与修,以及由之而来的关于学与行、儒与禅等一系列问题,批评了王畿。

但是,张元忭批评王畿,不像黄绾那样费难地提出所谓"艮止"说,而是直接就本体与功夫、悟与修的问题,论证其"一贯"性,坚持由下学而上达这一儒家的传统观点,并且把这一为学方法与践履伦理纲常联系起来,强调了功夫以及与功夫相联系的道德实践的重要性。张元忭此说多少吸取了朱熹"道问学"的方法。这就是他为什么称颂"晦翁之学"的求物之功(《张阳和集》卷一《又答田文学》、卷二《与邹南皋》),称颂有日用功夫的朱学人物薛瑄,是"孔门之羽翼"(同上卷三《薛文清从祀议》)。由此他反对轻议朱、陆短长,谓"吾党之士",即王门人物,不可在朱、陆之间党同伐异(同上卷一《寄邹聚所》)。当王学盛行时,他请求修复朱子祠,上疏请将薛瑄从祀孔子庙庭。不过,他重视朱学的为学功夫,只是为了能"笃实"地体验心体、获得良知,避免王畿的空悟"想象",流于禅冥,而仍然没有越出以心为本体的王学范围。

尽管如此,张元忭的理学思想在理学史上仍然有它的意义。王守仁去世后不久,王畿作为王门弟子中的"座主",张元忭公然起来"辟龙溪",指责其流弊。虽然他指责的主要对象是王畿等人,但实际上也是对王学的揭露。尤其当王学还在风靡之时,作为王门后学的张元忭,他的揭露是相当深刻的,比起黄绾显得更直接、明朗。值得注意的是,他"辟龙溪",不仅同当时也在批评"龙溪之学"的江右王门邹元标、南中王门查铎等人,书信往来,相互应和,而且也直接同泰州学派周汝登,尤其是同东林学派的顾宪成等人的关系十分密切。他所谓"本体不可说",由功夫而见本体以及由心之已发处论良知等思想,严格地说,与王学并不契合。这点黄宗羲曾察觉到。他同黄绾、董澐等人,在王守仁去世后的王学内部,不啻形成了一股近乎离析的思潮,它反映了王学在后期的思想变化。这一变化,意味着王学的分化和衰变。当然王学的最后没落,还有其他的原因,但这种出自王学内部的思想变化,不能不是一个重要原因。后来这种情况的出现,却是他们初料不及的。

附记:张元忭的曾孙张岱,字宗子,明末清初著名文学家、史学家。所著《石匮书》,纪明朝一代史事,"不隐恶,不扬善",堪称良史。又以三十年时间,著《四书遇》三十万言,独标新义,与朱熹《四书集注》异趣。其友马一浮题其稿云:"明人说经,大似禅家举公案。张宗子亦同此血脉。卷中时有隽语,虽未必得旨,亦自可喜,胜于碎义逃难,味同嚼蜡者远矣。"这题记扼要地指出了《四书遇》的精神实质。

张岱在《四书遇》的自序中说,"六经、四子自有注脚而十去其五六矣,自有诠解而去其八九矣。故先辈有言,六经有解不如无解。完完全全几句好白文,却被训诂讲章说得零星破碎,岂不重可惜哉!余幼遵大父教,不读朱注。凡看经书,未尝敢以各家注疏横据胸中。正襟危坐,朗诵白文数十余过,其意义忽然有省。间有不能强解者,无意无义,贮之胸中。或一年,或二年,或读他书,或听人议论,或见山川云物、鸟兽虫鱼,触目惊心,忽于此书有悟,取而出之。名曰《四书遇》。盖遇之云者,谓不于其家,不于其寓,直于途次之中邂逅遇之也。古人见道旁蛇斗而悟草书,见公孙大娘舞剑器而笔法大进,盖有以遇之也。古人精思静悟,钻研已久,而石火电光,忽然灼露,其机神摄合,政不知从何处着想也。……色声香味触发中间,无不可遇之。一窍特留,以待深心明眼之人邂逅相遇,遂成莫逆。余遭乱离两载,东奔西走,身无长物,委弃无余。独于此书,收之箧底,不遗只字。曾记苏长公儋耳渡海,遇飓风,舟儿覆,自谓《易解》与《论语解》未行世,虽遇险必济。然则余书之遇知己,与不遇盗贼水火,均之一遇也。遇其可遇言哉!"张岱的大父是张元忭的儿子张汝霖,主张不读朱注。这是晚明王学的学风。张岱遵从家教,唯诵四书白文,求其心悟。今读《四书遇》,可以看到张岱的许多心悟之言,的确传衍了王学的绪余。书中又大量引录宋明理学家特别是晚明理学家的语录,阐明《四书》的义蕴,也是很有意义的。

《四书遇》当时未得刊行,原稿沉湮三百年。一九三四年才由浙江省图书馆收购珍藏。一九八五年才由浙江古籍出版社排印行世。《四书遇》的这段"遇"也是很有纪念意义的。

第四十三章 王艮与泰州学派及其与王学的关系

泰州学派是明代思想史上一个重要学派。后世学者多从师承关系、学术渊源着眼,将泰州学派归入王学统系。当今学术界也有所谓"王学左派","王学右派"诸说。我们认为,考察思想史上学派的分合异同,注意学派间的师承关系、学术渊源都是必要的,而更重要的是,应当注意作为学派代表者的思想家本身的思想内容、特点和社会影响。以此而言,泰州学派的开创人王艮虽曾和王守仁有过师生关系,其学术思想(尤其是哲学思想)深受王学影响,但他的主体思想与王学很不相同,乃至违异。正因为如此,泰州学派才能成为一个有别于王学的独立学派。实际上,黄宗羲早已看到这一点。他在《明儒学案》中,将王守仁的众多弟子按地区分别列入"王门"(如"浙中王门","江右王门"等等),却为王艮另立"泰州学案",指出王艮及其后学的"异端"色彩。本章着重考察王艮与泰州学派及其与王学的联系和区别。

第一节 王艮生平及其思想性格

王艮(公元1483—1541年)①字汝止,号心斋,泰州安丰场(今江苏东

---

① 王艮生于明宪宗成化十九年癸卯六月丁丑(十六日),即公元1483年7月20日,卒于明世宗嘉靖十九年庚子十二月六日,即公元1541年1月2日。今人多因旧历定其卒年为1540年,不确。

台)人。著作经其子孙门人陆续收集整理,编成《心斋王先生全集》①。清嘉庆间,王氏后裔搜访遗版,合其族弟、门人王栋,子王襞著作,汇印成《淮南王氏三贤全书》。清末民初,东台袁承业在《三贤全书》基础上,重新编订成《明儒王心斋先生遗集》出版。

王艮一生,大致可分为三个时期,即:(一)无所师承的自学时期;(二)依傍王门的从学时期;(三)"自立门户"的讲学时期。下面,我们依此对王艮生平活动及其思想性格做简要的叙述。

(一)自学时期(三十七岁以前)

王艮出生于黄海之滨一个世代灶户的家庭。在封建制社会,灶户是国家对盐业生产者进行户口编制的特称。由于食盐生产过程较为复杂,从海水提炼成盐,往往需要设亭立灶进行煎熬,所以从事盐业生产的劳动者被称为"灶丁"或"亭子""亭丁";占有灶籍者,则称为"灶户"或"亭户"。按照明朝的规定:"每盐场有团有灶,每灶有户有丁,数皆额设"(朱廷立《盐政志》卷四)。凡被编入灶户的灶丁,年满十五岁开始"办课",即按规定向国家交纳一定数量的盐产品,直到六十岁方可"优免名盐"(同上卷十嘉靖四年两淮御史张珩《禁约》)。灶丁不但"拮手裸体,劳筋苦骨"(同上卷七嘉靖九年两淮巡盐御史李士翱《盐法疏》),为封建国家"办课",而且还要承担官府的种种杂役。残酷的封建剥削和压迫,往往引起灶丁的逃亡。嘉靖年间,监察御史朱廷立在《盐法疏》中说:"灶丁煎办之苦,有甚于耕凿之民,而宽恤之惠,独无一分之及。穷灶嗷嗷,无所仰赖,如之何不流移也"(同上)?封建国家为了防止灶民逃亡,不但依靠法律手段(还加上封建道德约束)来强制灶民生产,还采取超经济手段不断补充劳动人手。灶丁的来源主要有两个

---

① 据耿定力、丁宾、焦竑、陈应芳、蒋如苹等《重镌心斋王先生全集》所记,王艮著作刊刻情况如下:门人吴标、王汝贞、罗楫、董高、聂静及王衣、王襞兄弟五人初刻《谱录姓氏》;兵道蔡国宾刻《粹语》。门人张峰(知县)初刻《遗录》于江浦,继刻于义阳书院;门人董燧、聂静、吴标、王贞等重刻《年谱语录》;王栋三刻《遗录》于姜堰镇;扬州府推官吴一栻、泰州知州陈仁四刻《谱录》于海陵。耿定力等五刻《全集》于海陵。又据袁承业记,继五刻本后,又由焦竑、周汝登等人校刻,即六刻本。

方面：一是来自所谓"罪情深重"的囚徒；二是朝廷"行有司佥补"，即将平民充作灶户。王艮的灶户家世属于后一方面。据王之垣（王艮的长孙）在《世系详注截略图》引言中所述，他们的始祖王伯寿在洪武年间依诏令"自姑苏（今江苏苏州）徙淮南安丰场"（《重镌心斋王先生全集》卷二，以下《王心斋全集》简称《全集》）。王伯寿的儿子国祥即"占灶籍，煮海"（同上《世系详注截略图》），直至王艮及其儿子们"俱系安丰场灶籍"（同上卷五王衣、王襞等《优免帖文》），除"应办盐课"外，还必须负担亭丁身份的杂役。王艮本人就曾"以身代役"，替他父亲去从事官府的徭役。

在明中叶，两淮一带灶户中有贫灶富灶之分，而王艮的家庭是一个贫苦的灶户。据《全集·年谱》记载，王艮七岁"受书乡塾"，至十一岁，"贫不能学，辞塾师，就理家政"。因为家境贫寒，读不起书，王艮只好跟随父兄参加劳动，养家糊口。泰州守张骥说："先生（王艮）初固亭子也"（《明儒王心斋先生遗集》卷四，以下简称《遗集》）。凌儒所撰王艮《祠堂记》说："吾乡心斋王先生本农家子，生长灶间，年三十才可识字"（同上）。李贽也说："心斋本一灶丁也，目不识丁"（《焚书》卷二《书答·为黄安二上人大孝》，中华书局1975年版，第80页）。王艮从一个灶丁成为一个著名学派的创始人，绝不是一帆风顺的。他的一生经历了十分艰难曲折的道路。概括地说，是一条由灶丁而商贾而学者的道路。经商使王艮得以摆脱家境贫困，为他通向学者道路提供了必要的物质条件。据《年谱》记载，王艮十九岁时，奉父命"商游四方，先生以山东阙里所在，径趋山东"。二十一岁，"先生家居，经理财用。始事时，人多异之；及措置得宜，人复以为不能及。自是先生家日裕"。二十三岁，"客山东。先生有疾，从医家受倒仓法。既疾愈，乃究心医道"。徐玉銮撰《王艮传》说："弱冠，先生父纪芳使治商，往来齐鲁间。已，又业医。然皆弗竟"（《遗集》卷四）。看来，经商、行医都是王艮的生财之道，加上他善于"经理财用"，家道也就日渐富裕起来了。

但是，王艮经商的内容是什么，是不是贩运私盐？有关这方面的材料，均已阙如。"安丰俗负盐，无宿学者"（《全集》卷五赵贞吉《王艮墓铭》）。王艮的家乡是个盛产食盐的地方,盐商纷至,当时被官府定为"上场"①。明朝政府是严禁贩运私盐的②。尽管官府禁令森严,但由于封建吏治的腐败,两淮私盐仍然非常盛行。正德二年(公元1507年),都御史张缙在《两淮盐禁疏》中说:"私盐之弊,固非一端,而私煎尤为弊首。今严于私贩而略于私鬻。……缘盐徒老商,交通豪灶,离团煎鬻,小人得利,更相效尤。私盐肆行,官课渐损。此辈多濒海滨,及军民豪势之流,根著蔓结,分司点视不常,巡官虚应故事"(郭廷立《盐政志》卷七)。其实,私贩亦未因朝廷厉禁而或稍息。嘉靖初,霍韬在《淮盐利弊议》中说:"贫民卖私盐,人即捕获;富室卖私盐,官亦容忍。故贫灶余盐,必借富室乃得私卖。富室豪民,挟海负险,多招贫民,广占卤地,煎盐私卖,富敌王侯。故禁愈严,富室愈横,此之由也。"又说:"在两淮、通、泰、宝应州县,民厌农田,惟射盐利。故山阳之民,十五以上俱习武勇,气复顽悍,死刑不忌,前年流劫,几至大变。故淮安官军,不惟不捕私盐,且受饵利,而为之护送出境矣。山东官军,不惟不捕私盐,反向盐徒丐盐充食矣。盐徒千百,日挟白刃径行,州邑官兵不敢谁何矣"(同上)。这里所描述的情形,不禁使人联想起王艮"同里人商贩东鲁间"(《遗集》卷四耿定向《王艮传文》)的活动,岂不正是在这样一个地区和同一时期吗?如果据此说王艮曾同他家乡的人结伙贩运私盐,也不是毫无根据的。王艮死后,黄直在《奠文》中说到他"世居安丰,晦迹舟航"(《全集》卷五)。这也暗喻他早年是一个由水路进出的行商。

在我们看来,王艮这一段经商发家史却是不容忽视的:首先,它表明王艮本身的阶级地位已经发生根本变化,他由劳动者变成了剥削者;其次,正因为王艮是由经商转向治学的,因而在他思想学说的某些方面(甚至包括哲学理论方面),也不同程度地反映出商人的气息,带有封建社会

---

① 正德七年(公元1512年),两淮巡盐御史朱冠奏请"以富安、安丰……四十三场定为上等","盐课略多"(郭廷立《盐政志》卷七)。

② 据戴金《盐法疏》引《大明律》:凡犯私盐者,杖一百,徒三年。若有军器者,加一等。诬指军人者,加三等。拒捕者,斩。又:豪强盐徒,聚众撑驾大船,张挂旗号,擅用兵仗响器者,官兵寻防捕捉,若拒敌杀伤人命者,俱枭首示众(同上)。又:弘治年间奏准:惟贫难军民,将私盐肩挑背负,易米度日,不必拘捕(同上卷四)。

晚期城市的平民色彩。

王艮是一个有才智、有抱负的人。他的理想并不是终身为陶朱公,而是要当新孔圣。王艮的得意门弟子徐樾为乃师作《别传》说:"既冠,商于山东,特谒孔庙,即叹曰:'夫子亦人也,我亦人也。'归,即奋然有尚友之志,旦夕寤寐,耿耿不能自已"(同上)。《年谱》记王艮二十五岁时,客山东,过阙里,谒孔庙,"奋然有任道之志,归则日诵《孝经》《论语》《大学》,置其书袖中,逢人质义"(同上卷二)。王艮怀着要为"万世师"的愿望,发奋学习儒家经典,开始了他的自学时期。

王艮去见王守仁之前,自称他已"为学十年"(同上卷五徐樾《王艮别传》)。这十年,即指他二十七八岁至三十七八岁间,是他的自学时期。

在这个时期,王艮的治学特点是什么呢?大致有下述三点:

第一,"逢人质义",学无师承。王艮出身灶丁,本来就没有读过多少书,而其家乡又"无宿学者"(同上赵贞吉《王艮墓铭》),是个缺少文化教育的地方,找不到有学问的老师。他"商游四方",行踪不定,固定师门求学甚难,因此他不得不"逢人质义",到处求教,当然也就无所师承了。王艮后来成为学者,和他这种"逢人质义"的学习态度是分不开的。王艮晚年虽然"自立门户"讲学,可他并不怎么重视师教。王艮《语录》载:"有别先生者,以远师教为言。先生曰:'涂之人,皆明师也。得深省'"(同上卷三)。他要求自己的学生以途人为师,不必谨守师教,也正是对他早年"逢人质义"自学方法的肯定,同时也说明王艮与那些拘守师门传统的正宗学者不同,他的教育思想和教学方法带有平民的色彩。

第二,"不泥传注","信口谈解"。《年谱》记:王艮三十二岁,"讲说经书,多发明自得,不泥传注。或执传注辩难者,即为解说"(同上卷二)。赵贞吉作《王艮墓铭》说:"先生逮粗识《论语》《孝经》章句,即邈焉希如古圣贤人,信口谈解,如或启之,塾师无敢难者"(同上卷五)。这里所谓"不泥传注","信口谈解",就是指王艮不拘泥于儒家经典的文义,反对以朱熹《四书集注》为代表的章句之学,主张"以经证悟,以悟释经"(同上),即不但要以个人的思想去解释经典,而且要以经典来印证自己的思想。显然,这是一种主观主义学风。后来,王艮从"经传印证吾心"出发,提出经传"何足用哉"(同上卷三《语录》)的思想,实际上贬落了儒家经典的神圣性。从这个意义上说,认为王艮的思想具有异端色彩,不是没有道理的。

王艮这种学风又和当时社会思潮的变化相联系。在明中叶,随着封建官僚政治日益腐败,作为正宗思想的程朱理学也愈加暴露其不足。为了挽救明朝的社会危机,以陈献章、王守仁为代表的一些封建士大夫力图复兴陆九渊的心学,用以取代程朱理学。自学时期的王艮虽然还不知道王守仁其人,但在他"逢人质义"时,是不可能不受到当时广泛流行的陆王心学的濡染的。耿定向记述王艮此时的学术活动说:"(王艮)慨世学迷蔽于章句,思国学为天下首善地,往以所学谕司成。司成使学徒问所治经。先生答曰:'治总经也。'司成进与语,奇之,曰:'此非吾所能与也,须遇越(浙江)王(守仁)先生始能成之'"(《遗集》卷四耿定向《王艮传文》)。王艮不满于章句之学及其"不泥传注","信口谈解"的学风,都和陆王心学有相通之处,这也是王艮尔后投向王守仁门下的思想契机。

第三,"默坐体道","以先觉为己任"。《年谱》记:王艮二十七岁,"默坐体道。有所未悟,则闭关静思,夜以继日,寒暑无间,务期于有得。自是必有为圣贤之志"(《全集》卷二)。这种所谓"默坐体道",固有表现王艮刻苦砺学的一面,但从认识论而言,则反映出浓厚的神秘主义色彩。而王艮正是利用他悟道的神话,把自己装扮成一个"以先觉为己任"的新教主的。据徐樾记述,王艮二十九岁时,"一夜,梦天坠压,万姓惊号",他以手支天而起,民相欢呼拜谢。他醒来"顿觉万物一体,视宇宙内一人一物不得其所,恻然思有以救之,与物无间。而前者浑然不二于日用者,今则自得自喻也。……乃毅然以先觉为己任"(同上卷五徐樾《王艮别传》)。不仅如此,王艮还"按《礼经》制五常冠、深衣、绅绖、笏板。行则规圆矩方,坐则焚香默识"①。这种神秘主义和复古主义的结合,构成了王艮的宗教式狂想曲。

(二)从学时期(三十八岁至四十六岁)

正德十五年(公元1520年),王艮在自己的家乡闲居。当时有个名叫黄文刚的塾师,是江西吉安人。他听到王艮讲说《论语》感到诧异,说他和江西巡抚王守仁的学术观点非常相近。王艮对此感到高兴,说:"有是哉!虽然王公论良知,某谈格物,如其同也,是天以王公与天下后世也;如其异也,是天以某与王公也"(同上赵贞吉《王艮墓铭》)。于是,王艮便动身去见王守仁,从水路乘船赴江西,九月抵达南昌。进城以后,他戴上自己做的纸帽子(五常冠),穿着稀奇古怪的深衣,手执笏板出现于街头,使得"观者环绕市道"(同上卷二《年谱》三十八岁)。王守仁"方坐高堂",以为来了一个道人,于是降阶相迎,延入礼宾亭相见,请王艮上坐。王艮刚一见面,就搬出他未卜先知的神话说:"昨来时梦拜先生于此亭。"王守仁回答说:"真人无梦。"王艮非常机敏,即反问道:"孔子何由梦见周公?"王守仁说:"此是他真处"(同上)。这里,王守仁并非反对梦幻神话,而是以"真人"来区别"俗人",表示他对王艮的鄙视。

王艮和王守仁自见面伊始,"便相与究竟疑义",直至"纵言及天下事"(同上),彼此论难。对于应该不应该议论天下国家大事的问题,他们还有这样一段对话:

> 王守仁:"君子思不出其位。"
> 王艮:"某草莽匹夫,而尧、舜君民之心,未能一日而忘。"

---

① 据说,五常冠:"纸糊为之……仁义礼智信,皆天德也,亦见戴天之义"。深衣:"衣身二尺二寸,袪缘广二寸。裳前后共十二幅,裳前广寸半,与袂同。袖口尺有二寸,围之则二尺有四寸,缘广寸半。"绅绖:"广二寸半,缯边布心,色同深衣制,头合纽处则系之以绦,用黄丝线为之,下与绅齐。"笏板:"书其上曰:'非礼勿视,非礼勿听,非礼勿言,非礼勿动。'出则持此,常目在之,须臾无忽之心也"(上引均见《全集》卷一)。

王守仁:"舜耕历山,忻然乐而忘天下。"

王艮:"当时有尧在上。"(同上卷五徐樾《别传》)

按所谓"君子思不出其位"一语,出自《论语·宪问》:"子曰:'不在其位,不谋其政。'曾子曰:'君子思不出其位'。"朱熹《论语集注》卷七引范氏语云:"物各止其所,而天下之理得矣。故君子所思不出其位,而君臣上下大小皆得其职也。"王守仁所以引出这句话,是因为在他看来,像王艮这样毫无政治地位的布衣之士,是不应该去思考天下国家大事的,而应该像舜耕于历山那样,老老实实从事生产劳动,忻然自乐。但是,王艮的看法不同。他认为,正由于自己是草莽匹夫,更应当去追求尧、舜时代的理想政治;舜耕于历山,所以能够乐而忘天下,那是因为当时有尧在上。这里也就包含着一个反命题:现实政治中既然没有尧这样的君主,那么,草莽匹夫们也就不可能像舜那样安心于生产劳动。而他们之所以"未能一日而忘"尧、舜君民之心,正是为了摆脱社会现实的苦难。这是王艮和王守仁在政治思想上的分歧,也反映了封建社会中统治阶级和被统治阶级的对立。

王艮和王守仁虽然在政治思想上有这样的分歧,但他们在哲学思想上却存在着某些相同点。据王艮《年谱》所记,"讲及致良知,先生叹曰:'简易直截,予所不及。'乃下拜而师事之。"当王艮辞别王守仁回到馆舍后,"绎思所闻,间有不合,遂自悔曰:'吾轻易矣!'"次日,王艮又去见王守仁说:"某昨轻易拜矣,请与再论。"于是,他"复上坐",与王守仁"又反复论难,曲尽端委"。结果,王艮"心大服,竟下拜执弟子礼"。从此,王艮成为王守仁门下的学生。王艮初名银,王守仁取《易·艮卦》之义为他更名艮,字以汝止。名字的更换,说明王守仁想把商人的王银变为道学家的王艮。

这个故事生动地表现了王艮的思想性格,尤其是他那种坚持独立思考的顽强精神,使王守仁也感到惊奇。王守仁在会见王艮后对他的学生说:"吾擒宸濠,一无所动,今却为斯人动。"又说:"此真学圣人者,疑即疑,信即信,一毫不苟,诸君莫及也"(同上卷二《年谱》三十八岁)。王艮入赘王门后,王守仁曾说:"吾党今乃得一狂者"(同上卷五欧阳德《奠文》)。事实上,正由于王艮始终坚持独立思考的治学态度及其"狂者"的思想风格,这就使得他"时时不满其师说"(《明儒学案》卷三十二《泰州学案·王艮传》),而且"往往驾师说上之"(《明史》卷二八三《王艮传》),不能不和师门发生矛盾和冲突。

王艮北行讲学,就是他和王守仁之间一次公开的冲突。

关于这件事情发生的时间,《年谱》记入嘉靖元年壬午(公元1522年)王艮四十岁时,但从时人的一些记述看,时间应在次年癸未(公元1523年)①。《年谱》虽然在时间记载上有误,而对于事情经过的叙述却与其他文献的记载大体一致,而且还较为完整、详细。兹节引于下:

> 一日,(王艮)入告阳明公曰:"千载绝学,天启吾师倡之,可使天下有不及闻此学乎?"因问孔子当时周流天下,车制何如?阳明公笑而不答。既辞归,制一蒲轮(按:蒲轮,又名轻车,亦名招摇车),标题其上曰:"天下一个,万物一体。入山林求会隐逸,过市井启发愚蒙。遵圣道,天地弗违;致良知,鬼神莫测。欲同天下人为善,无此招摇做不通,知我者其惟此行乎!罪我者其惟此行乎!"作《鳅鳝赋》……沿途聚讲,直抵京师。……比至都下,先夕,有老叟梦黄龙无首,行雨,至崇文门变为人立。晨起,先生适至。时阳明公论学与朱文公(即朱熹)异。诵习文公者,颇牴牾之。而先生复讲论勤恳,冠服车轮,悉古制度,人情大异。会南野(欧阳德)诸公在都下,劝先生归。阳明公亦移书守庵公(王艮父亲)遣人速先生。先生还会稽,见阳明公。公以先生意气太

---

① 王艮死后,黄直《奠文》说:"癸未之春,会试举场。兄忽北来,驾车徬徨。随处讲学,男女奔忙。至于都下,见者仓黄。事迹显著,惊动庙廊。"王臣(瑶湖)《奠文》说:"癸未之春,予试春官。君时乘兴,亦北其辕。琅琅高论,起懦廉顽。皆寓车床,忘寐以欢。"赵贞吉《王艮墓铭》在记述王艮北行后说:"越五年,戊子(公元1528年),王(守仁)先生卒于师。"(上引见《全集》卷五),从戊子上溯五年即癸未,亦可证此事发生于嘉靖二年。

高,行事太奇,欲稍抑之,乃及门三日不得见。一日,阳明公送客出,先生长跪曰:"某知过矣!"阳明公不顾。先生随入至庭事,复厉声曰:"仲尼不为已甚!"于是,阳明公揖先生起。时同志在侧,亦莫不叹先生勇于改过。(《全集》卷二)

王艮这次北行讲学,从表面上看,似乎他热衷于倡导"绝学",伸张师说,实际上,他是借此"周流天下",从事自己的传道活动。王艮为什么汲汲于"周流天下"?他在《鳅鳝赋》中做了这样的回答:"'吾与同类并育于天地之间,得非若鳅鳝之同育于此砘乎!吾闻大丈夫以天地万物为一体,为天地立心,为生民立命,几不在兹乎!'遂思整车束装,慨然有周流四方之志"(同上卷四)。王艮以"复压缠绕,奄奄然若死之状"的砘鳝来形容遭受压迫的人民,又以"若神龙然"的泥鳅来形容自己这样的"道人"。为了拯救苦难的人民,他认为必须"周流四方",进行广泛的传道活动。

王艮的北行讲学活动和那些正襟危坐的正宗儒者迥然不同。他"驾一小蒲车,二仆自随"(同上卷五赵贞吉《王艮墓铭》),"沿途聚讲",这种讲学形式,已经离开了传统的书院,而以社会为讲坛,以"山林隐逸","市井愚蒙"这些下层群众为宣讲对象。在讲学内容上,王艮也背离传统,"言多出独解,与传注异"(《遗集》卷四徐玉銮《王艮传》)。这种所谓"独解",不但不同于注重传注的朱熹理学,而且也表现出与其师说的歧义。上述特点,构成了王艮讲学活动的异端色彩。

王艮这次异乎寻常的讲学活动,受到社会各阶层的广泛注意,轰动一时。黄直在王艮死后的《奠文》中回顾说:"癸未之春,会试举场。兄忽北来,驾车徬徨。随处讲学,男女奔忙"(《全集》卷五)。进入北京以后,人们"聚观如堵"(徐玉銮《王艮传》),"都人以怪魁目之"(《明儒学案》卷三十二《泰州学案·王艮传》)。他成了一个传奇式人物。王艮这次北行讲学遭到王守仁的"痛加裁抑"(同上),恰好反映他的异端思想与王守仁的正宗学说不相容。

然而,我们也应当看到,王艮和王守仁之间并没有因为存在分歧而导致师生关系的破裂。其所以如此,双方都是有原因的。一方面,王守仁为了破除"山中贼"和"心中贼",需要王艮这样一个出身微贱而和下层社会有较广泛联系的"真学圣人者",也就是要通过教育把王艮变成他的学说的忠实信从者,使王学在社会上产生更加广泛的影响;另一方面,王艮需要凭借王守仁在政治上和学术上的显赫地位来提高自己的社会声望,发展自己的思想学说。因此,王艮虽然"时时不满其师说",而他仍愿成为王守仁门下的学生,甚至还把自己年少的儿子王襞带到浙江就学于王门。

王艮从正德十五年(公元1520年)执贽王门起,至嘉靖七年(公元1528年)王守仁死时为止的八年间,大部分时间是和王守仁及其门人、朋友一起度过的。《年谱》记载,嘉靖二年(公元1523年)春,王艮"在会稽,侍阳明公朝夕"。三年春,"请阳明公筑书院城中以居同志。多指百姓日用,以发明良知之学。大意谓百姓日用条理处,即是圣人条理处。圣人知,便不失;百姓不知,便会失"。四年,邹守益在广德(安徽今县)"建复初书院,大会同志,聘先生与讲席"。五年,王臣"守泰州,会诸生安定书院,礼先生主教事"。六年,至金陵,与湛若水、吕柟、邹守益、欧阳德聚讲新泉书院。七年,"在会稽,集同门讲于书院","冬十月,阳明公讣闻。先生迎丧桐庐(浙江锦县),约同志经理其家"。可见,王艮在这一时期的主要活动是与上层社会的官僚、学者交游。这使他得以提高自己的社会声望和文化修养,同时也不可避免地进一步受到王守仁心学的影响。王艮在其自学时期,几乎没有什么著述,而在他从学王门时期,却写作了一些名篇,如《鳅鳝赋》《复初说》《明哲保身论》《乐学歌》《天理良知说》等等。这时,王艮基本上接受了王守仁的主观唯心主义哲学。如《复初说》是对王守仁所谓"良知亦自会觉,觉则蔽去,复其体矣"的发挥。《乐学歌》是依据王守仁"乐是人心之本体"(《王文成公全书》卷五《与黄勉之》二)的观点写成的。但王艮并没有因循师说,而是有所创造,如他的"百姓日用之道"和"安身立本"观点,都是在这个时期提出来的。至于他的《天理良知说》,则表现出调和王守仁与湛若水之间不同学术见解的倾向。尽管他从学于王门,但他这种所谓"东西南北之人"的特色依旧保存下来。泰州学派之不同于姚江学派,这是一个非常显著的特点。

(三)讲学时期(四十七岁至五十八岁)

嘉靖八年(公元 1529 年),王艮往会稽,会葬王守仁,"大会同志,聚讲于书院,订盟以归"(《全集》卷二《年谱》四十七岁)。此后开始了他"自立门户"的讲学时期,亦即泰州学派的奠基时代。

在这个时期,王艮定居于自己的家乡安丰场,主要从事讲学活动。他一面在家开门授徒,一面又与王门同学和官府士绅往来交游。五十四岁以前,他外出较为频繁,且多游于江、浙间。晚年居家讲学。现据《年谱》所记,将其主要活动列举于下:

> 九年,四十八岁,在金陵,会邹守益、欧阳德、万表、石简等,聚讲鸡鸣寺。
>
> 十年,四十九岁,家居。"四方从游甚众,相与发挥百姓日用之学,甚悉"。
>
> 十一年,五十岁,道州周良相,泾县吴标、王汝贞,南昌程伊,程奉先后来学。
>
> 十二年,五十一岁,"在金陵。南野公(欧阳德)尝讲'致良知'。先生戏之曰:某近讲'良知致'。南野延先生连榻数宵,以日用现在指点良知,自是甚相契"。
>
> 十三年,五十二岁,林大钦、沈谧等访王艮,会讲泰州,复会金山。
>
> 十四年,五十三岁,"是岁,复大饥。族家子至除夕多不举火。先生命伯子衣以所食粟赈之,因以劝乡之富者"。
>
> 十五年,五十四岁,抚州乐安董燧自金台来学。五月,会王畿于金山,访唐顺之于武进。偕董燧等数十辈至金陵,"会龙溪邸舍"。御史洪垣访王艮,为其构东淘精舍数楹,并请订《乡约》。婺源董高、南昌罗楫等先后来学。
>
> 十六年,五十五岁,"玩《大学》,因悟格物之旨"。"时有不

谅先生者,谓先生自立门户。先生闻而叹曰:'某于先师受罔极恩,学术所系,敢不究心以报。'"是年春,御史吴悌按淮扬,造访王艮家。冬,复会艮于泰州,疏荐其于朝。

十七年,五十六岁,"时安丰场灶产不均,贫者多失业,奏请摊平,几十年不决。会运佐王公、州守陈公共理其事,乃造先生谋。先生竭心经画,三(疑为二)公喜得策,一均之而事定"。

十八年,五十七岁,"时先生多病,四方就学日益众。先生据榻讲论,不少厌倦"。冬十一月,罗洪先来访,艮作《大成歌》赠之。

十九年,五十八岁,王艮病卒于家。

总的说来,王艮这时已经成为一个享有一定社会声望的教育家和思想家。他自树一帜,开创了独具特色的泰州学派。

作为一个教育家,王艮特别注重于平民教育。曾在王艮家中"请益月余"的李春芳叙述说:"见乡中人若农若贾,暮必群来论学,时闻逊坐者。先生曰:'坐,坐,勿过逊废时。'嗟乎,非实有诸己,乌能诲人如此吃紧耶"(《遗集》卷四李春芳《崇儒祠记》)!由此可见,他始终与社会下层群众保持着密切关系。在他的学生中,虽有如徐樾这样的官僚士大夫,但更多的是布衣平民。如他最早的学生林春出身佣工,朱恕是樵夫,韩贞是陶匠。在泰州后学中,还有田夫、商人等等。王艮开启的平民教育传统成为泰州学派的重要特色之一。在此之前,历史上还没有一个儒家学派能像泰州学派这样重视平民教育的。

但王艮的教育思想却表现出某些唯物论因素。如他认为,"人之天分有不同,论学则不必论天分"。又说:"孔子虽天生圣人,亦必学《诗》、学《礼》、学《易》,逐段研磨,乃得明彻之至"(《全集》卷三《语录》)。可见,他在这个问题上的基本倾向是,否定"生而知之"的天才论,强调后天学习的必要性和重要性。他还认为,不应该把学习当作一种精神负担,而应该看作人生的一种乐趣。他写的那篇有名的《乐学歌》虽然在理论上受到王守仁良知说的影响,但它以通俗生动的文字宣传了学习的快乐,这对于启发人们(特别是那些缺乏文化教养的劳动者)的学习自觉性是很有帮助的。赵贞吉说:"先生接引人无问隶仆,皆令有省。虽显贵至悍戾不悦者,闻先生言,皆对众悔谢不及。往往见人眉睫,即知其心。别及他事,以破本疑。机应响疾,精蕴毕露。廓披圣途,使人速进"(同上卷五赵贞吉《王艮墓铭》)。这说明王艮有相当丰富的教学经验。他的讲学活动吸引了很多的求学者,这也为泰州学派的发展创造了必要的条件。

作为思想家,王艮在哲学、伦理学、教育学和政治学领域内的思想是别具一格的。在这一时期,他的主要著作有《格物要旨》《勉仁方》《大成歌》《与南都诸友》《均分草荡议》《王道论》《答徐子直书》等等。他除了继续发挥"百姓日用之学"外,还着重阐发了他以"安身立本"为主要内容的"格物"说,及其具有社会改良主义性质的"王道论"。上述思想学说既保留了传统儒学,特别是王学的印迹,又表现出泰州学派独特的思想性格。

王艮思想的另一个特色是"不喜文词"(《遗集》卷四凌儒《祠堂记》),"鲜所著述"(同上耿定向《王艮传》)。赵贞吉说:王艮"独不喜著述,或酬应之作,皆令门人、儿子把笔,口授占之,能道其意所欲言而止。晚作《格物要旨》《勉仁方》诸篇,或百世不可易也"(《全集》卷五赵贞吉《王艮墓铭》)。由于王艮不喜著述,只重口授心传,所以他遗留的著作不多。这在儒家各学派的创始人当中实为少见。现今流传的语录文字就是经过王衣、王襞、董燧、聂静等人收集整理,并经吴悌重加校正而成书的。王艮所以"鲜少著述",固然与他出身灶丁,"自少不事文义"(《遗集》卷四耿定向《王艮传》),缺乏深厚的文化素养有关,另外也还别有原因。他在答复徐樾的信中曾经写道:"我心久欲授吾子直大成之学,更切切也。但此学将绝二千年,不得吾子直会面,口传心授,未可以笔舌谆谆也"(《全集》卷四《再与徐子直》二)。可见他的"口传心授"的传道方式,具有明显的神秘主义色彩。而这种色彩恰恰又是他背弃正宗思想的具体表现。

从另一方面说,由于王艮讲学传道的主要对象是若农若贾的平民百姓,因此,对于这些缺乏文化知识的社会下层群众来说,王艮的不假文字的讲学形式,比起阅读古奥难懂的经书,实在容易接受得多,更何况王艮的思想多少反映了他们的要求和愿望。是否可以说,这就是王艮只重口传心授而鲜所著述的社会原因呢?

第二节　泰州学派的学术特色及其与王学的联系

如上节所述,王艮出入于王门,开创了泰州学派。这个学派,一方面承受了王学的传统,另一方面,又汇集四方之学,熔铸新说,形成自己的学术特色和思想风格。

从总体上看,泰州学派所承受的王学传统,主要表现在哲学方面。王艮从执贽于王门开始,即服膺"简易直截"的"良知"之教。陆王心学是王艮及其后学的哲学思想的核心,也是泰州学派的道德伦理思想和社会政治学说的理论前提。但是,王艮作为一个平民出身的学者,既由于知识底蕴不足而限制了他在理论思维方面的创造能力,又因为他急于折向社会现实问题而缺乏理论兴趣,所以他对哲学问题不可能做系统、深入的理论探讨,而满足于重复王守仁的一些哲学语言,袭取其理论形式,借以发挥自己的观点。如他所谓"知得身是天下国家之本,即以天地万物依于己,不以己依于天地万物"(同上卷三《语录》)的理论,即是依据王守仁"心外无物"的主观唯心主义哲学观点,阐述自己的"身本"(个人本位)思想的。

在思想方法和修养方法方面,王艮和其他王学学者一样,重视心悟和内省,但他的特点是,往往"以日用见在指点良知",更重视人的意识和心理活动。顾宪成说:"往闻阳明弟子,称有超悟者,莫如王龙溪翁;称有超悟而又有笃行者,莫如王心斋翁。心斋之门人尝问为善去恶功夫。心斋谓之曰:'见在心地有恶否?'曰:'何敢有恶!'心斋曰:'既无恶,更去何恶?'良久,乃谓之曰:'见在心地有善否?'曰:'不见有善。'心斋曰:'即此是善,更为何善?'是心斋以无善无恶扫却为善去恶矣"(《顾端文公遗书·证性篇·质疑》下)。黄宗羲也说:"阳明以下,推辩才惟龙溪,然有信有不信。唯先生(指王艮)于眉睫之间省察人最多,谓'百姓日用即道',虽僮仆往来动作处,指其不假安排者以示之,闻者爽然"(《明儒学案》卷三十二《泰州学案·王艮传》)。王艮这种偏重心理、意识的思维方式,明显地具有佛教禅宗的色彩。

泰州学派虽然受到心学的深刻影响,但它作为一个独立学派更有自己的学术特色。而反映其特色的思想,主要是王艮的"百姓日用之道","安身立本"的格物论及其追求"人人君子"的社会理想。这是泰州学派的主体思想,也是它不同于王学之所在。兹就上述三个思想特点,简要论述于下:

一、"百姓日用之道"

王艮的"百姓日用之道",又称"百姓日用即道"或"百姓日用之学",是中国思想史上颇有创造性的思想学说。

从思想渊源看,"百姓日用之道"思想,可溯源于古代儒家。《周易·系辞上》云:"一阴一阳之谓道。继之者善也,成之者性也。仁者见之谓之仁,知者见之谓之知。百姓日用而不知,故君子之道鲜矣。"孔颖达《正义》曰:"'百姓日用而不知'者,言万方百姓日日赖用此道而得生,而不知道之功力也;言道冥昧不以功为功,故百姓日用而不能知也。'故君子之道鲜矣'者,'君子'谓'圣人'也。仁、知则各滞于所见,百姓则日用不知,明体道君子不亦少乎"(《周易正义》卷七《十三经注疏》本)!这是说,"君子之道"高深莫测,普通百姓是不能知道的,贤于仁、知,亦各执一偏,唯有"圣人"能够认识它、掌握它。实际上,正反映出古代儒家严格"圣人"与"百姓"的分别。

宋代以后,由于理学的兴起而需要重新诠释儒家经典。对于《易经》里面上述一段话,理学家们一面依据"继善成性"论发挥其性理之学,一面又以"百姓日用"说强调经世之学。如李侗就曾告诫他的学生朱熹应重视"日用"之学。他在与人书中说,朱熹"初讲学时,颇为道理所缚,今渐能融释,于日用处一意下工夫。若于此渐熟,则体用合矣。此道理全在日用处熟。若静处有而动处无,则非矣"(引自陈邦瞻《宋史纪事本末》卷八十)。朱熹的理学虽涉虚玄,然其立足确在"日用处"。王守仁的心学同样如此。他说:"日用间何莫非天理流行,但此心常存不放,则义理自熟"(《王文成公全书》卷四《答徐成之》)。又说:"不离日用常行内,直造先天未画前"(引自邹守益《东廓语录》,见《明儒学案》卷十六)。这里所谓的"日用常行",主要是指礼教的"五常百行"。强化道德教育,是王学也是整个理学的根本宗旨。王守仁企图通过"日用常行"去启发人们的"良知"。

王艮的"百姓日用之学",在理论形式上继承了古代儒家的传统和王守仁的"良知"说,而在实际内容上又对正宗儒学进行了不同程度的改造,多少反映了平民的要求和特点。

首先,王艮的"百姓日用之道"是以"百姓"为本。他所讲的"百姓",从广义说,包括士、农、工、商;从狭义说,是指广大下层群众,即所谓"愚夫愚妇"。他所讲的"道",亦非《易经》里面那个冥昧难知的"君子之道",而是平民百姓日用常行之道。据《年谱》载:"先生言百姓日用是道。初闻多不信。先生指僮仆之往来、视听、持行、泛应动作处,不假安排,俱是顺帝之则,至无而言,至近而神"(《全集》卷二《年谱》四十六岁)。王艮否认"道"的神圣性,强调"愚夫愚妇,与知能行便是道"(同上卷三《语录》)。他还认为,"百姓日用"是"道"的中心内容,也是检验"道"的标准。"圣人之道"也是以"百姓日用"为旨归的。他说:"圣人经世,只是家常事"(同上)。又说:"圣人之道,无异于百姓日用。凡有异者,皆谓之异端"(同上)。又说:"百姓日用条理处,即是圣人之条理处。圣人知,便不失;百姓不知,便会失"(同上)。在他看来,只有合乎平民百姓日常生活需要的思想学说,才是真正的"圣人之道";否则,便是"异端"。在这里,王艮从"百姓"的立场出发,把"圣道"与"异端"的传统观念来了一个颠倒,这就无异乎把当时高谈"性命义理"而与平民百姓日常生活脱节的官方思想宣布为"异端"。由此也可以看出,王艮的"百姓日用之道"与传统的"君子之道"异趣。

历来的封建正宗思想家总是把"圣人"与"百姓"区分开来,神化"圣人",鄙视"百姓"。即如王守仁虽然讲过"良知良能,愚夫愚妇与圣人同"

（《王文成公全书》卷二《答顾东桥书》），甚至说，"与愚夫愚妇同的，是谓'同德'。与愚夫愚妇异的，是谓'异端'"（同上卷三《传习录》下），承认圣、愚在人类先天道德上的平等，但他并不认为圣、愚之间因此而没有实际上的差别，所以他又说，"惟圣人能致其良知，而愚夫愚妇不能致，此圣、愚之不同处也"（同上卷二《答顾东桥书》）。又说："圣人如天。无往而非天，三光之上天也，九地之下亦天也。天何尝有降而自卑"（同上卷一《传习录》上）？在他的心目中，"圣人"仍然是至高无上的神，从而否认"圣人之道"会"降而自卑"，这也就肯定了圣、愚之间的界限是不可逾越的。

王艮不然。他的"百姓日用之学"则是力图填平圣、愚之间的鸿沟。王艮对于"圣人"固然深表景仰，而他并不像王守仁那样奉"圣人"为天神。相反，他竭力按照自己的理想把"圣人"塑造成为没有特权的平民。如他说："夫子（指孔丘）亦人也，我亦人也"（《全集》卷五徐樾《王艮别传》）。他也承认圣、愚之间的区别，但他把这种区别归结为知识上的"先知"与"后知"。他说："夫良知即性，性焉安焉之谓圣；知不善之动，而复焉执焉之谓贤。惟'百姓日用而不知'，故曰'以先知觉后知'。一知一觉，无余蕴矣。此孔子学不厌而教不倦，合内外之道也"（同上卷四《答徐子直》）。在王艮看来，"愚夫愚妇"是"与知能行"的，其所以"日用而不知"，原因在于没有学习。因此，"圣人"的责任，就是要"以先知觉后知"，使"愚夫愚妇皆知所以为学"（同上《王道论》），实现"人人君子，比屋可封"的理想世界。

王艮"百姓日用之道"的另一个显著特点是，他所谓的"道"，不仅具有道德精神的内涵，而且包含了人最起码的物质生活要求。他说：

> 即事是学，即事是道。人有困于贫而冻馁其身者，则亦失其本而非学也。夫子曰："吾岂匏瓜也哉，焉能系而不食？"（同上卷三《语录》）

王艮这一思想可能受到元代学者许衡的影响。许衡认为，"学者治生，最为先务。苟生理不足，则于为学之道有所妨。彼旁求妄进及作官谋利者，殆亦窘于生理所致。士君子当以务农为生,商贾虽逐末,果处之不失义理,或以姑济一时,亦无不可"(引自《宋元学案》卷九十《鲁斋学案·附录》)。王守仁对此颇致不满。他说:"许鲁斋谓儒者以治生为先之说,亦误人"(《王文成公全书》卷一《传习录》上)。考王艮的治学道路,颇近许衡之说。但是王艮的思想毕竟不同于许衡。许衡仅为"士君子"的利禄设想,王艮则对呻吟于封建制度压迫下的人民表示同情。要求摆脱贫困,争取人身生存权利的观点,是王艮的"百姓日用之学"和"安身立本"思想的出发点。在明中叶出现资本主义生产关系萌芽的历史条件下,王艮争取劳动人民生存权利的思想,反映了时代的要求,具有启蒙的意义。

王艮的"百姓日用之学",还包含了发展平民文化教育的要求。王栋在评论王艮思想时,非常明确地指出了这一特点。他说:

> 自古士农工商,业虽不同,人人皆共此学。孔门犹然。考其弟子三千,而身通六艺者才七十二,其余则皆无知鄙夫耳。至秦灭汉兴,惟记诵古人遗经者,起为经师,更相授受。于是指此学独为经生文士之业,而千古圣人原与人人共同共明之学,遂泯灭而不传矣。天生我师,崛起海滨,慨然独悟,直超孔子,直指人心。然后愚夫俗子,不识一字之人,皆知自性自灵,自完自足,不假闻见,不烦口耳,而二千年不传之消息,一朝复明。先师之功,可谓天高而地厚矣。(《王一庵先生全集》卷上《会语正集》)

王栋这段话,论述了自古以来学术文化的发展特点。值得注意的是,他没有提到程朱理学,也没有言及陆王心学,而是以王艮直接接续于孔子之学,这样也就抛开了理学的道统,而把泰州学派作为古代平民教育传统的继承者。在王栋看来,古代社会的学术为"士农工商"所共有,而秦灭汉兴以后(即封建制社会)的学术已为"经生文士"(即封建士大夫)所独占,因而泯灭了古代的"人人共同共明之学"。王艮的功绩,正在于他恢复了早期儒家"有教无类"的平民教育传统,力图以"愚夫俗子"的"日用之学"

去取代"经生文士"的正宗儒学。

二、"淮南格物"

王艮的格物论,因其独具特色而被称为"淮南格物"。赵贞吉说:"越中良知,淮南格物,如车之两轮,实贯一毂"(《全集》卷五《王艮墓铭》)。"越中"即指王畿,"淮南"即指王艮。王守仁殁后,王畿的"良知"说和王艮的格物论,在当时的思想界都有很大的影响。王畿的"良知"说出自王守仁,而王艮的格物论则在他早年已有所得。他在师事王守仁之前就曾说过,"王公(守仁)论良知,某谈格物"。后来,王艮虽然受到王守仁的思想影响,但是,历来学者大都认为,"淮南格物"是不同于阳明之学的。

在我们看来,所谓"淮南格物",其特色并不表现于认识论方面,主要表现于人生哲学和伦理学方面,即其所谓"安身立本"之说。

王艮的"安身立本"论,主要是依据《大学》所谓"自天子以至于庶人,壹是皆以修身为本"而提出来的。他说:

> 身与天下国家,一物也。惟一物而有本末之谓。"格",絜度也。絜度于本末之间,而知"本乱而末治者否矣",此格物也。物格,知本也。知本,知之至也。故曰"自天子以至于庶人,壹是皆以修身为本"也。修身,立本也。立本,安身也。

> "格"如格式之格,即后"絜矩"之谓。吾身是个矩,天下国家是个方。"絜矩",则知方之不正,由矩之不正也。……矩正则方正矣,方正则成格矣。……格物,知本也;立本,安身也。安身以安家而家齐,安身以安国而国治,安身以安天下而天下平也。……不知身不能保,又何以保天下国家哉!

> 身与道原是一体。至尊者此道,至尊者此身。尊身不尊道,不谓之尊身;尊道不尊身,不谓之尊道。须道尊身尊才是"至善"。故曰:天下有道,以道殉身;天下无道,以身殉道。……若以道从人,妾妇之道也。

> 本末原拆不开。凡天下事,必先要知本。如我不欲人之加诸我,是安身也,立本也,明德止至善也。吾亦欲无加诸人,是所以安人安天下也,不遗末也,亲民止至善也。(同上卷三《答问补遗》)

上面就是王艮"安身立本"论的主要内容。从思想渊源来说,王艮的"本末一物"说源出于王守仁的《大学问》①,而其以身为本、家国天下为末的观点则可以追溯到许衡的《大学直解》。许衡在解释"自天子以至于庶人,壹是皆以修身为本,其本乱而末治者否矣"时指出:"'本'是指身说,'末'是指家国天下说。……身为家国天下的根本,身若不修,则其根本先乱了,如何得家齐国治而天下平,所以说'否矣'"(《许文正公遗书》卷四)。但是,王艮的"安身立本"思想与许衡的传统的修身观念有所不同,它已经具有反映时代特点的若干新内容。

第一,王艮的"安身立本"论,是在古旧的语言形式下,蕴含了争取人的生存权利和维护人的尊严的思想。他讲"安身",首先是物质生活条件上的安,即要求吃饱穿暖,能够生活下去。在他看来,"人有困于贫而冻馁其身者,则亦失其本而非学也。"贫困,吃不饱,穿不暖,就是失本,就没有做到安身。自己和天下人都吃饱穿暖,就做到了大家都安身的先决条件。

王艮讲安身,并非限于物质条件上的安,更主张人身上的安,所以他要求尊身、爱身和保身,避免辱身、害身和失身。他认为,身与道都是天地间的"至尊者","圣人以道济天下,是至尊者道也;人能宏道,是至尊者身也。道尊则身尊,身尊则道尊。故学也者,所以学为师也,学为长也,学为君也。以天地万物依于身,不以身依于天地万物。舍此,皆妾妇之道。"黄宗羲评论说:"圣人复起,不易斯言"(《明儒学案》卷三十二《泰州学案·王艮传》)。王艮的安身论,从一个侧面反映了明中叶日益加剧的社会矛盾。农民起义、天灾人祸所引起的社会动荡,统治阶级内部的争斗和官场的倾轧,在

---

① 王守仁说:"物有本末。先儒以明德为本,新民为末,两物而内外相对也。……夫木之干谓之本,木之梢谓之末。惟其一物也,是以谓之本末。若曰两物,则既为两物矣,又何可言本末乎?"(《王文成公全书》卷二十六)

王艮看来,都使人不安于身,不安于心。据《语录》载:"问节义。先生曰:'危邦不入,乱邦不居。道尊而身不辱,其知几乎!'然则孔、孟何以言'成仁取义'?曰:'应变之权固有之,非教人家法也'"(《全集》卷三)。王艮以不辱身为节义,以仁义之常为应变之权,这是有悖于儒家传统道德观念的。王艮作为一个平民学者,不主张做官,认为仕禄也可以害身。他说:"仕以为禄也,或至于害身,仕而害身,于禄也何有?仕以行道也,或至于害身,仕而害身,于道也何有"(同上)?《年谱》记嘉靖五年(公元1526年),王艮作《明哲保身论》,"时同志在宦途,或以谏死,或谴逐远方。先生以为身且不保,何能为天地万物主?因瑶湖(王臣)北上,作此赠之"(同上卷二)。在《明哲保身论》中,王艮提醒人们"必爱身如宝","若夫知爱人而不知保身,必至于烹身割股,舍生杀身,则吾身不能保矣";"吾身不能保,又何以保天下国家哉"(同上卷三)?王艮的"明哲保身"论,虽然在理论上具有"为我"论的倾向,但在实际上则是不与封建官场同流合污,具有维护人的尊严的积极意义。黄宗羲批评王艮的安身说,不免开了"临难苟免"之隙(《明儒学案》卷三十二《泰州学案·王艮传》)。是否如此?王栋曾说:"吾儒保身,只要战战兢兢,以全归为免,尽道而死,顺受其正。今长生之术,大都怕死。……夫逆理偷生之事,岂君子之所为乎?先师(王艮)论明哲保身,不出爱人敬人而止,安有此等异端作用"(《王一庵先生遗集》卷下《会语续集》)?王栋为回答泰州后学中喜究长生之术者的提问而说的这段话,指出了王艮的保身说并非偷生怕死。考泰州学派中人如徐樾、何心隐、李贽等的临难不屈,慷慨就死,则黄氏所谓"临难苟免"之说,实际并不存在。

第二,王艮从安身论推度出人己平等和爱人思想。王艮认为,"格物"是"知本",即"要人知得吾身是本"。他又训格物之"格","如格式之格"。他的门人王栋说:"先师之学,主于格物。故其言曰:格物是'止至善'工夫。'格'字不单训'正','格'如格式,有比则、推度之义,物之所取正者也。'物',即物有本末之物,谓吾身与天下国家之人。'格物'云者,以身为格,而格度天下国家之人,则所以处之之道,反诸吾身而自足矣"(同上卷上《会语正集》)。这里,所谓"'格'字不单训'正'",是王艮不满于师说处。

王守仁训"格"为"正","物"为"念头之发",因此引起他和湛若水之间的一场辩论①。王栋虽不否定王守仁的训释,但他肯定王艮"谓之格式,则于'格'字文义亲切,可以下手用功"(同上卷二《会语续集》)②。王艮从"本末一物"的理论出发,认为身(个人)与天下国家为一体。"吾身是个矩,天下国家是个方。……方之不正,由矩之不正。"吾身之矩,首先要能正,正己才能正物。这样,才能做到"内不失己,外不失人,成己成物"(《全集》卷三《明哲保身论》),此即是"本末一贯",即是"合内外之道"。故安身说,不仅要求身在物质条件上的安,也要求"成己成物"上的安,所谓"无一民不明不觉"。因而这种"以己度人"的安身论,又包含着人己平等和爱人思想。

王艮的人己平等思想表现在两方面:一是"我之不欲人之加诸我",即认为自己应该具有独立的人格、思想和意志,不为他人所束缚,才是"安身立本","明德止至善";二是"吾亦欲不加诸人",即认为自己应当尊重他人的独立人格、思想和意志,不强加于人,才是"安人安天下",才是"不遗末","亲民止至善"。从人己平等出发,故爱身就要爱人,而且要"爱人直到人亦爱"(同上《语录》)。他说,"仁者爱人","不爱人,不仁可知矣","故爱人者,人恒爱之",如"人不爱我,非特人之不仁,己之不仁可知矣"(同上《勉仁方》)。所以他反对"适己自便","利己害人",主张反己自责,所谓"行有不得者,皆反求诸己。反己是格物底工夫。其身正而天下归之,正己而物正也"(同上《语录》)。黄宗羲评论说:"刘夫子(宗周)曰:'后儒格物之说,当以淮南为正。'第少一注脚。格知诚意之为本,而正修治平之为末,则备矣"(见《明儒学案》卷三十二《泰州学案·王艮传》)。

---

① 湛若水在《答阳明王都宪论格物》书中说:"兄之'格物'训云'正念头'也,则'念头'之'正'否,亦未可据。如释、老之虚无……亦自以为'正'矣;杨、墨之时皆以为'圣'矣,岂自以为不正而安之?"(《甘泉先生文集》卷七)

② 明清之际学者张岱(公元1597—1685?年)的"格物"说,颇近于王艮。其释"絜矩"之义甚明。他说:"絜有广狭,而矩无加损。就如一条木尺,起造广厦大殿,其木尺不加长也。故絜矩者,不难在絜,难在矩。须要星星不差,寸寸不忒,是一条准尺,方才絜得。'絜矩''矩'字与经文'格物''格'字,正相照应,持一准矩,便是物物之格式也。"(《四书遇》,《大学·絜矩章》,浙江古籍出版社1985年版第15-16页)

总的说来，王艮的格物论旨在通过正己正物，爱人敬人来调整人和人的关系，实现"人人君子，比屋可封"的社会理想。但他不别贵贱贤愚长幼的爱人思想，有似于墨子的"兼爱"论。王守仁说："墨氏兼爱无差等，将自家父子兄弟与途人一般看，自没了发端处"（《王文成公全书》卷一《传习录》上）。王守仁坚持了儒家"爱有差等"的思想传统，王艮则背离了这一传统。泰州后学何心隐舍弃五伦中的君臣、父子、夫妇、昆弟四伦，而独重朋友一伦，则是对儒学传统的公开背叛。

三、"王道论"

"出则必为帝者师，处则必为天下万世师"，这是王艮毕生的抱负。他说："有王者作，必来取法，是为王者师也。使天下共明此学，则天下治矣"（同上卷三《语录》）。因此，他在宣传自己的思想学说的同时，依据其"百姓日用之学"和"格物"理论，为"王者"设计"治天下"的蓝图。这幅蓝图，概括地说来，就是追求一个"人人君子，比屋可封"的理想世界。而这个理想世界是通过自己对于历史的回忆表现出来的。"一旦春来不自由，遍行天下壮皇州。有朝物化天人和，麟凤归来尧舜秋"（同上卷四《鳅鳝赋》）。王艮如此寄情于尧、舜时代，实际上不过是借此来作自己所理想的社会制度的空想性描写。他说："夫仁者以天地万物为一体，一物不获其所，即己之不获其所也，务使获所而后已。是故人人君子，比屋可封，天地位而万物育，此予之志也"（同上卷三《勉仁方》）。

《王道论》是反映王艮政治思想的一篇重要作品。它带有托古改制的特点。在这篇文章中，王艮借美化尧、舜和周公时代的历史来表达自己的社会理想以及改革封建社会政治、经济和文化教育制度等方面的要求。在传统的"王道"思想的形式下，王艮的社会改革要求，侧重于实行所谓"教养之道"，即对人民施行教育和发展社会经济。在他看来，这是通向"人人君子，比屋可封"这个理想王国的桥梁。

在政治上，一方面，王艮不满于酷虐的刑罚，主张实行仁政。他认为，"周公辅政，刑措不用"，故周初是个理想的"王道"社会，并且说："盖刑因恶而用恶,因无教养而生。苟养之有道,教之有方,则衣食足而礼义兴,民自无恶矣,刑将安施乎"(同上卷四《王道论》)?这里,王艮还不可能正确地认识产生刑罚这种暴力的社会经济根源,而且把人民群众反抗封建压迫的斗争错误地看成为"恶",然而,他把衣食不足、礼义不兴的原因归之于统治阶级失去了"教养之道",则表现出他对于人民的同情。另一方面,王艮"人人君子,刑措不用"的理想世界是"刑不胜刑,罚不胜罚"的封建专制制度的一个倒影。在理想与现实的深刻矛盾面前,王艮对于自己的理想又抱着"不识何日得见"(同上《答侍御张蘧冈先生》)的悲观态度。

在经济方面,王艮主张"务本而节用"。所谓"务本",就是要使"众皆归农",发展生产;所谓"节用",就是要求封建统治阶级"去天下虚縻无益之费",节省开支。他说:"今天下田制不定而游民众多,制用无节而风俗奢靡。所谓一人耕之,十人从而食之;一人蚕之,百人从而衣之,欲民之无饥寒不可得也。饥寒切身,而欲民之不为非,亦不可得也"(同上《王道论》)。这里,一方面是劳动人民流离失所,饥寒切身;另一方面是剥削阶级贪欲无穷,奢靡滥费。王艮所描绘的这种情景,正是封建社会矛盾不断加剧的反映。

封建土地所有制是封建社会各种矛盾的根源。王艮在他的改革方案中接触到了土地制度问题。他说"田制不定而游民众多",就是把游民的产生与土地制度的不合理联系了起来。如何解决"田制"问题呢?王艮早年在自己的家中均分过财产,认为"家人离,起于财产不均",企图用均平思想解决家庭问题。他晚年写了《均分草荡议》,在自己的家乡支持官府均分过草荡。他认为,"裂土封疆,王者之作也。均分草荡,裂土之事也。其事体虽有大小之殊,而于经界受业则一也。是故均分草荡,必先定经界。经界有定,则坐落分明,上有册,下有给票,上有图,下守业,后虽曰久,再无紊乱矣"①。从王艮赞成均分草荡来看,他所说的"今天下田制不定",包含着均分田地,经界受业的要求。但他又认为要在全国范围内实行均田定制,时机尚不成熟。他说:"三代贡助彻之法,后世均田限田之议,口分世业之制,必俟人心和洽,方可斟酌行之。师其意而不泥其迹,行之有渐,则变通得宜,民皆安之而不见其扰矣"(同上《王道论》)。

在文教方面,王艮的基本主张是注重道德教育,所谓"先德行而后文艺"。他批评"以文艺取士"的科举制度造成了很坏的社会风气,驱使人们"营心于富贵之末","而莫知孝弟忠信,礼义廉耻矣"。因此,他要求加以"变通":一是"重师儒之官,选天下之道德仁义之士以为学校之师";二是"废月书季考之繁,复饮射读法之制";三是"当于科贡之外,别设一科,与科贡并行,如汉之贤良、方正、孝廉",即用"乡举里选"的选举制度逐步取代科举考试制度。他认为,"在上者,专取天下之贤以为辅相,不欲遗天下之贤,是与天下之人为善也。在下者,专举天下之贤以为己功,不敢蔽天下之贤,是劝天下之人为善也。精神命脉,上下流通,日新月盛,以至愚夫愚妇皆知所以为学,而不至于人人君子,比屋可封,未之有也。"王艮把"举贤"说成是教育"天下之人为善"的德行,实际上,他不过是反映了一部分无力跻身于科场的布衣之士另辟"功名富贵"途径的要求。

第三节 泰州学派的历史影响

王艮和他所创立的泰州学派,以其"百姓日用之学"和"淮南格物"的独特风旨,构成它不同于前人、也不同于王守仁的独特思想体系,自成一家。其门墙之盛,并不逊于浙中、江右诸王门;而其影响之大,则有逾于王门诸派。《明史·王艮传》说:"王(守仁)氏弟子遍天下,率都爵位有气

---

① 《全集》卷四。按:这里应该指出的是,关于均分草荡的建议,并非始自王艮。如弘治元年(公元1488年),两淮巡盐御史史简在《盐法疏》中就有"均草荡"一条。王艮的《均分草荡议》作于嘉靖十七年(公元1538年)。《年谱》说:"时安丰场灶产不均,贫者多失业,奏请摊平,几十年不决",确是事实。王艮继承了前人的思想,但又有所发挥。

势。艮以布衣抗其间,声名反出诸弟子之上。然艮本狂士,往往驾师说上之,持论益高远,出入于二氏。"《王畿传》也说:"泰州王艮亦受业守仁,门徒之盛,与畿相埒"(《明史》卷二八三)。在我们看来,布衣王艮之所以能在学术上超过王门弟子中的封建官僚士大夫,首先,在于王艮始终"圭角未融"(王守仁语),保持了平民性格和特色,保持了他和下层群众的联系。其次,从学风来看,王艮自诩为"东西南北之人",没有正宗儒学的严格道统观念。他治学不重师教,兼收并取,亦儒亦释亦道。即便在儒学内部,他也不严守门派家法。如他认为,朱、陆之争并无是非可分,说:"昔者,陆子以简易为是而以朱子多识穷理为非,朱子以多识穷理为是而以陆子简易为非。呜呼,人生之间,孰知其是与非而从之乎"(《全集》卷四《答刘鹿泉》)?又如前所述,他对王守仁与湛若水之间的争论也采取折中调和的态度。而从他标举"自然"来看,则又多少汲取了陈(献章)、湛(若水)学派的思想。唯其不拘守师说,才能"往往驾师说上之",形成自己的独立学派。这大概也是学术本身发展的一条规律吧。

袁承业在重订王艮、王栋、王襞遗集时,费二年之力,编成《明儒王心斋先生师承弟子表》。虽如袁氏自谓"搜罗未广,遗漏颇多",然亦可概见泰州学派的发展状况。袁氏在该表序言中说:"心斋先生毅然崛起于草莽鱼盐之中,以道统自任,一时天下之士,率翕然从之,风动宇内,绵绵数百年不绝"(《遗集》附录)。该表著录自王艮至其五传弟子共计四百八十七人,其中以进士为官者十八人,以贡仕为官者二十三人;载入《明史》者二十余人,编入《明儒学案》者三十余人,"上自师保公卿,中及疆吏司道牧令,下逮士庶樵陶农吏,几无辈无之"。按地区分别,则江西得三十五人,安徽二十三人,福建九人,浙江十人,湖南七人,湖北十一人,山东七人,四川三人,北直(河北)、河南、陕西、广东各一人,江苏本省百数十人。从这个不完全的统计中,可以看出两个特点:一是泰州学派的传授对象十分广泛,但仍以下层群众为主,尤其在泰州本地,受学者多数都是劳动人民;二是泰州学派并非囿于一隅的地方性学派,其思想学说的传播地区,主要是在长江中下游,尤其是在长江三角洲和赣水流域等商品经济发达的地区。

看来,这并非偶然。

王艮开创泰州学派,首先着眼于平民教育。他在青年时代,即"毅然以先觉为己任,而不忍斯人之无知也",故其传道宗旨是:"不以老幼贵贱贤愚,有志愿学者,传之"(《全集》卷五徐樾《王艮别传》)。直至晚年,王艮仍以"愚夫愚妇皆知所以为学"作为自己的理想。泰州后学大都继承了这一传统,注意向劳动群众传授知识。如徐樾收纳不很识字的颜钧为弟子,焦竑亦向田夫夏廷美授学。曾在王艮门下受学的朱恕和韩贞,毕生从事乡间教育,颇有声名。

黄宗羲叙述朱恕事迹说:"朱恕字光信,泰州草堰场人,樵薪养母。一日过心斋讲堂,歌曰:'离山十里,薪在家里。离山一里,薪在山里。'心斋闻之,谓门弟子曰:'小子听之!道病不求耳,求则不难,不求无易。'樵听心斋语,浸浸有味,于是每樵必造阶下听之,饥则向都养乞浆解裹饭以食。听毕,则浩歌负薪而去。弟子觇其然,转相惊异。有宗姓者,招而谓之曰:'吾以数十金贷汝,别寻活计,庶免作苦,且可日夕与吾辈游也。'樵得金,俯而思,继而大恚曰:'子非爱我!我且憧憧然,经营念起,断送一生矣。'遂掷还之。胡庐山为学使,召之,不往;以事役之,短衣徒跣,入见庐山,与之成礼而退"(《明儒学案》卷三十二《泰州学案·朱恕传》)。

韩贞(公元1509—1584年)字以贞,号乐吾,兴化人,世业陶,贫不能学。据《韩乐吾先生行略》所载,十二岁,束茅作笔,就于砖上沃水学字。十五岁,父死于瘟疫,贫乏棺衾,乃为人牧牛,得钱数千以葬父。十九岁,母故,悲悼二亲不已,因信佛。闻朱恕讲孔孟之学,遂弃佛归儒。恕教以《孝经》,始学文识字。二十五岁,恕引其至安丰场王艮门下,布衫芒履,惟晨昏从洒扫而已。时门下士皆笑其蓑衣为行李者,于是题诗壁间曰:"随我山前与水前,半蓑霜雪半蓑烟。日间着起披云走,夜里摊开抱月眠。宠辱不加藤裸上,是非还向锦袍边。生成难并衣冠客,相伴渔樵乐圣贤。"王艮见诗,问知为乐吾,遂制儒巾深衣,赋诗赠之曰:"莽莽群中独耸肩,孤峰云外插青天。凤凰飞上梧桐树,音响遥闻亿万年。"二十七岁,辞王艮归,儒巾深衣,众皆笑其狂。兄呵之曰:"吾家素业陶,小子不务本,反游学何为?"痛挞之,毁其衣巾。过数日,从容谓兄曰:"兄前日责我,恐我游学,惰其四肢。自从朱师学得'勤'字,今从王师(指王襞)更学得真切。一日有二日之功,一月有二月之积,一年有二年之用。先使兄与伯母一家得所,尽得子弟之职,然后再去问学,岂敢惰其四肢,以失孝弟,虚顶儒巾,作名教中罪人耶?"三十五岁,时其乡又大旱,族人负官租者系狱,因往海上求为童师,期得脩束以代偿。不得,则又走海边为人煮盐,其业更苦,得工偿,即持以分族人。而犹不足,适诸生中有翟姓者,为之纠蒙童数十人,因先得束脩若干,星驰赴县,代完通族官租。三十六岁,声名大振,远近来学者数百人。门庭履常满,惓惓以明道化人为己任,即田夫、樵子未尝不提命之。三十七岁,邑中杨南金见其力学,劝攻举业,从事三月,稍稍能文,遂与杨试南都(今南京),见诸生等篷跣入棘院,慨然谓杨曰:"大丈夫出则为帝王师,入则为百世师,所以伊尹三聘不起,为重道也。今治文如此求名,非炫玉求售,枉己而何?"谢而归,复业陶。杨异之,以妹许焉。三十八岁,娶杨氏,谓妻曰:"汝兄岂无富族可配乎?尔今归吾贫士,盖谓无梁鸿耳。吾不鸿,非尔夫;尔不光(孟光),非吾妻也。"开其笥,余一、二裙布,尽分给所亲,有胭脂花粉悉火焚之,令妻织蒲为业。杨氏亦安其贫。四十六岁,复大旱,因乡民饥困,拆卖前构三楹讲堂,得米麦数十斛以给亲族邻里。至麦秋熟,乡人感其义,为再构讲堂三楹,一时远近闻之助工者甚众,堂因较前倍广焉。尝至泰州,见一葛姓者,有一子九岁,因欠官租,携于市中出卖。韩贞见而怜之,即出买布嫁女钱数千与之,命葛某同子归家。县令程鸣伊乡饮大宾,虚左以待。不赴,致书谢曰:"某鄙陋夫也,自责不遑,安敢妄列衣冠,有负大典。惟愿明府爱某一心,推及万家,使人人知孝知弟,则人人乡饮,政平讼息,其恩奚啻一鄙俗之夫受明府之宠渥耶?"隆庆三年(公元1569年),邑中大水,田庐俱没,人心滔滔思乱。县令请韩贞往化"乱民",遂驾小舟,遍历乡村,作诗喻之曰:"养生活计细商量,切勿粗心错主张。鱼不忍饥钩上死,鸟因贪食网中亡。安贫颜子声名远,饿死伯夷姓字香。去食去兵留信在,男儿到此立纲常。""万民为之感,虽卖妻卖女,而邑中无萑苻之惊。"尝与诸名公讲学,或有谈及别务者,辄大怒曰:"光阴有几,乃作此闲泛之语?"又有引经相辩者,则又大怒曰:"舍却目前不理会,乃搬弄此陈言,岂学究讲肆耶?"诸公咸悚(以上均见《韩乐吾先生集》)。

从朱恕、韩贞事迹梗概中,仍可窥见泰州后学的平民性格。第一,他们刻苦砺学,渴求知识,并向劳动人民传播文化。黄宗羲说,韩贞在"秋成农隙,则聚徒谈学,一村既毕,又之一村,前歌后答,弦诵之声洋洋然也"(《明儒学案》卷三十二《泰州学案·韩贞传》)。又说:"农工商贾从之游者千余"(同上)。而且他们讲的是百姓的当下日用之学,反对讲"闲泛语",反对搬弄经书陈言。如韩贞说:"一条直路本天通,只在寻常日用中。静坐观空空无物,无心应物物还空。固知野老能成圣,谁道江鱼不化龙?自是不修修便得,愚夫尧舜本来同"(《韩乐吾集·勉朱平夫》)。他们的思想和学风与王艮一脉相承,而且他们比王艮更富于平民气息,因而也就更加具有宗教的神秘色彩①。第二,他们像王艮一样,同情人民的疾苦。然而,他们缺少改革社会的理想,仅"以化俗为己任",企图通过启发"良知",多行善事去改变苦难的现实世界,这是根本不可能的。第三,他们不愿"并列衣冠",与统治阶级保持了一定的距离。但他们因安于贫困,歌咏自然而缺乏反抗压迫的精神。韩贞奉命去灾区感化"乱民",宣扬"安贫死节"一类封建思想糟粕,说明了他的思想局限性。在泰州学派中,朱恕、韩贞一派人致力于平民教育的历史功绩是值得肯定的,但他们并不是泰州学派的主要思想代表。

李贽称赞王艮是个有"气骨"的人,说他是"真英雄",他的后学也都是"英雄"。他指出,王艮的学生徐樾"以布政使请兵督战而死广南",徐樾的学生颜钧"以布衣讲学,雄视一世而遭诬陷",颜钧的学生罗汝芳"虽得免于难",但终被张居正所排斥,而何心隐"以布衣倡道",又遭到明朝统治集团的杀害。何心隐之后,还有钱怀苏、程学颜,"一代高似一代"。他感慨说:"盖英雄之士,不可免于世而可以进于道"(《焚书》卷二《书答·为黄安二

---

① 韩贞在《答静轩上人》诗中写道:"着意求玄便不玄,了无一物系心田。总因人力安排后,谁识天机混沌前。无说说时为妙说,不传传处是真传。许多闭口忘言坐,未会些儿嘱哑禅。"(《韩乐吾集》)

上人大孝》)。至于李贽本人的"叛逆"精神更是泰州传统的继承者。

黄宗羲对泰州学派的批评是很尖锐的。他在《明儒学案》卷首引《师说》,指责王艮违背了王守仁的"良知"学宗旨,使得"末流蔓衍,浸为小人之无忌惮"。在《泰州学案·序》中,他说:

> 阳明先生之学,有泰州、龙溪而风行天下,亦因泰州、龙溪而渐失其传。泰州、龙溪时时不满其师说,益启瞿昙之秘而归之师,盖跻阳明而为禅矣。然龙溪之后,力量无过于龙溪者,又得江右为之救正,故不至十分决裂。泰州之后,其人多能,赤手以搏龙蛇,传至颜钧、何心隐一派,遂非名教之所能羁络矣。顾端文公曰:"心隐辈坐在利欲胶漆盆中,所以能鼓动得人。只缘他一种聪明,亦自有不可到处"。羲以为非其聪明,正其学术所谓祖师禅者,以作用见性。诸公掀翻天地,前不见有古人,后不见有来者。释氏一棒一喝,当机横行,放下拄杖,便如愚人一般。诸公赤身担当,无有放下时节,故其害如是。(《明儒学案》卷三十二)

黄宗羲虽然从传统偏见出发,称泰州学派为"小人之无忌惮",但说他们"掀翻天地","非名教之所能羁络",即指出泰州学派的"异端"思想家具有坚强不屈的战斗性格,他们是掀翻天地、破除名教的无忌惮的封建"叛逆",这颇道出了泰州学派的本质,也道出了泰州学派与王学的区别。

第四十四章　泰州后学何心隐、罗汝芳、李贽的"异端"思想

黄宗羲《明儒学案》单独列《泰州学案》五卷，所举人物凡二十一人，这是见于目录的。其不见于目录的，尚有颜钧、何心隐、邓豁渠、方与时、程学颜、程学博、钱同文、管志道等多人。可见泰州学派在黄宗羲眼里是一个重要的学派。

黄宗羲认为，泰州学派虽从王守仁心学而出，但与王守仁不同。通过王畿、王艮，使王守仁心学"渐失其传"。王艮生前时时不满王守仁的学说，把禅学往王守仁心学那儿推挪，"跻阳明而为禅"。在近禅这一点上，王畿与王艮有共同之处，但王畿之后得到江右王学的纠正，还不致过于背离传统思想。而泰州学派则发展得异乎寻常，"赤手以搏龙蛇"，破弃了世俗的名教，名教不复能束缚他们，是王守仁心学中的异端。泰州学派为什么如此？黄宗羲认为，这是由于这个学派的学者不仅"一棒一喝，当机横行"，同于"祖师禅"，而且这根用于棒喝的"拄杖"，始终没有"放下时节"，比"祖师禅"更为"横行（猖狂）"，于是走到了名教的对立面。黄宗羲指出这就是祸害（详见《明儒学案》卷三十二《泰州学案·序》）。

黄宗羲把泰州学派看成王守仁心学的异端，可谓别具只眼，一言中的。

本章论述泰州学派后学，只是论及何心隐、罗汝芳、李贽三人。论述每一个人，也不全面论述其思想，而只举其与心学相关联的部分。这是要说明的。

第一节　何心隐的乌托邦社会思想

何心隐(公元1517—1579年)原名梁汝元,字夫山,江西吉州永丰人。当时的封建统治者诬蔑他为"妖人""逆犯""盗犯""奸犯",而他的好友与崇奉者则称之为英雄。从其生平事迹与思想看,他是一个有气魄、有胆量、有理想的思想家。

何心隐三十岁,应江西省试,得第一名。其后随颜钧学"心斋立本之旨",竟放弃了科举的道路。三十七岁,著《聚和率教谕族俚语》《聚和率养谕族俚语》及《聚和老老文》三文,谓《大学》先齐家,乃构萃(聚)和堂以合族,身理一族之政,冠、昏、丧、祭、赋役,一切通其有无。行之有成。这个聚和合族是他的乌托邦社会思想的一个试验。把一族的各家不论贫富合在一起,孩子共同教养,青年男女婚嫁都由族里经办,老人由合族奉养,疾病死丧由合族治疗经理。一族财产,各家互通有无。赋役负担合族共同支应。这种做法在封建社会是不经见的。它与封建大家庭的合族共财,如陆九渊的家庭那样,在本质上是不同的。何心隐的抱负不限于"合族",他是要从"齐家"开始,继续推行,以至"治国、平天下"。当然,这种空想是不可能实现的。

何心隐四十多岁时,永丰县令强迫人民交纳额外的封建赋役所谓"皇木银两"。何心隐写信讥笑他,令怒,下之狱中。经友人营救才释放出来。以后,北游京师,辟谷门会馆讲学,招来四方之士,方技杂流,无不从之。心隐以计挫败了奸相严嵩,严党因此仇视心隐,心隐乃跟跄出京。从此踪迹不常,所游半天下。南至八闽,东至杭州,西至重庆,又至道州,卒流寓湖北孝感,聚徒讲学。

时宰相张居正禁止讲学,诏毁天下书院。何心隐著《原学原讲》万言长文,阐明"必学必讲"的理由,驳斥张居正禁止讲学的横暴政策,并准备"上书阙下",与张居正辩论。张居正禁止讲学,何心隐维护讲学自由,是一场启蒙思想与封建主义的斗争。

封建政府缉捕何心隐。何心隐避地泰州,又避地祁门。万历七年(公元1579年),为政府捕获,押解至武昌,九月被杀。政府列心隐罪状,揭榜通衢。武昌上下几万人无不知其为冤,指其罪状之诬,"至有嘘呼叱咤不欲观焉者"。可知当时人心对何心隐的同情。

何心隐家世饶于财,而"独弃置不事,直欲与一世圣贤共生于天地之间"(李贽《何心隐论》)。他在社会上以朋友为性命,他的朋友也对他有很大的热忱。心隐死后,弟子胡时同据其遗言,收其骸骨与其好友程学颜合葬一墓。这种情形颇不寻常。

何心隐在社会组织方面,要求破除一般的身家,而建立一种超乎身家之上的师友关系,建立一种"会"。这种"会",代替了一般的身家,把士农工商的身家包括在这种"会"之中。这种"会",统于君师,极于朋友,就是说,"会"的成员是朋友,而"会"的领导,平时是"师",掌握了政权则是"君"。

何心隐认为,朋友是社会关系里最重要的环节,所谓"交尽于朋友"。其他各种社会关系,如昆弟、夫妇、父子、君臣,或交而比,或交而昵,或交而陵而援,都是不正常的,都只是"八口之天地",没有能跳出一般的狭小的樊篱。只有朋友之交才是"交之尽",才是社会关系的极致。

与朋友关系联系着的是师友关系。朋友是"交之尽",而师是"道之至","学之至"。从社会关系的横的联系看,交尽于友;从社会关系的纵的统摄看,师是"道之至","学之至"。朋友的关系与师弟的关系是超越在一切之上的关系。李贽在《何心隐论》里说:"人伦有五,公舍其四,而独置身于师友圣贤之间。"指出何心隐只有朋友这一伦,而摈弃了父子、夫妇、兄弟、君臣四伦,这是泰州学派的学者对何心隐这一思想的正确揭示。

何心隐把朋友关系、师弟关系,用一种组织形式联系起来,就建立了一种"会"。这种"会"代替了一般的身家,幻想成违反封建伦常的特殊的社会关系。"会"有主会的人,是轮流担任的。家,隶属于会,成为"君子其身其家",成为"天下国之身之家"。

这种"会",还该是一种讲学的组织,但也不尽是讲学的组织,而又是一种社会运动的集团。何心隐在所作的《邓自斋说》里对这种"会"里的身家叙述说:"仲尼不洞身家于莫不有之身家,而身家于生民以来未有之身之家。老者相与以安,朋友相与以信,少者相与以怀,相与事事于《中庸》其身,于《大学》其家者也。"他把这种新的身家说成是"生民以来未有之身家",与人人"莫不有之身家"显然区分。

这种"会"的成员,在"见龙在田"的时候,是师友,在"飞龙在天"的时候,是君臣。道,还是这样的道,但传道的人或为"在田"的仲尼(师),或为"在天"的尧、舜(君),则依照具体的历史条件而定。

何心隐认为,以"会"来统天下,要有两个原则,一个是"均",再一个是"群"。何心隐在《论中篇》里说:"君者,'均'也。君者,'群'也。臣民莫非君之'群'也。必君而后可以'群'而'均'也。"又说:"君其心于父子,可以'群'父子,而父子可以'均'也。不然,则父不父,子不子,不'群'不'均'矣。至于可以'群'夫妇而夫妇'均',可以'群'昆弟而昆弟'均',可以'群'朋友而朋友'均'者,莫非君其心于道也,'中'也。"

"群"是指"会"众的团结,"均"是指"会"众之间财富的均平。既"群"又"均",则无问彼我,万物一体,团结而又平均,这是一种平等的关系。

何心隐确实在朋友之间通财。《明儒学案》卷三十二《泰州学案·序》,记方与时的事迹,透露了朋友通财的消息。"后台、心隐大会矿山,车骑雍容。湛一以两僮舁一篮舆往。甫揖,心隐把臂谓曰:'假我百金'。湛一唯唯,'即千金唯命'。"方与时不仅可以把百金借给何心隐,而且肯借予千金。这种慷慨,表明朋友通财,而这正是"会"众之间实行着"均"与"群"的原则。

何心隐通过"会"而得财以后,如何使用这种财呢?在《辞唐可大馈》一文里,何心隐说:"若可大可得而为我朋,为我友,共学以安老怀少,则自有禄于学之共,而天下自归仁,而饱于仁,不必分财以惠人矣。"得人而得财以后,"会"的活动费用,某些"会"众的生活给养,所要举办的"安老怀少"的社会事业,都将从这种财中间来支付。何心隐的"均"与"群"原则,贯彻在朋友的结合即集会之中。"均"与"群",有通财的意义,有举办共同社会事业的意义,有通过安老、怀少、朋友信以统天下的意义。这是他的乌托邦社会理想,在封建社会里不可能实现。最后,他本人也被封建政府杀害。

与理学家的"灭人欲"说教相反,何心隐主张"育欲"。这是公开的反对命题。何心隐认为,"性而味,性而色,性而声,性而安逸,性也。"又说:"欲货色,欲也;欲聚和,欲也。"何心隐主张满足人们对声、色、滋味、安逸等的要求。他认为这种要求出于天性,人人所同。要尊重劳动人民的这种要求,同时要反对统治者的横夺。这里反映着他的平等精神。何心隐的"育欲"思想,是宋明理学中对"人欲"问题的大胆而光辉的表述。按王栋反对遏人欲,谓"察私防欲,圣门从来无此教法"(《王一庵先生遗集》卷一《会语正集》)。归有光言:夏廷美不信天理人欲之分(见费密《弘道书》卷上《古经旨论》)。夏廷美曰:"天理人欲,谁氏作此分别？依反身细求,只在迷悟间。悟则人欲即天理,迷则天理亦人欲也"(《明儒学案》卷三十二《泰州学案·夏廷美传》)。可见这些泰州后学都不主张遏人欲,与何心隐"育欲"思想相通。

何心隐的著作《爨桐集》长时期只有抄本。中华人民共和国成立以后,中华书局根据抄本出版了排印本,于是这位泰州学派学者的著作才得到传播。

第二节 罗汝芳的"赤子之心"说及其刑狱观点

罗汝芳(公元1515—1588年)字惟德,号近溪,江西南城人。他是泰州学派的著名学者,曾受学于颜钧。

嘉靖三十二年(公元1553年)进士。知太湖县。擢刑部主事。出守宁国府,以讲会《乡约》为治。以后又补守东昌。迁云南副使,悉修境内水利。转参政。万历五年(公元1577年)进表,讲学于广慧寺,朝士多从之者。张居正恶其讲学,以潜住京师的罪名,勒令致仕。归与弟子在江西、浙江、江苏、福建、广东等地讲学。所至弟子满坐,而他自己却未尝以师席自居。

罗汝芳的著作,有《近溪子文集》,今存。

罗汝芳少时读薛瑄语录,谓"万起万灭之私,乱吾心久矣,今当一切决去,以全吾澄然湛然之体。"乃决志行之,闭关临田寺,置水、镜几上,对之默坐,使心境宁静与水、镜无二。这种强制消除心中杂念的方法,是难以奏效的,而且带来了副作用,久之而病"心火"。一日,过僧寺,见有榜"急救心火"者,以为名医,访之,则聚徒而讲学的颜钧也。颜钧说,你的方法是"制欲",不是"体仁"。"体仁"则如"火之始燃,泉之始达",让它自然透露,不加遏抑。第二天黎明,罗汝芳遂往纳拜称弟子,尽受其学。以后,颜钧以事关在南京的监牢里,罗汝芳尽鬻田产脱之,侍养狱中六年,不赴廷试。归田以后,年岁已老,颜钧至,还侍候不离左右,一茗一果,必亲自进之。诸孙以为这太劳累,罗汝芳说:"我的这位老师不是你们所能侍候的。"其后,弟子杨起元(复所)之事汝芳,出入必以其像供养,有事必告而后行,十分虔敬。顾宪成说:"罗近溪以颜山农为圣人,杨复所以罗近溪为圣人。其感应之妙,锱铢不爽如此"(同上卷三十四《泰州学案·杨起元传》)。说的就是这种师弟之间的情况。而这正是泰州学派的一个特点。

罗汝芳还曾从道士胡清虚受《易》,谈烧炼、飞升。从和尚玄觉谈因果,单传直指。又从泰山丈人证道。到七十岁还问心于武夷先生。可谓勤于学习。但是所学也真是博杂。许孚远(敬庵)批评他"大而无统,博而未纯"。黄宗羲认为这个批评"深中其病"(《明儒学案》卷三十四《泰州学案·罗汝芳传》)。王时槐(塘南)说,罗汝芳"早岁于释典元宗,无不探讨;缁流羽客,延纳弗拒"(同上)。正是说他的博杂。

罗汝芳热心于讲学,积极组织讲学的集会活动。他写的《柬合省同志》标示了这种情况。文如下:

> 江区,赖诸先达讲学立会,在诸郡邑兴起已非一日矣。所少者,通省合并一会。不肖昨吊周巡抚公于省中,获接宗师岩泉徐公,惓惓此意。其时在会诸缙绅共议会于南昌塔寺。归途以告吉安诸缙绅,咸谓省中事体未便,惟永丰地僻路均,且聂泉崖兄

力任供应(即聂静,王艮门人,曾与董燧等仇校《心斋年谱》,付梓行世),兹幸议定,敬报贵邑诸道宗,更相告约。凡缙绅士夫及高尚隐逸,俱以来年二月中旬为始,悉赴永丰,共成合省大会。诚吾明宗社之福,而吾道大明之庆也。伏冀如期早临,不胜恳祷。(《近溪子文集》卷五《柬合省同志》)

把郡邑诸会联合为通省一会,会议避开省会南昌,而选择地点偏僻的永丰。永丰正是何心隐的家乡。被邀参加会议的有缙绅士夫,也有高尚隐逸(指不仕的学者)。会议有专门负责供应的人,有中间联络各郡邑的道宗(道宗当为各郡邑学会的负责人)。他们企图组织全省联合的学会,以大明其道。这是很明显的有组织、有计划的学术活动。看来,泰州学派的这种学术活动,是很频繁的,罗汝芳的这份《柬合省同志》告诉我们这种学术活动的一个具体事例。

泰州学派的这种学术活动,对封建政府显然不利。张居正禁止讲学,诏毁天下书院。尔后东林党人集结读书人结会讲学,批评朝政,形成有力量的政治社团,与泰州学派的讲学活动后先辉映。其结果,都遭到明朝政府严厉镇压。

本章不拟全面论述罗汝芳的思想,只是扼要论述其论赤子之心及论刑狱的思想。这些思想在他是比较突出的。

先叙述罗汝芳的论赤子之心。《近溪语录》载:

问:学问有个宗旨,方好用功。请指示。

曰:《中庸》性道,首之天命,故曰,道之大原出于天。又曰,圣希天。夫天则莫之为而为,莫之致而至者也。圣则不思而得,不勉而中者也。欲求希圣希天,不寻思自己有甚东西可与他打得对同,不差毫发,却如何希圣得他?

天初生我,只是个赤子。赤子之心,浑然天理。细看其知不必虑,能不必学,果然与莫之为而为、莫之致而至的,体段浑然,

> 打得对同过。然则圣人之为圣人,只是把自己不虑不学的见在,对同莫为莫致的源头,久久便自然成个不思不勉而从容中道的圣人也。
>
> 赤子出胎,最初啼叫一声。想其叫时,只是爱恋母亲怀抱。却指着这个爱根而名为仁,推充这个爱根以来做人。合而言之,曰仁者人也,亲亲为大。若做人的常自亲亲,则爱深而其气自和,气和而其容自婉,一些不忍恶人,一些不敢慢人。所以时时中庸,其气象出之自然,其功化成之浑然也。

这段语录,讲了罗汝芳的学问宗旨,这个宗旨就是爱养赤子之心。罗汝芳认为,学问要做到希圣希天。周惇颐曾经说过,士希贤,贤希圣,圣希天。罗汝芳的希圣希天就根据周惇颐的话而来的,但是罗汝芳着重在希圣。他认为,人生下来是个赤子。赤子之心未经世俗影响,纯是天理。知,不是虑而后知;能,不是学而后虑。所以赤子的知与能,是不虑不学的。这就与莫之为而为,莫之致而至,"打得对同过"。"打得对同过",即能够相"对待",所以赤子之心能够与"天"相对待。不学不虑的"赤子之心",与莫为莫致的"天"相对待,这就是"浑然天理"。圣人之所以为圣人,就在把当前的不虑不学,与莫为莫致的"天"的源头相"对同"。久而久之,就成为"不思不勉、从容中道"的圣人。希圣与希天一致,而目的则在希圣,成个圣人。这是一。赤子初生时的一声啼叫,表示对母亲怀抱的爱恋。这就"爱根",就是"仁"。推充这个爱根来做人,叫作"仁者人也,亲亲为大"。所以人若"常是亲亲",则爱深而气和,气和而容婉,不忍心于厌恶人,不敢于怠慢人。这样就是中庸,就气象自然,功化浑然。这就是从赤子之心而推充为"圣人"。这是二。不虑而知的"知"是良知,不学而能的"能"是良能。可见不虑不学源于《孟子》。其学术联系,又与王守仁的"致良知"不能分开。这是三。圣人由赤子之心推充而成,不是做成的。所以圣人是现现成成的。人人有赤子之心,也就人人是圣人。这与王学的"满街都是圣人"说没有不同。这是四。罗汝芳的这段语录,反映了他思想的主观唯心主义心学本质。

罗汝芳的另一段语录,与上举语录可以互相发明。其言如下:

> 初生既是赤子,难说今日此身不是赤子长成。……赤子孩提,欣欣长是欢笑,盖其时身心犹相凝聚。及少少长成,心思杂乱,便愁苦难当。世人于此,随俗习非,往往驰求外物以图安乐。不知外求愈多,中怀愈苦,老死不肯回头。惟是有根器的人,自然会寻转路,晓夜皇皇。或听好人半句言语,或见古先一段训词,憬然有个悟处。方信大道只在此身,此身浑是赤子,赤子浑解知能,知能本非学虑。至是,精神自来体贴,方寸顿觉虚明,天心道脉,信为洁净精微也已。

这段语录,可概括为四句话十六个字,即:"道在此身,身是赤子,良知良能,不学不虑。"赤子长是欢笑,而世人愁苦难当,只要憬然有悟,方寸便觉虚明。这就是黄宗羲所指出的,"先生真得祖师禅之精者"(同上《罗汝芳传》)。

为了解释不学不虑,解释道在此身,罗汝芳有一个童子捧茶瓯的故事。这个故事是王艮同一故事的发展。《语录》载:

> 问:吾侪或言"观心",或言"行己",或言"博学",或言"守静",先生皆未见许。然则谁人方可以言"道"也?
> 曰:此捧茶童子却是"道"也。
> 一友率尔曰:岂童子亦能戒慎恐惧耶?
> 罗子曰:茶房到此,几层厅事?
> 众曰:三层。
> 曰:童子过许多门限、阶级,不曾打破一个茶瓯。
> 其友省悟曰:如此,童子果知戒惧,只是日用不知。
> 罗子难之曰:他若不是知,如何捧茶?捧茶,又会戒惧?
> 其友语塞。

徐为解曰："知"，有两样。童子日用常行，是个"知"。此则以虑而知，属之人也。天之知，是顺而出之。所谓顺则成人成物也。人之知，却是返而求之，所谓逆则成圣成神也。故曰：以先知觉后知，以先觉觉后觉。人能以觉悟之窍，而妙合不虑之良，使浑然为一，方是睿以通微，神明不测也。

这个故事用以说明"百姓日用是道"。罗汝芳曾多次用过。《语录》又载："童子捧茶方至。罗子指而谓一友曰，君自视与童子何如？曰，信得更无两样。顷之复问曰，不知君此时何所用工？曰，此时觉心中光明，无有沾滞。曰，君前云，与捧茶童子一般，说得尽是。今云心中光明，又自己翻帐也。友遽然曰，并无翻帐。曰，童子见在，请君问他心中有此光景否？若无此光景，则分明与君两样。广文曰，不识先生心中工夫却是如何？曰，我的心，也无个中，也无个外。所用工夫，也不在心中，也不在心外。只是童子献茶来时，随众起而受之。从容啜毕，童子来接时，随众付而与之。君必以心相求，则此无非是心；以工夫相求，则此无非是工夫。若以圣贤格言相求，则此亦可说'动静不失其时，其道光明'也。"《语录》又载："郡邑命执事供茶，循序周旋，略无差僭。罗子目以告生曰：谛观群胥，此际供事，心则宁静否？……"《语录》又载："邸中有以'明镜止水以存心，太山乔岳以立身，青天白日以应事，光风霁月以待人'四句揭于壁者，诸南明指而问曰，那一语尤为吃紧？庐山曰，只首一'明'字。时方饮茶，先生手持茶杯指示曰，吾侪说'明'，便向壁间纸上去'明'了，奈何不即此处'明'耶？南明怃然。先生曰，试举杯，辄解从口，不向鼻上、耳边去饮。已即置杯盘中，不向盘外，其'明'如此。天之与我者，妙矣哉！"这些《语录》所载，都有似于祖师禅的机锋。所反复说明的，无非是借奉茶以明童子、群胥心中之体与日用功夫，本是自然，并无勉强。大家饮茶，举杯入口，饮毕，置杯盘中，没有差错，亦以明心中之体与日用功夫，也是自然，并无勉强。以此说明"百姓日用是道"，似乎也落了套语。与"饥来吃饭困来眠"，切于生活的基本要求，似乎也不完全一致。

再研究罗汝芳论刑狱。《近溪语录》有两处论及刑狱、刑具。其一曰：

> 余自始入仕途，今计年岁，将及五十。窃观五十年来，议律例则日密一日，制刑具则日严一日，任稽察、施拷讯者则日猛一日。每当堂阶之下，牢狱之间，观其血肉之淋漓，未尝不鼻酸、额蹙，为之叹曰，此非尽人之子与？非曩昔依依于父母之怀、恋恋于兄妹之旁者乎？夫岂其皆善于初而皆不善于今哉！及睹其当疾痛而声必呼父母，觅相依而势必先乎兄弟，则又信其善于初者而未必皆不善于今也已。故今谛思：我侪能先明孔孟之说，则必将信人性之善，信其善而性灵斯贵矣，贵其灵而躯命斯重矣。兹诚转移之机，当汲汲也。隆冬冰雪，一线阳回，消即俄顷。诸君第目前日用，惟见善良，欢欣爱养，则民之顽劣，必思掩藏，上之严峻，亦必稍轻省。谓人情世习终不可移者，恐亦无是理矣。

其又一曰：

> 某提狱刑曹，亲见桎梏之苦，上至于项，下至于足，更无寸肤可以活动，辄为泪下。

罗汝芳曾任知县、知府等地方官，亲自受理过民事刑事案件，又任过刑部主事，掌理刑狱。上文所叙情况，是他五十年中的亲历。他看到刑律日密，刑具制作日严，治狱官吏日猛。而老百姓受刑狱之苦，血肉淋漓，呼号痛楚。身具桎梏，无法活动。他产生了怜悯之情。他从人道主义出发，想到了这些"罪犯"本也是由赤子长成，都具有赤子之心。他们身陷牢狱，而赤子之心未尝泯绝，善于初，未必不善于今。他把明中期以后的社会比做"隆冬"。但是只要赤子之心未泯，则一线阳回，冰雪也会消融。罗汝芳寄希望于爱养人间的赤子之心，以转移"人情世习"，使"顽劣"者成为"善良"，使严峻者稍轻拷扑杀戮之威。这只是一种空想，没有实现的可能。

第三节 李贽的反道学

李贽(公元1527—1602年)号卓吾,又号笃吾,福建泉州晋江人。其二世祖李驽,洪武年间,"奉命发舶西洋,娶色目人,遂习其俗。"李贽父、祖皆回教徒。李贽本人,观其临终嘱咐葬式,似亦信奉过回教,但信仰不一,出入佛、老。

李贽自己说,"自幼倔强难化,不信道,不信仙、释,故见道人则恶,见僧则恶,见道学先生则尤恶"(《王阳明先生道学钞》附《王阳明年谱后语》)。这种性格,或亦与其家世传统有关,也与其壮年以后的经历不相违异。

嘉靖三十一年(公元1552年),李贽二十六岁,中福建乡试举人。因"困乏,不再上公车。"以后,历官河南共城教谕、南京国子监博士、北京礼部司务、南京刑部员外郎、云南姚安知府。万历八年(公元1580年),辞姚安知府。到湖北黄安居住。二十多年的宦游生活,李贽深感受人管束之苦,处处与上司抵触。"余唯以不受管束之故,受此磨难,一生坎坷,将大地为墨,难尽写也。为县博士,即与县令、提学触。为太学博士,即与祭酒、司业触。……司礼曹务,即与高尚书、殷尚书、王侍郎、万侍郎尽触也。……最苦者为员外郎,不得尚书谢、大理卿董并汪意。……又最苦而遇尚书赵。赵于道学有名。孰知道学益有名,而我之触益又甚也。最后为郡守,即与巡抚王触,与守道骆触。……此余平生之大略也"(《焚书》卷四《豫约感慨平生》)。这是多年居官生活的总结,反映了他对封建统治的抵触和愤懑情绪。

李贽在南京时,见过王畿与罗汝芳,对他们很崇敬。又与焦竑友善。这一时期的关键是李贽师事泰州学派的学者王襞。王襞是王艮的儿子,幼闻庭训,王艮在淮南讲学,王襞长时期在左右,对"乐学"之说,发挥尤多。据此,李贽实得泰州之传,属于泰州学派。

李贽辞官以后,到湖北黄安依友人耿定理生活。耿定理死后,移居麻城龙湖,筑芝佛院以居。生活靠和尚深有奉侍。

龙湖僻静,外人罕至,偶尔有友人来见。李贽居此,读书、著作,生活

很安适。他写了《石潭即事》诗,抒发他的愉快的心情。其中一首道:

> 十卷《楞严》万古心,
> 春风是处有知音
> 即看湖上花开日,
> 人自纵横水自深。

李贽隐居龙湖二十年,大部分著作是在这段时间里完成的。《焚书》《藏书》《续藏书》《易因》等,都完成于此时。

何心隐被杀,李贽很痛伤,也很愤怒,写了《何心隐论》,以示追慕。他认为耿定向与张居正有交情,当时可以为何心隐说话,救何心隐出狱。而耿怕连累,未曾救援。李贽因此写信责备耿,说耿平日爱说为讲学、为世道要有"不容己"的精神,而在救何心隐这个问题上哪有半点"不容己"。他批评耿讲道学是假的。他写了万言长书《答耿司寇》,尖锐批评耿,与耿辩论。后来又把这些信收在《焚书》里出版。这种赤裸裸的揭露,使耿定向感到难堪。于是嗾使门徒、流氓,散布谣言,毁谤李贽,并派人拆毁芝佛院,驱逐李贽。

万历二十九年(公元1601年),李贽由友人马经纶陪同,离开麻城到北通州马家居住。明政府下令捕他入狱,罪名是"敢倡乱道,惑世诬民"。万历三十年二月,李贽在狱中用剃刀自刎。一代反封建的泰州学派学者李贽,被封建统治者迫害致死。

李贽反道学,首先揭露封建社会中信仰主义者的虚伪形象。他在龙潭芝佛院供奉孔子。从落发"异端"者在佛堂供孔子像这一事实来看,已足显示对于"信仰"的一种讽刺,与其说是对宗教的默认,不如说是对宗教的嘲弄。他在《题孔子像于芝佛院》文中说:

> 人皆以孔子为"大圣",吾亦以为"大圣"。皆以老、佛为"异端",吾亦以为"异端"。人人非真知大圣与异端也,以所闻于父师之教者熟也;父师非真知大圣与异端也,以所闻于儒先之教者

熟也；儒先亦非真知大圣与异端也，以孔子有是言也。其曰"圣者吾不能"，是居谦也；其曰"攻乎异端"是必为老与佛也。儒先亿度而言之，父师沿袭而诵之，小子朦胧而听之。万口一词，不能破也，千年一律，不自知也。不曰"徒诵其言"，而曰"已知其人"；不曰"强不知以为知"，而曰"知之为知之"，至今日虽有目无所用矣。余何人也，敢谓有目？亦从众耳。既从众而圣之，亦从众而事之，是故"吾从众"，事孔子于芝佛之院。(《续焚书》卷四)

李贽通过文学的讽刺笔调，利用了相同形式的反语，揭露他和封建社会礼俗的矛盾。在同一的形式下，对待"大圣"与"异端"有两种态度和两种看法。人们指斥他为"异端"是一个含义；他自己承受了异端的头衔是又一个含义。前者是反动的，后者是反抗的。人们都信仰孔子是一个含义；他也尊崇孔子是又一个含义。前者是信仰的态度，后者是批判的态度。李贽自己站在异端的立场嘲讽大圣，是他反道学的根本义旨。从孔子之言而评论到儒先之教，从儒先之教而评论到父师之教，从父师之教而评论到人人的习言习闻。他把大圣的垂训与儒先的传注，把儒先的传注与家庭学校的诲诫，把家庭学校的诲诫与世俗的认识，统评论为一种朦胧的不清醒的沿袭。一世之人，千年之目，皆是醉醺醺的，皆是"铺其糟而啜其醨"的朦胧汉，皆是"有目无所用"的瞎子。而他自己则是"从众"而圣之，"从众"而事之，是"吾从众"。这种辛辣的嘲讽确是剔肤见骨，入木三分。

孔子是历史上的伟大思想家与教育家，应该充分肯定，其历史贡献要认真总结。而李贽在这里所做的嘲讽则是针对世俗的迷信，而他自己确实对孔子并不太崇奉，他敢于提出，不以孔子之是非为是非。

李贽又批评了儒家经典。对六经、《论语》《孟子》等经书，抱着轻蔑的态度，说这些书不过是当时弟子的随笔记录，有头无尾，得后遗前，大半非圣人之言。就算有圣人之言，也只是一时的因病发药，不是"万世之至论"。他指出"六经《语》《孟》乃道学之口实，假人之渊薮"，是道学的思想根据，与他提倡的纯真的"童心"不可同日而语(《焚书》卷三《童心说》)。李贽所谓的"童心",当与罗汝芳所说的"赤子之心"同一意义。

李贽批评了道统说。他认为,道无不在人,人无不载道。"道之在人,犹水之在地。"如果说,从秦朝到宋朝,中间千数百年,"人尽不得道,则人道灭矣,何以能长世也?"如果说,直到宋儒才得道统之传,则"何宋室愈以不竞,奄奄如垂绝之人,而反不如彼之失传者哉?"他认为抬出道统说,无非显示道学家的"好自尊大标帜",实质上是一种捏造和对古人的诬蔑。在《藏书》里,李贽肯定了荀卿的地位应该排在孟子之前。他说,荀与孟同时,"荀卿更通达而不迂。不晓当时何以独抑荀而扬孟也?"应该把孟、荀改排为荀、孟(卷三十二《荀卿传》)。李贽又贬低程颐和朱熹的地位,把他们列入"行业儒臣"与"文学儒臣"二类,摈不予以"德业儒臣"的地位,根本贬低其所谓"道学",从而不承认有所谓"道统"。

李贽揭露和嘲笑道学家的虚伪、丑恶行径。他说,道学家自鸣清高,实际志在高官厚禄。有的道学家能写几句诗,就自称为山人;有的不会写诗,会讲"良知",就自称为圣人。他们名为山人,而心同商贾;口谈道德,而志在穿窬"(《焚书》卷二《又与焦弱侯》)。他又说:

> 阳为道学,阴为富贵,被服儒雅,行同狗彘然也。夫世之不讲道学而致荣华富贵者不少也,何必讲道学而后为富贵之资也?此无他,不待讲道学而自富贵者,其人盖有学有才,有为有守,虽欲不与之富贵不可得也。夫唯无才无学,若不以圣人讲道学之名要之,则终身贫且贱焉,耻矣!此所以必讲道学以为取富贵之资也。(《续焚书》卷二《三教归儒说》)

李贽描绘道学家的丑恶形象说:

> 平居无事,只解打恭作揖,终日匡坐,同于泥塑。以为杂念不起,便是真实大圣大贤人矣。其稍学奸诈者,又挽入良知讲席,以阴博高官。一旦有警,则面面相觑,绝无人色,甚至互相推

委,以为能明哲。盖因国家专用此等辈,故临时无人可用。(《焚书》卷四《因记往事》)

李贽揭露的道学家,是当时学术界的实际存在。他虽然是站在心学的立场着重揭露程朱理学,但是也涉及讲良知的王学末流。所以他笔下的画面是明末儒林的真相。

他对道学的批评是全面的,揭露对圣人的迷信,揭露经典的缺陷,揭露道统说的虚构,揭露道学家的虚伪、丑恶和无用。这些言论十分大胆。所谓"敢倡乱道,惑世诬民",统治者所定的八字罪名表明统治者的胆战心惊,必欲杀之而后已。

李贽的思想,内容很多,这里不做全面论列。

在中国思想史上,泰州学派是一个有特色的学派,出于王守仁心学,而又不同于心学。他们中的一部分学者出身于下层社会,带有来自下层社会的思想意识。他们所发的议论往往为下层社会的人民利益着想。他们集会结社,聚集同志讲学,通财互助,以朋友为性命。他们不同意正统的儒学,自称为"异端"而不辞。统治阶级遂目为"惑世诬民"的"乱道"。其中的著名学者,陷身囹圄,受到杖责或流戍,或者被封建政府所杀害。他们称封建社会的末世为"严冬"季节,盼望着"一线阳回",消融寒冱。然而这种善良的愿望不可能实现。他们虽然能够"赤手搏龙蛇",梦想"掀翻天地",然而这也只是空想。"人人君子,比屋可封"的美好社会只存在于遥远的将来。有的学者身为封建官吏,却不满刑律的严酷,同情公庭的"罪犯",为他们血肉淋漓的痛楚而凄然泪下,竟然取官库的财物作为馈遗。在历史上出现这种情况是颇不寻常的。

明末清初的学者李颙,在所著的《观感录》中,高度赞扬泰州学派的学者,可以说独具只眼。黄宗羲在所著的《明儒学案》中,特辑《泰州学案》五卷予以论列,又以歌颂的笔调致钦敬之情,一洗封建爱书对这些学者的诬蔑之词。学术史家的这种持平之论,读之使人拊掌称快。

第四十五章　罗钦顺的思想及其与理学的关系

第一节　罗钦顺生平和著作

罗钦顺(公元1465—1547年)字允升,号整庵,江西泰和人,孝宗弘治六年(公元1493年)举进士,廷试及第,授翰林院编修。翰林院藏书丰富,罗钦顺在此广泛阅读。弘治十五年(公元1502年)被任命为南京国子监司业,任间,继续研究学问。武宗正德三年(公元1508年)遭到宦官刘瑾的排斥打击,被削职为民。正德五年(公元1510年)刘瑾被诛,复职。后晋升为太常卿,南京吏部右侍郎,左侍郎。嘉靖元年(公元1522年)升南京吏部尚书。后改礼部尚书,因父死,未就任。又被任命为吏部尚书,固辞不就,旋返回故里,"里居二十余年,足不入城市,潜心格物致知之学"(《明史·罗钦顺传》)。

罗钦顺生活的年代正是社会矛盾激化的时期。成化年间,皇庄激剧增加,皇族勋贵占有大量土地。官僚兼并土地的现象很严重,《明史·食货志》云:"自洪武迄弘治百四十年,天下额田已减强半。"田赋大量增加,江南地区尤其苛重。罗钦顺目睹社会现象,这样感叹说:

> 文王之民,无冻馁之老,是五十者鲜不衣帛,七十者鲜不食肉也。今之槁项黄馘辈,岁得一布袍,朝夕得一盂蔬食,苟延残

喘为幸已多,何衣帛食肉之敢望耶?少壮之民,窘于衣食者,十常八九,饥寒困苦之状,殆不可胜述。中间一二岁计粗给或稍有赢余,贪官污吏又从而侵削之,受役公门不过一再,而衣食之资有不荡然者鲜矣。此皆有目者之所共见,诚可哀也。仁人君子,能不思所以拯之之策耶?(《困知记》三续)

这样民不聊生的悲惨图画,与罗钦顺同时代的思想家吕坤也有过类似的描述。后来清初大学者顾炎武搜集了明代成化年间江南地区的一首民谣,把它与罗钦顺的上段描述相参看,可使我们对当时人民的生活状况有比较深切的了解。这首民谣有这样的话:"……前年大水平斗门,圩底禾苗没半分。里胥告灾县官怒,至今追租如追魂,有田追租未足怪,尽将官田作民卖;富家得田贫纳租,年年旧租结新债。旧租了,新租促,更向城中卖黄犊,一犊千文任时估,债家算息不算母。呜呼!有犊可卖君莫悲,东邻卖犊兼卖儿"(《日知录》卷十)。

明代武宗统治时期,以宦官刘瑾掌司礼监,除掌握东厂与西厂这样为皇权服务的特务机构外,又增设内行厂,实行恐怖统治。除此,地方上的藩王和豪绅地主也加紧对人民的掠夺。正德五年(公元1510年)爆发了刘六(刘宠)、刘七(刘宸)领导的农民起义,活动于山东、南北直隶、河南、湖广五省,历时三年而失败。

罗钦顺经历了明代中叶的政治风暴,又目睹民不聊生的社会状况,他认为,"权门"的横征暴敛是使百姓贫困和铤而走险的原因。他主张应根据占有土地的多少来分摊赋役,这就是他的"均田平赋"主张。他在《送太守程君之任衢州序》中加以发挥说:

尝闻汉宣帝论及良二千石,首以政平为要,要之催科之政,惟平乃善。夫所谓平者,豪强不得以苟免,贫弱不至于见侵,惟正之供,取必以其时。其非时之调发,必不得已,则审其轻重缓急,而通融之有术,如是而已矣。夫有地数百里,民小大以数十万计,政事之当平者诚不少,乃若关于利害之大者,宜莫过于催科。催科之政平,则实惠及民,而国用常足,上下之情两得,为郡者庶无负矣。(《罗整庵先生存稿》卷之二)

像罗钦顺这样一种"催科之政平"的愿望,在明代中叶不可能实现。武宗以后,世宗即位,改元嘉靖,元年虽然颁布了蠲免田租之半的诏令,实际上并未完全实行。尔后,统治阶级内部矛盾和相互倾轧愈演愈烈。在这种情况下,罗钦顺再也提不出新的改良措施,只好埋头于学术思想的研究。

罗钦顺的为学路径(或称之为思想演变)大致有三个阶段。早年致力于禅学的研究,后来转而研究儒家的典籍和濂、洛、关、闽诸家的著述,即研究宋代理学。罗钦顺自己说过,他早年遇见了一位禅师,问如何才能成佛,禅师以"佛在庭前柏树子"等禅语为答。罗钦顺细心体会,有所悟。又读到禅家《证道歌》,觉得其中的内容和他自己的思路很合拍。由此他相信禅学。尔后仔细研究了儒家和宋代理学的著作,才醒悟到"前所见者乃此心虚灵之妙,而非性之理也"(《困知记》卷下)。这就是说,他以前读禅书的体验只不过是主观的想象,主观的幻觉,而不是深思熟虑,真正有所体会。他说:"自此研磨体认,日复一日,积数十年,用心甚苦,年垂六十,始了然有见乎心性之真,而确乎有以自信"(同上)。他有了"自信",这标志他的思想演变进入了第三阶段,他不但不相信禅学,同时也并不完全傍依程、朱理学,他有了自己的思想体系。

清初思想家黄宗羲指出:"先生(指罗钦顺——引者)之论理气,最为精确。"又说:"先生之论心性,颇与其论理气自相矛盾";"先生之言理气,不同于朱子,而言心性则与朱子同,故不能自一其说耳"(《明儒学案》卷四十七《诸儒学案·罗钦顺传》)。黄宗羲指出在理气观上罗钦顺和朱熹有区别,而在心性论上却又与朱熹有相同的思想特征。其实,在心性问题上,罗钦顺和朱熹也并不完全相同。

罗钦顺的代表作是《困知记》。嘉靖七年(公元1528年)他在《困知记序》中说：

> 余才微而质鲁……年几四十，始慨然有志于道，虽已晚，然自谓苟能粗见大意，亦庶几无负此生。而官守拘牵，加之多病，功夫难得专一，间尝若有所见矣。既旬月或逾时又疑而未定，如此者盖二十余年，其于钻研体究之功，亦可谓尽心焉耳。……

又说：

> ……每遇病体稍适，有所寻绎，辄书而记之，少或数十言，多或数百言，既无伦序，且乏文采，间有常谈俗语，亦不复刊削。盖初非有意于为文也，积久成帙，置之座间，时一披阅以求其所未至……

由此足见罗钦顺著《困知记》用力之勤，历时二十余年始成。此书采用随记形式，不拘一格，形式颇活泼。《困知记》上下两卷嘉靖七年（公元1528年）编成。续卷上下，编成于嘉靖十年（公元1531年）和嘉靖十二年（公元1533年）。《困知记》三续和四续，成于嘉靖二十五年（公元1546年）。除《困知记》外，罗钦顺尚有《整庵存稿》二十卷，《整庵续稿》十三卷，为书信、诗、文的汇集。明朝万历七年（公元1579年）重刻《困知记》，除六卷外，又增加《困知记附录》（从罗钦顺的书信和文章中选出与其学术思想相关的若干篇）。乾隆二十一年（公元1756年）重刊《困知记》，就是根据万历时的本子。

第二节 罗钦顺的理气观和人性论

理气关系是理学的主要问题之一，也是程朱理学体系的核心。我们在本书上册探讨朱熹思想的一章里，就指出：在朱熹的思想体系里，"理"

是第一性的实体,是产生万物的神秘的根源。朱熹论述宇宙的结构,大体上采用了张载的学说,但是当他从哲学方面概括时,便和张载的"气"的唯物论观点有了差异:认为"气"是不断地由"理"创造,又不断归于消灭的暂时现象,而"理"则是永恒的本体。

明确提出唯物论的理气观,而和朱熹理气观相对峙,这是明代中叶才有的。罗钦顺、王廷相就是这方面的思想代表。罗钦顺吸取了张载宇宙观中的唯物论观点,加以发展,构成了理依于气的论点,同时又摒弃了张载以"性"与"气"并提,以"性"为万物本原的唯心观点。

在理气关系问题上,罗钦顺确认理为气之理,非气外别有一理,在气的运动过程("往而来,来而往")中便显示出理来。请看他自己的表述:

> 理只是气之理。当于气之转折处视之;往而来,来而往,便是转折处也。夫往而不能不来,来而不能不往,有莫知其所以然而然,若有一物主宰乎其间而使之然者,此理之所以名也。……理须就气上认取,然认气为理便不是,此言殆不可易哉!(《困知记》续卷上)

这里似乎是暗示朱熹不知气之运动的规律,于是便设想出仿佛在气的来而往,往而来的运动过程中有一个主宰在那里指使,其实这是根本没有的。识理不能离气;没有凌驾于气之上的理。不但如此,罗钦顺还正面回答了什么是"理"。他的名言是:

> 自夫子赞《易》,始以穷理为言,理果何物也哉?盖通天地,亘古今,无非一气而已。气本一也,而一动一静,一往一来,一阖一辟,一升一降,循环无已。积微而著,由著复微,为四时之温凉寒暑,为万物之生长收藏,为斯民之日用彝伦,为人事之成败得失,千条万绪,纷纭缪𫐄,而卒不可乱。有莫知其所以然而然,是即所谓"理"也。初非别有一"物"依于气而立,附于气以行也。

> 或者因《易》有太极一言,乃疑阴阳之变易,类有一物主宰乎其间者,是不然!夫易乃两仪、四象、八卦之总名,"太极"则众理之总名也。(同上卷下)

这里的论点很明确:从空间言,整个宇宙,从时间言,自古至今,"无非一气而已"。气是运动的:往来、阖辟、升降等都是气的运动形态。自然界的各种变化,人类社会的兴衰治乱,都是气的活动结果。气的有秩序地运转即所谓"理"。因此,不能把理看成是主宰气的理。同样,太极也不是凌驾于万物之上的主宰。这里也对朱熹作了委婉的批评。因为朱熹曾解释"太极"为"所以动而阳、静而阴之本体也",并说:"太极,理也;阴阳,气也。气之所以能动静者,理为之宰也"(《太极图说章句》)。罗钦顺不赞同这种观点,他指出:"'所以'二字固指形而上者,然未免微有一物之嫌"(《困知记》卷下)。可见,罗钦顺极力否认气上有所谓主宰说。我们知道,"太极"本来由《尚书》的"皇极"变化而来,始见于《易传》,被当作最初的原因看待。各家对"太极"做出的解释不同,周惇颐、朱熹是一种解释,罗钦顺、王廷相又是一种解释。这表现出在自然观上的不同观点。

朱熹的后学林贞孚想维护师说,对罗钦顺的上述观点提出诘问:如果说理依于气,而气有聚散,试问:气散理散,理到哪里去了?针对此,罗钦顺的回答颇有理论意义,他说:

> 理气二字,拙记中(按:指《困知记》)言之颇详。盖诚有见其所以然者,非故与朱子异也。但气强理弱之说,终未为的,因复强缀数语。语在下卷第十九章。所疑"理散何之?"似看鄙意未尽。《记》中但云"气之聚便是聚之理,气之散便是散之理。"惟其有聚有散,是乃所谓理也,并无理散之言。此处只争毫厘,便成二义,全要体认精密也。(《困知记附录·答林正郎贞孚》)

这里区别了两种提法。林贞孚把理作为一个独立存在之物,不依附于气,所以才提出"理散果何之"的问题。这实际是朱熹"气强理弱"说的另一种表述方式。与此不同,罗钦顺则认为没有独立于气的理;气散是理的一种表现形态,并不意味着理本身有所谓的聚和散。由此可以看出,一方面罗钦顺主张从气上认理,另一方面又认为不能把气和理相等同。他朴素地觉察到理和气的对立和统一。他说:"理须就气上认取,然认气为理,便不是。此处间不容发,最为难言,要在人善观而默识之。只就气认理,与认气为理,两言明有分别,若于此看不透,多说亦无用也"(《困知记》卷下)。古代哲人的洞察与其时代之局限,在这里反映得很清楚。

罗钦顺由理气说引申到道器论,其观点与朱熹有区别。依据罗钦顺的解释,器即器物,泛指世界上纷纭复杂的事物;道即阴阳二气化生事物的道理,泛指事物的法则(或谓之规律)。他的观点是:

> 天地之化,人物之生,典礼之彰,鬼神之秘,古今之运,死生之变,吉凶悔吝之应,其说殆不可胜穷,一言以蔽之曰:一阴一阳之谓道。(同上卷上)

关于道与器二者的关系,他认为:"夫器外无道,道外无器。所谓器亦道,道亦器也,而顾可二之乎"(同上续卷上)?他强调道器不可分,不能离器而言道。虽然这些观点在罗钦顺的著作中并没有充分论证,但却开启了后来王夫之道器观的先河。

程、朱天理观中有一个观点,即所谓"天人一理",认为每个人都应当遵守封建伦理道德,由此推广开去,认为自然界和社会界都被封建伦理法则所支配,并以此证明"天理"是世界的本原。对于"天人一理"命题,罗钦顺并不反对,然而他对此的解释和朱熹不同。他的看法是:"天之道,莫非自然。人之道,皆是当然。凡其所当然者,皆其自然之不可违者也。何以见其不可违?顺之则吉,违之则凶,是之谓天人一理"(《困知记》卷上)。这里把"人之道"与"天之道"区别开来,认为"人之道皆是当然",这种"当然"是有伦理关系的,比如君臣、父子、夫妇、兄弟关系等等,而且是合理的。他还有另外一句话,即上引"天之道,莫非自然","自然"与"当然"相对,是自然而然如此,不受伦理道德法则的支配。尤有进者,"人之道"是以"天之道"为依据,以"天之道"为本,所以说是"天人一理。"显然,罗钦顺的这种解释和朱熹的"天人一理"说是有区别的。我们从明代理学史上可以看到,当时出现了与理学正宗思想不同的思想观点,最初只有若干理论命题,还不可能突破理学体系的束缚。这些变化颇值得重视,因为它们是反对理学的一个重要的开端。罗钦顺的思想就带有这样的特色。他并不回避在某些问题上不同意朱熹的观点,尽管他以尊信朱熹者自居。他在一封信上说:"吾辈之尊信朱子者,固当审求其是,补其微罅,救其小偏,一其未一,务期于完全纯粹而毫无遗恨焉,乃为尊信之实,正不必委曲迁就于其间,如此则不惟有以服妄议者之心,而吾心正大光明之体,亦无所累"(《困知记附录·答陈侍御国祥》)。这里是以维护朱熹学说的面目出现的,这也许是罗钦顺的真实想法。然而,思想史的科学分析,并不看思想家们如何表白,如何声明,而要把他们的思想观点放到一定的社会中去分析,看看它们实际上起了什么作用。从这个角度看,我们不难看到罗钦顺理气观和朱熹理气观的对立。

然而,在人性论上罗钦顺并不能摆脱朱学的束缚,从这里可以看出他仍然是朱学,但在某些方面和朱熹的观点有所不同。

我们知道,朱熹是从伦理学方面论述封建秩序的合理性,而他的伦理学说是建立在人性论基础上的。他把个体精神的"心"分成两个部分:其一称为"道心"或"天命之性"(又简称为"性");另一称为"人心"或"气质之性"。他着重论述如何使"人心"服从"道心"。在他看来,"理"就是"性",本来是至善的,但由于人们受了"气"(肉体)所产生的"气质之性"的限制,便有了善恶的区别。他认为只有圣人的"气"才是透明的,不会限制"性"(即"理")的呈现,所以圣人就是"理"的化身,是宇宙的枢纽。对于朱熹的这些观点,罗钦顺评论说:

> 理一分殊,本程子论《西铭》之言,其言至简而推之天下之

理,无所不尽。在天固然,在人亦然,在物亦然,在一身亦然,在一家亦然,在天下亦然,在一岁亦然,在一日亦然,在万古亦然。持此以论性(按:即人性),自不须立天命、气质之两名,粲然其如视诸掌矣。但伊川既有此言,又以为才禀于气,岂其所谓分之殊者专指气而言之乎？朱子尝因学者问理与气亦称伊川说得好,却终以理气为二物,愚所疑未定于一者,正指此也。(《困知记》卷上)

由此可以看出,罗钦顺对于程、朱的天命之性与气质之性的划分产生了怀疑。他的怀疑是从这一点开始的:由于程颐(伊川)说人的才不才(即禅宗所谓根的利钝)是由于先天气禀的中偏、清浊、厚薄,便区分出各种人(道德意义上的),有的贤,有的不肖;有的高尚,有的平庸。然而,这种理论又与所谓"万物一体者,皆有此理(按:指天理)"发生了矛盾。既然是"万物一体",而且都是"理"的化身,何以有的贤,有的不肖呢？罗钦顺把问题指出来,希望用"理一分殊"说来解释。那么,他所谓"理一分殊"说是什么意思呢？请看下段引文：

一性而两名(按:性即人性,两名即程、朱将人性分为气质之性与天命之性),虽曰二之则不是,而一之又未能也。学者之惑终莫之解,则纷纷之论至今不绝于天下,亦奚憾哉？愚尝瘖瘵以求之,沉潜以体之,积以岁年,一旦恍然似有以洞见其本末者。窃以性命之妙无出"理一分殊"四字,简而尽约,无所不通。初不假于牵合安排,自确乎其不可易也。盖人物之生,受气之初,其理惟一；成形之后,其分则殊。其分之殊莫非自然之理,其理之一常在分殊之中,此所以为性命之妙也。语其一,故人皆可以为尧、舜。语其殊,故上智与下愚不移,圣人复起,其必有取于吾言矣。(同上)

罗钦顺用洛学的传统名词"理一分殊",但其解释和洛学并不相同。我们知道,洛学的"理一分殊"说是受了华严宗的影响,认为世界万物都是"天理"的反映,天理之照物,犹如"月印万川",这即是程颐所说"一物之理即万物之理"(《河南程氏遗书》卷第二上)。罗钦顺却从自然规律方面解释"理一分殊",认为人和物都来源于阴阳二气,此谓之"理一";世界上人和物各各不同,谓之"分殊"——可见他力图用自然规律来解释人性。既然人与物都来自二气,所以说人皆可以为尧、舜;因为人人各不相同,所以上智与下愚仍有不可逾越的界限。可见,罗钦顺"理一分殊"说一方面想修正朱熹气质之性与天命之性的划分,但另一方面却又要维护封建主义等级制。这两方面的相互矛盾存在于罗钦顺的"理一分殊"说中。

事实上,罗钦顺未能从根本上否定朱熹的人性论,他关于"道心"和"人心"的论述,便和朱熹的观点一致。他认为"道心"即"性","人心"即"情",这两者是体用关系,不可分离。请看他的论述:

> 人心、道心只是一个心。道心以体言,人心以用言。体用原不相离,如何分得?(《困知记附录·答林次崖第二书》)
>
> 道心,寂然不动者也,至精之体不可见,故微。人心,感而遂通者也,至变之用不可测,故危。(《困知记》卷上)
>
> 道心,性也;人心,情也。心一也,而两言之者,动静之分,体用之别也。凡静以制动,则吉。动而迷复,则凶。惟精所以审其几也,惟一所以存其诚也。允执厥中,从心所欲不逾矩也,圣神之能事也。(同上)

这里的文义很清楚,毋需作解释。我们只要把上述论点和朱熹的论点做对比,问题就可以看得清楚。朱熹认为:

> "人心惟危,道心惟微",说来只是一个心,那得有两样?只就他所主而言,那个便唤作人心,那个便唤作道心。(《朱子语类》卷

六十一)

> 必使道心常为一身之主,而人心每听命焉,则危者安,微者著,而动静云为自无过不及之差矣。(同上卷四)

很明显,罗钦顺和朱熹都强调道心是主宰,是体;道心即性即理。他们都主张通过个人修养的途径,达到以道心制约人心、以性制约情的目的。然而,当问题往深入的方面引,罗钦顺和朱熹的思想观点便出现了矛盾。问题发生在对于"人心"的理解上。朱熹曾经采用禅宗的譬喻,说明人心如果被私欲充塞,就失去了光明;只有把私欲去掉,就可恢复道心的真面目,使它变得明净起来。朱熹称此为"克己复礼为仁",或"存天理,灭人欲"。可是,罗钦顺对朱熹理学的这个基本命题却有另外的解释。他说:

> 人心、人欲;道心、天理,程子此言本之《乐记》,自是分明。后来诸公往往将人欲两字看得过了,故议论有未归一处。夫性必有欲,非人也,天也。既曰天矣,其可去乎?欲之有节、无节,非天也,人也。既曰人矣,其可纵乎?君子必慎其独,为是故也。独乃天人之际离合之机,毫厘之差,千里之远,苟能无所不致其慎,则天人一矣。到此地位甚难,但讲学则不可不尽。(《困知记》三续第一章)

罗钦顺多少带有自然人性论倾向,从这段引文可以看得清楚。在他看来,人皆有欲望,这是自然而然的,不是人力所能取消的。既然是这样,如果硬要人们去掉欲望,那就违反了自然,事实上是办不到的。合理的解决办法是:既要承认人皆有欲望,同时对欲望加以节制。罗钦顺进一步引经据典说:

> 《乐记》所言欲与好恶,与《中庸》喜怒哀乐,同谓之七情。

其理皆根于性者也。七情之中，欲较重，盖惟天生民有欲，顺之则喜，逆之则怒；得之则乐，失之则哀。故《乐记》独以性之欲为言，欲未可谓之恶，其为善为恶，系于有节无节尔。（同上卷上）

这里明言《乐记》和《中庸》都承认人有七情，有欲望，问题是能否加以节制。从此可以看出：明代的理学异端一方面表现在理气观上，再一方面便表现在存欲、去欲的伦理观上。在存欲和去欲的问题上，罗钦顺根据儒家的传统学说，从人的自然生理说明存欲的必然性。不仅明代中叶这样，后来清初的反理学思潮和中国近代戊戌变法以前的进步思想家也只能以自然人性论来反对先验化的等级人性。

罗钦顺在总体上虽然不能摆脱理学关于人心和道心的区别，但他又强调道心和人心不可分离，没有孤立自存的道心。由此又推论出性和情不能分割，没有脱离情的性。他说："道，心性也。性者，道之体。人心，情也。情者，道之用，其体一而已矣"（《困知记附录·答黄筠溪亚卿》）。体用的统一用来譬喻性与情的统一。罗钦顺曾经提出，如果说有脱离情的性，有脱离人心的道心，那么要问：这种脱离现实土壤的道究竟存在于何处？这岂不成了人的虚构了吗？他在一封信里这样写着："人心、道心只是一个心。道心以体言，人心以用言。体用原不相离，如何分得？……敢问高论以万物皆生于道，道果在何处存站？存站处明白钻出来，亦明白矣"（《困知记附录·答林次崖第二书》）。在新的理论武器不能产生的历史环境里，罗钦顺以体用譬喻性情，强调没有脱离情的孤立自存的、纯而又纯的性，这些论点也是难能可贵的。他面对理学提出的许多理论问题，要提出他自己的见解，这是经过了长时期的研究和思索；其甘苦他曾经这样表述："拙知（按：指《困知记》——引者）千万言，紧要是发明心性二字。盖勤一生，穷究之力而成于晚年者也"（《困知记续补·答萧一诚秀才书》）。

第三节 罗钦顺对杨简、王守仁、湛甘泉的思想观点及禅学之评论

罗钦顺对陆(象山)王(守仁)心学和禅学都有所评论,且颇具有理论深度。

首先,看罗钦顺对杨简的评论。

杨简是陆九渊的著名弟子,他的著作编为《慈湖先生遗书》。他对"心"作了夸张的神秘描写,如:"人心非血气,非形体,广大无际,变通无方;倏焉而视,又倏焉而听,倏焉而言,又倏焉而动,倏焉而至千里之外,又倏焉而穷九霄之上;不疾而速,不行而至,非神乎? 不与天地同乎"(《遗书》卷二《二陆先生祠记》)? 这样,"心"就成为无所不在的神秘之物了。杨简还专门写了一篇题为《己易》的文章,宣称"我"即世界。据说"我"不仅是"血气形貌"的躯体,而且是"澄然清明而非物""洞然无际而非量"的"吾性","天者吾性中之象,地者吾性中之形,故曰'在天成象,在地成形',皆我之所为也"(同上卷七)。

罗钦顺于明世宗嘉靖十二年(公元1533年)春读了杨简的著作以后这样评论说:"偶得《慈湖遗书》阅之,累日有不胜其慨叹者。痛哉,禅学之误人也,一至于此乎"(《困知记》续卷下)! 接着又说,杨简关于"心"的论述,"即释迦所谓自觉圣智境界也。书中千言万语,彻头彻尾无非此个见解"(同上)。真可谓一语道破了杨简思想的实质。罗钦顺还看到,尽管杨简写的东西不少,但最有代表性的莫过于《己易》一篇,其中千言万语,左援右引,万变不离其宗,都是阐发佛学"虚灵知觉"的虚幻观点罢了。罗钦顺接着发挥说:

(杨简云)"吾性澄然清明而非物,吾性洞然无际而非量。天者吾性中之象,地者吾性中之形,故曰:在天成象,在地成形,皆我之所为。"《楞严经》所谓"山河大地,咸是妙明真心中物",即

其义也。(同上)

《楞严经》是唐朝时翻译的佛经,认为一切世间诸所有物,都是菩提妙明元心;"心精遍圆,含裹十方",一切皆以"心"为本。而杨简的观点正是来源于《楞严经》,认为先天完满具足的心,或称佛性,被规定为世间各种现象的根本,所以说"在天成象,在地成形,皆我之所为"。罗钦顺又说,杨简言论颇多,中心思想是"以心法起灭天地",视"天地万物之变化,皆吾性之变化"(同上)。针对此,罗钦顺从普通常识出发,指出:"人心之变化与生俱生,则亦与生俱尽,谓其常住不灭,无是理也"(同上)。这里包含了一个前提,即:人的意识是以人的形体为基础的,人的形体不可能长生不灭,所以也没有常住不灭的人的意识。基于此,罗钦顺得出结论说:"慈湖误矣!藐然数尺之躯,乃欲私造化以为己物,何其不知量哉"(同上)!

罗钦顺和王守仁、湛若水在一些重要问题上展开了论辩。他和王、湛是同时代人,读过他们的著作,和王守仁且有书信往来,但是他不同意王、湛的观点,写成了辩论文字。他这样说:

> 王、湛二子皆与余相知。于王盖尝相与论文而未细读,忽焉长逝,殊可惜也。湛则会晤绝少,音问亦稀。然两家之书,余皆得而览之,区区之见,终未相合,因续记一二于册。道无彼此,自不容有形迹之拘。然而君子幸而折其衷,斯道之明庶乎其可望矣。(《困知记三续》)

罗钦顺对王学的评论,主要是关于格物致知说。本书论述王守仁思想已经指出,王守仁认为"物者,意之用也";"格者,正也,正其不正以归于正也"。在王守仁看来,意念所及便是"物","格物"不是研究事物本身及其法则,而是使自己的意念符合封建道德规范,即所谓"正";意念"正"了,"物"自然"正"。因此在王学中,"格者"其实就是指的"诚意之功"(《王文成公全书》卷一《传习录》上)。罗钦顺认为王学所谓"心之所发便是意",

"意之所在便是物"有两个疑点:其一,"意"不能代替客观事物;其二,事物是否"正",需要有检证,像王学所说,一切皆以主观意念为准,便失去了检验的意义。对此,罗钦顺举例说:

> 有如《论语》川上之叹,《中庸》鸢飞鱼跃之理,皆圣贤吃紧为人处。学者如未能深达其义,未可谓之知学也。试以吾意着于川之流、鸢之飞、鱼之跃,若之何正其不正以归于正耶?此愚之所不能无疑者也。(《困知记附录·与王阳明书》)

罗钦顺认为,王守仁的"格物致知"说是禅学,因为王学"局于内而遗其外"——而此点恰恰是禅学之特色。罗钦顺这样发挥说:

> 所贵乎格物者,正欲即其分之殊,而见乎理之一;无彼无此,无欠无余,而实有所统会,夫然后谓之"知至",亦即所谓"知止",而大本于是乎可立;达道于是乎可行。自诚正以至于治平,庶乎可以一以贯之,而无遗矣。然学者之资禀不齐,工夫不等,其能格与否,或浅或深,或迟或速,讵容以一言尽哉!惟是圣门大学之教,其道则无以易,此学者所当由之以入,不可诬也。外此或夸多而斗靡,则溺于外而遗其内,或厌繁而喜径,则局于内而遗其外。溺于外而遗其内,俗学是已。局于内而遗其外,禅学是已……(同上)

这里罗钦顺提出如何才能做到内(主观)与外(客观)相一致。他反对陆王心学,因为它"局于内而遗其外",片面夸大主观意识的作用,犹之于禅学把"心"当作"万法"的来源。他也反对所谓"俗学",因为它"溺于外而遗其内",也是不对的。罗钦顺认为,格物是要研究纷繁的特殊事物,而知至就是发现万殊之中有所统一;这样,人们掌握这个一以贯之的东西,即可治国平天下。可以看出,罗钦顺在批评王学时提出了主观与客观相符,特殊与一般相统一的观点。

那么,罗钦顺是否在这样两个问题上得出了正确的结论呢? 这要做些具体的分析,很难简单地回答"是"或"否"。一方面,罗钦顺认为,像王学那样以"良知"为天理,并不能做到内与外相统一,因为这种观点改变了事物的原来面貌。所以罗钦顺说:"今以良知为天理,乃欲'致吾心之良知于事事物物'(此语见《传习录》),则是道理全在人安排出,事物无复本然之则矣"(同上)。这里相当准确地点出了王学的致命伤。罗钦顺认为,事物本身并不以良知为转移,山河大地如此,金石草木也是这样。他提出质问说:"今以良知为天理,即不知天地万物皆有此良知否乎? 天之高也,未易骤窥;山河大地,吾未见其有良知也。万物众多,未易偏(遍)举。草木金石,吾未见有良知也。求其良知而不得,安得不置之度外耶"(《困知记附录·答欧阳少司成崇一》)? 这里说明自然界没有良知,因而不能用良知来解释客观事物。我们再问:王守仁的良知论和事物的原来面目不同,应当弃而不用;那么,内与外怎样才能统一? 在此问题上,罗钦顺未能做出正确的论述,是沿着程朱理学的"格物致知"论的逻辑思维而推论的。他认为,虽说不能以为事物皆有良知,但事物都有性,性即理;他说:"殊不知万物之所得以为性者,无非纯粹精之理;虽顽然无知之物,而此理无一不具。不然即不得谓之各正;即是天地间有无性之物矣"(同上)。这里,他说的"理"还不是从事物自然意义上所理解的法则或规律,而接近于程、朱的带有伦理意义的天理。请看罗钦顺自己是这样解释的:

> 故欲见得此理分明,非用程、朱格物工夫不可。夫物、我并立而内外形焉,乃其散殊之分。然而内此"理"也,外亦此"理"也。所贵乎格物者,正要见得天人物我原是一理,故能尽其性,则能尽人之性,尽物之性。人、物之性各在人、物身上,而吾乃能尽之者,非以此"理"之同耶?(《困知记附录·答刘贰守焕吾》)

细细思考这段话,可以看出,在这里所要证明的东西已包括在前提之中:物是天理的外化,人也是天理之外化,所以说主观与客观相统一。这种统一并不是主观与客观的真实统一,而是虚构的统一。它和王学不同,以"天理"代替了"心"。罗钦顺在这里所说的物我一体、物我同体的理是带有伦理意义的"天理",并非事物本身的法则,看了下段文字就可以清楚的:

> 天理通天地人物而言,《易》所谓性命之理是也。仁字专就人身而言,《易》所谓立人之道曰仁与义是也。盖天地人物原无二理,故此理之在人心者,自与天地万物相为流通,是之谓仁。果认得天理分明,未有不识仁者……(同上)

罗钦顺在这里所说的理和仁是同一层次的概念,是封建伦理道德的总称。他强调自己"于天理粗窥见一二,实从程、朱格物之训而入"(同上),和程、朱的"格物致知"说并无区别。由此看来,罗钦顺在批评王学时提出了主观与客观相符的问题,但他并未能正确地加以解决。

罗钦顺对心学系统的陆九渊、陈献章和湛若水都有所评论,特别与湛若水论辩甚多,其中论辩的主题之一,是关于湛若水先师陈献章学术思想的评价问题,集中到一点上,即:陈献章思想体系是否是禅学?这实际也是对湛若水思想的评价。湛若水的观点很鲜明,认为陈献章思想不是禅学:"夫禅者以理为障,先师以天理之学为是,其不为禅也明矣"(见《甘泉全集》,收于《困知记附录》)。罗钦顺不同意湛若水为陈献章辩解,他针对陈献章的"夫道至无而动,至近而神","致虚所以立本"这些基本观点加以评论说:

> 《易·大传》曰:"一阴一阳之谓道",又曰:"阴阳不测之谓神"。程明道先生曰:"上天之载,无声无臭,其体则谓之易,其理则谓之道,其用则谓之神。"圣贤之训,深切著明如此。今乃认不测之神以为天理,则所谓道者果何物耶?其于《大传》与明道之

言,殊不合矣。(《困知记附录·答湛甘泉大司马》)

此段话可与下段话参看:

> 近世道学之倡,陈白沙不为无力,而学术之误,亦恐自白沙始。至无而动,至近而神,此白沙自得之妙也。愚前所谓徒见夫至神者,遂以为道在是矣,而深之不能极,而几之不能研,虽不为白沙而发,而白沙之病正恐在此。(同上)

这两段话的意思是:陈献章把"理"与"道"割裂开来,又以"不测之神"为天理,其实这些都是指"心"的灵觉而言。总之,陈献章把人的主观精神幻觉(所谓预见到什么等等,都是自己制造出的假象)作为天理,这不是禅学又能是什么呢？罗钦顺还指出,陈献章所谓"致虚所以立本",虚即虚无,即佛学的空寂之义,仿佛秤中没有定盘星,这样虚幻的东西如何能把根本建立起来呢？这种观点和菩提达摩(略称达摩,中国禅宗初祖)所说"净智自圆,体自空寂"没有什么区别。

罗钦顺认为,陈献章和湛若水都是"有见于心,无见于性",像禅学一样,否定人的感觉、知觉和情感的作用,而以"心"代替一切;以为人心先天地具有无限的智慧,只要一旦认识到事物是虚幻不实的,断绝种种烦恼和世俗愿望,即可进入最高境界。罗钦顺不但指出陈献章、湛若水与禅学的相似,且进一步对《楞伽经》做了比较仔细的解剖,指出:

> 夫识者,人心之神明耳,而可认为性乎？且其以本体为真,末流为妄,既分本末为两截,谓迷则真成妄,悟则妄即真,又混真妄为一途。盖所见既差,故其言七颠八倒,更无是处。吾党之号为聪明特达者,顾不免为其所惑,岂不深可惜哉？(《困知记》续卷上)

这里,他指出《楞伽经》的思辨归根到底是以"心"代替"性",否定感觉的作用,混淆真妄。

罗钦顺从认识论方面评论禅学之失,也很有理论意义。他的主要观点是:

> 有心必有意,心之官则思,是皆出于天命之自然,非人之所为也。……彼禅学者惟以顿悟为主,必欲扫除意见,屏绝思虑,将四方八面路一齐塞住,使其心更无一线可通。牢关固闭,以冀其一旦忽然而有省(按:指顿悟而言——引者),终其所见不过灵觉之光景而已,性命之理实未尝有见也,安得举比以乱吾儒穷理尽性之学哉?(同上续卷下)

这里,罗钦顺敏锐地指出禅学否定人的感觉器官与客观事物相接而产生的感觉和印象(即所谓"意见"),从而把人和客观世界隔绝开来,使人的思维活动停止。究其实,顿悟只不过是人的主观意识的作用罢了。

值得注意的是,罗钦顺不仅在认识论方面重视感觉的作用,而且强调人们进行道德修养,在伦理学的范围也不能忽视感觉。请看他的论断:

> 夫目之视、耳之听、口之言、身之动,物虽未交而其理已具,是皆天命之自然,无假于安排造作,莫非真也。及乎感物而动,则有当视者有不当视者,有当听者有不当听者,有当言者有不当言者,有当动者有不当动者;凡其所当然者,即其自然之不可违者,故曰:真也。所不当然者,则往往出于情欲之使然,故曰妄也。真者存之,妄者去之,以此治其身心,以此达诸家国天下,此吾儒所以立人极之道而内外本末无非一贯也。若如佛氏之说,则方其未悟之先,凡视听言动不问其当然与不当然,一切皆谓之妄;及其既悟,又不问其当然与不当然,一切皆谓之真。吾不知何者在所当存乎,何者在所当去乎?当去者不去,当存者必不能存,人欲肆而天理灭矣。使其说肆行而莫之禁,中国之为中国,

人类之为人类,将非幸欤!(同上续卷上)

  罗钦顺的伦理观(更确切些说,他的伦理观可称之为感觉论的伦理观),在上段引文中叙述得最为集中。他认为感觉是人们的自然生理作用,不能否定。那么,人们的所有感觉是否都和道德规范相符呢?当然不能这么说。所以他提出一个概念"当"(应当——这是从道德原则方面讲的):"当"看和不"当"看、"当"听不"当"听、"当"说不"当"说。在他看来,凡是符合封建道德规范的视听言动才是真实的、合理的,而不是虚幻的。他从伦理学的角度说明道德原则和人们的感觉并非不相容;也不是说人们进行道德修养必须完全排斥感觉。不是这样!罗钦顺明确地宣称:感觉是道德规范的基础;人们遵守道德规范,为的是使人们的感觉欲望能得到节制和调节,使之和道德规范相符。因此人们的道德修养不是禁欲主义,也不是杜塞感官与外物相接。他从理论上说明感觉与伦理观的统一。这本来是中国儒家的传统观念,也是中国传统的人生哲学中的重要一环。罗钦顺把它理论化了,说明世界上一切皆实,人的心性需要经过道德修养,懂得修身、齐家、治国、平天下的道理;不但要懂得,还要付诸实践,所以儒家观点不否认感觉作用,这和禅学不同,一为实,一为虚,岂能融合为一体?这里,罗钦顺强调感觉作用的观点,和他的人欲不可灭绝,只要加以节制的论述互为表里。这些观点后来在明末清初的早期启蒙思潮中得到进一步的阐述。

第四十六章　王廷相、吕坤的反理学思想

第一节　王廷相的反理学思想

王廷相(公元1474—1544年)字子衡,号浚川,原籍山西潞州(治今山西长治),其父时迁居河南仪封。明孝宗弘治十五年(公元1502年)进士。从此开始了长达四十余年的政治和学术活动。历任兵科给事中、亳州判、高淳知县、御史、松江府同知、侍郎等职,官至南京兵部尚书。为明中叶的政府高级官吏,是与王守仁同时代的著名的政治家和思想家。明高拱(公元1512—1578年)曾撰写《前荣禄大夫太子太保兵部尚书兼都察院左都御史掌院事浚川王公行状》,称其治学态度是"不事浮藻,旁搜远揽,上下古今,唯求自得,无所循泥。灼见其是,虽古人所非者不拘;灼见其非,虽古人所是者不执。立言垂训,根极理要,多发前贤所未发焉"。称其政治态度是"苟有益于国是,虽负天下之谤不恤;不然,即可致誉者不为也"(《高文襄公文集》卷四)。此说颇合于史实。

综观王廷相一生,他主张改革弊政,反对宦官、权臣专横跋扈,贿赂公行,为此曾于明武宗正德三年(公元1508年)和正德八年(公元1513年)两次被刘瑾等人所罪,贬职丢官,但他仍无所顾忌,又于世宗嘉靖十八年(公元1539年)借雷震奉先殿一事,上书世宗,宣称:"人事修而后天道顺,大臣法而后小臣廉。今廉隅不立,贿赂盛行,先朝犹暮夜之私,而今则白

日之攫。大臣污则小臣悉效,京官贪则外臣无畏。臣职宪纪,不能绝其弊,乞先罢斥"(《明史》本传)。用以弹劾尚书严嵩、张瓒辈,完全置自己的进退、毁誉于度外。他在正德八年、十二年、十六年(公元 1513、1517、1521年)三督学政期间,悉心转变学术风气,提倡"务以实用""不专文藻",并对汉代以来的学术流弊进行研讨,指出:"汉儒修经术,宋儒明道学,孔、孟以往,此其最正者也,然亦有达于治理之实效与? 夫君子之学所以为政,而国家之养士亦欲其辅佐以经世也。徒习之而不能推之,谓之学者也何居? 今二代史籍炳炳,诸儒学道用世之迹,皆可稽而知也,通经而能达于治,修道而能适于用者谁耶"(同上)! 真可谓痛心疾首,感慨不已。

王廷相不以古人之是非为是非,在吸取王充、刘禹锡、柳宗元、张载以及当代黄绾等人思想资料的基础上,提出自己的见解,驳正宋儒、"世儒"(按:指宋代理学的追随者,亦贬称之为"俗儒""腐儒""迂儒""鄙儒""暗儒"等)的牵合附会之论,即使对门生(如薛蕙等)、故旧(如何塘等)中的歧见,亦欲与之诘辩周旋,决不退让妥协。他早年的朋友吴宿威笃信黄白之术,他曾指出其"炼铅养砂,以变金石"的谬误,但吴宿威不以为是。几十年后,他在《答吴宿威太守》的信中,不无讽刺地问:"今日所造,果诚何如? 风足有便,勿吝相示可也。倘鼎中有灵,当为兄输此一筹。"表现出鲜明的学术立场。他终于成为宋、元、明时期反理学最有成就的思想家。王廷相的著述较多:

早年著有《沟断集》《台史集》。

正德八—十年(公元 1513—1515 年)在赣榆著有《近海集》。

正德十二年(公元 1517 年)在松江著有《吴中集》。

正德十二—十五年(公元 1517—1520 年)在四川著有《华阳稿》。

正德十六—嘉靖元年(公元 1521—1522 年)在山东著有《泉上稿》。

嘉靖二年(公元 1523 年)在湖广著有《鄂城稿》。

嘉靖三—五年(公元 1524—1526 年)守母丧时著有《家居集》。

嘉靖六年(公元 1527 年)在四川著有《慎言》。

嘉靖七年(公元 1528 年)任京官以后著有《小司马稿》《金陵稿》《内

台集》等。

嘉靖十七年（公元1538年）著《雅述》。

此外，还著有《答薛君采论性书》《横渠理气辩》《答天问》等。

以上著作，后人均辑入《王氏家藏集》六十卷（《明史·艺文志》录五十四卷，奏议十卷）。研究王廷相反理学思想当以是书为依据。黄宗羲《明儒学案·肃敏王浚川先生廷相》亦可参考。现将其反理学思想论述如下。

一、"气本"论的反理学特色

王廷相的"气本"论始见于《慎言》。在《慎言·道体篇》中有如下一段概括：

> 气者，造化之本。有浑浑者，有生生者，皆道之体也。生则有灭，故有始有终；浑然者充塞宇宙，无迹无执，不见其始，安知其终？世儒止知气化而不知气本，皆于道远。

在《答何柏斋造化论》中又做了进一步发挥：

> 气虽无形可见，却是实有之物，口可以吸而入，手可以摇而得，非虚寂空冥无所索取者。世儒类以气体为无，厥睹误矣。愚谓学者必识气本，然后可以论造化；不然，头脑既差，难与辩其余矣。

这里，表述了"气本"论的基本内容：

第一，"气"是可感知的物质实体，是"口可以吸而入，手可以摇而得"的"实有之物"，它充塞宇宙间，"天内外皆气，地中亦气，物虚实皆气，通极上下造化之实体也"（《慎言·道体篇》）。他特别强调"虚不离气，气不离虚"，"虚"是"气"的一种存在状态，决"非虚寂空冥无所索取者"。为此，他对理学的最高范畴进行了改造，指出："不可知其所至，故曰太极；不可以为象,故曰太虚。非曰阴阳之外有极有虚也。二气感化,群象显设,天地万物所由以生也,非实体乎"(同上)？这是说,"太极"是指"气"在时间、空间上的无边无涯,"太虚"是指"气"在存在状态上的无形无象,无论"太极"或"太虚"都是"气"之实体,批评了"太极只是一个理字"(《朱子语类》卷一),视"太极"为"无"的观点。由于"太虚"不再具有精神的意义,这就弥补了张载"气"论的缺陷。同时,还应指出,王廷相把"气"的可感知的性质建立在"气"的物质性的基础上,也间接批评了"天人感应"的神学目的论。

第二,"气"是世界的本原,是"生生者";它无边无涯、无始无终,是"浑浑者",这是"气"之"常",是"元气"。他还猜测到"气"的统一性是"万有不齐"(《雅述》上篇)的统一,即是有差别的、多样性的统一。这种具体的统一性,就事物而言,是有生灭的;就"气"的具体形态而言,是有聚散的,这是"气"之"不常",是"生气"。他用"元气"和"生气"这一对范畴,发展了张载"太虚不能无气,气不能不聚而为万物,万物不能不散而为太虚"(《正蒙·太和篇》)的思想,阐述了"气"的统一性与多样性,"气"的一般与气的具体形态的相互关系。

由此,他坚持"气"的守恒原理,批评"太易者,未见气也;太初者,气之始也;太始者,形之始也;太素者,质之始也"的观点,指出:"是气也者,乃太虚固有之物,无所有而来,无所从而去者。今曰'未见气',是太虚有无气之时矣。又曰'气之始',是气复有所自出矣,其然,岂其然乎"(《雅述》上篇)？并以雨、水气、冰的转化来进行论证:"雨水之始,气化也;得火之炎,复蒸而为气"(《慎言·道体篇》)。"冰之于海矣,寒而为冰,聚也;融澌而为水,散也。其聚其散,冰固有有无也,而海之水无损焉"(同上)。

他还坚持"气"的变化原理,认定"气"的"翕聚""盛衰"左右万物的"萌蘖""壮老""始终",即使是自然界的某些反常现象(怪异)也是"气"使之然,反对某些理学家借阴阳五行造作妄说。他认为《尚书·洪范》言五行:"谓此五者流行于天地之中,切于民用,不可一日而缺"(《五行辩》)。即五行是人们五种基本的生产和生活资料,不仅如此,它还是"王政之根本"。他解释兴修水利为水政;管理农事为农政;发展手工业生产为金政……实行这些政策才能更好地利用这五种物质元素来满足人们的需要;"不然则民用有缺,民用既缺,则民生不遂,虽有庶政,安得顺而施之?古之圣人,其论五行之义,如此而已"(同上)。这里,他假托古人之口,坚持以物质运动自身来说明物质现象,并要求当权者将其政策同"民用"相联系,一扫"五行"的神秘性。他进而根据五行的物质属性,将水、火、土同金、木加以区分,认为"水、火、土,天地之大化也;金、木者,三物之所自生"(同上),即水、火、土是自然界的原初物质,是产生金、木的基础。他以这种对自然界的观察,提出五行产生的先后之序,试图证明五行是生不俱时,何以能为天地造化之本。他批评周惇颐"五气顺布,四时行焉"的说法,认为寒暑的变化与四季的循环,取决于"日之进退",得日光多则热,得日光少则寒,与五行没有联系。他指斥朱熹假纬书论五行,袭周子论造化,皆属"五行家之说","假合之论"。他的结论是:"天地之间无非气之所为者,其性其种已各具于太始之先矣。金有金之种,木有木之种,人有人之种,物有物之种,各各完具,不相假借"(同上)。这是说,五行统一于"气",五行的各自属性是由"气种",即"气"的特殊性所规定的。这里,提出的"气种"说是有理论价值的。"种子"说源出中国佛教唯识宗。朱熹曾予以发挥,他说:"有是理方有这物事,如草木有个种子,方生出草木"(《朱子语类》卷十三)。以"理"为事物的依据,犹草木有种子似的。王廷相则提出"气者,形之种"(《答何柏斋造化论》)的命题,将精神性的"种子"改造为物质实体,认为"万物巨细柔刚各异其材,声色臭味各异其性,阅千古而不变者,气种之有定也"(《慎言·道体篇》)。用"气种"表述"气"的特殊性,用"气"的特殊性说明物质形态之间的差异,否定"以山河大地为病"的宗教观点,对解释物质的多样性也是一个有益的探索。

总之,王廷相把"气本"视为哲学上的"头脑"问题,主张将"气化"引向"气本",不主张在"气化"之上另有精神性的主宰,这个问题不解决,"难与辩其余矣"。他对理学的评论就是以此为理论基础的。

二、对理学主要代表人物及若干重要命题的评论

明中叶,朱学的统治地位受到陆、王之学的挑战。明世宗时,又诏令陆九渊从祀孔庙,进一步加剧了两派之间的对峙与竞争。王畿宣称"我朝理学开端是白沙(按:即陈献章),至先师(按:指王守仁)而大明"(《明儒学案》卷十二《浙中王门学案·论学书》),公开否认程朱之学的地位,并藐视其学为"谈空说妙无当于日用"(同上)。但就学术思想的全体而言,仍以程朱之学为鹄的,有人描绘当时的情形说:"语薛氏(按:指薛瑄,明初朱学的主要代表)则合口同词,语陈、王则议论未一"(同上卷二十四《江右王门学案·阳明先生从祀或问》)。对陆、王的批评往往直指其名,对程、朱的批评则较为谨慎,其方式亦甚为委婉,或归之于门人记述之误,或从程学与朱学的矛盾中辨究是非,或称程、朱之论"未安""未亲""小有未合",而以己意改释其说。王廷相不随波逐流,不囿于旧的窠臼,敢于大胆直言:

> 儒者之为学,归于明道而已,使论得乎道真,虽纬说稗官,亦可从信……使与道有背驰,虽程朱之论,亦可以正而救之。(《太极辩》)

这是说,判断学术是非的标准是"道真"(按《慎言·乾运篇》"阴不离于阳,阳不离于阴,曰道","道真"即认识符合规律,类似真理之义),而不是理学诸儒;如果他们言出虚妄,亦可驳正而救其失。他讥讽那些认为"出于先儒之言皆可以笃信而守之"的人"委琐浅陋",人云亦云,犹如"函关之鸡",他说:

> 齐客有善为鸡鸣者,函关之鸡闻之皆鸣,不知其非真也。学者于道,不运在我心思之神以为抉择取舍之本,则唯先儒之言是信,其不为函关之鸡者几希矣。(《与彭宪长论学书》)

理学的内容甚为庞杂，朱熹在编订《近思录》、张栻在编次《二程粹言》时，都曾经作过分类归纳。它涉及宇宙论、性论、格物致知论、政治论、教育论、道统论、历史论等各个领域。批评理学从何处着手？王廷相指出：

> 近世好高迂腐之儒，不知国家养贤育才将以辅治，乃倡为讲求良知、体认天理之说，使后生小子澄心白坐，聚首虚谈，终岁嚣嚣于心性之玄幽；求之兴道致治之术，达权应变之机，则暗然而不知。（《雅述》下篇）

这里，他从庞杂的理学思想中提炼出"讲求良知、体认天理"作为评论理学的入手处和着力处，表现出其反理学思想所具有的明确性和深刻性。"讲求良知"，指王学；"体认天理"，指朱学。说明他评论的是理学的全体，而不仅仅限于同一家一派的分歧。

因此，他对理学各派的主要代表人物都有所研讨。仅据《雅述》《策问》《五行辩》《答薛君采论性书》《风水》《答天问》《答何柏斋造化论》等文的粗略统计，其中，涉及周惇颐三处，邵雍四处，张载二处，二程八处，朱熹十处，陆九渊一处，不指名的评论则贯串在他的全部著述中。

王廷相研究了周惇颐的《太极图说》，以其中的两个基本观点，即"太极本无极"说、"主静立人极"说为研讨对象。他反对以虚无的"太极"为世界的本原。认为"濂溪太极之论"，释"太极"为虚无，以之为"造化之本，虽天地、日月、四时犹在其后"（《雅述》下篇）的观点，曲解了"《易》有太极"的古义。为此，他著《太极辩》，依据"气本"论重新释《易》，反复说明有无、虚实都是"气"的表现形态，"元气之外无太极"，"元气"是世界的本原，"元气"之外再没有别的主宰物。他不同意以无欲主静为做人的最高标准，指出：

> 周子倡为"主静立人极"之说,误矣。夫动静交养,厥道乃成;主于静则道涉一偏,有阴无阳,有养无施,何人极之能立。缘此,后学小生专务静坐理会,流于禅氏而不自知,皆先生启之也。(同上上篇)

他认为做一个符合封建道德标准的人,既要注意内心修养,又要强调有所作为,如果"有养无施",执其一偏,一味追求主静,最终只能"流于禅"。朱熹在《答张元德》(见《朱文公文集》卷六十二)虽曾提出过类似的批评,但王廷相的精湛处在于从阴阳二气亦静亦动的客观观察中,引申出个人"有养有为"的修养原则。

王廷相指出邵雍《先天图》和象数学的荒诞。他说:

> 邵子假四时定局,作《先天图》以明《易》,皆非《易》中所有之本旨,排甲子死数,作《经世书》(按:指《皇极经世书》)以明天人之究,殊非天道人事之自然。(《雅述》下篇)

这里,他指出邵雍以四种时间概念(暑、寒、昼、夜或年、月、日、时)按一定格局与卦爻相配,运用干支(甲子)中的"十"和"十二"两个数目的加减和相乘,推演出一个数的系统,并在此基础上虚构宇宙发生的基本图式,解释自然和社会现象及其变化,这和"《易》乃卜筮"(《先天图辩》)之书的本来含义不合,更不符合自然界和人类社会发展的实际。按照王廷相在《数辩》中的理解,先有天地(自然界),后产生人类社会,出现了人类社会才有传、纪的需要。人类为了传、纪才创作数;数是对天文、音律等客观现象的反映与概括。他称客观现象为"迹",数为"算",以"巧历莫知雨之滴"的比喻,强调"迹"是第一性的,数是第二性的,"迹"是数的依据,数是计算的手段,以此证明邵雍从象数中推论出世界的谬误。

王廷相对二程、朱熹的思想体系做了较为全面的分析。他著《慎言》,内分十三篇,只要仔细观览,就不难发现,其中的篇目同《近思录》和《二程粹言》的分类极为相近，说明他对理学的内容都要做出评价，即使对程、朱思想体系中的一些支流，如风水迷信思想亦不放过。他多次揭露朱熹对"阴阳、卜筮、风水、星命无不信惑"(《雅述》下篇)。他以唐吕才《阴阳书序》关于风水迷信"事不稽古，义理乖僻"的观点，指出风水迷信不符合人们举行葬礼的初衷。他认为，葬礼是人们"事死如事生"的一种表示，即是人类精神生活的一部分，它将伴随人类物质生活和精神生活的进步而不断得到完善，从弃尸沟壑，进而以薪包裹，直到以棺椁掩埋，绝无"风水龙虎之妄说"(《风水》)。由此，他进一步指出，风水荫福纯属"荒忽缪悠无著之言"，如果风水能被荫子孙，子孙何故有富有贫，有贵有贱，或寿或夭，或善或恶？如果"风水能致人福禄"，人们何须进行物质生产和精神生产？"农者不论天时耕耨，商者不论贵贱美恶，工者不论习熟工巧，士者不论讲学摛词，一唯听于风水，以俟其自至可也；然而能之乎"(《雅述》下篇)？他更指出风水迷信的社会根源，是当权者利用"邪术惑世以愚民也"(《风水》)。朱熹酷信风水，广为传播，致"使人盗葬强瘗，斗争诉讼，死亡罪戾"(《雅述》下篇)，"文公大儒，不得辞其责矣"(同上)。

王廷相指名批评陆学，也赞赏黄绾之非王学。黄绾曾师事王守仁，称"良知之教曰简易直截，圣学无疑"(《明儒学案》卷十三《浙中王门学案·黄绾传》)，晚年批评师说，认为王学即禅学，其"空虚之弊，误人非细"(《明道编》卷一)，不可不辩，著有《石龙集》《明道编》。王廷相特著《石龙集序》《送少宗伯黄先生考绩序》《石龙书院学辩》以示同志，意欲与黄绾共同倡导以"实用"为基础的为学之方，去世儒空寂寡实之学，引导生徒脱离心学的影响。

王廷相对"讲求良知，体认天理"的评论，有一个逐渐深化的过程。他曾经袭用"非禅定则支离"说来评论理学。这本是理学内部对立两派之间的相互攻讦之词，"朱以陆之教人为太简，陆以朱之教人为支离"(《象山先生全集》卷三十六)；朱熹以"陆子静之学，自是胸中无奈许多禅何"(《朱子语类》卷一二四)。陆九渊则称朱熹"太极真体不传之秘"等语"莫是曾学禅宗，所得如此"(《象山先生全集》卷二)！明初许多理学家也都相责以禅，如果止步于此，充其量也只能在理学范围内讨论心性问题，而不能抓住理学的核心。

他又曾研究过"陆之学,其弊也卤莽灭裂,而不能尽致知之功;朱之学,其弊也颓惰委靡,而无以收力行之效。"此系当时学者对朱陆之学的一种批评,认为陆学不重"知",朱学不重"行",若能集长去短,即可收异途同域之效。王廷相对此表示怀疑。指出朱陆之学都是徒举文词而已,即使合二子之学为一道,亦无助于经世治国,从而揭示了朱陆之学脱离实际的弊端。一直到他晚年著《慎言》《雅述》才在理论上有所突破,明确提出反对"讲求良知,体认天理",这可谓是他的晚年定论之作,也是其反理学思想成熟的标志。

王廷相反对程朱之学的"体认天理",首先是勘定"理"的属性,这里,录其若干论断来做说明。

　　《雅述》:"儒者曰:天地间万形皆有敝,唯理独不朽。此殆类痴言也。理无形质,安得而朽!以其情实论之,揖让之后为放伐,放伐之后为篡夺,井田坏而阡陌成,封建罢而郡县设,行于前者不能行于后,宜于古者不能宜于今,理因时致宜,逝者皆刍狗矣,不亦朽敝乎哉!"（下篇）

这是说,"理"作为事物的法则,它不是永恒不变的,它只具有相对的真理性,随着客观世界的推移,既有对旧的"理"的否定,又有对新的"理"的肯定,中国历史上政治制度（如郡县制取代封建制）和经济制度（如私田制取代井田制）的沿革就是明证。他的这一段议论,后来为王夫之论道器关系时所继承（参见王夫之《周易外传》卷五）。

　　《雅述》:"道莫大于天地之化,日月星辰有薄食彗孛,雷霆风雨有震击飘忽,山川海渎有崩亏竭溢,草木昆虫有荣枯生化,群然变而不常矣,况人事之盛衰得丧,杳无定端,乃谓道一而不变,得乎?气有常有不常,则道有变有不变。一而不变,不足以该之也,为此说者,庄老之绪余也,谓之实体,岂其然乎!"（上篇）

这是说,"理"作为事物的普遍法则(道),它不是独立存在的实体,它将随着"气"的变化而变化,死守"一而不变"之"理",以驾驭自然界和社会人事的千变万化,只不过是重复老庄的玄想而已。

《雅述》:"风雨者,万物生成之助也;寒暖者,万物生杀之候也。物理亦有不然者,不可执一论也。雨在春虽能生物,过多亦能杀物。诸物至秋成实,雨固无益,诸麦诸菜亦借雨而生,安谓秋雨枯物。"(上篇)

这是说,即使是正确的"理",也要根据时间、条件的变化来运用它;时间、条件变化了,或在运用时超过一定的限度,同一个"理",就会发生不同的甚至截然相反的作用,对于"理"怎能"执一而论"。

《太极辩》:"若谓只有此理便会能动静生阴阳,尤其不通之论。理,虚而无着者也。动静者,气本之感也,阴阳者,气之名义也。理无机发,何以能动静?理虚无象,阴阳何由从理中出?此论皆窒碍不通,率易无当,可谓过矣。嗟乎!元气之外无太极,阴阳之外无气。"

这是说,无形体、无表象的"理",不能产生阴阳二气及其动静变化,动静是"气"的作用,阴阳是"气"的属性,"元气"之上没有精神性的主宰。

《慎言·道体篇》:"理载于气,非能始气也。世儒谓理能生气,即老氏道生天地矣;谓理可离气而论,是形性不相待而立,即佛氏以山河大地为病,而别有所谓真性矣,可乎?不可乎。"

这是说,勘定"理"的属性,关键在于正确认识理气关系,是"气"产生"理",而不是相反。如果以"理"生"气",或离"气"论"理",都将与佛、老哲学同流。

综合以上论断,王廷相在以下几方面否定了程朱之学的天理观:第一,否定"天理云哉……不为尧存,不为桀亡"(《河南程氏遗书》卷第二)、"万一山河大地都陷了,毕竟理却只在这里"(《朱子语类》卷一)的观点,认定"理"作为事物的法则或事物的普遍法则,它不是不依赖于任何事物的、永恒不变的独立存在。第二,否定"天地生物,各无不足之理"(《河南程氏遗书》卷第一)、"有此理,便有此天地。若无此理,便亦无天地、无人、无物"(《朱子语类》卷一)的观点,认定"理"不是天地万物的本原,不是世界的本原。第三,否定"总天地万物之理,便是太极"(《朱子语类》卷九十四)的观点,认定"太极"是"气"的总称,不是"理"的总称,万物同"太极"的关系,即是同"气"的关系,而不是同"理"的关系。第四,否定"有是理,便有是气,但理是本"(同上卷一)的观点,认定"气"是世界的本原,"理"从属于"气",是"气本"而非"理本"。

在勘定"理"的属性的基础上,王廷相进而提出"气一则理一,气万则理万"的命题,批评程朱之学的"理一分殊"说。"理一分殊"是程、朱根据张载《西铭》"民胞物与"的思想发展而来的,用以说明世界上各不相同的万物从何而生,怎样产生的问题。对此,王廷相评论说:

> 天地之间,一气生生,而常而变,万有不齐,故气一则理一,气万则理万。世儒专言理一而遗万,偏矣。天有天之理,地有地之理,人有人之理,物有物之理,幽有幽之理,明有明之理,各各差别。统而言之,皆气之化,大德敦厚,本始一源也;分而言之,气有百昌,小德川流,各正性命也。(《雅述》上篇)

这里,他提出以下论点:第一,"气"之"常"和"变"构成了整个世界,因此,世界是活生生的多样性的世界,而不是死沉沉的清一色的"理"的世界。第二,"气"是世界的唯一本原,这就是"气"之"常",他称之为"大德敦厚";"气"的特殊形态产生出万物的错综纷纭,这就是"气"之"变",他称之为"小德川流"。第三,"气"的不同形态决定了"理"的不同内容。在自然界,天地各有其理,按他的解释是"天乘夫气之机,故运而有常;地窍于山川,故浮而不坠。碾之转于水,机在外也;匏之浮于水,空在内也。地,天内之物,无可倚之道。故曰天以机动,地以窍浮"(《慎言·乾运篇》)。《答孟望之论慎言》《答天问》亦有类似解释,即认为天因"气"而运转,地依水而浮存,绝非"太极"一理判分为天地。它如社会中的人和物,昼夜更迭循环的明和暗,都各有其理。总之,"气"有多少形态,"理"也就有多少类别,从而用"气"的统一性与多样性取代了"理一分殊"的范畴。与此相联系,他还评论说:

> 儒者曰:"太极散而为万物,万物各具一太极。"斯言误矣。何也?元气化为万物,万物各受元气而生,有美恶,有偏全,或人或物,或大或小,万万不齐,谓之各得太极一气则可,谓之各具一太极则不可。太极,元气混全之称,万物不过各具一支耳。(《雅述》上篇)

程、朱的"理一分殊",主要是论证万物都是一理的显现,这是从万物的本原上说的。"万物各具一太极",主要是论证每一事物都是"理"的全体的显现,而不是部分的显现,这是从事物的构成上说的。与此不同,王廷相则以"气本"为出发点,再一次认定"太极"是"气"的总称,构成每件事物的是"太极"之气的一支,即是"气"的某种特殊形态,这样才显出"有美恶,有偏全,或人或物,或大或小"的区别。如果认为,一物即体现了"气"的全部或"理"的全体,那是错误的。因为前者否定了客观世界的多样性,后者否定了客观世界的真实性。

在勘定"理"的属性的基础上,王廷相悉心研究"气""性""理"三者之间的关系,批评程朱之学"性即是理"说。他吸取了告子"生之谓性"的观点。但王廷相对"生之谓性"的理解较告子有所发展。告子认为"食色,性也"(《孟子·告子上》),"生之谓性",即指人的生存和生殖本能,没有任何道德属性,以此与孟子先天的"性善论"相对。对于告子的命题,理学家们并未简单地予以否定。从北宋张载起,理学家们就把人性分为"气质之性"和"天命之性"。他们所说的"气质之性"与告子"生之谓性"的含义比较接近。所不同者,他们认为"气质之性"只能产生出人的各种欲望,因而是人性之偏,超乎形体的"天命之性"才是人性之正,它是天赋的"理",即封建道德真善美的完整的体现。追求"天命之性",也就是追求宇宙的本性,从而将人性论同宇宙论相联系,为人性论找到天理论上的理论根据。由此可见,仅仅依靠告子的一些思想资料无法与理学人性论相抗衡。王廷相必须进行新的探索。针对程朱之学的论点,他否认人性有"气质之性"和"天命之性"(又称"天地之性""义理之性""本然之性"等)之分,指出:"此儒者之大惑也"(《性辩》)。"气外有本然之性,诸儒拟议之过也"(《慎言·君子篇》)。"而后之学者,梏于朱子本然、气质二性之说,而不致思,悲哉"(《雅述》上篇)!

他的基本观点是:人性应以形气为基础。他把"生之谓性"中的"生"和"性"这两个概念加以区别:"生",指人的形体;"性",指由于形体的作用而产生的各种本能,如"口之于味,耳之于声,目之于色,鼻之于臭,四肢之于安逸"(《慎言·问成性篇》)之类的生理本能作用;"耳之能听,目之能视,心之能思"(《雅述》上篇)之类的感觉思维能力。就人性同人体的关系而言,他认为"性缘乎生者也,道缘乎性者也,教缘乎道者也"(《慎言·问成性篇》)。"人有生,则心性具焉;有心性,则道理出焉"(《雅述》上篇)。这是说,人性是由人体所派生的,道德教化应当符合人性的要求,"苟无人焉,则无心矣;无心,则仁义礼智出于何所乎!故有生则有性可言,无生则性灭矣"(《横渠理气辩》),没有人体,一切均无从说起,强调"性"对于"生",人的道德情感对于人的生理条件的依赖关系。就人性同"气"的关系而言,王廷相根据"气本"论,认为人体是由"气"构成的,是"气"的一种特殊形态。人性依赖于人体,也就是依赖于"气";"气"是世界的本原,人性也就是"气"在人身方面的表现,决不能"离气言性"。如果"离气言性,则性无处所,与虚同归"(《性辩》),割断人性同世界物质本原的联系,人性就将成为无所依傍的虚无之物。他问道："是性别是一物,不从气出,人有生之后各相来附耳,此理然乎"(《雅述》上篇)？他的结论是："人有生、气则性存,无生、气则性灭矣,一贯之道,不可离而论者也"(同上)。"朱子谓本然之性超乎形气之外,其实自佛氏本性灵觉而来,谓非依傍异端,得乎"(同上,下篇)？这里指出"离气言性"的实质,就是宣传佛教的"神不灭论",从而把"生之谓性"的命题引向"气本"论,为人性问题找到了唯物论自然观上的物质本原,与以"理"为本原的人性论相对立。

基于上述观点,王廷相否定程、朱所宣传的孟子"性善论"。这是"性即是理"的理论来源之一。他反复指出,宋儒"泥于性善之说","梏于性善之说","强成孟子性善之说,故离气而论性,使性之实不明于后世"(同上上篇)。所以,反对"离气论性"和以"性"为"善",是他批评"性即是理"的两个方面。他认为人性并非是先天的"善","为恶之才能,善者亦具之,为善之才能,恶者亦具之"(《慎言·问成性篇》)。这是说,人性是可善可恶的,"性与道合则为善,性与道乖则为恶"(《雅述》上篇),即人的行为符合封建道德标准则为性善;反之,则为性恶。他诘问理学家薛瑄等人,如果"人心皆善",世上何以行善者少,不善者多,行事合道的少,不合道的多？"若曰'性即是理'",人性是人的"情意心志"运动的表现,而"理""则无感、无动、无应,一死局耳",两者怎能相提并论(同上)？他主张成善的途径在于后天的努力和教育,若使人"习于名教",即可去恶为善。

王廷相反对王学的"讲求良知",是围绕着知识和认识问题展开的。他将"气本"论运用于认识论领域,反对夸大"心"的作用。他引用"心之官则思"的古训,阐述认识的发生和发展过程。针对王守仁"夫物理不外于吾心,外吾心而求物理,无物理矣"(《王文成公全书》卷一《传习录》上)的论点,提出"心"具有"虚灵""神识"(如感受、敏颖、应变、识别等)的功能,但必须依存于两个条件:其一,是依存于人体,"说心便沾形体景象"(《雅述》上篇),即"心"是人体的一部分,不能与人体分离,更不能看成凌驾于人和万物之上。其二,是依存于闻见,"觉者智之源"(同上),即感觉是智慧的源泉,感官同外界接触是获得知识的起点。他说:

> 物理不见不闻,虽圣哲亦不能索而知之,使婴儿孩提之时,即闭之幽室,不接物焉,长而出之,则日用之物不能辨矣,而况天地之高远,鬼神之幽冥,天下古今事变,杳无端倪,可得而知之乎!(同上)

孟子曾用"孩提之童,无不知爱其亲也;及其长也,无不知敬其兄也"(《孟子·尽心上》),说明性善是先天的,知识是先天的。此后,遂成为理学家所恪守的信条,经常予以引述。王廷相也引用"孩提"之例,解释却是相反的,用以说明人们如不同外界接触,就不可能懂得最普通的生活常识,更不可能懂得有关自然和社会人事的复杂深奥的知识。所以,在王廷相看来,无论何人,即使是圣人都必须以"接物"为认识的前提和基础。

王廷相也不同意王守仁以"思是良知之发用"的见解。他认为"思"(理性认识)的作用是克服闻见的局限以"究其理"。他说:

> 目格于听,耳格于视,口格于臭,鼻格于言,器局而不能以相通也。(《慎言·问成性篇》)

"格"同隔,目隔于听,耳隔于视,口隔于臭,鼻隔于言,意谓感官各有所司,也各有局限,仅依靠闻见往往要受"怪诞""牵合附会""笃守先哲"等现象或观点的桎梏(见《慎言·见闻篇》)。所以,他提醒说:

> 耳目之闻见,善用之足以广其心,不善用之适以狭其心。其广与狭之分,相去不远焉,在究其理之有无而已矣。(同上)

这里,所说的"究其理",就是要求人们加强对感性材料的分析与综合。他从"山石之欹侧",推测古代地震的情形,从"山有壑谷",推测水道演变的状况,从"地有平旷",推测水土冲积的成因(见《慎言·乾运篇》),说明"思与见闻之会",可以知古今,达事变。他在《慎言·潜心篇》中进一步提出"知之精由于思,行之察亦由于思"的论点,强调"思"可以指导人们的行动,像他这样正确估计思维的积极作用,在以往思想家中还是不多见的。

王廷相还否认有所谓先天的"德性之知"。"德性之知"始见于张载《正蒙·大心篇》:"德性所知,不萌于见闻",完全依靠内省体验而得到。此说不仅被程朱之学而且也被陆王之学所吸取。他评论说:

> 世之儒者乃曰思虑见闻为有知,不足为知之至,别出德性之知为无知,以为大知。嗟乎!其禅乎。(《雅述》上篇)

他认为,除了人的生理本能以外,一切知识,包括人伦方面的知识都是在学习和思考、成功和失败中获得的。他举例说:"婴儿在胞中自能饮食,出胞时便能视听,此天性之知,神化之不容已者。自余因习而知,因悟而知,因过而知,因疑而知,皆人道之知也。父母兄弟之亲,亦积习稔熟然耳。何以故?使父母生之孩提,而乞诸他人养之,长而唯知所养者为亲耳;途而遇诸父母,视之则常人焉耳,可以侮、可以詈也,此可谓天性之知乎?由父子之亲观之,则诸凡万物、万事之知,皆因习、因悟、因过、因疑而然"(同上)。他从"父子之亲"推论到"万物、万事之知","皆因习、因悟、因过、因疑而然",以证明"德性之知""良知"纯属虚构。

王廷相揭示了程朱之学和陆王之学在认识论上的共同思想特征:

> 一则徒为泛然讲说,一则务为虚静以守其心,皆不于实践处用功,人事上体验。(《与薛君采二首之二》)

这里提出的"实践"范畴具有重要的理论意义。"实践",他又称之为"行"、"践履"、"体察"等。他说:

> 讲得一事即行一事,行得一事即知一事,所谓真知矣。(同上)

> 传经讨业,致知故其先务矣,然必体察于事会而后为知之真。(《石龙书院学辩》)

他强调"行"出"真知","体察"才能判断知识之真伪。为此,他反复举例予以论证。以旅行为例,"如人知越在南,必亲至越而后知越之故,江山、风土、道路、地域可以指掌而说,与不至越而想象以言越者大不侔矣"(《与薛君采二首之二》);以操舟为例,"闭户而学操舟之术",是永远也学不会的,只有到江河海洋才能掌握操舟的真正技能,也才能检验你对"何以舵、何以招、何以橹、何以帆、何以引笮"的知识是否正确(《石龙书院学辩》)。他还以自己的直接经验为例,《诗·小雅·小宛》有"螟蛉有子,蜾蠃(土蜂)负之"的记载,古人误认为土蜂养螟蛉为子,后世更以螟蛉为养子的代称。王廷相"田居时,年年取土蜂之窠验之",原是土蜂捕捉螟蛉喂其幼虫,"累年观之,无不皆然",用"观之""验之"去纠正"踵讹立论"和"无稽之言"(《雅述》下篇)。因此,他反对"视先儒之言,皆万世不刊之定论"(《答徐廷纶》)的理学教条主义者,责问他们"逐逐焉唯前言之是信,几乎拾果核而啖之者也,能知味也乎哉"(《慎言·见闻篇》)!鄙视他们那种"信传闻""凭记问""徒讲说"的不良学风,指出们在认识论上的错误也与其前辈一样,是"务高远而乏实践之仁"(同上)。

王廷相反对"讲求良知,体认天理"的理论探讨,是与其要求改革弊政的政治抱负紧相联系的。他痛恨"世儒崇尚虚静,而无明物察伦之学;刻意文词,而后辅世和民之绩"(《栗应宏道甫字说》),认为"以是学也,用是人也,以之当天下国家之任",没有不误人误家误国的。他以"经世之儒"的身份"为社稷计"要"及时而止之"(《雅述》下篇)。他提倡"君子为学,要之在夫济世之资而已"(《慎言·君子篇》),即进行学术研究要对解决社会和政治问题有所裨益。据此,他分析了明朝的现状,揭露当时所面临的"政繁""风侈""民劳""财困"的危机(见《慎言·御民篇》),要求改革弊政,以变救弊。他依据"气"变"理"亦变的"气本"论,认为历史是进化的,他说:

> 茹毛饮血,不若五谷之火熟也;缀羽被卉,不若衣裳之适体也;巢居穴处,不若宫室之安居也;标枝野鹿,不若礼义之雍容也。(《慎言·御民篇》)

这是说,现今的物质生活和文化生活都比古代进步,因此,决不能崇古迷古,恢复井田制和取消郡县制,而要因时制宜。他看到了当时王室的盘剥无度和军队的腐败无能,主张从此入手,以去"方今燎眉剥肤之患"(《雅述》下篇)。当然,他所说的"弊",主要是指当权者的政策举措失宜;"变",也只是点滴改良,是"渐",而非"突然大变"。不过,他坚持反理学思想同进步的政治社会观的统一,则是有时代意义的。

三、与何塘辩论"阴阳"

这是王廷相反理学思想的重要组成部分,这里,简要地加以说明。

何塘(公元1474—1543年)字粹夫,号柏斋。怀庆武陟(今属河南)人。历任编修、修撰、山西提学副使、侍郎、南京右都御史等职。学主许衡、薛瑄一派的朱学,对王学多有非议。推崇《大学》,以修、齐、治、平为学问之至。他对理学家侈谈心性,"从事于记诵词章者"亦有不满,指斥其"名虽可观,实则无补"(《明儒学案》卷四十九)。

何塘于嘉靖五年(公元1526年)著《阴阳管见》,十三年(公元1534年)著《阴阳管见后语》,以及在此期间写给王廷相等人的多封书札,反复阐述其"阴形阳神"二元论的自然观。他自称从青少年时起,就潜心于周、程、张、邵之书和佛、老、医、卜之说,至三十八岁乃有所得,又酝酿了十五年以后才立论成书。他反对张载的"太虚即气"说,又不赞同以"太极"或"理"为世界的本原。他认为"阴"是物质,"阳"是精神,"阴"有形而无知,"阳"有知而无形,世界是由互不联系的"阴""阳"两个本原所构成。为此,王廷相曾同他辩论多年,著有《答何粹夫》《答何粹夫论五行书》《答何柏斋造化论》(即《阴阳管见辩》)等,予以诘难。

王廷相反对何塘"离绝阴阳为二物"(《答何粹夫》),以世界有"阴""阳"

两个本原的观点。他依据"气本"论,坚持"天地未判之前只有一气而已。一气中即有阴阳,如能动荡处便是阳,其葱苍嫒靆之可象处便是阴,二者离之不可得"(同上)。他举例说,天体运行要附缀于"星辰河汉"处,这是阳不离于阴;水是由云气变化凝结而来,这是阴不离于阳。从这些不十分确切的例证中可以看出,王廷相所说的"能动荡处便是阳","葱苍嫒靆之可象处便是阴",就是指"阴阳"所具有的静和动这两种存在形式,它们既对立又相联系,"二者离之不可得",即运动必须通过相对静止的物象来表现,而相对静止的物象又是在运动中形成的,从而猜测到物质与运动、运动与静止的某些辩证关系。在他看来,"气"就是"阴"与"阳"的统一体;"气"的运动规律,就是《易传》中所说的"一阴一阳之谓道";"气"的运动所引起的变化,就是《易传》中所说的"阴阳不测之谓神"。所以,不能割裂"阴"与"阳"的联系,更不能以"阳为神",以"神"取代"气"的地位,离开物质运动夸大"神"的作用。否则,就是宣传"神自外来,不从形气而有,遂谓天地太虚之中无非鬼神,能听人役使,亦能为人祸福"(《答何柏斋造化论》)的"天人感应"思想,将天道与人事混为一谈。他继承刘禹锡的观点,以"天所能为者人不能为,人所能为者天亦不能为之",批评何塘为巫师求神作辩解的种种怪论。何塘曾说,既然州县小吏能假人主之权以行事;那么,巫师亦可代表造化之神呼风唤雨。王廷相指出:

> 小吏、人主皆人也,所窃皆人事也,故可能;师巫人也,风雨天也,天之神化,师巫安能之?(同上)

这是说,自然界的变化是不以人的意志为转移的,如果巫师能呼风唤雨,"不知是何神灵听师巫之所使,抑师巫之精神耶"(同上)?认为这是巫师假托神灵所玩弄的伎俩。何塘曾说,譬如宴请宾客,客有至,有不至;巫师求神,有应的,也有不应的。王廷相指出:"此皆为师巫出脱之计。请客不至,或有他故,求神不应,神亦有他故耶? 此可以发笑"(同上)!他断言,"神""皆气所固有者也,无气则神何从而生? 柏斋欲以'神'字代气,恐非精当之见"(同上)。

王廷相也不赞同何塘关于万物之生或专为阴,或专为阳的说法。指出:"气"是阴阳的统一体,由"气"所产生的一切事物,不可能"有阴而无阳,有阳而无阴"(同上)。以风为例,他依据自然科学知识,研究了当时有关风的二说:一是以天体的转动而成风;一是以"太阳之气"为"太阴之气"所郁闭,激荡而成风。他的见解是,风来源于"气之动"(同上),即空气流动是形成风的原因,认为只有以阴阳"二气交感"的观点,才"可以论风矣"(同上)。他又以水为例,认为水"有蒸有湿","蒸者能运动","湿者常润静","无湿则蒸靡附,无蒸则湿不化"(同上),又认为"冰雪者,雨水之变"(同上),以水的三态转化,说明水是"阴阳"、动静的统一,否定了何塘以风为神、为"阳",以水为"阴"、为静的形而上学说教。王廷相进而分析了何塘割裂"阴阳"关系的认识根源,他说:"阴阳有偏盛,即盛者恒主之"(同上)。这是说,"阴阳"两方其地位不是平列的,必有一方居于主要方面("盛者"),另一方居于次要方面("偏者"),前者决定了事物的现存面貌("盛者恒主之")。何塘不明此理,误认事物的一方为事物的全体,犯了以偏概全的错误。

王廷相还回答了何塘对张载"太虚即气"观点的非难,指出何塘把"太虚即气"理解为"无中生有",是一种学术上的无知,不仅不知张载之学,也不知老子之学。他说:老子以"万物生于有","有生于无,谓形气之始本无也"(同上)。张载和他主张的"气本"论,则以为"万有皆具于元气之始,故曰:儒之道本实本有,无'无'也,无'空'也"(同上)。这是说,老子是以虚无为世界本原,而张载则以实有的"气"为世界本原,两者"大相悬绝"。王廷相并主张通过"天地水火"这些物质的具体形态,证明物质一般("气")的"本有、本实"。所以,在他看来,"气"是间接的可感知的物质实体,而不是直接的可感知的物质实体。这里,他对张载以有形可见与无形可见说明"气"之聚散提出了修正,认为张载以"气"之聚散论证"气"的守恒与可变原理"此自完好",是为"至论","为其续以离明得施、不得施之说,则自为滞碍"(《答何粹夫》),即张载把"气"看成是直接的可感知的物质实体是其气论中的又一缺陷。这样,既保护了张载,又批评了何塘以"气"之聚而无形可见,宣传"气"为精神性实体的观点。

总之,世界是以"气"为本原,不存在"阴""阳"两个本原。

王廷相同何塘辩论多年,由于何塘坚持错误观点,结果以各执己见而告终。但有一点是共同的,即两人都主张把他们之间的争论留给后人去做评断。以上所论,就是我们对他们的争论所提出的一些看法。

第二节 吕坤的反理学思想

吕坤(公元1536—1618)字叔简,号新吾(与旧我决裂之意),河南宁陵人。明中叶反理学的先驱者之一。隆庆五年(公元1571年)进士,丁母忧。万历二年(公元1574年)授襄垣知县。后任户部(一说吏部)主事、郎中,山东济南道参政,山西按察使,陕西右布政使和左、右佥都御史等职,官至刑部侍郎。万历二十五年(公元1597年),上疏论天下安危,抨击时弊,疏入不报,又遭张位等诬劾,遂称病辞归。他的学术著作大部分是在辞官后的二十年中写就的。现存有《去伪斋集》《呻吟语》《阴符经注》《四礼疑》《四礼翼》等。

吕坤早年的思想不出理学藩篱。他曾作《夜气钞》,阐述性理之义,又作《招良心诗》,发挥心学旨趣。直到中年以后,他才渐感理学之非,曾说:"仆少年自《省心纪》入,苦自束缚,而中年以后,渐自解脱"(《去伪斋集·答康庄衢礼部》)。所谓"解脱",就是摆脱理学的影响和轨迹。他在自撰《墓志铭》中把这种转变划分为两个阶段:开始,只是"厌诸儒,谓其聚讼而裂道也,深文而晦道也,拘泥而隘道也,葛藤而扰道也,失六经易简明切之旨,开百世纷杂迷乱之歧。"深恶理学家各自以儒家正统相标榜,互相攻击,名为"卫道",实为"裂道""晦道""隘道""扰道",不合六经的宗旨。久之,他才认识到理学同佛、老思想的渊源关系,及其祸国误民的危害,指出:理学"拾瞿昙余唾,剿性命玄言,为晦夜布浓云,砌康庄为鸟道,念不及民物,口不谈经济……世教于今,荡无畛域!"主张将"诸清奇高远、窈冥支诞之言,悉付炎火,以清皇路荆榛,以一后学心目。"言词虽有所偏激,但却反映出作者对理学家的愤懑情绪,以及与之坚决对立的立场。

一、吕坤反理学思想的学术风格

吕坤在《呻吟语》中公开声明自己的学术立场:"人问:君是道学否?曰:我不是道学。是仙学否?曰:我不是仙学。是释学否?曰:我不是释学。是老、庄、申、韩学否?曰:我不是老、庄、申、韩学。毕竟是谁家门户?曰:我只是我"(卷一)。"我不是道学","我只是我",这些铿锵的言语,道出了作者反对理学及其思想来源——佛、道二教等旧思想的理论勇气,又表现出作者无所偏倚的创新精神。他甚至准备为破旧和创新付出代价。他曾表示:"此心果有不可昧之真知,不可强之定见,虽断舌可也,决不可从人然诺"(同上)。在理学占统治地位的思想界,吕坤这种敢于批评和对自己理性的自信是很可贵的。

"我不是道学",这是吕坤入于理学又破弃理学的呕心沥血之言。他认为,理学是无用的"俗学"。他指斥方巾阔袖的道学先生非伪即腐,"伪者,行不顾言;腐者,学不适用"(《去伪斋集·杨晋庵文集序》)。这种言行不一、脱离实际的伪腐风气,只能训练出"口坠天花而试之小小设施辄不济"的无用之才。因此,他反对"开口便讲学脉,便说本体"(《呻吟语》卷一)的理学玄谈。当门人数次请问无极、太极以及理气、性命等问题时,他说:"此等语,予亦能剿先儒之成说及一己之谬见以相发明,然非汝今日急务。假若了悟性命、洞达天人,也只于性理书上添了'某氏曰'一段言语,讲学衙门中多了一宗卷案。后世穷理之人信彼驳此,服此辟彼,百世后汗牛充栋,都是这桩话说,不知于国家之存亡、万姓之生死、身心之邪正,见在得济否"(同上)?这里,他一方面讽刺理学为"讲学衙门"中无用的卷案,开启后世"信彼驳此,服此辟彼"的烦琐诉讼;另一方面,提出学术应以"国家之存亡、万姓之生死、身心之邪正"为鹄的。他为官二十年,关心民情日用,注重经济弘术,从中领悟出一条真理:"盈天地间,只靠二种人为命,曰农夫、织妇,却又没人重他,是自戕其命也"(同上卷五)。他并自省说:"我亦轩冕徒,久朘民膏脂"(《反挽歌》)! 所以,他同情农民的疾苦,写下多首词赋民谣为他们呐喊。在《围裙词》中诉述农民因苛赋被迫出卖子女的凄惨情景:"赋急室空,百计无处。我身难卖,卖我儿女。儿女牵衣,暗暗长啼;一行一顾,割我心脾。卖银输官,官买围裙;华屋锦座,罗绮销金,上有小儿,燃花戏耍,疑是儿身,不觉泪下。不知真儿何处饥与寒,争似画儿筵上喜蹁跹? 呜呼苦复苦,筵上人知否?"在《毒草歌》《靳庄行》中悲叹农民因灾害而啖鼠、食草,"殍者横野不复收"的惨状:"柳头尽,榆皮少,岂是学神农,个个尝百草? 但教饥饿缓一刻,那论苦辛吃不得? 嗟嗟毒草,天胡生此? 既不延我生,又不速我死。速死岂不难,长饥何以堪"(《毒草歌》)。在《官府来》中刻画了官与民的尖锐对立:"喧天鼓吹冲天土,儿女欢呼看官府。里妇携儿傍里门,共言此是天上人。一乘肩舆拥百卒,奔走饥疲那敢论? 就中坐者真秀异,珠履金冠锦绣身。道旁迎送簇如蚁,俄然雷应齐声起。华盖翩翩几片云,舆后追随连数里。须臾声远车尘歇,儿归女散柴门夕,甑中无米室无烟,独抱饥儿啼明月。"他在为官的最后一年,将耳闻目睹综合成疏,向神宗陈述"苍生贫困"、民怨沸腾的情况,抨击加造、采木、采矿、皇店等种种盘剥,说出"今禁城之内不乐有君,天下之民不乐有生"的大胆直言,这实为几十年后黄宗羲所作"天下之大害者君而已矣"论断的前奏。辞官后,他仍然期待"将两肩重任付之同人,赖其挽回世道。"这种为民请命的政治态度,同王守仁所说"世岂有不纳粮,不当差,与官府相对背抗而可以长久无事,终免于诛戮者乎?"(《告谕顽民》)形成鲜明对照。正如吕坤所深刻揭示的,这些人"生小弄文墨,不识耒与耜,谓此耒耜人,赖我文墨士"(《反挽歌》)。他们颠倒了自己与"耒耜人"的关系,反映到学术上,就不顾"国家之存亡,万姓之生死"。当然,我们看吕坤这些话,不能不联系他所处的历史条件。他对理学的全盘否定,并不见得公允。他忽略了理学在思维史上的贡献。他没有区别理学代表人物与理学末流。如果把一切坏事都归结为理学所致,这也是一种片面的看法。

吕坤认为,理学各派都不值得效法。他说:"近日学问,不归陆则归朱,不攻陆则攻朱"(《去伪斋集·答姜养冲》),若"推尊两家","是于陈卷中多添故纸";若驳此正彼,"是于聚讼中起灭官司"。他主张"斩断一握千头万绪",横扫两派所散布的学术"浓云"。对宋代理学,他反对朱熹,曾多次不指名地批评朱熹。针对朱熹半日静坐、半日读书的说教,指出:"儒者之急务,不专在谈性天,讲理气矣"(同上《别尔瞻书》)。并指出:《大学》"博学、审问、慎思、明辨,不专在方寸间、笔楮上矣"(同上),暗示自朱熹刊注《四书》,致使"大学之教不明,而仕与学分为两段"(同上)。特别值得提到的,是吕坤曾专著《四礼疑》《纲目是正》二书指名批评朱熹。《四礼疑》,据自撰《墓志铭》及汪永瑞所撰祠记,原名为《家礼疑》,是针对朱熹《家礼》而作的,后由其子在校刊时窜改了书名、序文,隐去了朱熹的名字,又加上一段文字:"伏读《大明会典》及《孝慈录》,见大圣人之制作度越千古,至分别品官庶人,彰明较著,臣子钦承,又何容喙?"这段奉迎文字,意在磨削本书的战斗锋芒。对此等事,吕坤似乎早已料及,曾留遗言告诫子孙:"无卖我必留书,无拂我生平意,违我一言,是为不孝。"但在中国封建社会里,忠是高于孝的。即使如此,清代仍有人指责此书"疏于考典,轻于议古"。据现存本的序文,吕坤以一段曲折的文字批评朱熹《家礼》是忠信之贼。他说:"是礼也者,枝叶忠信,而后世之礼,则忠信之贼也。礼称情,则人以礼观忠信,而真者因以达其心;礼掩情,则人以礼为忠信,而伪者借以售其诈。……礼之检人情者,吾不敢不尊之以为世道卫;礼之亡忠信者,吾不敢不辨之以为世道防。……不揣愚庸,尝就朱元晦《家礼》所辑录者作《四礼疑》。"这里,认定后世之礼是"忠信之贼",因为它已成为"伪者借以售其诈"的工具。《四礼疑》就是为此目的而写的。

《纲目是正》是对朱熹《资治通鉴纲目》的剔误订正。这更是一个大胆行为。正如吕坤所说,《纲目》"自文公以一序冠篇,遂使后人奉若蓍蔡,噤不敢出一语。……《纲目》如《春秋》重矣。世儒不研文义之实,而震于不敢非议之名,又附于信而好古之君子。……《纲目》之重,重以作者也"(《去伪斋集·纲目是正序》)。是书在当时的思想界具有不可争辩的至尊地位,但他冒着被万喙围伐的风险,孤军奋起,揭露朱熹泥古守旧的学术教条。

对明代理学,他反对王门最为坚决。曾多次致书邹元标,批评其"一悟便了,更没工夫"的心学观点。在《三答尔瞻(元标字)》中指出:"一点虚明自普照,安用九思(见《论语·季氏》,后引申为反复思考)?不须学问见真诠,何忧六蔽(六种偏蔽,见《论语·阳货》)?"在《别尔瞻书》中进一步指出:"夫理可心悟而事难心悟,理可一贯而事难一贯。……乃若生不见泰山而能图泰山景象,生不见坟典而能诵坟典故实,圣人能之乎?"并指出邹元标"喜释悟老,了性明心"的思想实质。在《答孙月峰》中也提到邹南皋(元标别号)浓于禅味,"恐其叛道,作书戒之。"这同黄宗羲以为邹元标"于禅学亦所不讳"的评论是一致的。他还批评另一王门学者说:"周伯时刻意讲学,尚是傍人脚跟走,无一付自家天趣,替宋儒添卷案。弟与谈论,每多乖驳,大都谈本体、宗上乘,不能接引后学。近日多是此等流派,不出姚江(王守仁)、黄安(耿定向)口吻耳"(《去伪斋集·答孙月峰》)。这里提及的耿定向,也是李贽所深恶痛疾的。李贽曾与之往复书札,累累万言,揭露其道学家的伪善面目。

吕坤还认为,理学是儒者之异端。他把异端分为二种:有异端之异端(按:指佛、道二教),有儒者之异端。视理学为儒者之异端,是吕坤在理论上提出的新概念。他指出,理学家虽以儒家正统自居,但其思想渊源多出入于佛、老,"即明道、阳明皆自禅悟入,艳南能(慧能)而鄙北秀(神秀)"(同上《答庄康衢礼部》),是"叛儒入释"的。从思想内容上看,亦不尽合儒家经典,他以朱熹《资治通鉴纲目》为例,"参验于《春秋》,无论凡例取义,未必尽合圣经,即《纲目》所书未必尽合凡例。……厘之共七百七十六则"(同上《纲目是正序》)。就其危害性而言,更有甚于异端之异端。他说:"人皆知异端之害道,而不知儒者之言亦害道也。见理不明,似是而非,或骋浮词以乱真,或执偏见以夺正,或狃目前而昧万世之常经,或徇小道而溃天下之大防,而其闻望又足以行其学术,为天下后世人心害,良亦不细!是故有异端之异端,有儒者之异端。异端之异端,真非也,其害小,吾儒之异端,似是也,其害大"(《呻吟语》卷一)。儒者的"闻望"同"似是"的理论相结合,就使得理学比佛、老更具有欺骗性,更不能等闲视之。

"我只是我",这是吕坤经过多年求索所闯出的学术道路。他在走这条创新之路时,既力求摆脱对理学的迷信,又力求摆脱对儒家圣人和儒学经典的迷信。尽管他可以用儒学经典评论理学家的是非,但六经在他心目中的真正地位只是"史"而不是"经"。他说:"谓六经者,天地万物之史;天地万物者,六经之案也"(自撰《墓志铭》)。六经不是至高无上的,它要以天地万物为寄托,是记载天地万物之事的,把经典视为史书,在客观上具有否定六经的经典地位,动摇经学统治特权的意义。对于儒家圣人,他曾专著《孔孟同异》予以评论,指出孔、孟的政治态度"或主于尊周室,或主于王诸侯";对历史人物(管仲)的评价,"或大其匡合,或卑其功烈";论性"或以为相近,或以为皆善"。"以孔子言之,既云无道则隐矣,又曰天下有道,丘不与易;既问如或知尔矣,乃与曾皙游乐,不与二三子事功";"以孟子言之,既言不见诸侯矣,而至齐朝王,岂不为臣不见之义？既云得之平陆矣,而受其币交,岂不及物不享之云？……道性善……又以耳目口鼻四肢之欲为性,何以服诸家也？"这就抓住孔、孟的思想分歧,或理论上的漏洞,或逻辑上的混乱,把圣人描绘为互相冲突、言行不一的追逐利禄之徒。既然"孔孟两人难以尽合,即一人言行亦有自相牴牾者","何以为百世之师？"理学遥接孟子,孟子上承孔子的道统又何以相续？所以,他主张"求道学真传,且高阁百氏诸儒,先看孔孟以前胸次"(《去伪斋集·造物》)。

吕坤所谓孔、孟以前的"道学真传",只是一种构想,目的在于为"我只是我"的学术道路制造凭借。他认为"儒者唯有建功立业是难事。自古儒者成名,多是讲学著述人,未尝尽试所言;恐试后,纵不邪气,其实成个事功,不狼狈以败者,定不多人"(《呻吟语》卷四)。在他的心目中,孔、孟以后的学者多不成就事功。他所理想所追求的就是注重事功,讲求有用的真正的学术道脉。他说:"俾海宇士民非常道不由,非日用不谈,非实务不求,非切民生国计不讲,庶几哉孔、孟以前之景象乎"(自撰《墓志铭》)？所以,他反复宣传其学是"真实有用之学",并为此而推崇泰州学派的学术成果,赞赏泰州学派传人杨启昧(得学于杨起元,起元是罗汝芳弟子,汝芳为泰州学派嫡传)之学为"实学也,有用之学也"(《去伪斋集·杨晋庵文集序》),因"其所口说皆其所躬行者也","其小试施为,俄顷建树,便足风当世,宪后来人","非伪腐之儒,假玄谈以自称其门户者也"(同上)。吕坤曾与之共事,结姻亲,为其文集作序。他与顾宪成是挚友,支持东林党人的讲学宗旨,认为顾宪成"办一付热突突真心肠,讲一付寰中有用话,不为宋儒添公案,起后儒相驳招"(同上《答顾泾阳》),因而互相勉励。汪永瑞《吕沙随先生祠记》也说:"吕先生之学以自得为宗,不切切训诂,而于古六艺之旨博综贯串,驰骋上下,皆有以穷其旨趣而通其大意。至于天地鬼神阴阳之变,山川风土之宜,兵谋权术,浮图、《老子》之所记载,靡不抉择而取衷焉。"所谓"以自得为宗",即指其学术的创新精神;"不切切训诂",即指其学术不为琐碎;"抉择而取衷焉",即指其学术的批判精神。把吕坤的上述言论与汪氏的评论综合考察,可以看出:"我只是我",也就是崇尚事功,综罗众说,以我为主,为我所用。

二、吕坤对"道"的评论

吕坤以注重事功,讲求日用的观点,全面评论理学所谓的"道"。他评论理学的系统见解,是紧紧围绕着这一问题展开的。

"道"是理学的基本范畴,从南宋以来就成为理学与反理学争辩的重要内容。朱熹将"道"与"理"并列,视为世界的本原。吕坤的基本论点与陈亮"道之在天下,平施于日用之间"(《陈亮集》卷十《诗经》)、王艮"圣人之道,无异于百姓日用"(《心斋语录》)很相似,但比前辈更大胆、尖锐。他鲜明地提出:"不日用,非道也;离事物,非道也","不知日用常行,皆所以然不可知者也"(《去伪斋集·明庸》)。吕坤所谓的"日用事物",不局限于人们穿衣吃饭的物质生活,更不是专指人们的伦理生活,而是包括"起居食息","市井山林","乡党宗族","君臣父子","夷狄蛮貊"等在内的多种社会生活,以及天文、地理、时令等自然现象(同上《日用说寄杨启昧门人》)。"道"是其中的"所以然",类似"日用事物"的条理、规律,强调"道"对"日用事物"的依赖关系,强调研究"日用事物"对认识"道"的决定意义,否认存在有超自然的"道"。他批评理学家"苟不于日用体贴,而冥目端坐,见性明心,此释氏之寂也;高说性道,卑视彝伦,忽于一动一言,只说无声无臭,此俗儒之幻也"(同上)。

基于上述认识,吕坤提出了"道"寓于"器"的道器观。他说:"形上形下之说乃仲尼强名。舍器则道为杳冥,舍道则器皆糟粕。道无形,以万有为形。……姑举一似,五脏六腑,四肢百骸似器,魂魄附丽于身似道。无此身则魂离魄散,有此身则魂住魄随。乃知无声无臭之真,寓于可见可闻之内,不然则虚无寂灭之教矣"(同上《与总河刘晋川论道脉图》)。这是颇有价值的见解。其大意是:形上、形下初无分界,乃孔子强为定名。"道""器"不相离,但"器"是"道"的基础,犹如形神关系,形存则神随,形毁则神散。无形无象的必然性寓于有形有象的具体事物之中。因此,他对理学家以"道"为精、"器"为粗,崇"道"贬"器"的说法十分不满。他认为"道无精粗,言精粗者,妄也"(《呻吟语》卷一)。在他看来,即使"耕耘簸扬之夫、炊爨烹调之妇,莫不有神化性命之理,都能到神化性命之极"(同上)。他指斥理学家"把神化性命看得太玄,把日用事物看得太粗"(同上)。鉴于有人把"道器不相离"与"道即器、器即道"混为一谈,他曾撰专文予以辨正。他认为,"道器不相离"是指在"道""器"的相互关系中,要因"器"以见"道";而"道即器、器即道"则是不分彼此,互相取代,实质上是某些理学家对"器"的否定。吕坤指出此乃佛教"色即是空"论的再现。"色即是空"见于《世说新语·文学篇》注引支道林所集《妙观章》:"夫色之性也,不自有色。色不自有,虽色而空,故曰色即为空"。意谓"色"为假名,而非自身固有之存在,故虽名"色",实非真实之色。以此说明"色"(按:指现象世界)为空幻不实的假象。吕坤的结论是:"'道不离器,器不离道'与'色即是空,空即是色'不同。……'色即是空,空即是色'乃'器即是道,道即是器'之比"(《去伪斋集·与总河刘晋川论道脉图》)。

吕坤进而对所谓的"圣人之道"提出质疑。"圣人之道"是儒学的传统命题,由韩愈提倡,后由理学家竭力推衍。因为将"道"与"圣人"相结合,既增加了"道"的分量,又抬高了"圣人"的地位。如果不批驳理学家所宣扬的"尧之一言,至矣尽矣"(朱熹《四书集注·中庸章句序》)、"辨异端,辟邪说,使圣人之道,焕然复明于世。盖自孟子之后,一人而已"(同上《孟子集注》)、"先师(按:指朱熹)之得其统于二程者也。圣贤相传,垂世立教,灿然明白,若天之垂象昭昭然"(黄榦《圣贤道统传授总叙说》)等等说教,就无以彻底阐明"道"与"日用事物""道"与"器"的正确关系。吕坤不像王艮那样不敢正面否定"圣人之道",在他的思想体系里似乎没有"圣人之道"的地位。他说:

> 道非圣人所得专也,圣人亦未尝专道。亘古今,盈六合,瓦砾厕腧间,何莫非道?卦六十四,爻三百八十四,圣人特偶见《河图》而推极之耳。万物皆有象以显道,不必图;万物皆可指以尽道,不必卦与爻也。夫道人人能言之,人人得言之矣。……则千言万语,皆前圣之所乐闻也;苟发其所欲言,补其所未及,皆前圣之所乐取也。坐井守株者,见后人之翼经,辄瞋目吐舌,指而罪之,曰拟经,曰僭经,鸣鼓而声其罪,俾不容于天地间,是圣人不专道而学者为之专也,圣人与进人而学者为之攻也。山林之木,公输用为巨室,而轮舆舟楫之工禁毋入山;百川之水,神禹用为沟洫,而桔槔汲挹之人禁毋取水,可乎?……守藏者之于所守也,期保故物,不敢一毫加损;贾人之子,其父予以赀唯便,岁倍之百之,固愈益喜也。道之无穷也,犹货财也,学者倍之百之,而不丧本实,圣人而罪之哉,非圣人矣!奈之何但为圣人守藏吏也。(《去伪斋集·易广引》)

又说:

> 道不自私,圣人不私道,而儒者每私之,曰"圣人之道";言必循经,事必稽古,曰"卫道"。嗟夫!此千古之大防也,谁敢决之?然道无津涯,非圣人之言所能限;事有时势,非圣人之制所能尽。后世苟有明者出,发圣人所未发而默契圣人欲言之心,为圣人所

未为而吻合圣人必为之事,此固圣人之深幸而拘儒之所大骇也。
(《呻吟语》卷一)

这里,他以"道非圣人所得专也,圣人亦未尝专道",否认有所谓的"圣人之道",表明自己力图冲破儒家传统观念的束缚。他指出,"圣人之道"乃是"学者为之专也",即是理学家为保持和巩固其学术地位而设的托词。他在《明庸》中曾解释说,"道"是"人心"(按:指人的思维器官)从日用"可知"中求得的"不可知",从事物之"然"中探得的"所以然"(《去伪斋集》卷六)。人人都具有"人心",因而"道,人人能言之,人人得言之"。他主张依靠"千言万语","补其(前人)所未及",去丰富、完善对"道"的认识;理学家的做法,犹如欲取木为室,而禁人入山,欲汲水于沟洫,而禁人入川一样的荒唐和蛮横。他以"瓦砾厕牏间,何莫非道"的事实,否认有所谓的"神秘之道"。这是吕坤利用佛、老的思想资料而提出的论题。《庄子·知北游》曾记载:"东郭子问于庄子曰:'所谓道,恶乎在?'庄子曰:'无所不在。'东郭子曰:'期而后可。'庄子曰:'在蝼蚁!'曰:'何其下耶?'曰:'在稊稗!'曰:'何其愈下耶?'曰:'在瓦甓!'曰:'何其愈甚耶?'曰:'在屎溺!'"后期禅宗认为"庭前柏树枝",甚至"干屎橛""破草鞋""屎里蛆儿"等等,都是"真如佛性"。吕坤摒弃其内容而吸取其对传统思想的批判精神,说明"道"依存于天地之间、古往今来的一切事物,即使被人视为最低下的、不屑一顾的事物,也是"道"的物质来源,这可谓是对理学家以"道"为"尧、舜、禹相传之密旨"(《朱文公文集·答陈同甫》)的莫大亵渎,也是对《易传》作者以卦象神化"道"的抨击。

他又以"道无津涯",否认有所谓的"不变之道",认为"事有时势",这是人们所不能穷尽的,"道"的发展,也是人们所不能限制的。就是说,"时势"之无穷,决定了"道之无穷"。他讽刺理学家对"道"的态度,充其量不过是个"守藏吏",即替人管仓库而已。他要求人们像贾者那样使"道""倍之百之",鼓励人们"发圣人所未发","为圣人所未为。"

吕坤还把对"道"的评论,扩展到对"理"的评论,以澄清被理学家所歪曲了的理气关系。他认为"道"与"理"都是物质实体内部的所以然或规律。他说:"道、器非两物,理、气非两件。成象、成形者器,所以然者道。生物、成物者气,所以然者理。道与理,视之无迹,扪之无物;必分道器、理气为两项,殊为未精"(《呻吟语》卷二)。这是说,"道""理"是具体事物("形")和现象("象")的所以然或规律,具体事物和现象与其所以然或规律不可分。因此,吕坤的逻辑结论是"理在气之中"(同上卷一)。他通过分析"气"的特性,进一步论证"理"依于"气"。

吕坤认为,"气"是世界的本源,"宇宙内主张万物的只是一块气,气即是理。理者,气之自然者也"(同上)。又说:"天地万物只是一气聚散,更无别个"(同上卷四)。这里用"一块气""一气"表明了世界统一于一元的物质实体,而不是所谓的"理"。他曾赋诗云:"造物无尽藏,物料只如此,一气更聚散,万有为终始"(《去伪斋集·造物》)。即天地万物是千差万别的,但构成万物的"物料"则只是"一气",一切有形的事物都是"气"的"凝结"即聚的状态。故他又说:"气者形之精华,形者气之渣滓,故形中有气,无气则形不生;气中无形,有形则气不载;故有无形之气,无无气之形"(《呻吟语》卷一)。据此,他批驳周惇颐"无极而太极"之说,指出:所谓"太极",所谓"一",都是指元气,其上不存在着"无极"或其他类似的精神实体。他说:"儒道始于'一',故曰:'易有太极,是生两仪'。故诸家驳无极之说。若二氏之学,则一上还有三层,曰无,曰无无,曰无无亦无"(《去伪斋集·与总河刘晋川论道脉图》)。他还批评朱熹"天理"说,指出"朱子云:'天者,理也。'余曰:'理者,天也'"(《呻吟语》卷四)。朱熹所谓的"天者,理也",也就是合天地万物而言,只是一个'理'""有此理,便有此天地"(《朱子语类》卷一)的意思。吕坤则以"理者,天也"与之相对立。他所说的"天",即是天空之"气"。他说:"天,积气所成,自吾身以上皆天也"(《呻吟语》卷四)。再次强调"理"在"气"中的观点。

吕坤曾多次论证"气"为恒常、不灭的存在,说明在宇宙内没有任何无"气"的空白。他说:

自有天地之前,以至无天地之后,一气流行,瞬息不续而乾坤毁矣。草木自萌蘖之后,以至摧萎之前,一气流行,瞬息不续而荣枯决矣。飞潜蠢动之物,自胚胎之后,以至死亡之前,一气流行,瞬息不续而生机绝矣。是天地万物所赖以常存者"恒"故耳。(《去伪斋集·明恒》)

乾坤是毁底,故开辟后必有混沌;所以主宰乾坤是不毁底,故混沌还成开辟。主宰者何? 元气是矣。元气亘万亿岁年,终不磨灭,是形化、气化之祖也。(《呻吟语》卷四)

形须臾不可无气;气无形,则万古依然在宇宙间也。(同上)

气无终尽之时,形无不毁之理。(同上卷一)

这几段话用"恒""万亿岁年终不磨灭""万古依然在宇宙间""无终尽"来表达一个著名命题,即"气"是永恒的,大至未有天地万物时的"混沌"空间,以及天地(乾坤)、万物("形")的发生、发展,小至植物的萌蘖,动物的胚胎,都依赖于"一气流行";天地万物虽终究要毁灭,但由于"一气流行",因而变化出新的天地万物。说明物质世界的运动发展为物质自身所具有,"气"的永恒性同天地万物的永恒性是统一的。

三、吕坤"人定胜天"的思想

这是吕坤反理学思想的另一重要组成部分。他在天人关系上的基本主张,一是"任自然",二是"夺自然"。他说:"天地全不张主,任阴阳,阴阳全不摆布,任自然。世之人趋避祈禳,徒自苦耳。其夺自然者,唯至诚"(《呻吟语》卷四)。

所谓"任自然",即顺应自然,不讲迷信。为此,吕坤批评理学家所因循的"天人感应"说,认为自然界的发生和变化不受任何意志支配,不存在什么"天人相感"(胡安国《春秋传》卷三)之理。他曾作一比喻:"问:天地开辟之初,其状何似? 曰:未易形容。因指斋前盆沼,令满贮带沙水一盆,投以瓦砾数小块,杂谷豆升许。令人搅水浑浊,曰:此是混沌未分之状,待三日后再来看开辟。至日,而浊者清矣,轻清上浮,曰:此是天开于子。沉底浑泥,此是地辟于丑。中间瓦砾出露,此是山陵。是时谷豆芽生,月余而水中小虫浮沉奔逐,此是人与万物生于寅。彻底是水,天包乎地之象也"(《呻吟语》卷四)。这里,形象地描绘了自然界从无生物到生物的情况,说明天地、人都是自然形成的。因而,天没有意志,没有目的,自然界的变化同人事没有联系,故又说:"雨非欲润物,旱非欲熯物,风非欲挠物,雷非欲震物,阴阳任气之自然,而万物因之以生死耳。……不然,是天地有心而成化也"(同上)。

吕坤还批评理学家所说的阴阳、术数、风水等迷信观念。他在《茔训》一文中责问道:"今世重风水者,千人而千,百人而百,此千百人岂皆康吉?彼贫寒乞丐之人岂尽衰绝?是故一穴之子,贫富顿殊;双产之儿,有贤有愚;一树花实,或荣或枯;此其参商,可得闻与?……果得佳城而为恶者无凶?抑葬吉地而为恶者不生?信是,则教可废,举世卜茔。死生有命,富贵在天之说,皆荒诞而不情";并称赞"吕才所言,岂无一是?彼布衣而得天子,其坟何应?乃天子世世择地,终亦革命。"文中虽未指名批评朱熹,但同朱熹所说"欲葬其先者无不广招术士,传访名山,参互比较,择其善之尤者,然后用之。其或择之不精,地之不吉,则必有水泉蝼蚁地风之属以贼其内,使其形神不安,而子孙亦有死亡绝灭之忧,甚可畏也"(《朱文公文集·山陵议状》),是何等的对立。吕坤的可贵之处,还在于言行一致,据自撰《墓志铭》,他死时遗命:"衣衾仅周身,不重袭;枕附以经史,不敛含。一毫金珠不以入棺,一寸缣帛不以送葬。……不动鼓吹,不设宴饮。风水、阴阳、僧道家言,一切勿用。"

吕坤反对人死为鬼的谬说。他坚持古代朴素的形神观,重申"呼吸一过,万古无轮回之时;形神一离,千年无再生之我"(《去伪斋集·与讲学诸友书》)。生死纯属自然,即使"仙佛"、"帝王"、"圣贤"亦无例外。他曾赋诗云:"有形无不毁,乾坤竟若何?彭殇垂尽时,回顾不争多。况此血肉躯,仙佛亦消磨。帝王与圣贤,抔土野嵯峨"(《反挽歌》)。他还揭露出鬼神迷信的根源:"或问:人将死而见鬼神,真耶?幻耶?曰:人寤则为真见,梦则为妄见。……人之将死如梦然,魂飞扬而神乱于目,气浮散而邪客于心,故所见皆妄,非真有也。或有将死而见人拘系者,尤妄也。异端之语,入人骨髓,将死而惧,故常若有见"(《呻吟语》卷一)。这是说,人的生理功能的衰竭是鬼神迷信的认识根源,而理学家关于鬼神的欺骗宣传则是其社会根源。这种分析虽然粗糙,但在中国无神论发展史上仍不失其价值。

所谓"夺自然",即驾驭自然,努力进取的意思。吕坤批评理学家"起念便觉天地万物不亲不故,与我无干;不痛不痒,与我罔觉"(《去伪斋集·答顾泾阳》)的消极、自私的处世哲学,认为,自然界是物,而不是"神",人们应该发挥"心"(意识)的能动作用去实现改造自然、改造社会的目的。他宣称:"有了天德,不怕没王道;有了美意,不怕没良法。故曰:'先王有不忍人之心,斯有不忍人之政矣。'世不太平,只是吾辈丧失此不忍人之心。而今学问正要扩一体之义,大无我之公,将天地万物收之肚中,将四肢百体公诸天下;消尽自私自利之心,浓敦公己公人之念,这是真实有用之学"(同上)。所谓"扩一体之义",即以天下为己任之意;"大无我之公",即献身之意;"消尽自私自利之心",即克己之意,有了如此的精神境界,就能推行"王道""良法",实现"太平"世界。不过,他把社会危机归结为心术不正是错误的。

吕坤还重视掌握必然性。他提出必然和偶然的范畴。他说:"大段气数有一定的,有偶然的……天道、物理、人情,自然如此,是一定的。星殒、地震、山崩、雨血、火见、河清,此是偶然的。吉凶先见,自非常理,故臣子以修德望君,不必以灾异恐之。若因灾而惧,固可修德;一有祥瑞,便可谓德已足而罢修乎"(《呻吟语》卷四)?这里要求把人们已认识到的"一定的"或必然性同尚未认识到的某些偶然性加以区别,反对混同二者,反对以偶然取代"常理",反对离开必然去行事,含有把主观能动性同客观规律性相统一的合理因素。

当然,吕坤毕竟曾是理学中人,在诸如性论、认识论等若干理论问题上还不能同理学完全划清界限,就其反理学思想的理论深度而言,较王廷相略为逊色。他的弱点是始终只进行个人的搏斗,既不能像泰州学派那样接近中下层群众,又未如东林党人那样组织同志会社,因此,到了晚年倍感势单力薄,孤立无援,在理学势力的压抑之下,不幸自焚其若干"独见之言",实在令人惋惜!

第四十七章　陈建和《学蔀通辨》

在王学盛行时,就有人出来对它进行批评。陈建以朱学的观点对王学加以非议,就是一例。

第一节　陈建生平和《学蔀通辨》的问世

陈建(公元1497—1567年)字廷肇,号清澜,东莞(今广东东莞市)人。"自幼纯心笃学"(《学蔀通辨》卷十二《陈建传》)。年十九,其父病卒于广南府知府任所,年二十三补邑弟子员。嘉靖七年(公元1528年),年三十二,中举人。嘉靖十一年(公元1532年)中会试副榜,选授福建侯官县教谕。嘉靖十二、十三年,于福建任所与督学潘潢论朱陆异同,作《朱陆编年》二编。后升任江西临江府学教授,"复辑《周子全书》《程氏遗书》类编"(同上),并为二书作序,目的在于"因朱子所表章者而益章之,以裨来学"(同上)。在这期间,他还受聘考江西、广西、湖广、云南乡试,"所取皆名士"(同上)。嘉靖二十三年(公元1544年)以母老,力请得归,时年四十八。嘉靖二十五年(公元1546年)母卒,"遂隐不出",潜心著述。当时,王学盛行,王守仁所作《朱子晚年定论》,虽罗钦顺致书论驳,"然学者多信之"(同上)。嘉靖年间,王守仁之弟子薛侃(任"行人"官职)请祀陆九渊、陈献章于文庙。万历十二年(公元1584年)神宗下诏以王守仁从祀文庙,可见王学影响之大。陈建"忧学脉日紊",认为"以前所著朱、陆之辩(指《朱陆编年》二编)非所以拔本塞源也,乃取《朱子年谱》《行状》《文集》《语类》及与陆氏兄弟往来书札,逐年编辑"(同上),并在此基础上,对以往《朱陆编年》二编进行"讨论修改、探究根极","稿至六七易"(同上),终于在嘉靖二十七年(公元1548年)成书,谓《学蔀通辨》。全书分前、后、续、终四编,共十二卷。

《学蔀通辨》的内容,陈建在《总序》中讲得十分清楚。他认为自陆九渊以来,引释入儒、阳儒阴释之风习很盛,到王守仁师徒更是推波助澜,加之王守仁等人造作朱熹"早晚之说",乃谓"朱子早年所见未定,晚始悔悟,而与象山合其说",致使儒学正宗的朱学受到了佛学"异说"的遮蔽,而失其正,造成"儒佛混淆","朱陆莫辨"的学术"蔀障"。他说:

> 佛学近似惑人,其为蔀已非一日。有宋象山陆氏者出,假其似以乱吾儒之真,援儒言以掩佛学之实,于是改头换面,阳儒阴释之蔀炽矣!(《学蔀通辨·总序》)

他认为"天下莫大于学术,学术之患莫大于蔀障"(同上),故他愤然"究心通辨",声言自己要"专明一实,以抉三蔀"。他在全书的前、后、续、终四编中,即以"前编明朱、陆早同晚异之实,后编明象山阳儒阴释之实,续编明佛学近似惑人之实,而以圣贤正学不可妄议之实终焉"(同上)。全书恪守程、朱,纠陆、王之"偏"。故清人谓"是编虽攻象山,实为阳明发也"(同上陈伯陶《跋》),揭示了陈建撰写《学蔀通辨》的宗旨。

明朝嘉靖、隆庆以后,"阳明之学盛行",《学蔀通辨》未能刊行,"不传于世"(同上)。张履祥的《备忘录》曾指出,当时社会皆尚王学,"程、朱之书不行于世"。他说:

> 朱子精微,象山简率,薛(瑄)、胡(居仁)谨严,陈(献章)、王(阳明)放旷。今人多好象山,不乐朱子,于近代人物尊陈、王而诎薛、胡。固因人情便简率而畏谨严,亦缘百余年来承阳明气习,程、朱之书不行于世,而王、陆则家有其书。士人挟册,已沦

浃其耳目,师友之论,复锢其心思,遂以先入之言为主。虽使间读程、朱,亦只本王、陆之意指摘其短长而已。(《学蔀通辨·跋》)

在王学盛行的情况下,以抨击王学为宗旨的《学蔀通辨》,自然未能刊行。直至万历年间,东林学派首领顾宪成"悟心体无善无恶之非,作《证性编》以驳阳明"(同上),时人黄云蛟才敢于公开付梓,顾宪成并为之作序,《学蔀通辨》"自是始行于世"(同上卷十二《陈建传》)。

此外,陈建"又以本朝之法,积久弊滋"(同上),著《治安要议》六卷。卷一宗藩议,言宗藩之滥;卷二赏功议,言武职袭荫之弊;卷三取士议,言科目之外,宜有荐辟之一途;卷四任官十议:言选举之始,不可轻取浮文;小官之选,不可不归本省;人仕之途,不可伤于冗滥;冗官之员,不可不加省并;初选之职,不宜骤贵;迁转之期,不宜太速;资级之迁,不宜太限;推让之风,不可不兴;考察之行,不可不慎;小官之禄,不宜折减;卷五制兵议;卷六备边议,指出:"我朝边事,一向只为'因循姑息、玩愒偷安'八个字所破坏,不斩钉截铁断除此根,天下事未可知也。"上述各议皆是针对朝政弊端,提供补救之方。其后,"莆田林润为都御史,修葺宗藩条例,即采其说"(同上)。《治安要议》反映了陈建的务实、致用的思想风格。

稍后,陈建又著《皇明启信录》(又名《皇朝资治通纪》)二十四卷,记载了从永乐至正德凡八朝一百二十四年之事,为后人撰写《明史》之先驱。除此,陈建还著有《经世宏词》《明朝捷录》《古今至鉴》《滥竽录》《陈氏文献录》《西涯乐府通考》等。年七十一而卒。

后人评其所著书,说:"盖为天下万世虑也"(同上),认为自"粤有新会之学(陈献章)、有增城之学(湛若水),至(陈)建书出,世称之为东莞学"(同上),表示对他的景仰。

第二节 对朱、陆之学"早异晚同"说的诘辩

一、朱、陆"早异晚同"说的由来

明代中叶,王守仁承接陆九渊的心学思想,创立了王学体系和学派,影响很大。但王守仁在世时,王学并没有为朝廷所尊崇,朱学仍处于最有势力和影响的官学地位。王学当时常被程、朱理学的信奉者斥为"伪学""异端"。王守仁甚至被诬为"病狂丧心之人"。王守仁为了免遭压制和攻击,尽力弥合朱、陆之间的差异,以求得自身的发展。于是哀集朱熹论心性修养的三十四封书信编成《朱子晚年定论》,宣称朱熹"晚岁固已大悟旧说之非",自己则"幸其说之不谬于朱子,又喜其朱子之先得我心之同然"(《王文成公全书》卷三《朱子晚年定论序》)。这就是王守仁所编造的"早异晚同"说。

关于"早异晚同"说,在王守仁之前就曾有人提倡,如陆九渊的弟子章节夫所著《修和管见》,"取朱、陆辞异旨同之处,集而疏之"(《宋元学案》卷七十七《槐堂诸儒学案·章节夫传》)。明初,赵汸(东山)在《对江右六君子策》中谓"朱子《答项平父书》有关去短集长之言,岂鹅湖之论至是而有合耶,使其合并于晚岁,则其微言精义,必有契焉,而子静则既往矣"(《学蔀通辨提纲》)。明中期,程敏政纂《道一编》,谓朱、陆"初则诚若冰炭之相反,其中则觉夫疑信之相半,至于终则有若辅车之相依"(《篁墩文集》卷二十八《道一编序》)。因此,陈建认为"早异晚同"说"盖萌于赵东山之《对江右六君子策》,而成于程篁墩之《道一编》,至近日王阳明因之,又集为《朱子晚年定论》"(《学蔀通辨·总序》)。

明中叶以后,程、朱理学已无所发展,陆王心学逐步左右了学术思想领域。于是,王守仁的《朱子晚年定论》十分引人注目,其论虽差误颇多,却影响甚大。"自此说既成,后人不暇复考,一切据信,而不知其颠倒早晚,矫诬朱子以弥缝陆学也。其为蔀以甚矣"(同上)!宗朱学的陈建"忧道

统将移、学脉日紊,乃发愤著《学蔀通辨》,以破王氏所编《朱子晚年定论》"(张夏《洛闽源流录》)。

二、对朱、陆"早异晚同"说的辩驳

陈建"取《朱子年谱》《行状》《文集》《语类》及与陆氏兄弟往来书札,逐年编辑"(《学蔀通辨》卷十二《陈建传》),详为考证,以驳王守仁《朱子晚年定论》之"早异晚同"说的谬误,以"明朱陆'早同晚异'之实"(同上《总序》)。

首先,陈建提出"朱子早年尝出入禅学,与象山未会而同"的观点,以驳王守仁等人的"早异晚同"之说。

陈建指出,朱熹早年之学"出入于经传,泛滥于释、老"(同上前编上卷)。朱熹曾有回忆:"某旧时,亦要无所不学,禅、道、文章、楚辞、诗、兵法,事事要学"(《朱子语类》卷一○四)。绍兴二十八年(公元1158年)朱熹二十九岁时曾言:"人之所以位天地之中而为万物之灵者,心而已矣。然心之体不可以见闻得,不可以思虑求"(《朱文公文集·存斋说》)。陈建说,"专说求心、见心","全与禅陆合"(同上)。朱熹于乾道六年(公元1170年)四十一岁,给友人信中提到"熹自少总钝",学习"曾舍近求远,处下窥高,驰心空妙之域者二十余年"(《学蔀通辨》前编上卷,引自《朱文公文集·答薛士龙》)。这也是同于陆九渊。所以陈建认为,朱、陆之学在早年并非"异"而是"同"。

陈建还指出,程敏政的《道一编》和王守仁的《朱子晚年定论》,将朱熹于乾道四年(公元1168年)曾有强调"心"或"良知"作用的话,即"指为朱子晚合象山","采为朱子晚年定论"。朱熹当时仅三十九岁,何得为晚年? 朱熹是这样说的:

> 良知发见之微,猛省提撕,使心不昧,则是做工夫本领。本领既立,自然下学而上达矣。若不察良心发见处,即渺渺茫茫,恐无下手处也。(同上引《朱文公文集·答何叔京》)

陈建指出:"朱子年犹未四十,学方日新未已,与象山犹未相识,若之何得为'晚合'？何得为'晚年定论'耶？其颠倒诬诳,莫斯为甚"（同上前编上卷）！这就有力地驳斥了王守仁所谓的朱、陆之学"早异晚同"说的谬误。

其实,佛、道思想渗进儒家学说,是宋明理学思潮的重要特征。无可讳言,宋明理学大师如周惇颐、程颢、程颐、朱熹、陆九渊、王守仁等人都不同程度地受佛、道思想的影响。所以全祖望说:"两宋诸儒,门庭径路,半出于佛、老"（《鲒埼亭集外编·题真西山集》）。因此,朱熹早年"出入于经传,泛滥于释、老",他的理学思想体系中,透露出佛、道思想的影响,是很自然的。朱熹早年习禅,直至他三十一岁拜二程的三传弟子李侗为师后,才开始发生变化。其变化过程,陈建用朱熹本人的自述给予说明:

> 朱子曰:某年十五六时,亦尝留心于此（禅学）。一日在刘病翁（即刘屏山）所,会一僧与之语,其僧只相应和了说,也不说是不是,却与刘说,某也理会得个昭昭灵灵底禅。……时年二十四五矣,始见李先生,与他说,李先生只说不是。某倒疑李先生理会此未得,再三质问,李先生为人简重,却是不甚会说,只教看圣贤言语。某遂将那禅来权倚阁起,意中道禅亦自在,且将圣人书来读,读来读去,一日复一日,觉得圣贤言语渐渐有味,却回头看释氏之说,渐渐破绽,罅漏百出。（《学蔀通辨》前编上卷,引自《朱子语类》卷一○四）

从这段朱熹本人的自述,可以看出朱熹早年曾习佛禅,到二十四五岁初见李侗时,还曾以禅学请教李侗。尔后,在李侗的引导下,才从"理会得个昭昭灵灵底禅"到认为释氏之说漏洞百出。这表明朱熹思想的重大转变。因此,陈建认为,朱、陆早年一样都接受了佛学的影响,学术观点是早"同"而非"异",并不是王守仁所认为的早"异"而晚"同"。

第二,陈建在辨明了朱、陆之学是早"同"而非"异"之后,又进而提出"朱子中年方识象山,其说多去短集长,疑信相半"的观点。

陈建认为,朱熹对陆九渊的态度,在淳熙十一、十二年（朱为五十五、

五十六岁、陆为四十六、四十七岁)前,还是"每去短集长,时称其善,疑信相半"(同上前编中卷)。这主要是根据朱熹以下材料:

(一)淳熙元年(公元1174年)朱熹四十五岁,在致吕子约信中说:

> 近闻陆子静言论风旨之一二,全是禅学,但变其名号耳,竞相祖习,恐误后生。恨不识之,不得深扣其说,因献所疑也。然恐其说方行,亦未必肯听此老生常谈,徒窃忧叹而已。(同上引自《朱文公文集·答吕子约》)

(二)淳熙十年(公元1183年)朱熹五十四岁,在致项平山信中说:

> 大抵子思以来,教人之法,惟以尊德性、道问学两事为用力之要。今子静所说是尊德性事,而某平日所论却是道问学上多了……今当反身用力,去短集长,庶几不堕一边耳。(同上引自《朱文公文集·答项平山书》)

陈建按语谓:"据此书……正是(朱熹)中年疑信相半之际。后此所以排象山之失者方日深。《道一编》乃指此书为朱子晚年,信取象山辅车相倚,误矣"(同上前编中卷)。

陈建认为在淳熙十三、十四年(朱为五十七、五十八岁,陆为四十八、四十九岁)之后,朱、陆关系有了变化。朱熹"则于象山鲜复称其善,而专斥其非,不复为集长之说","其先后予夺,分别两截"(同上)。这主要是根据淳熙十二年(朱为五十六岁,陆为四十七岁),朱熹在致刘子澄的信中所说:

> 子静寄得对语来,语意圆转深浩无凝滞处……但不免些禅底意思。昨答书戏之云:这些子恐是葱岭带来,渠定不伏,然实是如此,讳不得也。近日建昌说得动他撑眉怒眼,百怪俱出,甚

可忧惧。渠亦本是好意,但不合只以私意为主,更不讲学涵养,直做得如此狂妄,世俗滔滔无话可说。有志于学者,又为此说引去,真是道之不幸也。(同上引自《朱文公文集·与刘子澄书》)

陈建按:"建昌,指象山门人傅子渊。盖子渊江西建昌人,象山所亟称者,而亦朱子所深辟者",并且断言朱、陆"二家冰炭自此始矣"(同上前编中卷),以此来进一步说明朱、陆之学并非像王守仁所说的是"早异晚同",事实恰好相反,是"早同晚异"。实际情况是:从朱熹中年就开始了他们学术观点的分歧和争论。

朱、陆争论的公开化,是从淳熙二年(公元1175年)的"鹅湖之会"开始的。当时,随陆九渊参加此会的朱亨道曾说:"鹅湖之会论及教人,元晦之意欲令人泛观博览而后归之约,二陆之意欲先发明人之本心而后使之博览;朱以陆之教人为太简,陆以朱之教人为支离,此颇不合"(《象山全集》卷三十六《年谱》)。表明朱、陆两人在道德修养和治学方法问题上有分歧和争论。陈建自己也说,由于鹅湖之会朱、陆"不合,各赋一诗见志"(《学蔀通辨》前编中卷)。陆九渊在诗中以"易简工夫终久大"自夸其学,而以"支离事业竟浮沉"讥讽朱学陋谬、"浮沉"无根。朱熹大为不快,与二陆(九渊与其兄九龄)进行了诘辩。三年后,朱熹还回敬诗一首,强调"旧学商量加邃密,新知培养转深沉。却愁说到无言处,不信人间有古今"(同上引自《朱文公文集·鹅湖寺和陆子寿》)。诗中以"说到无言""不信古今"讥其学术空疏,师心自用。陈建在朱、陆不合、以诗见志的按语中,也说朱熹"于子静日益冰炭"(同上前编中卷)。在"鹅湖之会"后六年(淳熙八年,公元1181年),朱、陆"南康之会",二人在论及修养及治学方法时又起争辩。陆指斥朱为"邪意见、闲议论";朱指斥陆"作禅会、为禅学"(均见《朱文公文集·答吕伯恭》)。双方争辩比在"鹅湖之会"更显得激烈。

陈建还指出,王守仁节录朱熹有时谦抑退让之词,以之作为《朱子晚年定论》依据。朱熹在"鹅湖之会"后同年十二月,曾有信答张敬夫,而王守仁只节录了某些段落,将此作为朱熹"晚年定论"的主要依据。朱熹信中说：

> 熹于文字之间觉向来病痛不少，盖平日解经最为章句者，然亦多是推衍文义，自做一片文字，非惟屋下架屋，玩得意味淡薄，且是使人看者将注与经作两项工夫做了，下稍看得很支离，至于本旨全不相照。以此方知汉儒可谓善说经者不过只说到训诂，使人以此训诂玩索经文，训诂经文不相离异，只做一道看了，真是意味深长也。（《学蔀通辨》前编中卷，引自《朱文公文集·答张敬夫》）

但大段节删了朱熹在信中批评陆九渊兄弟的言论：

> 子寿兄弟气象甚好，其病却是尽废讲学，而专务践履，却于践履之中要人提撕省察，悟得本心，此为病之大者。要其操持谨质、表里不二，实有以过人者。惜其自信太过，规模窄狭，不复取人之善，将流于异学而不知耳。（同上）

陈建对王守仁这种为了编造朱、陆"早异晚同"说不惜采用删节的手法给予了严厉的批评，指出王守仁将凡讥及陆九渊处皆删去的做法，不仅违反事实，而且纯属"权诈阴谋"。他说：

> 王阳明节录此书入《晚年定论》，其欺蔽有三：此书在既会象山之后、《论孟集注》未成之时，何得为晚？其欺蔽一也。删去《学》《庸》缘此修过以下者，盖《定论·序文》以为中年未定之说，思改正而未及，故于此删去修过之下，由于弥缝其说也，谩人以为未及改也，其欺蔽二也；亦删去子寿兄弟以下者，以讥陆之故而特为讳避也。故《定论》一编，凡讥及陆学处皆删去，惟一、二稍称陆学处则不删，其欺蔽三也。只看阳明录此一书，便有许多弊。篁墩、阳明专挟朱子手书，驱率后学，致后学亦以为彼据

朱子书不疑也。此权诈阴谋,不合用之于讲学。(同上前编中卷)

陈建对王守仁之"欺蔽"的揭示,基本是符合事实的。

第三,陈建在论述朱熹中年情况之后,进而指出"朱、陆晚年冰炭之甚,而象山既没之后,朱子所以排之者尤明也"。

陈建将朱熹自五十八岁至七十一岁病卒划作晚年阶段。其实,朱、陆"冰炭之甚",要早于这个时期。从淳熙八年(公元1181年)朱、陆"南康之会"由争辩到相互指斥,其对立已相当分明,当时朱熹才五十二岁。

陈建为何认为"朱、陆晚年冰炭之甚",陆九渊没后朱熹"排之尤明"?其主要根据是:

(一)淳熙十四年(公元1187年),朱熹五十八岁时曾致信陆九渊,信中指斥陆为"一种轻为高论,妄生内外精粗之别,以良心、日用分为两截,谓圣贤之言不必尽信,而容貌词气之间不必深察者,此其为说乖戾狠悖,大为吾道之害,不待他时末流之弊矣"(同上前编下卷,引自《朱文公文集·答陆子静》)。陈建按:"此朱子晚年攻陆切要之言"(同上前编下卷)。

(二)绍熙三年(公元1192年)十二月陆九渊卒于荆门军任所。翌年九月,朱熹作文指斥陆九渊的"求心之弊"。他说:

> 直以为可以取足于心而无事于外求也,是以堕于佛、老空虚之邪见,而于义理之正、法度之详,有不察焉。道之不明,其可叹已。(同上引自《朱文公文集·鄂州学稽古阁记》)

陈建按:"朱子早年学专求心,而此记乃深讥求心之弊。朱子之学早同于陆,而晚异于陆,莫明于此矣"(同上前编下卷)。

(三)在此之后,朱熹致书于周南仲,再次指斥陆九渊"入于佛、老":

> 熹顽钝之学,晚方自信,每病当世道术分裂,上者入于佛、老,下者流于管、商。学者既各以其所近,使先入者为主,而又驱

之以其好高欲速之心,是以前者既以自误,而遂以自欺,后者既
为所欺,而复以欺人。文字愈工,辩说愈巧,而其为害愈甚。(同上
引自《朱文公文集·答周南仲》)

陈建按:"此言尤深中象山师友及近日篁墩、阳明诸人之病。'下者流于
管、商',指陈同父辈也。同父名亮,浙东永康人……号为永康之学。朱子
亦尝与之往复论难,无异于象山焉。尝谓学者曰:'海内学术之弊不过两
事:江西顿悟、永康事功,若不极力争辩,此道无由得明。'呜呼! 可见大贤
自任之心矣"(同上前编下卷)。

由上所述,不难看出,陈建是站在捍卫朱学的立场,以抨击陆、王心
学,其倾向十分鲜明。他揭示了朱、陆之学"早同而晚异"的真相,而非如
王守仁所说"早异晚同"。

陈建说,程敏政和王守仁同倡朱、陆之学"早异晚同"说,但所用手法
却不一:"盖《道一编》犹并取二家言语比较异同;阳明编《定论》,则单取
朱子所自言而不及象山一语。篁墩盖明以朱、陆为同,而阳明则变为阳朱
而阴陆耳"(同上)。认为他们虽然手法不一,但实质"皆是矫假推援,阴谋
取胜,皆是借朱子之言,以形朱子平日之非,以著象山之是,以显后学当
从"(同上前编上卷)。"阳若取朱子而实抑朱子也。其意盖以朱子初年不悟
而疑象山;晚年乃悔而从象山,则朱子不如象山明也。则后学不可不早从
象山明也。此其为谋甚工,为说甚巧。"他指出,王守仁所谓朱、陆"早异晚
同"说的手法十分巧妙:"一则即朱子以攻朱子;一则借朱子以誉象山;一
则挟朱子以令后学也",其目的"务在愚一世之耳目,而使之恬不觉悟以入
禅也"(同上)。应该说,陈建对王守仁论辩手法的批评,是相当深刻的。

第三节 对陆、王心学"阳儒阴释"的批评

陈建站在朱学的立场,指斥陆、王心学为"佛禅",为"援儒入佛","借
儒以掩佛","阳儒阴释"(同上后编上卷)。

第一,陈建说,"象山师弟作弄精神,分明禅学而假借儒书以遮掩之也,此为勘破禅陆根本。"(同上)

他认为陆九渊及其弟子杨简等人为学宗旨主要是讲"完养精神一路,其为禅学无所逃矣"(同上)。他列举了陆九渊这方面的言论:

> 收拾精神,自作主宰,万物皆备于我,有何欠阙?(同上后编上卷引自《象山全集》卷三十五《语录》)
> 精神全要在内,不要在外,若在外,一生无是处。(同上)

陈建指出,陆九渊所言的"精神","即心也"。他说:

> 心者,精神之舍,而虚灵知觉运动,则皆精神之发也。故禅学其始也,绝利欲、遗事物、屏思虑、专虚静,无非为修炼精神计。及其积久也,精神凝聚澄莹,豁然顿悟,则自以为明心见性,光明寂照,神通妙用,广大无边,一切皆精神之为也。……象山之学,何莫非原于此也。(同上)

认为陆九渊所言的"精神"(心),与佛教禅宗所言的"本性"一样,万事万物皆由"心"(性)所生,因而"完养精神""收拾精神、自作主宰"即可不必役于外事外物,而能"明心见性""神通妙用"。

陈建还指出,陆九渊的"宇宙无穷之说""吾心宇宙之说",与禅宗的"佛性""法界十方世界"一样,都是强调人的主观精神——"心"(性)具有超时空的无限作用。他说:

> 象山讲学,好说"宇宙"两字,盖此二字,尽上下四方,往古来今,至大至久,包括无穷也。如佛说性周法界十方世界之类,是以至大无穷言也。如说法身常住不灭,觉性与太虚同寿之类,是以至久无穷言也。此象山宇宙无穷之说、吾心宇宙之说,一言而

该禅学之全也。(《学蔀通辨》后编上卷)

他还认为,明初的陈献章即是发扬了陆九渊的"宇宙之旨",而把佛禅的"作弄精神"推向极端。他说:

> 陈白沙曰:"终日乾乾,收拾此而已,斯理也干涉至大,无内外、无终始,得此把柄入手更有何事?往来古今、上下四方,都一齐穿纽收合,会此者天地我立,万化我出,而宇宙在我矣。"此言尤发明象山宇宙之旨,禅学作弄精神,至此极矣!(同上后编上卷)

其实,陆九渊所谓"宇宙便是吾心,吾心即是宇宙"(《象山全集》卷二十二《杂说》)的观点,即谓天地万物在我心中,我与天地万物一体,是某些儒家所追求的最高的"天人合一"的道德境界。这与佛禅的立论有契合之处,因为他们都是唯心主义的思想体系,都以主观的、精神性的对象作为自己的探求目标。但这仅是貌合,两者在根本宗旨上还是有区别的。陈建直接而简单地把陆、王"心学"均看作是"禅学",那是不符合事实的。

陈建还借朱熹对陆九洲的批评,揭示陆九渊的"阳儒阴释"的实质。他说:

> 朱子曰:圣贤之教无内外、本末、上下。今子静却要理会内、不管外面,却无此理,硬要转圣贤之说为他说。……
>
> 又曰:他(指陆象山)所见既如此,便将圣贤说话都入他腔里面,不如此,则他所学无据,这都是不曾平心读圣贤之书,只把自家心下先顿放在这里,却捉圣贤说话压在里面。
>
> 陆子静之学,自是胸中无奈许多禅何,看是甚文字,不过假借以说其胸中之所见者耳。据其所见,本不须圣人文字,他却须要以圣人文字说者,此正如贩盐者上面须得数片鲞鱼遮盖,方过得关津,不被人捉了耳。(《学蔀通辨》后编上卷引自《朱子语类》卷一二四)

陈建按：上引"前二条是说援儒入佛，后一条是说借儒掩佛。总言皆是阳儒阴佛也"（同上后编上卷），并且认为"阳儒阴释之祸"实起于宋代禅师宗杲和受其影响甚深的张九成。他说：

> 后世学术，阳儒阴释之祸，实起于宗杲之教，（张）子韶所关非小矣。朱子《杂学辩》谓："凡张氏所论著，皆阳儒而阴释，其离合出入之际，务在愚一世之耳目，而使之恬不觉悟，以入乎释氏之门，虽欲复出而不可得。"按此言，尤发深中陆学一派之弊。（同上）

陈建揭露和指斥陆九渊为"禅学"，是"阳儒阴释"，其目的在于揭露当时盛行的"王学"为禅。正如清人陈伯陶所言："是编虽攻象山，实为阳明发也"（同上《跋》）。陈建说：

> 按近世假儒书以行佛学，正犹昔人所谓挟天子以令诸侯。挟天子者，意不在于天子，不过假天子以行其胁制天下之私耳。假儒书者，意不在于儒书，不过借儒者以行其煽诱来学之计耳。
> （同上后编上卷）

他所指的"近世假儒者以行佛学"者，就是指的王守仁及其弟子们。

第二，陈建揭示陆九渊的"养神下手工夫"，指出"陆学下手工夫在于遗物弃事、屏思黜虑、专务虚静以完养精神，其为禅显然也"（同上后编中卷）。

陈建列举了陆九渊这方面的主要观点：

> 人气禀清浊不同，只自完养不逐物，即随清明，才一逐物，便皆昏眩了。
>
> 心不可泊一事，只自立心。……既知自立此心，无事时须要

涵养，不可便去理会事。(同上后编中卷引自《象山全集》卷三十五《语录》)

陈建指出："此皆陆学养神要诀，此即佛氏以事为障之旨"(同上后编中卷)。他认为所谓"只自完养不逐物"，其实质即是讲求"无事安坐，闭目养神"(同上)。所谓"心不可泊一事"，即是讲求"一切荡涤剥落净尽"，如同"死灰槁木而置心官于不思"(同上)。这就正如佛教禅师"慧能不思善、不思恶，安心遏欲、善恶两忘之故辙也"(同上)。他指出孟子和陆九渊虽然都强调"先立乎其大者"，要以主观精神（心）为主宰，但他们却有很大差别。他说：

> 孟子之先立其大也，道心为主而不使欲得以害心；陆氏则养神为主，而惟恐事之害心，惟恐善之害心。天渊之别，若何而同也。孟子之先立其大也，曰心之官则思，思则得之，不思则不得也。陆学则曰不可思也，心不可泊一事也。冰炭之反，若何而同也。(同上)

陈建认为，陆学虽源于孟子，而其"养神"之说，"心不可泊一事"之说，与孟子不同，意谓其受禅学影响。

第三，陈建揭示了陆九渊的"养神下手工夫"之后，又进一步指出陆氏"养神之患害"，认为"象山师弟颠倒错乱、颠狂失心之弊，其禅病尤昭然也"(同上后编下卷)。

陈建认为，陆学和佛、道"本同而末异"，他们皆非"天理之自然"。他说：

> 近世异学同主养神。然老、庄则欲主之以长生，禅佛则欲主之以出世，陆学则欲主之以经世。本同而末异，皆非天理之自然。(同上)

他指出,陆学由于受佛禅影响,其祸害已严重到"失本心""天理灭"的程度:

> 陆学,听其言,自谓圣学明心,稽其弊,乃至颠狂失心。……《伊洛渊源录》胡文定公曰:"自孟子没,圣学不传,则有西方之杰窥见间隙遂入中国……靡然从之,于是皆失其本心,莫知所知,而天理灭矣。"(同上)

他告诫"学者岂可为所欺误"(同上)!

第四,陈建还辨析陆学渊源,说"象山之学,非无所因袭而超然独见"(同上续编上卷),指出陆学渊源有二:一是佛教禅师"达摩、慧能、宗杲、常总诸人之规模","弃佛粗迹而脱略经典,而专一求心,而借儒饰佛,无一而非陆学之渊源也"(同上)。一是"李习之(翱)、苏子由(辙)、张子韶(九成)、吕氏(吕希哲、吕本中)诸人之规模,而讥迹取心,而援儒入佛,而阳儒阴佛,而阳离阴合,无一而非陆学之渊源也"(同上)。他根据《齐东野语》《杨子折衷》所提供的材料,认为陆学的"养神宗旨","皆出于宗杲、得光(宗杲之徒)之绪余"(同上后编中卷)。陈建指出,他们的传授是宗杲其徒得光"授之陆子静,子静传之杨慈湖"(同上),企图以此说明"近日王阳明诸人不过又因象山而规摹之而渊源之耳"(同上)。

陈建把陆王"心学"比之于佛禅,显示了他的程朱"理学"宗派的色彩。他的理学观点,基本是阐发朱熹的见解,这里就不论述了。